Studien und Materialien
zur Verfassungsgerichtsbarkeit
Band 3
Herausgegeben von Prof. Dr. iur. Christian Starck

# Probleme der Verfassungsinterpretation

Dokumentation einer Kontroverse

Herausgegeben von Prof. Dr. Ralf Dreier
und Dr. Friedrich Schwegmann

Nomos Verlagsgesellschaft
Baden-Baden

**CIP-Kurztitelaufnahme der Deutschen Bibliothek**

**Probleme der Verfassungsinterpretation:** Dokumentation e. Kontroverse / Ralf Dreier; Friedrich Schwegmann. – 1. Aufl. – Baden-Baden: Nomos Verlagsgesellschaft, 1976.
(Studien und Materialien zur Verfassungsgerichtsbarkeit; Bd. 3)
ISBN 3-7890-0190-2

NE: Dreier, Ralf [Hrsg.]



Printed in Germany

# Inhaltsverzeichnis

## III. Anhang:

# Vorwort

Die Aktualität des Themas, dem die vorliegende Dokumentation gewidmet ist, bedarf keines Beleges. Probleme der Verfassungsinterpretation bestimmen in einem vorher kaum gekannten Ausmaß nicht nur die staatsrechtliche, sondern auch die politische Diskussion elementarer Fragen der Innen- wie der Außenpolitik der Bundesrepublik. Ursache dessen ist der hohe Rang, den das Grundgesetz der Verfassungsgerichtsbarkeit eingeräumt hat. Über ihn mag man streiten. Die Beurteilung der verfassungsrechtlichen Realität hat von ihm auszugehen.
Um so dringender ist das Bedürfnis, den Vorgang der Verfassungsinterpretation in seiner ihm eigentümlichen Struktur zu untersuchen und insbesondere Möglichkeiten und Grenzen seiner Rationalität und Kontrollierbarkeit zu analysieren. Die Staatsrechtslehre hat den damit verbundenen Fragen eine lebhafte Diskussion gewidmet. Der hiesige Sammelband dokumentiert einen Teil dieser Diskussion in einer knapp gehaltenen, aber nach Möglichkeit repräsentativen Auswahl. Seine Absicht ist, zu einem noch erschwinglichen Preis ein pluralistisches Studienbuch zum Thema zu präsentieren. Er wendet sich damit an Studenten der Rechtswissenschaft, der Politikwissenschaft und der Sozialwissenschaften sowie darüber hinaus an alle, die sich aus politischem Interesse über juristische Methodenfragen der Grundgesetzauslegung informieren wollen. Einen kurzen Überblick über die Dokumentation gibt Abschnitt VI der Einleitung, deren Schwergewicht im übrigen darauf liegt, die Theorie der Verfassungsinterpretation zur allgemeinen juristischen Methodenlehre in Beziehung zu setzen.
Der Untertitel weist den Band als »Dokumentation einer Kontroverse« aus. Diese Kontroverse nimmt ihren Ausgang von Forsthoffs Aufsatz über die »Umbildung des Verfassungsgesetzes« (1959). Sie ist jedoch nicht durchgängig auf ihn konzentriert. Dennoch kreisen alle Beiträge thematisch um das von Forsthoff formulierte Zentralproblem: das Poblem der Verfassungsinterpretation als Gesetzesinterpretation. Und da die Theorie der Gesetzesinterpretation das Kernstück der allgemeinen juristischen Methodenlehre ist, gibt der Band zugleich Auskunft über die Eigenart der juristischen Argumentation überhaupt und deren Stellenwert im politischen System.
Ursprünglich war geplant, neben der theoretischen Kontroverse einzelne methodologisch ausgerichtete Entscheidungsrezensionen zu dokumentieren. Davon ist aus Praktikabilitäts- und Umfangsgründen abgesehen worden.

Einen Ersatz dafür enthält Abschnitt XI der angefügten Auswahlbibliographie.

Die Einzelbeiträge sind chronologisch geordnet und unverändert abgedruckt. Kleindruckabsätze der Originale sind um der besseren Leserlichkeit willen im Normaldruck gesetzt. Offensichtliche Setz- und Zitierfehler wurden stillschweigend korrigiert. Im Beitrag Krieles, der einer größeren Monographie entstammt, sind die in den Fußnoten genannten Fundstellen, soweit zu ihrer Identifikation erforderlich, bibliographisch ergänzt. In eckigen Klammern ist darüber hinaus gelegentlich auf zwischenzeitlich erschienene deutsche Übersetzungen fremdsprachiger Werke hingewiesen worden. Schrägstriche im Textteil bedeuten einen Seitenübergang in der jeweiligen Erstveröffentlichung. Die Originalseitenzählungen sind auf jeder Seite zusätzlich (in Klammerangaben) vermerkt.

Die Autoren und Verlage der vorgelegten Beiträge haben den Abdruck honorarfrei gestattet. Die Bundeszentrale für politische Bildung und der Universitätsbund Göttingen haben Druckkostenbeihilfen zur Senkung des Ladenpreises gewährt. Die Hauptlast der mühevollen Korrekturarbeit hat Frau Hanna Hädicke getragen. Ihnen allen gilt unser herzlicher Dank.

Göttingen/Münster, im April 1976 Ralf Dreier/Friedrich Schwegmann

Canaris, TTL, S. 180ff.

Anschriften der Herausgeber:

Professor Dr. Ralf Dreier, Lehrstuhl für Allgemeine Rechtstheorie, Nikolausberger Weg 9 a, 3400 Göttingen.

Regierungsrat Dr. Friedrich Schwegmann, Telemannstraße 2, 4400 Münster.

## *Abkürzungsverzeichnis*

Im folgenden sind lediglich Abkürzungen von Periodika und Sammelwerken angeführt. In Zweifelsfällen vgl. H. Kirchner, Abkürzungsverzeichnis der Rechtssprache, 2. Aufl. Berlin 1968.

| | |
|---|---|
| AcP | Archiv für die zivilistische Praxis |
| Am. Jur. | American Jurisprudence, 58 Bde., San Francisco Cal./Rochester N.Y. 1936–1948 |
| AöR | Archiv des öffentlichen Rechts |
| Arch. d. Völkerrechts | Archiv des Völkerrechts |
| ARSP | Archiv für Rechts- und Sozialphilosophie |
| BayVBl. | Bayerische Verwaltungsblätter |
| BVerfGE | Entscheidungen des Bundesverfassungsgerichts, Amtliche Sammlung |
| BVerwGE | Entscheidungen des Bundesverwaltungsgerichts, Amtliche Sammlung |
| BGE | Entscheidungen des Schweizerischen Bundesgerichts, Amtliche Sammlung |
| BGHZ | Entscheidungen des Bundesgerichtshofs in Zivilsachen, Amtliche Sammlung |
| Colum. L. Rev. | Columbia Law Review |
| DöV (DÖV) | Die öffentliche Verwaltung |
| DV | Deutsche Verwaltung |
| DVBl. | Deutsches Verwaltungsblatt |
| DVR | Datenverarbeitung und Recht |
| E | Entscheidungen (Amtliche Sammlung des vorgenannten Gerichts) |
| EvStL | Evangelisches Staatslexikon (1966), begr. v. H. Kunst und S. Grundmann, 2. Aufl. Stuttgart/Berlin 1975 |
| F., Festschr. | Festschrift |
| Grundrechte | Die Grundrechte. Handbuch der Theorie und Praxis der Grundrechte (Neubearbeitung), hg. v. Bettermann/Neumann/Nipperdey/Scheuner, 4 Bde., Berlin 1954 ff. |
| Harv. L. Rev. | Harvard Law Review |
| HDStR | Handbuch des Deutschen Staatsrechts, hg. v. G. Anschütz/R. Thoma, 2 Bde., Tübingen 1930/32 |
| HDSW | Handbuch der Sozialwissenschaften, hg. v. E. Beckerath u. a., 13 Bde., Stuttgart/Tübingen/Göttingen 1956 ff. |
| Hist. Jb. | Historisches Jahrbuch |
| HZ | Historische Zeitschrift |
| JbdöR | s. bei JöR |
| JöR | Jahrbuch des öffentlichen Rechts |
| JR | Juristische Rundschau |
| Jur. Jb. | Juristen-Jahrbuch |
| JuS | Juristische Schulung |
| JW | Juristische Wochenschrift |
| JZ | Juristenzeitung |
| KJ | Kritische Justiz |
| Logos | Logos. Internationale Zeitschrift für Philosophie der Kultur (1910–1933) |
| MDR | Monatsschrift für deutsches Recht |
| Merkur | Merkur. Deutsche Zeitschrift für europäisches Denken |
| Mind | Mind. A Quarterly Review for Psychology and Philosophy |
| NJW | Neue Juristische Wochenschrift |
| öZöR | Österreichische Zeitschrift für öffentliches Recht |

| | |
|---|---|
| Phil. Jb. | Philosophisches Jahrbuch der Görresgesellschaft |
| PVS | Politische Vierteljahresschrift |
| RabelsZ | Zeitschrift für ausländisches und internationales Privatrecht, begr. v. Rabel |
| Rechtstheorie | Rechtstheorie. Zeitschrift für Logik, Methodenlehre, Kybernetik und Soziologie des Rechts |
| RGG | Die Religion in Geschichte und Gegenwart, 3. Aufl., hg. v. K. Galling, 6 Bde., Tübingen 1957 ff. |
| Salzb. Jb. | Salzburger Jahrbuch für Philosophie und Psychologie |
| Staat | Der Staat. Zeitschrift für Staatslehre, öffentliches Recht und Verfassungsgeschichte |
| Staatslexikon | Staatslexikon. Recht, Wirtschaft, Gesellschaft, hg. v. d. Görresgesellschaft, 6. Aufl., 11 Bde., Freiburg 1957 ff. |
| Stud. gen. | Studium generale |
| U.S. | Entscheidungen des Supreme Court der USA, Amtliche Sammlung |
| VerwArch | Verwaltungsarchiv |
| VRspr. | Verwaltungsrechtsprechung in Deutschland |
| VVDStRL | Veröffentlichungen der Vereinigung der Deutschen Staatsrechtslehrer |
| Wheat. | Wheaton, Entscheidungen des Supreme Court der USA, 1816–1827 |
| Wirtschaft u. Recht | Wirtschaft und Recht. Zeitschrift für Wirtschaftspolitik und Wirtschaftsrecht mit Einschluß des Sozial- und Arbeitsrechts (Zürich 1949–1962) |
| ZaöRV | Zeitschrift für ausländisches öffentliches Recht und Völkerrecht |
| ZBJV | Zeitschrift des Bernischen Juristenvereins |
| ZevKR | Zeitschrift für evangelisches Kirchenrecht |
| Z. f. philos. Forschung | Zeitschrift für philosophische Forschung |
| ZfP | Zeitschrift für Politik |
| ZgStW | Zeitschrift für die gesamte Staatswissenschaft |
| ZRP | Zeitschrift für Rechtspolitik (Beilage zur NJW) |
| Z. Schw. R. | s. bei ZSR |
| ZSR | Zeitschrift für Schweizerisches Recht |

# I. Einleitung

# Zur Problematik und Situation der Verfassungsinterpretation

Von Ralf Dreier

## I. *Verfassungsinterpretation als Gesetzesinterpretation*

Wo es, wie in der Bundesrepublik, eine geschriebene Verfassung gibt, ist Verfassungsinterpretation in erster Linie Interpretation des Verfassungsgesetzes. Sie teilt damit die Probleme der Gesetzesinterpretation überhaupt. Das gilt unbeschadet der Vieldeutigkeit des Verfassungsbegriffs.[1] Deren Einfluß auf die Verfassungsinterpretation besteht darin, daß diese, bewußt oder unbewußt, von verschiedenen Verfassungsvorverständnissen geleitet sein kann (die Verfassung als Willensentscheidung, Normenordnung, Integrationsprozeß, Wertordnung, Verhaltensentwurf mit Richtigkeitsanspruch usw.). Doch ist das verfassungstheoretische Vorverständnis im Vorgang der Verfassungsinterpretation lediglich eine Ausformung des rechtstheoretischen Vorverständnisses im Vorgang der Gesetzesinterpretation schlechthin. Das Verfassungsgesetz ist Ausdruck der Entscheidungen und Kompromisse des Verfassungsgebers bzw. des verfassungsgebenden Organs.[2] Es stellt damit wie jedes Gesetz vor Probleme des Verhältnisses von Wille und Ausdruck sowie von Wille und Vernunft. Und wie jedes geschriebene Gesetz so wirft auch das Verfassungsgesetz die Frage auf, wie sich das »law in books« zum »law in action« verhält, wobei das letztere, das »wirkliche« oder »lebendige« Recht, soziologisch, psychologisch, politologisch und philosophisch verschieden interpretiert werden kann.

1 Vgl. dazu z. B. *K. Hesse*, Grundzüge des Verfassungsrechts der Bundesrepublik, 8. Aufl. Karlsruhe 1975, § 1; *Th. Maunz*, Deutsches Staatsrecht, 20. Aufl. München 1975, § 7. Aus dem älteren Schrifttum: *C. Schmitt*, Verfassungslehre, 3. Aufl. Berlin 1957, 1 ff.

2 Daß das GG wegen seiner besonderen Entstehungsbedingungen spezifische Interpretationsprobleme aufwirft, sei schon an dieser Stelle bemerkt. Pointiert heißt es dazu bei *E. Forsthoff*, Der Staat der Industriegesellschaft, München 1971, 61: »Das Grundgesetz ist nicht das Ergebnis einer politischen Entscheidung, sondern das Produkt einer Lage, genauer eines Zustandes beispielloser Schwäche als Folge der Verwüstungen des verlorenen Krieges«. Zur Entstehungsgeschichte des GG vgl. *v. Doemming/Füßlein/Matz*, JöR 1 (1951) 1 ff. S. a. *J. Seiffert*, Grundgesetz und Restauration, Darmstadt/Neuwied 1974, 14 ff.

Gewiß weist das Verfassungsgesetz gegenüber anderen Gesetzen Besonderheiten auf. Sie liegen in seiner Eigenart als Grundgesetz politisch-staatlicher Ordnung und äußern sich formal vor allem in seiner erschwerten Abänderbarkeit.[3] Inhaltlich manifestieren sie sich in der hohen Ideologieanfälligkeit zentraler Gehalte des Verfassungsrechts.[4] Das gilt besonders für die verfassungsrechtlichen Generalklauseln der Grundrechts- und der sog. Staatszielbestimmungen. Daß etwa Begriffe wie Freiheit und Gleichheit oder Rechtsstaat und Sozialstaat vor Interpretationsprobleme stellen, deren Lösung in spezifischer Weise durch individuelle und soziale Ideologien gesteuert wird, bedarf, vorbehaltlich einer Klärung des Ideologiebegriffs,[5] keines Beleges. Doch ist insoweit der Unterschied zu anderen Gesetzen nur graduell und nicht prinzipiell. Denn auch diese enthalten Generalklauseln, deren Interpretation oder Konkretisierung vor ähnliche Probleme stellt. Die Besonderheiten des Verfassungsgesetzes ändern somit nicht Grundsätzliches am Charakter der Verfassungsinterpretation als Gesetzesinterpretation.

Mit Recht hat daher Forsthoff die neuere Debatte zur Verfassungsinterpretation mit einer dringenden Erinnerung an die Gesetzesform der Verfassung eröffnet.[6] Er verbindet damit die These, daß die Verfassung als Gesetz »den für die Gesetze geltenden Regeln der Auslegung unterstellt« und nur und erst dadurch »in ihrem Sinne erweisbar und in ihrem Vollzug kontrollierbar« werde.[7] Dem liegt die Auffassung zugrunde, »daß das Gesetz eine Beliebigkeit der Auslegungsprozeduren nicht duldet, sondern durch

3 Vgl. Art. 79 GG. S. a. *C. Schmitt* a.a.O. 16 ff.

4 Dazu z. B. *A. Hollerbach*, Ideologie und Verfassung, in: *W. Maihofer* (Hg.), Recht und Ideologie, Frankfurt/M. 1969, 37–61.

5 Das Schrifttum dazu ist uferlos. Eine gute Einführung gibt das Textbuch von *K. Lenk* (Hg.), Ideologie, 6. Aufl. Darmstadt/Neuwied 1972. Einige Thesen zum Ideologieproblem mit begrifflichen Differenzierungsvorschlägen s. bei *R. Dreier*, Rechtspolitik und Ideologiekritik, ZRP 1973, 95–97.

6 *E. Forsthoff*, Die Umbildung des Verfassungsgesetzes, in: Festschr. f. C. Schmitt, Berlin 1959, 35–62 (= unten S. 51 ff.), wieder abgedr. in *ders.*, Rechtsstaat im Wandel. Verfassungsrechtliche Abhandlungen 1950–1964, Stuttgart 1964, 147–175. Vgl. zum folgenden ergänzend *ders.*, Recht und Sprache. Prolegomena zu einer richterlichen Hermeneutik (1940), 2. Aufl. Darmstadt 1964; *ders.*, Die Bindung an Gesetz und Recht (Art. 20 Abs. 3 GG). Strukturanalytische Bemerkungen zum Übergang vom Rechtsstaat zum Justizstaat, DÖV 1959, 41–44, wieder abgedr. in *ders.*, Rechtsstaat im Wandel 176–186; *ders.*, Zur Problematik der Verfassungsinterpretation, Stuttgart 1961; *ders.*, Rechtsstaat oder Richterstaat? Die Gefährdung der Rechtssicherheit durch die Rechtsprechung, in: *G. Lanzenstiel*, Rechtsstaat oder Richterstaat, München 1970, 7–21; *ders.*, Der Staat der Industriegesellschaft (oben N. 2) 116 ff.; *ders.*, Einiges über Geltung und Wirksamkeit der Verfassung, in: Festschr. f. E. R. Huber, Göttingen 1973, 3–16.

7 Umbildung 36. (Da in der vorliegenden Dokumentation die Seitenzahlen der Erstveröffentlichung angegeben sind, wird im folgenden nach den Originaldrucken zitiert.)

eine solche Beliebigkeit negiert oder aufgelöst wird«.[8] Anlaß zu jener These war die Diagnose, daß die zunehmende Preisgabe bewährter Regeln der juristischen Hermeneutik zu einer fortschreitenden Umbildung des Verfassungsgesetzes und folgeweise zu einer Auflösung der rechtsstaatlichen Verfassung geführt habe. Die Pointe dieser Umbildung und Auflösung erblickt Forsthoff im Übergang vom Rechtsstaat zum Justizstaat, d. h. in der juristisch unkontrollierten Auslieferung der Verfassung an den Richter. Für die Vereinigten Staaten hat Chief Justice Charles Evan Hughes das Ergebnis einer solchen Auslieferung in die lapidare Formel gekleidet: »We are under a constitution, but the constitution is what the judges say it is«.[9] Daß diese Formel inzwischen in weiten Bereichen auch für das Grundgesetz der Bundesrepublik gilt, steht außer Zweifel.

Forsthoffs Beitrag ist diagnostisch gemeint, doch enthält er unverkennbar einen therapeutischen Appell. Er lautet: Zurück zur juristischen Methode! Dieser Appell hat wenig Anklang gefunden, und er litt von vornherein an einer unpräzisen und wenig glücklichen Gegenüberstellung von »juristischer« und »geisteswissenschaftlich-werthierarchischer« Methode.[10] Dennoch formuliert er das Kernproblem der Verfassungsinterpretation wie der Gesetzesinterpretation überhaupt. Dieses Problem ist, ob die juristische Methodenlehre über einen konsensfähigen Regelkanon verfügt, der der Richterwillkür rational kontrollierbare und juristischer Kompetenz unterliegende Grenzen setzt. Daß dieser Frage im gewaltenteilenden Rechtsstaat durch den Grundsatz der Bindung des Richters an Gesetz und Recht eine eminente verfassungsrechtliche Bedeutung zukommt, liegt auf der Hand.[11]

8 Ebd.

9 *C. E. Hughes*, Adresses, New York 1908, 139.

10 Dazu treffend *A. Hollerbach*, Auflösung der rechtsstaatlichen Verfassung?, AöR 85 (1960) 241–270 (= unten S. 80 ff.).

11 Vgl. Art. 20 III GG und dazu außer den einschlägigen Kommentierungen z. B. die materialreiche Studie von *Th. Vogel*, Zur Praxis und Theorie der richterlichen Bindung an das Gesetz im gewaltenteilenden Staat, Berlin 1969, sowie als neueste Stellungnahmen die auf der Staatsrechtslehrertagung 1975 in Augsburg gehaltenen Referate von *G. Roellecke* und *Chr. Starck* über »Die Bindung des Richters an Gesetz und Verfassung«, die demnächst in VVDStRL 34 (1976) erscheinen. – Eine (auch methodologisch wichtige) grundsätzliche Stellungnahme zum Problem findet sich im Rechtsfortbildungsbeschluß des BVerfG vom 14. Februar 1973, BVerfGE 34, 269 (286 f.): »Die traditionelle Bindung des Richters an das Gesetz, ein tragender Bestandteil des Gewaltentrennungsgrundsatzes und damit der Rechtsstaatlichkeit, ist im Grundgesetz jedenfalls der Formulierung nach dahin abgewandelt, daß die Rechtsprechung an ›Gesetz und Recht‹ gebunden ist (Art. 20 Abs. 3). Damit wird nach allgemeiner Meinung ein enger Gesetzespositivismus abgelehnt. Die Formel hält das Bewußtsein aufrecht, daß sich Gesetz und Recht zwar faktisch im allgemeinen, aber nicht notwendig und immer decken. Das Recht ist nicht mit der Gesamtheit der geschriebenen Gesetze identisch. Gegenüber den positiven Satzungen der Staatsgewalt kann unter Umständen ein Mehr

Forsthoff erblickt jenen Kanon in den im wesentlichen von Savigny, unter Rückgriff auf die mittelalterliche Jurisprudenz, formulierten Regeln der juristischen Hermeneutik.[12] Der von ihm verwendete Ausdruck »juristische Methode«[13] legt allerdings Assoziationen nahe, die auf die Fortbildung (und Verengung) dieser Hermeneutik durch die Begriffsjurisprudenz und den juristischen Positivismus des 19. Jahrhunderts weisen. Doch fordert Forsthoff weder ein naives Zurück zum begriffsjuristischen Positivismus noch auch nur eine simple Rückkehr zur Vierzahl der Savignyschen Auslegungselemente (dem grammatischen, dem logischen, dem historischen und dem systematischen Element).[14] Worum es ihm geht, und das macht die bleibende Aktualität und die Grundsätzlichkeit seines Beitrages aus, ist die Befürchtung, daß die »Abdankung der juristischen Methode«[15] zu einer »Depossedierung der Rechtswissenschaft«,[16] d. h. zu deren Preisgabe an Philosophie, Politologie und Soziologie, und folgeweise zum Verlust jurisprudentieller Kontrolle richterlicher Entscheidungsfindung führe.

Diese Befürchtung ist begründet. Doch ist damit die Frage, worin die juristische Methode besteht und ob sie die ihr angelastete Kontrollfunktion

an Recht bestehen, das seine Quelle in der verfassungsmäßigen Rechtsordnung als einem Sinnganzen besitzt und dem geschriebenen Gesetz gegenüber als Korrektiv zu wirken vermag; es zu finden und in Entscheidungen zu verwirklichen, ist Aufgabe der Rechtsprechung. Der Richter ist nach dem Grundgesetz nicht darauf verwiesen, gesetzgeberische Weisungen in den Grenzen des möglichen Wortsinns auf den Einzelfall anzuwenden. Eine solche Auffassung würde die grundsätzliche Lückenlosigkeit der positiven staatlichen Rechtsordnung voraussetzen, ein Zustand, der als prinzipielles Postulat der Rechtssicherheit vertretbar, aber praktisch unerreichbar ist. Richterliche Tätigkeit besteht nicht nur im Erkennen und Aussprechen von Entscheidungen des Gesetzgebers. Die Aufgabe der Rechtsprechung kann es insbesondere erfordern, Wertvorstellungen, die der verfassungsmäßigen Rechtsordnung immanent, aber in den Texten der geschriebenen Gesetze nicht oder nur unvollkommen zum Ausdruck gelangt sind, in einem Akt des bewertenden Erkennens, dem auch willenhafte Elemente nicht fehlen, ans Licht zu bringen und in Entscheidungen zu realisieren. Der Richter muß sich dabei von Willkür freihalten; seine Entscheidung muß auf rationaler Argumentation beruhen. Es muß einsichtig gemacht werden können, daß das geschriebene Gesetz seine Funktion, ein Rechtsproblem gerecht zu lösen, nicht erfüllt. Die richterliche Entscheidung schließt dann diese Lücke nach den Maßstäben der praktischen Vernunft und den ›fundierten allgemeinen Gerechtigkeitsvorstellungen der Gemeinschaft‹ (BVerfGE 9, 338 [349])«.

12 Umbildung 36.

13 Ebd. 41.

14 Zur Methodenlehre Savignys vgl. *K. Larenz*, Methodenlehre der Rechtswissenschaft, 3. Aufl. Berlin/Heidelberg/New York 1975, 11 ff. – Daß Forsthoff keine simple Rückkehr zur Vierzahl der Savignyschen Auslegungselemente intendiert, belegt die Interpretationstheorie seines Lehrbuchs des Verwaltungsrechts; vgl. dazu *Hollerbach* a.a.O. S. jetzt auch *P. Häberle*, Lebende Verwaltung trotz überlebter Verfassung? – Zum wissenschaftlichen Werk von Ernst Forsthoff, JZ 1975, 685–689, bes. 686 N. 8 u. 687.

15 Umbildung 41.

16 Ebd. 61.

zu leisten vermag, noch nicht beantwortet. Forsthoffs These, daß das Gesetz eine Beliebigkeit der Auslegungsprozeduren nicht dulde, ist als rechts- und staatstheoretisches Postulat billigenswert. Allerdings fragt sich, ob das Gesetz angesichts des Standes der juristischen Methodenlehre eine solche Beliebigkeit zu dulden genötigt ist. Wenn, wie Forsthoff meint, die Verfassung als Gesetz den für die Gesetze geltenden Regeln der Auslegung unterstellt wird, so erhebt sich die Frage, wie es mit dem Geltungscharakter der Regeln steht, die die traditionelle juristische Methodenlehre formuliert. Die juristische Praxis, auch diejenige des Bundesverfassungsgerichts, verfährt mit ihnen großzügig.[17] Sie zieht vielfach nur diejenigen Regeln heran, die ihr zur Begründung der jeweils für angemessen gehaltenen Entscheidung geeignet erscheinen. Wird aber, bemerkt dazu Kriele, »eine methodische Regel mal befolgt, mal nicht befolgt, so bedeutet das, daß sie nicht gilt«.[18] Dieser Satz ist deskriptiv und nicht normativ gemeint. Wodurch aber begründet die juristische Methodenlehre die Normativität ihrer Regeln?

Entschiedener Zweifel am Sinn des Forsthoffschen Appells bekundet sich in Essers vielzitierter These, »daß unsere akademische Methodenlehre dem Richter weder Hilfe noch Kontrolle bedeutet«.[19] Für die Verfassungsinterpretation hatte Kriele bereits vorher konstatiert, die »Methode der Rechtsgewinnung (sei) der Staatsrechtslehre in einer so grundsätzlichen Weise zum Problem geworden, daß kaum ein einziger Satz der überlieferten Lehre noch unangefochten gilt«.[20] Und selbst ein so behutsamer Vertreter der überkommenen Methodenlehre wie Larenz meint, es habe mitunter »den Anschein, als sei die Freirechtslehre, zu der sich freilich offen heute niemand mehr bekennt, insgeheim zum Glaubensbekenntnis eines großen Teils unserer Praktiker geworden«.[21]

Will man sich angesichts dieser Situation mit dem von Forsthoff exemplarisch aufgeworfenen Problem der Verfassungsinterpretation angemessen befassen, so erfordert das einen Rückgang auf die Problematik und Situation der juristischen Methodenlehre überhaupt.

17 Zur methodologischen Praxis des BVerfG vgl. z. B. die Beispiele bei *Hesse*, Grundzüge (oben N. 1) § 2 II 2 S. 24 f.

18 *M. Kriele*, Theorie der Rechtsgewinnung – entwickelt am Problem der Verfassungsinterpretation, Berlin 1967, 25.

19 *J. Esser*, Vorverständnis und Methodenwahl in der Rechtsfindung, Frankfurt/M. 1970, 7 (Neuausg. Frankfurt/M. 1972).

20 *M. Kriele* a.a.O. (oben N. 18) 13.

21 *K. Larenz*, Entwicklungstendenzen der heutigen Zivilrechtsdogmatik, JZ 1962, 105–110, 105.

## II. *Juristische Methodik und juristische Dogmatik*

Die kontinentaleuropäische Rechtswissenschaft hat sich im Hochmittelalter als dogmatische Buchwissenschaft konstituiert, und sie hat diesen Charakter im wesentlichen bis heute behalten. Fixiert auf die exegetische und systematische Bearbeitung autoritativer Texte, gewann sie ihre spezifische Methodik aus Logik, Philologik und Historik.[22] Seitdem stehen im juristischen »Lasterkatalog« die Standardvorwürfe der Lebensfremdheit, des Scholastizismus, des Begriffskults, der Silbenstecherei, Wortklauberei und Haarspalterei. Dagegen ist im Namen des Rechtsgefühls und der Lebensbedürfnisse immer wieder Sturm gelaufen worden – nicht zuletzt von Juristen selbst.[23]
Für die gegenwärtige Situation noch immer bedeutsam ist der um die letzte Jahrhundertwende vorwiegend in der Zivilistik ausgetragene juristische Methodenstreit, in dem im Zeichen jener Schlagworte die soziologische und die Freirechtsjurisprudenz gegen die Begriffs- und Konstruktionsjurisprudenz kämpften.[24] Als Synthese ist daraus die Interessenjurisprudenz hervorgegangen, die in ihrer Fortbildung zur Wertungsjurisprudenz die methodische Praxis namentlich der Zivilgerichte heute beherrscht. Ihr Kernpunkt ist, daß sie dem Richter im Zweifel den »Durchgriff« auf die gesetzgeberische Interessenbewertung bzw. auf die soziale Funktion des Gesetzes empfiehlt.[25] Doch verstehen sich auch Interessen- und Wertungsjurisprudenz als Gesetzeshermeneutik und arbeiten als solche mit dem überkommenen (und allerdings erweiterten) Instrumentarium der Gesetzesinterpretation. Die heutige Krise der allgemeinen juristischen Methodenlehre resultiert daraus, daß sich infolge wachsender Komplexität moderner Gesellschaften und fortschreitender »Flucht des Gesetzgebers aus der politischen Verantwortung«[26] das Durchgriffspostulat zunehmend als Überforderungspostulat erweist.

22 Dazu z. B. *Fr. Wieacker*, Privatrechtsgeschichte der Neuzeit, 2. Aufl. Göttingen 1967, 45 ff.
23 Zum geschichtlichen Wechselspiel von Strömung und Gegenströmung vgl. die Bemerkungen bei *H. Wüstendörfer*, Zur Methode soziologischer Rechtsfindung. Zwei systematische Abhandlungen, hg. v. *M. Rehbinder*, Berlin 1971, 136.
24 Dazu *K. Riebschläger*, Die Freirechtsbewegung. Zur Entwicklung einer soziologischen Rechtsschule, Berlin 1968.
25 Vgl. die Sekundärdarstellung von *J. Edelmann*, Die Entwicklung der Interessenjurisprudenz, Bad Homburg v.d.H./Berlin/Zürich 1967.
26 Vgl. *U. Diederichsen*, Die Flucht des Gesetzgebers aus der politischen Verantwortung im Zivilrecht, Karlsruhe 1974.

Die Staatsrechtslehre hat ihren Methodenstreit mit einiger Verspätung, nämlich in der Hauptsache in den zwanziger Jahren des gegenwärtigen Jahrhunderts gehabt.[27] Die sog. »juristische Methode« (Gerber, Laband, Jellinek u. a.) ist in diesem Streit, wie es bei Kriele heißt, »den gegen sie geführten Angriffen so gut wie endgültig erlegen«.[28] Träger dieser Angriffe waren Autoren, deren Theorien im Kern die Öffnung der Staatsrechtslehre zur Philosophie, Politologie und Soziologie bedeuteten (E. Kaufmann, C. Schmitt, R. Smend, H. Heller u. a.).[29] Die Ungunst der Zeitumstände hat es verhindert, daß die dadurch aufgeworfenen Fragen in jenen Jahren ausdiskutiert wurden. Es ist deshalb kein Zufall, daß Forsthoff mit seinem oben behandelten Aufsatz exakt an die Fragestellungen der Weimarer Zeit anknüpft. Und in der Tat steht der heutige Methodenstreit noch immer weithin im Bann der damals diskutierten Probleme. Das gilt besonders für die Frage nach der Eigenart und dem Stellenwert der »juristischen Methode«.

Eine klassische Formulierung dieser Methode findet sich in *Labands* Vorwort zur 2. Aufl. seines »Staatsrecht des Deutschen Reiches« (Freiburg/Leipzig 1894): »Vor allem ist die Methode, welche bei der Bearbeitung der ersten Auflage befolgt worden ist, auch bei der Umarbeitung streng eingehalten worden. Auf die zahlreichen und scharfen Angriffe, welche gegen dieselbe gerichtet worden sind, habe ich nur folgendes zu erwidern. Ich weiß sehr wohl, daß die *ausschließliche* Herrschaft der logischen Behandlungsart

27 Eine zusammenfassende Analyse dieses Streits aus juristischer Sicht fehlt noch immer. Vgl. aus politologischer Sicht: *K. Sontheimer*, Zur Grundlagenproblematik der deutschen Staatsrechtslehre in der Weimarer Republik, ARSP 46 (1960) 39–71; *W. Bauer*, Wertrelativismus und Wertbestimmtheit im Kampf um die Weimarer Demokratie. Zur Politologie des Methodenstreits der Staatsrechtslehrer, Berlin 1968; *M. H. Mols*, Allgemeine Staatslehre oder politische Theorie? Interpretationen in ihrem Verhältnis am Beispiel der Integrationslehre Rudolf Smends, Berlin 1969; *W. Schluchter*, Entscheidung für den sozialen Rechtsstaat. Hermann Heller und die staatstheoretische Diskussion der Weimarer Republik, Köln/Berlin 1968. Zu den drei letztgenannten Schriften s. die Rezensionsabhandlung von *M. Friedrich*, Die Grundlagendiskussion in der Weimarer Staatsrechtslehre, PVS 13 (1972) 582–598.

28 A.a.O. (oben N. 18) 13.

29 Vgl. *E. Kaufmann*, Kritik der neukantischen Rechtsphilosophie, Tübingen 1921; *ders.*, Die Gleichheit vor dem Gesetz im Sinne des Art. 109 der Reichsverfassung, VVDStRL 3 (1927) 2 ff.; *C. Schmitt* a.a.O. (oben N. 1); *R. Smend*, Verfassung und Verfassungsrecht, München/Leipzig 1928, auch abgedruckt in *ders.*, Staatsrechtliche Abhandlungen, 2. Aufl. Berlin 1968, 119–276; *H. Heller*, Die Krisis der Staatsrechtslehre, Arch. f. Sozialwiss. und Sozialpol. 55 (1926) 289–316; *ders.*, Staatslehre (1934), 4. Aufl. Leiden 1970. Zu der in dieser Diskussion wichtigen Problematik des Gleichheitssatzes s. a. die einflußreichen Untersuchungen von *G. Leibholz*, zusammengefaßt in *ders.*, Die Gleichheit vor dem Gesetz. Eine Studie auf rechtsvergleichender und rechtsphilosophischer Grundlage, 2. Aufl. München/Berlin 1959.

des Rechts eine höchst nachteilige Einseitigkeit wäre und in gewisser Beziehung die Verkümmerung unserer Wissenschaft herbeiführen würde. Ich verkenne weder die Bedeutung rechtshistorischer Forschungen ... noch den Wert, welchen Geschichte, Volkswirtschaftslehre, Politik und Philosophie für die Erkenntnis des Rechts haben. Die Dogmatik ist nicht die *einzige* Seite der Rechtswissenschaft, aber sie ist doch eine derselben. Die wissenschaftliche Aufgabe der *Dogmatik* eines bestimmten positiven Rechts liegt aber in der Konstruktion der Rechtsinstitute, in der Zurückführung der einzelnen Rechtssätze auf allgemeinere Begriffe und andererseits in der Herleitung der aus diesen Begriffen sich ergebenden Folgerungen. Dies ist, abgesehen von der Erforschung der geltenden positiven Rechtssätze, d. h. der vollständigen Kenntnis und Beherrschung des zu bearbeitenden Stoffes, eine rein logische Denktätigkeit. Zur Lösung dieser Aufgabe gibt es kein anderes Mittel als die Logik; dieselbe läßt sich für diesen Zweck durch nichts ersetzen; alle historischen, politischen und philosophischen Betrachtungen – so wertvoll sie an und für sich sein mögen – sind für die Dogmatik eines konkreten Rechtsstoffes ohne Belang und dienen nur zu häufig dazu, den Mangel an konstruktiver Arbeit zu verhüllen«.

Es ist deutlich, daß in diesem Passus, in dem unverkennbar Windscheids berühmter »Jurist als solcher« anklingt,[30] nicht die Methode richterlicher Entscheidungsfindung, sondern die Methode der juristischen Dogmatik gemeint ist. Beide hängen freilich eng zusammen.[31] Aufgabe der juristischen Dogmatik ist die Erkenntnis des in einer Rechtsgesellschaft rechtlich geltenden, d. h. von einem dafür zuständigen Organ in der dafür vorgeschrie-

30 *B. Windscheid*, Über die Aufgabe der Rechtswissenschaft (1884), in: *ders.*, Gesammelte Reden und Abhandlungen, Leipzig 1904, 100–116.

31 Hauptstücke der herkömmlichen Methodologie richterlicher Entscheidungsfindung sind die Lehren von der Gesetzesauslegung, der Gesetzesanwendung und der Lückenfüllung (Rechtsfortbildung). Als Aufgaben (und zugleich Methoden) der Dogmatik werden traditionell Interpretation, Konstruktion und Systembildung benannt. Schon diese Aufzählung zeigt an, daß beide Methodologien sich inhaltlich überschneiden. Kernstück der überkommenen Methodologie juristischer Dogmatik ist, wie auch der Text Labands belegt, die juristische Konstruktion. Darunter wird teils die Subsumtion von Lebenssachverhalten unter Rechtsbegriffe und von Rechtsbegriffen unter juristische Oberbegriffe, teils die Bildung juristischer Begriffe (insbes. Institutsbegriffe) verstanden. Konstruktion ist daher auf der einen Seite Fortsetzung der Interpretation und geht auf der anderen Seite in Systembildung über. – Im übrigen würde eine wissenschaftstheoretische Verhältnisbestimmung beider Methodologien eine Theorie der Rechtsdogmatik voraussetzen, die der Mehrdimensionalität dieser Disziplin und den verschiedenen Dogmatikmodellen gerecht zu werden hätte; vgl. dazu die Angaben unten N. 33. Hier sei nur noch bemerkt, daß auch die juristische Praxis, namentlich die höchstrichterliche Rechtsprechung, dogmatische Arbeit leistet und auch die juristische Dogmatik, soweit sie sich als normative Entscheidungswissenschaft versteht, konkrete Entscheidungsvorschläge ausarbeitet.

benen Weise gesetzten Rechts. Ihre Funktion ist, der richterlichen Entscheidungstätigkeit vorzuarbeiten. Sie tut dies im wesentlichen durch begrifflich-systematische Bearbeitung des positiven Rechts. Und nicht zuletzt am Niveau dieser Bearbeitung hängt die juristische Stringenz der richterlichen Entscheidungsfindung, soweit diese sich auf zwei der Hauptelemente der klassischen Gesetzesinterpretation, das logische und das systematische Element, stützt.[32]

Es war allerdings ein begriffsjuristischer Irrtum zu meinen, daß sich die Tätigkeit der Dogmatik in der »logischen Behandlungsart« des Rechts erschöpft. Die juristische Dogmatik ist eine mehrdimensionale Disziplin.[33] Das Maß, in dem sie sich wertenden Erwägungen und nachbarwissenschaftlichen Einflüssen öffnet, ist, wie die Erfahrung zeigt, historisch kontingent. Im übrigen ist hier nicht der Ort, eine Theorie der Rechtsdogmatik zu entwickeln. Doch ließe sich die These begründen, daß die Grenzen der Legitimität dogmatischen Argumentierens weniger durch eine konsistente Methodologie als vielmehr durch das soziale Substrat definiert sind, das die Dogmatik trägt, d. h. durch den Erwartens- und Toleranzhorizont eines professionalisierten Juristenstandes, der eine spezifische Ausbildung durchlaufen hat.

Das ändert jedoch nichts daran, daß die begrifflich-systematische Bearbeitung des positiven Rechts das »opus proprium« der Rechtsdogmatik ist. Deren primäre Aufgabe besteht darin, vorgegebene Fremdwertungen, und zwar legislative wie präjudizielle, in konsistente Begriffs- und Aussagensy-

32 Geht man mit der Begriffsjurisprudenz davon aus, daß das Recht ein lückenloses Begriffs- und Normensystem sei, aus dem allein vermittels der Logik konkrete Entscheidungen deduziert werden können, so ist der Zusammenschluß von juristischer Dogmatik und richterlicher Methodik fugenlos. Zur Begriffsjurisprudenz vgl. *Larenz*, Methodenlehre (oben N. 14) 20 ff., und *W. Krawietz*, Art. Begriffsjurisprudenz, in: Hist. Wb. d. Philos., hg. v. *J. Ritter*, Bd. 1, Basel/Stuttgart 1971, 809–813 m. w. N.

33 Dazu die Bemerkungen bei *R. Dreier*, Zum Selbstverständnis der Jurisprudenz als Wissenschaft, Rechtstheorie 2 (1971) 37–54, 41 ff. Zur Theorie der Rechtsdogmatik vgl. im übrigen *E. J. Thul*, Die Denkform der Rechtsdogmatik, ARSP 46 (1960) 241–260; *Th. Viehweg*, Zwei Rechtsdogmatiken, in: Festschr. f. Emge, Wiesbaden 1960, 106–115; *Fr. Wieacker*, Zur praktischen Leistung der Rechtsdogmatik, in: *Bubner/Cramer/Wiehl*, Dialektik und Hermeneutik, Bd. 2, Tübingen 1970, 331–336; *W. Krawietz*, Was leistet Rechtsdogmatik in der richterlichen Entscheidungspraxis, ÖZöR 23 (1972) 47–80; O. *Bachof/W. Brohm*, Die Dogmatik des Verwaltungsrechts vor den Gegenwartsaufgaben der Verwaltung, VVDStRL 30 (1972) 193–312; *J. Esser*, Möglichkeit und Grenzen dogmatischen Denkens im Zivilrecht, AcP 172 (1972) 97–130; *ders.*, Dogmatik zwischen Theorie und Praxis, in: Funktionswandel der Privatrechtsinstitutionen, Festschr. f. L. Raiser, Tübingen 1974, 517–539; *U. Meyer-Cording*, Kann der Jurist heute noch Dogmatiker sein?, Tübingen 1973; *G. Struck*, Dogmatische Diskussion über Dogmatik, JZ 1975, 84–88; ferner die Beiträge in: Dogmatik und Methode, Festschr. f. J. Esser, Kronberg/Ts. 1975.

steme zu transformieren. Diese Tätigkeit macht das spezifisch »Juristische« der juristischen Methode als Methode der Rechtsdogmatik aus. Insofern repräsentiert die Begriffsjurisprudenz den Idealtypus juristischer Dogmatik par excellence. Die Funktionsfähigkeit der Begriffsjurisprudenz war freilich an zeitbedingte Voraussetzungen gebunden, die hier nicht rekonstruiert werden sollen. Sieht man von ihren Besonderheiten ab, so wird man sagen können, daß das Niveau der juristischen Dogmatik und folgeweise die Stringenz der logisch-systematischen Gesetzesinterpretation davon abhängen, daß erstens ein positives Recht von relativ hoher Konsistenz und Regelungsdichte gegeben ist, zweitens ein gesellschaftlicher Grundkonsens, der die Prinzipien dieses Rechts und damit die (mehr oder weniger latenten) Wertungen der Dogmatik trägt, sowie drittens ein Juristenstand, dessen berufliche Sozialisation auf die beiden vorgenannten Bedingungen abgestellt ist.

Die Formulierung dieser Bedingungen macht zugleich deutlich, daß eines der Probleme gegenwärtiger Verfassungsinterpretation ein bestehendes Defizit an verfassungsrechtlicher Dogmatik ist.[34] Das gilt wiederum besonders für die Grundrechts- und die Staatszieldogmatik. Deren hohe Ideologieanfälligkeit, die die Labilität der tragenden Konsensbasis signalisiert, wurde bereits angesprochen. Sie wird durch Regelungsinkonsistenzen und Normierungsoffenheiten jener Agglomeration von Generalklauseln und Plastilinbegriffen verstärkt. So nimmt es nicht wunder, daß es, um nur einige Beispiele zu nennen, bis heute keine befriedigende und allgemein anerkannte Systematik der Grundrechtsschranken,[35] keine konsensfähige Konzeption der »streitbaren Demokratie«,[36] keine »herrschende Lehre« zur Dogmatik der Sozialstaatlichkeit[37] und keine Einigkeit über den »Bedeutungswandel«

34 Den Ursachen dafür kann hier nicht näher nachgegangen werden. Außer dem im Text Gesagten ist selbstverständlich an den historischen Wechsel der Verfassungen und das – im Vergleich zur Zivilistik – relativ geringe Alter der Staatsrechtslehre zu denken.

35 Die subtilste Systematik findet sich bei *v. Mangoldt/Klein*, Kommentar zum GG, Bd. 1 (1957, Nachdr. 1966), Vorbem. B XV vor Art. 1. Vgl. auch *Hesse*, Grundzüge (oben N. 1) 129 ff. Einen guten Überblick über das (ältere) Schrifttum gibt *W. Berg*, Konkurrenzen schrankendivergenter Freiheitsrechte im Grundrechtsabschnitt des GG, Berlin/Frankfurt 1966.

36 Vgl. *E. Bulla*, Die Lehre von der streitbaren Demokratie, AöR 98 (1973) 340–360. S. dazu auch die Bemerkungen bei *E. Denninger*, Freiheitsordnung – Wertordnung – Pflichtordnung. Zur Entwicklung der Grundrechtsjudikatur des Bundesverfassungsgerichts, JZ 1975, 545–550, 548 f. Zur Interpretation des grundgesetzlichen Demokratieprinzips vgl. *v. Simson/Kriele*, Das demokratische Prinzip im Grundgesetz, VVDStRL 29 (1971) 3–84.

37 Das Schrifttum dazu ist – wie dasjenige zum Demokratieprinzip – nahezu unübersehbar. Statt vieler seien hier nur der Sammelband von *E. Forsthoff* (Hg.), Rechtsstaatlichkeit und Sozialstaatlichkeit, Darmstadt 1968, sowie zwei neuere Dissertationen zitiert: *K.-A. Gerstenmaier*, Die Sozialstaatsklausel des GG als Prüfungsmaßstab im Normenkontrollverfahren. Justitiabilität und Justitiabilisierung der Sozialstaatsklausel

der »Grundrechte im Leistungsstaat« gibt.[38] Und nur am Rande sei bemerkt, daß – der Publikationstypologie nach – noch immer kein »großes« Lehrbuch des Staatsrechts die Lücke zwischen den »großen« Kommentaren und den »großen« Allgemeinen Staatslehren schließt.[39]
Um so dringender ist freilich die Frage, was die traditionelle juristische Methodenlehre, abgesehen von der speziellen Methodologie der Rechtsdogmatik, für die Rationalität und die juristische Kontrollierbarkeit der Verfassungsinterpretation austrägt.

## III. *Zur traditionellen juristischen Methodenlehre*

Die überkommene juristische Methodenlehre versteht sich in erster Linie als Methodologie richterlicher Entscheidungsfindung.[40] Als solche kann sie entweder deskriptiv oder normativ sein, d. h. sie kann die Spruchpraxis daraufhin untersuchen, wie sie sich entweder tatsächlich vollzieht oder wie sie sich richtigerweise vollziehen sollte. Die traditionelle Methodenlehre pflegt beide Elemente nicht deutlich zu unterscheiden. Doch überwiegt in ihr das normative Element, und zwar in seiner Ausprägung als Ratschlag oder Empfehlung. M. a. W.: Sie begreift sich als Anleitung oder Leitfaden richtiger richterlicher Entscheidungsfindung. Damit steht sie freilich vor der

des GG, München 1975 (zugl. Diss. Göttingen 1974); *H. Noack*, Sozialstaatsklauseln und juristische Methode. Probleme einer Interpretation der Art. 20 Abs. 1 und 28 Abs. 1 GG, Baden-Baden 1975 (Studien und Materialien zur Verfassungsgerichtsbarkeit 4; zugl. Diss. Göttingen 1974).

38 Dazu insbes. *Martens/Häberle*, Grundrechte im Leistungsstaat, VVDStRL 30 (1972) 7–141, sowie die Aussprache ebd. 142–191. S. auch *Denninger* a.a.O. (oben N. 36) m. w. N. Aus dem umfangreichen Schrifttum sei noch angeführt: *H. Goerlich*, Wertordnung und Grundgesetz. Kritik einer Argumentationsfigur des BVerfG, Baden-Baden 1973 (Studien und Materialien zur Verfassungsgerichtsbarkeit 1) sowie *H. Willke*, Stand und Kritik der neueren Grundrechtstheorie. Schritte zu einer normativen Systemtheorie, Berlin 1975.

39 Von den vorliegenden Lehrbüchern (E. Denninger, W. Hamel, K. Hesse, Th. Maunz, Th. Schramm, E. Stein) ist allenfalls dasjenige von Hamel, von dem bisher zwei Bände vorliegen und dessen endgültig geplanter Umfang noch nicht ersichtlich ist, als »großes« Lehrbuch konzipiert; vgl. *W. Hamel*, Deutsches Staatsrecht, I. Grundbegriffe, II. Verfassungsgeschichte, Berlin 1971/74.

40 Repräsentativ: *K. Larenz*, Methodenlehre (oben N. 14); vgl. ergänzend *H. Coing*, Juristische Methodenlehre, Berlin/New York 1972; *R. Zippelius*, Einführung in die juristische Methodenlehre, 2. Aufl. München 1974. S. auch *J. Esser u. a.*, Methoden der Rechtswissenschaft, Wien 1972.

Frage, wonach sich die Kriterien der Richtigkeit bemessen. Diese Frage beantwortet sich aus der der juristischen Methodologie, bewußt oder unbewußt, zugrunde liegenden juristischen Theorie. Dabei will der Ausdruck »juristische Theorie« in einem weiten Sinne verstanden sein, der die allgemeine Rechts- und Staatstheorie (einschließlich der theoretischen Rechts- und Staatssoziologie) ebenso wie die Rechts- und Staatsphilosophie sowie die juristische Dogmatik umfaßt.

Die Beziehungen zwischen Methodik und Dogmatik wurden bereits erwähnt. Der Zusammenhang zwischen juristischer Methodologie und allgemeiner juristischer Theorie läßt sich am Streit um das Ziel der Gesetzesauslegung verdeutlichen.[41] In ihm stehen sich nach wie vor subjektive und objektive Theorien gegenüber.[42] Die Unterscheidung zwischen ihnen wird teils mehr durch die sachliche Differenz zwischen dem subjektiven Willen des Gesetzgebers und dem objektiven (oder »vernünftigen«) Sinn des Gesetzes, teils mehr durch die zeitliche Differenz zwischen Gesetzeserlaß und Gesetzesanwendung definiert. Kombiniert man diese Gesichtspunkte, so kann man theoretisch mindestens vier Zielvarianten formulieren.[43] Praktisch geht es vor allem um die mögliche Verschiedenheit zwischen dem faktischen Willen des historischen Gesetz- bzw. Verfassungsgebers und dem vernünftigen Sinn des (Verfassungs-)Gesetzes zur Auslegungszeit.[44]

41 Dazu vor allem *A. Mennicken*, Das Ziel der Gesetzesauslegung, Bad Homburg v.d.H./Berlin/Zürich 1970.

42 Für die Verfassungsinterpretation vgl. *H. Krüger*, Verfassungsauslegung aus dem Willen des Verfassungsgebers, DVBl. 1961, 685–689 (= unten S. 142 ff.); *H. J. Müller*, Subjektive und objektive Auslegungstheorien in der Rechtsprechung des BVerfG, JZ 1962, 471–475. – Die einschlägige Formel des Bundesverfassungsgerichts lautet: »Maßgebend für die Auslegung einer Gesetzesvorschrift ist der in ihr zum Ausdruck kommende objektivierte Wille des Gesetzgebers, so wie er sich aus dem Wortlaut der Gesetzesbestimmung und dem Sinnzusammenhang ergibt, in den diese hineingestellt ist. Nicht entscheidend ist dagegen die subjektive Vorstellung der am Gesetzgebungsverfahren beteiligten Organe oder einzelner ihrer Mitglieder über die Bedeutung der Bestimmung. Der Entstehungsgeschichte einer Vorschrift kommt für deren Auslegung nur insofern Bedeutung zu, als sie die Richtigkeit einer nach den angegebenen Grundsätzen ermittelten Auslegung bestätigt oder Zweifel erhebt, die auf dem angegebenen Weg allein nicht ausgeräumt werden können«; BVerfGE 1, 299 (312), bestätigt u. a. in 11, 126 (130); 28, 243 (259); 29, 183 (189). Zur Mehrdeutigkeit dieser Formel vgl. den genannten Aufsatz von H. J. Müller.

43 Subjektiv-entstehungszeitlich, objektiv-entstehungszeitlich, subjektiv-geltungszeitlich, objektiv-geltungszeitlich. Vgl. *Mennicken* a.a.O. 17 f.

44 Daß das Grundgesetz wegen der Besonderheit seiner Entstehung und der spezifischen Antinomik seiner Staatszielbestimmungen zusätzliche Interpretationsprobleme aufwirft, wurde bereits angedeutet. Zu den Entstehungsbedingungen vgl. die Angaben oben N. 2; zur Antinomik: *N. Achterberg*, Antinomien verfassungsgestaltender Grundentscheidungen, Staat 8 (1969) 159–180. S. auch *W. Weber*, Spannungen und Kräfte im westdeutschen Verfassungssystem, 3. Aufl. Berlin 1970.

Für beide Zielvorstellungen lassen sich gute Gründe anführen. Diese beziehen sich letztlich immer wieder auf das Gewaltenteilungsprinzip und auf die Antinomien zwischen Gerechtigkeit und Rechtssicherheit, Recht und Macht sowie Wille und Vernunft. Damit sind Begriffe bezeichnet, die einen begründeten Argumentations- und Stellenwert nur aus dem Kontext einer materialen Rechts- und Staatstheorie bzw. -philosophie empfangen. Zugespitzt gesagt: Welche Auslegungstheorie man wählt, hängt davon ab, welche Rechts- und Staatsphilosophie man hat. Dem widerspricht nicht, daß in verschiedenen Auslegungssituationen verschiedene Zieltheorien vorzugswürdig sein können. Die Tatsache, daß über die Kriterien der Vorzugswürdigkeit Uneinigkeit besteht, belegt vielmehr, daß es, jedenfalls zur Zeit, keine konsensfähige Rechts- und Staatsphilosophie gibt.

Die Uneinigkeit in der Lehre vom Auslegungsziel überträgt sich unvermeidlich auf die Lehre von den Auslegungsmitteln. In Erweiterung der erwähnten Savignyschen Vierzahl kennt die heutige juristische Methodenlehre mindestens sieben Elemente (Regeln, Canones, Methoden) der Auslegung:[45] das verbale (grammatische, philologische), das logische (begriffsanalytische), das genetische (entstehungsgeschichtliche), das dogmengeschichtliche (theorie-, problem-, instituts- und/oder normgeschichtliche), das systematische, das komparative (rechtsvergleichende) und das teleologische (die Argumentation aus dem Zweck des Gesetzes, die wiederum entweder auf die subjektiven Zielvorstellungen des Gesetzgebers oder auf die objektive soziale Funktion des Gesetzes bzw. einer rechtlichen Institution abgestellt sein kann). Mit ihnen sowie mit einigen ergänzenden Argumentformen, die systematisch teils in der Auslegungs-, teils in der Lückenfüllungslehre angesiedelt werden,[46] steht der Jurisprudenz ein methodologisches Instrumentarium zur Verfügung, das sich in der juristischen Praxis weithin bewährt hat. Das Problem ist freilich, daß es keine anerkannte Rangfolge der genannten Elemente gibt. Das ist die Konsequenz der Uneinigkeit über das Auslegungsziel. Denn welchem Auslegungselement man die Priorität einräumt, hängt davon ab, welche Auslegungszieltheorie man für richtig hält.[47] Praktisch lassen sich daher mit jenem Instrumentarium die unter-

45 Vgl. zum folgenden die Kurzerläuterungen bei *Wolff/Bachof*, Verwaltungsrecht I, 9. Aufl. München 1974, § 28 III b.

46 Argumentum per analogiam, e contrario, a maiore ad minus, a minore ad maius, a fortiori, per inductionem, ad absurdum usw. Vgl. die Kurzerläuterungen bei *Wolff/Bachof* a.a.O. § 28 III c. Zur Tragweite formaler Analysen jener Argumentformen vgl. z. B. *J. Rödig*, Die Denkform der Alternative in der Jurisprudenz, Berlin/Heidelberg/New York 1969; *U. Diederichsen*, Die »reductio ad absurdum« in der Jurisprudenz, in: Festschr. f. K. Larenz, München 1973, 155–180.

47 Vgl. z. B. *M. Kriele*, Theorie der Rechtsgewinnung (oben N. 18) 85 ff.

schiedlichsten Auslegungsergebnisse juristisch rechtfertigen. Die Praxis verwendet das genannte Instrumentarium denn auch vielfach nur, um die ihr angemessen dünkende Entscheidung »lege artis« zu begründen.

Es ist dieser Sachverhalt, auf den Esser mit seiner schon zitierten Formulierung zielt, »daß unsere akademische Methodenlehre dem Richter weder Hilfe noch Kontrolle bedeutet«.[48] Dieser Satz bedarf offensichtlich einer Modifikation. Denn selbstverständlich bedeutet die Methodenlehre dem Richter Hilfe. Sie präsentiert ein bewährtes Arsenal zur Erzeugung juristisch verwendbarer Argumente. Diese mögen häufig erst nachträglich zur Begründung einer bereits vorgängig, intuitiv oder gefühlsmäßig »gefundenen« Entscheidung herangezogen werden. Nicht selten dürften sie allerdings auch zur Behebung einer zunächst bestehenden Entscheidungsungewißheit beitragen. Was häufiger ist, mag offenbleiben. Darüber fehlen hinreichende empirische Untersuchungen.[49]

Wichtiger ist die Frage, ob und inwieweit die herkömmliche Methodenlehre dem Richter *Kontrolle* gewährt. Das hängt davon ab, welche Anforderungen an die Kontrollierbarkeit man stellt. Man wird zugeben müssen, daß eine gewisse Rationalitätskontrolle durchaus in dem von Larenz angeführten Kriterium der »vollständigen Ausschöpfung aller sich bietenden hermeneutischen Mittel« liegt.[50] In der Tat ist es vor allem dieses Kriterium, dessen sich methodologische Urteilskritiken mit zuweilen hoher Überzeugungskraft zu bedienen pflegen.[51] Esser selbst hat sich anläßlich methodenkritischer Anmerkungen zum Fristenlösungsurteil[52] und zu den Extremistenentscheidungen[53] gegen naheliegende Mißdeutungen seiner zitierten Monographie gewendet und betont, »daß herkömmliche Methodenlehre nicht der Abschaffung verfallen muß, sondern gerade umgekehrt einen Teil jener argumentativen Figuren strukturiert, in denen wir Plausibilität von Be-

48 Vorverständnis und Methodenwahl 7.

49 Ansätze dazu finden sich z. B. bei *W. O. Weyrauch*, Zum Gesellschaftsbild des Juristen. Eine vergleichende Studie über subjektive Faktoren im Recht, dt. Ausg. Neuwied/Berlin 1970, 207 ff.; *R. Lautmann*, Justiz – die stille Gewalt. Teilnehmende Beobachtung und entscheidungssoziologische Analyse, Frankfurt/M. 1972, bes. 83 ff.

50 *K. Larenz*, Die Bindung des Richters an das Gesetz als hermeneutisches Problem, in: Festschr. f. E. R. Huber, Göttingen 1973, 291–309, 305 f.

51 Vgl. z. B. *D. Rauschning*, Zur Methode der Entscheidung des BVerfG über die staatliche Parteienfinanzierung, JZ 1967, 346–351; *P. Häberle*, »Landesbrauch« oder parlamentarisches Regierungssystem? Zum Schleswig-Holstein Urteil des BVerfG vom 22. 7. 1969, JZ 1969, 613–617; *ders.*, Die Abhörentscheidung des BVerfG vom 15. 12. 1970, JZ 1971, 145–176. S. im übrigen die Zusammenstellung methodologischer Entscheidungsanalysen in der Bibliographie unten S. 339 ff.

52 BVerfGE 39, 1; vgl. dazu auch die Anmerkung von *Kriele*, JZ 1975, 222–225.

53 BVerwG vom 6. 2. 1975, NJW 1975, 1135 (m. Anm. *Battis*) = JZ 1975, 412; BVerfG vom 22. 5. 1975, NJW 1975, 1641 = JZ 1975, 561.

gründungszusammenhängen zumindest für Juristenkreise konsensfähig machen«.[54]
Dennoch bleibt das benannte Unbehagen. Denn wenn es keine konsensfähige Präferenzordnung der Auslegungselemente gibt, so bedeutet das im Zweifel eben doch die Beliebigkeit der Auslegungsprozeduren und damit des Auslegungsergebnisses. Gewiß hat man sich vor diesbezüglichen Übertreibungen zu hüten.[55] In welchem Maße das richterliche Entscheidungsverhalten durch Gesetz, Präjudiz, Dogmatik und herkömmliche Methodologie rational kontrollierbar gesteuert wird, hängt von verschiedenen Faktoren ab. Es sind dies das Niveau der Rechtsdogmatik und diejenigen Bedingungen, die dieses Niveau ihrerseits ermöglichen.[56] Doch wird dadurch das prinzipielle Ungenügen an der traditionellen juristischen Methodenlehre nicht ausgeräumt.
Dieses Ungenügen hat eine Reihe methodologischer Grundlagenforschungen und Neuansätze hervorgebracht, auf die kurz eingegangen werden muß.

## IV. *Neuere Ansätze zur juristischen Methodenlehre*

Das Fehlen eines anerkannten Auslegungsalgorithmus legt nahe, auf das Deduktionsmodell der juristischen Entscheidung überhaupt zu verzichten und die Auslegungselemente als bloße Gesichtspunkte (topoi) plausibler Entscheidungsbegründung anzusehen. In diese Richtung zielt die Konzeption der juristischen Topik. Mit ihr hat Theodor Viehweg den seit Erscheinen seiner einflußreichen Monographie (1953) wohl meistdiskutierten Vorschlag zu einer Revision des Selbstverständnisses juristischen Denkens vorgelegt.[57]
Nachdrücklich ist dieser Vorschlag auch für die Verfassungsinterpretation reklamiert worden.[58]

54 *J. Esser*, Bemerkungen zur Unentbehrlichkeit des juristischen Handwerkszeugs, JZ 1975, 555–558, 555.
55 Daß auch in der juristischen Methodenlehre die Übertreibung »der Mode liebstes Kind« ist, bemerkt mit Recht *R. Zippelius* a.a.O. (oben N. 40) 5.
56 Dazu oben bei III.
57 *Th. Viehweg*, Topik und Jurisprudenz, 5. Aufl. München 1974; vgl. ergänzend *G. Struck*, Topische Jurisprudenz, Frankfurt/M. 1971.
58 Vgl. *H. Ehmke*, Prinzipien der Verfassungsinterpretation, VVDStRL 20 (1963) 53–102 (= unten S. ff.) 54 ff.; *K. Hesse*, Grundzüge (oben N. 1) 27. Abwägend *M. Kriele*, Theorie der Rechtsgewinnung (oben N. 18) 114 ff.; *Fr. Müller*, Juristische Methodik, Berlin 1971, 68 ff.

Die anfängliche Euphorie ist inzwischen freilich einer gewissen Ernüchterung gewichen.[59] Die These von der topischen Struktur juristischen Denkens ist vielfältig interpretierbar, und die Geschichte ihrer Interpretation ist eine Geschichte von Mißverständnissen.[60] Die Topikthese, auf ihren akzeptablen Kern reduziert, will zunächst nicht normativ, sondern deskriptiv verstanden sein. Als solche besagt sie, daß das juristische Denken, auch wo es sich deduktiv gibt, in Wahrheit ein induktiver, vom problematischen Sachverhalt ausgehender, auf konsensfähige Argumentationen angelegter Prozeß überzeugungskräftiger Entscheidungsfindung ist. Die Umsetzung dieser These in eine normative juristische Argumentationstheorie steht noch aus.[61] Der Versuch einer solchen Umsetzung könnte an angloamerikanische Theorien des legal reasoning,[62] an Perelmans »Nouvelle rhétorique«[63] sowie an außerjuristische Konzeptionen rationalen moralischen Argumentierens anknüpfen, wie sie von unterschiedlichen Ausgangspunkten aus z. B. von Hare, Toulmin, Lorenzen/Schwemmer und Habermas vorgelegt worden sind.[64] Was diese Anknüpfungen für die Fortbildung der traditionellen kontinentaleuropäischen juristischen Methodenlehre zu leisten vermögen, ist einstweilen offen.[65] Ihr Hauptproblem dürfte sein, ein Regelsystem zu entwickeln, welches den Stellenwert und die Struktur moralischer Ar-

59 S. z. B. einerseits *Fr. Wieacker*, Gesetzesrecht und richterliche Kunstregel, JZ 1957, 701–706, bes. 704, und andererseits *ders.*, Zur Topikdiskussion in der zeitgenössischen deutschen Rechtswissenschaft, in: Xenion, Festschr. f. R. J. Zeros, Athen 1973, 391–415.

60 Vgl. dazu insbes. *Kriele* a.a.O. sowie z. B. *J. Blühdorn*, Kritische Bemerkungen zu Theodor Viehwegs Schrift: Topik und Jurisprudenz, Tijdschrift foor Rechtsgeschiedenis 38 (1970) 269–314; *G. Otte*, Zwanzig Jahre Topik-Diskussion, Rechtstheorie 1 (1970) 183–197; *Wieacker* a.a.O. (oben N. 59).

61 Vgl. *Viehwegs* der 5. Aufl. seiner genannten Schrift beigegebenen »Anhang zur Fortentwicklung der Topik« (a.a.O. 111 ff.). Wichtige Ansätze zu einer juristischen Argumentationstheorie finden sich in *Krieles* Theorie der Rechtsgewinnung (dazu noch unten S. 237 ff.).

62 Vgl. dazu *J. Stone*, Legal System and Lawyers Reasoning, London 1965.

63 Vgl. *Ch. Perelman/L. Albrechts-Tyteca*, Traité de l'argumentation. La nouvelle rhétorique, 2. Aufl. Bruxelles 1970.

64 *R. M. Hare*, Freedom and Reason, Oxford 1963; *St. Toulmin*, The Uses of Argument, Cambridge 1964; *P. Lorenzen/O. Schwemmer*, Konstruktive Logik, Ethik und Wissenschaftstheorie, Mannheim/Wien/Zürich 1973, 107 ff., 190 ff.; *J. Habermas*, Vorbereitende Bemerkungen zu einer Theorie der kommunikativen Kompetenz, in: *Habermas/Luhmann*, Theorie der Gesellschaft oder Sozialtechnologie – Was leistet die Systemforschung?, Frankfurt/M. 1971, 101–141; *ders.*, Wahrheitstheorien, in: Wirklichkeit und Reflexion, Festschr. f. W. Schulz, Pfullingen 1973, 211–265. – Zur internationalen Diskussion der Argumentationstheorie vgl. auch die Vorträge und Akten des Weltkongresses für Rechtsphilosophie 1971 in Brüssel: Die juristische Argumentation, ARSP Beiheft NF 7, Wiesbaden 1972 (Vorträge); *H. Hubien* (Ed.), Le raisonnement juridique, Bruxelles 1971 (Akten).

65 Den Entwurf einer Verklammerung bietet *R. Alexy*, Die Theorie des rationalen Diskurses als Theorie der juristischen Argumentation, Diss. Göttingen 1976.

gumentation in der Jurisprudenz rational kontrollierbar definiert und zugleich der Eigenart juristischer Argumentation, insbesondere deren Bezug auf Gesetz, Präjudiz und Dogmatik, gerecht wird. Damit verbindet sich die Frage, wieweit sich für moralisches Argumentieren Rationalitätsbedingungen formulieren lassen, die praktisch einlösbar sind.[66] Ein weiteres Problem ist, ob und mit welchem Erfolg sich ethische Argumentations- und quantifizierende Entscheidungstheorien verbinden lassen.[67]
Im übrigen ist die Topikdebatte auf breiter Front in der allgemeinen Hermeneutikdebatte aufgegangen. Die geisteswissenschaftliche Hermeneutik, zu Beginn des vorigen Jahrhunderts am Modell der Textinterpretation entwickelt und später besonders von Dilthey zu einer Theorie der Geisteswissenschaften im Unterschied zu den Naturwissenschaften fortgebildet, verdankt ihre gegenwärtigen Impulse in erster Linie den Arbeiten von Betti und Gadamer.[68] Vor allem Gadamers Werk hat die jüngere juristische Methodendebatte nachhaltig beeinflußt. Dieser Einfluß betrifft allerdings weniger das methodologische Instrumentarium als vielmehr die philosophischen Grundlagen und erkenntnistheoretischen Probleme der Hermeneutik. Er manifestiert sich insbesondere in der vertieften Einsicht in die Unvermeidbarkeit und die Beschaffenheit des hermeneutischen Zirkels, d. h. der konstitutiven Bedeutung des Vorverständnisses für den Verstehensprozeß, und damit zugleich in den unauflöslichen Zusammenhang von Interpretation und Applikation sowie von Interpretation und Konstitution von Sinn.
Alle diese Einsichten sind für die juristische Methodenlehre nicht neu. Den hermeneutischen Zirkel hatte Radbruch bereits 1909 in dem klassischen Paradoxon formuliert, daß die juristische Auslegung »das Resultat – ihres Resultats« sei.[69] Dennoch hat die nachdrückliche Präsentation jener Thesen durch Gadamer befruchtend gewirkt. Das belegen die Monographien von Esser, Kriele und Müller ebenso wie diejenigen von Hruschka, Hinderling

66 Anlaß zu dieser Frage gibt z. B. *Habermas'* Formulierung der Eigenschaften einer »idealen Sprechsituation«, vgl. *ders.*, Wahrheitstheorien (oben N. 64) 252 ff.
67 Dazu schon die Bemerkungen von *Otte* a.a.O. (oben N. 60) 197 und Wieacker, Rechtsdogmatik a.a.O. (oben N. 33) 324 f. N. 38. Zur Einführung in die (außerjuristische) Entscheidungstheorie vgl. *H. W. Gottinger*, Grundlagen der Entscheidungstheorie, Stuttgart 1974, und *J. J. Hagen*, Rationales Entscheiden, München 1974. Weiteres unten bei der Erörterung der Schrift Kilians.
68 *E. Betti*, Allgemeine Auslegungslehre als Methodik der Geisteswissenschaften, dt. Ausg. Tübingen 1967; *H.-G. Gadamer*, Wahrheit und Methode. Grundzüge einer philosophischen Hermeneutik, 3. Aufl. Tübingen 1972.
69 *G. Radbruch*, Einführung in die Rechtswissenschaft, Leipzig 1909. Da mir die Erstauflage nicht zugänglich war, habe ich das Zitat erst in der zweiten Auflage, Leipzig 1913, S. 82, verifizieren können. In den späteren Auflagen heißt es statt »Resultat« »Ergebnis«.

und Wimmer.[70] Die Jurisprudenz ist damit freilich in den Bannkreis der wissenschaftstheoretischen Grundlagendebatte zwischen philosophischer Hermeneutik und analytischer Wissenschaftstheorie geraten, in der noch immer der alte Gegensatz von Geistes- und Naturwissenschaften fortlebt.[71] Doch interessiert im hiesigen Zusammenhang lediglich der Niederschlag dieser Debatte in der juristischen Methodenlehre, und auch er kann nur an ausgewählten Studien exemplifiziert werden.
Der Ertrag der Hermeneutik dokumentiert sich vor allem in Essers bereits genannter Untersuchung über »Vorverständnis und Methodenwahl in der Rechtsfindung«, die schon im Titel das hermeneutische Grundproblem formuliert. Seit ihrem Erscheinen ist das Postulat kritischer Reflexion des Vorverständnisses zu einem gängigen Schlagwort der juristischen Methodendebatte geworden. Die Tragweite des damit Gemeinten ist allerdings außerordentlich. Denn jenes Postulat fordert, die Mechanismen der Vorurteilsbildung psychologisch und soziologisch zu erforschen und das so gewonnene Wissen in Regeln darüber zu transformieren, wie der Einfluß irrationalen und im pejorativen Sinne ideologischen Vorverständnisses auf die juristische Methodenwahl verhindert werden kann. Daran ist zweierlei bemerkenswert. Das erste ist die Tatsache, daß die Hermeneutik insoweit auf empirische Einzelwissenschaften verweist, die ihrerseits, wie die empirische Psychologie und die empirische Soziologie, überwiegend dem Methodenbewußtsein der analytischen Wissenschaftstheorie verpflichtet sind.[72] Die zweite Bemerkung bezieht sich darauf, daß kritische Reflexion des Vorverständnisses in letzter Instanz stets Ideologiekritik auf individueller Ebene

70 *J. Esser*, Vorverständnis und Methodenwahl (oben N. 19); s. auch schon *ders.*, Grundsatz und Norm in der richterlichen Fortbildung des Privatrechts (1956), 3. Aufl. Tübingen 1974; *M. Kriele*, Theorie der Rechtsgewinnung (oben N. 18); *Fr. Müller*, Juristische Methodik (oben N. 58); *J. Hruschka*, Das Verstehen von Rechtstexten. Zur hermeneutischen Transpositivität des positiven Rechts, München 1972; s. auch schon *ders.*, Die Konstitution des Rechtsfalles. Studien zum Verhältnis von Tatsachenfeststellung und Rechtsanwendung, Berlin 1965; *K. G. Hinderling*, Rechtsnorm und Verstehen. Die methodischen Folgen einer allgemeinen Hermeneutik für die Prinzipien der Verfassungsauslegung, Bern 1971; *N. Wimmer*, Materiales Verfassungsverständnis. Ein Beitrag zur Theorie der Verfassungsinterpretation, Wien/New York 1971.

71 Repräsentativ dafür sind die Werke von *H.-G. Gadamer* (oben N. 68) einerseits und *K. R. Popper*, Logik der Forschung, 5. Aufl. Tübingen 1973, andererseits. Vgl. im übrigen den noch immer lesenswerten Literaturbericht von *J. Habermas*, Zur Logik der Sozialwissenschaften, Tübingen 1967 (Philos. Rundschau Beiheft 5, Neudr. Frankfurt/M. 1970).

72 Vgl. dazu die vorzüglich informierende Dissertation von *H. Rottleuthner*, Richterliches Handeln, zur Kritik der juristischen Dogmatik, Frankfurt/M. 1973. Zur Methodologie der empirischen Sozialwissenschaften vgl. *J. Friedrichs*, Methoden empirischer Sozialforschung, Reinbek 1973; *K.-D. Opp*, Methodologie der Sozialwissenschaften, Reinbek 1970.

ist. Diese ist freilich nach Nigel Harris, einem Experten des Ideologieproblems, »eher ein Problem für den Psychiater als für eine ernsthafte intellektuelle Untersuchung«.[73] Will man daraus nicht den Schluß ziehen, daß der Schlüssel zur Rationalität der Jurisprudenz auf der Couch des Psychiaters liegt, so wird man konstatieren müssen, daß die Hermeneutik auf Rationalitätsgrenzen führt, die in der Komplexität psychischer Prozesse liegen und faktisch unaufhebbar sind.[74]

Methodologisch unterscheidet Esser zwischen dogmatischer Stimmigkeits- und rationaler Richtigkeitskontrolle juristischer Entscheidungsfindung.[75] Letztere meint den »Durchgriff« auf die metadogmatische Wertungsproblematik. Die vernünftige Mitte zwischen juristischer Dogmatisierung und weltanschaulicher Ideologisierung erblickt Esser im jeweiligen Konsenshorizont der Gegenwart. Dieser gibt somit die materialen Kriterien für die Diskussion der Wertungsproblematik ab.[76] Dabei bleibt allerdings offen, ob jener Konsenshorizont »vernünftig« ist. Es ist klar, daß sich diese Frage besonders dort stellt, wo es an einer gemeinsamen Konsensbasis fehlt. Daß genau dies heute in weiten Bereichen der Verfassungsinterpretation der Fall ist, macht, wie noch zu erörtern sein wird, deren aktuelle Problematik aus.

Essers methodologische Analysen berühren sich eng mit Krieles Theorie der Rechtsgewinnung.[77] Liegt das Schwergewicht Essers auf subtilen Untersuchungen des Stellenwerts juristischer Dogmatik, so stehen im Mittelpunkt von Krieles Monographie Probleme vernünftiger Argumentation[78] unter besonderer Berücksichtigung der Funktion von Präjudizien.[79] Krieles Intention ist, die Entfremdung zwischen Theorie und Praxis durch eine theoretische Analyse der letzteren zu überwinden. Seine Theorie erhebt den deskriptiven Befund, daß der juristischen Praxis wertende Erwägungen unaufhebbar immanent sind. Daran knüpft sich die normative Absicht, diese Erwägungen auf ihre rationale Disziplinierbarkeit zu prüfen. Als

73 *N. Harris*, Die Ideologien in der Gesellschaft, dt. Ausg. München 1970, 14.

74 »Wer erwartet, daß der Geltungsanspruch des Gesetzes nach Durchlaufen dieses hochindividualisierten Mediums (scil. des Richters) noch ›Objektivität‹ im Sinne überpersonaler Richtigkeit verbürgt, ist entweder naiv, Zyniker oder Phantast«; *H. H. Rupp*, Die Bindung des Richters an das Gesetz, NJW 1973, 1769–1774, 1773.

75 Vorverständnis und Methodenwahl (oben N. 19) 16 (Neuausg. 19). Vgl. dazu die Rezensionsabh. von *H. J. Koch*, Zur Rationalität richterlichen Handelns, Rechtstheorie 4 (1973) 183–206.

76 Ebd. 139 ff. (Neuausg. 142 ff.).

77 S. o. N. 18. Vgl. dazu die Besprechung von *E. Forsthoff*, Staat 8 (1969) 523–526, und die Rezensionsabh. von *Fr. Müller*, Fragen zu einer Theorie der Praxis, AöR 95 (1970) 154–168.

78 A.a.O. 157 ff.

79 Ebd. 243 ff.

Kriterien der Vernünftigkeit expliziert Kriele die Voraussage und die Bewertung der Folgen, die sich aus der Realisierung möglicher Normhypothesen unter Berücksichtigung ihrer präjudiziellen Wirkung ergeben würden. Als Bewertungsmaßstab fungiert das im Kollisionsfall fundamentalere Interesse.[80] In der Konsequenz dieser Konzeption liegt die entschiedene Ankoppelung der juristischen Methodenlehre an die moderne Ethikdiskussion, insbesondere an die Debatte über das Universalisierbarkeitsprinzip.[81] Auf die Mißverständnisse, die dadurch entstanden sind, ist hier nicht einzugehen.[82] Wichtiger ist der Hinweis auf das methodologische Zentralproblem der Konzeption. Es liegt, wie besonders Luhmann in einem allgemeineren Zusammenhang herausgearbeitet hat,[83] in der Frage, wieweit das Postulat, juristische Entscheidungen seien an ihren Folgen zu orientieren, die Jurisprudenz überfordert. Daß diese Gefahr besteht, ist ohne Umschweife zuzugeben. Da sich indessen alle Versuche, wertende Erwägungen aus der richterlichen Entscheidungsfindung zu verbannen, als praktisch wirkungslos erwiesen haben, gibt es zu Krieles methodologischem Grundansatz, diese Erwägungen ihrerseits nach Maßgabe des Möglichen zu disziplinieren, keine ernsthafte Alternative. Was die Konkretisierung dieses Ansatzes betrifft, so verweist sie auf die Kooperation der juristischen Hermeneutik mit der philosophischen Ethik sowie mit außerjuristischen Argumentations- und Entscheidungstheorien, die wiederum den Bezug auf empirische Einzelwissenschaften einschließen.

Zu gleichen Folgerungen führt die »Juristische Methodik« Friedrich Müllers.[84] Ihre Absicht ist, auf der Grundlage einer »nachpositivistischen« Normtheorie die gemeinsamen Grundlagen fallbezogener

80 A.a.O. 167 ff., 228 ff., 314; s. auch schon *M. Kriele*, Kriterien der Gerechtigkeit, Berlin 1963, 65 ff., 70 ff.

81 Zum Stellenwert der Folgenberücksichtigung und zum Universalisierbarkeitsprinzip in der utilitaristischen Ethik vgl. z. B. *N. Hoerster*, Utilitaristische Ethik und Verallgemeinerung, Freiburg/München 1971. Zur modernen Ethikdiskussion überhaupt die Sammelbände *Th. Foot* (Ed.), Theories of Ethics, Oxford 1967; *M. Riedel* (Hg.), Rehabilitierung der praktischen Philosophie, 2 Bde., Freiburg/Br. 1972/74.

82 Dazu das Nachwort *Krieles* zur demnächst erscheinenden 2. Aufl. seiner »Theorie der Rechtsgewinnung«.

83 *N. Luhmann*, Rechtssystem und Rechtsdogmatik, Stuttgart/Berlin/Köln/Mainz, bes. 7 und 31 ff.

84 *Fr. Müller*, Juristische Methodik, Berlin 1971; vgl. ergänzend *ders.*, Normstruktur und Normativität, Berlin 1966; *ders.*, Normbereiche von Einzelgrundrechten in der Rechtsprechung des BVerfG, Berlin 1968; *ders.*, Die Positivität der Grundrechte, Berlin 1969; *ders.*, Thesen zur Struktur von Rechtsnormen, ARSP 56 (1970) 463–509; *ders.*, Arbeitsmethoden des Verfassungsrechts, in: *M. Thiel* (Hg.), Enzyklopädie der geisteswissenschaftlichen Arbeitsmethoden, 12. Liefg., München/Wien 1972; *ders.*, Fallanalysen zur juristischen Methodik, Berlin 1974; *ders.*, Recht, Sprache, Gewalt. Elemente einer Verfassungstheorie, T. 1, Berlin 1975.

Normkonkretisierung in verschiedenen juristischen Entscheidungsbereichen herauszuarbeiten. Die Probleme der dieser Absicht zugrunde liegenden Normtheorie können hier nicht erörtert werden. Wichtigster methodologischer Ertrag der Untersuchung ist der Vorschlag, den traditionellen Kanon der Auslegungselemente durch einen mehrstufigen Kanon von Konkretisierungselementen zu ersetzen. Er umfaßt – neben den überkommenen methodologischen Elementen im engeren Sinne – Normbereichs-, dogmatische, Theorie-, lösungstechnische sowie rechts- und verfassungspolitische Elemente.[85] Der damit verbundene Versuch, eine Rangordnung dieser Elemente aufzustellen, wird aus den oben bei II genannten Gründen kaum allgemeine Zustimmung gewinnen. Auch verweisen die rechts- und verfassungspolitischen Elemente auf dieselben Probleme, vor die die Krielesche Rechtsfindungstheorie stellt. Dennoch ist die Ausfächerung des Elementenkanons ein methodologischer Fortschritt, den eine noch auszuarbeitende juristische Argumentationstheorie zu berücksichtigen haben wird.
Die Untersuchungen Essers, Krieles und Müllers zielen im Ergebnis übereinstimmend auf die Kooperation der Rechtswissenschaft mit ihren Nachbarwissenschaften.[86] Diese Kooperation selbst ist das Zentralthema von Wittkämpers »Theorie der Interdependenz«, deren Untertitel zugleich ihr methodologisches Programm referiert: »Ein Beitrag zur Reform der Theorie der Rechtsgewinnung durch Öffnung der Rechtswissenschaft zu den übrigen Sozialwissenschaften«.[87] Wittkämpers interdependenztheoretische Studie, wissenschaftstheoretisch dem normativ-analytischen Ansatz der neukantianisch-nelsonschen Weisser-Schule verpflichtet,[88] steht im Schnittpunkt von Rechts-, Wirtschafts-, Sozial- und Politikwissenschaften. Obwohl sie an einer teilweise überknappen Problemformulierung leidet, ist sie für die Theorie der Verfassungsinterpretation nicht zuletzt deshalb von besonderem Belang, weil sie die weithin abgebrochene Verbindung der Rechtsfindungstheorie zur Gesetzgebungstheorie herstellt.[89] Außerdem ist sie ein

85 S. die Erläuterungen im Teilabdruck auf den »Fallanalysen« unten S. 248 ff.

86 Vgl. dazu z. B. *D. Grimm* (Hg.), Rechtswissenschaft und Nachbarwissenschaften, Frankfurt/M. 1973. – Im übrigen ist das Postulat interdisziplinärer Kooperation inzwischen bis zum Überdruß strapaziert. Die wenigen und mühsamen Versuche seiner Realisierung haben (abgesehen von der juristischen Informatik sowie von einigen Ansätzen zur Ausbildungsreform) Ergebnisse, die in die juristische Praxis umsetzbar sind, noch kaum erbracht.

87 Köln/Berlin/Bonn/München 1971.

88 Dazu Belege bei *R. Dreier*, Probleme der Rechtsquellenlehre. Zugleich Bemerkungen zur Rechtsphilosophie Leonard Nelsons, in: Fortschritte des Verwaltungsrechts, Festschr. f. Hans J. Wolff, München 1973, 3–36, 20 N. 54, 31 N. 100.

89 Dazu z. B. *K. Lompe*, Wissenschaftliche Beratung der Politik, Göttingen 1966; s. jetzt auch *P. Noll*, Gesetzgebungslehre, Reinbek 1973.

weiterer Beleg für die Unfruchtbarkeit der Dichotomie von geisteswissenschaftlicher Hermeneutik und analytischer Wissenschaftstheorie im Bereich der juristischen Methodenlehre.
Hält man sich im Rahmen dieser Dichotomie, so ist Kilians Schrift über »Juristische Entscheidung und elektronische Datenverarbeitung« dem Einflußbereich der analytischen Wissenschaftstheorie zuzuordnen.[90] Kilian präsentiert in ihr den Versuch, die normative ökonomische Entscheidungstheorie als »Modell für die Strukturierung juristischer Entscheidungen« fruchtbar zu machen.[91] Demgemäß begreift und analysiert er die Rechtsfindung als sequentiellen Informationsgewinnungs- und -verarbeitungsprozeß. Es kommen dadurch informationstheoretische Aspekte in den Blick, die von der traditionellen juristischen Methodenlehre vernachlässigt werden. Dennoch führt der praktische Ertrag, abgesehen von der Schärfung des Problembewußtseins und dem unbestrittenen Nutzen des Einsatzes elektronischer Informationssysteme, wenig über den gegebenen Stand der juristischen Methodenlehre hinaus. Eine grundsätzliche entscheidungstheoretische Umorientierung der richterlichen Rechtsfindung nach dem Modell außerjuristischer Entscheidungstheorien dürfte ohnehin vorerst kaum zu erwarten sein.
Was die methodologische Disziplinierung der richterlichen Eigenwertung betrifft, so kommt Kilian wie Kriele und im ausdrücklichen Anschluß an Podlech zu dem Ergebnis, »daß Wertungen ausschließlich durch Folgenerwägungen relativ zu den gesellschaftlichen Zuständen diskutierbar sind«.[92] Das Bundesverfassungsgericht handhabt solche Folgenerwägungen mit großer Selbstverständlichkeit und allerdings unterschiedlicher Intensität.[93] Die dazu erforderlichen Informationen beschafft es sich in umfänglichen Beweiserhebungen, die gleichwohl, besonders im Normenkontrollverfahren,

90 *W. Kilian*, Juristische Entscheidung und elektronische Datenverarbeitung. Eine methodenorientierte Vorstudie, Frankfurt/M. 1974.

91 A.a.O. 150 ff. In Bezug genommen sind vor allem *G. Gäfken*, Theorie der wirtschaftlichen Entscheidung. Untersuchungen zur Logik und wirtschaftlichen Bedeutung rationalen Handelns, 2. Aufl. Tübingen 1968, und *W. Krelle*, Präferenz- und Entscheidungstheorie, Tübingen 1968. Zu den außerjuristischen Entscheidungstheorien vgl. außer den Angaben oben N. 67 noch O. *Höffe*, Rationalität, Dezision oder praktische Vernunft? Zur Diskussion des Entscheidungsbegriffs in der Bundesrepublik, Phil. Jb. 80 (1973) 340–368.

92 A.a.O. 216. Vgl. *A. Podlech*, Wertungen und Werte im Recht, AöR 95 (1970) 185–223, 201 ff., 208; s. auch *ders.*, Gehalt und Funktion des allgemeinen verfassungsrechtlichen Gleichheitssatzes, Berlin 1971.

93 Beispiele gründlicher Folgenerwägungen bieten etwa das Apotheken-Urteil (BVerfGE 3, 377) und die Lebach-Entscheidung (BVerfGE 35, 202). Dagegen greift die Folgenberücksichtigung im Radikalenbeschluß (NJW 1975, 1641 = JZ 1975, 581), wie an dieser Stelle nicht weiter ausgeführt werden kann, m. E. zu kurz. Zum Problem vgl. *K. J. Philippi*, Tatsachenfeststellungen des BVerfG, Köln 1971.

die Frage aufwerfen, ob das Gericht insoweit mit dem Gesetzgeber und der Ministerialbürokratie konkurrieren kann. Ob es, wie Christian Starck meint,[94] sinnvoll ist, das Normenkontrollverfahren funktionell dem Gesetzgebungsverfahren zuzuordnen, mag offenbleiben. Jedenfalls verweist auch dieser Vorschlag auf die Notwendigkeit, die Theorie der Verfassungsinterpretation mit einer normativen Gesetzgebungstheorie zu verklammern. Im übrigen dokumentiert die verfassungsgerichtliche Praxis der Folgenberücksichtigung gerade in den problematischen Entscheidungen eindrucksvoll, wo die Überforderungsgrenzen richterlicher Güter- und Interessenabwägung liegen.[95]

Das damit erneut angesprochene Überforderungsproblem ist nicht zuletzt ein Problem der Informationsverarbeitung. Zu seiner methodologischen Bewältigung hat, wie bereits anläßlich der Studie Kilians deutlich geworden ist, die juristische Informatik die wichtigsten Beiträge geleistet.[96] Soweit es dabei um den Auf- und Ausbau juristischer Informationssysteme geht, ist über deren Nutzen kein weiteres Wort zu verlieren.[97] Auch die Er-

94 *Chr. Starck*, Die Bindung des Richters an Gesetz und Verfassung, Ms. Göttingen 1975, § 22 (erscheint demnächst in VVDStRL 34, 1976).

95 Sie liegen, abgesehen von der Frage unmittelbar demokratischer Legitimation des BVerfG, jedenfalls dort, wo das Gericht mangels technischen Apparats außerstande ist, die der Sache nach gebotenen Tatsachenfeststellungen und Folgenerwägungen sachgemäß durchzuführen. – Im übrigen würde es den Rahmen dieser Einleitung sprengen, die methodische Praxis des BVerfG im einzelnen zu analysieren. Was die Grundrechtsinterpretation betrifft, so sei auf die zunehmend schärfer herausgearbeitete Bedeutung des Verhältnismäßigkeitsprinzips als Interpretationsprinzips hingewiesen. Vgl. BVerfGE 20, 150 und dazu *H. H. Rupp*, Das Urteil des BVerfG zum Sammlungsgesetz – eine Wende in der Grundrechtsinterpretation des Art. 2 I GG?, NJW 1966, 2037–2040. Von methodologischem Interesse ist insoweit besonders die Lebach-Entscheidung (BVerfGE 35, 202), an der sich das Bemühen des Gerichts, das Verfahren der Grundrechts- bzw. Wertabwägung anhand intensiver empirischer Ermittlungen und unter Heranziehung des Verhältnismäßigkeitsprinzips prüfbar zu disziplinieren, exemplarisch darstellen läßt. Vgl. noch *P. Lerche*, Übermaß und Verfassungsrecht. Zur Bindung des Gesetzgebers an die Grundsätze der Verhältnismäßigkeit und der Erforderlichkeit, Köln/Berlin/Bonn/München 1961; *U. Langheineken*, Der Grundsatz der Verhältnismäßigkeit in der Rechtsprechung des BVerfG, unter besonderer Berücksichtigung der Judikatur zu Art. 12 Abs. 1 Satz 1 GG, Diss. Freiburg 1972; *E. Grabitz*, Der Grundsatz der Verhältnismäßigkeit in der Rechtsprechung des Bundesverfassungsgerichts, AöR 98 (1973) 568–616. S. ferner *Fr. Eckhold-Schmidt*, Legitimation durch Begründung. Eine erkenntniskritische Analyse der Drittwirkungs-Kontroverse, Berlin 1974; *R. Westerhoff*, Methodische Wertung im Recht. Dargestellt am Beispiel der formlosen Hoferbenbestimmung, Berlin 1974.

96 Dazu aus dem umfangreichen Schrifttum als noch immer beste Einführung *W. Steinmüller* (Hg.), ADV und Recht. Einführung in die Rechtsinformatik und das Recht der Informationsverarbeitung (2. Aufl. von ders., EDV und Recht), Berlin 1975. S. auch den Literaturbericht bei *Kilian* a.a.O. 127 ff.

97 Vgl. *Bundesministerium der Justiz* (Hg.), Das Juristische Informationssystem, Karls-

ledigung quantifizierbarer Massenentscheidungen durch Computer in Teilbereichen der Verwaltung braucht im vorliegenden Zusammenhang nicht erörtert zu werden. Was die Versuche betrifft, juristische Entscheidungsprozesse im Mensch-Maschine-Dialog durchzuführen, so muß abgewartet werden, ob der diesbezügliche Aufwand den Erfolg lohnt.[98] Immerhin wäre es heute theoretisch wie praktisch möglich, das Modell »JUDITH« durch Speicherung aller Normen, Präjudizien, Lehrmeinungen und sonstigen Informationen auch für die Verfassungsrechtsprechung fruchtbar zu machen. Doch bleibt die Ersetzung des Richters durch den Computer weiterhin Utopie.

Der vorstehende Blick auf einige neuere methodologische Bestrebungen und Grundlagenforschungen dürfte gezeigt haben, daß es jedenfalls für die juristische Methodenlehre wenig sinnvoll ist, die Debatte zwischen geisteswissenschaftlicher Hermeneutik und analytischer Wissenschaftstheorie zu einer weltanschaulichen Grundsatzfrage hochzustilisieren.[99] Die hermeneutische Grundthese, daß richterliche Rechtsfindung, solange sie sich durch das Medium menschlicher Subjektivität vollzieht, restloser Quantifizierung unzugänglich ist, wird in dieser Form auch von den Vertretern analytischer Konzeptionen nicht bestritten. Das bedeutet jedoch nicht, daß die juristische Methodenlehre auf das Exaktifizierungspotential der analytischen Wissenschaftstheorie verzichten könnte.[100] Analytik, Logistik, Deontik, Linguistik, Kybernetik und Informatik haben in der Rechtstheorie längst

ruhe 1972; *A. Angermann u. a.*, Das Bundesinformationssystem. Studien zum Aufbau eines Informationssystems für Bundesregierung, -verwaltung und -parlament, Meisenheim am Glan 1974; *H. Meffert*, Informationssysteme. Grundbegriffe der EDV und Systemanalyse, Tübingen/Düsseldorf 1975.

98 Zum Dialog-Modell vgl. *W. Popp/B. Schlink*, JUDITH. Konzept und Simulation eines Subsumtionshilfeprogramms mittleren Abstraktionsgrades, in: *D. Suhr* (Hg.), Computer als juristischer Gesprächspartner, Berlin 1970, 1–20 und 127–133. Zum neuesten Stand vgl. *Popp/Schlink*, Skizze eines intelligenten juristischen Informationssystems, DVR (Datenverarbeitung im Recht) 4 (1975) 1–29.

99 Vgl. *Adorno u. a.*, Der Positivismusstreit in der deutschen Soziologie, Frankfurt/M. 1969; *H. Kreuzer* (Hg.), Literarische und naturwissenschaftliche Intelligenz. Dialog über die »zwei Kulturen«, Stuttgart 1969.

100 Hermeneutische Romantizismen sind keine Rationalitätsgewähr, auch wenn sie in (vormals) »progressiven« Methodologien auftreten. Vgl. *H. Wüstendörfer*, Die deutsche Rechtsprechung am Wendepunkt (1913), in: *ders.*, Zur soziologischen Methode der Rechtsgewinnung (oben N. 23) 129: »Die bewußte richterliche Tatbestandswertung verlangt Männer von untadeliger Sinnesart, von weitem Blick, von reifer Weltanschauung, von ausgeprägter Persönlichkeit. Sonst könnte die Rechtsprechung in der Tat hineingezogen werden in wirtschaftliche, soziale, politische, religiöse Gegensätze und Sonderströmungen«. Ebd. 130: »Schutz gegen das Risiko soziologisch befangener Richter gewährt außer der Wachsamkeit der öffentlichen Kontrolle nur eins: die Einsicht und die bewährte Pflichttreue deutscher Richter, ihre vollgewichtige Persönlichkeit«.

ihren Platz.[101] Noch ist allerdings nicht ausgemacht, was jenes Potential für die praktische Intensivierung der juristischen Rationalitätskontrolle auszutragen vermag. Der Pluralismus der Theorien, Modelle und Terminologien hat Sprachbarrieren errichtet, deren Beseitigung außer Sicht ist.[102] Wenn, wie bemerkt, die Regeln der juristischen Methode letztlich durch ihr soziales Substrat definiert sind, so sind langfristige Umorientierungen des Argumentationsstils ohnehin nur von Ausbildungsreformen zu erwarten, über deren Chancen zu spekulieren vorderhand müßig ist.

Die in der juristischen Praxis begrenzt wirksame Rationalitätskontrolle dürfte vorerst weiterhin durch das Kriterium der vollständigen Ausschöpfung aller sich bietenden hermeneutischen Mittel, diese im weitesten Sinne genommen,[103] am angemessensten definiert sein. Die Wirksamkeit dieser Kontrolle unterliegt freilich gerade in den ideologie- und emotionsbelasteten Zonen der Verfassungsinterpretation erheblichen Zweifeln.

## V. *Zur Situation der Verfassungsinterpretation*

Die gegenwärtige Situation der Verfassungsinterpretation ist durch das Schlagwort »Grundgesetz im Parteienkampf« charakterisiert.[104] Damit ist

101 Vgl. den Überblick in *R. Dreier*, Was ist und wozu Allgemeine Rechtstheorie?, Tübingen 1975 (Recht und Staat Heft 444/445).

102 Vgl. z. B. *G. Dürig* in *Maunz/Dürig/Herzog*, Kommentar zum GG, Art. 3 I Rdn. 4, bes. S. 11 N. 1 (zu Podlech).

103 Also unter Einbeziehung der referierten neueren methodologischen Bestrebungen, insbes. von Esser, Kriele und Müller. Im übrigen ist der vorstehende Bericht, wie ausdrücklich bemerkt sei, keineswegs vollständig. Ergänzend sei an dieser Stelle noch hingewiesen auf *D. Chr. Göldner*, Verfassungsprinzip und Privatrechtsnorm in der verfassungskonformen Auslegung und Rechtsfortbildung. Verfassungskonkretisierung als Methoden- und Kompetenzproblem, Berlin 1969; *H. Schäffer*, Verfassungsinterpretation in Österreich. Eine kritische Bestandsaufnahme, Wien 1971, sowie auf den kritischen Literaturbericht von *P. Schwerdtner*, Rechtswissenschaft und kritischer Rationalismus, Rechtstheorie 2 (1971) 67–94 und 224–244, und die Dissertationen von *I. Ebsen*, Gesetzesbindung und »Richtigkeit« der Entscheidung. Eine Untersuchung zur juristischen Methodenlehre, Berlin 1974, und *J. Ipsen*, Richterrecht und Verfassung, Berlin 1974. Wertvolle methodologische Aufschlüsse aus der Sicht richterlicher Praxis gewährt die Studie des vormaligen BGH-Präsidenten *B. Heusinger*, Rechtsfindung und Rechtsfortbildung im Spiegel richterlicher Erfahrung, Köln/Berlin/Bonn/München 1975.

104 Vgl. *M. Kriele*, Grundgesetz im Parteienkampf, ZRP 1973, 129–133. Auf eine »ideologische Unterminierung«, die den »Kurswert des Grundgesetzes« gesenkt habe, weist auch *Werner Weber*, Über die Verläßlichkeit des Grundgesetzes, in: Standorte im Zeitstrom, Festschr. f. A. Gehlen, Frankfurt/M. 1974, 393–411, 400, hin.

nicht die oberflächliche Funktionalisierung des Grundgesetzes in der parteipolitischen Tagesrhetorik, sondern eine tiefgreifende Ideologisierung der Grundgesetzauslegung gemeint, die weit in den jurisprudentiellen Bereich hineinragt. Prominentester Beleg dessen ist die Diskussion um eine Reihe von Grundsatzentscheidungen des Bundesverfassungsgerichts, von denen vor allem das Abhörurteil,[105] das Hochschulurteil,[106] das Grundlagenvertragsurteil,[107] das Fristenlösungsurteil[108] und der Radikalenbeschluß[109] genannt seien.

Es zeichnet sich in dieser Debatte eine Legitimationskrise der Verfassungsgerichtsbarkeit ab, deren Ausmaß und Folgeprobleme noch schwer einzuschätzen sind. Zu der dadurch aufgeworfenen Grundlagenproblematik hatte Carl Schmitt freilich bereits 1928 bemerkt, es sei eine »trübe Fiktion«, »hier Rechtsfragen von politischen Fragen zu trennen und anzunehmen, eine staatsrechtliche Angelegenheit lasse sich entpolitisieren, d. h. in Wahrheit entstaatlichen«; jede Verfassungsgerichtsbarkeit berge die Gefahr, »daß statt einer Juridifizierung der Politik eine das Ansehen der Justiz untergrabende Politisierung der Justiz eintritt«.[110] Gleichwohl hat sich die Institution der Verfassungsgerichtsbarkeit in der Bundesrepublik bislang bewährt, nicht zuletzt dank des juristischen Niveaus und der hohen Integrationskraft ihrer Entscheidungen in den fünfziger und sechziger Jahren.

Die Abhörentscheidung markiert insoweit eine deutliche Zäsur. Doch liegen die Ursachen dieser Zäsur weniger in einem Niveauabfall oder einer Änderung des gerichtlichen Begründungsstils[111] als vielmehr in der Auflösung oder doch Labilisierung des staats- und gesellschaftspolitischen Grundkonsenses, der die vorherige Spruchpraxis getragen hatte. Es war dies im

105 BVerfGE 30, 1.

106 BVerfGE 35, 79.

107 BVerfGE 36, 1.

108 BVerfGE 39, 1.

109 BVerfG NJW 1975, 1641 = JZ 1975, 561. – Einzelne Stellungnahmen zu den vorgenannten Entscheidungen sind im Vorhergehenden erwähnt. Eine vollständige Dokumentation, die auch die Tages- und Wochenpublizistik einzubeziehen hätte, ist hier nicht beabsichtigt.

110 *C. Schmitt*, Verfassungslehre (oben N. 1) 118 f. S. aber auch *H. Kelsen*, Wer soll der Hüter der Verfassung sein?, Die Justiz 6 (1931) 576–628. – Aus dem umfangreichen Schrifttum zur Verfassungsgerichtsbarkeit vgl. noch *F. W. Scharpf*, Grenzen richterlicher Verantwortung, Karlsruhe 1965; *H. H. Klein*, BVerfG und Staatsräson, Frankfurt/Berlin 1968; *R. Dolzer*, Die staatstheoretische und staatsrechtliche Stellung des BVerfG, Berlin 1972. Ferner die Selbstdarstellung des BVerfG (Der Status des BVerfG) in JöR 6 (1957) 109–221.

111 Abgesehen von der Einführung des Sondervotums (§ 30 II BVerfGG, seit 1970), von dem erstmals im Abhör-Urteil vom 15. 12. 1970 (BVerfGE 30, 1) Gebrauch gemacht worden ist.

übrigen derselbe Konsens, aus dem die vormalige These vom »Ende der Ideologien«,[112] die sich inzwischen selbst als Ideologie erwiesen hat,[113] hervorgegangen war. Was den Einfluß der seitherigen Reideologisierung auf die Verfassungsinterpretation anbetrifft, so muß man sich gegenwärtig halten, daß dem Grundgesetz mit den Begriffen Freiheit und Gleichheit sowie Rechtsstaat, Demokratie und Sozialstaat die klassischen Problemformeln und Leitbegriffe des neuzeitlichen Vernunftrechts inkorporiert sind. Gewiß weisen diese Begriffe ein unterschiedliches Maß an verfassungsgeschichtlich bedingter Präzisierung und Ausformung auf. Doch fungiert das Bundesverfassungsgericht jedenfalls bei der Interpretation und Konkretisierung des Gleichheits- und des Sozialstaatsprinzips praktisch als Vernunft- und Gerechtigkeitshof.[114] Es nimmt damit eine Funktion wahr, die im Zeichen des Ideologischwerdens der Werte kaum ohne Überforderung geleistet werden kann.[115]

Ursache jener Reideologisierung ist ein weitreichender Strukturwandel der modernen Industriegesellschaft, der durch die Wiederaufbauerfordernisse der ersten beiden Nachkriegsjahrzehnte lediglich in den Hintergrund getreten war. Und es war wiederum Forsthoff, der die Dimensionen dieses Wandels nachdrücklich ins Bewußtsein der juristischen Öffentlich-

112 Vgl. *R. Aron*, Fin de l'âge ideologique, Sociologica 1 (1955) 219 ff.; *D. Bell*, The End of Ideology. On the Exhaustion of Political Ideas in the Fifties, Glencoe/Ill. 1960.

113 Dazu z. B. *J. Habermas*, Technik und Wissenschaft als »Ideologie«, Frankfurt/M. 1968; *N. Luhmann*, Wahrheit und Ideologie, in: *ders.*, Soziologische Aufklärung. Aufsätze zur Theorie sozialer Systeme, 3. Aufl. Opladen 1972, 54–55; *ders.*, Positives Recht und Ideologie, ebd. 178–203.

114 Das läßt sich vor allem an den Interpretationen des allgemeinen Gleichheitssatzes (Art. 3 I GG) exemplifizieren. Denn dieser ist in seinem Verständnis als Willkürverbot (dazu grundlegend *Leibholz* a.a.O., oben N. 29) letztlich gleichbedeutend mit dem Gerechtigkeitsprinzip. Nach dem inhaltlich übereinstimmenden Ergebnis der methodisch sehr unterschiedlich angelegten Untersuchungen von *Luhmann* (Grundrechte als Institution, 1965, 2. Aufl. Berlin 1974, 162 ff.) und *Podlech* (Gehalt und Funktion, oben N. 92, s. bes. S. 87) liegt die Funktion jenes Satzes darin, daß er eine Begründungs- oder Argumentationslastregel für Ungleichbehandlungen statuiert. Auch das ist lediglich eine Umschreibung des Gerechtigkeitsprinzips oder, allgemeiner, des Vernunftprinzips. Vgl. dazu aber auch die kritischen Anmerkungen von *Dürig* in MDH Art. 3 I Rdn. 204 und 316 ff. – Zu einer systemtheoretischen Neuformulierung des Gerechtigkeitsproblems vgl. *N. Luhmann*, Gerechtigkeit in den Rechtssystemen der modernen Gesellschaften, Rechtstheorie 4 (1973) 131–167, und dazu *R. Dreier*, ebd. 5 (1974) 189–200 mit Replik *Luhmann* ebd. 201–203. Die heute international meistdiskutierte Gerechtigkeitskonzeption stammt von *J. Rawls*, A Theory of Justice, Oxford 1972 (dt. Ausg. Frankfurt/M. 1975). Rawls greift in ihr ausdrücklich auf die neuzeitlichen Vernunftrechtstheorien (Locke, Rousseau, Kant) zurück.

115 Zur Ideologisierung der Werte vgl. z. B. *Luhmann* a.a.O. (oben N. 113).

keit gehoben hat.[116] Die Einzelheiten seiner Analyse interessieren hier nicht. Im hiesigen Zusammenhang bedeutsam ist seine These von der »Entstaatlichung« des Staates. Sie meint die zunehmende Unfähigkeit des Staates, »den technischen Prozeß in die Schranken zu verweisen, welche die Humanität ... gebietet«.[117] Es verdient bemerkt zu werden, daß die Begründung dieser These über weite Strecken in den Bahnen derselben Argumente verläuft, die Jürgen Habermas in einer wenig später erschienenen und thematisch verwandten Studie in einem erweiterten theoretischen Bezugsrahmen ausgearbeitet hat.[118] Beide Untersuchungen, so disparat die Ausgangs- und Standpunkte ihrer Autoren sind, variieren eine These, die in der Formulierung Forsthoffs lautet: »Wir kennen die Welt nicht, in der wir leben«.[119]

Damit ist zugleich das zentrale Dilemma der Verfassungsinterpretation heute bezeichnet. Es besteht darin, daß einerseits die unaufhebbare Verwiesenheit der Verfassungsinterpretation auf eine materiale Verfassungstheorie und folgeweise auf eine materiale Staats- und Gesellschaftstheorie immer offenkundiger wird und andererseits ebenso offensichtlich ist, daß es eine konsensfähige Theorie dieser Art zur Zeit nicht gibt.[120] Hermann Klenner, der wohl wichtigste, jedenfalls aber brillanteste Staats- und Rechtstheoretiker der DDR, hat dieses Dilemma, bezogen auf die »bürgerliche« Rechtsphilosophie im allgemeinen, dahin ausgedrückt, ihr Problem sei ihr Unvermögen, »die Frage nach dem Charakter der gegenwärtigen Menschheitsepoche, nach dem Charakter der bestehenden Gesellschaftssysteme und nach der objektiv-determinierten Rolle des Rechts im gegenwärtigen Geschichtsprozeß zu stellen und zu beantworten«.[121] Aus marxistischer Sicht ist

116 *E. Forsthoff*, Der Staat der Industriegesellschaft. Dargest. am Beispiel der Bundesrepublik Deutschland, München 1971. Vgl. dazu z. B. die Rezensionsabh. von *P. Häberle*, Retrospektive Staats(rechts)lehre oder realistische »Gesellschaftslehre«?, ZHR 136 (1972) 425–446.

117 A.a.O. 168.

118 *J. Habermas*, Legitimationsprobleme im Spätkapitalismus, Frankfurt/M. 1973. S. auch *Habermas/Luhmann*, Theorie der Gesellschaft oder Sozialtechnologie (oben N. 64) und die dazu erschienenen Supplementbände (hg. v. *Fr. Maciejewski*). Zur Theorie der Industriegesellschaft (und den darauf aufbauenden Konvergenztheorien) vgl. noch die grundlegenden Werke von *W. W. Rostow*, Stadien wirtschaftlichen Wachstums. Eine Alternative zur marxistischen Entwicklungstheorie (1960), dt. Ausg. 2. Aufl. Göttingen 1967; *R. Aron*, Die industrielle Gesellschaft (1962), dt. Ausg. Frankfurt/Hamburg 1964; *J. K. Galbraith*, Die moderne Industriegesellschaft (1967), dt. Ausg. München/Berlin 1968; ergänzend *ders.*, Wirtschaft für Staat und Gesellschaft, dt. Ausg. München/Zürich 1974.

119 A.a.O. 161.

120 Vgl. *R. Dreier*, Allgemeine Rechtstheorie (oben N. 101) 23 ff.

121 *H. Klenner*, Zur Gegenwartskrise bürgerlicher Rechtsphilosophie, Neue Justiz 1974, 589–595, 592.

die Situation freilich klar. Auf der Tagesordnung der Geschichte steht der Übergang vom Kapitalismus zum Sozialismus. Für die Verfassungsinterpretation in der Bundesrepublik folgt daraus die Frage, ob sich dieser Übergang unter der normativen Decke des Grundgesetzes zu vollziehen vermag.[122] Positivrechtliche Ansatzpunkte dafür sind das Sozialstaatsprinzip (Art. 20 I, 28 I GG), die Sozialisierungsermächtigung (Art. 15 GG) und die Sozialbindung des Eigentums (Art. 14 II GG). Einschlägige Anknüpfungspunkte liefern ferner die Interpretationen des Demokratieprinzips[123] sowie die Thesen von der wirtschaftspolitischen Neutralität des Grundgesetzes[124] und vom Bedeutungswandel der Grundrechte im Leistungsstaat.[125] In der Tat liegen hier die Schwerpunkte der verfassungsrechtlichen Debatte hier und heute.[126] Und in dem Maße, wie der »reale Sozialismus« zu einem weltpolitischen Faktum geworden ist, geht die wissenschaftstheoretische Frage nach der wissenschaftlichen Begründetheit der in dieser Debatte wirksamen marxistischen Geschichts- und Gesellschaftstheorie eine unauflösliche Verbindung mit der wissenschaftssoziologischen Frage nach der faktischen Motivationsfähigkeit sozialistischer Mo-

122 Dazu exemplarisch (mit Belegen zur »linken« Grundgesetzinterpretation) *R. Geulen*, Kann man mit einer bürgerlichen Verfassung eine sozialistische Praxis legitimieren?, in: *G. Stuby*, Disziplinierung der Wissenschaft, Frankfurt/M. 1970; vgl. auch das Vorwort von *Stuby* ebd. 5 f. S. ferner *H. Kremendahl/Th. Mayer* (Hg.), Sozialismus und Grundgesetz, Kronberg/Ts. 1974; *Th. Blanke*, Das Dilemma der verfassungspolitischen Diskussion der Linken in der Bundesrepublik, in: *H. Rottleuthner* (Hg.), Probleme der marxistischen Rechtstheorie, Frankfurt/M. 1975, 419–483.

123 Dazu aus »linker« Sicht z. B. *J. Agnoli/P. Brückner*, Transformation der Demokratie, Frankfurt/M. 1968. S. auch *G. Haney*, Die Demokratie. Wahrheit, Illusionen und Verfälschungen, Berlin (Ost) 1971.

124 Dazu BVerfGE 4, 7 (17 f.); 7, 377 (400); aus dem umfangreichen Schrifttum vgl. *K. Schlaich*, Neutralität als verfassungsrechtliches Prinzip, Tübingen 1973, 104 ff.

125 Dazu die Angaben oben N. 38. Ergänzend: *H. H. Klein*, Die Grundrechte im demokratischen Staat, Stuttgart 1972; *M. Kriele*, Einführung in die Staatslehre, Reinbek 1975, 335 ff.

126 Eine ihrer Zentralfragen, deren verfassungsgerichtliche Klärung noch aussteht, ist das Mitbestimmungsproblem. Vgl. dazu *P. Pernthaler*, Qualifizierte Mitbestimmung und Verfassungsrecht, Berlin 1972; *G. Schwerdtfeger*, Unternehmerische Mitbestimmung der Arbeitnehmer und Grundgesetz, Frankfurt/M. 1972; *W. Däubler*, Das Grundrecht auf Mitbestimmung und seine Realisierung durch tarifvertragliche Begründung von Beteiligungsrechten, Frankfurt/M. 1973; *R. Scholz*, Paritätische Mitbestimmung und Grundgesetz, Berlin/München 1974; *J. Chlosta*, Der Wesensgehalt der Eigentumsgewährleistung. Unter besonderer Berücksichtigung der Mitbestimmungsproblematik, Berlin/München 1975; *Th. Raiser*, Grundgesetz und paritätische Mitbestimmung, Berlin/New York 1975; *H. Hummel-Liljegren*, Verfassungswidriges Patt in der Mitbestimmung?, ZRP 1975, 25–28; *Fr. Rittner*, Die paritätische Mitbestimmung und das Gesellschaftsrecht, JZ 1975, 457–461.

delle ein.[127] Damit sind Probleme des Wissenschaftsbegriffs sowie der Geschichts- und Gesellschaftstheorie angesprochen, die sich als solche juristischer Kompetenz schlechthin entziehen. Mit Bezug darauf läßt sich das Dilemma der Verfassungsinterpretation als Dilemma der Verfassungsgerichtsbarkeit auch dahin formulieren, daß diese zu dem, was ihrer wissenschaftlichen Kompetenz entzogen ist, gleichwohl um ihrer juristischen Zuständigkeit willen Stellung zu nehmen genötigt (oder zuweilen auch nur geneigt) ist.
Für die Grundrechtsinterpretation hat E.-W. Böckenförde versucht, einen Ausweg aus diesem Dilemma zu weisen.[128] Ausgehend von dem hermeneutischen Grundsachverhalt, daß jede Grundrechtsinterpretation von einer zugrunde liegenden Grundrechtstheorie geleitet wird, stellt er die Frage, ob die Wahl der leitenden Theorie in das Belieben des Interpreten gestellt sei. Er verneint dies mit der Begründung, daß das Grundgesetz selbst eine Grundrechtstheorie positiviert habe, die als solche den Interpreten binde. Es sei dies die durch den Sozialstaatsauftrag modifizierte liberal-rechtsstaatliche Grundrechtstheorie. Sieht man davon ab, daß die Konturen dieser Modifikation im Grundgesetz wie bei Böckenförde nur vage angedeutet sind,[129] so liegt der Haupteinwand gegen jenen Ausweg, so bestechend er sich auf den ersten Blick ausnimmt, darin, daß er dem hermeneutischen Zirkel verfällt. Denn es fragt sich ja gerade, ob und wie die sozialstaatlich modifizierte liberal-rechtsstaatliche Grundrechtstheorie im Blick auf die politisch-sozialen Gegebenheiten der Gegenwart angemessen zu verstehen und fortzuschreiben sei. Die Antwort darauf hängt vom staats-, geschichts- und gesellschaftstheoretischen Vorverständnis des Interpreten ab, das als solches, und sei es nur im modus deficiens, »immer schon« den Interpre-

127 Einer der Gründe für die Dichotomie zwischen »sozialistischer« und »bürgerlicher« Wissenschaft besteht darin, daß die marxistische Wissenschaftstheorie den Wissenschaftsbegriff durch geschichts- und gesellschaftstheoretische Prämissen mitdefiniert. Wissenschaftstheorie und Wissenschaftssoziologie (oder Entdeckungs-, Begründungs- und Verwertungszusammenhang wissenschaftlicher Forschung) bilden danach eine unaufhebbare Einheit. Vgl. *J. Seiffert*, Marxismus und bürgerliche Wissenschaft, München 1971; *G. Kröber/H. Laitko*, Sozialismus und Wissenschaft, Berlin (Ost) 1972; *H. J. Sandkühler* (Hg.), Marxistische Wissenschaftstheorie, Frankfurt/M. 1975.

128 *E.-W. Böckenförde*, Grundrechtstheorie und Grundrechtsinterpretation, NJW 1974, 1529–1538 (= unten S. 266 ff.). Zur Problematik der Grundrechtsinterpretation vgl. ergänzend den wichtigen Aufsatz von *H. Huber*, Die Konkretisierung von Grundrechten, in: Gedächtnisschr. f. M. Imboden, Basel/Stuttgart 1972, 191–209.

129 Vgl. *Böckenförde* a.a.O. 1583. – Daß im übrigen bei der »systemimmanenten Modifikation elementarer Verfassungsgrundsätze« Vorsicht geboten ist, hat die Abhörentscheidung gelehrt; s. dazu z. B. *Fr. Klein/D. Wilke*, Verfassungsänderungen durch »systemimmanente Modifikationen elementarer Verfassungsgrundsätze«?, in: Festschr. f. G. Roeber, Berlin 1973, 245–266. – Zum Verfassungswandel durch Interpretation vgl. bereits *F. A. Frhr. v. d. Heydte*, Stiller Verfassungswandel und Interpretation, ARSP 39 (1950/51) 461–476.

tationsvorgang steuert. M. a.W.: Die Vorurteilshaftigkeit des Verstehens läßt sich nicht durch den Hinweis auf eine dem zu interpretierenden Text immanente Theorie unterlaufen.

Die »erkenntnistheoretische Grundfrage« der Hermeneutik besteht, um noch einmal Gadamer zu zitieren, darin, was legitime von illegitimen Vorurteilen unterscheidet.[130] Gadamers Antwort darauf liegt, vereinfacht ausgedrückt, im Begriff der »Bildung«.[131] Bildung aber ist, jedenfalls stets auch, Informationsverarbeitung. Von daher kann das Dilemma der Verfassungsinterpretation in einer weiteren Variante als Diskrepanz zwischen dem exponentiellen Wachstum der Informationen einerseits und der begrenzten Kapazität individueller Informationsverarbeitung andererseits definiert werden.[132] Wie immer man das Dilemma wendet, innerhalb der Grenzen der juristischen Methodenlehre ist eine Rationalitätsgewähr der Verfassungsinterpretation in ihren ideologiebelasteten Bereichen nicht zu erwarten.

Noch am aussichtsreichsten dürfte der Versuch sein, sich auf funktionellrechtliche Grenzen zu einigen.[133] Es hat sich eingebürgert, diesen Versuch unter dem Stichwort »Prinzipien der Verfassungsinterpretation« zu rubrizieren.[134] Die darunter subsumierten Gesichtspunkte sind allerdings heterogen. Soweit es sich lediglich um Variationen und Konkretisierungen allgemeiner Auslegungselemente handelt, braucht darauf hier nicht eingegangen zu werden.[135] Dagegen bedürfen diejenigen Topoi der Erwähnung, die auf das Gewaltenteilungs- und das Demokratieprinzip abheben. Zu ihnen gehört das von Christian Starck herausgearbeitete Prinzip der haushaltspolitischen Priorität des Parlaments als Begrenzung richterlicher Verfassungsauslegung.[136] Es verbietet finanzwirksame Uminterpretationen der Grundrechte in Leistungsrechte, soweit dadurch in haushaltspolitische Prio-

130 Wahrheit und Methode (oben N. 68), 261. S. auch *Esser*, JZ 1975, 555: »Vorurteile im schlechten Sinne und Vorverständnis bleiben zweierlei«.

131 S. schon a.a.O. 7 ff., im übrigen 261 ff.

132 Vgl. *Dreier*, Allgemeine Rechtstheorie (oben N. 101) 26 f.

133 Vgl. *H. Ehmke*, Prinzipien der Verfassungsinterpretation 73 ff.

134 S. z. B. *K. Hesse*, Grundzüge 28 ff.

135 Das gilt besonders für die Prinzipien der Einheit der Verfassung und der praktischen Konkordanz, die beide Ausprägungen des systematischen Interpretationselements sind. Ihre Diskussion, sofern sie auf die »Sinnmitte« des Grundgesetzes oder des grundgesetzlichen »Wertsystems« abstellt, gleicht in mancher Hinsicht auffallend der in der theologischen Hermeneutik geläufigen Suche nach der »Mitte der Schrift« oder nach einem »Kanon im Kanon«; vgl. dazu z. B. *P. Tillich*, Systematische Theologie, Bd. 1, Stuttgart 1956, 58 ff., und *N. Appel*, Kanon und Kirche. Die Kanonkrise im heutigen Protestantismus als kontroverstheologisches Problem, Paderborn 1964.

136 *Starck* a.a.O. (oben N. 94) §§ 22, 28.

ritätsentscheidungen des Parlaments eingegriffen wird.[137] Das wirft freilich sogleich die Frage auf, ob und inwieweit auch diese Prioritätsentscheidungen ihrerseits wiederum verfassungsgerichtlicher Kontrolle unterliegen. Es bietet sich an, angesichts dessen auf die Parömie »nemo ultra posse obligaris« zu verweisen.[138] Doch würde dieser Verweis der Intention jenes Prinzips nicht gerecht. Denn in Wahrheit ist das Starcksche Prioritätsprinzip eine sachbezogene Ausprägung des allgemeineren Grundsatzes des »judicial self-restraint«.

Dieser Grundsatz, der dem amerikanischen Verfassungsrecht entstammt, formuliert den wohl wichtigsten Ansatz zu einer funktionellrechtlichen Begrenzung verfassungsgerichtlicher Verfassungsinterpretation.[139] Er enthält freilich zunächst nichts weiter als den Appell, daß, wie Leibholz sagt, »der Verfassungsrichter bei der Ausübung seiner Befugnisse sich weise selbst beschränken muß«.[140] Das Bundesverfassungsgericht hat sich ausdrücklich zu diesem Appell bekannt[141] – allerdings in einer Entscheidung, die gerade wegen Verletzung jenes Grundsatzes gerügt worden ist.[142] Die praktische Wirksamkeit des Appells wird davon abhängen, ob es gelingt, konsensfähige und theoretisch abgesicherte Kriterien seiner Einhaltung zu formulieren.[143] Die Diskussion der eingangs dieses Abschnitts genannten Grundsatzentscheidungen bietet dazu vielfältige Anhaltspunkte. So wäre zu erwägen, ob es mit dem Prinzip der richterlichen Selbstbeschränkung vereinbar ist, ein Gesetz für verfassungswidrig zu erklären, welches nach eingehender Vorberatung und mit deutlicher parlamentarischer Mehrheit verabschiedet wurde und eine Frage entscheidet, die verfassungsrechtlich erheblich kontrovers und in konstitutionell vergleichbaren Staaten unterschiedlich gelöst ist.

137 Die Legitimität einer solchen Uminterpretation hat das BVerfG im numerus-clausus-Urteil ausdrücklich offengelassen, BVerfGE 33, 303 (333).

138 Zur Pervertierbarkeit dieses Prinzips vgl. die Ausführungen in der anregenden Schrift von *Fr. v. Hippel,* Die Perversion von Rechtsordnungen, Tübingen 1955, 15 ff.

139 Vgl. dazu den eingehenden Aufsatz von *R. Zuck,* Political-Question-Doktrin, Judicial-self-restraint und das BVerfG, JZ 1974, 361–368, sowie *W. Haller,* Supreme Court und Politik in den USA, Berlin 1972, und *F. A. Frhr. v. d. Heydte,* Judicial self-restraint eines Verfassungsgerichts im freiheitlichen Rechtsstaat?, in: Festschr. f. W. Geiger, Tübingen 1974, 909–924.

140 Der Status des BVerfG, JöR 6 (1957), 109 ff., 126.

141 BVerfGE 36, 1 (14 f.) – Grundlagenvertragsurteil.

142 S. z. B. die Urteilsanmerkung von *Th. Oppermann,* JZ 1973, 594–597, 595. Vgl. auch die Zusammenstellung der Auseinandersetzungen mit dem Grundlagenvertragsurteil bei *D. Wilke/G. H. Koch,* Außenpolitik nach Anweisung des BVerfG? Bemerkungen zur Bindungswirkung des Grundvertragsurteils, JZ 1975, 233–240, 233 N. 3.

143 Ansätze dazu z. B. bei *Zuck* a.a.O. 366 ff.

Die Spruchpraxis des Bundesverfassungsgerichts wird ihre Integrationskraft dort, wo sie wegen der Ideologieanfälligkeit des Verfassungsrechts am dringendsten benötigt wird, nur bewahren können, wenn sie sich im Dialog zwischen Theorie und Praxis an der Ausarbeitung solcher Kriterien selbst beteiligt und ihnen durch ihre Anwendung Geltung verschafft.

## VI. *Zum Inhalt der Dokumentation*

Die vorliegende Dokumentation beginnt mit dem 1959 erschienenen Aufsatz Forsthoffs, dessen Einfluß auf die seitherige Debatte kaum überschätzt werden kann.[144] Gewiß hat es auch in den fünfziger Jahren an einschlägigen Beiträgen nicht gefehlt.[145] Dennoch hat erst Forsthoffs Aufsatz die eigentliche Initialzündung zur neueren Diskussion der Verfassungsinterpretation bewirkt. Es folgt eine Untersuchung Hollerbachs, die Forsthoffs Argumente einer detaillierten und kritischen Analyse unterzieht. Ebenfalls noch deutlich unter dem Eindruck Forsthoffs steht die nicht leicht eingängige, aber perspektivenreiche und anregende Antrittsvorlesung Lerches, die bereits wichtige Gedanken eines späteren Zentralthemas, die Rolle des verfassungs- und staatstheoretischen Vorverständnisses in der Verfassungsinterpretation, vorwegnimmt. Der anschließende Aufsatz Krügers befaßt sich, bezogen auf die Verfassungsinterpretation, mit einem der Kernstücke der klassischen Auslegungstheorie, der Lehre vom Auslegungsziel. Ergänzend sei dazu auf einen kurz darauf erschienenen Beitrag von Horst Joachim Müller über »Subjektive und objektive Auslegungstheorien in der Rechtsprechung des Bundesverfassungsgerichts« verwiesen.[146]
Einen Höhepunkt der Diskussion bildete die Freiburger Staatsrechtslehrertagung 1961, deren erster Tag dem Beratungsgegenstand »Prinzipien der Verfassungsinterpretation« gewidmet war. Berichterstatter zum Thema waren Peter Schneider und Horst Ehmke. Aus dem Referat Schneiders, das vorwiegend philosophische Prämissen und Implikationen des Themas be-

144 S. dazu oben bei I.
145 Genannt seien zwei Aufsätze des vormaligen Präsidenten des BVerfG *J. Wintrich:* Über Eigenart und Methode verfassungsgerichtlicher Rechtsprechung, in: Festschr. f. W. Laforet, München 1952, 227–249; *ders.*, Aufgaben, Wesen und Grenzen der Verfassungsgerichtsbarkeit, in: Festschr. f. H. Nawiasky, München 1956, 191–210.
146 JZ 1962, 471–475.

handelt, konnten aus kalkulatorischen und Umfangsgründen hier lediglich die Leitsätze abgedruckt werden. Vollständig aufgenommen wurde dagegen der gewichtige Vortrag Ehmkes, der die weitere Diskussion nachhaltig geprägt hat. Er konzentriert sich auf die Einbettung der Verfassungsinterpretation in die allgemeine juristische Methodenlehre und auf ihre Anreicherung durch Prinzipien des Verfassungsrechts der Vereinigten Staaten. Vor allem Ehmkes These, daß »eine verfassungsrechtliche Hermeneutik, die die Praxis wirklich leiten will, zur materialen Verfassungstheorie« und, wie hinzuzufügen wäre, zu einer materialen Staats- und Gesellschaftstheorie werden muß[147], ist, wenngleich in ihrer Tragweite nicht selten verdrängt, aus der seitherigen Debatte nicht mehr fortzudenken.

Einige der dadurch aufgeworfenen Probleme erörtert v. Pestalozza in seinen nachfolgenden Bemerkungen zur Grundrechtsauslegung, die insbesondere wegen ihrer präzisen Ausarbeitung der hermeneutischen Grundlagenproblematik lesenswert sind. Anschließend sollte (chronologisch nach dem Erscheinungsdatum der Erstauflage, 1966, eingeordnet) der der Verfassungsinterpretation gewidmete § 2 der »Grundzüge des Verfassungsrechts der Bundesrepublik Deutschland« von Konrad Hesse abgedruckt werden. Das ist leider an der fehlenden Abdruckgenehmigung des Verlages gescheitert. Die Lektüre jenes Paragraphen sei nachdrücklich empfohlen.

Die neben Essers »Vorverständnis und Methodenwahl« gegenwärtig meistdiskutierten allgemeinen Rechtsfindungstheorien sind diejenigen Krieles und Müllers,[148] die übrigens beide am Beispiel der Verfassungsinterpretation entwickelt worden sind. Aus ihnen ist hier je ein zentrales Kapitel dokumentiert. Aus der Monographie Krieles wurden die methodologisch grundlegenden Paragraphen über die »Stadien der Rechtsgewinnung« gewählt.[149] Aus den Schriften Friedrich Müllers sind die den »Fallanalysen« vorangestellten »Leitsätze« in derjenigen (um einige Passagen erweiterten) Fassung wiedergegeben, in der der Autor sie (statt der bisherigen »Ergebnisse«) der zweiten Auflage seiner »Juristischen Methodik« eingefügt hat.[150]

Es folgt der oben bei V angesprochene Aufsatz Böckenfördes, der eines der intrikatesten Themen der heutigen Diskussion, die Wechselbezüglich-

147 VVDStRL 20 (1963) 64; s. auch ebd. 71 und 131 ff. (Schlußwort).

148 S. dazu oben bei IV.

149 Vom Abdruck der der 1. Aufl. (S. 310–316) beigefügten »Leitsätze«, die in der 2. Aufl. wegen einiger Mißverständlichkeiten fortgefallen sind (vgl. das Nachwort zur 2. Aufl.), wurde im Einvernehmen mit dem Autor abgesehen.

150 Die 2. neu bearbeitete und stark erweiterte Auflage der »Juristischen Methodik« befand sich zur selben Zeit wie der vorliegende Band im Druck. Die Berücksichtigung der Erweiterungen, soweit sie die »Leitsätze« betreffen, wurde durch das freundliche Entgegenkommen des Autors möglich.

keit von Interpretation und Theorie, am Beispiel der Grundrechtsauslegung abhandelt. Den Abschluß bilden Häberles ausgreifende Reflexionen zum Thema »Zeit und Verfassung«, die zwar noch keine ausgereifte Konzeption enthalten, gerade in ihrer Vorläufigkeit und Verweisungsvielfalt aber die Problemsituation repräsentieren, der sich die vorliegende Dokumentation verdankt.[151]

151 Vgl. ergänzend *M. Kloepfer*, Verfassung und Zeit. Zum überhasteten Gesetzgebungsverfahren, Staat 13 (1974) 457–470. – *Häberles* Aufsatz »Die offene Gesellschaft der Verfassungsinterpreten. Ein Beitrag zur pluralistischen und ›prozessualen‹ Verfassungsinterpretation«, JZ 1975, 298–305, der sich vom Titel her nicht minder verlockend als Abschluß der hiesigen Dokumentation anbot, behandelt inhaltlich weniger methodologische Fragen als vielmehr die Vielfalt der Subjekte, die am Prozeß der Verfassungskonkretisierung teilhaben.

# II. Beiträge

# Die Umbildung des Verfassungsgesetzes

Von Ernst Forsthoff

[aus: Festschrift für Carl Schmitt, Duncker & Humblot, Berlin 1959 S. 35–62; wieder abgedruckt in: ders., Rechtsstaat im Wandel, 2. Aufl., C. H. Beck, München (im Druck)]

## I.

Die rechtsstaatliche Verfassung der Bundesrepublik befindet sich in einem Prozeß der Umbildung. Überblickt man den relativ kurzen Zeitraum der Geltung des Grundgesetzes, so wird man die außerordentlichen Veränderungen gewahr, die das Verfassungsrecht erfahren hat. Bemerkenswert ist daran, daß diese Veränderungen nur zu einem bescheidenen, relativ unwichtigen Teil durch Verfassungsänderungen herbeigeführt wurden. Die entscheidenden, die Substanz ergreifenden Veränderungen haben den Wortlaut des Grundgesetzes unberührt gelassen. Sie haben den Charakter von Verfassungswandlungen.

Unter ihnen wird man zu unterscheiden haben. Die Tatsache, daß das institutionelle Gefüge des Grundgesetzes als rechtsstaatlicher Verfassung dem 19. Jahrhundert entstammt und auf eine Wirklichkeit bezogen ist, die heute nicht mehr existiert, läßt es nicht zu, an der strengen Formtypik der rechtsstaatlichen Verfassung ausnahmslos festzuhalten. So ist das Gesetz in der rechtsstaatlichen Verfassung, wie sich für das Grundgesetz aus Art. 20, aber auch aus anderen Bestimmungen entnehmen läßt, als abstrakte, generelle Norm zu verstehen. Trotzdem wird man unter bestimmten Voraussetzungen dem Einzelfallgesetz oder auch dem Maßnahmegesetz die Gültigkeit nicht versagen können. Das Grundgesetz legt deshalb das Merkmal der Allgemeinheit zwingend nur für solche Gesetze fest, welche Grundrechte einschränken (Art. 19). Gesetze im Sinne des Rechtsstaats des 19. Jahrhunderts regeln die Modalitäten, unter denen die Verwaltung in Freiheit und Eigentum eingreifen darf. Art. 14 Abs. 3 GG sieht die Enteignung sowohl auf Grund eines Gesetzes wie durch Gesetz vor. Auch darin liegt eine Abweichung von der rechtsstaatlichen Formtypik. Das sind Zugeständnisse an die veränderte soziale Wirklichkeit, deren Logik evident ist. Von ihnen soll hier nicht gehandelt werden. Denn bei derartigen Adaptierungen wird die innere Logik der rechtsstaatlichen Verfassung zwar aus Gründen der Notwendigkeit beiseite gesetzt, aber nicht grundsätzlich geleugnet oder infrage gestellt.

Gegenstand der folgenden Betrachtungen sind nur diejenigen Verfassungswandlungen – oder Interpretationen, die solche anzubahnen scheinen –, die bewußt oder unbewußt, aber erweislich, das Gefüge des Rechtsstaats/(36) (jedenfalls das, was man bisher darunter verstanden hat) antasten und verändern.

Dabei ist vom Verfassungsgesetz auszugehen. Es gilt sich dessen zu erinnern, was es bedeutet, daß jedenfalls in den Bereichen, in denen die Verwirklichung des Rechtsstaats im Zeichen der Ideen von 1789 erfolgte, die Fixierung der freiheitlichen Staatsordnung in der Form eines Gesetzes ein wesentliches Element der Rechtsstaatlichkeit ausmachte. Denn erst die Unterstellung der Staatsordnung selbst unter den rechtsstaatlichen Gesetzesbegriff konnte die Gewähr der gesetzmäßigen Freiheit bieten, auf die es dem Rechtsstaat ankam.

Diese Funktion der in die Form des Gesetzes überführten Verfassung konnte und kann natürlich nur wirksam werden, wenn die *Gesetzesform der Verfassung* ernst genommen wird. Evidenz und Stabilität, welche die Verfassung mit der Gesetzesform gewinnt,[1] sind von spezifischer Art. Als Gesetz wird die Verfassung den für die Gesetze geltenden Regeln der Auslegung unterstellt. Damit wird die Verfassung in ihrem Sinne erweisbar und in ihrem Vollzug kontrollierbar. Ihre Stabilität ergibt sich, abgesehen von der Erschwerung der Abänderbarkeit, aus den Grenzen, welche der Gesetzesinterpretation durch ihren Gegenstand gezogen sind.

Die *Hermeneutik* war mit der Einführung der Gesetzesform für die Verfassung in der ersten Hälfte des 19. Jahrhunderts eine durchgebildete Rechtskunst von alter, keineswegs an den rechtsstaatlichen Gesetzesbegriff gebundener Tradition. Savigny hat ihre wesentlichen Regeln im ersten Bande seines Systems des heutigen römischen Rechts (S. 206 ff.) klassisch dargestellt. Die Überführung der Verfassung in die Form des Gesetzes hatte damit die wichtige Folge, daß zunächst der Rechtswissenschaft in Ansehung der Verfassung eine umfassende Zuständigkeit zufiel, was den Grundtendenzen der in das Zeitalter der Verwissenschaftlichung (Troeltsch) gehörenden frühen rechtsstaatlichen Entwicklung entsprach, und sie wurde später, unter der Weimarer Reichsverfassung, die Vorbedingung für die Einführung der Verfassungsgerichtsbarkeit modernen Stils.

1 *Carl Schmitt*, Verfassungslehre, 1928, S. 13.

Es besteht Anlaß, den Zusammenhang zwischen Gesetzesbegriff und Hermeneutik zu betonen und mit Nachdruck darauf hinzuweisen, daß das Gesetz eine Beliebigkeit der Auslegungsprozeduren nicht duldet, sondern durch eine solche Beliebigkeit negiert oder aufgelöst wird.
Nun ist gewiß nicht zu verkennen, daß das Verfassungsgesetz juristische Elemente enthält, die es von allen sonstigen Gesetzen unterscheiden.[2] Daß/(37) der unkritische, positivistische Normativismus, der streng darauf beharrte, das Verfassungsgesetz wie jedes andere beliebige Gesetz zu interpretieren, dem Verfassungsgesetz nicht nur verfassungspolitisch sondern auch juristisch Wesentliches schuldig blieb, ist gewiß.
Es ist das Verdienst der Staatsrechtslehre der zwanziger Jahre, sich aus der Einschichtigkeit der positivistischen Verfassungsauslegung gelöst zu haben. Soweit in diesem Zusammenhang die Besonderheit des Verfassungsgesetzes von seinem Gegenstande, der politischen Gesamtordnung des Staates, ausgehend als eine rechtlich relevante Qualität wieder ins Bewußtsein gehoben wurde, ist die damit erfolgte Korrektur der Verfassungsinterpretation wohl als endgültig anzusehen.[3] Diese Wiederherstellung einer dem Gegenstande entsprechenden Verfassungsinterpretation hat an der Tatsache nicht gerüttelt, daß es sich um die Interpretation eines Gesetzes handelt und hat die damit gegebenen Grenzen nicht überschritten.[4]
Die Abwendung vom Rechtspositivismus ist jedoch dabei nicht stehen geblieben. Die heute verbreitete *summarische Diskreditierung des Positivismus*, die unkritische Bejahung jedweder Kritik am Positivismus, hat das Unterscheidungsvermögen dafür stark getrübt, daß in dem großen Aufräumen mit dem Positivismus in den zwanziger Jahren wesentlich mehr geschehen ist als die Eliminierung einer falschen Methode. Das prominente Beispiel dafür bietet die Verfassungsauslegung, wie sie von *Smend* in seinem vielbeachteten Werk »Verfassung und Verfassungsrecht« im dritten Teil (S. 128 ff.) entwickelt und postuliert wird. Wenn Smend hier fordert, daß die Institute des Verfassungsrechts in ihrer rechtlichen Eigenqualität erkannt

2 Insoweit darf summarisch auf die Verfassungslehre *Carl Schmitts* verwiesen werden.
3 Neben der Verfassungslehre Carl Schmitts ist hier *Triepel*, Staatsrecht und Politik, 1926, *Thoma*, Handbuch des Deutschen Staatsrechts, Bd. 1, 1930, S. 4 ff. zu nennen.
4 *Thoma*, a.a.O., hat sogar den Positivismus nicht aufgeben wollen. Er formuliert: »Es handelt sich nicht darum, den Positivismus zu ›überwinden‹, sondern darum, ihn als unentbehrliches Element einzubetten in die wissenschaftliche Erfassung der staatsrechtlichen Institute. Die Aufgabe ist, ein jedes Institut sowohl positivistisch zu fixieren, als auch zu begreifen, als einen im Strom der Geschichte stehenden Versuch der Lösung eines politischen Problems.« Diese im einzelnen nicht sehr klare Äußerung kann man wohl nur dahin verstehen, daß Thoma an der Gesetzesbindung im herkömmlichen Sinne nicht rütteln lassen will.

werden müssen, und er beispielsweise die Analogie zwischen Reichsaufsicht und Kommunalaufsicht, zwischen Staatsgerichtsbarkeit und Zivilgerichtsbarkeit verwirft, so wird man dem vorbehaltlos zustimmen. Das ist sinnvolle Auslegung des Verfassungsgesetzes und verbleibt in den Grenzen der Gesetzesauslegung. Diese Grenzen werden jedoch mit der Forderung nach »Einordnung der einzelnen staatsrechtlichen Normen in das Sinnsystem des staatlichen Integrationszusammenhangs« niedergelegt. Schon deshalb, weil dieses/(38) Sinnsystem mit den Mitteln exakter Gesetzesinterpretation nicht zu ermitteln ist, so daß der zentrale Orientierungsgesichtspunkt für die Auslegung der Verfassungsnormen außerhalb der Normen und der mit den Mitteln der Exegese zugänglichen Gehalte liegt. Noch deutlicher wird das im Hinblick auf die aus dieser Forderung gezogene Folgerung, daß es darauf ankomme, den unterschiedlichen Wert der einzelnen Verfassungsnormen für das Sinnsystem des staatlichen Integrationsvorgangs festzustellen. Aus dieser Unterschiedlichkeit des Werts ergibt sich für Smend eine Rangverschiedenheit der Normen und Institute (S. 136). »Diese Rangfrage ist eine Rechtsfrage«. An dieser Stelle wird die Auflösung des Gefüges der normativen Rechtsordnung deutlich. Jede normative Rechtsordnung ist gestuft. Diese Stufung macht es erforderlich, daß eine Rangordnung unter den Normen stattfindet; aber es ist Sache der Rechtsordnung selbst, diese Rangabstufung vorzunehmen (Vorrang des Verfassungsgesetzes, Bundesrecht bricht Landesrecht usw.). Die Rangabstufung der Rechtsordnung hat, sofern die Rechtsordnung als ein gegebenes Gefüge gelten soll, den Charakter der Ausschließlichkeit. Interpretative Rangstufungen sprengen die Rechtsordnung als Gefüge mit unbedingtem Geltungsanspruch auf.[5] So wird mit der Forderung nach Rangunterscheidungen im Rechtssinne das Verfassungsgesetz von innen zerstört. Das geht über die Überwindung des Positivismus weit hinaus, wie der letzte, sehr charakteristische Satz dieses Abschnitts zu erkennen gibt: »Diese Sinnerfüllung (scil. im Hinblick auf das Integrationssystem) ist das regulative Prinzip nicht nur für den Verfassungsgesetzgeber, sondern sogar für die fließende Geltungsfortbildung des gesetzten Verfassungsrechts« (S. 137). Dieser Satz könnte, wie sich zeigen wird, dieser Darstellung der Geltungswandlung des Grundgesetzes als Motto vorangestellt werden.

Ist die Interpretation des Grundgesetzes ohne diese Ausführungen Smends schwerlich zu erklären, so gilt das im besonderen Maße für die moderne

5 Das gilt natürlich nicht für die Regeln der Auslegung, die sich aus der immanenten Logik der Normen ergeben wie: lex specialis derogat legi generali, lex posterior derogat legi priori usw.

Auslegung der Grundrechte und die einschlägigen Darlegungen in »Verfassung und Verfassungsrecht« (S. 158 ff.). Um sie richtig zu verstehen, muß man sich der Fragestellung erinnern, durch welche sie ausgelöst wurden. Es handelte sich um die unter der Weimarer Reichsverfassung viel erörterte Frage, ob den bloßen Programmsätzen im zweiten Teil der Verfassung eine rechtliche Bedeutung zuerkannt werden könne und bejahendenfalls welche. Smend bemerkt dazu zunächst zutreffend, daß man die Grundrechte nicht als »Novellen zu technischen Spezialgesetzen« verstehen dürfe. Diese Tatsache erfordert nun nach Smend »eine neue Auslegung ihres hoheitlichen Inhalts und eine neue Charakterisierung ihres formalen Geltungssinns«. /(39) Davon ausgehend beschreibt Smend den Sinn des Grundrechtskatalogs dahin: »er will eine sachliche Reihe von einer gewissen Geschlossenheit, das heißt ein Wert- oder Güter-, ein Kultursystem normieren, und er normiert es als nationales, als das System gerade der Deutschen, das allgemeinere Werte national positiviert, eben dadurch aber den Angehörigen dieser Staatsnation etwas gibt, einen materialen Status, durch den sie sachlich ein Volk, untereinander und im Gegensatz gegen andere, sein sollen« (S. 163).

Wenn damit nicht mehr gegeben werden sollte als eine Erklärung für die Aufnahme wesentlich soziale Verheißungen bietender Programmsätze in die Weimarer Reichsverfassung, also eine bloß verfassungspolitische Erwägung, so wäre dazu an dieser Stelle nichts zu vermerken. Nun kann zwar eine solche, damals völlig neue Deutung des Sinngehalts der Grundrechte unvollziehbaren Verfassungsnormen nicht zur Vollziehbarkeit verhelfen. Offenbar ist sie auch, wie an späterer Stelle erkennbar wird,[6] nicht so gemeint. Das Vorhandensein der unvollziehbaren Grundrechtsnormen gibt Smend jedoch Anlaß, die Grundrechte in eine neue Beleuchtung zu rücken, indem er sie als Ausdruck eines Kultur-, Wert- und Gütersystems bezeichnet und für die Auslegung der Grundrechte feststellt, daß sie in dieser Qualität des Ausdrucks eines Kultur-, Wert- und Gütersystems, der nach Smend auf Art. 1 und Art. 3 WRV verweist »die wichtigste Interpretationsgrundlage gegenüber den Grundrechten« habe.

Es steht hier nicht zur Beurteilung, ob diese Kennzeichnung der Grundrechte in irgendeinem, etwa soziologischen oder sozialphilosophischen Sinne richtig ist. Vielmehr geht es allein um die Frage, ob hier von Mitteln

6 A.a.O. S. 164, wo es heißt: »Ganz abgesehen von aller positiven Rechtsgeltung (sic!) proklamieren die Grundrechte ein bestimmtes Kultur-, ein Wertsystem, das der Sinn des von dieser Verfassung konstituierten Staatslebens sein soll«. Der Vorbehalt der positiven Rechtsgeltung muß wohl als Anerkennung der Geltung des Verfassungsgesetzes mit seinen herkömmlichen Bindungen verstanden werden.

der Sinnerfassung von Normen ein Gebrauch gemacht worden ist, den man noch als juristische Interpretation gelten lassen kann. Das kann nur dann anerkannt werden, wenn sich diese Mittel der Sinnerfassung normfremder Hypostasierungen enthalten. Als normgemäß können nur solche Hypostasierungen gelten, welche im Wortlaut der zu interpretierenden Normen eine Rechtfertigung finden. Die Überwindung des Positivismus ist nicht die Preisgabe der Positivität des Rechts überhaupt.
Nun ist es von vornherein evident, daß die Herantragung einer Vorstellung wie »*Wertsystem*«[7] an die Grundrechte spezifische Assoziationsreihen /(40) und logische Abläufe auslösen muß. Das Wertsystem bezeichnet eine geistige Dimension, aber keine solche, die im Bereich juristischer Norminterpretation ihre Stelle haben könnte.
Die Vorstellung, daß eine gesetzliche Regelung ein System bildet, ist natürlich der Rechtsauslegung nicht fremd. Sie gestattet es, aus dem systematischen Zusammenhang Folgerungen für die Normauslegung zu ziehen. So kann man die besonderen Schuldverhältnisse oder die dinglichen Rechte als Systeme auffassen. Die Grundrechte stellen in diesem Sinne kein System dar.[8] Die Grundrechte, eine Hervorbringung der Verfassungsgeschichte, setzen dem Staat Grenzen zum Schutze bestimmter Individualfunktionen, die unter konkreten, historischen Voraussetzungen, welche weithin fortgelten, als in besonderem Maße schutzwürdig erschienen sind. Gerade die klassischen, immer wieder bis auf den heutigen Tag tradierten Grundrechte haben deshalb eine so starke Lebensdauer bewiesen, weil sie maßgerecht die Schutzansprüche der Gesellschaft erfüllt haben und noch erfüllen. Dafür, daß die Grundrechtsnormierung irgendwelchen auf sachbezogene Systematik angelegten Vorstellungen jemals gefolgt wäre, fehlt jeder historische und sonstige Anhalt. Natürlich kann man in den Auswirkungen der Grundrechte gewisse systematische Disponiertheiten entdecken, etwa indem man im 19. Jahrhundert das soziologische Gefüge der bürgerlichen Schicht in den Grundrechten abgesichert findet oder indem man mit Max Weber feststellt, daß die klassischen Grundrechte die Marktwirtschaft intendieren und daß ohne sie der Übergang zur Freien Marktwirtschaft des 19. Jahrhunderts undenkbar gewesen wäre. In diesem Sinne ist alles Bestehende systemati-

7 Die folgenden Erwägungen sollen sich auf das Wertsystem beschränken, nicht nur weil dieser Begriff am stärksten fortwirkt, sondern weil das, was dazu auszuführen ist, auch für das Kultursystem und das Gütersystem gilt.

8 Von einem *Wertsystem* kann wohl auch deshalb schwerlich die Rede sein, weil Wertfixierungen, welche nur dem Individuum, nicht aber auch dem Staat gelten, auch in einer liberalen Verfassung nicht den Grad von Vollständigkeit und Geschlossenheit erreichen, der die Bezeichnung als System rechtfertigen könnte.

sierbar. Nur haben solche Systeme, deren die geistige Umweltbemächtigung offenbar bedarf, mit der inneren Systematik von Normen nichts zu tun. Das gilt vor allem für die Grundrechte, die sich zur Sicherung der individuellen Freiheit einer spezifisch juristischen Technik bedienen und deren Effektivität davon abhängt, daß diese Technizität ernstgenommen wird. Zwischen etwa dem Gleichheitssatz, der Meinungsfreiheit, der Freizügigkeit und der Eigentumsgarantie gibt es schlechterdings keinen normimmanenten, systematischen Zusammenhang. Jedes dieser Grundrechte steht mit eigener Logik für sich. Diese Feststellung bedeutet keinen Rückfall in den Positivismus sondern nichts anderes als ein Ernstnehmen der Verfassung als Gesetz. Denn es mag daran erinnert werden, daß nach den Regeln der Auslegung, die lange vor dem Positivismus entwickelt wurden und das Kernstück der abendländischen Rechtskultur darstellen, der Rückgriff auf den/(41) systematischen Zusammenhang erst zulässig ist, wenn die Auslegung über Wortlaut und Sinn der Textstelle nicht zum Ziele führt.

Ist somit die Substituierung der Vorstellung eines Systems für die Auslegung der Grundrechte außergesetzlich und außerjuristisch, so ist es die des Wertes erst recht. Die Jurisprudenz vernichtet sich selbst, wenn sie nicht unbedingt daran festhält, daß die Gesetzesauslegung die Ermittlung der richtigen Subsumtion im Sinne des syllogistischen Schlusses ist. Während der Richter diesen Schluß in Ansehung eines gegebenen, konkreten Sachverhalts vollzieht, hat die wissenschaftliche Auslegung die zulässigen Möglichkeiten und Grenzen dieses syllogistischen Schlusses zu ermitteln. Daß man das Ergebnis dieser Ermittlung, den über den Wortlaut des Gesetzes hinaus konkretisierten und differenzierten Gehalt einer Norm als einen Wert bezeichnet, mag – wenn man der Wertphilosophie anhängt – nicht falsch sein, hat aber mit der juristischen Sinnerfassung einer Norm nichts mehr zu tun. Der Wert fällt bei der juristischen Operation für den Nichtjuristen lediglich mit ab.

Verlegt man aber den Wert in die Norm selbst und macht damit die Normanwendung zur Wertverwirklichung, so verwandelt man den Vorgang der Erfassung des Normgehalts aus der Interpretation in Verstehen und in die Prozeduren der Wertverwirklichung durch Wertanalyse und Wertabwägung. Die Sinnerfassung ist dann keine Rechtskunst mehr, sondern wird philosophisch. Das freilich in einem anspruchslosen Sinne. Denn wer schon die μετάβασις εἰς ἄλλο γένος vollzieht, sollte sich auch darüber Rechenschaft ablegen, daß wir nicht mehr im Jahre 1928 leben und daß seither auf dem Felde der Philosophie einiges geschehen ist. Wertphilosophierende Juristen werden im Jahre 1958 schwerlich dem Vorwurf des Anachronismus entgehen können, selbst wenn sie sich auf Scheler berufen sollten. Hier zeigt sich die prinzipielle Gefahr einer *Abdankung der juristischen Methode* zugunsten irgendwelcher geisteswissenschaftlicher Arten der Deutung. Sie hätte, wenn die Rechtswissenschaft den Bewegungen der Philosophie gefolgt wäre, nach der wertphilosophischen zu einer phänomenologischen, existenzialistischen und anthropologischen Grundrechtskonzeption führen müssen. Solche Abfolgen der Grundorientierung stehen der Philosophie wohl an. Das Rechtswesen ist hier insofern in einer anderen Lage, als es auf Kontinuität hin angelegt ist.[9]

Diese Ausführungen sollten darlegen und dürften ergeben haben, daß die in Smends Buch enthaltenen Ausführungen über die Auslegung der Verfassung den Rahmen der Gesetzesauslegung überschreiten. Das bedeutet/(42) zugleich: daß sie im Maße dieser Überschreitung die Verfassung als Gesetz auflösen. Der Rückgriff auf dieses Buch, dessen wissenschaftliche Bedeutung außer allem Zweifel steht, ist durch die praktische Bedeutung geboten, die dem Buch für die moderne Verfassungswirklichkeit zukommt. Das soll im Folgenden an der Spruchpraxis der Gerichte erwiesen werden.

## II.

Vergleicht man die Auslegung[10] des Grundgesetzes mit der Interpretation der Weimarer Reichsverfassung, so springt der Wandel der Methode geradezu in die Augen. Er wird schon, und das ist natürlich keine Äußerlichkeit, im Medium der Sprache sichtbar. Beispiele dafür bieten sich in Fülle an. Aus ihnen sollen im Folgenden einige charakteristische Sätze herausgegriffen werden.

Für die neuen Auslegungsmethoden darf die *wechselvolle Interpretation des Art. 2 GG* als besonders typisch gelten. Bis das Bundesverwaltungsgericht dem ein Ende machte,[11] hatten mehrere Verwaltungsgerichte Art. 2 Abs. 1 dahin ausgelegt, daß er als eine Art Generalgrundrecht die zusam-

9 Daß damit das Rechtswesen nicht außer Zusammenhang mit den geistigen Bewegungen der Zeit gestellt werden soll, bedarf wohl nicht der besonderen Darlegung.

10 Aus Gründen der Einfachheit wird dieses Wort für alle Fälle prätendierter juristischer Sinnerfassung von Normen beibehalten, ohne zu prüfen, ob es sich der Sache nach noch um juristische Auslegung handelt.

11 Urt. v. 15. Dezember 1953, E Bd. 1 S. 48 ff. (S. 51), ebenso Gutachten des BGH v. 28. April 1952, DVBl. 1953 S. 471.

menfassende Gewährleistung der individuellen Freiheit enthalte, die in den nachfolgenden speziellen Grundrechten lediglich ihre besondere Ausprägung erfahre.[12] Den Anlaß zu dieser Auslegung gaben offenbar die Auslegungsschwierigkeiten, die Art. 12 Abs. 1 bietet, und das Bedürfnis, diese Bestimmung so einzuschränken, daß traditionelle Ordnungen des deutschen Berufslebens, an deren Beseitigung der Verfassungsgeber offensichtlich nicht gedacht hatte, vor dem Grundgesetz Bestand behalten. Es kam also nicht auf die in Art. 2 Abs. 1 GG gewährleistete Freiheit, sondern auf die ihr dort gezogenen Schranken an, die man auf diese Weise verallgemeinerte. Bemerkenswert ist die Selbstverständlichkeit, mit der diese neue, für die Auslegung des Grundrechtsteils einschneidende Deutung in dem ersten, veröffentlichten einschlägigen Urteil als die allein mögliche behauptet wird: »Alle in Abschnitt I des GG ›Die Grundrechte‹ namentlich bezeichneten/(43) Einzelrechte haben ihre Rechtsgrundlage (?) in dem Art. 2 GG und müssen sich deshalb in dem ihnen durch Art. 2 Abs. 1 GG gezogenen Rahmen halten. Darüber besteht bei der klaren Fassung des Art. 2 GG keine Meinungsverschiedenheit«.[13] Dieser Satz negiert eine ganze Literatur, welche den Graduierungen der Grundrechte (ohne Gesetzesvorbehalt, mit beschränktem Gesetzesvorbehalt, mit unbeschränktem Gesetzesvorbehalt) gewidmet ist.[14] Indem jedem Einzelgrundrecht auf diese Weise die drei Vorbehalte des Art. 2 Abs. 1 (verfassungsmäßige Ordnung, Rechte anderer, Sittengesetz) sozusagen mechanisch eingefügt werden, werden die überlegten Abstufungen, die bei einem Vergleich der einzelnen Grundrechte erkennbar werden, wenn nicht umgestoßen, so doch entscheidend modifiziert. Sofern man überhaupt zugeben will, daß das Ergebnis dieser Auslegung (Geltung des Art. 2 Abs. 1 GG für alle Grundrechte) im Wege eines logischen Schlusses gewonnen wurde, ist dieser Schluß jedenfalls ein solcher aus der angenommenen Sinnqualität des Art. 2 Abs. 1 GG, der sich der Regeln der Gesetzesauslegung nicht nur nicht bedient, sondern zu ihnen in einem handgreiflichen Widerspruch steht. Das in diesem Zusammenhang in erster Linie interessierende Phänomen ist dies, daß in keinem der einschlägigen Urteile der klassischen Auslegungsregel gedacht wird, die sich geradezu zwingend anbot, wenn man annahm, daß Art. 2 Abs. 1 GG ein Generalgrundrecht

12 So z. B. OVG Münster v. 29. Sept. 1950, VRspr. Bd. 3 S. 737, und v. 11. April 1951, VRspr. Bd. 4 S. 754; OVG Lüneburg v. 9. Februar 1951, VRspr. Bd. 4 S. 233; OVG Hamburg v. 16. April 1955, VRspr. Bd. 6 S. 654. Ebenso *Kleinrahm*, DV 1949 S. 537; *Krüger*, DV 1950 S. 625. Näheres dazu bei *Uber*, Freiheit des Berufs, 1952.

13 VRspr. Bd. 3 S. 742.

14 Dazu etwa *Thoma*, Die juristische Bedeutung der grundrechtlichen Sätze, in *Nipperdey*, Die Grundrechte und Grundpflichten der Reichsverfassung, Bd. 1, 1929 S. 1 ff.

enthalte, des Satzes nämlich: lex specialis derogat legi generali. Hätte man sich dieses Satzes erinnert, so wäre alsbald klar gewesen, daß für die Gewinnung zusätzlicher Grundrechtsschranken die Erklärung des Art. 2 Abs. 1 GG zum Generalgrundrecht keine Hilfe bedeuten konnte.

Diese Auslegung des Art. 2 GG hat symptomatische Bedeutung, die nicht durch den Umstand beeinträchtigt wird, daß sie auf Grund der Rechtsprechung des Bundesverwaltungsgerichts der Vergangenheit angehört. Denn hier wurde zum ersten Male mit der Forderung Smends Ernst gemacht, *Rangverschiedenheiten unter den Grundrechten* festzustellen, und wenn Smend die Rangverschiedenheiten am System des staatlichen Integrationszusammenhanges orientiert wissen wollte, so stimmt auch das mit der Auslegung des Art. 2 Abs. 1 GG überein, die ihn zur sinngebenden Mitte des Grundrechtsteils erhob. Übrigens sind die Bemühungen um eine solche sinngebende Mitte keineswegs auf Art. 2 GG beschränkt, sie richten sich ebenso auch auf Art. 1 GG, ohne daß im einzelnen klar würde, welche Folgerungen aus der Ermittelung eines solchen Gravitationspunktes gezogen werden sollen. Ein ganzes Vokabular hat sich bereits herausgebildet, welches/(44) diesen Gravitationspunkt als Hauptgrundrecht, Muttergrundrecht, allgemeinstes und oberstes Freiheitsrecht, Hauptfreiheitsrecht usw. bezeichnet.

Schon die Tatsache, daß die moderne Grundrechtsauslegung einer solchen Sinnmitte zu bedürfen glaubt, ist in hohem Maße bemerkenswert. Sie steht offenbar im Zusammenhang mit der *geistesgeschichtlichen Methode*, der sich ein großer Teil der modernen Staatsrechtswissenschaft verpflichtet weiß. Es besteht kein Anlaß, diese Methode hier im einzelnen zu beschreiben. Ihre Besonderheit, die sie von den herkömmlichen Regeln der juristischen Auslegungskunst unterscheidet, wird man darin zu erblicken haben, daß sie unter Beiseitelassung der formalen Elemente, wie sie sich in einem durchnormierten rechtsstaatlichen Gesetz anfinden, ihre Intention auf die Sinnerfassung durch Einordnung in weitere geistige Zusammenhänge richtet.[15] so wird dann etwa auch das Menschenbild,[16] das einer Norm oder einem Normenkomplex zugrunde liegt, für die Auslegung bedeutsam. Diese Art der Auslegung im Wege geisteswissenschaftlicher Sinnerhellung ist nun nicht etwa als eine Auslegungshilfe gemeint, die angewandt werden soll, wenn

15 Als Beispiel einer solchen geisteswissenschaftlichen Auslegung der Grundrechte sei die Schrift von *Hamel,* Die Bedeutung der Grundrechte im sozialen Rechtsstaat, 1957 (insbesondere S. 14 ff.) genannt. *Klein* in *Mangoldt-Klein,* Kommentar zum Bonner Grundgesetz Bd. 1, S. 57, wendet sich gegen die Möglichkeit einer einheitlichen geistesgeschichtlichen Begründung der Grundrechte, hält aber die geistesgeschichtliche (ideengeschichtliche) Begründung zur Auslegung der Grundrechte für wesentlich.

16 BVerfG v. 20. Juli 1954, E Bd. 4 S. 7 ff. (S. 15).

die herkömmlichen Auslegungsmittel versagen, sondern sie wird als die allein richtige und primäre Auslegungsmethode vertreten und empfohlen.
So darf man wohl die Tatsache verstehen, daß die geisteswissenschaftliche Methode der Sinnerfassung nirgendwo in das überkommene System der juristischen Hermeneutik eingefügt oder ihm angefügt ist. Diese Methode soll also, wie man daraus folgern muß, dieses System ersetzen.
Es entspricht einer inneren Zwangsläufigkeit, daß die geisteswissenschaftliche Methode, indem sie die überkommene juristische Hermeneutik abstreift, gezwungen ist, ihre Ordnung in den für sie wesentlichen Relationen des materialen Sinns der Normen zu suchen. Denn sie bedarf eines Äquivalents für die Disziplinierung, die der überkommenen Kunst der Gesetzesauslegung aus ihrer spezifischen Bindung an das Gesetz zuteil wurde. Daß unter diesen Umständen die geisteswissenschaftliche Methode die Smendschen Formulierungen vom »Sinnsystem des staatlichen Integrationsvorgangs« vom »Kultursystem«, »Wertsystem«, »Gütersystem« der Grundrechte übernahm und das in solcher Entschiedenheit, daß solche Systemvorstellungen/(45) heute als Allgemeinheit der Verfassungsauslegung bezeichnet werden können,[17] ist überaus folgerichtig.
Unter diesen verschiedenen möglichen Systemen hat sich das Wertsystem eindeutig durchgesetzt. Auch die von Smend inaugurierte Vorstellung von den Grundrechten als Werten ist inzwischen ziemlich allgemein anerkannt. Das hat Folgen gezeitigt, die gewiß für Smend im Jahre 1928 jenseits aller Voraussehbarkeit lagen, die aber darum von höchstem methodischen Interesse sind, weil sie erkennen lassen, welche Tragweite solche Qualifizierungen haben können. Indem Smend die Grundrechte, die man bisher als Individualrechte verstanden hatte, zu Werten erklärte, fügte er nicht der bisherigen Grundrechtsauffassung einen neuen Aspekt hinzu, sondern er versetzte die Grundrechte, wie bereits bemerkt wurde, in eine andere logische Dimension. Denn wenn man schon die Grundrechte zu Werten erklärte, dann lag die Frage nahe, warum diese Werte (Gleichheit, Meinungsfreiheit usw.) nur im Verhältnis des Einzelnen zum Staate bestehen sollten; dann mußte die Ausdehnung des Wertes auf alle Rechtsbeziehungen, also auch der Rechtsgenossen untereinander, als konsequente Wertverwirklichung erscheinen. Der Wert hat seine eigene Logik.
An dem Übergang zur *Drittwirkung der Grundrechte* ist die Staatsrechtslehre, von Smend abgesehen, nicht beteiligt und noch ist unübersehbar,

17 Selbst ein der traditionellen Auslegung verbundener Autor wie *Theodor Maunz* spricht in seinem Deutschen Staatsrecht, 7. Aufl. 1958, S. 94, vom »Wertsystem der menschlichen Güter«, das aus der Würde des Menschen (Art. 1 GG) zu entwickeln sei.

ob ihr diese Tatsache einmal zum Ruhm oder als Vorwurf angerechnet werden wird. Die Gründe, welche für die Drittwirkung vorgetragen werden, sind freilich von der Art, daß sie dem, der in der Tradition der Staatsrechtswissenschaft und der Verfassungsauslegung steht, geradezu unzugänglich sind. Das ist ohne Ironie und nicht herabsetzend gemeint. Natürlich gibt es keine Möglichkeit der Ableitung der Drittwirkung aus dem Grundgesetz mit den Mitteln der herkömmlichen Interpretation und für den, der auf dem Boden der herkömmlichen Interpretation verblieben ist, sind alle Ableitungsversuche nichts anderes als eine einzige petitio principii. Dazu sei im übrigen nur folgendes bemerkt. Es ist bezeichnend, daß nicht ernsthaft versucht wird, die Drittwirkung auf einem Wege zu begründen, der noch eine gewisse Nähe zu den traditionellen Auslegungsregeln haben würde, nämlich durch den Nachweis, daß angebbare Veränderungen der gesellschaftlichen Struktur neue Schutzbedürftigkeiten des Einzelnen gegenüber der organisierten gesellschaftlichen Macht hervorgerufen haben, daß es dem Sinn einer Verfassung angesichts der veränderten gesellschaftlichen Wirklichkeit entspreche, auch diesen Schutzbedürftigkeiten Genüge zu tun und daß deshalb die Grundrechte in einem neuen Sinn zu interpretieren /(46) seien. Das aber würde der Drittwirkung eine Beschränkung geben, die offenbar keineswegs beabsichtigt ist.[18] Die Argumentation verbleibt durchaus in den Bereichen, die mit dem Wertbegriff bezeichnet sind. Die dem Wertbegriff verhaftete Art des Folgerns kommt dabei (in ihrer Art folgerichtig) zu Schlüssen, welche die herkömmlichen Auslegungsregeln auf den Kopf stellen. Wenn das Grundgesetz in Art. 1 Abs. 3 über die bindende Wirkung der Grundrechte eine ausdrückliche Bestimmung dahin enthält, daß sich diese bindende Wirkung auf Gesetzgebung, vollziehende Gewalt und Rechtsprechung bezieht, so wird man das nach herkömmlichen Auslegungsregeln dahin verstehen, daß damit Abschließendes gesagt sein und die Bindung eben nicht weiter gehen soll. *Nipperdey*[19] bemerkt dazu: »Insbesondere dadurch, daß diese Grundrechte im Unterschied zur Weimarer Verfassung ausdrücklich als verbindliche Normen auch für die Gesetzgebung anerkannt werden, haben sie vorbehaltlich näherer Untersuchung (!) der einzelnen Grundrechte die Bedeutung allgemeiner Rechtsprinzipien erhalten, deren Geltung nicht ohne weiteres (!) auf den staatlichen Bereich beschränkt werden kann«. Der Akzent dieses Satzes muß auf dem Wort »ausdrücklich« liegen, denn natürlich war die Gesetzgebung unter der Wei-

18 Wie das Urteil des BVerfG v. 15. Januar 1958, JZ 1958 S. 119, deutlich zeigt, in dem die modernen gesellschaftlichen Machtfaktoren überhaupt nicht im Spiele sind.
19 In *Neumann-Nipperdey-Scheuner*, Die Grundrechte, Bd. 2, S. 18.

marer Verfassung ebenso an die Grundrechte gebunden wie heute. Was die ausdrückliche Festlegung der Bindung an die Grundrechte bedeutet, steht außer Zweifel: die Bekundung, daß das Grundgesetz keine bloßen Programmsätze nach Art der Weimarer Verfassung enthält, so daß der Streit um die Verbindlichkeit von Normierungen, der unter der Weimarer Verfassung geradezu unvermeidlich war, unter dem Grundgesetz nicht wieder aufleben soll. Mit anderen Worten: über die Geltung der Grundrechte sagt diese auf Programmsätze gerichtete Ausschließungsklausel in Wahrheit nicht mehr, als ohnehin rechtens sein würde. Denn daß vollziehbare Verfassungsnormen Gesetzgebung, Verwaltung und Rechtsprechung binden, war zu allen rechtsstaatlichen Zeiten eine Selbstverständlichkeit.
Die am Wert orientierte Art des Folgerns bleibt von Erwägungen dieser Art unberührt und endet bei der Annahme eines rangmäßig gestuften Wertsystems.[20] Dabei ist charakteristisch, daß die Drittwirkung nun keineswegs generell für alle Grundrechte vertreten wird. Es wird keine ungeschriebene Norm dieses Inhalts prätendiert, sondern die Vollziehung des Bekenntnisses zur Drittwirkung wird in Kasuistik aufgelöst. Der zitierte Satz von Nipperdey (»vorbehaltlich näherer Untersuchung«, »nicht ohne weiteres«)/(47) läßt das deutlich erkennen. Man wird die Vorsicht der Formulierung, die sich gegen unübersehbare Konsequenzen absichert, aus der Situation des Autors begreiflich finden. Wenn aber das Gericht, das diese Auslegung übernimmt, sich diese salvatorischen Klauseln und die Verweisung auf die Notwendigkeit der Beurteilung von Fall zu Fall zu eigen macht,[21] dann ist das etwas anderes. Hier tritt ein struktureller Wesenszug der modernen Rechtsentwicklung in Erscheinung, der sich durch eine große Zahl von Beispielen aus der Interpretation des Grundgesetzes belegen läßt. Die Preisgabe der klassischen Regeln der Auslegungskunst, die eine Auflösung des Gesetzesbegriffs im Inhaltlichen bedeutet, nimmt der Norm die Evidenz. Die neuen Methoden wertmaterialer Sinnerfassung sind außerstande, der Norm sozusagen auf anderer Ebene einen evidenten, für den Normvollzug bereitstehenden, generellen Gehalt zuzuerkennen. So weiß nach dem Urteil des Bundesarbeitsgerichts vom 3. Dezember 1954 in der Tat niemand, welchen praktikablen Gehalt die Grundrechte in dem von der Zuständigkeit des

20 Soweit auch die Sozialstaatsklausel zur Begründung der Drittwirkung herangezogen wird, ist darauf alsbald einzugehen.

21 BAG im Urteil v. 3. Dezember 1954, NJW 1955 S. 606, in dem es heißt: »Zwar nicht alle (!), aber doch eine Reihe bedeutsamer Grundrechte der Verfassung sollen nicht nur Freiheitsrechte gegenüber der Staatsgewalt garantieren, sie sind vielmehr Ordnungsgrundsätze für das soziale Leben, die in einem aus dem Grundrecht näher zu entwickelnden Umfang (!) unmittelbare Bedeutung auch für den Rechtsverkehr der Bürger untereinander haben.«

Bundesarbeitsgerichts erfaßten Rechtsbereich haben. Jede Evidenz der Verfassung ist damit dahin, und die Bildung und Praktizierung einer eigenen Meinung durch den Rechtsgenossen geschieht auf eigenes Risiko. Was wirklich rechtens ist, bestimmt dann freilich im gegebenen Falle das Bundesarbeitsgericht, und zwar, wenn man vom Bundesverfassungsgericht absieht, nur dieses. Hier wird ein sehr wichtiger Zusammenhang zwischen der *Auflösung des Verfassungsgesetzes* und dem Justizstaat sichtbar, der im dritten Abschnitt noch erörtert werden soll.

Die Einführung der Drittwirkung der Grundrechte auf interpretativem Wege ist als *Verfassungswandlung* in diesem Ausmaß *ohne Beispiel*, da sie die Umdeutung des Gleichheitssatzes in eine Bindung der Gesetzgebung in der Mitte der Zwanziger Jahre in ihrer Tragweite (die sich noch keineswegs voll ermessen läßt) bei weitem übertrifft. Sie verwandelt einen ganzen Komplex von wichtigen Verfassungsnormen aus reinen Freiheitsverbürgungen in Pflichten enthaltende Rechtssätze, wobei das Ausmaß der Pflichten offen bleibt. Das bedeutet verfassungspolitisch die *Umdeutung der Grundrechte in wesentlich sozial determinierte Pflichtbindungen unter weitgehender Eliminierung ihres liberalen Gehalts*. Unter diesen weiteren geschichtlichen Perspektiven muß der Vorgang gesehen werden.

Damit ist bereits angedeutet, daß diese Wandlung des Grundgesetzes nicht allein aus der Annahme der am Wertbegriff orientierten Methoden der/(48) Sinnerfassung verstanden werden kann. Sie läßt sich ohne die Schubwirkung des sozialen trends nicht erklären, die in der Tatsache erkennbar wird, daß das Arbeitsrecht zur Durchbruchstelle der Drittwirkung wurde und überdies in der Heranziehung der Sozialstaatsklausel (Art. 20, 28 GG) zu ihrer Begründung ausdrücklich bezeugt wird.

Es soll an dieser Stelle die Auseinandersetzung um die *Sozialstaatlichkeit* nicht fortgesetzt werden. Vielmehr interessiert nur die Art, wie in diesem Falle das Verfassungsgesetz auf einen bestimmten Sinngehalt festgelegt wird. Der positivrechtliche Befund ist denkbar mager: die Worte sozialer Bundesstaat (Art. 20) und sozialer Rechtsstaat (Art. 28). Die Entstehungsgeschichte ist schlechterdings negativ. Wo nichts gemeint ist, läßt sich auch nichts interpretieren. Und es ist auch von denen, welche den sozialen Rechtsstaat als Verfassungsbegriff mit eigenem Gehalt verstehen, keine logische Bemühung angesetzt worden, welche noch in irgendeinem Sinne als Interpretation verstanden werden könnte.[22] So führt das *Bundesarbeitsgericht*

22 Die weitausholenden Ausführungen von *Menger*, Der Begriff des sozialen Rechtsstaats im Bonner Grundgesetz, 1953, bemühen sich um eine Präzisierung des sozialen Rechtsstaats aus der Geschichte des Rechtsstaats auf deutschem Boden; sie geben eine verfassungsgeschichtlich angelegte Analyse, aber keine Interpretation.

im Urteil vom 14. Juli 1954[23] aus: »So tritt neben den Gleichberechtigungsgrundsatz (scil. Art. 3 Abs. 2 GG) als positive Verfassungsnorm das unabänderliche Prinzip der Sozialstaatlichkeit (Art. 20, 79 Abs. 3, 28 GG). Die Bundesrepublik Deutschland ist ein sozialer Bundesstaat und Rechtsstaat. Das ist ein normatives Bekenntnis zum Sozialstaat, das bei der Auslegung des Grundgesetzes und damit auch des Gleichberechtigungsgrundsatzes in Art. 3 Abs. 2 und 3 GG sowie anderer Gesetze von entscheidender Bedeutung ist. Der Gleichberechtigungsgrundsatz und der Grundsatz der Sozialstaatlichkeit sind bei der Prüfung der Verfassungswidrigkeit oder Verfassungsgemäßheit des Hausarbeitstagsgesetzes zusammen anzuwenden. Sie stehen koordiniert nebeneinander, vielleicht hat der Sozialgedanke sogar den Vorrang.«

In Sätzen dieser Art, die als typisch für die Begründung der Sozialstaatsklausel gelten dürfen, wird man keinen Gedanken entdecken, den man als interpretativ anerkennen könnte. Hier geschieht etwas anderes: es werden Bestrebungen an der Verfassung legitimiert – ein von der Interpretation durchaus zu unterscheidender Vorgang. Solche Legitimierung bedeutet, daß diese Bestrebungen in den Vorrang der Verfassungsmäßigkeit erhoben werden, in diesem Falle sogar in den besonderen Vorrang des unabänderbaren verfassungsmäßigen Kernbestandes (Art. 79 Abs. 3 GG). Auf diese Weise nehmen diese Bestrebungen an dem der Verfassung innewohnenden Vollziehungsanspruch teil.

/(49) Der Vorgang ist in jeder Hinsicht neuartig. Er ist für eine Normativverfassung alten Stils, die nach den traditionellen Regeln der juristischen Hermeneutik ausgelegt wird, unvorstellbar. Die Möglichkeit einer solchen Legitimierung an der Verfassung, für die ein Adjektiv dubiosen Sinngehalts genügt, war erst gegeben, nachdem die geisteswissenschaftliche Auslegung die Verfassung zum Wertsystem deklariert hatte. Damit konnte ein in seiner Bedeutung so wenig griffiges Wort wie das Adjektiv sozial zwar nicht als Ausdruck einer konkreten Wertnormierung, wohl aber als Signal einer möglichen Wertpositivierung erkannt und in Anspruch genommen werden. Das geht natürlich in der Auflösung des Verfassungsgesetzes über die sonstige Wertinterpretation noch weit hinaus.

Als letztes Beispiel einer geisteswissenschaftlich-werthierarchischen Auslegung des Grundgesetzes sei die Interpretation des Art. 5 GG durch *Ridder*[24] genannt, nicht nur weil sie in sich charakteristisch ist für den Deutungsspielraum dieser Auslegung (und damit für die Entfernung vom über-

23 E Bd. 1 S. 51.
24 In *Neumann-Nipperdey-Scheuner*, Die Grundrechte, Bd. 2 S. 243 ff.

kommenen Gesetzesbegriff), sondern auch, weil die weithin positive Resonanz, die sie gefunden hat, ein nicht unwichtiges Symptom unserer Verfassungsrechtslage darstellen dürfte.
Aus den Ausführungen Ridders interessiert hier allerdings nur ein – freilich wesentlicher – Ausschnitt, nämlich die Herstellung einer Verbindung zwischen Art. 5 (Meinungsfreiheit) und Art. 21 (Ordnung des Parteiwesens) für die Bestimmung der besonderen verfassungsrechtlich geregelten Position, die er der politischen Presse als einem Faktor der Bildung der öffentlichen Meinung zuerkennt. Ridder will die Normen des Art. 21 GG über das Parteiwesen sinngemäß auch auf die politische Presse angewandt wissen. Dieser erstaunliche Gedanke wird wie folgt begründet.[25] »Wenn bei der Anerkennung der modernen mittelbar-plebiszitären Demokratie durch Art. 21 GG von Verfassungs wegen auch nur die politischen Parteien als Faktoren der politischen Willensbildung des Volkes ausdrücklich erwähnt und verfassungsrechtlich legalisiert werden, so muß doch dieses Ausgreifen des Verfassungsrechts in den vordem extrakonstitutionellen Raum politischer Willensbildung gleichzeitig auch die Fälle der übrigen hierhin gehörenden, früher extrakonstitutionellen Faktoren in einer ganz bestimmten Weise einbeziehen.« Daraus folgert Ridder, daß Art. 21 GG »bedenkenlos in den entsprechenden Versionen auf die politische Presse (und ggf. andere Einrichtungen des politischen Prozesses) angewendet werden kann.« Wäre es die Absicht dieser Argumentation, das Grundgesetz nach den überkommenen Regeln auszulegen, so wäre sie hier ohne Interesse, da sie nach diesen /(50) Regeln ohne weiteres zu widerlegen ist. Denn es ist offenbar, daß das Resultat durch eine logische Vertauschung in der Interpretation des Art. 21 GG gewonnen worden ist und nur gewonnen werden kann. Feststeht, daß mit der Aufnahme einer Grundsatzregelung des Parteiwesens in das Grundgesetz beabsichtigt war, die Wiederkehr autoritärer Parteien im Interesse sowohl der politischen Gesamtentwicklung wie der Erhaltung der Arbeitsfähigkeit des Parlaments zu verhindern.[26] Es mag auch die Erwägung mitgesprochen haben, die von Radbruch[27] der Weimarer Verfassung angelastete Unterlassung der Legalisierung der Parteien im Grundgesetz nicht zu wiederholen. Jedenfalls handelt Art. 21 GG von den Parteien und von nichts anderem. Ridder macht daraus eine »Anerkennung der modernen mittelbar-plebiszitären Demokratie«. Darin liegt die logische Vertauschung, die dem Gedankengang nach den Regeln überkommener Auslegung die

25 A.a.O. S. 255.
26 Jahrb. d. öff. R. N. F., Bd. 1 S. 202 ff.
27 Handbuch des Deutschen Staatsrechts, Bd. 1, 1930, S. 288.

Beweiskraft nimmt. Aber darauf kommt es hier, wie gesagt, nicht an. Denn das Schwergewicht der Ausführungen Ridders liegt, wie sich aus dem Ganzen der Abhandlung ergibt, nicht in dem Versuch einer Verfassungsauslegung alten Stils, sondern in geistesgeschichtlich-soziologischen Erwägungen und Situationsdeutungen, deren Ergebnisse und Postulate mit keiner weiteren Begründung als der, daß sie den freiheitlichen und demokratischen Intentionen des Grundgesetzes entsprechen, diesem als geltendes Recht unterschoben werden. So ist die Auslegung der Art. 5 und 21 GG durch Ridder ein sprechendes Beispiel für die außerordentliche Weite der Verfassungsdeutung, welche die geisteswissenschaftliche Methode in Anspruch nimmt.

## III.

Es wäre nicht schwer, die an einigen Beispielen demonstrierte neue Art der Interpretation oder Handhabung des Grundgesetzes einer prinzipiellen Kritik zu unterziehen – jedenfalls für denjenigen, der auch für das Verfassungsgesetz an den Regeln der juristischen Auslegung alten Stils festhält. Das wäre jedoch nicht nur unergiebig, sondern auch dem Stande der Dinge durchaus ungemäß. Denn es würde der realen Verfassungsrechtslage nicht entsprechen, wenn man in dem Wandel der Verfassungsauslegung nicht mehr erkennen würde als ein subjektives Heraustreten aus den Traditionen der Gesetzesauslegung. *Das Phänomen einer neuartigen Deutung des Verfassungsgesetzes* im Sinne einer »fließenden Geltungsfortbildung des gesetzten Verfassungsrechts« ist viel zu umfassend und zu homogen, als daß es auf der Ebene subjektiver Meinungen noch begriffen werden könnte. Es ist längst eine objektive Realität geworden. Nur um sie handelt es sich hier./(51) Der Versuch, sie zu interpretieren, ist deshalb nicht an die Meinungen derer gebunden, die sie vertreten, sondern muß sich auf die Logik richten, die dem Vorgang innewohnt. Daraus ergibt sich weiter, daß diese Bemühung nicht als eine Kritik von Ansichten und Urteilen gemeint ist. Es geht nicht um das Richtig oder Falsch, sondern um den objektiven Sinn, soweit er sich heute bereits erkennen läßt.
Die Beispiele zeigen übereinstimmend, daß mit dem Übergang zu einer an materialen Gehalten ausgerichteten, sinndeutenden Auslegung das Verfassungsgesetz in relativ kurzer Zeit in relativ hohem Maße an Rationalität,

also an Evidenz verloren hat. Diese Tatsache ist erstaunlich, wenn man sie nicht isoliert, sondern im Zusammenhange mit der allgemeinen Situation betrachtet. Das gilt zunächst schon für den Gesamtbereich des Verfassungsrechts und darüber hinaus des öffentlichen Rechts. Es kann, wie schon die Beispiele zeigen, nicht davon die Rede sein, daß die charakterisierten neuen Methoden der Auslegung für das gesamte Verfassungsrecht gelten würden. Etwa die Vorschriften, welche das Verhältnis des Bundes zu den Ländern in Gesetzgebung und Verwaltung regeln, werden keineswegs geisteswissenschaftlich-werthierarchisch, sondern mit nicht nachlassender Akkuratesse klassisch interpretiert. Der Grund dafür ist leicht einzusehen: einmal fehlt hier die soziale Komponente und dann stehen sich Spieler und Gegenspieler gegenüber, zwischen denen eine wesentliche Modifikation der »Spielregeln«, wie sie im Verfassungsgesetz und den überkommenen Regeln seiner Auslegung gegeben sind, zu erheblichen juristischen und politischen Komplikationen führen müßte. Auch im Verwaltungsrecht behaupten sich noch die alten Auslegungsregeln, obgleich auch hier die Einbrüche der sozialstaatlichen Interpretation zu beginnen scheinen.[28] So bietet das geltende Recht ein Bild von erstaunlicher Zwiespältigkeit der Methode. Während etwa eine immer mehr anschwellende Literatur mit außerordentlichem Scharfsinn und subtilen Distinktionen um die Grenze zwischen Ermessen und Rechtsanwendung bemüht ist und dabei einen aufs äußerste verfeinerten Stil der Gesetzesauslegung pflegt, ist an anderer und gewiß wichtigerer Stelle des öffentlichen Rechts diese Art der Rechtslogik und der Rechtswissenschaft systematisch abgebaut worden. Es ist kein Anlaß vorhanden, an dieser Stelle das ehedem viel behandelte Problem: Monismus oder Synkretismus in der juristischen Methode wieder aufzugreifen. Denn es handelt sich heute nicht mehr darum, ob ein Synkretismus mehrerer in sich unterschiedlicher, aber doch noch sinnvoll neben- und miteinander denkbarer Methoden statthaft ist. Die geisteswissenschaftlich-werthierarchische Methode und die sonstigen herkömmlichen Methoden schließen sich aus. Die erste löst das Gesetz im/(52) herkömmlichen Sinne auf, die letzteren erkennen seine Verbindlichkeit auch und gerade in seinen rationalen und formalen Qualitäten an. Die gegenwärtige Situation des öffentlichen Rechts wird durch die Tatsache gekennzeichnet, daß die beiden grundverschiedenen Arten der Gesetzesanwendung nebeneinander bestehen, ohne daß zwischen beiden eine logische Verknüpfung (die wohl auch nicht möglich wäre) be-

28 Das gilt vor allem für die Lehre vom Widerruf, und zwar im Hinblick auf die Widerruflichkeit gesetzwidriger begünstigender Verwaltungsakte.

stünde.[29] Die Rechtsprechung auf dem Gebiet des öffentlichen Rechts ist damit auseinandergebrochen, während die Staatsrechtslehre, die gegenüber den neuen Methoden der Rechtsanwendung zurückhaltend ist, ihre innere Einheit in höherem Maße bewahrt hat.

Die *Entformalisierung der Verfassung* wirkt, äußerlich betrachtet, umso erstaunlicher, als die geistige Gesamtentwicklung, wie zahlreiche Beispiele zeigen, zur Formalisierung und zur Abstraktion tendiert. Die Mikrophysik, die logistische Richtung in der modernen Philosophie, die mathematische Schule in der Nationalökonomie sind ebenso wie die abstrakte Malerei Erscheinungsformen der Tendenz, welche in die Richtung der Entgegenständlichung, der Abstraktion weist. Damit steht, wie es scheint, die neue Verfassungsauslegung schon im Ansatz gegen die allgemeine Strömung der Zeit, ein Eindruck, der noch durch den Umstand verstärkt wird, daß diese Auslegung die philosophischen Hilfen, ohne die sie nicht auskommt, einer philosophischen Richtung entnimmt, die nun einmal unbestreitbar von vorgestern ist.[30] Nähere Betrachtung aber erweist die neue Verfassungsauslegung als durchaus zeitgemäß.

Max Weber hat in seiner Rechtssoziologie[31] nicht nur die Formalisierung des modernen Rechts dargestellt, wie sie insbesondere durch den rechtsstaatlichen Gesetzesbegriff gesichert ist, sondern auch auf die Tendenzen aufmerksam gemacht, »welche eine Auflösung des Rechtsformalismus begünstigen«. Kaum ein anderer Teil des Werkes weckt in solchem Maße die Bewunderung des Lesers für die Präzision der Analyse und die vorausschauende Deutung einer erst in den Anfängen befindlichen Entwicklung, /(53) wie der Abschnitt über die formalen Qualitäten des modernen Rechts. Den Abbau des Rechtsformalismus durch Ausweitung der richterlichen Beweiswürdigung und den Übergang zu unformalen Gesinnungstatbeständen – später von Hedemann als »Flucht in die Generalklauseln« bezeichnet – führt Weber darauf zurück, daß der Güterverkehr im Maße seiner Aus-

29 Diese Tatsache wird im Hinblick auf die behauptete Einheit der Dritten Gewalt nicht übersehen werden dürfen.

30 Wobei dahingestellt bleiben mag, ob sich die am Wert orientierte geisteswissenschaftliche Auslegung wirklich auf die Philosophie berufen kann. Die Gefahr solcher der Philosophie entlehnter methodischer Aushilfen besteht natürlich in einem Abgleiten in den Dilettantismus, da Juristen insgemein keine gelernten Philosophen sind. Im übrigen komplizieren sich die philosophischen Aushilfen bei der Interpretation des Grundrechtsteils des Grundgesetzes noch insofern, als der Wesensgehalt eines Grundrechts (Art. 19 Abs. 2) gewiß nicht wertphilosophisch – und wenn überhaupt philosophisch, dann nur phänomenologisch – interpretiert werden kann, so daß man also auch philosophisch zweispurig verfahren müßte. Was bleibt unter diesen Umständen von der Eigenständigkeit der Rechtswissenschaft noch übrig?

31 Wirtschaft und Gesellschaft, 4. Aufl., 1956, Bd. II S. 503 ff.

dehnung und Komplizierung Loyalitäten und gesinnungsbedingte Verhaltensweisen fordere. Er weist weiter hin auf die »Disparatheit logischer Eigengesetzlichkeiten jedes formalen Rechtsdenkens überhaupt gegenüber den auf ökonomischen Effekt abzweckenden und auf ökonomisch qualifizierte Erwartungen abgestellten Vereinbarungen und rechtlich relevanten Handlungen der Interessenten«, ein Umstand, der wie hinzuzufügen ist, durch die mangelnde Stabilität der Verhältnisse und die Erschütterung der fundamentalen Vorstellungen und Begriffe des Rechts in seiner Wirksamkeit außerordentlich verstärkt wurde. Für die auf diesen Seiten angestellten Erwägungen ungleich wichtiger ist jedoch die Tatsache, daß Max Weber die soziale Komponente in der Auflösung des Rechtsformalismus klar erkannt hat: »Nun aber entstehen mit dem Erwachen moderner Klassenprobleme materiale Anforderungen an das Recht von seiten eines Teils der Rechtsinteressenten (namentlich der Arbeiterschaft) einerseits, der Rechtsideologen andererseits, welche sich gerade gegen diese Alleingeltung solcher nur geschäftssittlicher Maßstäbe richten und ein soziales Recht auf der Grundlage pathetischer sittlicher Postulate (›Gerechtigkeit‹, ›Menschenwürde‹) verlangen. Dies aber stellt den Formalismus des Rechts grundsätzlich in Frage.[32] Im folgenden erwähnt er die Einflüsse, welche von den »sozialen Forderungen der Demokratie« und der »monarchischen Wohlfahrtsbürokratie« auf das Recht und die Rechtspraxis ausgehen.

Entkleidet man diese Sätze des zeitbedingten Beiwerks, so treffen sie genau die moderne Entwicklung des Rechts, von der hier die Rede ist. Diese Entwicklung ist nicht auf die Rechtsprechung beschränkt. In der Verwirklichung »pathetischer sittlicher Postulate« in Art. 1 Abs. 1 ist der Grundgesetzgeber der Rechtsprechung vorangegangen. Trotzdem aber ist die Rechtsprechung der eigentliche Promotor der neuen Auslegungsmethoden. Der Einsicht, daß das Gesetz in dem Maße seine rechtsstaatliche Form verliert, in dem es ethische, sittliche oder religiöse Gehalte aufnimmt, unter welche nicht mehr im Wege des syllogistischen Schlusses subsumiert werden kann, hätte die Rechtsprechung durch eine sinnvolle Veralltäglichung solcher Normen Rechnung tragen können, welche diesen Normen ein gewisses Maß von Rationalität und Berechenbarkeit gegeben hätte.[33]

32 A.a.O. S. 507.

33 Entgegengesetzter Auffassung ist *Hans Peters*, Die freie Entfaltung der Persönlichkeit als Verfassungsziel. Festgabe für Laun, 1953, S. 669 ff., der sich gerade gegen die Abnutzung des Persönlichkeitsrechts des Art. 2 Abs. 1 für banale Zwecke wendet und dieses Recht für diejenigen Fälle vorbehalten wissen will, die seinen wahren Inhalt bilden: »jedem – dem Ausdruck echten Menschentums entsprechend – die Auswirkung seiner ihm vom Schöpfer verliehenen Persönlichkeit zu ermöglichen«. Das greift sehr

/(54) Die *Auswirkungen der neuen Verfassungsauslegung* sind bekannt und ohne weiteres einsichtig. Die Sozialstaatsklausel macht den sozialen Prozeß de jure irreversibel (was er de facto schon war). Die sozialen Errungenschaften werden unter den Schutz der Verfassung gestellt.[34] Die Drittwirkung, welche einen noch nicht festgelegten Teil der Grundrechte für den Rechtsverkehr der Rechtsgenossen untereinander verbindlich macht, dient dem spezifisch sozialen Begehren nach Stabilisierung der Umweltverhältnisse auf der Basis noch nicht näher definierter sozialer Vorstellungen. Das Ergebnis ist, wie Dürig[35] richtig gesehen hat, eine wesentliche Reduzierung des in der Privatrechtsordnung bis dahin bewahrten liberalen Anteils an der gesamten Rechtsordnung, oder, wie Dürig es formuliert, ein Schritt zur »Verstaatlichung (Sozialisierung) des Privatrechts«.
Die inhaltliche Veränderung, die damit dem Grundgesetz gegeben wurde, ist außerordentlich, sie übertrifft bei weitem die inzwischen vorgenommenen förmlichen Verfassungsänderungen und kennzeichnet die weit gespannten Möglichkeiten der Rechtsprechung in einem Justizstaat. Mit dieser Veränderung verbindet sich eine hochgradige Verunsicherung des Verfassungsrechts. Auf die »eigentümliche Mischung und Verschränkungen des demokratischen, liberalen und sozialen Prinzips als Eigenart unserer Verfassung«,[36] auf das Spannungsverhältnis zwischen Sozialstaatlichkeit und Rechtsstaatlichkeit[37] ist vielfach hingewiesen worden. Aber es wird kaum der wichtigen Tatsache gedacht, daß es die neue Auslegung ist, welche diese Mischung, Verschränkung und Spannung in das Verfassungsgesetz selbst hineingetragen hat, ohne aber in der Lage zu sein, einleuchtend und klar die in der Verfassung gegebenen, diesen verschiedenen Bestrebungen sinnvoll Rechnung tragenden Entscheidungen zu bezeichnen. Das ist auch nicht möglich. Denn nach der neuen Auslegung sind diese Entscheidungen nicht in der Verfassung vorgegeben, sondern sie werden von den Organen der Rechtsanwendung, und zwar in erster Linie von den Gerichten, erst getroffen. Die Ableitungen aus/(55) der Verfassung, soweit sie versucht werden, widerlegen sich als petitiones principii in sich selbst.

hoch und je höher das Gesetz und seine Auslegung greifen, desto mehr wird die Rechtsverwirklichung verunsichert. Die Frage ist eben, ob nicht auch die vom Schöpfer verliehene Persönlichkeit in einer Rechtsordnung besser aufgehoben ist, deren Formalisierung und Rationalität die gesetzmäßige Freiheit nach Art und Umfang berechenbar und effektiv machen. Nur darum geht es hier.

34 Ob auch unter den Schutz des Art. 79 Abs. 3 GG bleibe hier dahingestellt.

35 *Dürig*, Grundrechte und Zivilrechtsprechung, Festschrift für Nawiasky, 1956, S. 157 ff. (184).

36 *Friesenhahn*, Recht – Staat – Wirtschaft Bd. 3 S. 63.

37 *Fechner*, Freiheit und Zwang im sozialen Rechtsstaat, 1953, S. 15 ff. u. passim.

*Die geisteswissenschaftlich-werthierarchische Methode verunsichert das Verfassungsrecht, indem sie das Verfassungsgesetz* (in den oben bezeichneten Grenzen) *in Kasuistik auflöst.* Das kann für jede Art der Verfassungsauslegung hier und dort unvermeidlich sein, nämlich in den Fällen, in denen es sich darum handelt, mit einer Inkongruenz zwischen der Norm und der Wirklichkeit zurecht zu kommen. Als Beispiel mag der Hinweis auf die Enteignung von Gruppeneigentum dienen. In seinem grundlegenden Beschluß vom 10. Juni 1952[38] hat sich der Bundesgerichtshof zunächst dahin ausgesprochen, daß der Einzelakt die Enteignung von der Eigentumsbeschränkung abgrenze und für den Eingriff in Gruppeneigentum hinzugefügt, daß hier dieses Kriterium nicht gelte, daß es vielmehr von den Umständen des Falles abhänge, ob eine Enteignung oder eine bloße Eigentumsbeschränkung anzunehmen sei. Zutreffend bemerkt das Gericht: »Diese Schwierigkeit liegt in der Natur der Sache«.

Die hier behandelten Fälle der Verfassungsanwendung sind von anderer Art. Die Auflösung des normativen Rechts beruht bei ihnen nicht auf Schwierigkeiten, die sich aus der Natur der Sache ergeben, sondern auf inneren Zwangsläufigkeiten der Auslegungsmethode, Zwangsläufigkeiten also, für die sich der Interpret mit der Wahl der Auslegungsmethode entschieden hat. Ob eine Verletzung des als Willkürverbot verstandenen Gleichheitssatzes vorliegt, welche Grundrechte unter welchen Voraussetzungen Drittwirkung haben, wie weit die Sozialstaatlichkeit reicht, ob die Sozialstaatlichkeit den Grundrechten vorgeht (eine Frage, zu der das Bundesarbeitsgericht mit einem »Vielleicht« vage Stellung nimmt), welche Wertrangordnung zwischen dem Grundrecht aus Art. 5 Abs. 1 Satz 1 GG und den seine Ausübung beschränkenden Rechten und Rechtsgütern besteht – das sind Fragen, die heute zwar der wissenschaftliche Verfassungsinterpret für sich beantworten kann, ohne daß jedoch eine interpretativ deduzierbare Sicherheit oder auch nur rational begründbare Vermutung dahin bestände, daß diese Antwort der verbindlichen Entscheidung des zuständigen Gerichts entsprechen wird. Das Verfassungsrecht ist »offen« geworden. Was als Verfassungsrecht zu gelten hat, ergibt sich jeweils im konkreten Falle. Soweit die einschlägigen neuen Grundsätze der Verfassungsinterpretation gelten, ist das Verfassungsgesetz seiner Rationalität und damit seiner Evidenz entkleidet.

Diese *Auflösung* des normativen Rechts *in Kasuistik* ist aber nicht auf diejenigen Normenkomplexe beschränkt, in denen die Spannungen zwischen den liberalen, sozialen und demokratischen Verfassungskomponenten auf-

38 BGHZ 6 S. 270.

treten/(56) oder von der Auslegung beschworen werden. Sie läßt sich auch dort feststellen, wo es sich um rein rechtliche, von keiner ideologisch-politischen Fracht beladene Entscheidungen handelt, wie bei der *Unterscheidung des vor- und nachkonstitutionellen* Rechts. Nachdem sich das *Bundesverfassungsgericht* im Beschluß vom 24. Februar 1953[39] grundsätzlich dahin schlüssig gemacht hatte, daß es die Normenkontrolle nur für nachkonstitutionelle Gesetze in Anspruch nehme, schien eine klare Grenze der Kompetenz des Gerichts gegeben. Aber die weitere Rechtsprechung ergibt ein anderes Bild. Der Beschluß vom 25. Mai 1956[40] qualifizierte die erst durch Bundesgesetz vom 12. September 1950 als § 372 a in die Zivilprozeßordnung aufgenommenen Normen über die Zulässigkeit von Blutentnahmen zur Feststellung der Blutgruppe als vorkonstitutionelles Recht, weil es sich lediglich um die Wiederholung einer bisher schon bestehenden Grundrechtsbeschränkung handle; dagegen wurde der seit dem Inkrafttreten des Grundgesetzes unverändert gebliebene § 26 des Einkommensteuergesetzes im Beschluß des gleichen Senats vom 17. Januar 1957[41] für nachkonstitutionell, also im Wege der Normenkontrolle durch das Gericht überprüfbar, erklärt. Das wurde damit begründet, daß der Bundesgesetzgeber, indem er das Einkommensteuergesetz mehrfach geändert hat, auch den unverändert gebliebenen § 26 EStG »in seinen Willen aufgenommen« habe. Damit wird ein ganz neuer Gesichtspunkt in die rechtliche Beurteilung eingeführt, von dem unklar bleibt, welche Reichweite ihm zukommt. Denn die Tatsache, daß das Gericht in dieser Entscheidung zwar auf den Beschluß vom 24. Februar 1953 zurückgreift, aber den Beschluß vom 25. Mai 1956 unerwähnt läßt, wird man nicht anders als dahin deuten können, daß sich das Gericht jedenfalls von diesem Beschluß nicht distanziert, sich also vorbehält, bei gegebener Gelegenheit auf ihn zurückzugreifen. Mit anderen Worten: die Entscheidung, ob eine Norm vor- oder nachkonstitutionelles Recht ist, hält das Gericht offen; sie hört damit auf, eine Entscheidung nach (ungeschriebenen oder geschriebenen) Normen zu sein und bleibt ausschließlich eine solche der Rechtsprechung des Bundesverfassungsgerichts.

Dieser Fall der Auflösung einer der normativen Entscheidung ohne weiteres zugänglichen Rechtsfrage in Kasuistik steht ersichtlich außerhalb der bisher erörterten Zusammenhänge. Die Unterscheidung des vor- und nachkonstitutionellen Rechts ist in hohem Grade von ideellen und ideologischen Faktoren

39 E Bd. 2 S. 124.
40 E Bd. 5 S. 13
41 E Bd. 6 S. 55

unabhängig, also eine rechtstechnische Unterscheidung. Die Tatsache, daß auch hier das Gericht Offenheit anstrebt, kann schlechterdings nicht anders als dahin verstanden werden, daß sich das Gericht unbeschadet der grund-/(57)sätzlich ausgesprochenen Ausscheidung des vorkonstitutionellen Rechts die Möglichkeit offen halten will, mit jeweils dem Einzelfall angepaßten Begründungen die Normenkontrolle in jedem Falle in der Hand zu behalten.
Das läßt sich nicht mit den bisher erörterten Gesichtspunkten und Erwägungen erklären. Hier tritt ein neuer Faktor ins Spiel, die von Max Weber sogenannten »Standesideologien der Rechtspraktiker«.[42] Sie üben auf die Rechtsprechung einen erheblichen Einfluß aus, indem sie ihren Stil bestimmen. Jede Rechtsprechung bildet unvermeidlich einen eigenen Stil aus, und dieser Stil ist nicht nur eine paralegalitäre Äußerlichkeit des Verfahrens und der Formulierung, sondern wirkt auf die Rechtsprechung selbst ein, wobei es dahingestellt bleiben kann, ob die Vorstellungen von der richterlichen Funktion den Stil bestimmen oder umgekehrt der Stil die Funktionen modifiziert oder eine dialektische Wechselbeziehung obwaltet. Jedenfalls sind die Stileigentümlichkeiten ein unübersehbares Element jeder Rechtsprechung und es wäre nicht schwer, die bei den oberen Bundesgerichten und dem Bundesverfassungsgericht jeweils vorwaltenden Besonderheiten des Stils anzugeben.
Es sind viele Faktoren, welche an der Ausprägung des jeweiligen Stils der Rechtsprechung beteiligt sind. Unter ihnen ist die Standesideologie der Richterschaft gewiß einer der wichtigsten. Das Grundgesetz hat durch die Heraushebung der Rechtsprechung aus den Staatsfunktionen die Standesideologie des deutschen Richters nachhaltig verändert. Insbesondere aber hat sich eine eigene Standesideologie der Bundesverfassungsrichter entwickelt. Das ist angesichts der überragenden Bedeutung und der besonderen Aufgaben dieses Gerichts verständlich.
Die wesentlichen Elemente dieser Standesideologie sind in dem jüngst veröffentlichten Material über den Status des Bundesverfassungsgerichts[43] deutlich erkennbar. Sie stimmen mit der gekennzeichneten neuen Auslegung des Grundgesetzes überein und ergänzen sie. Die Aufgabe des Bundesverfassungsgerichts wird in Absetzung von der Rechtsprechung der übrigen Gerichte und auch des Staatsgerichtshofs unter der Weimarer Verfassung neu und zwar dahin formuliert, »daß hier zum ersten Male in der deutschen Geschichte der Prozeß der staatlichen Integration selbst sich auch mit Hilfe der Rechtsprechung eines Gerichts vollzieht, oder – anders ausgedrückt

42 A.a.O. S. 507.
43 Jahrb. d. öff. R. N. F. Bd. 6 S. 109 ff.

– dadurch, daß ein Verfassungsgericht durch seine Rechtsprechung zugleich an der Ausübung der ›obersten Staatsgewalt‹ teilnimmt« (S. 111).[44] Demgemäß/(58) nimmt das Gericht für sich die Stellung eines repräsentativen Verfassungsorgans in Anspruch (S. 124 ff.). Für die Setzung der Akzente ist es charakteristisch, daß Leibholz in der Einleitung die Vorstellung zurückweist, die Funktion des Bundesverfassungsgerichts ließe sich aus der »Perfektion des Rechtsstaats« verstehen. Damit stimmt es überein, daß die Formel vom Hüter der Verfassung, deren sich manche Urteile des Gerichts bedienen, zwar gelegentlich auftritt (z. B. S. 125), aber jedenfalls nicht als zentraler Begriff verwendet wird.

Zusammenfassend wird man feststellen dürfen, daß das Bundesverfassungsgericht in den Vorstellungen eines dem Verfassungsgesetz unterstellten und seine Innehaltung mit den Mitteln herkömmlicher Rechtsauslegungskunst sichernden Gerichts nicht mehr begriffen werden kann. Das Bundesverfassungsgericht, an der staatlichen Integration auf höchster Ebene als repräsentatives oberstes Bundesorgan teilnehmend, unabtrennbar von den politischen Modalitäten einer solchen Integration, greift über die Institutionsgrenzen eines Gerichts weit hinaus und muß in seiner Singularität begriffen werden. Nur so ist es zu verstehen – bei einem normalen Gericht hätte das als Mangel an Stilgefühl zu gelten –, daß das Bundesverfassungsgericht sich mit seinen Kritikern polemisch auseinandersetzt.[45] In diesem Falle ist es weniger Gericht denn ein an der Integration aktiv teilnehmendes oberstes Verfassungsorgan, das seine Position verteidigt.[46]

Das Auftreten eines derartigen neuen Verfassungsorgans im Mittelpunkt des rechtsstaatlichen Verfassungsgefüges ist ein sicheres Zeichen für tiefgreifende strukturelle Veränderungen. In der Tat hat die *Rechtsstaatlichkeit* damit ein andersartiges Gepräge gewonnen. Der neue Sinn der Rechtsstaatlichkeit tritt in einigen charakteristischen Sätzen eines neueren Beschlusses des Bundesverfassungsgerichts[47] besonders klar hervor. Sie lauten: »Für

44 Man darf wohl unterstellen, daß dieser der Einleitung aus der Feder von Leibholz entnommene Satz die Auffassung des Gerichts wiedergibt.

45 Beschl. v. 19. Februar 1957, E Bd. 6 S. 132.

46 Die Einführung eines besonderen strafrechtlichen Schutzes des Bundesverfassungsgerichts, die neuerdings als erwünscht, wenn nicht gar notwendig bezeichnet worden ist, würde die Entwicklung abrunden. Eine Parallele zum contempt of court wird man freilich, wenn dieser Schutz nicht allen Gerichten gewährt wird, schwerlich anerkennen können. Der strafrechtliche Schutz des Bundesverfassungsgerichts wird offenbar aus der besonderen Stellung und Funktion dieser Institution begründet und dürfte demnach mit denjenigen Strukturelementen zusammenhängen, welche das Bundesverfassungsgericht von den Gerichten im herkömmlichen Sinne unterscheiden.

47 Es handelt sich um den die Kommunistische Partei des Saarlandes betreffenden Beschluß vom 21. März 1957, E Bd. 6 S. 300 ff. (304).

diese Vollstreckungsentscheidung nach § 35 hat das Gesetz über das Bundesverfassungsgericht ein besonderes Verfahren bewußt nicht vorgeschrieben, um dem Gericht volle Freiheit zu lassen, das Gebotene in der jeweils sachgerechtesten,/(59) raschesten, zweckmäßigsten, einfachsten und wirksamsten Weise zu erreichen. Die Vollstreckung in der Hand des zum Hüter der Verfassung bestellten höchsten Gerichts bietet Gewähr, daß der von der Sachentscheidung dieses Gerichts geforderte Zustand korrekt herbeigeführt wird; die Vollstreckung in der Hand des Bundesverfassungsgerichts sichert, daß die umfassende Ermächtigung des § 35 a.a.O. nicht mißbraucht wird, auch wenn die Entscheidung von Amts wegen, also völlig unabhängig von den Interessen, den Wünschen, den Anträgen oder den Anregungen der Beteiligten ergeht.« Für denjenigen, der den Rechtsstaat noch im herkömmlichen Sinne versteht, gibt es keinen Zweifel, daß »die volle Freiheit, das Gebotene in der jeweils sachgerechtesten usw. Weise zu erreichen«, das genaue Gegenteil der Rechtsstaatlichkeit bedeutet. Rechtsstaatlichkeit dieser Art bedeutet die Notwendigkeit geordneter, den Schutzbedürfnissen der Betroffenen Rechnung tragender Verfahren und sie wird, ernst genommen, davon keine Ausnahmen zulassen auch nicht für ein Gericht, welchen Rang es auch haben möge. Aus den Sätzen des Bundesverfassungsgerichts spricht eine grundlegend andere Vorstellung vom Rechtsstaat. Nach ihr erübrigen sich geregelte Verfahren durch die rechtsstaatliche Vertrauenswürdigkeit der handelnden Instanz.[48] Hier wird mit dem Übergang vom Rechtsstaat zum Justizstaat Ernst gemacht. Bemerkenswert ist schließlich, zu sehen, mit welcher Selbstverständlichkeit das Bundesverfassungsgericht eine justizfremde Aufgabe – die Weimarer Verfassung hatte die Vollstreckung dem Reichspräsidenten übertragen (Art. 19 Abs. 2) – als ihm gemäß anerkennt. Ein auf Rechtsprechung angelegtes und festgelegtes Gericht würde dieser Selbstverständlichkeit ermangeln.

Im Rückblick auf die angestellten Erwägungen ist festzustellen: Das Verfassungsgesetz befindet sich in einem Zustand partieller Auflösung. Diese Auflösung ist das Ergebnis des Übergangs zu neuen, nämlich zu geisteswissenschaftlich-werthierarchischen Auslegungsmethoden. Sie haben zu einschneidenden Veränderungen derjenigen Teile des Verfassungsrechts geführt, in denen die demokratisch-sozialen Tendenzen der Zeit wirksam sind.

48 *Geiger*, Kommentar zum Bundesverfassungsgerichtsgesetz, 1952, S. 130, formuliert sich – offenbar noch in traditionellen rechtsstaatlichen Vorstellungen befangen – wesentlich zurückhaltender: »§ 35 macht das BVG auch zum Herrn der Vollstreckung seiner Entscheidungen, indem es ihm eine ungewöhnliche Ermächtigung gibt, die rechtsstaatlich eben noch erträglich nur deshalb ist, weil sie einem höchsten Verfassungsorgan und obersten Gerichtshof eingeräumt wird.«

Dagegen sind diejenigen Teile des Verfassungsrechts, die mehr den Charakter eines Regulativs haben (die Vorschriften über Bundestag, Bundesrat, Bundesregierung, Bundespräsident, das Verhältnis von Bund und Ländern) als verfassungsgesetzliche Normierungen alten Stils erhalten geblieben. Dieser wesentlichen Veränderung entspricht die Entwicklung des Bundesverfassungsgerichts/(60) zu einer Institution sui generis, die mit der Formel vom Hüter der Verfassung, was nur heißen kann: des Verfassungsgesetzes, nicht mehr verstanden werden kann.

Dieser Entformalisierung des Verfassungsrechts ist die *Entfaltung des Justizstaates*, wie sie sich insbesondere in der Institution der Verfassungsgerichtsbarkeit zeigt, kongruent. Denn die Auflösung des normativen, formalen Verfassungsrechts in Kasuistik entspricht auch den Funktionsweisen des Bundesverfassungsgerichts. An sich wohnt allem durch die Rechtsprechung geschaffenen oder fortgebildeten Recht die Tendenz zur Kasuistik inne, die sich aus der Beschränkung auf die jeweils zu treffende Entscheidung ergibt. Für die in der Rechtsprechung des Bundesverfassungsgerichts hervortretende Kasuistik, die auch Entscheidungen mit normativen Auswirkungen, wie die Ausscheidung des vorkonstitutionellen Rechts im Rahmen der konkreten Normenkontrolle, kasuistisch mit wechselnden Begründungen überspielt, ist wohl das starke Bewußtsein einer umfassenden Verantwortung für die Verfassungsmäßigkeit des Rechtslebens nicht unwichtig. Dieses Bewußtsein drängt dahin, durch Vermeidung jurisdiktioneller Selbstbindung offen zu bleiben und keine Kontrollen endgültig aus der Hand zu geben. Das Heraustreten aus der formalen Gesetzesgebundenheit im Rahmen der klassischen Auslegungsregeln bestimmt, wenn auch gewiß nicht allein, den Stil der Entscheidungen. Denn in dem Maße, in dem die Formalqualität des Verfassungsgesetzes aufgelöst wird, kann es nicht mehr genügen, eine Entscheidung damit zu begründen, das heißt als rechtsrichtig zu erweisen, daß ihre Übereinstimmung mit den Verfassungsnormen dargetan wird. Deshalb nehmen allgemeine geisteswissenschaftliche und politische Erwägungen wie auch ausführliche Darstellungen zeitgeschichtlicher Art in den Urteilen des Gerichts einen bisher unbekannten Umfang ein.

Das Verfassungsrecht hat unter Sprengung seiner rechtsstrukturellen Einheitlichkeit einen in seinen Abläufen und Ergebnissen registrierbaren Prozeß der Umbildung durchlaufen, dessen Folgerichtigkeit und logische Homogenität zu erweisen eine der Aufgaben dieser Zeilen ist. Es ist, um das zu wiederholen, keineswegs die Absicht, diese Entwicklung einer Kritik zu unterziehen, sondern sie geht allein dahin, einen Beitrag zur Analyse des gegenwärtigen Verfassungsrechts zu geben.

Mit der Abschwächung des Verfassungsgesetzes durch das Hervortreten der geisteswissenschaftlich-hierarchischen Methode, mit der Praktizierung der »fließenden Geltungsfortbildung des gesetzten Verfassungsrechts« im Sinne Smends hat das Verfassungsgesetzesrecht, soweit es davon ergriffen wurde, Formalität, Rationalität und Evidenz in erheblichem Umfange eingebüßt. Das bedeutet einen Verlust an stabilisierender Funktion, welche das Verfassungsgesetz an sich seiner Bestimmung nach zu leisten hat. Dieser Ver-/(61)lust findet aber seinen Ausgleich in neuen Stabilitäten, die jenseits der Verfassung das Gefüge eines Verteilungsstaates von größter Subtilität zusammenhalten.[49] So deutet manches darauf hin, daß der Rechtsstaat in seiner Fortbildung zum Sozialstaat der stabilisierenden Funktion einer geschriebenen Verfassung nicht mehr in dem Maße bedarf, wie das für den Rechtsstaat alter Prägung der Fall war. Anders ausgedrückt: Anzeichen sprechen dafür, daß mit dem Übergang zum Sozialstaat mehr geschehen ist, als dem allgemeinen Bewußtsein gegenwärtig ist. Der Abbau der formal-rationalen Qualitäten des Verfassungsgesetzesrechts ist zugleich auch die Depossedierung der Rechtswissenschaft und des Juristen im Raum der Verfassung. In dem Maße, in dem dieser Abbau fortgesetzt werden sollte, würde auch die Verfassungsgerichtsbarkeit zu einer Bezeichnung mit verfließenden Konturen und schließlich zu einem bloßen Namen.

Es liegt nahe, Feststellungen und Erwägungen dieser Art in die Frage ausmünden zu lassen, ob die Verfassung im bisherigen Sinne noch eine Zukunft hat. »Une survivance: la notion de Constitution« hat Georges Burdeau seinen Beitrag zur Festschrift für Achille Mestre[50] betitelt, der wegen seiner vielfachen Parallelen zum deutschen Verfassungsrecht und als allgemeine Kennzeichnung der Rolle der Verfassung in der modernen Welt besondere Beachtung verdient. Aber diese Frage ist mit den Mitteln der Wissenschaft nicht zu beantworten. Die Antwort wird die Zukunft geben.

Es ist der Sinn dieser Zeilen, eine wesentliche Entwicklung unseres öffentlichen Rechts am Beispiel der Verfassungsauslegung darzulegen. Daß diese Darstellung nicht unkritisch bleiben konnte, hat seinen Grund sowohl in den Überzeugungen des Verfassers wie im Gegenstande selbst. Der Rechtsstaat ist seinem Wesen nach nicht eine organisierte Gesinnungs- oder Erlebniseinheit, sondern ein institutionelles Gefüge oder, um es kraß zu formulieren, ein System rechtstechnischer Kunstgriffe zur Gewährleistung gesetzlicher Freiheit. Daß es gelungen ist, diesen Rechtsstaat auch zur Erfüllung weitgreifender sozialer Aufgaben tauglich zu machen, gibt ihm ein

49 Dazu *Gehlen*, Soziologische Voraussetzungen im gegenwärtigen Staat (Beilage zur Staatszeitung für Rheinland-Pfalz, Januar 1956).

50 L'évolution du droit public, Paris, Sirey 1956.

zusätzliches Anrecht auf Bestand. Im Rechtsstaat sind die einzelnen Elemente des institutionellen Gefüges in ihrer spezifischen rechtlichen Stilisierung aufeinander bezogen. So setzt die Verfassungsjustiz nicht nur die Gewaltenteilung, sondern auch einen spezifischen Gesetzesbegriff und einen spezifischen Begriff des mit Vorrang ausgestatteten Verfassungsgesetzes voraus. Greift man in dieses Gefüge ein, indem man den spezifischen Begriff des Verfassungsgesetzes auflöst, so muß sich das auf alle Institutionen des Rechtsstaates auswirken und auch die Verfassungsjustiz wird dadurch verändert. Weil der/(62) Rechtsstaat seinem Wesen nach institutionelles Gefüge ist, treffen ihn institutionelle Veränderungen in seiner Substanz. Die Annahme, daß der Rechtsstaat beliebiger Wandlungen fähig und in seiner spezifischen Ausprägung für die Rechtsanwendung verfügbar sei, ist eine gefährliche Illusion. Vor dieser Illusion eindringlich zu warnen ist der Zweck dieser Abhandlung.

# Auflösung der rechtsstaatlichen Verfassung?[1]

## Zu Ernst Forsthoffs Abhandlung »Die Umbildung des Verfassungsgesetzes« in der Festschrift für Carl Schmitt[2]

Von Alexander Hollerbach

[aus: AöR 85 (1960) S. 241–270]

### A.

Forsthoffs aufrüttelnder Aufsatz muß nicht nur deshalb die gespannte Aufmerksamkeit der Staatsrechtswissenschaft beanspruchen, weil darin das schwierige Problem der Verfassungswandlung[3] angesprochen wird, sondern auch, wenn nicht in erster Linie, weil es sein grundsätzlich ernstzunehmendes Anliegen ist, zur Stärkung der »normativen Kraft der Verfassung« (*Hesse*) beizutragen. Es fragt sich, ob dieses Ziel erreicht, ja ob überhaupt der richtige Weg dahin beschritten wird. Indem diese Frage gestellt und dabei irgendwie schon ein Bild vom Richtigen als Maßstab vorausgesetzt wird, behauptet der kritische Betrachter nicht, abschließend-gesichert zu wissen, welches der richtige Weg sei. Er will,/(242) ohne Vollständigkeit zu erstreben, lediglich gewisse grundsätzliche Fragerichtungen markieren.

1 Dem Aufsatz liegt ein Referat zugrunde, das am 17. 2. 1960 in dem von Professor Dr. *Konrad Hesse* (Freiburg i. Br.) veranstalteten staatsrechtlichen Seminar über »Verfassungsänderung und Verfassungswandlung« gehalten wurde. Herrn Professor *Hesse* und einigen Seminarmitgliedern gilt herzlicher Dank für weiterführende Anregungen, die hier aufgenommen wurden.

2 *Ernst Forsthoff*, Die Umbildung des Verfassungsgesetzes, in: Festschrift für Carl Schmitt zum 70. Geburtstag, hrsg. v. H. Barion, E. Forsthoff, W. Weber, Berlin 1959, S. 35–62; zit.: Umbildung. (Vgl. *Schüle*, Eine Festschrift, JZ 1959, S. 729 ff.) – Von den sonstigen Veröffentlichungen Forsthoffs, die für die vorliegende Untersuchung herangezogen wurden, steht dieser Arbeit thematisch am nächsten der Aufsatz »Die Bindung an Gesetz und Recht (Art. 20 Abs. 3 GG). Strukturanalytische Bemerkungen zum Übergang vom Rechtsstaat zum Justizstaat«, DÖV 1959, S. 41 ff. (zit.: DÖV), aber ohne Berücksichtigung des Problems der Hermeneutik. Diesen Fragenkomplex, der Forsthoff früher lebhaft beschäftigte (vgl. vor allem »Recht und Sprache. Prolegomena zu einer richterlichen Hermeneutik«, Halle 1940), hat er erst mit dem zu besprechenden Aufsatz wieder aufgenommen.

3 Umbildung S. 38: »Darstellung der Geltungswandlung des Grundgesetzes«.

Eine ins Detail ausgeführte Gegenthese zu entwickeln, ist nicht die Absicht dieser hauptsächlich auf Methoden- und Begriffsanalyse gerichteten Untersuchung. Forsthoffs sehr konziser Aufsatz, der mitten in die Grundlagenproblematik der gegenwärtigen deutschen Staatsrechtswissenschaft hineinführt, wirft eine Fülle von Fragen auf, zu denen nicht mit wenigen Sätzen Stellung genommen werden kann. Auch müssen wichtige Einzelprobleme der Verfassungsjudikatur und -praxis, die von ihm diskutiert werden, außer Betracht bleiben. Ebenso mußte bei den literarischen Nachweisen auf Vollständigkeit verzichtet werden.

## B.

Forsthoffs Ausführungen lassen sich folgendermaßen zusammenfassen:
Das Grundgesetz trägt als rechtsstaatliche Verfassung von bestimmter Formtypik vornehmlich technischen Charakter. Dazu gehört zuvörderst die auf rationale Evidenz und Stabilität hin angelegte »Gesetzesform der Verfassung«(36). *Sie* will ernstgenommen werden. Das geschieht am besten durch eine spezifisch juristische Auslegung des Verfassungsgesetzes, die sich auf einen gesicherten Bestand überkommener hermeneutischer Regeln stützen kann und muß. Gesetzesauslegung stellt sich dann dar als »die Ermittlung der richtigen Subsumtion im Sinne des syllogistischen Schlusses«(41). Demgegenüber wird die Verfassungstheorie und Staatsrechtslehre *Rudolf Smends* mit ihrer auf »Verstehen« ausgerichteten »geisteswissenschaftlich-werthierarchischen« Methode der Verfassungs-, insbesondere der Grundrechtsinterpretation, und mit ihrer These von der »fließenden Geltungsfortbildung des gesetzten Verfassungsrechts«[4] dem normativen Anspruch und der Wirklichkeit des Rechtsstaates nicht gerecht. Solche Interpretation überschreitet den Rahmen der Gesetzesauslegung, löst die Verfassung als Gesetz auf (42), indem sie deren formale Elemente übersieht (44), und führt so zu einer hochgradigen »Verunsicherung des Verfassungsrechts« (54). Da die Rechtsprechung weithin dieser geisteswissenschaftlichen, am »Wert« orientierten Auslegungsmethode huldigt, kam es, unterstützt durch die »Schubwirkung des sozialen Trends« (48), zu einem Abbau der Formqualitäten des rechtsstaatlichen Verfassungsgesetzes und so zu einer bedeutsamen Verfassungswandlung. Die Recht-

4 *Rudolf Smend*, Verfassung und Verfassungsrecht (1928), in: Staatsrechtliche Abhandlungen, Berlin 1955, S. 242; vgl. Umbildung S. 38.

sprechung zur sogenannten Drittwirkung der Grundrechte etwa offenbart eine Verfassungswandlung größten Ausmaßes (47). Entformalisierung des Verfassungsrechts und Entfaltung des Justizstaates gehen Hand in Hand (60). In diesem Wandlungsprozeß kommt dem Bundesverfassungsgericht schon durch seine das überkommene rechtsstaatliche Gefüge sprengende Existenz wie auch durch seine weithin kasuistische Rechtsprechung, die sich in besonderem Maße der geisteswissenschaftlich-werthierarchischen Methode bedient und nicht frei von politischen und zeitgeschichtlichen Erwägungen ist (60), eine/(243) führende Rolle zu, zumal es für sich die Stellung eines echten Verfassungsorgans beansprucht.
Mit diesen (hier notwendigerweise grob skizzierten) Ausführungen will Forsthoff zur Analyse des gegenwärtigen Verfassungsrechts beitragen (60). Er betont (51, 60), daß er die dargestellte Entwicklung – die neuartige Deutung des Verfassungsgesetzes sei längst eine objektive Realität geworden (50) – nicht kritisieren wolle: es gehe nicht um das Richtig oder Falsch, sondern um ihren »objektiven Sinn« (51); er spricht andererseits in dezidierter Form die doch wohl allein kritisch-wertend[5] zu verstehende Warnung vor der »Illusion« einer schrankenlosen Wandlungsfähigkeit und Verfügbarkeit des Rechtsstaats aus (62).

## C.

### I. *Analyse der Begriffe Verfassung, Rechtsstaat, Sozialstaat, Verwaltung und Justizstaat*

In der Reihe der Begriffsklärungen, die im Rahmen einer kritischen Analyse zu vollziehen sind, ist zunächst nach dem *Verfassungsbegriff* zu fragen. Forsthoff folgt augenscheinlich der *Carl Schmitt*schen Unterscheidung von »Verfassung im positiven Sinne« und »Verfassungsgesetz«.[6] Hinter dem

5 Auf S. 61 bemerkt Forsthoff, daß seine Darstellung nicht habe unkritisch bleiben können, was seinen Grund in den Überzeugungen des Verfassers und im Gegenstand selbst habe. In der Tat ist überall deutlich erkennbar, daß und wie Licht und Schatten verteilt sind.

6 *Carl Schmitt*, Verfassungslehre, 3. Aufl., Berlin 1957, S. 20 ff.; auf diesen verweist Forsthoff im Zusammenhang mit der Analyse des Verfassungsgesetzes »summarisch«, Umbildung S. 36 Anm. 2. Vgl. auch Lehrbuch des Verwaltungsrechts, I. Bd. Allgemeiner Teil, 7. Aufl., München und Berlin 1958 (zit.: VerwR), S. 32 Anm. 2. Siehe ferner *Horst Ehmke*, Grenzen der Verfassungsänderung, Berlin 1953, S. 36 ff.

Verfassungsgesetz, der »Gesetzesform der Verfassung«, der »Verfassung als Gesetz«, wovon er ausgeht,[7] steht also die Verfassung als (notwendig formale[8]) Entscheidung. Der moderne, auf eine »Legitimität« gegründete, »legalitär-normativ« gestaltete Verfassungsstaat[9] ist seinem Wesen nach »Herrschaftsorganisation«.[10] Das Verfassungsgesetz/(244) hat nun zwar die »politische Gesamtordnung des Staates«[11] zum Gegenstand, es ist aber nicht Integrationsrecht.[12] Nach Forsthoff ist für das Grundgesetz kennzeichnend, »daß es strenges Gesetzesrecht enthält und auf die sachliche Integration durch programmatisch verheißende Normierungen verzichtet«.[13] Demgemäß ist es die Aufgabe der Verfassung, lediglich die Sicherheit der staatlichen Form und Existenz sowie die Rechtssicherheit der Bürger zu gewährleisten.[14] Wie das Rechtswesen allgemein auf Kontinuität angelegt ist,[15] ist der Verfassung in besonderem Maße das Moment der Dauer, der Abgeschlossenheit und Endgültigkeit eigentümlich; sie ist etwas Beharrendes, Zuständliches.[16] Diesem ihrem Wesen und ihrer Funktion gegenüber der Wirklichkeit kann sie nur gerecht werden, wenn ihre formalen Qualitäten als Gesetz im Sinne der abstrakten, generellen Norm und damit ihre »technische Strenge« beachtet werden.[17] Es gilt die »Herrschaft des Gesetzes« mit seiner »Rationalität« und »Evidenz«, mit seiner

7 Umbildung S. 36.

8 Vgl. die Kritik *Ehmkes*, a.a.O. S. 37 u. 43.

9 *Forsthoff*, Die politischen Streikaktionen des Deutschen Gewerkschaftsbundes ..., Rechtsgutachten, Köln 1952, S. 27, ferner ebda. S. 20.

10 *Forsthoff*, Verfassungsprobleme des Sozialstaats, Münster 1954 (zit.: Verfassungsprobleme), S. 5: »... wie freiheitlich er auch verfaßt sei ... Der Staat beruht ... auf dem Gehorsam. Man kann den Staat freiheitlich als Rechtsstaat in Schranken verweisen: innerhalb dieser Schranken bleibt er Herrschaft«.

11 Umbildung S. 37.

12 Unter ausdrücklicher Berufung auf Smend sagt Forsthoff allerdings einmal im Hinblick auf Art. 4 Abs. 3 GG, die Bedeutung dieser Norm liege »nicht nur« in dem, was sie an spezifisch juristischer Wirkung hergebe, sondern »nicht minder« in ihrem »integrierenden Sachgehalt«. Diesen sieht er in dem »Bekenntnis zur selbstverantwortlichen Gewissensentscheidung des einzelnen als solchem« (Wehrbeitrag und Grundgesetz. Rechtsgutachten ..., in: Der Kampf um den Wehrbeitrag, 2. Halbbd., München 1953, S. 317; zit.: Wehrbeitrag).

13 Begriff und Wesen des sozialen Rechtsstaates, VVDStRL 12, 1954, S. 12 (zit.: Sozialer Rechtsstaat).

14 VerwR S. 62; vgl. auch ebda. S. 12, wo zum Begriff des materiellen Verfassungsrechts alle Normen gerechnet werden, »welche die wesentliche, die Staatsform bestimmende Organisation und Funktion der obersten Staatsgewalt und deren Verhältnis zu den Staatsgenossen, insbesondere die politischen Aktivrechte, zum Gegenstand haben«.

15 Umbildung S. 41.

16 VerwR S. 12.

17 Vgl. Sozialer Rechtsstaat S. 17 f.

»Verläßlichkeit und Berechenbarkeit«.[18] Damit wird das Gesetz zum Eckpfeiler der rechtsstaatlichen Verfassung.
Die Erörterung des Verfassungsbegriffs muß so notwendig zu einer Betrachtung des für Forsthoffs Abhandlung zentralen Begriffs des *Rechtsstaats* führen. Unter all den verschiedenen Wendungen, mit denen er in je anderem Ansatz und Zusammenhang das Wesen des Rechtsstaats umschreibt,[19] erscheint die folgende als die charakteristischste: »Der Rechtsstaat ist seinem Wesen nach nicht eine organisierte Gesinnungs-/(245) oder Erlebniseinheit, sondern ein institutionelles Gefüge, oder um es kraß zu formulieren, ein System rechtstechnischer Kunstgriffe zur Gewährleistung gesetzlicher Freiheit«.[20] Rechtsstaatlichkeit erfordert deshalb insbesondere die Regelung geordneter Rechtsschutzverfahren.[21] Die wesentlichen Strukturelemente des Rechtsstaats, wie Gewaltenteilung, allgemeines Gesetz, das mit Vorrang ausgestattete Verfassungsgesetz, das Prinzip der Gesetzmäßigkeit der Verwaltung, die Gewährleistung der Grundrechte sowie die Unabhängigkeit der Gerichte, sind im einzelnen und damit die rechtsstaatliche Verfassung im ganzen durch eine hochgradige »Formalisierung« gekennzeichnet.[22]
Forsthoff ist sich dessen sehr wohl bewußt, daß der so charakterisierte Rechtsstaat im Grunde der Konzeption des bürgerlichen Rechtsstaats des 19. Jahrhunderts entspricht. Obwohl dieser auf der Trennung von Staat und Gesellschaft beruhte, heute indes die Schranke zwischen Staat und Gesellschaft gefallen ist,[23] und diese beiden Sozialkräfte, wie Forsthoff einmal treffend gesagt hat,[24] in einem Zustand der »Osmose« leben, entfaltet nach seiner Auffassung der Begriff des Rechtsstaats in diesem Sinne noch heute seine Lebenskraft. Er meint nämlich, infolge der Formalisierung und Technisierung der rechtsstaatlichen Strukturelemente trügen diese die Bedingungen ihrer Wirkweise in sich selbst.[25] Sie erleiden bei ihrer Wirkung im sozialen Raum zwar unter Umständen gewisse, die strenge

18 Ebda. S. 16.
19 Vgl. etwa DÖV S. 43, wo, unter Berufung auf *Carl Schmitt*, Verfassungslehre S. 127, gesagt wird: »Rechtsstaat ist ›Herrschaft des Gesetzes‹«. Siehe auch: Über Maßnahme-Gesetze, in: Forschungen und Berichte aus dem Öffentlichen Recht, Gedächtnisschrift für Walter Jellinek, München 1955, S. 222, 228 (zit.: Maßnahme-Gesetze).
20 Umbildung S. 61.
21 Umbildung S. 59.
22 Umbildung S. 61 und Sozialer Rechtsstaat S. 16.
23 VerwR S. 3. Zum Verhältnis Staat und Gesellschaft vgl. auch *Hesse*, Die verfassungsrechtliche Stellung der politischen Parteien im modernen Staat, VVDStRL 17, 1959, S. 116 (zit.: Parteien).
24 Rechtsfragen der leistenden Verwaltung, Stuttgart 1959, S. 18 (zit.: Rechtsfragen).
25 Sozialer Rechtsstaat S. 16.

Formtypik durchbrechende Modifikationen,[26] erweisen sich aber im ganzen gesehen als stetig und unverändert. Hieraus folgert Forsthoff grundsätzlich: Man kann das Verfassungsrecht des Rechtsstaats von dem Wechsel der »Ambiance«, dem »soziologischen Grund«, in hohem Maße isolieren;[27] es bietet durchaus genügende Möglichkeiten der »Anpassung«. Auch für die Bewältigung der Probleme des Sozialstaats hält er den Rechtsstaat für tauglich, woraus er ein besonderes Anrecht auf dessen Bestand abzuleiten geneigt ist.[28]

/(246) Was Forsthoffs Verständnis des Begriffes *Sozialstaat* anlangt, so hat nach seiner Ansicht das Grundgesetz keinen spezifischen sozialen Gehalt.[29] Der Sozialstaat als Staat der Daseinsvorsorge, der Leistung und der Verteilung[30] ist ganz einfach »gegeben«.[31] Zwar wird der Rechtsstaat durch das sozialstaatliche Bekenntnis in gewisser Weise »inhaltlich determiniert«, dies hat aber keine institutionelle Bedeutung. »Es berührt die strukturelle Verfassungsform der Bundesrepublik nicht. Diese ist nach wie vor mit dem Begriff Rechtsstaat erschöpfend bezeichnet. Rechtsstaat und Sozialstaat sind also auf der Verfassungsebene nicht verschmolzen«.[32] Der Sozialstaat mit seinen materiellen Gehalten ergänzt auf der Ebene der Verwaltung die rein technische rechtsstaatliche Verfassung.[33]

Damit ist die weitere Frage nach dem Verhältnis von Verfassung und *Verwaltung*, von Verfassungsrecht und Verwaltungsrecht gestellt. Verwaltung bedeutet »wertverwirklichende Gestaltung«; für das Verwaltungsrecht ist der »unmittelbare Rückgriff auf den Wert« typisch.[34] Demgegenüber ist das Verfassungsrecht gekennzeichnet durch einen stilisierten Legalitäts-

26 Vgl. Umbildung S. 35 und bes. Maßnahme-Gesetze S. 228.

27 Sozialer Rechtsstaat S. 17; vgl. auch ebda. S. 30: Es erwies sich, »daß die Institutionen des Rechtsstaats sich ... von der ursprünglichen gesellschaftlichen Wirklichkeit, der sie zugeordnet waren, ablösen ließen. Die Selbständigkeit der rechtsstaatlichen Institutionen gegenüber dem Wechsel der Ambiance war nur erreichbar durch die Technisierung dieser Institutionen«.

28 Umbildung S. 61; vgl. aber Die Daseinsvorsorge und die Kommunen, Köln-Marienburg 1958, S. 7 (zit.: Daseinsvorsorge): die Freiheit verbürgende rechtsstaatliche Verfassung komme dem modernen Staat bei seiner Aufgabe der Daseinsstabilisierung nicht zu Hilfe.

29 Sozialer Rechtsstaat S. 24.

30 Verfassungsprobleme S. 8; vgl. ebda. S. 10 u. ö. sowie Daseinsvorsorge S. 9 zum Verhältnis von Sozialfunktion und Herrschaftsfunktion.

31 Vgl. Sozialer Rechtsstaat S. 8 und, sehr charakteristisch, S. 29: die Sozialstaatsklausel bedeutet lediglich die Bekräftigung einer Anforderung an staatliches Verhalten, »die auch ohne diese Bekräftigung bestehen würde«.

32 Sozialer Rechtsstaat S. 29.

33 Vgl. ebda. S. 31.

34 VerwR S. 78.

schematismus technischer Normen, angelegt auf regulierendes, Willenssphären abgrenzendes, nicht gestaltendes Funktionieren mit strenger Effektivität. Die Verwaltung »als Träger der an jedem Tage notwendigen Daseinsvorsorge«,[35] eines Bereichs, der an der rechtsstaatlichen Verfassung »vorbeilebt«,[36] legitimiert sich heute weitgehend aus sich selbst. Die Verfassung bedarf einer Legitimität von außen, aus einer von der Normativität nicht mehr erreichten Entscheidung, aus einem bestimmten politischen System[37] oder aus welchen Momenten immer. Kurz: Verfassungsrecht ist technisch-formales, Verwaltungsrecht untechnisch-materiales Recht. So ist es nur konsequent zu sagen, die Verfassungsprobleme unserer Zeit seien in Wahrheit Verwaltungsprobleme.[38]

Dem Begriff Rechtsstaat wird der Begriff *Justizstaat* schroff gegenübergestellt. Damit ist zunächst der Staat gemeint, der (wie das Grundgesetz /(247) durch Art. 19 Abs. 4) in umfassender Weise Rechtsschutz gewährt, also der »Rechtsschutzstaat«,[39] der Rechtswege-Staat. Strukturell gesehen ist aber nach Forsthoff für den Begriff des Justizstaates entscheidend »die Überlegenheit der Rechtsprechung über Gesetz und Gesetzgebung«; denn »darüber, wann er an das Gesetz gebunden ist, wann er unter Berufung auf das Recht von der Gesetzgebundenheit frei ist, entscheidet heute der Richter selbst«.[40] Als das besondere Stigma des Justizstaats erscheint dann das Bestehen und die Wirkweise einer mit weitreichenden Kompetenzen ausgestatteten und sich als echtes Verfassungsorgan verstehenden Verfassungsgerichtsbarkeit.[41] Für das Bundesverfassungsgericht ist es charakteristisch, daß es durch seine »Funktionsweisen«, nämlich: Kasuistik und Bestreben, »durch Vermeidung jurisdiktioneller Selbstbindung offen zu bleiben und keine Kontrollen endgültig aus der Hand zu geben«,[42] in dem Prozeß der Entformalisierung des Verfassungsrechts eine ganz überragende Rolle spielt.

35 VerwR S. 13.
36 Daseinsvorsorge S. 9.
37 Vgl. VerwR S. 13.
38 Rechtsfragen S. 48 f.
39 DÖV S. 43.
40 ebda. S. 44.
41 Umbildung S. 55 ff., 60.
42 Umbildung S. 60.
42 a In seiner Würdigung Carl Schmitts (vgl. unten Anm. 135) meint Forsthoff, ohne Ordnung und ohne Parteinahme für sie sei »die Unterscheidung von Recht und Unrecht überhaupt nicht möglich«. Zur Kritik dieser These, die in einen dezisionistischen Positivismus hineinführt, hat *Erich Kaufmann* das Nötige gesagt (Carl Schmitt und seine Schule. Offener Brief an Ernst Forsthoff, in: Deutsche Rundschau 1958, S. 1013).

## II. *Formales oder materiales Verfassungsdenken?*

Hält man an diesem Punkt zu einer kritischen Besinnung inne, so müssen insbesondere die folgenden Fragerichtungen angedeutet werden:

1. Der *Begriff des Rechtsstaats,* wie er sich im 19. und zu Beginn des 20. Jahrhunderts entwickelt hat, wird von Forsthoff gewiß nicht einfach unkritisch, ohne Berücksichtigung der tiefgreifenden Veränderungen in der sozialen Wirklichkeit übernommen. Doch werden diese Veränderungen deswegen für unmaßgeblich erklärt, weil von vornherein eine Entscheidung für den Rechtsstaat im formal-technischen Sinne, also für den *»Gesetzesstaat«* mit seiner Präponderanz des Selbstwerts der »Ordnung«[42a] und der »Rechtssicherheit« getroffen wurde.[43] Hierin liegt/(248) doch wohl in gewisser Weise eine petitio principii: was aus dem geschichtlichen Verlauf erklärt werden soll, ist im Grunde schon vorausgesetzt, und zwar in einer Weise, die etwas vom Verfahren der Begriffsjurisprudenz an sich hat. Der historisch fixierte Begriff ist, von Randkorrekturen und Adaptationen abgesehen, intransigent gegenüber der sozialen Wirklichkeit mit ihren Veränderungen. Soziale Wirklichkeit erscheint dann für die Norm lediglich als Anwendungsfeld, als Grenze, sie ist *factum brutum.* Da jedoch mit ihr die Macht der Tatsachen verbunden ist, ist sie mächtig genug, an bestimmten Druckstellen und Reibungsflächen dem Normenkomplex Zugeständnisse abzuringen. Norm und Faktum stehen für eine solche Auffassung nicht im Verhältnis einer echten korrelativen Zuordnung,[44] einer polar-dialektischen Spannung und Verschränkung. Sie haben zwar sozusagen aufeinander Rücksicht zu nehmen, aber das erscheint nicht als ihr Wesen kraft einer ihnen strukturell innewohnenden intentional-entelechialen Konvergenz, sondern es ist lediglich empirische Notwendigkeit. Indem Forsthoff so mit dem logisch gefügten Begriffsblock Rechtsstaat operiert, kann er seiner eigenen Forderung, den Rechtsstaat »von der heutigen Wirklichkeit aus«[45] neu zu denken, letztlich nicht gerecht werden.[45a]

43 Sozialer Rechtsstaat S. 17: in diesem Sinne allein könne der Rechtsstaat ernst genommen werden; vgl. auch ebda. S. 14: »Option für den Rechtsstaat«. Demgegenüber wird in auffälliger Diskrepanz hierzu VerwR S. 4 gesagt, für die »Verwaltungsrechtswissenschaft« (nur für diese?) bestehe Anlaß, »sich von jener technischen Auffassung des Rechtsstaats loszusagen, welche die Gewährleistung des Rechts in den spezifischen Struktureigentümlichkeiten dieses Staates: Gewaltenteilung, Grundrechte und Prinzip der gesetzmäßigen Verwaltung hinreichend gesichert fand«.

44 Vgl. hierzu *Hesse,* Die normative Kraft der Verfassung, Tübingen 1959, S. 7; ferner *Leibholz,* Verfassungsrecht und Verfassungswirklichkeit, in: Strukturprobleme der modernen Demokratie, Karlsruhe 1958, S. 280.

45 VerwR S. 55; vgl. auch ebda. S. 71.

45 a Vgl. demgegenüber etwa *Hesse,* Der Gleichheitsgrundsatz im Staatsrecht, AöR 77

2. Es kann nur lebhaft zustimmend unterstrichen werden, wenn Forsthoff selbst einmal sagt, die Sozialordnung sei nicht nur zweckhaft, sondern als »ein auf Gerechtigkeit angelegtes Gebilde« zu verstehen, und es sei – ohne Geringschätzung von gegebenen »rechtstechnischen Vorkehrungen« – Rechtsverwirklichung »im Sinne einer Verwirklichung der tragenden, nicht notwendig an den formulierten Gesetzesausdruck gebundenen Gerechtigkeitsprinzipien« aufzufassen.[46] Wenn demgegenüber ausdrücklich an einem formalisierten (und das heißt doch: inhaltsentleerten[47]), technischen und lediglich auf formale Rationalität abzielenden Verfassungs- und Rechtsstaatsbegriff festgehalten wird, so fragt/(249) es sich dann aber, welche Rolle der *Verfassung* bei der Erfüllung dieser Aufgabe zukommen kann. Offenbar keine zentrale! Gegenüber der *Verwaltung* als »wertverwirklichender Gestaltung« hat sie dann allenfalls die Komplementärfunktion der Verstetigung, des Schutzwalls gegen jegliche Dynamisierung. Gewiß, diese Funktion darf und soll keineswegs gering geachtet werden. Sieht man jedoch nicht mehr als dies, so verliert die Verfassung ihren Charakter als bildendes, alle Lebensäußerungen des Staates durchwaltendes, zusammen-ordnendes »Grund-gesetz«. Verfassung und Verwaltung,[48] Rechtsstaat und Sozialstaat[49] fallen dann auseinander, eine Sinnmitte der Rechts- und Sozialordnung des Staates ist nicht mehr vorhanden bzw. wird entweder in einen außernormativen oder in einen Bereich abgeleiteter Normen verlagert. Wenn die Verfassung so – in letzter Konsequenz – zu einer

(1951/52), S. 214: Der bisherige Rechtsstaatsbegriff hat »die Ausschließlichkeit seines Geltungsanspruchs verloren und bedarf eines neuen, lebendigen Inhalts, der nur unter *materialen* Gesichtspunkten gefunden werden kann«. Als wesentliches Element wird hierbei der Gleichheitssatz »als Prinzip gerechter sozialer und politischer Gleichordnung« eine Rolle spielen. Zum Begriff des materiellen Rechtsstaates als freiheitlich-sozialem Staat vgl. *Bäumlin*, Die rechtsstaatliche Demokratie, Zürich 1954, bes. S. 60 ff.

46 VerwR S. 4.

47 Besonders deutlich DÖV S. 43 f.

48 Aspekte zum positiven Verhältnis zwischen Verfassung und Verwaltung bei *Dürig*, Verfassung und Verwaltung im Wohlfahrtsstaat, JZ 1953, S. 193 ff.; *Werner*, Verwaltungsrecht als konkretisiertes Verfassungsrecht, DVBl. 1959, S. 527 ff.; *Reuß*, Die Wirkungseinheit von Verwaltungs- und Verfassungsrecht, DÖV 1959, S. 321 ff. Vgl. ferner *Partsch*, Verfassungsprinzipien und Verwaltungsinstitutionen, Tübingen 1958, sowie *Imboden*, Das Gesetz als Garantie rechtsstaatlicher Verwaltung, Basel u. Stuttgart 1954, bes. treffend S. 45.

49 Dazu vgl. vor allem: *Bachof*, Begriff und Wesen des sozialen Rechtsstaates. Der soziale Rechtsstaat in verwaltungsrechtlicher Sicht, VVDStRL 12, 1954, S. 37 ff.; *Gerber*, Die Sozialstaatsklausel des Grundgesetzes. Ein Rechtsgutachten, AöR 81, 1956, S. 1 ff.; *Jahrreiß*, Freiheit und Sozialstaat. Vom Bürgersinn, in: Mensch und Staat, Köln/Berlin 1957, S. 69 ff.

Summe rechtstechnischer Regeln zum Zweck der Abgrenzung von Willenssphären denaturiert ist und sie nur noch als Mittel einer technisch ermöglichten »Herrschaftsmechanik«[49a] erscheint, verliert sie gegenüber der hochdifferenzierten, teleologisch-material erfüllten Verwaltungsrechtsordnung schließlich jeglichen substantiellen Eigenwert und unterliegt dadurch der Gefahr der Instrumentalisierung »von unten« aus der Sphäre der mächtigen, eigengesetzlichen Verwaltung.[50]

3. In einem technisch-formalistischen Verfassungsverständnis hat das *Phänomen des Politischen* keine echte Heimstatt, vielmehr wird dadurch die eigengesetzlich vorhandene Tendenz des Politischen zur völligen Emanzipation von der Normativität und zur Instrumentalisierung normativer Ordnungen für bestimmte Zwecke nur noch verstärkt. Verfassung wird dann zum bald gut, bald schlecht funktionierenden, technischen Hilfsmittel im Dienste des Machterwerbs. Die Aussage, das Verfassungsgesetz/(250) habe die »politische Gesamtordnung des Staates«[51] zum Gegenstand, muß dann aber als fragwürdig erscheinen. Das hier entscheidende Anliegen sei noch einmal so formuliert: Verfassung hat (zumindest auch) den Auftrag zu einer sinnvollen, daseinsgestaltenden Verwirklichung einer gerechten Sozialordnung zum Inhalt und kann sich deshalb nicht in bloßer Schrankenziehung erschöpfen, die dem Staat und den politischen Kräften infolge mangelnder Zusammenordnung in einem Maße Spielraum läßt, daß es ihnen ein leichtes wäre, im Falle des Nichtfunktionierens das formalistisch erstarrte Gefüge zu sprengen und außer Kraft zu setzen.

4. Technik und Formalität vermögen zwar Legalität zu verbürgen, was gewiß nicht unterschätzt werden soll; sie können aber nicht Grundlage für umfassende *Legitimität*[52] sein, wenn auch Stetigkeit, Kontinuität und Effektivität legitimitätsbildende Faktoren darstellen. Von einem technisch-formalistischen Verfassungsverständnis aus kann es ferner keinen positiven Ansatz zu einer Verfassungsethik[53] geben. Zwar ist Forsthoff selbst einmal dem Verhältnis von modernem Staat und »Tugend« nachgegangen und hat deutlich gemacht, daß der Staat der Tugend bedarf; diese heißt:

49 a Dieser Ausdruck bei *Forsthoff* selbst: Daseinsvorsorge S. 29.

50 Forsthoff bezieht auch in seiner Sicht des Verhältnisses von Verfassungs- und Verwaltungsrecht genau die Gegenposition zu Smend. Für diesen ist Staatsrecht »Integrationsrecht«, Verwaltungsrecht »technisches Recht« (Verfassung S. 236). Freilich ist auch diese Antithese nicht unproblematisch.

51 Umbildung S. 37.

52 Vgl. die Abwehr demokratischer »Legitimitätsvorstellungen«: Maßnahme-Gesetze S. 222.

53 Vgl. aber *Smend*, Art. Integrationslehre, in: Handwörterbuch der Sozialwissenschaften, Bd. V (1956) S. 301.

»allgemeine Verläßlichkeit im ethischen Sinne«[54]. Diese Tugend ist aber nicht nur als gesinnungsethische in hohem Grade eine rein formale – es ist die Tugend, mit der man einen Apparat, der gut funktionieren soll, bedient, oder mit der man sich in einen hochfunktionalisierten Betrieb einfügt –, sie hat insbesondere keinen spezifischen, verantwortungsethischen Bezug zur normativen Ordnung der Verfassung.

5. Im Rahmen dieser kritischen Besinnung muß noch auf eine charakteristische Äußerung Forsthoffs hingewiesen werden, die ein wichtiges Motiv für die von ihm bejahte »Option für den Rechtsstaat«[55] erschließt. Er meinte einmal,[56] nach den verschiedenartigsten Staatsumbrüchen/(251) der letzten Jahrzehnte sei kein *»Staatsbewußtsein«* mehr vorhanden; dadurch erscheine die staatliche Wirklichkeit gefährdet. »In dieser Wirklichkeit sind uns die entscheidenden Hilfen die Formalhilfen, die technischen Hilfen, die sozusagen das technische Gerüst des Handelns sind ...« Diese Äußerung, in der offenkundig ein gerüttelt Maß skeptischer Resignation mitschwingt, darf nicht leicht genommen werden; denn in der Tat spielt es eine sehr entscheidende Rolle, ob in einer Sozialordnung ein (natürlich nicht psychologistisch mißzuverstehendes) integres Staats-, allgemeiner: ein Rechtsbewußtsein als tragende, legitimierende Kraft lebendig ist. Gegen Forsthoffs Feststellung muß aber sogleich gefragt werden, ob nicht gerade das Fehlen eines Staatsbewußtseins mit eine Folge formalistisch-technischen Rechtsstaats- und Verfassungsverständnisses ist. Kann nicht gerade ein *materiales* Rechtsstaats- und Verfassungsverständnis dazu beitragen, Staats- und Rechtsbewußtsein anregend mitzubilden? Es ist nicht das Anliegen dieser Betrachtung, dieses positive Gegenbild im einzelnen zu entwerfen; einige Momente dürften im Ansatz der Kritik zum Ausdruck kommen. Nur eines sei angedeutet: Materiale Verfassungslehre steht keineswegs in einem kontradiktorisch-ausschließenden Gegensatz zu formalem Verständnis. Es ist einer der Wesenszüge materialer Betrachtungsweise, die Erscheinungen und Probleme nicht zu isolieren, sie vielmehr in ihrer Verschränkung und in ihrem jeweiligen Gesamtzusammenhang zu sehen. Recht verstanden schließt

54 Der Staat und die Tugend, in: Tymbos für Wilhelm Ahlmann. Ein Gedenkbuch, hrsg. von seinen Freunden, Berlin 1951, S. 89. Vgl. Umbildung S. 53: nach Max Weber fordere der Güterverkehr im Maße seiner Ausdehnung und Komplizierung »Loyalitäten und gesinnungsbedingte Verhaltensweisen«. Im Rechtsformalismus sind allerdings »pathetische sittliche Postulate« (*Max Weber*) ein Fremdkörper!

55 Sozialer Rechtsstaat S. 14.

56 Diskussionsbemerkung in der Aussprache über »Das Gesetz als Norm und Maßnahme« VVDStRL 15, 1957, S. 85 f. Vgl. auch Rechtsfragen S. 15 ff., wo von einem »rasanten Verschleiß aller staatsideologischen Substanzen mit dem Ergebnis einer nahezu vollständigen tabula rasa am Ende der nationalsozialistischen Zeit« die Rede ist. Vgl. auch *Bachof*, Grundgesetz und Richtermacht, Tübingen 1959, S. 40 f.

das die Berücksichtigung der technischen Formalhilfen an ihrem Ort und in ihrer eigentümlichen Wirkweise gerade ein. Sie sind aber nicht das Ganze und machen insbesondere nicht das Wesen der auf die politische Gesamtordnung des Staates ausgerichteten Verfassung aus. Oder sollte es wirklich die Quadratur des Zirkels bedeuten, eine materiale Verfassungstheorie zu entwickeln, in welcher Formalität und Technizität ihr relatives Recht behalten?

6. In seiner kritischen Strukturanalyse glaubt Forsthoff, vor allem im Hinblick auf die Verfassungsgerichtsbarkeit, von einer »Ablösung des Rechtsstaats durch den Justizstaat«[57] sprechen zu können. Dabei denkt er indes zu stark von *Carl Schmitts* »Hüter der Verfassung« her,[58] als /(252)daß er der Institution der Verfassungsgerichtsbarkeit im Rahmen der grundgesetzlichen Ordnung gerecht werden könnte. Kasuistik etwa ist keineswegs ein dekadentes Necessarium, sondern sie erscheint, zumal für das »Transitorium« des Grundgesetzes (*Th. Heuss*), – zumindest auch – als Positivum mit verfassungsstabilisierender Wirkung. Wenn übrigens Forsthoff dem Bundesverfassungsgericht die »Vermeidung jurisdiktioneller Selbstbindung«[59] und die »Auflösung« selbst technischer Normen in Kasuistik vorwirft, so muß jedenfalls insoweit seine Beweisführung[60] als mißglückt angesehen werden:

Er konstruiert zwischen den Entscheidungen BVerfGE 5, 13 und 6, 55 einen Widerspruch, der gar nicht existiert. Hier gilt es, sehr klar die technische Verschiedenheit der Normen und des Verfahrens zu beachten. Die erstere Entscheidung ist in einem Verfahren der Verfassungsbeschwerde ergangen und hat die Frage nach dem Geltungsumfang des in Art. 19 Abs. 1 S. 2 GG normierten Zitiergebots zum Gegenstand. Dieses bezieht sich nach der Auffassung des Bundesverfassungsgerichts nicht auf *vor*konstitutionelle Gesetze, aber auch nicht auf solche *nach*konstitutionellen Gesetze, »die lediglich bereits geltende Grundrechtsbeschränkungen unverändert oder mit geringen Abweichungen wiederholen« (16). Dabei qualifiziert das Gericht jedoch § 372 a ZPO i. d. F. d. Gesetzes zur Wiederherstellung der Rechtseinheit vom 12. 9. 1950 keineswegs, wie Forsthoff zu Unrecht behauptet, als vorkonstitutionelles Recht, ordnet diese Vorschrift vielmehr der zweiten Kategorie zu. BVerfGE 6, 55 kommt dann im Hinblick auf § 26 EStG

57 DÖV S. 44.

58 Vgl. VerwR S. 468 f. Maßnahme-Gesetze S. 231 gibt er unter Berufung auf Carl Schmitt (a.a.O. S. 36 ff.) ausdrücklich seinem Zweifel daran Ausdruck, ob die Prüfung von Gesetzesnormen auf ihre inhaltliche Übereinstimmung mit der Verfassung »nicht den Rahmen der durch Subsumtion bestimmten richterlichen Tätigkeit überschreitet«.

59 Umbildung S. 60.

60 Umbildung S. 56.

1951 zu dem Ergebnis, daß die unverändert gebliebene Norm eines nach Verkündung des Grundgesetzes im übrigen geänderten Gesetzes dann nicht als vorkonstitutionelles Recht zu behandeln ist, wenn der an das Grundgesetz gebundene Gesetzgeber auch jene Bestimmung in seinen Willen aufgenommen hat (65); diese Entscheidung wurde in einem Normenkontrollverfahren nach Art. 100 Abs. 1 GG getroffen. Allein solche Fälle aber hat die das Verwerfungsmonopol umgrenzende Leitentscheidung BVerfGE 2, 124 im Auge. Es ist deshalb völlig zutreffend, wenn *Zeidler* in seiner ausführlichen Anmerkung zu dem Beschluß des BVerfG vom 6. 10. 1959,[61] in welcher er die Rechtsprechung des BVerfG zu Art. 100 GG überblickt, die angeblich inkonsequente Entscheidung 5, 13 mit keinem Wort erwähnt und von einer »kontinuierlich« verlaufenen Entwicklung spricht.
Um im übrigen, abgesehen von diesen wenigen Bemerkungen, gegenüber Forsthoff Verständnis von Justizstaat Ansatzpunkte und Elemente der Kritik bzw. der vom Grundgesetz geforderten positiven Sehweise erkennbar werden zu lassen, muß es hier genügen, auf die Arbeiten von *Leibholz*,[62] *Marcic*[63] und *Bachof*[64] hinzuweisen.[64a]

## /(253) III. *Grundrechte und »Wertsystem«*

Es ist nunmehr auf ein bisher unbesprochen gebliebenes Element des Rechtsstaatsbegriffs, nämlich die *Grundrechte*, zurückzugreifen. Besteht das Wesen des Rechtsstaats in einem technisch-formalen Normengefüge, das der Abgrenzung von Willenssphären dient, so ist es konsequent, daß auch die klassischen Grundrechte, ja gerade sie, lediglich als technische Mittel der »Ausgrenzung« von bestimmten Freiheitsräumen und ausschließlich mit Blickrichtung auf den Staat gesehen werden.[65] Es ist deshalb sehr ver-

61 DÖV 1960, S. 23 ff. Vgl. BVerfGE 10, 124.

62 Verfassungsgerichtsbarkeit im demokratischen Rechtsstaat, in: Strukturprobleme der modernen Demokratie, Karlsruhe 1958, S. 168 ff.

63 Vom Gesetzesstaat zum Richterstaat, Wien 1957, bes. S. 336 ff.

64 Grundgesetz und Richtermacht, Tübingen 1959, übrigens schon mit kritischer Bezugnahme auf *Forsthoff*, DÖV a.a.O. (S. 10, 40).

64 a Neueste Stimmen in der Diskussion: *Werner*, Das Problem des Richterstaates, Berlin 1960; *Ermacora*, Verfassungsrecht durch Richterspruch, Karlsruhe 1960.

65 Sozialer Rechtsstaat S. 18: »... alle klassischen Grundrechte sind Ausgrenzungen, die Aufrichtung von Bereichen, vor denen die Staatsgewalt Halt macht«. Wenn es dann weiter heißt, die Ausgrenzung bezeichne »nur« die technisch-normative Seite der Sache, sie besage nichts darüber, aus welchem Grunde und mit welcher Intensität die Ausgrenzung erfolge, so zeigt sich gerade hier wiederum die verhängnisvolle Reduktion des Normativen auf das Technisch-Formalisierte.

ständlich, daß für Forsthoff die sog. Drittwirkung der Grundrechte einer der größten Steine des Anstoßes ist.[66] Betont wendet er sich gegen *Smends* Auffassung, wonach der Grundrechtskatalog eine »sachliche Reihe von einer gewissen Geschlossenheit, d. h. ein Wert- oder Güter-, ein Kultursystem« normieren will.[67] Vielmehr stünden die Grundrechte trotz gewisser »systematischer Disponiertheiten« mit eigener »Logik« für sich, ein normimmanenter, systematischer Zusammenhang sei nicht erkennbar.[68] Um ihrer Effektivität willen müsse die Technizität der Grundrechte gewahrt bleiben. Nach solcher Auffassung sind dann aber die Grundrechte nicht mehr als punktualistische »Spezialisierungen des ohnehin selbstverständlichen Grundsatzes der Gesetzmäßigkeit der Verwaltung«.[69]

Wenn Forsthoff bemerkt, auch historisch gesehen fehle jeder Anhalt für eine Systembezogenheit der Grundrechtsnormierungen, so bedarf diese These, was hier nur kurz angedeutet werden kann, zumindest einer Überprüfung. Die natur- bzw. vernunftrechtlichen Gedanken vor allem *Pufendorfs* und /(254) *Lockes,* die auf die Konzeption der Menschen- und Bürgerrechte in erheblichem Umfang eingewirkt haben, waren in starkem Maße von einem rational-systematischen Schema her geprägt.[70] Zutreffende historische Analyse wird auch erkennen, daß selbst für das 19. Jahrhundert der Gedanke der bloßen Entgegensetzung zum Staat den Gehalt der Grundrechte nicht erschöpft.[71]

66 Dieses vielschichtige Problem wird hier ausdrücklich ausgeklammert. Doch darf bemerkt werden: auch wenn man grundsätzlich Smends Grundrechtskonzeption für richtig hält, folgt daraus nicht automatisch die (undifferenzierte) Anerkennung einer Drittwirkung. Leider hat sich Forsthoff, abgesehen von einem bestimmten methodischen Aspekt (Umbildung S. 45 f. m. Anm. 18) nicht mit dem Lüth-Urteil des Bundesverfassungsgerichts auseinandergesetzt (BVerfGE 7, 198), wo immerhin das Bundesarbeitsgericht wegen zu weitgehender Folgerungen aus BVerfGE 6, 55 und 6, 84 gerügt wird (204). Neuester Diskussionsbeitrag hierzu bei ***Th. Ramm,*** Die Freiheit der Willensbildung. Zur Lehre von der Drittwirkung der Grundrechte und der Rechtsstruktur der Vereinigung, Stuttgart 1960.

67 Verfassung S. 264; *Forsthoff*, Umbildung S. 38 ff.

68 Umbildung S. 40.

69 *Smend*, Verfassung S. 262.

70 Vgl. *Welzel,* Naturrecht und materiale Gerechtigkeit, 2. Aufl., Göttingen 1955, S. 156 ff. und: Ein Kapitel aus der Geschichte der amerikanischen Erklärung der Menschenrechte. *John Wise* und *Samuel Pufendorf*, in: Rechtsprobleme in Staat und Kirche, Festg. f. R. Smend, Göttingen 1952, S. 387 ff.

71 Vgl. *Smend*, Bürger und Bourgeois im deutschen Staatsrecht (1933), in: Staatsrechtliche Abhandlungen a.a.O. S. 314 ff., 318. Erst jüngst hat *Wilhelm Hennis* (Zum Problem der deutschen Staatsanschauung, Vierteljahreshefte für Zeitgeschichte 7, 1959, S. 8) unter Berufung auf *Ernst Fraenkel* (Jb. öff. R. N. F. 2, 1953, S. 45) wieder daran erinnert, daß alle Grundrechte im angelsächsischen Rechtsbereich nicht als »subjektive öffentliche Rechte« gegenüber einer potentiell allmächtigen Staatsgewalt begriffen werden. Auf-

Woran sich Forsthoff besonders stößt, ist die Vorstellung des *»Wertsystems«*, das Smend an die Grundrechte herantrage, womit er normfremde Hypostasierungen vornehme.[72] So sehr für Forsthoff *Verwaltung* als »wertverwirklichende Gestaltung« gekennzeichnet werden kann,[73] so sehr bedeutet ihm das Operieren mit Wertvorstellungen auf der Ebene des *Verfassungs*rechts offenbar heillose Auslieferung an unsichere Ideologien und subjektivistische Philosophie. Das Wertproblem kann hier selbstverständlich nicht entfaltet werden. Jedenfalls aber existieren für Smend[74] – gemäß der philosophischen Grundlegung bei *Th. Litt*[75] – »Werte« nicht als abstrakte Wesenheiten, als in sich ruhende statische Blöcke außerhalb des realen Lebensvollzugs, die wie etwas Vorzeigbares, Fremdes äußerlich an Rechtsnormen herangetragen werden könnten.[76] Vielmehr führen die Werte ein reales Leben nur in der konkreten Verwirklichung, d. h. aber, auf das Recht bezogen, nur in der Positivierung.[77] Es ist bezeichnend, daß im Sinne Smends für Wert /(255) oft einfach »Sachgehalt«, »Prinzip«, »Rechtsgut«, »politisches Gut«[78] steht und stehen kann. Zu dem »Wertsystem« gehören auch »Minderheitswerte und Kompromisse«.[79] Demgemäß meint »Wertsystem« nicht einen abstrakten, kryptonaturrechtlichen, nach bestimmten Gesetzen und Notwendigkeiten funktionierenden Schematismus von intran-

schlußreiche Beobachtungen hierzu neuestens bei *Ramm*, a.a.O. S. 42 ff. In der Tat dürfen die Grundrechte nicht nur als individuelle negative Abwehrrechte gegen den Staat aufgefaßt, sondern sie müssen »zugleich auch als Prinzipien der Begründung und Gewährleistung sachlich gerechtfertigter Gesamtordnung« verstanden werden (so, im Sinne Smends, *Hesse*, Parteien S. 32; vgl. auch ebda. S. 28).

72 Vgl. Umbildung S. 39.

73 VerwR S. 78.

74 Ich beschränke mich auf eine Verteidigung Smends, was natürlich das Problem nicht erschöpft. Damit soll das oft zu vorschnelle Umgehen mit »Werten« in der neueren Literatur und Rechtsprechung keineswegs entschuldigt werden, wie überhaupt Forsthoffs Appell zu methodisch sauberem, diszipliniertem Denken in Jurisprudenz und Judikatur sehr ernst genommen wird.

75 Vgl. etwa Ethik der Neuzeit, 1926, S. 182 ff.; Das Allgemeine im Aufbau der geisteswissenschaftlichen Erkenntnis, Leipzig 1941, S. 65 ff.

76 Vgl. Verfassung S. 160.

77 Vgl. Verfassung S. 264: der Grundrechtskatalog »normiert«, »positiviert«. Siehe ferner: Das Recht der freien Meinungsäußerung (1928), in: Staatsrechtliche Abhandlungen a.a.O. S. 92: grundlegende Elemente eines bestimmten Kultursystems sind als »oberstes Gesetz ... normativ anerkannt«, und S. 96: die Grundrechte nehmen »zu bestimmten sachlichen Kulturgütern in einer bestimmten geschichtlich bedingten Wertkonstellation von Verfassungs wegen Stellung«. Vgl. auch die starke »Betonung der Positivität der Grundrechte, unbeschadet ihrer legitimierenden und regulierenden Eigenart«, Verfassung S. 267 Anm. 17.

78 Meinungsäußerung S. 91.

79 Ebda. S. 92.

sigenter Geschlossenheit.[80] Die Rede vom »Wertsystem«, wie allgemein vom »Sinnsystem« oder von der »Sinnmitte« hat auch hier zunächst einmal die Bedeutung: Überwindung der punktualistischen Vereinzelung, Intendieren und Sehen des Zusammenhangs und der Bezogenheiten, die zwischen den vielen Einzelnormen einer Verfassung und Rechtsordnung obwalten. Jedes Einzelne verweist schon aus sich immer auf das Allgemeine, ist überhaupt Einzelnes nur als Einzelnes eines Allgemeineren. Insofern ist die »systematische Disponiertheit« durchaus eine normimmanente, die freilich in einem bloß formal-logischen Verfahren als solche nicht erkannt werden kann. Für ein formal-logisches Aufeinander-Beziehen muß in der Tat vieles als normtranszendent und als »Hypostasierung« erscheinen, was in Wirklichkeit normimmanent ist. In ähnlicher Weise folgen auch die angeblichen »interpretativen Rangstufungen«[81] nicht etwa einem freischwebenden Schema, sondern suchen das immanente Sinngefüge der Normen zu erweisen. Wovon hier andeutend die Rede ist, hat mit »dynamischem« Verfassungsverständnis nichts zu tun. Ist nicht solche Sehweise: vom Einzelnen zum Ganzen und wieder zurück, also eine Art in sich zurückschwingende Induktion, gerade auch vom Gedanken des institutionellen Gefüges her gefordert?

## /(256) IV. *Institutionelles Rechtsdenken und geisteswissenschaftliche Interpretation*

Mit diesen Überlegungen ist der Forsthoff zutiefst bewegende, in der Tat grundlegende Fragenbereich der *Interpretation* und damit letztlich des *Wissenschaftsbegriffs* erreicht.

Hier ist zuerst auf die methodologische Grundlegung einzugehen, die Forsthoff in seiner knappen Skizze des sog. *institutionellen Rechtsdenkens* im

80 Ein »System« muß nicht eine perfektionistische »Vollständigkeit und Geschlossenheit« (Umbildung S. 40 Anm. 8) erreicht haben, um als System gelten zu können. In der Jurisprudenz gibt es allenthalben »offene« Systeme, vgl. etwa *Esser*, Grundsatz und Norm in der richterlichen Fortbildung des Privatrechts, Tübingen 1956, S. 44, 238 u. ö.; *Würtenberger*, Die geistige Situation der deutschen Strafrechtswissenschaft, 2. Aufl., Karlsruhe 1959, S. 12. Zu diesem Problemkreis in bezug auf das Verfassungsrecht vgl. *Smend*, Art. Staat, in: Evangelisches Kirchenlexikon, Bd. III, 1959, Sp. 1109 und *Hesse*, Parteien S. 20 m. Anm. 25, wo in der Offenheit des Verfassungssystems geradezu die Legitimität der politischen Ordnung des Grundgesetzes gesehen wird. *Forsthoff*, Umbildung S. 55, konstatiert zwar, daß das Verfassungsrecht »offen« geworden sei, versieht das jedoch im Hinblick auf die unsichere »Kasuistik« mit einem negativen Wertakzent.

81 Umbildung S. 38.

Rahmen seines Lehrbuchs des Verwaltungsrechts entfaltet;[82] diese Art von Rechtsdenken erheischt nach seiner Intention unzweifelhaft Geltung für den gesamten Bereich des Rechts. Die institutionelle Rechtsauffassung geht von der Grundüberzeugung aus, daß das Recht eine Kulturerscheinung und als solche Teil der »objektiven Kulturwerte« ist, innerhalb deren die Erscheinungen des Rechts nach Rang und »Sinnzusammenhang« ihren festen Ort haben. Gegenüber dem Positivismus hält sie von dieser Grundüberzeugung aus an den »unverlierbaren Einsichten geisteswissenschaftlicher Forschung in den letzten Jahrzehnten« fest.[83] So ist es ihr besonderes Anliegen, »zu einer Art der Rechtsanwendung zu gelangen, die das positive Recht in seiner Strenge bestehen läßt, es jedoch im Zusammenhang mit den tragenden allgemeinen Rechtsgedanken versteht und handhabt.« Dieses Ziel wird erreicht, wenn man die Rechtsordnung als ein »sinnvolles Gefüge von Institutionen, d. h. von gestalthaften Rechtsgebilden« begreift. »Staat, *Verfassung*, Selbstverwaltung, Eigentum . . ., Gesetz, . . . Ehe und Familie stellen sich als solche Gebilde dar, die je ein *Sinnganzes* sind, zu dem sich die Vorschriften des positiven Rechts und die sie tragenden allgemeinen Rechtsgedanken zusammenfügen. Einen Rechtssatz auslegen heißt also, ihn wörtlich interpretieren *und* aus dem immanenten *Sinnzusammenhang* der Institution *und* der Stellung der Institution im Ganzen der Rechtsordnung *verstehen«*.[84] Mit Recht betont Forsthoff, daß diese Auffassung nicht nur zu einem richtigeren Verständnis der Normativität des Rechts in ihrem Verhältnis zu den tragenden Grundgedanken beitragen kann, sondern daß hiermit auch der Wirklichkeitsbezug des Rechts erst adäquat zur Gel-/(257)tung komme. »So vermeidet das institutionelle Denken eine Gefahr, welcher der Normativismus immer wieder erliegen muß, der, indem er die Rechtssätze als Sollenssätze versteht und seine Aufgabe ausschließlich in ihrer Auslegung aus sich selbst heraus versteht, notwendig den Zusammenhang mit der Seinssphäre verlieren muß«.[85]

Es kann hier nicht darum gehen, Grundlagen und Tragfähigkeit der institutionellen Rechtsauffassung oder etwa ihr Verhältnis zum »konkreten

82 VerwR S. 151 f. Zur geistesgeschichtlichen Herleitung des institutionellen Rechtsdenkens vgl. *Forsthoff*, Zur Problematik der Rechtserneuerung, in: Zeitwende 1947/48, S. 679 ff. Wie sich mit jenen Ausführungen, die auf Luthers Rechtsauffassung und das reformatorische Menschenbild zurückgreifen, die neuesten Thesen Forsthoffs vereinbaren lassen, erscheint ziemlich rätselhaft.

83 VerwR S. 152 Anm. 2 zitiert *Forsthoff* beifällig eine Äußerung von *Erich Kaufmann*, VVDStRL 4, 1928, S. 81, wonach sich Rechtssätze und Institute nur »geistesgeschichtlich« erfassen lassen.

84 VerwR S. 151 f. Hervorhebungen vom Verf.

85 VerwR S. 152.

Ordnungsdenken«[86] näher zu untersuchen.[87] Es verdient lediglich festgehalten zu werden, daß Forsthoff damit eine auf Sinnverstehen hin angelegte geisteswissenschaftliche Interpretationsmethode anerkennt, die jeden isolierenden normativistischen Formalismus zu vermeiden trachtet, indem sie Sinnganzheiten in einem Sinnzusammenhang sieht. Sie ist bestrebt, bei allem Bemühen, die »heilsame Strenge« des positiven Rechts zu wahren, eine Entfremdung der Norm von der sozialen Wirklichkeit zu verhindern.
Kehrt man von hier aus zu den entsprechenden methodologischen Erörterungen in Forsthoffs Beitrag zur Carl-Schmitt-Festschrift zurück, so springt die Diskrepanz mit dem soeben Dargelegten in die Augen. Trotz gewisser verbindender Momente erscheint sie nicht hinreichend erklärbar. Soll nicht der naheliegende Eindruck entstehen, als ob hier ein grundsätzlicher Meinungsumschwung vorliege, so darf insbesondere zu diesem Problemkreis eine baldige, der Verwirrung vieler abhelfende Klarstellung Forsthoffs erwartet werden.[87a]
/(258) Gesetzesauslegung bedeutet für ihn, so wie er es in der zu analysierenden Abhandlung darlegt, »Ermittlung der richtigen Subsumtion im Sinne des syllogistischen Schlusses«.[88] Hierfür stehen dem Richter und je-

86 Vgl. hierzu *v. Krockow*, Die Entscheidung, Stuttgart 1958, S. 94 ff. Siehe auch *E. W. Böckenförde*, Gesetz und gesetzgebende Gewalt, Berlin 1958, S. 137 m. Anm. 29.

87 Die große Gefahr der institutionellen Methode liegt, falls das ihr an sich innewohnende Element der Dialektik vernachlässigt wird, in ihrer Tendenz zu statischer Vergegenständlichung und starrer begrifflicher Blockbildung mit der Folge, daß die Institutionen gleichsam als fensterlose Monaden erscheinen. Demgegenüber bedürfte sie notwendiger Korrektur durch die Berücksichtigung alles Dynamisch-Prozeßhaften im Rechtsleben. Keineswegs alle Rechtserscheinungen stellen (nur) »gestalthafte Gebilde« dar. Insbesondere Staat und Verfassung sind eben »Institution *und* Ereignis« (*Leuba*), womit die einzuschlagende Denkrichtung schlagwortartig angedeutet sei. Vgl. hierzu auch *Hesse*, Parteien S. 19, sowie *Marsch*, Art. Institution, RGG³ III, 1959, Sp. 783 ff.

87 a Die jüngste, unser Thema betreffende Abhandlung *Forsthoffs*, Der Jurist in der industriellen Gesellschaft, NJW 1960, S. 1273–1277, bringt keine Klärung, unterstreicht vielmehr das in der Carl-Schmitt-Festschrift Dargelegte. Die »neuen« Formen der richterlichen Rechtsfindung, die einen weiten Entscheidungsraum usurpierende Selbstbefreiung des Richters »von den Kunstregeln und logischen Prozeduren der gesetzanwendenden Rechtsfindung« (1277) seien vor allem bedingt durch die mit den Jahren nach 1945 eingetretene »Veränderung« des Rechtsbewußtseins; dieses sei bei gleichzeitiger »geistiger Minimalisierung« des Staates am Individuum mit seinen Rechtsschutz-Erwartungen in einem Maße orientiert, »für das sich ein historisches Vorbild schwerlich finden lassen dürfte« (1274, 1275).

88 Umbildung S. 41. In diesem Zusammenhang darf an *Forsthoffs* Äußerung (Sozialer Rechtsstaat S. 128) erinnert werden, wonach er immer bescheidenere Vorstellungen von dem Beruf des Juristen in dieser Zeit habe. Ganz anders noch etwa Recht und Sprache, a.a.O. passim, bes. deutlich S. 29: »Indem wir anerkennen, daß der Richter zu einer schöpferischen, das heißt das Recht fortführenden Rechtsprechung befähigt und befugt ist – was heute eines Beweises nicht mehr bedürftig sein sollte –, schließen wir die Deutung der Rechtsfindung als bloße Gesetzesvollziehung aus«. Anderseits wiederum Um-

dem, der das Recht anzuwenden hat, eine Summe »klassischer« Regeln, ein überkommenes, zum Kernstück der abendländischen Kultur[88a] gehörendes System der juristischen *Hermeneutik*, eine spezifisch juristische Methode zur Verfügung. Als solche, sich aus der »immanenten Logik« der Normen ergebende Regeln erscheinen etwa die Sätze »lex specialis derogat legi generali«, »lex posterior derogat legi priori«,[89] oder der Grundsatz, daß der Rückgriff auf den »systematischen Zusammenhang« erst zulässig ist, wenn die Auslegung über »Wortlaut und Sinn« der Textstelle nicht zum Ziele führt.[90] Für Forsthoff gibt es weiter offenbar feststehende Regeln der Analogie, wozu etwa der Grundsatz gehört, daß »aus Gründen der Logik« (?) jede Ausnahme der Erstreckung durch Analogie entzogen ist.[91] Im übrigen aber bleibt das herkömmliche System klassischer hermeneutischer Regeln eine weithin ungeklärte Größe.[92] Von dem »verwirrenden Prinzipienantagonismus«[93] in der /(259) Interpretationslehre[94] scheint Forsthoff keinerlei Notiz zu nehmen. Larenz hat sich scheinbar getäuscht, wenn er seine Untersuchung über »Wegweiser zu richterlicher Rechtsschöpfung« mit der Feststellung beginnt, es bedürfe heute keiner Ausführung mehr, daß jede richterliche Tätigkeit, auch wenn sie nur in der schlichten Anwendung der Gesetzesnorm auf den Sachverhalt besteht, ein »schöpferisches Moment«

bildung S. 61: »Der Abbau der formal-rationalen Qualitäten des Verfassungsgesetzesrechts ist zugleich auch die Depossedierung der Rechtswissenschaft und des Juristen im Raum der Verfassung«. Vgl. hierzu auch NJW 1960, S. 1277: »Reduzierung des Juristen auf den Rechtsfachmann«.

88 a Dies wurde von *Forsthoff* neuestens (NJW 1960, S. 1277) noch einmal betont: ausdrücklich wird dann von diesem Gedanken her über die (angebliche) »Preisgabe« des hermeneutischen Systems das Verdikt der »Primitivierung« verhängt.

89 Vgl. etwa Umbildung S. 38 Anm. 5 u. S. 43.

90 Umbildung S. 40 f.

91 VerwR S. 154.

92 Trotz der Berufung auf *Savigny*: Umbildung S. 36! Dessen Auslegungstheorie mit ihren verschiedenen Elementen gehört zwar »zum einigermaßen festen Bestand der juristischen Hermeneutik« (*Engisch*, Einführung in das juristische Denken, 2. Aufl., Stuttgart 1959, S. 77); aber sie bedürfen einer viel stärkeren Differenzierung und werfen im Grunde mehr Fragen auf als sie lösen, wie gerade etwa in der Darstellung *Engischs* allenthalben deutlich wird. Jedenfalls aber sind sie nur mittels geisteswissenschaftlicher Methode hinreichend zu verstehen.

93 So *Bender*, Zur Methode der Rechtsfindung bei der Auslegung und Fortbildung gesetzten Rechts, JZ 1957, S. 593.

94 Aus der Fülle des Schrifttums wird hier verwiesen auf *Betti*, Teoria generale della interpretazione, 2 vol., Milano 1955 [dt. Ausg. s. u. Bibliographie Abschn. I; Anm. d. Hg.]; ders., Zur Grundlegung einer allgemeinen Auslegungslehre, in: Festschrift für Ernst Rabel, Band II, 1954, S. 79 ff.; *Coing*, Die juristischen Auslegungsmethoden und die Lehren der allgemeinen Hermeneutik, Köln u. Opladen 1959; *Kronstein*, Rechtsauslegung im wertgebundenen Recht, Karlsruhe 1957; vgl. ferner die Beiträge von *Esser*, Zur Methodenlehre des Zivilrechts, und von *Jescheck*, Methoden der Strafrechtswissenschaft, in: Studium Generale 1959, S. 97 ff., 107 ff.

enthalte.[95] Selbst ein so sehr der Logik verpflichteter, jeglicher Spekulation abholder Autor wie Engisch betont, daß die juristische Logik eine materiale Logik ist, »die Besinnung wecken soll auf das, was zu tun ist. Sie ist eine philosophische Logik und keine Technik«.[96] Dabei wird er nicht müde, die »Mehrdimensionalität«[97] oder den »Perspektivenreichtum« jeder Auslegungsmethode sowie die »Sinnbezüglichkeit jedes Rechtssatzes auf die Gesamtrechtsordnung«[98] hervorzuheben.

Der Grundcharakter der von Forsthoff prätendierten spezifisch juristischen Hermeneutik wird dadurch bezeichnet, daß sie von jeder Art »geisteswissenschaftlicher«, und das heißt für ihn: »philosophischer« (ideenwissenschaftlicher) Deutung polemisch abgesetzt wird.[99] Zwar hat für ihn die »Rechtskunst« der Auslegung »Sinnerfassung« zum Gegenstand, diese geschieht jedoch nicht durch »Verstehen«. Sie läßt nicht wie/(260) die geisteswissenschaftliche Methode die formalen Elemente beiseite, die durch das »Gesetz« im Sinne des Rechtsstaats gegeben sind, andererseits verzichtet sie auf die verstehende Erkenntnis einer »Sinnmitte« und intendiert gerade nicht eine Sinnerfassung »durch Einordnung in weitere geistige Zusammenhänge«.[100]

Selbstverständlich ist es geboten, auf die polemische Richtung solcher Thesen zu achten und das Anliegen Forsthoffs, mittels einer »exakten«[101] juristischen Methode die Normativität der Verfassung zu stärken, in Rechnung zu stellen. Es muß aber gefragt werden: Wenn die juristische Methode – und Forsthoff spricht im allgemeinen von ihr, nicht nur bezüglich des

95 *Larenz*, Wegweiser zu richterlicher Rechtsschöpfung. Eine rechtsmethodologische Untersuchung, in: Festschrift für Arthur Nikisch, Tübingen 1958, S. 275, »weil sowohl die Auswahl der ›zutreffenden‹ Norm wie die Würdigung des Sachverhalts nach den in der Norm angegebenen Kriterien eine nicht lediglich mechanische Denktätigkeit erfordert. Die Anwendung des Gesetzes ist niemals nur ein Rechnen mit im voraus genau bestimmten Größen«. Vgl. auch *Wieacker*, Gesetz und Richterkunst, Karlsruhe 1958, passim, bes. S. 17, ferner *Bachof*, a.a.O. S. 8 und *Köttgen*, Kommentare zum Grundgesetz, AöR 85 (1960), S. 76 f.

96 *Engisch*, a.a.O. S. 5; ders., Aufgaben einer Logik und Methodik des juristischen Denkens, in: Studium Generale 1959, S. 76 ff. Dort wird besonders deutlich herausgestellt, daß der Schwerpunkt auf der »mit vielen Zweifeln belasteten Gewinnung der Prämissen« liegt (S. 86). Die logischen Formeln »klappen« erst dann, wenn die Prämissen richtig sind, also wenn etwa festgestellt, welche Norm die allgemeine und welche die besondere ist usw. Siehe hierzu auch *Klug*, Juristische Logik, 2. Aufl., Berlin-Göttingen-Heidelberg 1958, S. 145 ff., der ausdrücklich gegen die Verwechslung von »Auslegung« und »juristischer Logik« Front macht.

97 Einführung S. 79.

98 Einführung S. 81.

99 Umbildung S. 41.

100 Umbildung S. 44.

101 Umbildung S. 38 oben.

Verfassungsrechts – nicht eine geisteswissenschaftliche ist, was ist sie dann? Wenn sie nicht »verstehen« will, was tut sie dann? Hat Jurisprudenz dann überhaupt noch Wissenschaftscharakter, und, wenn ja, welcher Kategorie von Wissenschaft ist sie zuzuordnen?

Der moderne Begriff der Geisteswissenschaften wird u. a. durch den Gegensatz zu den Naturwissenschaften bezeichnet.[102] Spricht man der Rechtswissenschaft den Charakter einer Geisteswissenschaft ab, so liegt es dann nahe, sie als Naturwissenschaft zu qualifizieren; als Wissenschaft also, die nicht durch die Methode des »Verstehens«, sondern durch die des »Erklärens« gekennzeichnet ist, die es nicht in erster Linie mit Qualitäten, sondern mit Quantitäten, nicht mit »Grund und Folge«, sondern mit der Verknüpfung von »Ursache und Wirkung« zu tun hat, die nicht Freiheit, sondern (nur) Notwendigkeit kennt, die nicht auf »Gewißheit«, sondern auf »Evidenz« angelegt ist. Es kann schwerlich angenommen werden, daß Forsthoff mit seiner Abwehr des Verstehenselementes die juristische Methode und damit die Jurisprudenz überhaupt im Bereich der Naturwissenschaften habe ansiedeln wollen. Immerhin weisen die Betonung der bloßen Subsumtion, des syllogistischen Schließens, auch die Vorstellung, daß die hermeneutischen Regeln »exakt« seien, und nicht zuletzt der Gesetzesbegriff unbezweifelbar in die Nähe formal-quantifizierender naturwissenschaftlicher Denkweise.

Eine andere Möglichkeit der »Auslegung« der Forsthoffschen Darlegungen ist die der Leugnung des Wissenschaftscharakters der Interpretation überhaupt. Vielleicht ist sie nur Anwendung formal-technischer »Kunstregeln«, zu deren Kenntnis es lediglich empirischer »Kunde«,/(261) »mechanischen Scharfsinns«[103] bedarf, auf einen ebenso formal-technisch verstandenen Normenmechanismus; vielleicht ergeben sich aus deren Zusammenspiel »automatisch« »notwendige« Konsequenzen, die es lediglich zu registrieren gilt. So sehr wiederum auch solche Elemente mitschwingen, macht doch das Festhalten Forsthoffs an einem wissenschaftlichen[104] »System« der Hermeneutik, in dem rational-evidente Regeln von logischer Stringenz zusammengefügt sind, diese Deutung unmöglich.

Danach bliebe nur noch die Möglichkeit, juristische Methode und Jurisprudenz als ein spezifisches aliud zwischen Natur- und Geisteswissenschaften aufzufassen. Sollte Forsthoff dies meinen, so wäre dem freilich grundsätzlich zu widersprechen. Rechtswissenschaft – und Verfassungsrechtslehre zumal!

102 Vgl. *Gadamer*, Art. Geisteswissenschaften, RGG³ II (1958), Sp. 1304; *Rombach*, Art. Geisteswissenschaften, Staatslexikon⁶ III (1959), Sp. 664. Siehe auch *Engisch*, Einführung S. 7 u. 71.

103 So *Schelling*, Werke III, S. 335, bezüglich der Auslegung des Privatrechts.

104 Vgl. Umbildung S. 36 u. 41 (»wissenschaftliche Auslegung«).

– ist eine geisteswissenschaftliche Disziplin, weil sie es mit dem Menschen und einer bestimmten Objektivation menschlichen Geistes, mit »Menschenwerk« in der besonderen Form des »Sprachwerks«[105] zu tun hat.[106] Als solche, als »angewandte Geisteswissenschaft«[107], ist sie notwendig, ja geradezu »existentiell«[107a] auf verstehende Interpretation angelegt und angewiesen, und zwar sowohl in ihrer historischen wie in ihrer dogmatischen Form, als »Forschungsdenken« wie als »Meinungsdenken«.[108] Juristische Methode und Interpretationslehre stehen in engem sachlichen Zusammenhang mit den Lehren der allgemeinen geisteswissenschaftlichen Hermeneutik.[109] Auch hier kann man sich wiederum auf Engisch als unverdächtigen Zeugen berufen: »Nur der Jurist, der nach dem wahren Sinn und dem rechten Verstehen der /(262) Rechtsvorschriften strebt, macht glaubhaft, daß die Rechtswissenschaft eine Geisteswissenschaft ist, so gewiß Sinn und Verstehen nach moderner Auffassung das maßgebliche Kriterium der Geisteswissenschaften sind«.[110] Für solchermaßen aufgefaßte Interpretation ist es wesentlich, daß dabei – im Sinne des »hermeneutischen Zirkels«[111] und unter Bewußtmachung der hermeneutischen Situation des Menschen – der Blick »vom Ganzen zum Teil und vom Teil zum Ganzen« geht.

105 Vgl. *Rothacker*, Die dogmatische Denkform in den Geisteswissenschaften und das Problem des Historismus, Wiesbaden 1954, passim.

106 Vgl. *Rombach*, a.a.O.: »Geist« meint das immer schon notwendig mitgegebene und -aufgegebene »Selbstverhältnis und Selbstverständnis ... des Menschen in seiner Totalität« (Sp. 662 f.). Alles Handeln, alle Objektivation geht notwendig »durch das Medium einer Selbst- und Seinsauslegung« hindurch. »Die geisteswissenschaftliche Methode liegt ... in der Zurückführung der Fakten auf das Ganze eines Lebens- und Seinssinnes, also in der ›Interpretation‹« (Sp. 665). Zum Problem der Hermeneutik (nicht nur in theologischer Hinsicht) sehr gut orientierend *Ebeling*, Art. Hermeneutik, RGG³ III (1959), Sp. 242 ff., wo auch betont wird, daß das Vorverständnis im Vorgang des Verstehens selbst jeweils der kritischen Klärung ausgesetzt bleibt (Sp. 257).

107 *Coing*, a.a.O. S. 23.

107 a Vgl. *Stern*, Interpretation – eine existentielle Aufgabe der Jurisprudenz, NJW 1958, S. 695–698.

108 Vgl. hierzu *Viehweg*, Zur Geisteswissenschaftlichkeit der Rechtsdisziplin, in: Studium Generale 1958, S. 334 ff., bes. S. 338, 340.

109 Dies zu zeigen ist, in Übereinstimmung mit *Betti*, das besondere Anliegen *Coings* in der Anm. 94 angeführten Schrift.

110 Einführung S. 71. Treffend auch S. 98: »Das rechte Verstehen des Gesetzes setzt voraus, daß wir uns selbst recht verstehen.« Umbildung S. 53 redet *Forsthoff* zur Wahrung von Rationalität und Berechenbarkeit einer »sinnvollen Veralltäglichung« von Normen mit ethischen oder religiösen Gehalten durch die richterliche Interpretation das Wort; demgegenüber *Engisch*, S. 84: es ist notwendig, »daß der Jurist beim Interpretieren das Gesichtsfeld des bloßen Praktikers durchbricht und um ein rein geisteswissenschaftliches Verstehen ringt«.

111 *Heidegger*, Sein und Zeit, 8. Aufl., Tübingen 1957, S. 152 f.; *Gadamer*, Vom Zirkel des Verstehens, in: Martin Heidegger zum 70. Geburtstag. Festschrift, Pfullingen 1959, S. 24 ff.

»Das Ganze existiert nur in den Teilen und wird allein in diesen begriffen; diese selber sind aber nur aus jenem verständlich«.[112]

Auf einige Momente aus dem hier angeschnittenen Problemkreis ist noch hinzuweisen:

(1) Norm*setzung* setzt ein Verstehen des zu normierenden Sachverhalts voraus, wenn anders sie nicht bloße Deskription bleiben will. Die Norm hat also ein verstehend Erkanntes zum Gegenstand. Es ist dann aber nicht einsichtig, wie ein in der juristischen Auslegung sich vollziehendes Erkennen dieses Erkannten und dessen Weiterdenken auf eine konkrete Entscheidung hin ohne Verstehen möglich, inwiefern hier eine μετάβασις εἰς ἄλλο γένος[113] notwendig sein soll. Dies gilt auch dann, wenn man Normierung in erster Linie in einer Dezision sich erschöpfen läßt; auch diese setzt ein bestimmtes Verstehen des zu regelnden Sachverhalts voraus.

(2) Eine juristische Methode, die eine nicht-verstehende zu sein vorgibt, versteht allein schon damit sich und ihren Gegenstand in bestimmter Weise mittels eines unbewußten oder bewußt verschleierten »Vorgriffs«. Erst recht kann sie, wie das selbstverständlich auch Forsthoff tut, soziologische oder historische Erkenntnisse – und sei es nur bezüglich der /(263) Entstehungsgeschichte[114] eines Gesetzes –, aus denen ganz bestimmte, zum Teil normative Folgerungen abgeleitet werden, nur im Wege verstehender Sinnerfassung gewinnen. Nur scheinbar verzichtet sie hierbei auf eine Sinnmitte und auf die Einordnung in weitere geistige Zusammenhänge. Solches ist, jedenfalls unterschwellig, immer schon mit im Spiel.

(3) Mit der betonten Einbeziehung der Jurisprudenz in den Bereich der Geisteswissenschaften ist allerdings nicht gesagt, daß sie nicht bezüglich ihrer Methode spezifische Unterschiede von anderen Geisteswissenschaften aufwiese und daß nicht auch innerhalb der rechtswissenschaftlichen Einzeldisziplinen weitere Differenzierungen bestehen könnten. Das ergibt sich schon aus der grundlegenden Einsicht in die Gegenstandsbezogenheit und -abhängigkeit jeder Methode, und insofern ist die Rechtswissenschaft eine

112 *Rombach*, a.a.O. Sp. 665. Vgl. auch (im Anschluß an *Betti*) *Coing* S. 14 u. 18 f. zum hermeneutischen Canon der »Einheit« im Sinne von D. 1, 3, 24: »Incivile est nisi tota perspecta lege una aliqua particula eius proposita iudicare vel respondere« (Celsus).

113 Vgl. Umbildung S. 41; für *Forsthoff* ist umgekehrt jede verstehende Sinnerfassung μετάβασις εἰς ἄλλο γένος, und zwar der Philosophie. Dabei bleibt aber der Bereich, aus dem ein Überschreiten angenommen wird, weithin im Unklaren.

114 Umbildung S. 48 meint *Forsthoff*: »Wo nichts gemeint ist, läßt sich auch nichts interpretieren.« Vgl. demgegenüber aber den berechtigten Hinweis Coings (S. 16, 21) auf den hermeneutischen Gesichtspunkt der »überschießenden Bedeutung eines Geisteswerks«.

typische »Normwissenschaft«,[115] gehört die juristische Auslegung zu den Auslegungstypen »in funzione normativa«.[116] Der Gesetzesinterpretation sind durch ihren Gegenstand in der Tat Schranken gesetzt, und es ist richtig, wenn Forsthoff darauf insistiert, daß es eine »Beliebigkeit der Auslegungsprozeduren«[117] nicht gibt. Mit Recht hat er auch schon früher betont, daß es auf das grundsätzliche Verhältnis von Gesetzgebung und Rechtsanwendung, insonderheit auf die verfassungsmäßige Stellung des Richters ankomme.[118] Aber es ist ein Irrtum zu glauben, wahre geisteswissenschaftliche Auslegung übersehe dies[119] und ermögliche eine beliebige Methodenvielfalt.[120] Wenn geisteswissen-/(264)schaftliche Interpretation sich bewußt ist, in jenen oben beschriebenen hermeneutischen Zirkelgang »vom Einzelnen zum Ganzen und wieder zurück« eingespannt zu sein, so läßt dies nicht zu, die besonderen Formqualitäten des Rechts und des Gesetzes, ihren spezifischen Stellenwert innerhalb des Ganzen zu vernachlässigen. Sie nimmt die Positivität des Rechts ernst – denn in der Tat bedeutet die Überwindung des Positivismus nicht die Preisgabe der Positivität überhaupt[121] –, ist aber nicht des Glaubens, die Wirklichkeit von Recht und Gesetz könne sich darin erschöpfen oder das Recht bedürfe keiner »Rechtfertigung« mehr. Sie stimmt gerade nicht ein in die »heute verbreitete summarische Diskreditierung des Positivismus«[122], und ebenso ist ihr eine

115 Vgl. etwa *Hesse*, Normative Kraft, S. 5.

116 *Betti*, Teoria II, p. 790 sq. und in Festschrift Rabel II, S. 145: »Auslegung von Richtlinien des sozialen Verhaltens, die als Maxime einer Entscheidung oder eines Handelns, überhaupt als Maßstab der Wertung eines Verhaltens im Rahmen und nach Maßgabe einer geltenden Rechtsordnung zu beachten sind.« Entsprechend auch *Coing*, S. 23, 50.

117 Umbildung S. 36.

118 Recht und Sprache S. 45; vgl. auch *Engisch*, S. 94 f.

119 Es ist deshalb unrichtig, daß die geisteswissenschaftliche Methode die überkommene juristische Hermeneutik »abstreife« oder daß sich die sogenannte geisteswissenschaftlich-werthierarchische Methode und die sonstigen herkömmlichen Methoden ausschlössen, Umbildung S. 51. Vgl. Anm. 109.

120 Jedenfalls kann man nicht Smend eine solche Beliebigkeit vorwerfen oder meinen, er sehe nicht die Grenzen der Verfassungsauslegung, die sich aus der Verfassung selbst ergeben. In seinem Gutachten zur Frage des Wehrbeitrags etwa (in: Der Kampf um den Wehrbeitrag, 2. Halbbd., München 1953, S. 569) erinnert er – bei aller Anerkennung der Elastizität einer Verfassung (vgl. Verfassung S. 190) – ausdrücklich daran. »Der Verfassungsgesetzgeber soll nach dem Grundgesetz klar reden, die Auslegung des Grundgesetzes muß daher sorgfältig und restriktiv sein, damit die Bürger der Bundesrepublik sich auf das Wort des Grundgesetzes verlassen können – ein ... dringendes Gebot der Verfassungsmoral«. S. 572 ff. erhebt er im einzelnen Bedenken dagegen, daß »aus dem Grundgesetz entweder zuviel herausgelesen oder daß es in unzulässiger Weise ergänzt wird«!

121 Umbildung S. 39. Allerdings wäre dann alsbald zu fragen, was man unter Positivität versteht, ein durchaus klärungsbedürftiger Begriff.

122 Umbildung S. 37.

oberflächliche »Diskreditierung der Legalität«[123] fremd, wogegen sich Forsthoff mit Grund wendet.

(4) Wie schon angedeutet, hat für ihn geisteswissenschaftliches Vorgehen die »Abdankung der juristischen Methode«[124] und eine heillose Auslieferung an die Philosophie, hinter deren jeweiligen Systemen sie überdies nachhinke,[124a] an Philosopheme und Ideologien, an Subjektivismus und divergierende »Werte« zur Folge. Die sich hier auftuenden Schwierigkeiten sollen wahrlich nicht bagatellisiert werden, und es wäre falsch, Forsthoffs Warnungen ohne kritische Besinnung einfach in den Wind zu schlagen. Es soll auch nicht gesagt sein, daß das philosophische Fundament der Integrationslehre Smends, gegen die er vornehmlich/(265) polemisiert, jeglicher Kritik entrückt sei.[125] Es kann ferner nicht verkannt werden, daß heutige Jurisprudenz oft zu schnell geneigt ist, zu Philosophemen und Werten ihre Zuflucht zu nehmen, womit sie vielfach gerade die ihr aufgetragene »Sachlichkeit« verfehlt.[125a] Aber es ist vor einer juristischen Vogel-Strauß-Politik zu warnen. Der Jurist muß sich der Gefahr des Subjektivismus oder welcher notwendig mit unserem Menschsein verbundenen Gefahr immer stellen; denn das Ausweichen in die reine Positivität und Technizität des Rechts ist immer, wie Larenz zu Recht betont, eine »Selbsttäuschung«. »In Wahrheit ist die Metaphysik, der man den offenen Zutritt versagt, in den unausgesprochenen Voraussetzungen immer schon enthalten.«[126]

123 DÖV S. 43.

124 Umbildung S. 41.

124 a Vgl. Umbildung S. 41 u. 52.

125 Vgl. hierzu in erster Linie *Smend* selbst, Art. Integrationslehre, HdwbSozWiss., Bd. V, S. 299 ff.; Momente der Korrektur sind auch in seinem Art. Staat, Ev. Kirchenlexikon, Bd. III (1959), Sp. 1105 ff. erkennbar. Vgl. ferner *Hesse*, Normative Kraft, S. 12 u. ö., *Hennis*, a.a.O. S. 22, *Häußling*, Art. Integration, Staatslexikon[6], Bd. IV (1959), Sp. 341 ff., und *Ehmke*, a.a.O., wo S. 60 eine umfassende Würdigung des Werkes von Theodor Litt postuliert wird. Welches aber auch immer das Ergebnis einer solchen Untersuchung sein mag, es geht nicht an, die Philosophie Theodor Litts kurzerhand als »drittrangiges Philosophem« zu disqualifizieren; dies aber tut *Forsthoff* offenbar, wenn er anläßlich einer Besprechung von *Carl Schmitts* Verfassungsrechtlichen Aufsätzen (1958) sagt, das neue Werk sehe sich einem Verfassungswesen konfrontiert, das im Begriff stehe, »seinen juristischen Rang in der Hingabe an Gemeinplätze und drittrangige Philosopheme zu verlieren« (Das historisch-politische Buch, 1958, S. 246).

125 a So fragt neuerdings etwa, allerdings ganz im Banne Forsthoffs, *Scheerbarth*, Ist im Verwaltungsrecht die Hermeneutik auf Abwegen?, DVBl. 1960, S. 185 ff. Kritisch hierzu *Haueisen*, Zur Rechtsfindung auf dem Gebiet des Verwaltungsrechts, DVBl. 1960, S. 350 ff.

126 *Larenz*, a.a.O. S. 290. Deshalb ist Forsthoffs – relativ berechtigter – Ruf nach der »Eigenständigkeit der Rechtswissenschaft« gegenüber der Philosophie (Umbildung S. 52 Anm. 30) im Grunde trügerisch. Will die Jurisprudenz nicht auf theoretische Fundierung und auf ihren Wissenschaftscharakter verzichten, und soll nicht doch die ernsthafte Gefahr bestehen, daß das Rechtswesen »außer Zusammenhang mit den geistigen

Ähnlich muß man mit Coing die Meinung für einen »Grundirrtum« halten, »man könne aus der Jurisprudenz alle Auslegungsgesichtspunkte außer dem logischen ausschalten, man könne die juristische Interpretation ausschließlich auf deduktive Logik zurückführen und Wertgesichtspunkte völlig vermeiden«.[127]

## V. *Verfassungswandlung und »Umbildung«*

Nachdem versucht worden ist, in kritischer Beleuchtung die verschiedenen methodischen und sachlichen Elemente im Denken Forsthoffs aufzuhellen, muß noch thesenhaft kurz auf das Problem der Verfassungswandlung eingegangen werden; alle jene Elemente spielen hierfür eine Rolle.

In dem zu besprechenden Aufsatz erscheint der Begriff der Verfassungswandlung undiskutiert. Andernorts kennzeichnet sie Forsthoff ausdrücklich im herkömmlichen Sinne als »Wandlung des materiellen Gehalts der Verfassung bei formell unverändertem Bestehen des Verfassungstextes«.[128] Da »Verfassung und Wirklichkeit« einander »zugeordnet« seien, sei mit der/(266) Möglichkeit einer Verfassungswandlung als »rechtlicher Gegebenheit«, also einer Änderung des »Sinngehaltes« von Verfassungsnormen zu rechnen. Eine Verfassungswandlung liegt aber nach Forsthoff nur dann vor, wenn sich in einem historischen Prozeß ein »echter Wandel der Wirklichkeit« vollzogen hat; einmalige, in einem bestimmten historischen Ereignis manifeste, bewußt-gesetzte oder intentional-gesteuerte Veränderungen der Wirklichkeit können dagegen nicht Grundlage einer Verfassungswandlung im Rechtssinne sein.

Bezüglich der »Umbildung« des rechtsstaatlichen Verfassungsgefüges unterscheidet Forsthoff in seinem Beitrag zur Carl-Schmitt-Festschrift zwei Arten von Verfassungswandlung:[129] einmal solche, die sich, ohne das Gefüge grundsätzlich in Frage zu stellen, lediglich als »Zugeständnisse an die veränderte soziale Wirklichkeit«, als »Adaptierungen« »aus Gründen der Notwendigkeit« darstellen. Hier ist so gedacht, wie es schon oben charakterisiert wurde:[130] Norm und Wirklichkeit stehen sich grundsätzlich als fest-

Bewegungen der Zeit« (Umbildung S. 41 Anm. 9) gestellt wird, so muß die Rechtswissenschaft (zumindest) für philosophisches Fragen, und das heißt vordergründig schlicht: ganzheitliches Fragen, Fragen nach dem Grund, auf dem man sich bewegt, offen sein.

127 *Coing*, S. 22. Vgl. auch *Bachof*, S. 40 f.

128 Wehrbeitrag S. 326 f.

129 Umbildung S. 35.

130 S. 248.

gefügte Blöcke gegenüber. – Verfassungswandlungen dieser Art sind von jenen zu unterscheiden, die im Sinne einer »Umbildung« das rechtsstaatliche Gefüge in seinem Wesensgehalt verändern. Als wichtigstes Vehikel gerade einer solchen Verfassungswandlung erscheint bei Forsthoff die auf einer bestimmten staatsrechtlichen und verfassungstheoretischen Methode aufbauende Verfassungsinterpretation. Die Frage nach normativen Grenzen einer verfassungswandelnden Umbildung (oder nach Abhilfen dagegen!) wird nicht ausdrücklich gestellt; doch wird man im Sinne Forsthoffs sagen müssen, daß mit der grundsätzlichen Veränderung eines begrifflichen Gefüges auch normativ die Grenzen einer Verfassungswandlung überschritten sind. Hier wird deutlich, wie eng für ihn Verfassungswandlung und Begriffswandlung zusammenstehen. Der eigentliche Bezugspunkt, von dem aus beurteilt wird, ob eine Verfassungswandlung vorliegt oder nicht, ist dann – in letzter Konsequenz, der sich freilich Forsthoff zumindest sehr anzunähern scheint –, nicht die konkrete Verfassung in ihrer Ganzheit, mit ihren antinomischen Prinzipien, sondern der Begriff, den man in der Verfassung rein institutionalisiert sieht. Es bedürfte einer umfassenden Würdigung des Grundgesetzes, um zu zeigen, daß es die Elemente des Rechtsstaats, des Sozialstaats[131] und des Justizstaats bewußt auf der Ebene des Verfassungsrechts zusammenordnet und gerade ihr Spannungsverhältnis will, so daß sie nicht gegeneinander ausgespielt werden/(267) dürfen. Das Grundgesetz hat mit der Sozialstaatsklausel, mit der Schaffung der Verfassungsgerichtsbarkeit und der allgemeinen Stärkung der »dritten Gewalt« diese Zusammenordnung von vornherein intendiert. Es ist deshalb nicht möglich, hierin *vom Standpunkt des Grundgesetzes aus* eine Verfassungswandlung zu sehen, allenfalls von einem reinen Typusbegriff des formalen Rechts- bzw. Gesetzesstaats oder möglicherweise von der Weimarer Reichsverfassung aus. Gewiß, in der Verfassungspraxis hat sich dieser Zug verstärkt, jener ist zurückgetreten, man kann Akzentverschiebungen konstatieren; das soll nicht geleugnet werden und bedürfte im einzelnen sorgfältiger Untersuchung, vor allem im Hinblick auf die Rechtsprechung des Bundesverfassungsgerichts.[132] Es gibt auch ein legitimes, vielleicht sehr spannungsgeladenes Einleben in die Verfassung, wobei gewisse in der Verfassung angelegte Linien und Intentionen erst mit Leben erfüllt werden und widerstreitende

131 Vgl. *E. R. Huber*, Zur Problematik des Kulturstaats, Tübingen 1958, S. 4: »Das rechtsstaatliche und das sozialstaatliche Moment sind dem modernen Verfassungsstaat per definitionem zugeordnet ... Der moderne Staat ist Verfassungsstaat in dem Maß, in dem er als Rechtsstaat und Sozialstaat sich bewährt.«

132 Vgl. *W. Weber*, Spannungen und Kräfte im westdeutschen Verfassungssystem, 2. Aufl., Stuttgart 1958.

Prinzipien sich zu dem von der Verfassung gewünschten optimalen Maß auspendeln. Es wird hier nicht untersucht, ob auch schon vom Standpunkt des Grundgesetzes aus Fälle echter Verfassungswandlung festgestellt werden können; jedenfalls kann aber von einer »Umbildung« im Sinne Forsthoffs, von einer »Ablösung« des Rechtsstaats durch den Justizstaat begründetermaßen nicht gesprochen werden.
Forsthoff behauptet, der Prozeß der »Umbildung des Verfassungsgesetzes« mit seinen vollendeten oder sich anbahnenden Verfassungswandlungen sei unterstützt durch den Wechsel der herrschenden staatsrechtlichen Methode, wenn nicht letztlich allein eine Folge davon. Er macht gewissermaßen, wenn das so pointiert gesagt werden darf, Rudolf Smend für alle von ihm kritisch analysierten Erscheinungen verantwortlich.[133] Nun kann sicherlich ein grundsätzlicher Wandel in der Methode interpretative Verfassungswandlungen zur Folge haben. Aber einmal ist die Lehre Smends nicht erst von 1949; zum andern ist die Frage, welche Methode die angemessene ist, richtigerweise nicht allein abstrakt nach dem »Richtig« oder »Falsch« der wissenschaftlichen Methoden, sondern in erster Linie von der konkreten Verfassungslage aus zu beurteilen. Hier aber dürfte es, schon von einem vordergründigen historischen Sinnverständnis her, als sicher gelten, daß dem Grundgesetz nichts ferner lag, als ein formal-technisches Verständnis eines reinen, ausschließlich als institutionelles Gefüge gesehenen Rechtsstaats – mit dessen Annahme Forsthoffs Interpretationsmethode steht und fällt – zu restaurieren.

## /(268) VI. *Forsthoff und Max Weber*

Abschließend wird in gedrängter Skizzierung versucht, den philosophisch-wissenschaftstheoretischen Wurzelgrund der Auffassungen Forsthoffs unter wissenschaftsgeschichtlichem Blickpunkt[134] aufzuspüren.

133 Dabei ist Forsthoff dem methodischen Grundansatz und sachlichen Anliegen Smends schwerlich gerecht geworden. Was speziell dessen – zugegeben: weiterer Klärung und »Absicherung« bedürftige – These von der »fließenden Geltungsfortbildung des gesetzten Verfassungsrechts« (Verfassung S. 242) anlangt, so übersieht Forsthoff völlig, daß es für Smend, zumindest wenn man von ihm aus weiterdenkt, selbstverständlich auch Grenzen der Geltungsfortbildung gibt. Vgl. auch *Hesse*, Der Rechtsschutz durch staatliche Gerichte im kirchlichen Bereich, Göttingen 1956, S. 28 ff., 33. Eine technisch-formalisierte Norm kann allerdings an einer Geltungsfortbildung nicht teilhaben.

134 Vgl. auch *Sontheimer*, Zur Grundlagenproblematik der deutschen Staatsrechtslehre in der Weimarer Republik, ARSP XLVI (1960), S. 39 ff.

In stärkstem Maße zeigt sich Forsthoff von *Max Weber*[135] – auf den er sich in seinen Schriften allenthalben als Autorität beruft[136] – und damit vom *Neukantianismus*[137] beeinflußt. Schon aus diesem Grunde muß übrigens der Vorwurf, Smend huldige einer Philosophie »von vorgestern«,[138] als rein zeitlich nicht zutreffend zurückgegeben werden. Einige Einzelmomente sind zur Sprache zu bringen:
Schon *Erich Kaufmann*[139] hat, u. a. gerade mit Blick auf Max Weber, die für die neukantische Richtung bezeichnende »Eindimensionalität des Denkens« deutlich signalisiert und hervorgehoben, daß isolierend-statisches Denken notwendig eine entgeistigende und entwirklichende Technisierung (Stilisierung, Formalisierung) zur Folge hat. Nicht als ob Kaufmann Notwendigkeit und Berechtigung der Technisierung, im besonderen der Rechtstechnik übersehen habe; aber er betont mit vollem Recht, daß die Rechtstechnik lediglich eine »relative Berechtigung« habe, und wehrt sich dagegen, daß man unter Verkennung ihrer Funktion die Technik zum Prinzip mache und so Recht ausschließlich als »soziale Technik« begreife. Eben dies ist aber kennzeichnend für Max Webers/(269) Anschauung von Staat und Recht. Für ihn ist der Staat »Betrieb«, ein, wie treffend gesagt worden ist, »Konglomerat von Techniken« zu bestimmten Zwecken,[140] eine *res fungibilis* gewissermaßen. Indem bei Weber bloß »kausalwissenschaftlich-sozialtechnologisches«[141] Vorgehen und der Gedanke der technisch-formalen Rationalisierung beherrschend sind, kann er den Staat nur als ein auf »Gewaltsamkeit gestütztes Herrschaftsverhältnis von Menschen über Menschen«,[142] als rationalen Anstaltsbetrieb mit dem Monopol physischer

135 Die Vermittlung durch *Carl Schmitt,* Webers »gelehrigen Schüler« (*Mommsen,* Max Weber und die deutsche Politik 1890–1920, Tübingen 1959, S. 380), und dessen selbständiger Einfluß werden hier außer Betracht gelassen. Vgl. *Forsthoff,* Der Staatsrechtler im Bürgerkrieg. Carl Schmitt zum 70. Geburtstag, in: Christ und Welt, Nr. 29 v. 17. 7. 1958, S. 14. Dieser Würdigung Carl Schmitts ist *Erich Kaufmann* mit vollem Recht entgegengetreten (Carl Schmitt und seine Schule. Offener Brief an Ernst Forsthoff, in: Deutsche Rundschau, 84. Jg. 1958, S. 1013–1015).

136 Vgl. etwa Umbildung S. 40, 52 f., 57; auch Grenzen des Rechts, Königsberg 1941, S. 12, wonach Max Weber »unverlierbare Einsichten in das Wesen des modernen Rechts« zu verdanken sind.

137 Vgl. u. a. *Erik Wolf,* Max Webers ethischer Kritizismus und das Problem der Metaphysik, in: Logos XIX (1930), S. 359 ff. (360).

138 Umbildung S. 52.

139 Kritik der neukantischen Rechtsphilosophie, Tübingen 1921, S. 64 ff., 75.

140 *Smend,* Verfassung S. 184 f.

141 *Smend,* Verfassung S. 158 f. Zur Auseinandersetzung Smends mit Max Weber siehe auch Staat und Politik (1945), in: Staatsrechtliche Abhandlungen, 1955, S. 370 ff., 375.

142 Staatssoziologie (hrsg. v. J. Winckelmann), Berlin 1956, S. 28. Hierzu *Hennis,* a.a.O. S. 21 (vgl. oben Anm. 71); dort findet sich eine scharfe Kritik an der technisch-for-

Gewalt[143] und die Verfassung als System praktischer Spielregeln[144] sehen. Diese Technisierung und Formalisierung beruht letztlich, wie schon erkennbar wurde, auf der neukantischen Entgegensetzung von Wirklichkeit und Wert, von Norm und Faktum. Danach tritt alles geistige Wissen und Verhalten in ein »wissenschaftlich wertfreies und dämonisch wertendes«[145] auseinander. Mitbedingt durch die Wirkung der damals aufstrebenden Naturwissenschaften verschließt sich nach dieser Auffassung »wahre Wissenschaft« allen Problemen der Wertung, ist wertneutral. Ihr oberstes Ziel ist »Verzicht auf Spekulation ... Analytische Arbeit, ohne Voraussetzung oder Zielsetzung eines Gesamtsinnes, Diagnose, nicht Therapie«.[146] Dahinter stehen ein ethischer Kritizismus[147] mit der Folge eines historischen Wertrelativismus und ein theoretischer Agnostizismus mit der Folge einer Staatsfremdheit.[148] Darüber darf das Positive solcher Haltung nicht übersehen werden; denn es wird hier geradezu mit ethischem Rigorismus um entideologisierte, entmythologisierte Objektivität gerungen. In/(270) der Forderung nach »intellektueller Rechtschaffenheit« drückt sich dieses ernstzunehmende »Ethos selbstkritischer Wahrhaftigkeit«[149] aus.

Daran zu erinnern und zu solcher Haltung zu mahnen, ist wohl ein Anliegen von Forsthoffs Abhandlung über die Umbildung des Verfassungsgesetzes. Insofern ist sie positiv zu bewerten und könnte sich trotz ihrer bisweilen allzu flüchtigen Skizzenhaftigkeit mit ihrer scharfen Analyse und Kritik in der verfassungstheoretischen Grundlagendiskussion als heilsam erweisen. Aber sie schlägt nicht den richtigen Weg zur Stärkung der »normativen Kraft der Verfassung« ein.

malen Rechts- und Staatsauffassung Max Webers mit weiteren Hinweisen zur gegenwärtigen Max-Weber-Diskussion. Siehe dazu noch *G. Richter*, Max Weber als Rechtsdenker, Diss. jur., Tübingen 1953.

143 Vgl. hierzu auch *Winckelmann*, Gesellschaft und Staat in der verstehenden Soziologie Max Webers, Berlin 1957, S. 41.

144 Vgl. *Mommsen*, a.a.O. S. 402.

145 *A. Bergstraesser*, Max Weber. Der Nationalstaat und die Politik, in: Aus der Geschichte der Rechts- und Staatswissenschaften zu Freiburg, hrsg. v. *H. J. Wolff*, Freiburg 1957, S. 73; vgl. auch *Mommsen*, a.a.O. S. 69 ff.

146 So treffend *Erik Wolf*, a.a.O. S. 363. Von hier aus fällt ein deutliches Licht auf Forsthoffs »strukturanalytische« Intention und seine immer wieder betonte Urteilsenthaltung, vgl. oben B. Hierin kommt ferner die Neigung zu einem soziologischen Positivismus zum Ausdruck, der sich der »Verfallstheorie« bedient; zum letzteren vgl. Erich Kaufmann an der Anm. 135 genannten Stelle.

147 Hierzu *Erik Wolf*, a.a.O.

148 *Smend*, Verfassung S. 123.

149 *Bergstraesser*, a.a.O. S. 73.

# Stil, Methode, Ansicht

## Polemische Bemerkungen zum Methodenproblem*

Von Peter Lerche

[aus: DVBl. 1961 S. 690–701]

### § 1 *Das Stilproblem*

I. *Stil und Methode.* Eine kurze, re-archaische Epoche der Nachkriegsjahre, ausgezeichnet durch eine gewisse methodische Unbefangenheit,[1] scheint vorüber. Nicht zufällig pflegen sich staatsrechtliche Monographien erneut zu behängen mit Einleitungen oder Exkursen über methodische Fragen. *Forsthoffs* sofort berühmt gewordene Arbeit über die Umbildung des Verfassungsgesetzes[2] war zwar gewiß nicht Beginn, so doch Fanal. Die ihr sichtlich zugrunde liegende Karikatur der gegnerischen Ansichten versteht sich aus der Erfahrung, daß sonst nicht jene Einprägsamkeit erreicht hätte werden können, die tatsächlich erreicht wurde. Durch die Ausgabe einer so augenscheinlichen Kritik als Diagnose[3] wird gleichzeitig der gegebene kräftige Besinnungsruf auf das eleganteste entschärft, ohne daß seine Vernehmbarkeit Schaden litte. Ausarbeitungen,[4] Erwiderungen,[5] konzise Gegenbemerkungen[6] folgen. Sie bemühen sich um Placierung des Pro und Contra meist auf dem Boden herkömmlicher, »vertretbarer« Denkbahnen.

* Auf der Grundlage meiner am 3. 2. 1961 gehaltenen Berliner Antrittsvorlesung »Zur Entwicklung der staatsrechtlichen Methodik«. – Dem Gedenken an Hans Nawiasky gewidmet.

1 Die ich nicht so skeptisch beurteilen würde wie *Schüle* Arch. d. Völkerrechts 8 (1959), 130.

2 In Carl-Schmitt-Festschrift, 1959, S. 35 ff.; vgl. auch NJW 1960, 1273 ff., sowie etwa DÖV 1959, 41 ff.

3 *Forsthoff*, Umbildung a.a.O. S. 50 f.; auch S. 60 wird jeder Gedanke an »Kritik« verworfen, auf der folgenden Seite allerdings ausdrücklich bestätigt.

4 Vgl. etwa *Schnur* bes. in DVBl. 1960, 123 ff.; *P. Neumann*, Wirtschaftslenkende Verwaltung, 1959, bes. S. 18 f., 49 ff.; *Scheerbarth* DVBl. 1960, 185 ff.

5 Bes. *Hollerbach*, AÖR 85, 241 ff.

6 Aus einer sehr verstreuten Literatur seien hervorgehoben: *Bachof*, Grundgesetz und Richtermacht, 1959, S. 10 f.; 40 f., jetzt auch in Hans-Huber Festschrift, 1961, bes. S. 29, S. 44 f.; *Haueisen*, DVBl. 1960, 350 ff.; *Imboden* VVDStRL 18 (1960), S. 138 ff.; *Kaiser*, in Staat und Privateigentum, 1960, S. 15 f. in Anm. 44, aber auch S. 41 f. in Anm.

Gleichwohl hätte man es zu beklagen, entstünde auf diese Weise der Eindruck, als setze sich nur der Methodenstreit der 20er Jahre fort. Gewiß geht es vorläufig noch nicht um Überraschungseffekte neuartiger Ursprungsideen; es geht vielmehr um Verfeinerung ergiebiger älterer Produkte und um ihre kritische Erprobung unter gewandelten oder verdichteten Verhältnissen. Allein im Grunde ist es doch nicht so sehr ein aufgewühltes methodisches Wellenspiel, sondern – immer deutlicher hervortretend und heute stärker als je zuvor – ein Problem des *Stils*.

Das hat viele Gründe. Der jeweilige Entwurf des ungefähren Staats-*Bildes* regt das Stilgefühl wohl am ursprünglichsten an: Für den, der den Staat der Gegenwart nicht als Herrn, sondern nur als Funktion der Gesellschaft[7] *sieht*, ist in gewisser Weise der Argumentationsstil bereits vorgesehen und vorfixiert, ganz abgesehen von späterer methodisch-dogmatischer Verarbeitung. Nichts anderes gilt für den, der umgekehrt aus der Kraftfülle und Mitte des politischen Gemeinwesens her die Dinge sieht[7a] und aus diesem Gedanken einer sehr material und kernhaft verstandenen politischen »Mitte« leicht geneigt ist, formale Konturen beiseite zu legen, ja »scharfe« Konturen mitunter überhaupt leugnet.

Beide bildhaften Vorstellungen sind Vor-Entscheidungen direktester Art; sie gewinnen daher beide *politischen* Stil. Und in der Tat wird konkretes Staatsrecht schon der Sache nach stets aus politischem Instinkt her gespeist sein müssen. Wer wollte sich darüber täuschen, daß beide entgegengesetzte Anschauungen ihr besonderes Profil durch die Tatsache erhalten, daß sich die Nation in gefährdeter, notnaher Situation befindet;[7b] nur werden die Macht- und Stabilitätsfaktoren einmal mehr in der organisierten Gesellschaft, zum anderen mehr in der organisierenden Staatsführung erblickt.

182 f.; *Maunz-Dürig*, Randn. 73 zu Art. 20; *Menger* VerwArch. 51 (1960), 157 f.; *Ridder*, Zur verfassungsrechtlichen Stellung der Gewerkschaften, 1960, bes. S. 4 Anm. 11, S. 5 Anm. 15; bes. *Scheuner* in Juristentag-Festschrift, II, 1960, S. 237 Anm. 12, S. 259 f., sowie in DÖV 1960, 79.

7 *Forsthoff*, NJW 1960, 1276.

7 a So jetzt in ungefährer, nicht unkritischer, aber etwas radikaler Aufnahme der Blickrichtung namentlich *Scheuners* vor allem die soeben erschienene zentral wichtige Arbeit von *Ehmke*, Wirtschaft und Verfassung, Karlsruhe 1961.

7 b Kennzeichnenderweise schweben die heute allseits beliebten Klauseln von »vordringlichen Gemeinschaftsgütern« u. ä., die die (angeblich) geprägte Gestalt der Grundrechte auflockern sollen (z. B. als »immanente« Schranken oder als allgemeiner Verfassungsvorbehalt u. ä.) in einer Zwitterlage zwischen echtem Staatsnotrecht und Staatsnormalrecht. Das ist gequälter Ausdruck unserer gleitenden, notnahen Zeiten. Bei wohl richtigerer, nämlich nicht extrem individualistischer Auslegung der Grundrechte wird man auf solche dogmatische Unsicherheiten schon von Haus aus verzichten können (vgl. jetzt mein Übermaß und Verfassungsrecht, 1961, bes. S. 281 ff.).

Symptomatischerweise kann man ebensogut das eine wie das andere soziologisch irgendwie »belegen«. Zwischen den Extremstellen gehen ständig gewaltige Verflechtungen vor sich. Das aber deutet schon an, daß die Einseitigkeit dieser politischen Stilisierungen auf dem Boden verbindlicher Staatstheorie Korrekturen wird erfahren müssen – die Atmosphäre des Zweifels freilich nie verlassend. Die Staatstheorie ist zudem nicht nur für Zeiten dieser unserer Anspannung und Not gedacht, sie hat sich reich und lebendig zu halten, um auch dem Sich-Lösen und Normalisieren gerecht zu werden. Zu allererst wird sie sich gewiß dem unablässigen Anruf der Technik zu stellen haben. Daher mag sie gut daran tun, die gegebenen politischen Stilisierungen in Gelassenheit zu behalten, miteinander einigermaßen zu versöhnen, zugleich aber für neue Stilisierungen offen zu bleiben.

Die Gegenwart wird nicht so stark sein, um sich selbstgewiß auf eine einzige Stilisierung zu einigen, »als ob« diese richtig wäre. Daher werden die Grundlagen der Staatsanschauung ohne eine gewisse Kargheit und Zurückhaltung vor momentaner Entscheidung nicht auskommen. Damit treffen sie sich aber nur im Negativen mit zahlreichen überlieferten Vorstellungen axiomatisch-methodischer Provenienz. Es ist einfach falsch, obgleich gang und gäbe, jene Grundlage der Stilproblematik mit diesen problemuntauglichen axiomatischen Vorstellungen zusammenzuwerfen. Stilisierungen können auf solcher Grundlage zusammenrücken; Methoden stehen einander in der Ebene der Axiomatik unversöhnlich gegenüber und verhöhnen synkretistisches Bemühen. Auch ermöglicht es erst die Entfernung methodisierender Verkrustungen, den politischen Gehalt der konkreten Stilisierung rein heraustreten zu lassen. Schon die Tatsache, daß man sich mit Kraft und Klarheit um das/(691) Bewußtmachen der methodischen Gegensätze überhaupt bemühen muß, sprengt das methodische Gefäß und führt zur Stilfrage. Der Akzent ruht nicht so sehr auf folgerichtigem Voranschreiten und bewußter Entfaltung »reiner« Ausgangsthesen als vielmehr auf dem Durchhalten des einmal gefundenen Stils.

Das ist denn auch der innere Grund, warum die materiellen Antworten im methodisch Konkreteren vielfach nur scheinbar auseinanderklaffen.

Wenn *Forsthoff* das von ihm propagierte institutionelle Rechtsdenken teilweise dahin umschreibt: »Einen Rechtssatz auslegen heißt also, ihn wörtlich interpretieren und aus dem immanenten Sinnzusammenhang der Institution und der Stellung der Institution im ganzen der Rechtsordnung verstehen«,[8]

8 Lehrbuch des Verwaltungsrechts, I, 8. Aufl., 1961, S. 152.

so ist das ohne Zuwendung zu einem Rangsystem nicht vollziehbar;[9] wie sonst könnte sich die konkrete, gestalthaft verstandene Institution im ganzen der Rechtsordnung »stellen«? Und wenn gegenwärtig unter dem Lichte des Integrationsgedankens mit Entschiedenheit die normative Kraft des Normativen[10] ins Bewußtsein zurückgehoben, d. h. die disziplinierende Kraft des positiven Rechts unterstrichen wird, so ist auch hier die Flucht vor Einseitigkeit deutlich spürbar, genauso wie etwa in einigen modernen Entwicklungen der Wiener Schule.[11]
Vielleicht darf daher überhaupt gefragt werden, ob man sich nicht stärker, unter Ballast-Abwurf, auf die Stilfragen konzentrieren sollte. Somit wäre die ganze Problematik mit Ökonomie um jene Stücke zu verkürzen, in denen unversöhnliche Ausgangseinseitigkeiten verkörpert sind.

II. *Stil und Dogmatik.* Dazu ist es nötig, den hier gemeinten Stilbegriff von anderer Seite genauer abzugrenzen und insgesamt darzulegen. Wir verstehen unter »Stil« nicht *die Art des Sagens* – sei es als Ausdruckskultur mit ästhetischem,[12] erkenntnistheoretischem[13] oder standesethischem[14] Bezug; also nicht das Formniveau (*Klages*), in welchem rechtliche Anschauungen faktisch gemacht werden. Wir verstehen unter »Stil« sozusagen spiegelbildlich *die Art der ursprünglichen, aber nachhaltigen Aufnahme*: d. h. die Art der ursprünglichen rechtlichen Formung außerdogmatischer Gegebenheiten mit der Folge, sie für die dogmatische[15] Fragestellung

9 Vgl. auch *Hollerbach*, AÖR 85, 256 f.

10 Vgl. *Hennis*, Meinungsforschung und repräsentative Demokratie, 1957, S. 52; *Hesse*, Die normative Kraft der Verfassung, 1959, passim; s. auch *Ridder*, a.a.O., S. 26 f. in Anm. 51. *Smend* selbst hat die Unterschätzung des Normativen nunmehr als »Mangel« bezeichnet (Artikel »Integrationslehre« im HDSW unter 2 b). Gegen die psychologische Stütze der ursprünglichen Integrationslehre heute z. B. *E. Kaufmann*, Ges. Schriften, III, 1960, Vorwort zu »Rechtsidee und Recht«, S. XXX ff. Gegen psychologistische Mißverständnisse z. B. *Strickrodt*, JZ 1955, 137.

11 Hervorzuheben etwa *Winkler* z. B. in Österr. Z. f. öff. Recht 1960, bes. 515; *Ermacora* z. B. im Jahrb. d. öff. Rechts n. F. 8, bes. 66 ff. Erhellend auch unter diesem Gesichtspunkt die Deutung der Lehre *Merkls* durch *Marcic*, JZ 1960, 198 ff.

12 Das zu wenig bekannte Spätwerk *Triepels*, Vom Stil des Rechts, 1947, geht trotz seines Untertitels »Beiträge zu einer Ästhetik des Rechts« weit über diese Beziehung hinaus.

13 In diesem Sinne z. B. *Ballweg*, Zu einer Lehre von der Natur der Sache, 1960, S. 37 unter Hinweis auf die bekannte Ausgangsthese *Wittgensteins*. Nachweise zum Schrifttum über die ars inveniendi der Sprache z. B. bei *Esser*, Grundsatz und Norm in der richterlichen Fortbildung des Privatrechts, 1956, S. 110 Anm. 76.

14 Vgl. *Forsthoff*, Umbildung a.a.O., S. 57 f. Siehe zuletzt auch *Evers*, JZ 1961, 247, *Werner*, Das Problem des Richterstaates, 1960, *Wieacker*, JZ 1961, 341 u. a.

15 Zum Begriff der Dogmatik zuletzt *Thul*, ARSP 1960, 241 ff. (zum Verhältnis Stil und Dogmatik vgl. 254 mit Nachw.).

überhaupt erst bereit zu machen. Nicht um axiomatisch-methodische »Grundlegung« und »Abfolge«, aber auch nicht um dogmatische Verarbeitung und Ausbreitung selbst geht es, sondern um die vorbereitende und sofort grundsätzlich formende Bemächtigung dessen, das aus der sozialen Welt in Gestalt von Rechtserzeugnissen eindringt oder in der Hand entsteht. Dadurch wird der Weg zur dogmatischen Einbeziehung erst eröffnet. Diese jeder Dogmatik vorgelagerte *Anstrengung* (nicht nur »Schau«) wird zu gering veranschlagt.

Die hier gemeinten Stilprobleme sind daher in der Folge zwar Dogmatisierungsprobleme, aber noch nicht dogmatische Probleme. Sie kreisen um die Frage, welche grundsätzlichen Veränderungen die von außen herantretenden Fragenbündel *in bewußter Stilisierung* erfahren müssen, um mit den Möglichkeiten der gegebenen Dogmatik begriffen werden zu können. Mit einem klingenden Modewort könnte man sie daher als *»Vorformungen« der Dogmatik* umschreiben. Noch kürzer lautet die Frage: In welcher Weise sind die Gegebenheiten zunächst zu *stilisieren*, um sodann dogmatische Antworten zu ermöglichen? Deshalb darf von »Stil«problematik gesprochen werden: Die gemeinte Stilisierung legt nicht notwendig eine spezifische »Richtung«, wohl aber das Formniveau für die nachfolgende Dogmatik fest. Die damit eingenommene Ausgangshaltung entscheidet vor.

Auch dogmatische Fragestellungen weisen selbstredend weit über bloßes Deduzieren hinaus; sie bedürfen des Topos, des Hunch, des eingeschobenen Teilsystems, um zu nachprüfbaren Ableitungszusammenhängen zu gelangen. Stilprobleme aber sind diesen Fragen in allgemeinerer Weise vorgeschaltet, ohne sich doch in den vereisten Bezirken des Axiomatisch-Methodischen zu verlieren. Sie halten gleichsam die Schwebe zwischen Axiomatik (samt methodischer Ableitung) und Dogmatik (samt konstruktiver Ausbreitung). Dogmatische Probleme sind erfahrungsgemäß meist nur im Konkreten, an Hand des einzelnen Ableitungszusammenhangs ergiebig darzustellen. Der Bezirk der Stilfragen deckt dagegen den eigentlichen Bereich, wo allgemeinere Fragen mit Konsequenzen behandelt werden können. Die Frage, ob Verkehrszeichen als Bekundungen von Rechtsverordnungen oder von Verwaltungsakten anzusehen sind, ist ein dogmatisches Problem; die Frage, ob und aus welchen inneren Gründen der »Plan« als Rechtsgestalt einer gewaltig auftauchenden Sozialerscheinung in diese typischen traditionellen Formbegriffe auseinanderfallen *muß* oder vielleicht umgekehrt die Tür der gegenwärtigen Dogmatik als selbständiges Institut betritt,[16] wird ein Stilproblem; die Frage, warum die Vorstellung dieses Instituts als »Gestalt«

16 Dazu meine Besprechung der Staatsrechtslehrertagung 1959 in JZ 1959, 783 f.

oder als »Normenkreis« zu erfolgen hat und welche Abfolgen sich daraus ergeben, ein axiomatisch-methodisches Problem. Die Grenzen sind mitunter nur sehr fein zu ziehen, knappe Akzentuierungen geben hier überall den Ausschlag. Das aber ist Reiz wie Hypothek jeder Überlegung, die um dies Verfahren bemüht ist.
Ein Zurückfallen vom Stildenken zum Methodendenken wäre schwerlich Klärung und Gewinn. Das erneute Aufbrechen der tiefen methodischen Gegensätze aus den Gärten der Vergangenheit bliebe notwendig unergiebig. So mancher ehedem betäubende Flieder- und Rosenduft ist vorbei. Vor allem geriete die Rechtsprechung in einen methodischen Zickzackkurs oder fröre im Banne einer bestimmten Methode ein.

## § 2 *Das Methodenproblem*

In dieser abwehrenden Richtung seien zunächst einige kritische Bemerkungen zum vorherrschenden Methodendenken gestattet. Bezeichnenderweise lehrt schon ein knapper Blick auf die gegenwärtig den staatsrechtlichen Schauplatz/(692) beherrschenden »methodischen« Forderungen, daß diese nicht so sehr einander gegenseitig abblenden, als sich vielmehr – jeweils folgerichtig weitergedacht – *in sich selbst aufheben*. Die Stilprobleme lassen sich hiervon bis zu einem gewissen Grade ablösen und selbständig rechtfertigen.

I. *Die Logifizierung des bürgerlichen Rechtsstaats.* Stilmäßig warnt *Forsthoff* vor der steigenden Tendenz zur Überrollung des geprägten Verfassungsgesetzes mit einer Unzahl richterlicher Einzelwertungen, Güterabwägungen und außerrechtlicher Sinngebungen. Methodisch fordert er die Bewahrung des Normativen und Institutionellen durch Zurückbindung der Rechtsprechung auf jene klare Konzeption des bürgerlichen Rechtsstaats, wie sie *C. Schmitt* entworfen habe, mit Unterstreichung ihrer Formalität und Technizität. Anders drohe Zerfall.
Jede »methodische« Kritik, die *Forsthoff* Schritt für Schritt zu widerlegen sucht, indem sie einer anderen methodischen Zentralvorstellung folgt,[17] wird in Wahrheit an ihm vorbeigehen. Man stellt sich besser auf die eigene

17 Vgl. vor allem die umfassende Arbeit *Hollerbachs,* AÖR 85, 241 ff.

Zielrichtung *Forsthoffs* ein. Alsdann wird bemerkbar, daß diese methodische Blickrichtung nicht durchgehalten werden kann:
Die Festhaltung eines konkret entworfenen Bildes vom Rechtsstaate eines einzigen geschichtlichen Augenblicks[18] einer bestimmten geographischen Situation ist logisch-axiomatisch gedacht und insofern unangreifbar. Sie könnte indes nur dann funktionieren, wenn es richtig wäre, daß die formalisierten Elemente dieser rechtsstaatlichen Architektur – in *Forsthoffs* eigenen Worten[19] – »die Bedingungen ihrer Wirkungsweise in sich selbst« trügen, wenn sie sich infolgedessen von einem Boden auf einen anderen, von einer zeitlichen Situation auf eine andere ohne empfindlichen Schaden übertragen ließen. Das heißt aber doch weit mehr als nur Formalisierung und Technisierung, das heißt durchaus *Logifizierung* der behaupteten Bestandteile des bürgerlichen Rechtsstaats. Allein: Formalisierung und Logifizierung ist nicht dasselbe.[20] Die Verquickung dieser beiden Begriffe läßt die methodische Argumentation nicht schlüssig werden. Gewiß ist es richtig, daß unser Bild vom Rechtsstaate nicht beliebiger Wandlungen fähig ist, gewiß ist das Funktionieren eines formalen Schutzgürtels für dessen Substanz unerläßlich; aber gerade die formalisiertesten Bestandteile dieses Gürtels sind erfahrungsgemäß am stärksten der wechselnden Witterung der Zeiten ausgesetzt[21] und am leichtesten verwundbar. Strukturell überlebte Formen lassen sich zwar als Formeln noch eine Zeitlang halten, aber damit ist nur wenig gewonnen: Rechtssicherheit – ein ideologisch und pragmatisch noch kaum erhellter, jedenfalls selbst unsicherer[22] Tabu-Begriff – gewiß nicht; denn solche Abkapselungen werden Selbstzweck, geben daher keine Sicherheit »für« etwas. Die normative Verfassung als Zustand[23] zu sehen – und das geschieht mit der Logifizierung einer ihrer Verwirklichungen – ist ein Widerspruch in sich, letztlich die Vereinbarung zweier in dieser Weise nicht vereinbarer Verfassungsbegriffe.
Das wird durch nichts so sichtbar wie durch *Forsthoffs* eigene Diagnose. Zunächst setzte *Forsthoff* den entscheidenden methodischen Akzent auf den generell-abstrakten Gesetzesbegriff. Mit ihm stehe und falle der Rechts-

18 Vgl. *Ridder*, a.a.O., S. 5 Anm. 15.
19 In VVDStRL 12 (1954), S. 16.
20 Dies auch gegen *Hollerbach*, a.a.O., 268 in Anm. 133 a. E.
21 Vgl. das Einzelmaterial bei *Hans Huber* in Giacometti-Festgabe, 1953, bes. S. 71 ff., dessen Schlußfolgerung aber (70) gegenteilig lautet. Weiteres Material in meinem Übermaß und Verfassungsrecht, 1961, S. 55 f., Anm. 110 und 112.
22 Hinweise bei *Esser* a.a.O., S. 27.
23 *Esser* a.a.O. S. 331: »Das Rechtsleben ist kein Zustand, sondern ein Stück Kulturentwicklung, in der Sprache der Oganisation: ein Stoffwechsel.«

staat des Grundgesetzes.[24] Wichtigste Teile moderner Gesetzgebung[25] sind aber von hierher nicht mehr zu »begreifen«,[26] also auch nicht zu »berechnen«. Daher verschiebt *Forsthoff* nicht zufällig in einem weiteren Schritt den Akzent von der Gesetzesvorstellung auf den Begriff des Verfassungsgesetzes. Dieses sei in seiner gewollten Form als Gesetz »ernst zu nehmen«. Interpretiere man das Verfassungsgesetz nicht im Sinne der Regeln klassischer Gesetzesauslegung, so gingen Rationalität und Evidenz der Verfassung verloren, und diese löse sich auf.[27]

Solch Aufschwung vom einfachen zum Verfassungsgesetz verbreitert die Angriffsfläche: Mit Erhöhung ist ja vielfach Substanzverlust verbunden. Ist es doch sicher, daß die angeblich rechtssichere klassische Kunst der Gesetzesauslegung jedenfalls nicht am Verfassungsgesetz entfaltet worden ist. Das führt nur vordergründig zu der allseits bekannten und keineswegs neuartigen[28] Erscheinung, daß das Verfassungsgesetz in den hier interessierenden Bereichen den technischen Regeln der Interpretation oder[29] der Hermeneutik weithin geradezu spottet. Dahinter verbirgt sich vielmehr ein Zweifaches: Einmal die Tatsache, daß geschriebene Verfassung trotz aller Normativität nie so sehr normierendes »Gesetz« als vielmehr formierter Appell und vor allem *Dokument*[30] ist. Dokument ist teils mehr, teils weniger als Normenwerk. Zum andern schleifen sich in der Höhe geschriebener

24 VVDStRL 12, (1954) S. 19; *Carl Schmitt*, z. B. in Verfassungslehre, 1928, S. 142. Diese »folgenreiche Einseitigkeit« (*Denninger* ARSP 1961, 153) war aber nicht einmal der ausgehenden konstitutionellen Theorie gemeinsam, und spätere Deutungen konnten diese Skepsis nur bestätigen, z. B. *Heller* VVDStRL 4, (1928), S. 107 ff.

25 Darin ist das heute überbetonte Maßnahmegesetz nur ein geringer Wellenschlag.

26 Vgl. statt vieler *P. Neumann*, a.a.O. S. 80 Anm. 22 a. E.

27 Vgl. Umbildung a.a.O. S. 36 ff.

28 Von einem »in jeder Hinsicht neuartigen«, »unvorstellbaren« Vorgang im Sinne *Forsthoffs* (a.a.O., S. 49) läßt sich auch, abgesehen von der Problematik nationaler Begrenztheit, schon angesichts des judikativen Materials kaum sprechen, das z. B. *Hensel* in Die Reichsgerichtspraxis im deutschen Rechtsleben, I, 1929, bes. S. 18, ausgebreitet hat. »Die Überzeugung, es genüge, einen Imperativ auszusprechen, um das Leben zu beherrschen . . ., stammt aus der Denkweise des absolutistischen Staatswesens« (*Spiegel*, Die Verwaltungsrechtswissenschaft, 1909, zitiert nach *Imboden*, Das Gesetz als Garantie rechtsstaatlicher Verwaltung, 1954, S. 33 Anm. 91).

29 Daß verbindliche Auslegungsprinzipien und Hermeneutik nicht dasselbe sind, müßte spätestens seit *Esser*, a.a.O. S. 116 f. klar sein.

30 Daher ist es gerechtfertigt, wenn *Friedrich*, Der Verfassungsstaat der Neuzeit, 1953, S. 137 (mehr zufällig) von einem »dokumentarischen« Verfassungsbegriff spricht, während der gebräuchlichere Ausdruck: »formeller« Verfassungsbegriff bekanntlich mißlungen ist. Das Dokument soll primär sichern und bewahren; das Prinzip der Rechtsklarheit bleibt sekundär (etwa für Verfassungsänderungen) von Bedeutung. Damit soll der Anteil der Rationalisierungstendenz (dazu etwa *Heller*, Staatslehre, 1934, S. 272) nicht geleugnet werden. Von einer »Erhebung zum Gesetz« (vgl. etwa *Loewenstein*, Verfassungslehre, 1959, S. 130) kann jedoch nur in einem ganz spezifischen Sinn gesprochen werden, der hier ausscheidet.

Verfassungen jene Unterschiede ab, die im übrigen die Einteilung der Rechtskreise in mehr kodifikatorisch »geschlossene« oder mehr »offene« Gestaltungen noch[31] beherrschen mögen. Auch ein mehr kodifikatorisch geschlossener Rechtskreis wie der unsrige wird hier bis zu einem besonders hohen Grade »geöffnet«. Zwar mag die Verfassung zur axiomatischen Geschlossenheit tendieren: Befriedigt sie aber diese Tendenz über eine gewisse Schwelle hinaus, so fällt sie – nur scheinbar paradoxerweise – zum Organisationsreglement ab. Das stellt dann zwar eine perfekte »Fassung« dar, jedoch keine »Verfassung«. Die Verfassung ist nicht so sehr konkretes wie konzentriertes Recht; sie verlangt nicht so sehr Auslegung wie Vermittlung, nicht so sehr nachvollziehende/(693) rechtslogische Interpretation wie nachvollziehbar geordnete »gekonnte« Konkretisierung.[32]

Auch unter dem Zeichen der Berechenbarkeit kann solche Konkretisierung nur durch Organe erfolgen, die durch die verfassungsgebende Gewalt eingesetzt sind, also nicht durch diese Gewalt selbst. Sieht man daher die formalen Elemente des bürgerlichen Rechtsstaats im Verfassungsgesetz und nicht in der Fülle der einfachen Gesetzgebung und Praxis, so geht die Essenz dieses Rechtsstaats verloren. Darum muß es denn auch – ganz im Einklang mit *Forsthoff* – Bedenken erwecken, wenn z. B. die Sozialstaatsklausel ohne Zerlegung in Teilinhalte und ohne Zwischenschaltung des Gesetzgebers unmittelbar aufgegriffen und zu einem Füllsel der Beliebigkeiten gemacht wird.

31 Allgemein werden aber extreme Unterschiede abgebaut, vgl. etwa *Esser*, a.a.O. bes. S. 141 ff.

32 Dazu etwa *Draht* VVDStRL 9, (1952), S. 94; *Hans Huber* z. B. in Z. f. schweiz. R. n. F. 74, 201 oder in: Rechtsquellenprobleme im schweizerischen Recht, 1955, 109 ff. Gewiß ist es richtig, daß die Grenzen zur technischen Auslegung verschwimmen, und besonders, daß man sich in steigendem Maße geneigt zeigt, auch im »normalen« Bereich der Interpretation auf rechtsfortbildende Kräfte zu achten (bes. *Esser*, a.a.O., S. 150 f., 242 ff. passim, aber auch etwa 255; *Friedmann*, Law in a changing Society, 1959, S. 24 ff. [dt. Ausg.: Recht und sozialer Wandel, Frankfurt/M. 1969; Anm. d. Hg.]; auch etwa Legal Theory, 4. Aufl., 1960, S. 401 ff.; *Wieacker* z. B. Gesetz und Richterkunst, 1958; vorsichtiger *Larenz*, z. B. in Nikisch-Festschrift, 1958, S. 275 ff. sowie jetzt in seiner großen Methodenlehre der Rechtswissenschaft, 1960, bes. S. 319 ff., vgl. auch S. 128 ff.). Dennoch bleibt ein deutlicher Unterschied spürbar. Die Haupteinfallstore der Fortbildung, die Generalklauseln, sind ohnehin nichts anderes als materielles Verfassungsrecht, ja dies vielleicht gerade deshalb und nur deshalb! (Vgl. dazu jetzt auch *Leisner*, Grundrechte und Privatrecht, 1960, S. 289 ff., auch mein Übermaß und Verfassungsrecht, S. 315 f.). Über Konkretisierung im allgemeinen siehe *Engisch*, Die Idee der Konkretisierung in Recht und Rechtswissenschaft unserer Zeit, 1953.
Wenn Forsthoff anscheinend neben der Möglichkeit der »Interpretation« einer Verfassung nur noch die Möglichkeit einer unzulässigen Legitimierung von Bestrebungen »an« der Verfassung sieht, so bleibt also der entscheidende Bereich zulässiger »Konkretisierung« ausgespart.

So läßt sich weder durch Rückgriff auf den generell-abstrakten Gesetzesbegriff noch durch Rückgriff auf die Gesetzesform des Verfassungswerks Berechenbarkeit bewerkstelligen. Deshalb verwundert es nicht, daß sich die *Judikatur* geradezu im Kreise dreht, soweit sie meint, ausschließlich mit dem Instrumentarium des bürgerlichen Rechtsstaats im Sinne *C. Schmitts* durchzukommen.

*Beispiel*: Wichtiger Bestandteil dieser Formensprache ist die Vorstellung vom subjektiven öffentlichen Recht. Die behauptete Verletzung einzelner subjektiver Grundrechte ist denn auch dem Gesetze nach Voraussetzung der Verfassungsbeschwerde. Das *BVerfG* deutet eines dieser subjektiven Grundrechte (Art. 2 Abs. 1 GG) um in ein ganz allgemeines Freiheitsrecht von allerdings höchster subjektiver Ladung, aber auch mit entsprechend allgemeinen Grenzen. Das liegt sehr wohl noch in der inneren Logik der *Schmitt*schen Ausgangsthese von der grundsätzlichen Unbegrenztheit der Freiheit des einzelnen als Verteilungsprinzips des bürgerlichen Rechtsstaats.[33] Auf allerlei technischen Umwegen kommt so das Gericht zu dem allzu praktischen Endergebnis, daß man heute mit Hilfe der Verfassungsbeschwerde jeden beliebigen Verfassungsfehler rügen kann, nicht etwa nur Grundrechtsverstoß, wenn nur die Auswirkungen des angegriffenen Gesetzes irgendwie den einzelnen unmittelbar berühren.[34] Daher kann der heutige Steuerzahler durch Verfassungsbeschwerde geltend machen, daß sein Steuergesetz gegen Prinzipien des Bund-Länder-Verhältnisses verstößt.[35] Das hat mit Grundrechtsschutz nichts mehr zu tun. Der berechenbare Wortlaut des Gesetzes (§ 90 BVerfGG), eindeutig auf individuellen Grundrechtsschutz bezogen, ist zerbrochen. Fazit: Durch extreme Subjektivierung wird der traditionelle Begriff vom subjektiven öffentlichen Recht gesprengt und damit dieses wesentliche formale Element der traditionellen Apparatur mit Hilfe von Techniken eben dieser Apparatur beseite geräumt. Die Bahn ist frei für die Erstellung neuer Formalelemente.

Die mögliche Entgegnung: daß gerade der Blick auf das positive Gesetz solche Ausdehnungen verbietet, bliebe schwach. Denn auch hier greift die Wurzel tiefer; sie liegt in der für den liberalen Rechtsstaat typischen »methodischen« Verhaftung am Gegensatze zwischen subjektivem und objektivem Recht, an deren Konsequenz die positive Regelung letztlich stets

33 Über die Verbindung dieser Vorstellung zum allgemeinen Freiheitsrecht Thomas vgl. *Carl Schmitt*, Grundrechte und Grundpflichten, jetzt in Verfassungsrechtliche Aufsätze, 1958, S. 200 f., vgl. auch den heutigen Zusatz S. 230 f. sowie etwa – im Zusammenhang mit der Wertvorstellung – Legalität und Legitimität, ebendort S. 301.

34 Seit BVerfGE 6, 32.

35 Man verfolge nur die Spur weiter, die BVerfGE 8, 274 (328 f.) begonnen hat.

zerschellen muß; genauso wie dies etwa auf anderer Ebene in bezug auf die von *C. Schmitt* formulierte, in sich nicht begründbare[36] Frontstellung zwischen »Freiheit« und »Institut« zutrifft.
Kein Zweifel, daß sich die Entwicklung neuer Formalelemente des hemmenden und verzerrenden Gegensatzes zwischen subjektivem und objektivem Recht[37] weitgehend entledigen muß. Gewaltige Antriebskräfte weisen in diese Richtung. Nur vereinzelt konnten sie sich freilich heute schon durchsetzen. Selbst dort, wo die Bezugnahme auf das Rechtselement in den Hintergrund tritt und Subjektives und Objektives in verfeinerter Weise in Bewegung zueinander gebracht werden, denkt man noch zu statisch. Statische Haltung wird den Dingen nur zu einem Teil gerecht. Das ist einmal durch die Entwicklung der Freiheitsvorstellung bedingt. Zum anderen vermag man sich heute nirgends mehr den *Enträumlichungstendenzen* zu entziehen, die überall spürbar werden.[38] *Die Formalität des bürgerlichen Rechtsstaats aber war eine höchst räumlich-statisch verstandene Formalität.* Sie charakterisiert sich nicht zum mindesten aus der stetigen Gegenübersetzung des Innen und Außen, des Oben und Unten. Auch dies mag teilweise mit dem damaligen Gegenüber zwischen politischem Staat und Privatgesellschaft zusammenhängen, das heute normativ durch »Zuordnung« überwunden werden soll.[39] Dabei sind aber neue desintegrierende Faktoren

36 Vgl. jetzt mein Übermaß und Verfassungsrecht, S. 239 ff.

37 Zu den Begriffen vgl. jetzt bes. *Engisch*, Einführung in das juristische Denken, 2. Aufl., 1960, S. 24 ff.; *Raiser,* JZ 1961, 465 ff. Die direkte Gegenübersetzung der Pflichten zu den subjektiven Rechten bezeichnet *Bruns* JZ 1958, 386 Anm. 14 als einen der »Grundirrtümer« der Rechtswissenschaft.

38 Gegen fälschende Raumbilder im allgemeinen deutlich etwa *Smend* (z. B. Verfassung und Verfassungsrecht, jetzt in Staatsrechtliche Abhandlungen, 1955, S. 184), *Kelsen* (z. B. Allgemeine Staatslehre, 1925, S. 10 f.; Der Staat als Integration, 1930, S. 5). *Triepel,* a.a.O. S. 46 ff. hält an der »hervorragenden Rolle« ständiger Raumbezogenheit des rechtlichen Denkens fest. Aus dem gegenwärtigen Schrifttum vgl. kritisch etwa *Herbert Krüger* (z. B. Smend-Festschrift, 1952, S. 211 ff.), *Lerche* (DVBl. 1958, 534); zuletzt *Ehmke* (»Ermessen« und »unbestimmter Rechtsbegriff« im Verwaltungsrecht, 1960, S. 41 Anm. 19 mit weiteren Nachw.). Über den Gebrauch von Raumbildern in der Psychologie aufschlußreich *R. Thiele,* Studium Generale 1948, 144 ff. (auch zu den Schichttheorien, die bekanntlich über N. Hartmann für das juristische Denken überaus ergiebig geworden sind). Über methodologische Beziehungen zwischen Prozeßrechtswissenschaft und Naturwissenschaft vgl. heute etwa *Nakamura,* ZZP 68 (1955), 481 ff.; zwischen Politischer Wissenschaft und Naturwissenschaft zuletzt *Sartori,* Politische Vierteljahresschrift 1 (1960), 14 f.
Allerdings wird sich in der auf erhöhte Anschaulichkeit angewiesenen Rechtsanwendung der allgemeine wissenschaftliche Zug der Zeit zur Entkörperlichung (vgl. *Gehlen,* Die Seele im technischen Zeitalter, 1957, S. 23 ff.) stets nur gehemmt geltend machen. Die fruchtbaren Tendenzen begrenzter Entkörperlichung weisen jedenfalls nicht nur zu formelhafter Abstrahierung (so aber *Forsthoff,* Umbildung a.a.O. S. 52): Formel und Körper ist in diesem Sinn überhaupt kein voller Gegensatz.

39 Vgl. *Ridder,* a.a.O. S. 14.

einzurechnen,[40] so daß eine irgendwie räumlich-statisch erfaßbare »Einheit« von Staat und Gesellschaft nicht gegeben ist.
Eine Zurückbindung auf solche Vorstellungen verbürgt infolgedessen keine Rechtssicherheit.[41]
/(694) Vollständig zu Recht rügt *Forsthoff* die summarische Diskreditierung des Positivismus. Wer aber den Rechtsstaat gleichsam durch Ausziehen seiner formal-räumlichen Elemente am Leben erhalten will, wird allemal nur ein Skelett in der Hand behalten. Folgt die relative Unergiebigkeit des klassischen Positivismus aus seinem Bemühen, den *allgemeinsten* Nenner aller Rechtsgestaltungen herauszubringen, so muß die Fixierung der isolierten Apparatur des bürgerlichen Rechtsstaats deshalb relativ unergiebig bleiben, weil sie relativ gegenstandslos, gegenstandsschwach ist. Normativismus und Sachlogik – beides von *Forsthoff* kräftigst akzentuiert und wohl mehr im Sinne einer Parallelschaltung gesehen – greifen dann aneinander vorbei. Und damit ist es mit ihnen beiden vorbei. D. h.: Formale Begriffe hohen Niveaus sind auf dem Wege, zu bloßen Markierungen in der Sachwelt, wenn nicht gar zu reinen termini abzusinken. Die Formung entgleitet der juristischen Hand. Es ist klar, daß *das* den eigentlichen Grund für die Minderschätzung des Juristen in einer dieses Verfahren übenden Gegenwart darstellt.
Wir sind der Formeln nicht bedürftig, weil und soweit sie keinen Bedarf decken. Und je formelhafter die Formalität wird, desto mehr versagt der Rückgriff des Bürgers auf seinen letztverbleibenden Einwand unzulässiger Formenvertauschung (Art. 19 Abs. 4 GG[42]). Der Gedanke staatlichen Formenmißbrauchs ist ohne Sozialbezogenheit tot, mag auch ästhetische Formenreinheit noch möglich sein.

40 Vgl. *Kaiser*, in Carl-Schmitt-Festschrift, 1959, S. 78 ff.
41 Zugleich ist dies mit der Grund, warum die Institutionen-Theorie *Haurious* (z. B. Théorie de l'Institution et de la Fondation, 1925 [dt. Ausg. in: Zur Theorie der Institution und zwei andere Aufsätze, hg. v. *R. Schnur*, Berlin 1965; Anm. d. Hg.]), weil und soweit sie vom Gegensatz zwischen objektiver Individualität und subjektiver Personalität ausgeht, wohl nur begrenztere Fruchtbarkeit verspricht, dagegen in der Funktionen- und Prozedurenlehre ergiebiger sein dürfte, wo der stetige Übergang vom Subjektiven zum Objektiven ins Auge gefaßt wird, wie sich ja überhaupt nach ihm das Subjektive und das Objektive mit dem Zeitfaktor verbinden. Jedenfalls ist das institutionelle Denken kaum richtig eingeschätzt, wenn man es – mit *Hollerbach* AÖR 85, 257 Anm. 87 – mit statischer Verdinglichung gleichsetzt (mag auch ein dialektisches Element zugestanden werden). Daß das »Prozeßhafte« bei *Hauriou* nicht zu kurz kommt, folgt schon aus seinem grundsätzlichen Anschluß an die Lehre Bergsons. Über Berührungspunkte mit der Integrationslehre vgl. *Smend* a.a.O. S. 181 f.
42 Dazu DÖV 1961, 492.

II. *Das Wertsystem.* Die Eingleisigkeit axiomatisch-methodischen Denkens behindert auch die andere das heutige Staatsrecht eindrucksvoll belebende Richtung, die mehr oder minder im Zugwind *Smends* steht. Damit soll der große Bewegungs- und Nuancenreichtum dieser Denkweisen, die einmal mehr ontologisch, zum anderen mehr psychologisch, zum dritten mehr normativ oder ethisch gefärbt sind, nicht schematisiert werden. Aber es gibt Zuspitzungen. Das zeigt in erster Linie auf die These vom Wertsystem,[43] vom mehr oder minder geschlossenen »immanenten Sinngefüge«. Dabei geht es uns nicht um Beobachtungen, die in Richtung der *Forsthoff*schen Kritik (mangelnder Berechenbarkeit und Entrationalisierung) liegen; vielmehr gilt es auch hier den Nachweis, daß der eigene Ansatz nicht durchgehalten werden kann und sich in den eigenen Händen verkehrt.

Die Vorstellung vom Sinnganzen soll das Verfassungsrecht herausheben und zu einem Integrationsrecht verstärken. Gleichzeitig wird – wie eingangs gesagt – der Gedanke normativer Kraft deutlicher unterstrichen.

Ist ein Wertsystem einmal akzeptiert, so wird notwendigerweise ein großer Teil gerade des geltenden Verfassungsrechts zum technischen Recht. Denn das Leitbild eines mehr oder minder geschlossenen Systems erfordert, daß die Anwendung verfassungsrechtlicher Normen im Einzelfall nur unter ständiger individueller Abwägung und Gesamtverflechtung erfolgen kann; daß sogar die Kristallzonen des Verfassungsrechts in ein feingliedriges System von Konkurrenzen, Vorbehalten, Bedingtheiten eingezwängt werden, wie es aus anderen Rechtsgebieten geläufiger ist. Der Grundrechtsteil vor allem verliert auf diese Weise jene Distanz, die es ihm überhaupt erst ermöglicht, als konzentrierter »Niederschlag der gesamten deutschen Rechtskultur« gelesen zu werden. Ohne diese stetige Technisierung werden die Werte vom Tablett eines angeblichen Wertsystems einfach nicht abnehmbar. Sie vermögen ohne diese Abnahme keine wirklich integrierende Kraft zu entfalten, es sei denn, man verwechselt Integration mit Deklamation. Damit hebt sich auch hier die Ausgangsthese bis zu einem gewissen Grad in sich selbst auf.

Das läßt sich an manchen Einzelzügen und *Beispielen* erläutern; nicht zuletzt am geradezu sinnzerstörenden Schicksal des Begriffs der »allgemeinen« Gesetze als Grenze der Kommunikationsgrundrechte (Art. 5 Abs. 2 GG); eines Begriffs, der der Entwicklung der Integrationslehre so nachhaltige Impulse verliehen hat. In der heutigen Verfassungsrechtsprechung hat der

43 Material vor allem bei *Leisner* a.a.O. S. 371 ff., vgl. aber auch S. 143 ff., S. 188 Anm. 171 a; dazu jetzt noch *Brinkmann*, Lehrbuch der Rechtsphilosophie, I, 1960, passim; *Nef* in Hans-Huber-Festschrift, 1961, S. 190 ff.

verheißungsvolle Begriff vom allgemeinen Gesetz seine »gültige« Kraft eingebüßt und ist im Grunde zu einem technischen Instrument zwecks Billigkeitsregulierung abgesunken. Das geht so vor sich, daß das *BVerfG*[44] bei der Frage, ob ein allgemeines Gesetz vorliegt, nicht auf die normative Gesamtwirkung des Gesetzes Bedacht nimmt, sondern jeweils eine Abwägung für den ganz konkreten Einzelfall für richtig hält. Es ist klar, daß sich damit normative Gültigkeit entfernt und von wirklicher Allgemeinheit wenig übrigbleibt; aus einem Gesetzesvorbehalt wird ein Urteilsvorbehalt, und die prozessualen Folgerungen sind unabsehbar.

Der Motor für diesen betrüblichen Entwicklungsgang dürfte allerdings tiefer liegen. Ein Wertsystem kann immer nur irgendwie *vorfixiert* gedacht werden.[45] Wertsysteme sind vielleicht als Ganzes »versetzbar« (wenn sie mit Variablen arbeiten, z. B. an einem veränderlichen Grundwert aufhängen), aber *in sich* doch stets konstant, insofern notwendig vorfixiert. Was bleibt dann aber von normativer und integrierender Verfassungsstärke noch übrig? Beraubt uns nicht die Annahme eines solch vorfixierten Wertsystems jener autonomen[46] Kraft, die die Verfassungsgebung auszeichnen muß, soll eine normative und integrierende Wirkung entfaltet werden? *Ohne Autonomie gibt es keine Normativität.* Und ist die Vorstellung der »Geschlossenheit« eines solchen Wertgebildes jenen räumlich-formalen Vorstellungen wirklich innerlich so fern, die es oben auf der anderen Seite anzumerken galt?

Dazu tritt ein Zweites. Gemeint ist das übermäßige Auseinanderklaffen zwischen durchaus optimistisch vorgestellten, unentwegt »zuordnenden« Verfassungshöhen einerseits und tatsächlicher Pluralität in bescheidenen Gegebenheiten andererseits. Jedes geschlossene Wertsystem ist insofern uniform, als es auf bestimmte blockartige »Grundwerte« einheitlich hinkonzipiert sein muß (wenn auch Abstufungen entwickelnd). Die Vielgestaltigkeit der sozialen Welt tritt dazu zunächst in Gegensatz. Dieser Gegensatz wird nur beschrieben und kaum überwunden, wenn von einer durchgehenden »Spannung« zwischen Norm und Wirklichkeit[47] die Rede ist. Er wird

44 Seit BVerfGE 7, 209 ff.

45 Daher dürfte *Forsthoff* (Umbildung a.a.O., S. 41) die Smendsche Richtung nicht unmißverständlich kennzeichnen, wenn er sagt, daß hier der Wert in die Norm selbst verlegt werde.

46 Vgl. auch *v. Kempski* Z. f. Philos. Forschung IX (1955), 359.

47 Vgl. z. B. *Scheuner*, DÖV 1960, 79; *Hesse*, a.a.O. bes. S. 21 ff. unter Betonung der Überlegenheit des Normativen (bes. S. 17); siehe auch *W. Weber*, Spannungen und Kräfte im westdeutschen Verfassungssystem, 2. Aufl. 1958; *Kaiser* in Staat und Privateigentum a.a.O. S. 16 in Anm. 44. Dialektische »Zuordnung« verlangt mit vielen anderen z. B. *Leibholz* in Verfassungsrecht und Verfassungswirklichkeit, jetzt in Strukturprobleme der modernen Demokratie, 1958, S. 280 f. – Nicht zufällig ist das Wort von den »Spannungslagen« zum gängigen Modeartikel geworden.

zu überwinden versucht, wenn die Statuierung von Grundwertungen (wie »Würde« oder »Bürger«) als *Appell* begriffen wird. Allein hier äußert sich bereits ein wesentlicher Mangel an Stabilität:

/(695) Ist es auch gewiß richtig, von einer allgemeinen Erziehungswirkung der Verfassung auszugehen, so kann dies doch nicht darüber täuschen, daß normative Festlegungen, die Ansprüche geben, Rechtsverhältnisse begründen, Grenzen absichern sollen, nicht nur als Appelle zu halten sind: Sie bleiben auf eine Begriffssubstanz angewiesen, die in breitem Maße zunächst einmal real sein muß. Eine Verfassung für Bürger *und* Bourgeois kann sich zwar am »Bürger« zielmäßig fernorientieren, kann sogar einzelne, begrenzte Statusordnungen ganz von diesem wertvollen Höhenbild erfüllen lassen,[48] hat sich aber in der Luft allgemeiner Geltung auf den real gegebenen homme situé (*Burdeau*) einzustellen, will sie nicht ins Leere greifen. Hier aber können nur dichte und konzentrierte Einzelsätze als positive Normen helfen. Globalformeln sind für eine behutsam kritische Aufmunterung unbrauchbar. Verfassungen sind nicht nur allgemeine »Offerten« an die Bürger (*Bülow, Heller, Nawiasky* u. a.), auch nicht nur eine »Hausordnung« (*Heuss*), sondern zugleich – wie *Herbert Krüger*[49] sehr mit Recht, wenn vielleicht auch mit etwas anderem Nachsinn, bemerkt: – »der Versuch eines Volkes, sein besseres Ich gegen sich selbst darzustellen und durchzusetzen«.

Darin liegt die Zwiespältigkeit der mit so starkem Applaus begrüßten deklarierenden und nicht eigentlich »darstellenden«, geschweige denn »durchsetzenden« Wertformulierungen, wie sie uns etwa in Art. 1 f. GG aufgestülpt wurden. Ergehen sich diese Glanzformeln nur in der Umschreibung von Sperrbezirken des »Intimen« gegenüber staatlichem Zugriff, so sind sie unproblematisch, aber in einem anständigen Staat fast gegenstandslos; zumal ihr Jargon echte Integration eher verhindert denn fördert. Ein »indiskutabler Grundbestand«[49a] braucht nicht positiviert zu werden. – Sieht man die Formeln gleichwohl »modern«, so tritt die Zwielichtigkeit deutlich hervor: Sie sichern dann nicht nur ab, sondern veranlassen Zuführung von Material und Substanz, werden zu Aktivitätsanregern auch in

48 Vgl. im Zusammenhang mit dem Soldatenbilde *Köttgen*, in Von den Grundrechten des Soldaten, 1957, S. 57 ff., *Lerche* in Die Grundrechte, IV/1, 1960, S. 450 f. mit auseinandergehenden Schlußfolgerungen; vgl. auch *Köttgen*, Sicherung der gemeindlichen Selbstverwaltung, 1960, S. 13 f.

49 Artikel »Verfassung« im HDSW unter I 1 d; vgl. in diesem Zusammenhang auch etwa *Loewenstein* a.a.O. S. 166.

49 a Vgl. *Maunz-Dürig*, Randn. 73 zu Art. 20. Gegen *Dürigs* »lückenloses Wertschutzsystem« jetzt treffend *Ehmke*, a.a.O. S. 58 ff.

den Randbezirken, begeben sich auf begriffliche »Flugbahnen«,[50] beherrschen alsbald das mitbürgerliche Verhältnis mit allen seinen Interessenkollisionen oder werden in sonstigen Bezirken nach heutiger Gepflogenheit »ernst genommen«. Erhebt man eine von ihnen zum »obersten Konstitutionsprinzip« oder »Axiom«,[51] läßt gar eine so sehr auf die individuelle Typik des einzelnen Grundrechts ausgerichtete Vorschrift wie Art. 19 Abs. 2 GG unter Gleichsetzung mit dem obersten Prinzip fast alle Individualität und fast allen Eigen-Sinn abstreifen (*Dürig*[52]), so gleicht das mehr einer spekulativen mathematisch-physikalischen Welterklärungsformel als einer kritischen Bestandsaufnahme unter dem Zeichen der Haltbarkeit.

*Die eigentümliche Überschätzung des »Ziels« gegenüber dem »Verfahren« samt einschaltbaren Zwischengliedern* ist ohnehin in Deutschland verbreitet. Schon *Gneist*[53] hat davor gewarnt. Wir verstehen denn auch das gesamte einschlägige *Prozeßrecht* nicht als Anhängsel oder als direktes Durchsetzungsinstrument »von oben (= den Bergketten der Verfassung) nach unten«, sondern ganz vorzüglich als *Mittler*, als Instrument des Entgegenkommens »von unten nach oben«. Immer ist es bedenklich, die Rechtsordnung wertmäßig sprunghaft von oben nach unten zu lesen, d. h. die breite Masse des unterverfassungsgesetzlichen Rechts im Lichte olympischer Höhenformeln zu betrachten, anstatt sie – freimütig gesagt – eher umgekehrt von unten nach oben zu begreifen, als ein schrittweises Entgegenkommen, und nur korrigierend einige spezifisch verfassungsgesetzliche Draufgaben, Aufrufe und Sicherungen einzurechnen.

Ist es nicht sehr kennzeichnend, daß jene eindringende Beobachtung, die *Hans Huber* dem Einbruch der Technik in die Rechtswelt gewidmet hat,[54] daß diese großartige Durchsicht an Hand des Wertdenkens zu einem durchaus negativen Ergebnis geführt hat? Wird nicht auch an dieser Stelle klar, daß das Wertdenken unsere Wirklichkeit ebensowenig in die Hand bekommt (im Sinne von »challenge and response«), wie dies für die Logifizierung der formalen Strukturen bemerkt werden mußte? Sicher ist es richtig, daß eine – trotz stetiger Impulse (namentlich *E. Kaufmanns*) vorerst noch unterentwickelte – ethisch orientierte Staatstheorie dem geläufigen Bilde wesentliche Züge hinzusetzen, ja vielleicht eine neue Mitte und nicht nur

50 Vgl. *Ridder* a.a.O. S. 4 in Anm. 11 zu Art. 20 Abs. 1 GG.

51 Vgl. *Giacometti* Z. f. schweiz. R. 1955, 149 ff.

52 AÖR 81, 117 ff., aber auch 156.

53 Z. B. in Verwaltung, Justiz, Rechtsweg, 1869, S. 353 (Hinweis von *v. Köhler*, Verw. Arch. 50, 223 Anm. 52). Heute wird die temperamentvollste Kritik von zivilrechtlicher Seite geliefert: *Esser* a.a.O. S. 330 f.

54 Das Recht im technischen Zeitalter, 1960.

eine Spitze ausbilden könnte: Aber der Einbezug in den Sog solchen Methodisierens könnte ihr nur schlecht bekommen.

In der üblichen pessimistischen Tönung der Wertbeobachtungen erscheint die Verfallstheorie auch auf dieser Seite. Dahinter verbirgt sich wohl nicht zuletzt die Enttäuschung, daß der optimistische Zug, der jede Vorstellung von »Geschlossenheit« begleitet, sich als illusionär erweist. Und so bestätigt sich unsere Skepsis vom Rücken her: Auch materiale Begriffe als Produkte axiomatisch-methodischen Denkens sind auf dem Weg, zu bloßen Gehäusen zu werden. Diese gemeinsame Schwäche des Methodendenkens spitzt sich begreiflicherweise dort zu, wo an Stelle von Ausgangseinsichten nur noch selbstherrliche Aphorismen gesetzt werden.[55]

Aber die Verfallstheorie ist selbst im Zweifel. Weder der hypnotisierte Blick auf die nicht mehr funktionierende Apparatur des bürgerlichen Rechtsstaats noch der enttäuschte Augenaufschlag zu irrealen Wertsystemen sind in ihrer Selbstsicherheit zeitgerecht. Wir halten es hier mehr mit *Gehlen*:[56] Durch Eintritt in die Industriekultur wird eine absolute Kulturschwelle betreten, die die ablaufenden Gesetzlichkeiten auf ein neues und durchgehendes Niveau stellt.

## § 3 *Das Ansichtenproblem*

Das Bisherige hinter uns lassend, bietet sich eine allgemeinere Überlegung an. Verkehren sich die herrschenden methodischen Richtungen bei methodischer Folgerichtigkeit in ihr Gegenteil und brechen sie sich an ihren eigenen Konsequenzen, so ist zu vermuten, daß dieses »Methodendenken« dem gegenwärtigen Stand der Rechtsentwicklung/(696) nicht mehr angemessen ist. Unter Rückkehr zu einem eingangs vermerkten Gedanken würde ich daher meinen, daß die in so großer Fülle vorhandenen wirklich fruchtbaren

55 Über den schnellen Beifall zu aphoristischem Denken in der Rechtsphilosophie vgl. jetzt die Bemerkung von *Emge* in Studium Berolinense, 1960, S. 93. Die heute wieder gehörte Frage, ob sich das »Wesen« des Staates in der Ausnahmesituation oder in der Normalität offenbare, ist Paradebeispiel für solch schiefes Sehen. »Ein Stück Wesen« entfaltet sich hier wie dort. Und ebenso ist z. B. oft betont worden, daß eine übertriebene Dynamisierung aller statischen Elemente nicht zur Integration, sondern zur Desintegration führt (zuerst wohl von *Carl Schmitt* in: Die Reichsgerichtspraxis im deutschen Rechtsleben 1, 1929, S. 157 Anm. 11).

56 Z. B. a.a.O., bes. S. 87 ff.

Stilprobleme nur durch eine gewisse methodische Verkürzung ansprechbar werden. Staatsrechtliche Stilprobleme, wie etwa das Problem der Strukturgerechtheit oder des Formenmißbrauchs,[57] entziehen sich weitgehend einem isolierenden methodischen Aufblättern.

I. *Diszipliniertes Ansichtendenken als Vorbereitung.* Es könnte vielleicht stärker bewußtgemacht werden, daß wir uns den einzelnen Stilproblemen ohnehin schon unbewußt mit Hilfe der Vorstellung des Einklangs verschieden stilisierender grundsätzlicher Sofort-»Ansichten« zu nähern pflegen. Allen wesentlichen methodischen Richtungen liegen jeweils verhältnismäßig einfache An- und Einsichten zugrunde,[58] die, im Einzelfall in ihrer typischen ergebnismäßigen Gleichsinnigkeit erkannt, eine angemessene Lösung vorbereiten können. Es gilt also, die ursprünglich stilisierende Einsicht unter Befreiung von methodischer Axiomatik und Ableitung herauszubringen und sodann im Einzelfall nach sofortigen Deckungsmöglichkeiten mit anderen ebenso grundsätzlich stilisierenden Einsichten zu suchen als Beweis für Standfestigkeit.

Die Einsicht wird in ihrer Vielzahl zur Ansicht, aber gerade in der Kongruenz der Ansichten »richtig«. Verkürzten wir das methodisch ableitende und abwickelnde Vorgehen, das am Ende jeweils in sich zurückfällt, auf derart bewußtes *Ansichtendenken*, so gewönnen wir jenes Verfahren, das dem zur Frage gestellten Stilproblem besser gerecht werden mag. Dadurch bringt man *die* Stilisierung zustande, auf die das Stilproblem insgesamt hinweist. Gleichzeitig geht jene unersetzliche *Selbstdisziplin* nicht verloren, die methodisches Vorgehen zu liefern vermag. Es ist damit schon gesagt, daß dies nur ein die Dogmatik *vorbereitendes* Verfahren sein kann. Aber das macht es erst eigentlich »maßgeblich«. Wie soll anders die Ungebrochenheit der staatsrechtlichen Entwicklung einigermaßen erhalten werden? Und das ist selbst ein Stilproblem im weitesten Sinn, ja das erste und vornehmste von allen.

57 Dazu jetzt in DÖV 1961, 486 ff.

58 Über den allgemeinen Begriff der »Methode« vgl. statt vieler *Jesch*, Gesetz und Verwaltung, 1961, S. 40 ff., und *Badura*, Die Methoden der neueren allgemeinen Staatslehre, 1959, S. 57 ff. mit Nachw. In der dort wiedergegebenen Idealformel der »multiplicity of approaches« (Frankfurt) als methodischem Ausgangspunkt finden sich die verschiedensten Strömungen zusammen. Von »Gesichtspunkten« spricht etwa auch *Rothacker*, Logik und Systematik der Geisteswissenschaften, S. 36. Weiteres Material zur methodischen Bedeutung der »Aspekte« bei *Jesch* a.a.O. S. 40 f. Anm. 18 (zu *Bochenski*, Die zeitgenössischen Denkmethoden, 1954, S. 25 f.), vgl. auch S. 46, 47 f. mit Anm. 60, S. 51, 52 f., 54.

II. *Die Konturen im einzelnen.* Totales »Verstehen« entfernt sich ebenso von dieser Maßgeblichkeit wie die Ausleuchtung von Einzelgesichts»punkten« und Stand»orten« oder eine widerstandslose Anheimgabe an die Welt der »Sachen«. Das zeigt Verwandtschaften wie Grenzscheiden:

1. Zum ersten will dies nicht als Wiedererweckung eines unkritischen *Methodensynkretismus* verstanden werden; es geht auch nicht um kritischen Methodensynkretismus;[59] es geht überhaupt nicht um logisch ausgreifendes Methodendenken, sondern um eine bewußte ökonomische Reduzierung auf Ansichten und Ansichtenverbindungen. *Ansichten*: das heißt hier die Akzentuierung des Ordnenden (Normativen), des Einigenden (Integrierenden), des Entscheidenden (Dezisionistischen), des Wertvollen oder doch Wertbesetzten, des Appellierenden und Erzieherischen usf. *Methoden*: das ist die Annahme einer Grundnorm, eines logifizierten Begriffsgebäudes, eines Wertsystems, die Einengung auf politische Existenz oder ein son-

59 In der Ablehnung eines unkritischen Methodensynkretismus zeigten sich *Smend* (a.a.O. S. 183 f.) und *Kelsen* (a.a.O. S. 6 f. sowie z. B. Der Staat als Integration, 1930, S. 5) durchaus einig. Eine über Smends Ablehnung eines unangemessenen methodischen Monismus noch weit hinausgehende Verteidigung eines bewußten, kritischen Methodensynkretismus dann mit allem Nachdruck bei *Heller,* AöR 16 (1929), 321 ff., bes. 354. Bei konkreter Ausführung in seiner Staatslehre hält Heller den Synkretismus aber nicht vollständig durch – trotz Einführung auch der einheitshemmenden Faktoren in das Organisationsgesetz des Staates (S. 230, 240), trotz Einbeziehung des Rechts in den Kreis der staatlichen Integrationsfaktoren (S. 194), trotz Zusammenführung von Normativität und Existenzialität (S. 194, 253), von Dynamik und Statik (S. 249 f.), von Tradition und Revolution (S. 258), von Sein und Sollen (S. 47 f., 252, 259 f.), trotz dialektischer Einheit von Wollen und Sollen (S. 189 f.) usw. (bes. S. 237, 250): Das zeigt sich höchst charakteristischerweise einmal dort, wo »Methodendenken« ihn zu begriffszuspitzender und isolierender Fixierung seiner Staatsvorstellung verführt (Staat als Organisation); zum andern dort, wo er verbindendes Denken doch nicht gelten lassen will, z. B. bei Nichtanerkennung der Gegenübersetzung von Norm und Entscheidung beim Verfassungsbegriff (S. 264 f., vgl. aber auch 277).
In der Tat ist es wohl eine allgemeine Erscheinung, daß sich Methodendenken heute nur noch im Sinne eines Methoden-Nebeneinander-Denkens rein und folgerichtig entwickeln läßt (wie z. B. in der Nebeneinanderreihung existenziell verschiedener Staatsbegriffe etwa im Sinne von Nawiasky, wodurch der staatsrechtliche Rahmen schon gesprengt ist; vgl. auch die Grenzziehungen *Drahts,* in Smend-Festschrift, 1952, S. 44 ff.). Neuerdings scheint *Jesch,* a.a.O., S. 35 ff., einem Methodensynkretismus zu huldigen. Zwar erklärte er S. 16, die Interpretation von Rechtssätzen könne »nur« mit Hilfe der »juristischen Methode« erfolgen; anschließend wird jedoch bemerkt, Rechtsanwendung erfordere die Auflösung jener Verknüpfungen »juristischer Begriffe« mit »metajuristischen«, die die Rechtssetzung vorgenommen habe; dafür könnten außerjuristische Methoden »Hilfsdienste« leisten. Daß damit keine der wirklich entscheidenden Schwierigkeiten behoben ist, liegt auf der Hand. Daher verwundert es nicht zu hören, daß bei der Interpretation der »Norm«, auf die Verschiebung ihres Sinnes durch politische, ökonomische u. a. Veränderungen »nicht weiter eingegangen« werden müsse, »da der juristische Inhalt bei richtiger Auslegung (!) von selbst (?) die Verknüpfung widerspiegelt« (S. 62)! – Zum bewußten naturrechtlichen Methodensynkretismus vgl. die treffende Kritik *Evers,* JZ 1961, 245. Soziologisch siehe etwa *Gehlen,* a.a.O., S. 84 f.

stiges Axiom samt den jeweiligen Ableitungen. Ansichten in diesem spezifischen Sinn sind in ihrer Existenz, aber auch in ihrer ökonomischen Einseitigkeit einsichtig; sie sind (zugespitzt) zwar auf Phantasie angewiesen, brauchen sich aber im Spekulativen nicht zu verstricken – axiomatisches Methodendenken kommt ohne Scheinlogik und Scheingewicht nicht durch, der Pragmatismus eingeschlossen.[60] Von den »tragischen Anschauungen« sagt *Jaspers*[61] vergleichbar, sie seien »als Anschauungen immer mehr oder weniger, als was Begreifen zum Ausdruck bringen kann«.

2. Darin ruht gleichzeitig eine Abhebung von *dialektischem*[62] Begreifen. Dialektik geht auf das Ganze, das durch Hin und Her des schwingenden Geistes in seinen Antinomien erfaßt werden soll. Die Aufnahme eines Wirklichen sieht sich sofort untrennbar eingeflochten in die Wechselwirkung, in der dieses Wirkliche zu allem anderen Wirklichen steht und mit ihm verfährt. Die stilisierende Blickrichtung des Ansichtendenkens/(697) dagegen versucht zunächst bewußt zu isolieren, um die verschiedenen Ansichten am Vorgesetzten »herauszubringen«, und fragt hernach nach Deckung der Ansichten. Dadurch soll eine vereinfachte Vor-Ordnung und Niveauklarheit geschaffen werden. »Es ist die Eigenschaft des Zimmermanns, der sich seinem Stück Holz gewissermaßen Mann gegen Mann stellt.«[63]

3. Und weiter: Dieses Verfahren erschöpft sich auch nicht in einer mehr oder minder profillosen *phänomenologischen* Wesensschau. Insofern rücken wir ab von An»schau«ungen, die das Ganze intuitiv aufzunehmen trachten, und wenden uns zu »Ansichten«, die sich bewußt in Stilisierungen äußern

60 »Der Pragmatismus war von Beginn an nicht nur eine Methode, sondern auch eine Metaphysik-Feindschaft – also eine Metaphysik« (*L. Marcuse*, Z. f. philos. Forschung, IX, 1955, 259). Die metapositiven Grundlagen des Positivismus sind schon zur Sattsamkeit dargestellt worden.

61 Über das Tragische, 1952, S. 59 (aus: Von der Wahrheit, 1947).

62 Die dialektische Methode wird heute ohnehin meist in Verbindung mit anderen befürwortet; vgl. z. B. *E. Kaufmann*, Ges. Schriften, III, Vorwort S. XVII; vgl. auch S. XXI, XXV, XXXIX. Ob durch methodisch-dialektisches Denken das oben in Anm. 59 angesprochene Nebeneinander überwunden werden kann (vgl. z. B. *Leibholz* a.a.O. S. 280 f. oder etwa *D. Schindler*, Verfassungsrecht und soziale Struktur, 3. Aufl. 1950, S. 1 ff.), ist wohl recht zweifelhaft. Insofern ist denn auch *Forsthoff* (Umbildung S. 51 f.) zuzugeben, daß sich die werthierarchische Methode und die normative Methode ausschließen. Nicht zuzugeben ist jedoch, daß dies auch für das zu erläuternde Ansichtendenken gilt. Zwar kann nicht von bloß additiver Ergänzung dieser »Ansichten« die Rede sein; ob man aber die antithetische Zusammenführung auf Gleichsinnigkeit mehr statisch-strukturell versteht (vgl. die Formel *Hesses*, DÖV 1955, 746 in allgemeinerem Zusammenhang) oder zeitbewegt die Ansichten ineinander »aufgehoben« sein läßt »in dem doppelten, dialektischen Sinn dieses geläufigen Hegelschen Terminus« (*Kaiser*, in Carl-Schmitt-Festschrift, 1959, S. 71 aus ganz anderem Zusammenhang), darf hier dahinstehen.

63 Als Gleichnis willkürlich entnommen aus *A. de Saint-Exupéry*, Les camarades.

wollen. Das Sofort-Einsichtige besteht nur in der Entfaltung der typischen Ansicht als solcher; dies allerdings zielt in gewisser Weise auf »fraglose Tatbestände«. Die eigentliche juristische Anstrengung erprobt sich dagegen im Bewußtmachen der notwendigen und typischen Ansichtenverbindungen. Erst durch konstruktive[64] Bemühung und funktionale Vergleichung wird die Ansicht rational nachprüfbar. Die »Richtigkeit« eines Begriffs, die Statthaftigkeit einer Institution, die Haltbarkeit einer dogmatisierten Aussage bekunden sich gerade darin, daß sie gleichsinniges Ergebnis verschiedener Grundansichten sind. Und das kann in Fülle bloßgelegt werden. Denn diese Deckungen prägen die Rechtsordnung bis in ihre Elementarbestände. Das ist noch nicht genug ausgewertet. Nicht allein die Verfassung ist Entscheidung wie einheitsstiftende Ordnung, Organisation, Appell, Kritik, Befehl, Direktion, Vorsorge, Prozeß, Gestalt, Modell, Faktum und Bedeutung; überall befinden sich diese und ähnliche Ansätze in den konstruktiven Teilen der Rechtsordnung, in den Beziehungsverhältnissen, Rechtsschüben und Funktionsbündeln, in den gerundeten »Institutionen« wie in dem ganzen Prozedurengeflecht, das sie in zeitlicher Bewegung[65] überzieht, bis hin zu einzelnen Pfeilern und »Punkten«, wie z. B. letztlich in jedem Verwaltungsakt.[66]

4. Diese der *Sache* zugewandte Haltung bettet das gemeinte Ansichtendenken ein in den gewaltigen Strom *»konkreten Denkens«*, der das Weltbild der Gegenwart geradezu beherrscht. Sein allgemeinstes abwehrendes Kennzeichen: Axiom- und Prinzipiensparsamkeit[67] gilt auch hier. Die gemeinte

64 »Konstruktion« nicht eingeengt auf eine sogen. teleologische Betrachtungsweise etwa im Sinne *Triepels* (Staatsrecht und Politik, 1927, bes. S. 21 ff.).

65 Zum Zeitproblem neuerdings in methodischer Hinsicht *v. Köhler*, Verw.-Arch. 50, 213 ff.; vgl. auch oben Anm. 41 zu *Hauriou*.

66 Das geht bis in technische Einzelheiten. Ein *Beispiel:* Die Tatsache, daß der Begriff des Verwaltungsakts (wie der der Verfassung) sowohl den Entstehungsvorgang als auch den Entscheidungsinhalt meinen kann, ist vielfach wichtig; etwa für die Frage des maßgeblichen Zeitpunkts bei einer Anfechtungsklage (vgl. dazu DVBl. 1955, 776 f.). Bei der Nachprüfung von Normen bietet es sich unmittelbar an, die sachliche Vereinbarkeit im Unterschied zur förmlichen vom Urteilszeitpunkt und nicht vom Erlaßzeitpunkt abhängig zu machen. In einer Zeit schwindender Differenz zwischen normativem und punktuellem Handeln mutet es erstaunlich an, daß sich die herrschende Rechtssprechung (mit Ausnahme des BSozG) im Verwaltungsprozeß immer noch widerspenstig verhält. Die isolierende verwaltungsrechtliche Behandlung von verfassungstheoretisch wohlbekannten Erscheinungen gehört hier wie überall ins Museum. In unserem Fall kommt noch hinzu, daß mit diesem Gesichtspunkt ein Teil des Streits zwischen sog. subjektiven und objektiven Auslegungsmethoden zusammenfällt: Es geht also um eine durchgehende Ansichtenverbindung, und das war zu beweisen.

67 Von juristischer Seite ist diese Denkrichtung zuletzt von *Ballweg*, a.a.O., beschrieben worden (bes. S. 15, dort auch Hinweis u. a. auf *Topitsch* ARSP 1958, 189). Natürlich erscheint diese Grundhaltung in den verschiedensten Varianten und bei Gelehrten ver-

Stilisierung muß den angetroffenen Sachen gegenüber sofort offen und adäquat sein, sonst wird die Dogmatik nichts verwerten können. Damit fließt das Ansichtenverfahren aber nicht mit *sachlogischem Denken* in eins. Die Lehre von der Natur der Sache (Natur = Sachlogik) ist *eine*, aber nicht »die« juristische Ausprägung des konkreten Denkens. Ansichtendenken ist eine weitere:

Erstens weichen schon die Blickrichtungen auseinander. Die Lehre von der Natur der Sache geht mehr den Rechtsetzer an; er soll sachkonform Recht hervorbringen und es sachkonform halten. Das Ansichtendenken wendet sich zunächst an den Rechtsanwender, der allerdings seinerseits das Recht fortbildet. Wichtiger aber ist zweitens: Ansichtendenken steht in Verbindung mit dem Stilproblem; es umschreibt ein stilisierendes Vorgehen; die Reaktion des Rechts auf die Welt der Sachen und Verhältnisse wird präformiert und stilisiert, um die folgende dogmatische Verarbeitung zu ermöglichen. Die Wirklichkeit soll gerade nicht in ihrer Vielfältigkeit gespiegelt, sondern gebändigt werden. Daher ist Ansichtendenken zwar sachliches, aber nicht eigentlich »natürliches« Denken. Zum dritten: Ansichtendenken heißt ökonomisches, doch nicht sach»logisches« Vorgehen. Mit dem Ausdruck Sach»logik« will gesagt sein, daß sich der Rechtserzeuger an den Sachgesetzen orientieren *soll*.[68] Dem Rechtserzeuger wird eine – nämlich sachentsprechende – Antwort in den Mund gelegt, und ihr Ausspruch wird »erwartet«. Sachlogisches Verfahren ist daher ein sachgebundenes Verfahren. Ansichtendenken dagegen braucht zwar die Klarstellung des »Sach-verhalts« – insoweit wirken sachlogische Festlegungen *vorbereitend*. Noch genauer würden wir sagen, es bleibt ein »materialgerechtes« Verfahren. Aber dieses Ver-

schiedenster Denkrichtungen; sowohl bei jenen, die mehr Gewicht auf das »Sachliche« legen als auch bei jenen, die sich mehr für das »Logische« erwärmen. Ein Beispiel für »konkretes« Verfahren in der juristischen Logik trotz Bewahrung einer »gewissen Abstraktionshöhe« etwa bei *Engisch* Studium Generale 1959, 81 ff. Ebendort 1957, 173 ff. hatte *Engisch* die relative Unergiebigkeit der axiomatischen Methode dargelegt. *E. Kaufmann* bekennt sich rückschauend (a.a.O. S. XVI f., vgl. auch S. XX, XXIV f., XXXVII, XXXIX sowie in Ideologie und Idee, ebendort S. 297 ff.) sowohl zur philosophischen »Grundlegung« als auch zum »konkreten Denken«. Zur Sachlogik im Präjudizienrecht Material bei *Esser*, a.a.O. bes. S. 208 f. Weiteres Schrifttum zur Sachlogik bei *Engisch* in Eberhard-Schmidt-Festschrift, S. 90 ff. und *Larenz*, Methodenlehre a.a.O. S. 133 Anm. 1, S. 309 ff. Vielleicht darf bemerkt werden, daß ich mich bemüht habe, eine besondere Form des sachkonkreten Denkens auch in prozessuale Fragen hineinzutragen (vgl. Ordentlicher Rechtsweg und Verwaltungsrechtsweg, 1953, S. 40 und bes. S. 57).

68 Es ist die Schwäche des angeführten wichtigen, vorzüglichen Buchs von *Ballweg*, das Ausmaß und die Formen dieser Bindung im ungewissen zu lassen. *Schnur* DVBl. 1961, 99 f. kritisiert seinen antinormativen Affekt. Gegen Übertreibungen der Bindung etwa durch *Stratenwerth* vgl. meine Bemerkungen in DÖV 1961, 487 f. mit Nachw.

fahren gibt sich nicht der Sache anheim, es liefert sich ihr nicht aus, weder irrational noch rational.[69] Denn es leistet die Zusammenführung typischer, in der Sache zwar angelegter, aber von ihr nur angeregter Ansichten. Das heißt: Die ursprüngliche Reaktion auf die eindringende Sachwelt wird typisiert, stilisiert und damit *in Form gebracht,* in eine erste und selbstgewisse juristische Form, nicht mehr nicht weniger. So gemessen, ist das Beschränkung wie Erweiterung zugleich. Die Ergebnisse des Ansichtenverfahrens mögen nachträglich durch die weitergreifenden Einflüsse der Sachlogik korrigiert werden können; mit Anstrengung und gegen Widerstand gebogen – insoweit wirken sachlogische Klarstellungen sozusagen *nachbereitend.* Aber das konstruktive Element des Ansichtendenkens bleibt trotz aller ökonomischen Verkürzung erhalten. Es zielt nicht nur auf Bemerken und Entsprechen, sondern auf Bewerkstelligen.

5. Die elementaren und ergiebigen Ansichtenmöglichkeiten sind endlich – gerade weil elementarer Natur und »einfach«/(698) – nicht beliebig im rhetorischen Raum verstreute »*topoi*[70]«. Sie bilden überhaupt keine Gesichts»punkte« und auch keine Hilfshypothesen. Mögen sie auch nicht im Sinne eines statischen Periodischen Systems der Elemente simplifiziert werden dürfen, so ist ihre Zahl (innerhalb einer größeren Zeitspanne) doch begrenzt; in ihrer kontrollierbaren Einfachheit ist jede von ihnen in der Tat »notwendig«. Stand»punkte« dagegen sind unzählbar. Läßt sich eine derart notwendige Ansichten*deckung* irgendwo erweisen – warum soll dies ein schwächerer Beweis für rechtliche Richtigkeit sein als etwa das Zusammentreffen verschiedener alltäglicher Auslegungstechniken oder funktionell rechtsvergleichender Beobachtungen? Äußert sich nicht in solchem Zusammengehen erneut jenes unter den verschiedensten Namen geläufige Gesetz, das *Wieacker*[71] als »funktionale Beziehung von Problemstellung und Problemlösung« bezeichnen konnte?

## III. *Beispiele und Schlüsse*

1. Der heute so schöpferische, bisweilen strapazierte Begriff der *Bundestreue* etwa – um ein Beispiel für beliebig andere zu geben – verdankt seine Ergiebigkeit bekanntlich in erster Linie dem Integrationsgedanken (einer typischen »Ansicht«). Die »methodische« Annahme eines Wertsystems

69 Zur Rationalität des sachlogischen Begreifens: *Ballweg*, a.a.O. S. 16, 44, 58, 65; *Stratenwerth*, Das rechtstheoretische Problem der Natur der Sache, 1957, S. 17.

70 Dazu vor allem *Viehweg*, Topik und Jurisprudenz, 1953.

71 Privatrechtsgeschichte der Neuzeit, 1952, S. 251 f.; vgl. auch etwa *Esser* a.a.O.; z. B. S. 29, 346 f. und passim; im weiteren und ähnlichen Zusammenhang etwa *Wengler*, RabelsZ 16 (1951), 1 ff.

ist dazu nicht erforderlich, ja fast störend.[72] Zu einem »richtigen« Begriff wird »Bundestreue« trotz ihres nibelungenhaften Beigeschmacks nicht zuletzt dadurch, daß ihr wesentlicher Inhalt ebenso mühelos aus einer normativen Grundsicht entwickelt werden könnte.[73] Eine normlogische Ausgangsthese ist hierzu wiederum nicht nötig und eher verwirrend.[74] Funktionell stellt sich mithin ein Einklang für den Begriff als Ergebnis ein. Wir gewinnen das Produkt eines Zusammenkommens elementarer, aber rational reiner und nachdenkbarer Ansichten in Form einer typischen Stilisierung. Geht es indes um Beantwortung der weiteren Frage, ob »Bundestreue« als selbständige Anspruchsgrundlage erscheinen kann oder nicht, so überschreiten wir bereits die Grenzen vom Stilproblem zum dogmatischen Problem.

2. Mißlingt der Versuch einer entsprechenden potentiellen Ansichtenverbindung, so ist dies Indiz für Brüchigkeit des Behaupteten.[75] Zu denken ist vorzüglich an diejenigen dogmatisierten Aussagen, mit denen unsere Verfassungsauslegung sozusagen als *rechtsstaatlichen Glaubenssätzen* zu operieren pflegt. Und mit welcher Glaubensseligkeit! Und mit welch geringem Blick für die internationalrechtliche Verflochtenheit unserer Verfassung als vorgegebener Tatsache! Untersuchungen darüber, inwieweit sich diese Tabus in dem erwähnten Sinn halten lassen oder doch zu wenig im Rücken haben, empfinden wir als höchst vordringlich. Wie steht es unter diesem Licht mit dem weithin ganz zu Unrecht als unproblematisch empfundenen Prinzip

72 Nach *Forsthoff*, Umbildung a.a.O. S. 51 findet die werthierarchische Methode im Bund-Länder-Verhältnis gerade keinen rechten Ansatz.

73 Sogar aus der extremen Sicht *Kelsens*: Denn die dieser Sicht unmittelbar entfließende Annahme einer bundesstaatlichen »Gesamtverfassung«, welche Teilordnungen »delegiert«, legt doch den Gedanken nahe, daß eine solche Delegation stets in der Weise begrenzt zu denken sein wird, daß sich die Träger der Teilordnungen stetig am Interesse des delegierenden Gesamten auszurichten und dieses Interesse stetig zu realisieren haben.

74 Denn sie verlangt Überwindung des unmittelbaren Eindrucks, daß stets nur Willenssubjekte (= Normgeber), nicht Normen (= Sollensinhalte) »delegieren« können. Kritisch zur »Grundnorm«, in die das Problem einmündet, in dieser Richtung etwa *Heller*, Staatslehre, S. 190 (Grundnorm = Staatswille; vgl. auch S. 264 f., 269). Von hier aus laufen auch Fäden zu den oben in Anm. 66 und unten in Anm. 76 behandelten Fragen.

75 Wiederum zurückführend bis in mehr technische Einzelheiten. *Beispiel*: die These von der angeblichen Unzulässigkeit gesetzesverändernder Rechtsverordnungen, der ich in DVBl. 1958, 534 entgegengetreten bin. Der dort vorgeschlagene Begriff des »sachentscheidenden« Gesetzes fügt sich dem Ansichtendenken ohne weiteres ein: Wenn die gesetzgeberische Sachentscheidung im schnellen Wandel der Zeit mitunter nur dadurch identisch und stabil gehalten werden kann, daß der Verwaltung (begrenzte) Abänderungsbefugnisse eingeräumt werden, so ist deutlich, daß gerade der rechtverstandene Delegations- und Vollzugsgedanke im Sinne der Wiener Schule meine Ansicht trägt, daß ferner in der Zuwendung auf den »Sach«gehalt der konkrete integrierende Gedanke erscheint und es dennoch bei einer »Entscheidung« bleibt, ohne daß doch alle diese Ansichten nur »summiert« werden würden.

der verfassungskonformen Auslegung,[76] dem vollständig unbewiesenen, additiven Prinzip der größtmöglichen Wirkungsentfaltung aller einzelnen Verfassungssätze,[77] mit der gefährlich verallgemeinernden Regel in dubio pro libertate[78] und sonstigen »Vermutungen«, mit dem voreiligen unkritischen Rückzug auf allgemeinste Auffangtatbestände[79] und was dergleichen anspruchsvolle Einseitigkeiten mehr sind?

3. Beobachtungsziel ist freilich kein Misch-Masch von Ansichten, sondern die Notwendigkeit der funktionalen Verbindung, die festgehalten werden muß. Damit ist – um dies nochmals zu sagen – *die dogmatische Bewäl-*

76 Folgende Fragen sind auseinanderzuhalten:

1. Zunächst ist schon unklar, ob dieses Prinzip nur Ausfluß des selbst problematischen Prinzips der Gültigkeitsvermutung ist (»favor legis«) oder nicht vielmehr Abbild der allgemeinen Einflußkraft der »höherwertigen« Verfassung; dazu vgl. an Hand eines Schweizer Falls *Imboden* in Hans-Huber-Festschrift, 1961, S. 134 ff., 142 f.
2. Ferner halten unter dem blendenden Lichte dieses scheinbar evidenten Prinzips höchste Gerichte (z. B. BVerwG E 2, 175 f.; 2, 301; 7, 122; bedenklich auch BVerfG E 8, 324) sogar solche Gesetze teilaufrecht, die wegen allzu breiter Formulierung zu unbestimmt sind, und zwar vorzüglich dadurch, daß der allzu weite Deutungsraum durch Auslegung auf jene Innenzone eingeengt wird, wo das Gesetz »jedenfalls« noch genügend bestimmt ist. Solcherart wird das Prinzip normativer Klarheit – Ausprägung einer typischen »Ansicht« – verfehlt und übersehen, daß sich in diesen Fällen eine notwendige Ansichtendeckung eben nicht herstellen läßt (vgl. dazu bes. *Herzog*, BayVBl. 1959, 276 f.).
3. Die eigentliche Schwierigkeit des Prinzips liegt freilich – ähnlich wie bei der Teilnichtigkeit von Gesetzen – in der Feststellung des Gewichts, das »subjektivem« gesetzgeberischem »Willen« zugemessen werden darf; vgl. auch *Bender*, MDR 1959, 441 f.; *v. Köhler*, VerwArch. 50, 224 f.; *Maunz-Dürig*, Randn. 67 zu Art. 20; *Menger*, VerwArch. 50, 387 ff.; 51, 68 f., 151; 52, 313 ff.; *Stern*, NJW 1958, 1435. Für Österreich vgl. etwa *Spanner*, Österr. Z. f. öff. R 1955, 176; 1956, 179.
4. Besondere Probleme entstehen auch hier nicht zufällig aus der internationalrechtlichen Verflechtung; wegbereitend bes. *Friauf*, AöR 85, 244 ff.
5. Fließt die Axiomvorstellung primärer Werte ein, so wird die Sache naturgemäß erneut problematisch; so z. B. scheint mir die »verfassungsgrundentscheidungskonforme« Auslegung und ihre stufenweisen Weiterungen im Sinne *Ridders*, a.a.O. S. 17 f. denselben Bedenken zu unterliegen, wie sie für den spätestens durch Heck bloßgestellten und überwundenen Satz von der Unzulässigkeit extensiver Auslegung von Ausnahmenormen gelten.
6. Am diffizilsten dürfte sich der Klärungsversuch anlassen, wie sich (gerade – noch –) verfassungs»konforme« Lösungen zu verfassungs»adäquaten« Lösungen verhalten, z. B. bei der Frage der Wirtschaftsordnung.

77 Vgl. *Thoma* in Nipperdey, Die Grundrechte und Grundpflichten, I, S. 9; *Hesse*, Die normative Kraft, a.a.O., S. 15, spricht richtiger vom »Gebot optimaler Verwirklichung der Norm«.

78 Dazu jetzt mit Recht differenzierend *Peter Schneider* in Juristentag-Festschrift, II, 1960, S. 263 ff.; vgl. auch *Roos* in Rechtsquellenprobleme im schweizerischen Recht, 1955, S. 133 mit Nachw.; *Echterhölter*, JZ 1956, 142 u. a.

79 Wo doch stets erst zu fragen wäre, ob nicht ein etwa gegebener sachnäherer Normenkomplex eine Antwort bereithält (ein Beispiel in meinem Beitrag in Die Grundrechte, IV/1, 1960, S. 483 f.).

*tigung* nur vorbereitet und eröffnet, aber nicht vollzogen. Von hier aus setzt die dogmatische Gabelung erst ein: Die Wege führen dann zu der mehr zweckentscheidenden Behandlung juristischer *Relations*probleme einerseits (z. B. Problem der Fehlerhaftigkeit der Staatsakte) oder zu der mehr ontologisch einkreisenden, dem Institutionellen sich tastend annähernden und auf geschichtliche wie soziologische Absicherung bedachten Erfassung jener seinsmäßig gebundenen Begriffe/(699) andererseits,[80] die *E. Kaufmann*[81] als »*Ding*begriffe« kennzeichnet (z. B. Begriff der Regierung). Endlich wird wohl eine Bezugnahme auf »*Verhältnisse*« – nicht auf romantische »konkrete Ordnungen«[82] – als selbständiger Dogmatisierungsweg hinzutreten müssen. Für uns bleibt die Vorbereitung dieses mehrfachen Vorgehens durch Ansichtendenken das praktisch zunächst Wichtige und Entscheidende.

4. In den notwendigen Stilisierungen werden Elemente wach, die gleichzeitig eine Konstanz der Betrachtung verbürgen wie der Rechtsfortbildung dienen. Vielleicht könnte man mit diesem Verfahren dem näherkommen, was der deutschen staatsrechtlichen Theorie so vielfach abgeht: der schrittweisen Ausbildung von in sich stehenden *Zwischenbegriffen* im Sinne von wirklichen Maßen und handgreiflichen Standards.[83] Hier haben wir fast nur Kasuistik, aber kaum je Theorie, auch keine judikative Theorie. Ist es nicht bezeichnend und beunruhigend, daß die methodisch so sehr ausgreifende deutsche Staatsrechtstheorie zwar zahlreiche Maßstäbe gleichsam linear ausgelegt, auch mehrdimensionale Gebäude mit topischen Glanzlichtern errichtet hat, aber nur sozusagen am Rande runde und ergiebige und praktikable Maße umschreibt?

Nicht minder wichtig als Denkformen sind Denkformeln. Die bisher geläufigen Formeln und Klauseln, typisch z. B. die Zumutbarkeitsklausel des *BVerfG*,[84] sind meist nur Blankette – ohne die Würze der Zwischenfi-

80 Dazu *Leibholz*, Zur Begriffsbildung im Öffentlichen Recht, jetzt in Strukturprobleme a.a.O., S. 268 ff.

81 Z. B. in VVDStRL 4, S. 77 ff. (jetzt in Ges. Schriften, III, S. 266 ff.; vgl. auch ebendort Vorwort S. XVI f.).

82 Vgl. *C. Schmitt*, Über die drei Arten des rechtswissenschaftlichen Denkens, 1934, S. 7 ff.

83 Die Mehrdeutigkeit dieses Ausdrucks im anglo-amerikanischen Rechtskreis wird in Kauf genommen. Zur Bedeutung des »Maßes« in jeweils etwas anderer und allgemeinerer Bedeutung vgl. z. B. gegenwärtig *Ballweg*, a.a.O., bes. S. 67; *Ehmke*, a.a.O., bes. S. 16 f.; *Forsthoff*, Umbildung a.a.O. S. 40; *Hesse*, a.a.O. S. 11; *Jahrreiß*, Herrschaft nach dem Maß des Menschen, jetzt in: Mensch und Staat, 1957, S. 3 ff.; *Lerche*, Übermaß und Verfassungsrecht, 1961; *Scheuner* z. B. in Juristentag-Festschrift, bes. S. 233 und passim; *Steindorff*, Die Nichtigkeitsklage usw., 1952, S. 77.

84 E 4, 15 f.; vgl. auch etwa BVerwG E 3, 207; 4, 95; BayVerfGH E n. F. 8, II, 7 f. u. a.

guren –, die dann kühn und sofort auf den Einzelfall umgeschlagen werden. Wie auf der einen Seite ein Übermaß an Methode, so gibt es an dieser Stelle ein Untermaß. Für den jeweiligen Entwicklungsstand einer juristischen Disziplin besteht aber so etwas wie ein Optimum an zuträglicher Methodik.

5. Kehrt der Blick zurück auf unsere Ausgangsfrage von der Bedeutung der *formalen Strukturen im Rechtsstaat*, so läßt sich auch dieses Beispiel von dem gewonnenen Standort aus voranbewegen und das mit sehr entschiedenem Ergebnis. Denn dann entdeckt sich genauer als bisher, daß Ansicht und Gegen-Ansicht in bestimmter Form und in bestimmten engen Grenzen verschmolzen werden können. Die Tatsache der *Existenz* (Dasein) *formaler* Strukturen im Rechtsstaat wird einerseits in überzeugender Weise als notwendig empfunden und andererseits mit gleichem Recht die Festhaltung *spezifischer Substanzen* (Sosein). Beides sind unmittelbar einsichtige Stilisierungen. Daraus folgt, daß eine Ansichtendeckung dann gelingt und nur dann nicht zerbricht, wenn ein stetiger behutsamer Austausch gerade der formalen rechtsstaatlichen Bestandteile gefordert wird, um die Substanz im Gleichmaß zu halten. Das ist nicht gemeint im Sinne einzelner Adaptionen, sondern als umfassende und kontinuierliche Überholung, sozusagen als wohlgeübter Reifenwechsel.

Darin liegt, daß ein aus der Schule *Forsthoffs* hervorgegangener höchst anregender und bedeutsamer Vorschlag mit gewisser Skepsis bedacht werden muß. Auf Grund einiger Unterscheidungen *Viehwegs* (über Forschungsdenken und Meinungsdenken, geschichtsphilosophische Dogmatik und Rechtsgrundsatz-Dogmatik) verlangt *Schnur*,[85] die traditionellen Grundsätze des Rechtsstaats[86] zwar von zeitbedingten Umständen zu reinigen, sie selbst aber in dieser ihrer Reinheit solange fortzuführen, bis sich ergeben sollte, daß ihre Versöhnung mit der Sozialentwicklung absolut unmöglich geworden ist. Durch solch scharfen Schnitt zwischen den beiden Bereichen der Dogmatik und der Sozialentwicklung wird aber doch das verbaut, was allein Stetigkeit und Berechenbarkeit verbürgt: mit Hilfe ökonomischer und nie voreiliger Ersetzung der formalen Vorstellungen das Bild unserer Dogma-

85 DVBl. 1960, 125 ff. sowie z. B. in VerwArch. 52, 19 ff.

86 Allerdings ist nicht ganz durchsichtig, welche historische Dimension Schnur vor Augen steht, wenn er von den »Grundsätzen der rechtsstaatlichen Demokratie« (DVBl. 1960, 127) oder von der »Normativität unserer Rechtsgrundsätze, die sich mit den Namen ihrer geistigen Urheber Grotius, Hobbes, Locke, Pufendorf, Sieyès u. a. grob kennzeichnen lassen« (126), spricht. Es ist klar, daß bei etwaiger Ausdehnung und Projizierung der »Grundsätze« in den Gesamtraum der Neuzeit diese so sehr an Konkretheit verlieren, daß für absehbare Zeit das Problem ausgelöscht wird.

tik sozusagen *gleitend*[87] zu verändern. Nur diese begrenzte Flexibilität – reicht sie auch bis in die Gründe des dogmatischen Systems – kann das traditionelle Rechtsniveau konstant erhalten. Verengt man dagegen den Rechtsstaat »methodisch« auf ein in sich beharrend eingespieltes System rechtstechnischer Kunstgriffe, so steht am Ende des vorgeschlagenen Reinigungsprozesses die nutzlos ausgespielte Apparatur, ein Neues kann dann nur durch gewaltigen Schub eintreten, und der Bruch der Rechtssicherheit ist perfekt.

Das stetige Abhorchen der formalen Elemente auf Brauchbarkeit und Austausch hat noch eine besondere Deckung. Es ist eine Erfahrungstatsache, daß jede technische Apparatur, einmal eingesetzt, einer Verabsolutierungstendenz verfällt. Dazu bedarf es keiner kulturphilosophischen Verbrämung. Dieser ungeschichtliche[88] und unpolitische,[89] mithin lebensferne Expansionsdrang jeder wirklichen Technik muß selbstverständlich mit dem Gebote der Rechtssicherheit aufs äußerste kollidieren, zumal er sogar bei konstanter Soziallage zu einer Ablösung vom Sozialboden führt. Der Inhalt technischer Rechtssätze verwandelt sich bei ständiger Benutzung trotz gleichbleibendem Wortlaut auch bei angenommenem Zeitstillstand unter der Hand in ein anderes: in ein Absolutes. Jede Technik hat mit diesem ihr eingestempelten Perfektionsanspruch fertig zu werden. Wird die technische Apparatur bewußt in die Höhe unabweisbarer Logik gehoben, so sieht sich dieser Verabsolutierungswille geheiligt anstatt gebändigt und gezügelt.[90] Die ersehnte Verstetigung im Sinne der /(700) Berechenbarkeit wird dadurch in ihr Gegenteil verkehrt. Die Diskontinuität äußert sich dann in ebenso absoluter Form, und das heißt: endgültiger Verlust von Rechtssicherheit.

87 Nicht unähnlich der Kontinuität der Tradition im Sinne *Haurious*; vgl. auch etwa mit dem ihm eigenen unpathetischen Pathos: *E. Kaufmann*, Kritik der Neukantischen Rechtsphilosophie, 1921, S. 101, jetzt in Ges. Schriften, III, S. 244. – Wenn *Schnur*, VerwArch. 51, 176 die Frage stellt, »an welchem Punkt der Entwicklung eine Rechtsordnung sich selbst aufhebt, weil ihre Grundprinzipien der Anpassung an den sozialen Wandel zum Opfer fallen«, so ist gegenzufragen: Was tut's? Das Recht, aber nicht eine konkrete Rechtsordnung ist Selbstzweck.

88 Da sich die Extreme berühren, trifft auf eine solche Betrachtungsweise dasselbe Wort zu, das gerade gegen allzu historisch eingestellte Auslegungsmethoden von *Dicey* im Vorwort zur 1. Aufl. seiner Introduction to the study of the Law of the Constitution (10. Aufl., 1960, S. VII) gefunden wurde. – Im übrigen müßte eine ausschließlich »geistesgeschichtlich« orientierte Methodik schon deshalb den Normativismus zur Kenntnis nehmen, weil er selbst Bestandteil der Geistesgeschichte geworden ist.

89 Hier zeichnet sich besonders deutlich die Grenze zwischen Technik und Rechtsstaat Schmittscher Prägung ab. – Über den politischen Inhalt des liberalen Rechtsstaats vgl. *Scheuner* in Juristentag-Festschrift, S. 231 Anm. 12.

90 *Forsthoff* selbst geht in DVBl. 1957, 725 von der Annahme einer Wandlung des Rechtsstaates und des Gesetzesbegriffs aus.

Ein letzter Schritt beschäftigt sich mit einiger Nutzanwendung des Gesagten für die Verfassungsgerichtsbarkeit. Alle Aussagen über Umfang und Dichte der verfassungsgerichtlichen Kontrolle, die durchgehende Linien ziehen wollen, verbleiben wohl im Bereich der Gemeinplätze. Ergiebigere Unterscheidungen könnten dagegen einmal gewonnen werden aus den typischen gruppenmäßigen Eigenarten des zu prüfenden Materials – das zu verfolgen ist nicht unsere Sache. Für uns geht es wiederum um das Problem der Stilisierung, hier im Zeichen der Berechenbarkeit. Zu diesem Zweck ist zwischen drei Funktionen der Verfassungsgerichtsbarkeit zu unterscheiden: zwischen Streitschlichtung, Rechtserklärung und Normverwirklichung. Auch das sind keine Gegensätze, sondern nur Akzentverschiebungen, aber als solche von Bedeutung.

I. *Streitschlichtende Funktion.* Diese Funktion ausübend, hat das Gericht eine Meinungsverschiedenheit zwischen mehreren politisch Handelnden oder doch potentiell politisch Handelnden aus der Welt zu schaffen.[91] Hier stellt sich das Problem der Berechenbarkeit im Grunde nicht. In diesem Bezirk, z. B. bei zahlreichen Streitigkeiten zwischen Bund und Ländern, steht regelmäßig ein mehr oder weniger Einzigartiges zur Entscheidung. Das ist bedingt durch die notwendig geringe Zahl der politisch maßgeblich Agierenden, verbunden mit der Grundsätzlichkeit jeder derartigen Aktion einerseits und ihrer »politischen« Irregularität andererseits. Streitentscheiden heißt hier im hohen Maße Streitbegleichen und dies heißt befriedend Ausgleichen: Schiedsspruch. Ohne punktuelle Güter- und Interessenabwägung, ohne Fall-zu-Fall-Wertung ist das nicht zu bewerkstelligen. Ex ante betrachtet, ist die tatsächliche Entscheidung des Streits dann allerdings kaum je vorausberechenbar; aber das schadet genausoviel und -sowenig wie etwa die mangelnde Vorhersehbarkeit des Inhalts eines salomonischen Schiedsspruchs. Unberechenbarkeit ist hier gewissermaßen legitim.

II. *Rechtserklärende Funktion.* Andere Gründe führen zu einem ähnlichen Ergebnis bei der zweitgenannten gerichtlichen Funktion, der Rechtserklärung. Hier sitzt der Akzent auf normativer Klarstellung für die Zukunft, und hier ist der eigentliche Bereich der Entfaltung von Grundsätzen und

91 Ob Streitschlichtung die in einem historischen Sinn »ursprünglich« einzige Funktion aller Streitentscheidung war (vgl. *Heller*, Staatslehre, S. 261 f.), kann dahinstehen.

Leitgedanken. Wer freilich die Verfassung als objektiv lückenlos begreift, die nur »erkannt« werden muß,[92] wird den rechtsquellenhaften Zug dieser Grundsatzentfaltung[93] verkennen. Grundsätze werden nicht nur ausgewikkelt, sondern und zunächst entwickelt. Da die Verfassung auf weiten Strekken solch fortbildender Erläuterung bedarf, um überhaupt verständlich und faßbar zu werden, verbirgt sich in dieser Funktion ein kräftiger Stabilisierungsfaktor, mithin das Gegenteil von Unberechenbarkeit.
Diszipliniertes Ansichtendenken stützt Stabilisierung und Rationalisierung. Denn auch die genannte Grundsatzentfaltung kann nicht aus dem Ungefähren schöpfen. Die ständige Erprobung der Grundsätze an Hand jener funktionalen Ansichtendeckungen bedingt erst eigentlich ihre Entwicklung. Ansichtendenken fördert hier Normativität.
Da allerdings diese Normativierungsarbeit auch von anderen staatlichen Organen, besonders dem Gesetzgeber, besorgt wird, sieht sich der Verfassungsrichter zurückgehalten, wenn und soweit er eine solche Grundsatzentfaltung schon im Rahmen eines Vertretbaren vorfindet. Das ist mit ein Grund, warum die Prüfung auf verfassungsgesetzliche »Vereinbarkeit« vielfach eine gewisse Deutungsbreite von richterlicher Kontrolle freihält,[94] und zugleich ein weiterer Grund, warum hier die Frage der Berechenbarkeit ins Leere fällt.

92 Vgl. etwa *Jahrreiß*, Verfassungsrechtsprechung und Verfassungsgericht, jetzt in Mensch und Staat, S. 168. Siehe ungefähr auch etwa *Bachof*, z. B. in Grundgesetz und Richtermacht, 1959, bes. S. 20 f. und zahllose andere.

93 Vgl. dazu zuletzt die sehr materialreiche Arbeit von *Ermacora*, Verfassungsrecht durch Richterspruch, 1960. *Marcic*, Juristische Blätter 1961, 2 bezeichnet die Verfassungsgerichtsbarkeit als »das Zentrum des österreichischen Verfassungssystems«. Zum rechtsschöpferischen und rückwirkenden Charakter der Interpretation vgl. ferner etwa *Wenglers* Bemerkungen (Rabels Z 16, 5 ff.) gegen die landläufige Vorstellung von der absoluten Berechenbarkeit der Entscheidung mit Hinweis auf *Stone*, The province and function of Law, 1946. Vgl. zudem die allgemeineren Hinweise oben in Anm. 32 zu *Engisch, Esser, Friedmann, Larenz, Wieacker* u. a. Zu gering dürfte *Herbert Krüger* (Artikel »Verfassung« im HDSW unter II 3) den Bewegungsbereich der Verfassungswandlung bei bestehender Verfassungsgerichtsbarkeit einschätzen. Wesentlich im Banne *Kelsens* vgl. *R. Walter*, Verfassung und Gerichtsbarkeit, 1960, und dazu jetzt die Kritik von *Spanner*, DVBl. 1961, 385.

94 Wie dieser begrenzte Respekt in prozessualer Technik konstruiert wird, ist nebensächlich. Ob man z. B. aus dem Gleichheitssatz materiellrechtlich konkretere Inhalte herausliest, ihn dann aber prozessual auf einen Ermessensbegriff reduziert oder ob man ihn schon materiellrechtlich auf bloßen Willkürausschluß beschränkt, hat immer den gleichen prozessualen Endeffekt. Schon in der Mitte auch der deutschen Verfassungshandhabung ist also diese Technik angelegt, die durch *Forsthoffs* Lehre vom möglichen Auseinanderweichen der Kontroll- von der Funktionsnorm (Jellinek-Gedächtnisschrift, S. 233 ff.) verfeinert wurde, wobei allerdings bezweifelt werden darf, ob überhaupt von einer Kontroll-»Norm« gesprochen werden kann; denn dies setzt Stabilität voraus, die hier kaum gegeben sein dürfte, wie auch die Orientierung am Maßnahmegesetz problematisch bleibt.

III. *Normverwirklichende Funktion.* Das wird sofort anders, wendet sich der Blick endlich der letztgenannten Funktion zu, der Normverwirklichung. Norm – das heißt hier Verfassungsgesetz. In diesem Bezirk, etwa bei der alltäglichen Verfassungsbeschwerde, geht es weder um Ausgleich noch um Grundsatzentfaltung, sondern um die Anwendung und Durchsetzung des Verfassungsgesetzes bezogen auf den Einzelfall. Berechenbarkeit wäre hier von höchstem rechtsstaatlichen Interesse; aber wie soll eine Zurückbindung der Verfassungsgerichtsbarkeit auf herkömmliche Interpretationstechniken Erfolg versprechen und die entlaufene Berechenbarkeit wieder einholen, wo hier doch alles Interpretieren schon von Haus aus den Händen des Verfassungsrichters entgleitet? Das wäre nur Schein und Tünche und blätterte wieder ab. Dieser und nur dieser Bereich der Verfassungsgesetzesverwirklichung deckt sich infolgedessen mit der eigentlich problematischen Zone der Berechenbarkeit verfassungsgerichtlicher Entscheidungen.

In der Grundsatzentfaltung als Ergebnis der rechtserklärenden Funktion äußert sich zwar schon ein Element von Rationalisierung, das bemüht werden kann, um über eine solche Vorschaltung zur Beurteilung des Einzelfalls zu gelangen. Aber der entscheidende Sprung vom Grundsatz zum Einzelfall ist doch allemal nicht Interpretation, sondern bleibt Konkretisierung.

Die Frage, so gestellt, kann sich der Antwort des vorhin Entwickelten bemächtigen. Soll der Judikatur ein gehöriges Maß an Berechenbarkeit verbleiben, so ist sie genötigt, sich bei Kontrolle staatsführender oder staatsformender Akte auf das zurückzuziehen, was *Erich Kaufmann*[95] gelegentlich als die »rationale Einfachheit« bezeichnet hat, »die für die Evidenz gerichtlicher Entscheidungen notwendig ist.« Diese/(701) rationale Ausdruckskraft zu erreichen, dafür ist methodisierend einseitiges Zu-Ende-Denken wenig brauchbar. Es wird einleuchten, daß uns hier diszipliniertes Ansichtendenken weiterhilft. Im Gegensatz zu logifizierendem oder spekulativem Methodendenken vermittelt die Herstellung funktionierender Ansichtendeckungen diese Evidenz am sichersten.

Das heißt praktisch: Dort und nur dort, wo durch zuchtvolle Verwertung des Ansichtenverfahrens die erwähnten Zwischenformeln, Maße und Standards bewußt werden, befinden wir uns inmitten jener Gewißheit und Einfachheit, die verfassungsgerichtliche Entscheidungen in diesem begrenzten Bezirk auszeichnen sollten. Wir besitzen damit die notwendige Mittelstufe zwischen rationalem Grundsatz und Einzelfallentscheidung. Es ist nur eine Bestätigung des Gesagten vom Rücken her, daß man dann ebensogut von

95 VVDStRL 9, S. 9 (jetzt in Ges. Schriften, I, 1960, S. 508).

integrierender Wirkung[96] dieser Entscheidungen wie von ihrem normativ und positiv stärkenden Gehalt oder einem die Verfassungsbewegung verstetigenden Effekt[97] sprechen mag.
Wer freilich funktionierende Konstruktionen nur der Originalität halber über Bord wirft, handelt vielleicht methodisch, aber nicht ökonomisch. Schriftsteller, die gängige plastische Vorstellungen allein wegen ihrer verdächtigen Anschaulichkeit auflösen und verlassen, überzeugen nur eben den Neuerungssüchtigen. Und wer z. B. ganz allgemein methodische Reduzierung der Verfassungsgerichtsbarkeit auf nur offensichtliche Verfassungsverstöße fordert und damit die wesentlich streitschlichtende Teilfunktion dieser Gerichtsbarkeit unterschlägt, mißachtet jenen alten gelehrten Satz, daß die Wahrheit vielfach nur in den feineren Unterscheidungen zu spüren ist. Endlich überkommt uns Unbehagen dann, wenn in diesen methodischen Bezirken populärerweise »ganz scharfe« Grenzen gezogen und Begriffe »restlos geklärt« oder sonst »exakt definiert« werden, wo es doch vorzüglich nur um Nuancierungen geht und kritischer Respekt bewahrt werden muß gegenüber dem Geheimen und dem Geheimnis.

96 Vgl. *Leibholz* im Jahrb. d. öff. R. 6 (1957), 111 sowie in Verfassungsgerichtsbarkeit im demokratischen Rechtsstaat, jetzt in: Strukturprobleme a.a.O., S. 174 f.
97 Über die Funktion der Rechtsgrundsätze, die Verfassung zu verstetigen, vgl. materiellrechtlich *Heller*, Staatslehre, S. 257 f.

# Verfassungsauslegung aus dem Willen des Verfassunggebers

Von Herbert Krüger

[aus: DVBl. 1961 S. 685–689]

Der Rückgriff auf den »Willen des Gesetzgebers« ist ein Auslegungsbehelf, von dem auch heute noch gern und häufig Gebrauch gemacht wird. Auf die Auslegung von Verfassungen übertragen bedeutet er, daß entsprechend dem Gesetzgeber ein Verfassunggeber zu konstruieren und dessen Willen zu erforschen wäre. Die Fragen, die sich im Bereich der Verfassung unter diesem Blickwinkel stellen, bleiben zunächst dieselben: Wer ist dieser Verfassunggeber, und was darf man als Willen dieses Verfassunggebers ansehen und verwerten? Da der Verfassunggeber auf den ersten Blick nur eine Abwandlung des Gesetzgebers ist, darf die Behandlung dieser Fragen anknüpfen an das, was die herrschende Meinung vom Gesetzgeber und seinem Willen auszusagen pflegt.

## I.

Immer mehr setzt sich die Auffassung durch, daß der Gesetzgeber nicht als eine historische Figur verstanden werden darf, also als die Person, die das Gesetz erlassen hat, oder als die Menschen, die an der Entstehung des Gesetzes mitgewirkt haben.[1] Neuerdings ist es vor allem das Bundesverfassungsgericht, das die Anknüpfung an den historischen Gesetzgeber und die Erforschung seines bei der Schaffung und Erlassung des Gesetzes wirksamen Willens verworfen hat: »Maßgebend für die Auslegung einer Gesetzesvorschrift ist der in dieser zum Ausdruck kommende objektivierte Wille des Gesetzgebers, so wie er sich aus dem Wortlaut der Gesetzesbestim-

1 Anders jedoch die Interessenjurisprudenz; vgl. *Ph. Heck,* Begriffsbildung und Interessenjurisprudenz (1932), S. 76: »Meine ganze Schrift will ja den Leitsatz vertreten, daß bei der Auslegung nach den historischen Gebotsvorstellungen des Gesetzgebers und damit nach den historischen Gesetzesbegriffen zu forschen ist.«

mung und dem Sinnzusammenhang ergibt, in den diese hineingestellt ist. Nicht entscheidend ist dagegen die subjektive Vorstellung der am Gesetzgebungsverfahren beteiligten Organe oder einzelner ihrer Mitglieder über die Bedeutung dieser Bestimmung.«[2] An dieser Auffassung hat das Bundesverfassungsgericht in ständiger Rechtsprechung festgehalten.[3] Die Judikatur ist ihm in allen ihren Verzweigungen gefolgt.[4] Das Bundesverfassungsgericht selbst hat sich eingehend zu der Frage geäußert, wie sich der Rückgriff auf den objektiven Willen des Gesetzgebers zu den traditionellen Auslegungsbehelfen verhält.[5] Hieraus ergibt sich insbesondere, daß der Rückgriff auf die Entstehungsgeschichte oder die Gesetzesmaterialien nicht etwa unzulässig, sondern zur Aufhellung des objektiven Willens sehr wohl statthaft ist. Ob allerdings dieser feine Unterschied zwischen mittelbarer und unmittelbarer Verwertbarkeit der Entstehungsgeschichte in der Praxis immer eingehalten wird, erscheint nicht ganz sicher.[6]

Zu dieser, vom Bundesverfassungsgericht zur praktisch maßgebenden erhobenen Auffassung kann an dieser Stelle zweierlei bemerkt werden:

1. Diese Auffassung – und sie allein – trägt dem »bessernden« Sinn Rechnung, der Institut und Begriff der Repräsentation gerade auch in einer repräsentativen Demokratie innewohnt. Wie daher einem solchen Verständnis zufolge vom Repräsentanten nicht auf den Repräsentierten zurückgegangen werden darf, geschweige denn daß der Repräsentierte dem Repräsentierenden Weisungen erteilen dürfte, darf auch der Wille des Gesetzes nicht aus dem Willen des Parlaments, der Wille des Parlaments nicht aus dem Willen einzelner Parlamentarier und erst recht nicht aus dem Willen anderer Personen erschlossen werden. Bei einem solchen Rückgriff würde es sich nämlich bildlich gesprochen darum handeln, das Endprodukt durch ein Zwischenprodukt, also das bessere durch das weniger gute zu ersetzen und daher die Richtung und den Sinn des vielstufigen und vielseitigen Prozesses in das Gegenteil zu verkehren, durch den der Volkswille in der freiheitlichen Demokratie zur Darstellung gebracht wird.

2 Urteil vom 21. 5. 1952 in: BVerfGE 1, 299 ff., 312.
3 Beschluß vom 17. 1. 1957 in: BVerfGE 6, 75; Beschluß vom 12. 11. 1958 in: BVerfGE 8, 307; Urteil vom 14. 7. 1959 in: BVerfGE 10, 51; Beschluß vom 15. 12. 1959 in: BVerfGE 10, 244.
4 BGH vom 28. 2. 1957 in: BGHZ 23, 390; BVerwG vom 17. 1. 1958 in: BVerwGE 6, 139; BVerwG vom 13. 1. 1959 in: BVerwGE 8, 87; BayerVerwGH vom 30. 10. 1958 in: VerwRspr. XI, 591; HessVGH vom 6. 4. 1955 in: VerwRspr. IX, 216; OVG Münster vom 27. 11. 1957 in: VerwRspr. XI, 86, 93.
5 Beschluß vom 17. 5. 1960 in: BVerfGE 11, 129 f.
6 Vgl. zu der Unterscheidung zwischen subjektivem und objektivem Willen des Gesetzgebers überhaupt C. *Schmitt*, Verfassungsrechtliche Aufsätze (1958), S. 401 ff.

2. Die Anknüpfung der Auslegung an den objektiven Willen bedeutet für den Gesetzgeber, daß er nicht empirisch, sondern normativ verstanden ist. Diese Loslösung des Gesetzgebers von natürlichen Personen und von geschichtlichen Vorgängen besagt jedoch nicht, daß er damit selbst entgeschichtlicht und vergegenwärtigt worden sei. Der objektive Wille ist zwar kein tatsächlicher, nichtsdestoweniger aber ein vergangener Wille, und der dazugehörende Gesetzgeber ist nichts anderes als der personifizierte Gehalt dieses vergangenen Willens, also zwar eine normative, aber dennoch historische Figur. Die Entscheidung für einen objektiven Willen und einen ebensolchen Gesetzgeber ändert somit nichts daran, daß man an einen versteinerten Willen und an eine petrifizierte Figur anknüpft.

An diesem Punkte wird es zweifelhaft, ob man der Lehre von der Auslegung aus dem objektiven Willen des Gesetzgebers weiterhin folgen kann. Zweifel können sich einmal ergeben aus dem Verfassungsgrundsatz, daß alle Staatsgewalt vom Volk ausgeht. Unterstellt man, daß »Volk« auch in diesem Zusammenhang durchaus repräsentativ in dem oben angedeuteten Sinne zu verstehen ist, dann scheint/(686) es schwerlich tragbar, dieses Volk als Träger der Verfassunggebenden Gewalt auf den historisch einmaligen Akt der Verfassunggebung zu beschränken, um es von diesem Zeitpunkt an gewissermaßen in den Ruhestand zu versetzen und die Verfassung mit ihrem geronnenen Inhalt ein Leben für sich führen zu lassen. Eine solche Auffassung läßt sich halten, wenn man die Verfassung auf einen mythischen Verfassunggeber oder gar einen Gott zurückführt. Sieht man hingegen im Volk als einem höchst irdisch-weltlichen Gebilde den Schöpfer der Verfassung, dann ist der Nachweis einigermaßen schwierig, daß gerade das Volk des Jahres X und die damals von ihm bestellten Repräsentanten besonders geeignet und berufen gewesen seien, ein für allemal eine Verfassung zu geben. Die Frage stellt sich daher, ob Verfassung nicht als ein »lebendiges Kleid« und Verfassunggebung daher nicht als ein von Generation zu Generation fortgeführter, ständiger Vorgang zu verstehen sind.

Die Notwendigkeit dieser Frage wird durch mancherlei andere Überlegung bestätigt, denen an dieser Stelle nicht nachgegangen werden kann. Es sei lediglich festgehalten, daß derartige Zweifel auch anderenorts und zu anderen Zeiten gehegt worden sind. Aus dem Präsens der Aussage, die die Präambel der Verfassung der Vereinigten Staaten enthält: »We the People of the United Staates ... do ordain and establish this constitution ...« zieht E. S. *Corwin*[7] folgenden Schluß: »›Do ordain and establish‹ not *did* ordain and establish. As a *document* the Constitution came from the

7 The Constitution and What it Means Today, 12. Aufl. (Princeton 1958), S. 2.

generation of 1787; as a *law* it derives its force and effect from the present generation of American citizens, and hence should be interpreted in the light of the present conditions and with a view to meeting present problems ...« Vor dreihundert Jahren schon hat sich *Hobbes*[8] im gleichen Sinne geäußert: »For the legislator is he, not by whose authority the Lawes were first made, but by whose authority they now continue to be Lawes«. Von einer Beschränkung der Verfassungsauslegung auf den historischen Verfassunggeber befürchtet *G. Burdeau*[9] die Verwandlung der Verfassungsgerichtsbarkeit in ein Orakel: »A vrai dire l'autorité judiciaire saisie, d'une demande de vérification de la constitutionalité d'une loi n'est pas appelée, comme c'est son rôle normal, à interpréter un texte obscur ou difficile, elle est conviée à jouer les oracles c'est à dire à réincarner des constituants ensevelis dans la poudre des ans ...«

## II.

Die Klärung der Frage, ob nicht der »historische« Verfassunggeber durch den »gegenwärtigen« Verfassunggeber zu ersetzen sei, setzt eine Kenntnis dessen voraus, was man unter einem solchen Verfassunggeber zu verstehen hätte. Im folgenden soll daher der Versuch einer Beschreibung dieser Figur unternommen werden.

1. Wenn auch in der Demokratie mit aller Staatsgewalt auch die Verfassunggebende Gewalt vom Volke ausgeht, so darf man dennoch nicht dasjenige Volk als Verfassunggeber ansprechen, das in Plebisziten und dgl. zu Worte kommt. Denn jedenfalls in einer repräsentativen Demokratie darf das Volk niemals in seiner natürlichen Unmittelbarkeit, sondern nur gewissermaßen als sein »besseres Ich« wirksam werden. Für die Gesetzgebung soll das Parlament dieses »bessere Ich« darstellen. Damit ist es ausgeschlossen, daß das Parlament sich beim Volke Rat oder gar Entscheidung darüber holt, was es meinen und tun soll. Zwar ist diese Frage streitig, und kein Geringerer als *L. Duguit* hat keinerlei Bedenken getragen, ja es sogar empfohlen, daß das Parlament sich von Zeit zu Zeit über Meinen und Wollen des Volkes unterrichte. Aber eine solche Auffassung ist nur dann haltbar,

8 Leviathan (Everymans Library), S. 142.
9 Les Libertés Politiques, 2. Aufl. (Paris 1961), S. 68.

wenn man Repräsentation lediglich als einen technischen Kunstgriff versteht, der es möglich machen soll, auch in einer Massendemokratie zu einer Willensbildung durch das Volk zu gelangen. Da es aber Sinn einer solchen Willensbildung nicht allein sein kann, einen Willen überhaupt zu bilden, da es vielmehr vor allem auf den richtigen Willen ankommt, genügt ein solches, bloß technisches Verständnis von »Repräsentation« nicht, und damit entfallen auch die hieraus gezogenen Folgerungen insbesondere zu einer häufigen und genauen Volksbefragung. Es ist daher ganz richtig, wenn jüngst *R. Fusilier*[10] die Volksabstimmung, die zum Thronverzicht König Leopolds III. von Belgien geführt hat, als verfassungs*widrig* bezeichnet hat.

Erst recht kommt als Verfassunggeber nicht dasjenige »Volk« in Betracht, an das die Meinungsforschung sich wendet. Hier bleibt der Vorgang schon auf der Seite des Initianten im Bereich des Privaten, und während mit der Volksbefragung wenigstens der Bürger angesprochen ist, äußert sich der Befragte hier als »durchschnittliche Hausfrau«, »gewöhnlicher Fußgänger« und in ähnlich politisch irrelevanten Eigenschaften. Daß die Meinungsforschung nicht ein Institut der repräsentativen Demokratie sein kann, hat *H. Hennis*[11] so überzeugend klargestellt, daß dem nichts mehr hinzuzufügen ist.

Da eine Verfassung immer auch in einem inneren Verhältnis zu den großen Lagen wie den jeweiligen Situationen einer Nation steht, wäre daran zu denken, die »tatsächliche Entwicklung« oder wie immer man dieses Phänomen bezeichnen will, zum Verfassunggeber zu erheben. Aber wie eine Verfassung niemals bloß »Ausdruck« solcher Lagen oder Situationen sein darf,[12] so kann auch der Verfassunggeber nicht eine natürliche Gegebenheit als solche sein. Denn »Lagen« oder »Situationen« sollen niemals unmittelbar oder gar kausal auf die Verfassung wirken, sondern immer ist vom Menschen eine Auseinandersetzung mit diesen Gegebenheiten gefordert. Wenn daher das Faktische, wenn überhaupt, nur durch Vermittlung des Menschen Norm werden, d. h. genau genommen als solches eben nicht Norm werden kann,[13] dann kann auch der Verfassunggeber niemals als bloßes

10 Les Monarchies Parlementaires (Paris 1960), S. 370.

11 Meinungsforschung und Repräsentative Demokratie (Recht und Staat, Heft 200/201, Tübingen 1957).

12 Auf »Die Normative Kraft« der Verfassung hat vor kurzem *K. Hesse* mit Recht in seiner gleichnamigen Schrift hingewiesen (Recht und Staat, Heft 222, Tübingen 1959).

13 Man tut *G. Jellinek* Unrecht, wenn man annimmt, für ihn sei das Faktische bereits von normativer Kraft gewesen. Es ist auch für ihn vielmehr erst die Stellungnahme des Menschen zu den Fakten, aus der die Norm hervorgeht.

»Sprachrohr« oder »Exponent« irgendwelcher Vorgegebenheiten verstanden, er muß vielmehr als ihnen gegenüber autonom gedacht werden.

2. Aus alledem ergibt sich, daß es sich bei dem »Verfassunggeber« um eine Figur handelt, die man nicht der Faktizität entnehmen kann, sondern die es »vor« dieser Faktizität zu konstruieren gilt. Diese Aufgabe ist für den geschichtlichen Verfassunggeber der Herrschenden Meinung schon schwer genug. Immerhin weiß man hier, woran man/(687) sich zu halten hat – den objektiven Willen, wie er in den Normen, in ihrem Zusammenhang usw. enthalten ist – und wie mit diesem Material zu verfahren ist. Da uns der gegenwärtige Verfassunggeber von dem geschichtlichen Verfassunggeber gerade frei machen soll, läßt er sich aus diesem Material und in diesem Verfahren nicht gewinnen. Mit dieser Feststellung aber sieht man sich in absolute Unsicherheit und Ungewißheit gestoßen. Auf den ersten Blick scheint es sich daher zu empfehlen, auf den gegenwärtigen Verfassunggeber als unauffindbar zu verzichten, die Aktualität preiszugeben und den historischen Verfassunggeber als den nachweisbaren und handhabbaren vorzuziehen. Dieser Schritt zurück wäre in der Tat unvermeidlich, wenn es sich nicht zeigte, daß in anderen Rechtsbereichen durchaus fruchtbarer Gebrauch von Idealfiguren gemacht wird, die gerade nicht aus dem positiven Recht gewonnen, vielmehr von außerhalb zur Anwendung dieses Rechtes herangezogen und gebildet worden sind. Auf diese Praxis muß daher ein kurzer Blick geworfen werden.

Es geht bei diesem Strategem immer darum, zu allgemeingültigen Maßstäben zu gelangen. Eine solche Aufgabe stellt sich gerade auch dem Gesetzanwender, und zwar in erster Linie dann, wenn der Gesetzgeber mittels des Instituts »Ermessen« die Bildung derartiger Maßstäbe an ihn delegiert hat. Die Verwaltung z. B., der die Sorge für den Natur- und Landschaftsschutz anvertraut ist, muß sich selbst Normen setzen, an denen sie Anträge zu messen hat, deren Bewilligung eine Veränderung des Natur- und Landschaftsbildes nach sich ziehen würde. Die Rechtsprechung, die über Gesetz- und Rechtmäßigkeit einer solchen Verwaltung zu wachen hat, muß sich ihrerseits wieder Maßstäbe erarbeiten, an denen sie die selbstgesetzten Normen der Verwaltung prüft. Sehr aufschlußreich ist es, daß sowohl Verwaltung wie Rechtspflege solche Maßstäbe und Normen weder ihrem Gutdünken entnehmen noch an dritter Stelle ablesen, sondern einen idealen Richtpunkt konstruieren, von dem aus die weitere Arbeit geleistet wird. Kennzeichnend für die irrationale Natur dieses Normfindungsprozesses ist es, daß dieser Richtpunkt zu einer Idealperson gestaltet wird, in die sich dann in Gedanken verwandelnd Beamter und Richter die Maßstäbe bilden, deren sie zu einer gültigen Entscheidung des einzelnen Falles bedürfen.

Im Falle des Natur- und Landschaftsschutzes stellt man sich demgemäß »auf den Standpunkt des gebildeten, für den Gedanken des Natur- und Landschaftsschutzes aufgeschlossenen Betrachters«.[14] Zu gültigen Maßstäben für die Beurteilung der Ästhetik eines Bauwerkes verhilft man[15] sich, indem man weder auf den ästhetisch besonders empfindsamen oder geschulten Betrachter noch auf einen Menschen, der ästhetischen Eindrücken gegenüber gleichgültig und unempfänglich ist, abstellt, vielmehr für maßgebend erklärt das Empfinden jedes für ästhetische Eindrücke offenen Betrachters, also den sogenannten gebildeten Durchschnittsmenschen maßgebend sein läßt. In der Entscheidung des Bundesverwaltungsgerichts vom 10. 2. 1960[16] tritt der »pflichtbewußte Familienvater« auf: Die Frage, ob ein Stiefvater »mit triftigem Grund« die Gewährung von Unterhalt an sein Stiefkind einstellt, ist nicht vom Standpunkt der Fürsorgebehörde, sondern vom Standpunkt eines pflichtbewußten Familienvaters aus zu entscheiden. Die Frage, ob eine Leuchtreklame zugelassen werden kann oder nicht, verneint das OVG Münster[17] mit der Begründung, daß jeder für die auf dem Spiele stehenden Werte aufgeschlossene Durchschnittsbetrachter die geplante Leuchtreklame als erheblich belastend und unlusterregend empfinden würde.

Der »gebildete Durchschnittsmensch« (oder sollte gemeint sein: der durchschnittlich gebildete Mensch?), der »durchschnittliche Friedhofsbenutzer«, der »pflichtbewußte Familienvater« sind naturgemäß nicht empirische, sondern erdichtete Figuren. Empirismus käme hier schon deswegen nicht in Frage, weil man ja gerade nicht auf die Praxis abheben, sondern auf das Gesollte hinauswill, wobei das Element der Durchschnittlichkeit von allen Extravaganzen und Outriertheiten bewahren soll. »Durchschnittlichkeit« ist also in solchen Zusammenhängen nicht im statistischen Sinne gemeint, sondern soll die Elemente des Maßhaltens, der Vertretbarkeit und der Überzeugungskraft in den Prozeß der Bildung der benötigten Maßstäbe hineintragen.

Mit der Deutung, daß mittels einer solchen Technik der Gesetzesanwender sich über den abstrakten Amtsträger hinaus in eine konkrete Idealfigur

14 BVerwG vom 12. 7. 1956 in: BVerwGE 4, 59 = DVBl. 1956, 689. Derselben Technik bedient sich der BGH. So hebt z. B. das Urteil vom 29. 5. 1958 in: BGHZ 27, 356 ab auf das »durchschnittliche Urteil des für Kunst empfänglichen und mit Kunstdingen einigermaßen vertrauten Menschen«.

15 BVerwG vom 28. 6. 1955 in: BVerwGE 2, 177; im gleichen Sinne: HessVGH vom 17. 12. 1958 in: DVBl. 1959, 828; OVG Münster vom 26. 3. 1957 in: VerwRspr. IX, 974 = DÖV 1958, 397 Nr. 45; OVG Münster vom 11. 3. 1958 in: DÖV 1958, 824; VGH Stuttgart vom 25. 2. 1958 in: DÖV 1958, 500 (maßgebend die Durchschnittsauffassung der Friedhofsbenutzer).

16 BVerwGE 10, 145 ff., 148.

17 Vom 11. 12. 1956 in: DÖV 1957, 458.

verwandelt, die die gesuchten Maßstäbe in sich repräsentiert, ist naturgemäß noch nichts darüber ausgemacht, ob die Konstruktion und der Einsatz derartiger Idealfiguren zulässig und fruchtbar ist. Die Zulässigkeit könnte z. B. unter dem Gesichtspunkt fraglich scheinen, den *Ph. Heck* als »Inversionsmethode« gekennzeichnet hat. Was die Fruchtbarkeit angeht, so hängt hier alles davon ab, ob die Arbeit mit solchen selbstkonstruierten Idealfiguren eine richtigere Verwaltung und Rechtspflege verheißt als ein Absehen von dieser Methode. Da es dort, wo die Verwaltung und die Gerichte Maßstäbe im Gesetz nicht vorfinden, vor allem der Subjektivität des Gesetzanwenders zu begegnen gilt, ist eine orientierende und objektivierende Personifikation sicherlich dann unerläßlich, wenn sich abstrakte Maßstäbe der Natur der Sache nach nicht oder nur unvollkommen darstellen lassen. Mittels der Konstruktion von derartigen Idealfiguren verschafft sich der Amtsträger die Möglichkeit, mangels Normen das Gesetz wenigstens als diejenige normativ-konkrete Person anzuwenden, die von der Eigenart der betreffenden Frage gefordert ist. Klassisch ist Inhalt und Sinn des Vorgangs zum Ausdruck gebracht in Art. 1 des Schweizerischen Zivilgesetzbuches: »... Kann dem Gesetz keine Vorschrift entnommen werden, so soll der Richter nach Gewohnheitsrecht und, wo auch solches fehlt, nach der Regel entscheiden, die er als Gesetzgeber aufstellen würde. Er folgt dabei bewährter Lehre und Überlieferung«.

## III.

Die Heranziehung von Parallelen aus anderen Rechtsgebieten hat gezeigt, daß die Auslegung aus dem Willen des gegenwärtigen Verfassunggebers nicht deswegen ausgeschlossen ist, weil dieser Verfassunggeber anders als der geschichtliche gerade nicht aus dem objektiven Gehalt des positiven Verfassungsrechts konstruiert werden kann. Der /(688) Blick auf die anderen Bereiche hat allerdings keine Anhaltspunkte dafür ergeben, woraus und wie man sich die ideale Hilfsfigur aufzubauen hat, durch deren Einsatz man zu einer wahrhaft sachgerechten Auslegung von Verfassungssätzen zu gelangen hofft. Da aber Art und Weise der Konstruktion dieser Hilfsfigur naturgemäß nicht im Dunklen bleiben dürfen, ist nunmehr zu klären, aus welchen Elementen der gegenwärtige Verfassunggeber zu konstruieren ist.

1. Jedes Bemühen um Verfassungsauslegung hat als erstes sich bewußt zu sein, daß es sich bei Verfassungen und Verfassungssätzen um Rechtsverordnungen und Rechtsnormen von sehr eigener Art handelt. Das gilt für Struktur[18] und für Funktion, bezieht sich aber vor allem auch auf das Verhältnis dieser Ordnung und dieser Normen zur Wirklichkeit. Dieses Problem, das sich in allen Rechtsmaterien etwa als Problematik der Beziehung zwischen »Rechtsverhältnis und Lebensverhältnis« oder »Form und Stoff des Rechts«[19] aufgibt, stellt sich für das Verfassungsrecht in einer besonderen Gestalt. Wenn auch das Verfassungsrecht als Norm das Verfassungsleben in Form und Verfahren halten soll, so erschöpft sich doch gerade hier die Aufgabe des Rechts gegenüber der Wirklichkeit nicht in der Unabhängigkeitsstellung der Norm von den Fakten und der Lenkung der Fakten durch die Norm, eine Eigenart, die allerdings um so mehr verkannt wird, je stärker man einer starren Verfassung zustrebt. So sehr dies alles auch für das Verfassungsrecht zutrifft, so wird es doch entscheidend modifiziert durch die spezifische Aufgabe der Verfassung, behutsame und feinfühlige Hilfsstellung zu leisten, durch die die politische, wirtschaftliche und gesellschaftliche Entwicklung der von ihr verfaßten Nation in wesentliche und richtige Bahnen gelenkt wird. Eine Verfassung in diesem ihrem eigentlichsten Sinne wirken zu lassen, setzt ein Organ voraus, das in etwa dem entspricht, was die Historische Rechtsschule für das Recht im allgemeinen als »innere Anschauung« bezeichnet hat. Im Bereich der Verfassung handelt es sich um diejenige Fähigkeit, die man »Staatsmannschaft« zu nennen pflegt, ohne daß man recht sagen könnte, was dieser Begriff meint. Da, wo das letzte Wort über die Verfassung einem Gericht anvertraut ist, vor allem also im Falle der Verfassungsgerichtsbarkeit, kann unter diesem Blickwinkel zweierlei bezweckt sein: Es kann sich entweder darum handeln, eine Institution von besonderer staatsmännischer Weisheit zu schaffen, oder es kann gerade im Gegenteil darum gehen, durch den Einsatz eines spezifisch richterlichen Normativismus und Konservatismus eine Entwicklung der Verfassung hintanzuhalten.[20]

Einen Beweis dafür, daß staatsmännische Verfassungsauslegung auch einem Gericht nicht der Natur der Sache nach unmöglich ist, bietet die Rechtspre-

18 Eine Verfassung besteht nicht nur aus Rechtsnormen, sondern zu ihr gehört auch ein »Hof«, der aus Konventionen, Gewohnheiten, Denkweisen u. a. m. besteht. Es ist diese Eigenart, gegen die *E. Forsthoff* sich mit dem Satz wendet: »Das Verfassungsgesetz befindet sich in einem Zustand partieller Auflösung«; vgl. Die Umbildung des Verfassungsgesetzes, in: Festschrift für Carl Schmitt (1959), S. 35 ff., 59.

19 Diese Wendungen hat F. C. von Savigny formuliert.

20 Die Frage, ob das Grundgesetz der Bundesverfassungsgerichtsbarkeit die erste oder die zweite Rolle zugedacht hat, wird an anderer Stelle erörtert werden.

chung des Obersten Gerichtshofes der Vereinigten Staaten unter der Führung *John Marshalls* mit ihrer »broad interpretation« –, so daß man[21] hat sagen können, Amerika sei durch zweierlei zu dem geworden, was es sei: Durch die Eisenbahnen und durch die erwähnte Judikatur. Das Gegenbeispiel einer streng juristischen Verfassungsauslegung bietet das Urteil des Bundesverfassungsgerichts vom 11. 4. 1961, das sich mit der Privatisierung des Volkswagen-Werks beschäftigt. Es kommt in diesem Zusammenhang nicht auf die Ergebnisse an, zu denen das Gericht gelangt ist. Hier interessiert lediglich die Methode, deren es sich bedient. Diese Methode wird am deutlichsten charakterisiert durch die Wendung: »Ein Verfassungssatz, der die Veräußerung rein erwerbswirtschaftlicher Unternehmen des Bundes generell verböte, besteht nicht.« Es bedarf für unseren Zweck einer Untersuchung der Frage, ob das Gericht »Verfassungssatz« im formellen oder im materiellen Sinne verstanden hat, nicht. Denn bereits der Umstand, daß man das Volkswagen-Werk ohne weiteres als »erwerbswirtschaftliches Unternehmen« bezeichnet hat, zeigt, daß man die Verhältnisse und die ihnen innewohnende Tendenz nicht in den Kreis seiner Betrachtungen einbezogen hat. Eine Einbeziehung der Wirklichkeit nämlich hätte auf jeden Fall zu einer Auseinandersetzung mit der Frage genötigt, ob das große Unternehmen überhaupt noch allein als die erwerbswirtschaftliche Betätigung von Privateigentümern verstanden werden darf oder ob ihm nicht hierüber hinaus eine öffentliche Bedeutung zuzumessen ist, die es nicht mehr gestattet, es ausschließlich gemäß § 903 BGB zu betrachten –, und zum zweiten hätte sich eine Prüfung der Möglichkeit aufgedrängt, ob nicht jedenfalls dem Staat ein solches Verständnis seiner wirtschaftenden Unternehmen verwehrt sei, und zwar nicht zuletzt auch positivrechtlich mit Rücksicht auf Art. 14 Abs. II GG. Von aller solcher Würdigung der Wirklichkeit, aber auch der im Grundgesetz selbst bezeichneten Tendenzen hat sich das Gericht ferngehalten und sich in der Sache auf den sehr juristischen Schluß beschränkt, daß erlaubt sein müsse, was nicht ausdrücklich verboten sei.[22] Bei alledem darf jedoch nicht übersehen werden, daß sich in diesem Falle das Problem in einer besonderen Konstellation stellt. Hier hatte nämlich der Gesetzgeber bereits die Wirklichkeit gedeutet. Dann aber ergibt sich der besondere Zweifel, ob selbst ein Verfassungsgericht seine Deutung an

21 Vgl. *Ch. Warren*, The Supreme Court in US History, 2. Aufl. (Boston Mass. 1947), I S. VIII.

22 Nur hingewiesen sei darauf, daß umgekehrt der BGH in seiner Rechtssprechung zum Verhältnis Staat–Kirche geradezu dem Satz zu huldigen scheint: Ex factis jus oritur; vgl. meinen in der DÖV erscheinenden Aufsatz: Verfassungsänderung und Verfassungsauslegung.

die Stelle der Deutung des Gesetzgebers setzen darf. Anders läge es, wenn der Gesetzgeber es unterlassen hätte, sich überhaupt um ein Bild von der Wirklichkeit zu bemühen. Aber eine solche Unterlassung dürfte schwerlich vorkommen oder jedenfalls nicht nachweisbar sein. Diese Überlegungen deuten darauf hin, daß man sehr wohl die Notwendigkeit bejahen kann, auch Wesen und Tendenz der Wirklichkeit als Element in den Willen des gegenwärtigen Verfassunggebers aufzunehmen, daß aber mit einer solchen Bejahung noch nichts darüber ausgemacht ist, welcher Gewalt die Maßgeblichkeit der Wirklichkeitsdeutung zuzusprechen ist.

2. Die Auseinandersetzung mit den Aufgaben, die eine immer schneller sich verändernde Wirklichkeit stellt, pflegt sich nicht nur von Fall zu Fall, sondern auch durch Einsatz von »Modellen« zu vollziehen, die allerdings nicht a priori konstruiert sein dürfen, sondern aus der Erfahrung im Umgang mit der Wirklichkeit und vor allem auch aus Instinkt für die Zukunft gewonnen sein müssen. Die Neuzeit hat sich im großen und ganzen für das Modell »Staat« entschieden, um ihrer spezifischen Lage Herr werden zu können. Das bedeutet, daß »Staatlichkeit« als zweites Element für den /(689) Aufbau des gegenwärtigen Gesetzgebers zu verwenden ist. Das würde praktisch etwa bedeuten, daß unter »verfassungsmäßiger Ordnung« auch die Staatlichkeit der Existenz und des Stils der Bundesrepublik zu verstehen ist. Da die Verfassungsauslegung sich diesem Element nicht entziehen kann, wenn sie nicht ihre Mitte verlieren will, kann sie auch den Problemen nicht entgehen, die sich aus der unverkennbaren Wandlung des Modells »Moderner Staat« von einer monistischen zu einer pluralistischen Gestalt ergeben. Hier ist es zunächst das Grundgesetz selbst gewesen, das den politischen Parteien einen Platz und ihre Aufgabe in der Verfassung zugewiesen hat. Die Rechtsprechung hat hier aus dem Willen des gegenwärtigen Verfassunggebers argumentiert, wenn sie den politischen Parteien als »Verfassungsorganen« den Weg der Verfassungsbeschwerde verschlossen und sie auf die Möglichkeit der Organstreitigkeit verwiesen hat. Hingegen ignoriert man noch weitgehend die Wandlung des Staatsbildes, die mit dem Eintritt der Verbände in das öffentliche Leben eingesetzt hat. Als Beispiel für diese Zurückhaltung sei auf die Auffassung des Bundesverfassungsgerichts[23] verwiesen, der zufolge ein Verband nicht berechtigt ist, die Grundrechte seiner Mitglieder geltend zu machen.

3. Einer Verfassung ist ein Telos eigen, das sie und damit ihre Auslegung von allen anderen Arten von Rechtsordnungen unterscheidet. Sie setzt nämlich Existenz, Lebensfähigkeit und Wirksamkeit der von ihr verfaßten

23 Vgl. den Hinweis in dem Urteil vom 23. 3. 1960 in: BVerfGE 11, 35.

Gruppe nicht als gegeben oder gar als unbedingt gesichert voraus. Als politisches Recht kommt es ihr vielmehr darauf an, vor aller Grenz- und Schrankenziehung erst einmal[24] ein Gemeinwesen zu konstituieren, indem sie auf Einigung, Stärkung und Leistungssteigerung ausgeht. Dieses Telos ist als drittes Element in die Konstruktion des gegenwärtigen Verfassunggebers aufzunehmen. Argumentiert man aus dem Willen eines solchen Verfassunggebers, dann gelangt man z. B. zu einer anderen Sicht der Grundrechte als sie jetzt allenthalben vorherrscht. Die Freiheit der Bürger erscheint dann nicht mehr als das Gegenteil der drei Ziele, die diesem Telos innewohnen. Sie bildet so gesehen vielmehr die unentbehrliche Voraussetzung für deren Verfolgung und Erreichung. Hieraus ergibt sich weiter: Der Wille des Verfassunggebers muß als darauf gerichtet vorgestellt werden, daß sich die Freiheit im Sinne des ihr zugedachten freiwilligen und selbstverantwortlichen Dienstes vor allem auch am Gesamtleben der Nation entfaltet.[25] Diese Erkenntnis erweist sich zudem abermals als fruchtbar auch für eine Auslegung, die das positive Recht aus sich selbst heraus zu verstehen sucht: Ist Sinn der Grundrechte nicht zuletzt Entfaltung der Persönlichkeit für die Gemeinschaft, dann muß der in Art. 14 Abs. II statuierten Sozialpflichtigkeit des Eigentums sehr viel mehr Gewicht beigemessen werden als dies bislang geschieht. Eine Aktienrechtsreform, die Art. 14 Abs. II völlig ignoriert, wird dann zu einem Ding der Unmöglichkeit.

4. Wirklichkeit, Staatlichkeit, Verfassungstelos können als die vorpositiven Elemente eines gegenwärtigen Verfassunggebers und seines Willens zusammengefaßt werden. Im Bereich des positiven Rechts handelt es sich als erstes darum, ob die in den Verfassungssätzen verwendeten Begriffe in ihrer historischen oder in ihrer aktuellen Bedeutung zu nehmen sind. Dasselbe fragt sich für die Ausfüllung von Generalklauseln und Blanketten. Und drittens schließlich hängt von der Entscheidung für Geschichte oder Gegenwart ab, wie man Verfassungsgrundsätze wie etwa die so oft herangezogenen »Rechtsstaatlichen Grundsätze« oder das »Sozialstaatsgebot« zu verstehen hat. Eine methodisch einwandfreie und sachlich fruchtbare Handhabung aller dieser Größen wird offenbar nur dadurch gesichert, daß man sich ein Bild davon macht, wie ein als Idealfigur aus den erwähnten Elementen konstruierter gegenwärtiger Verfassunggeber sie zu wollen hätte.

24 Vgl. *F. A. Hermens*, The Representative Republic (Notre Dame 1958), S. 149: »Before we can restrain power there must *be* power.«

25 *G. Burdeau*, a.a.O. (oben Anm. 9), S. 32: ». . . les libertés doivent être conçues en fonction de l'ordre . . .«.

## IV.

Zwei Fragenkreise vor allem sind mit alledem noch offengeblieben. Einmal wäre zu klären, wie die verschiedenen Elemente sich zueinander verhalten, aus denen die Idealfigur des gegenwärtigen Verfassunggebers zu konstruieren ist. Diese Klärung läßt besondere Schwierigkeiten erwarten, weil das Verhältnis dieser Elemente gewiß nicht das prästabilierter Harmonie, sondern des Konflikts ist. Von entscheidender praktischer Bedeutung aber ist zweitens, ob man jedermann die Befugnis zusprechen kann oder gar muß, unter Rückgriff auf einen selbstkonstruierten Verfassunggeber die Verfassung auszulegen und fortzubilden, oder ob man zu unterscheiden und zu beschränken hat. Man mag bezweifeln, ob sich eine Grenze zwischen Verfassungsauslegung und Verfassunggebung ziehen läßt. Sicher ist jedenfalls, daß eine Auslegung aus dem Willen eines gegenwärtigen Verfassunggebers der Verfassunggebung näher liegt als jede andere Methode der Verfassungsauslegung. Diese Feststellung weist darauf hin, daß die Volksvertretung zur Auslegung der Verfassung aus dem Willen des Verfassunggebers in erster Linie, wenn nicht sogar allein berufen ist,[26] und daß die Gesetzgebung das vornehmste Vehikel solcher verfassunggebenden und verfassungfortbildenden Auslegung darstellt.[27] Zum mindesten wäre zu prüfen, ob es nicht einerseits Elemente des Willens des Verfassunggebers, auf der anderen Seite Verfassungssätze gibt, deren Eigenart einen Vorbehalt dieser Art von Auslegung zugunsten des Parlaments unerläßlich macht.[28] Diese Fragen zu stellen ist jedoch dann gegenstandslos, wenn die Verfassung ein Verbot materieller Verfassungsänderung, ein richterliches Prüfungsrecht und eine Verfassungsgerichtsbarkeit instituiert hat. In einem solchen Falle reduziert sich die Problematik darauf, ob es einem echten Gericht überhaupt möglich ist, aus dem Willen eines gegenwärtigen Verfassunggebers zu judizieren. Sollte die Prüfung ergeben, daß eine derartige Möglichkeit grundsätzlich ausgeschlossen ist, dann würde damit zugleich ausgesprochen sein, daß der

26 Vgl. hierzu *A. de Tocqueville,* De la Démocratie en Amérique (Ausgabe Paris 1951) I S. 101, nennt das englische Parlament »corps constituant«.

27 Eine solche Gesetzgebung läßt sich nicht mehr als bloße »Anwendung« oder »Vollziehung« einer Verfassung kennzeichnen.

28 Vgl. Q. *Wright,* Problems of Stability and Progress in International Relations (Berkeley and Los Angeles 1954), S. 26: »The Supreme Court of the US has recognized that some clauses of the Constitution are of a ›political‹ character and should be interpreted by Congress or the President . . .«; vgl. hierzu auch *R. F. V. Heuston,* Essays in Constitutional Law (London 1961), S. 60.

gegenwärtige Verfassunggeber in einem solchen Verfassungssystem überhaupt keine Stätte hat und daß diese Verfassung sich und das von ihr verfaßte Gesamtleben ausschließlich auf den Willen eines zwar objektiven, aber nichtsdestoweniger historischen Verfassunggebers festgelegt hat.

# Prinzipien der Verfassungsinterpretation (Leitsätze)

Von Peter Schneider

[aus: VVDStRL 20 (1963) S. 45–52; wieder abgedruckt in: ders., Recht und Macht. Gedanken zum modernen Verfassungsstaat, Haase & Köhler, Mainz 1970, S. 111–120]

## I.

1. Die *Problematik* der Verfassungsinterpretation und der Interpretation des Rechtes überhaupt wird unter der Voraussetzung sichtbar, daß wir mit der Möglichkeit der Divergenz zwischen *Ausdruck* und *Auszudrückendem* rechnen. Unter der Voraussetzung der Identität von Ausdruck und Auszudrückendem (Idee und Bild, Wille und Wort) oder unter der Voraussetzung einer lückenlos axiomatisierten und kalkülisierten Legalordnung (Perfektionierung des Legalismus) kann von Interpretationsproblematik keine Rede sein.

2. Divergenz zwischen Ausdruck und Auszudrückendem bedeutet Unvollkommenheit des Ausdrucks im Verhältnis zum Auszudrückenden. Solche Unvollkommenheiten zu beseitigen ist Aufgabe der Interpretation.

3. Die Unvollkommenheiten eignen dem Gesetzestext vielfach von vorneherein; vielfach aber wachsen sie einem Gesetz erst nachträglich zu. Im ersteren Fall erscheint die Interpretation im Zeichen der Mangelhaftigkeit des sprachlichen Ausdrucksvermögens (objektiv und subjektiv), im zweiten Fall im Zeichen der Geschichtlichkeit.

## II.

1. Zur Bewältigung der Interpretationsaufgabe werden unter anderen folgende Methoden angeboten:
a) Die *wortjuristische* Methode reduziert das Interpretationsproblem auf die Klärung vieldeutiger Worte mit Hilfe grammatikalischer und etymologischer Mittel.

b) Die *willensjuristische* Methode bringt Worte in einen weiteren Zusammenhang, der durch den Willen des Gesetzes oder des Gesetzgebers konstituiert wird und als Begriffs- oder Zwecksystem gilt. Sie weist zwei Erscheinungsformen auf:
aa) Die *subjektive* Methode rekurriert zur Lösung der Interpretationsaufgabe auf den Willen des *historischen* Gesetzgebers. Dabei wird unter dem *Willen* des historischen Gesetzgebers Verschiedenes verstanden: Einmal wird der Wille/(46) als psychisches Phänomen begriffen. Das andere Mal aber gilt der Ausdruck »Wille« lediglich als Metapher für die Heranziehung einer normativen Größe. In beiden Fällen gilt als entscheidend für die Klärung des Gesetzestextes, was zu seiner Entstehungszeit entweder effektiv gewollt wurde oder was in der historischen Situation von einem vernünftigen Gesetzgeber gewollt worden wäre. Der Veränderung der Verhältnisse während der Geltungszeit des Gesetzes wird vielfach dadurch Rechnung getragen, daß die Zwecksetzung des historischen Gesetzgebers in einem weiten Sinne gefaßt wird oder daß dem historischen Gesetzgeber unterstellt wird, er hätte so und so entschieden, wenn er die veränderten Umstände hätte voraussehen können.
bb) Die *objektive* Methode greift auf den im Gesetz selbst zum Ausdruck gelangenden Willen zurück. Sie kennt ebenfalls zwei Erscheinungsformen: Von einer objektiv-*entstehungszeitlichen* Methode kann gesprochen werden, wenn bei der Interpretation die Verhältnisse bei der Entstehungszeit des Gesetzes vorab berücksichtigt werden, von einer objektiv-*geltungszeitlichen* Methode, wenn die zur Zeit der Interpretation herrschenden Verhältnisse zunächst erwogen werden.

2. Im ganzen wird im Rahmen der Verfassungsinterpretation den Spielformen der objektiven Methode der Vorzug gegeben.
a) So hat sich das *Schweizerische Bundesgericht* für die *objektive* Methode entschieden. Es räumt der grammatikalischen, logischen, systematischen, teleologischen, am Gesetzestext orientierten Methode den Vorrang ein und läßt den Materialien nur dann entscheidende Bedeutung zukommen, wenn die Interpretation nach den vorgenannten Methoden keine eindeutige Entscheidung zuläßt und der Rückgriff auf die Materialien zu keinem absurden Ergebnis führt. Das Gericht stellt also in der *Regel* auf die objektiv-*geltungszeitliche* Methode ab und verknüpft damit die Vorstellung, daß der objektive Wille des Gesetzgebers den Prinzipien der Gerechtigkeit und der Humanität selbstverständlich entspreche und daß diese Prinzipien zur Auslegung von Einzelvorschriften herangezogen werden können.
b) Das *Bundesverfassungsgericht* hat sich ebenfalls für die *objektive* Me-

thode entschieden. Es greift zur Beantwortung von Auslegungsfragen primär auf das zurück, was mit Hilfe von grammatikalischen, logisch-systematischen und teleologischen Erwägungen dem objektivierten, in Verfassung und Gesetz zum Ausdruck gelangten Willen des Gesetz-/(47)gebers entnommen werden kann und mißt dem Materialbefund nur subsidiäre Bedeutung zu. Das geltungszeitliche Argument berücksichtigt es mit Vorsicht. Wie das Schweizerische Bundesgericht begreift es den objektivierten Willen des Gesetzgebers, insbesondere des Verfassungsgebers, prinzipiell als einen solchen, der am Maßstab der Gerechtigkeit orientiert ist. – Im Gegensatz zum Schweizerischen Bundesgericht bringt es jedoch die Möglichkeit in Sicht, daß der objektivierte Wille des Verfassungsgebers ungerechte Normen umfasse. Die aus dieser Sicht entstehenden Schwierigkeiten sucht es mit Hilfe der Vermutung zu lösen, daß der freiheitlich-demokratische Verfassungsgeber gerechtigkeitskonform entschieden habe. Ob dies der Fall sei oder nicht, sei jedoch nicht den tatsächlichen Absichten, sondern allein deren Objektivierung im Gesetz selbst zu entnehmen. Dergestalt sucht es seine Interpretationspraxis am Gesichtspunkt der materialen Gerechtigkeit *und* der Rechtssicherheit zu orientieren.

## III.

1. Auf dieser Grundlage ist die Frage nach dem zureichenden Grund für die Wahl der Methoden und Prinzipien der Verfassungsinterpretation zu erörtern. Dabei ist davon auszugehen, daß sich das Problem der Interpretation unter zwei Gesichtspunkten stellt: einem *praktischen* und einem *theoretischen* (Theorie im weitesten Sinne des Wortes).

a) Unter dem praktischen Gesichtspunkt erscheint das Interpretationsproblem im Zeichen der Frage: Wie kann es gelingen, die eigentlichen Intentionen einer Verfassung angesichts der Möglichkeit der Zweideutigkeit der Sprache, in der sie zum Ausdruck kommt, zu *realisieren?*

b) Der theoretische Gesichtspunkt zeigt die Interpretationsproblematik im Zeichen der Frage: Wie kann es gelingen, Interpretationsmethoden zu entwickeln, die, *theoretisch* gesichert, willkürliche Auslegungen verhindern?

2. Das Verhältnis zwischen praktischer und theoretischer Fragestellung ist vorab unter zwei Voraussetzungen unproblematisch:

a) dann, wenn die theoretische Fragestellung aus dem Felde der Praxis überhaupt ausgeschlossen ist, etwa, wenn die Entscheidung über die Methodenfrage deshalb in das freie Ermessen einer Instanz gelegt wird, weil

Verfassungsverwirklichung ausschließlich in Gestalt von Willensakten dieser Instanz er-/(48)scheint, die nur unter der Voraussetzung ihr Ziel erreichen kann, daß sie auch von theoretischer Rücksichtnahme in der Methodenfrage befreit ist;

b) dann, wenn davon ausgegangen wird, daß die praktische Entscheidung immer auch die theoretisch richtige sei.

3. *Problematisch* ist das Verhältnis von praktischer und theoretischer Fragestellung, wenn man der Theorie prinzipiell Eigenständigkeit im Verhältnis zur Praxis und der Praxis Eigenständigkeit im Verhältnis zur Theorie einräumen will. Wie kann es dann gelingen, eine in der Praxis gesicherte Interpretationsmethode zu entwickeln, wenn das Interpretationsziel, das Eigentliche einer Verfassung, einseitig von der Praxis festgelegt ist? Von der Klärung dieser Zentralfrage hängt die Klärung unserer Gesprächslage ab. Das ergibt sich aus folgendem:

a) Zumeist wird auch heute das Wesen der Verfassung im organisatorischen und materiellen Sinn einseitig von der Praxis her bestimmt, indem sie als positives Gesetz vom Willen des Verfassungsgebers zwar formal abgehoben, in ihrer eigentümlichen Erscheinung aber materiell auf diesen Willen zurückgeführt wird. Dabei kommt früher oder später die Frage in Sicht, inwieweit dieser Wille sich geändert habe, vorab, weil sich die herrschenden Überzeugungen gewandelt haben, und inwieweit somit das Eigentümliche der Verfassung, das, was angesichts der Unvollkommenheiten des Ausdrucks zu ermitteln und ergänzen ist, ein Anderes geworden sei. In dieser Situation muß es dem Interpretierenden fragwürdig werden, woraufhin er seine Bemühungen zu richten habe, es sei denn, daß ihm die Theorie ein Richtmaß verleiht.

b) Zum nämlichen Dilemma gelangen wir, wenn wir die Aufgaben der Interpretation wissenstheoretisch den Aufgaben der *Dogmatik* zuordnen, das Feld der Dogmatik aber dergestalt bestimmen, daß als ihr Gegenstand die Verfassung als ein Produkt des »schaffenden, sich stets transzendierenden Lebens« (Rothacker) zu begreifen ist.

c) Das aber führt zu der Frage, ob die Theorie überhaupt in der Lage sei, ein solches Richtmaß zu vermitteln, oder ob sie lediglich die Kraft besitze, die Notwendigkeit ihrer Kapitulation vor der Praxis zu begründen. Eine solche Begründung liegt vor, wenn sie ihre Zuständigkeit darauf beschränkt,

aa) die Relationen zwischen empirisch faßbaren Verfassungstypen und Interpretationsmethoden zu beschreiben,

bb) die Verfassungsordnung formal als Normengebilde zu erfassen, das

seine konkrete Gestalt den Wertentscheidungen/(49) des Verfassungsgebers verdanke, und eine Relation zwischen diesen Wertprinzipien und der Verfassungsinterpretation herzustellen,
cc) der Verfassungsinterpretation nur die Aufgabe zuordnen, im Sinne einer allgemeinen Verstehenslehre die stets neu zu vollziehende Distanznahme von dem, was der Verfassungsgeber einst wollte, in Hinsicht auf die Analyse der Gegenwartssituation vorzunehmen (Gadamer).
dd) Auf der anderen Seite aber vermögen auch die sogenannten Wertphilosophien (Scheler, Hartmann) die Zweifel am Vermögen der Theorie, das vorgenannte Dilemma zu lösen, nicht ohne weiteres zu bannen. Die Zuverlässigkeit dieser Methoden ist ebenso unwiderlegt bezweifelt worden, wie die Zuverlässigkeit der Ergebnisse. Darüberhinaus zeigt sich die Gefahr, daß die Verfassungsinterpretation durch Rückgriff auf sogenannte objektive Wertordnungen die konkrete Verfassung aus dem Gesichtsfeld verliert.

4. Eine Möglichkeit, das Verhältnis zwischen Theorie und Praxis als Zuordnungsverhältnis zu begreifen, zeigt sich im Satz von der Autonomie des Menschen im Sinne eines *Postulates* der praktischen Vernunft.
a) Ob der Mensch frei *ist*, das ist im Sinne der theoretischen Erkenntnis unerweislich; daß er frei sein *soll* aber ist gewiß, da ohne dieses Postulat die Bedingung der Möglichkeit theoretischer Erkenntnis nicht gegeben wäre.
b) Mit diesem Rückgriff auf Kants Lehre vom Primat der praktischen Vernunft – nicht der Praxis vor der Theorie –, welches nicht nur das Postulat der Freiheit, sondern auch dasjenige der Freiheit zur Achtung der Freiheit des Anderen impliziert (Freiheit im formellen und im materiellen Sinne), erschließt sich der Zugang zur Bestimmung des Verhältnisses zwischen *Sollen* und *Sein*:
aa) Ob der Mensch frei ist oder nicht und ob er sich freiheitsgemäß verhält oder nicht, ist theoretisch nicht gewiß. Das Postulat setzt die doppelte Möglichkeit des normgemäßen und des normwidrigen Verhaltens.
bb) Da das freiheitsgemäße Verhalten *gesollt* ist, *sollen* wir uns an dieser Möglichkeit orientieren, während wir mit der gegenläufigen Möglichkeit zu rechnen haben; das heißt, wir sollen die Möglichkeit des normentsprechenden Verhaltens *vermuten*: Die Vermutung verbindet dergestalt den Normbereich mit dem Wirklichkeitsbereich.
cc) Von hier aus ist auch die Kantsche Staats- und Rechtskonzeption verständlich. Könnte mit Gewißheit gesagt werden,/(50) daß sich der empirische Mensch wider das Sittengebot verhalte, so müßte die Staatskonstruktion von Hobbes als Postulat der praktischen Vernunft gelten. Da die Möglichkeit, das Sittengebot zu erfüllen, in Ansehung der Möglichkeit des

normwidrigen Verhaltens vermutet werden soll, ist der Staat als Rechtsstaat zu konstruieren, der zwar die äußere Ordnung gewährleistet, zugleich aber die Freiheit garantiert.

5. Daraus ergibt sich:
a) daß das, woraufhin Interpretation letztlich zu denken ist, sich als die Norm des Sittengebotes darstellt, das nicht als Produkt der Praxis im Sinne des schaffenden Lebens, sondern als Theorie in Gestalt einer Erkenntnis der praktischen Vernunft zu begreifen ist;
b) daß Verfassungsinterpretation auf die Verwirklichung des realen, sich in Raum und Zeit entfaltenden Willens eines Verfassungsgebers angelegt ist, dessen formale Geltung sie angesichts der Notwendigkeit voraussetzt, die äußere Ordnung gegen die dem Sittengebot zuwiderlaufenden menschlichen Willensimpulse durchzusetzen, dessen materiale Geltung sie jedoch nur vermuten darf;
c) daß Verfassungsinterpretation zwar entstehungszeitliche und geltungszeitliche Faktoren, Überzeugungen, Lagen und Situationen berücksichtigen darf, aber nur, soweit sie den das Sittengebot konkretisierenden verfassungsrechtlichen Kernnormen nicht widersprechen.

6. Daraus ergibt sich für die Interpretation einer freiheitlich-demokratisch-rechtsstaatlichen Verfassung insonderheit:
a) das Gebot der gerechtigkeitskonformen Interpretation auf der Verfassungsstufe,
b) das Gebot der verfassungskonformen Interpretation auf der Gesetzesstufe,
c) das Gebot, Verfassung wie Gesetze um ihrer formalen Geltungskraft und ihrer Funktion als Ordnungs- und Friedenselemente willen im Sinne der objektiven Methode vorab unter Berücksichtigung entstehungszeitlicher Faktoren auszulegen,
d) das Gebot, Kompetenzvorschriften nach Maßgabe der mit der Kompetenz gegebenen materiellen Funktion und im Hinblick auf die verfassungsmäßigen Rechte der Bürger auszulegen,
e) das Gebot, das Verhältnis zwischen Freiheitsgewährungen und Freiheitsbeschränkungen im Sinne der Ausgangsvermutung zu Gunsten der Freiheit auszulegen.

7. Daraus ergibt sich für die Charakterisierung der Interpretation als Denkvorgang, als Weise des Verstehens:/(51)
a) Interpretation beruht nicht auf Wollungen, Meinungen, Gefühlen, sub-

jektiven Wertungen, die hingenommen, auf ihre Begründetheit jedoch nicht kontrolliert werden können.
b) Sie ist zwar am Sittengebot als einem Postulat orientiert, vermag ihm zur Beurteilung konkreter Problemlagen die Beurteilungsnorm aber keineswegs im Sinne strenger Ableitung zu entnehmen und dergestalt die Verfassung – als Teilsystem der Sittenordnung im ganzen – in all ihren Teilen auszuweisen. Sie vermag dem Sittengebot zur Beurteilung von konkreten Verfassungen lediglich den Satz abzugewinnen, daß dieselben Freiheit und Autorität im Zeichen der Vermutung für die Freiheit dialektisch verknüpfen sollen. Wie dies im einzelnen zu geschehen hat, kann nur in Ansehung konkreter Problemlagen entschieden werden. Insofern vollzieht sich Interpretation als dialektischer, problembezogener Denkprozeß.
c) Das schließt eine vorsichtige Verwendung des Systemgedankens nicht aus, wonach die Verfassung als System zu begreifen, von dem aus das Verhältnis zwischen Regel und Ausnahme, zwischen allgemeinen und konkretisierenden Spezialvorschriften zu bestimmen ist. Dabei darf nicht übersehen werden, daß die das »System« bildenden Prinzipien (Freiheit und Gleichheit, Sozialstaat und Rechtsstaat) im Hinblick auf konkrete Problemlagen dialektisch zu verbinden sind und eindimensionale Konstruktionen zu Gunsten des einen auf Kosten des anderen Prinzips ausgeschlossen sind.

8. Was die Träger der Interpretationsfunktion in ihrem gegenwärtigen Verhältnis anbetrifft, so ist folgendes zu notieren:
a) Grundsätzlich unterliegen Wissenschaft und Praxis denselben Regeln der Auslegung. Vor allem ist es auch ausgeschlossen, zwischen Rechtsetzung und Interpretation zu unterscheiden, als ob der Rechtsetzungsakt als reiner Willens- und Gestaltungsakt dem Interpretationsakt als einem Erkenntnisakt gegenübergestellt werden könnte.
b) Wenn auch jeder Staatsakt an sich nur »vermöge seiner inneren Wahrheit« Geltung beanspruchen und nur soweit in Kraft treten sollte, als seine Vereinbarkeit mit der ranghöheren Norm durch alle Mittel der Interpretation erwiesen ist, so sind doch Differenzierungen nach Maßgabe der mit den Zuständigkeiten gegebenen Aufgaben erforderlich.
aa) Als Differenzierungen kommen in Frage die des denkbaren *Bewußtseinsgrades* und die der *Sachnähe.* Während Gesetzgeber und Verwaltung angesichts ihrer Gestaltungsfunktion, angesichts der Notwendigkeit, Interessengegensätze auszugleichen usw., zwar der Sache nahe, aber unter/(52) einer gewissen Vernachlässigung der Interpretationsfrage zu entscheiden genötigt sind, entscheidet der Richter aus einer gewissen Sachferne und unter Konzentration auf die Interpretationsfrage. Darin liegt einerseits eine

Rechtfertigung besonders der verfassungsgerichtlichen Kontrolle der Gesetzgebung, andererseits aber eine solche auf ihre Beschränkung.

bb) Demgegenüber erscheint die Funktion der Rechtswissenschaft durch ihre Freiheit vom Entscheidungszwang charakterisiert. Ihre Aufgabe ist somit im Zusammenhang mit der Interpretationsproblematik vor allem darin zu sehen: einmal den Fortgang der praktischen Interpretationsarbeit stets kritisch zu begleiten, die Bedingungen der Möglichkeit der Interpretation selbstkritisch zu erhellen und schließlich die Unruhe im Wissen um die Fragwürdigkeiten aller Rechtserkenntnis und Rechtsgestaltung wachzuhalten.

# Prinzipien der Verfassungsinterpretation

Von Horst Ehmke*

[aus: VVDStRL 20 (1963) S. 53–102]

Die Frage nach den Prinzipien der Verfassungsinterpretation wirft zwei allgemeinere Fragen auf: Einmal die Frage nach dem Stand der allgemeinen juristischen, d. h. vor allem der zivilrechtlichen Interpretationslehre (I, 1), einschließlich der Frage ihrer Verbindung mit der geisteswissenschaftlichen Hermeneutik (I, 2); zweitens die Frage nach den Besonderheiten der Verfassungsinterpretation (II, 1), einschließlich der Frage nach Eigenart und Bedeutung der Verfassungsrechtsprechung (II, 2). Erst nach Klärung dieser Fragen kann der Verfassungsinterpretation in der Praxis des Bundesverfassungsgerichts nachgegangen werden (III, 1 u. 2).

## I, 1

Die allgemeine juristische Interpretationslehre muß aus zwei Gründen im Blick behalten werden: Erstens ist die Frage nach der besonderen Struktur des Verfassungsrechts unlösbar mit der Gegen- bzw. richtiger Vor-Frage nach der Einheit der Jurisprudenz verbunden. Zweitens hat sich die moderne verfassungsrechtliche Problematik gerade aus der im staatsrechtlichen Positivismus erfolgten Übernahme einer bestimmten zivilrechtlichen Interpretationsmethode ergeben.[1]

* Die in eckige Klammern gesetzten Teile des Berichts wurden auf der Staatsrechtslehrertagung aus Zeitgründen nicht vorgetragen.

1 Siehe dazu *P. v. Oertzen*, Die soziale Funktion des staatsrechtlichen Positivismus (Diss. phil. Göttingen 1952), insbes. S. 181–264, 227–312; *W. Wilhelm*, Zur juristischen Methodenlehre im 19. Jahrhundert. Die Herkunft der Methode Paul Labands aus der Privatrechtswissenschaft (1958); *H. Zwirner*, Die politische Treupflicht des Beamten (Diss. jur. Göttingen 1956), S. 86 ff.

Während in der Weimarer Zeit die Interpretationsdiskussion gerade vom Verfassungsrecht her besonders starke Anregungen erhielt,[2] wenn selbstverständlich auch umgekehrt/(54) ein Einfluß der allgemeinen auf die speziell verfassungsrechtliche Diskussion bestand,[3] ist die Führung in der Interpretationsdiskussion heute an die Zivilrechtler übergegangen.[4] Dabei scheint heute nun gerade in der zivilrechtlichen Diskussion die positivistische Methode endgültig überwunden zu werden, womit der Berufung des staatsrechtlichen Positivismus auf eine bestimmte zivilrechtliche Konstruktionsmethode als auf »die« juristische Methode vollends der Boden entzogen wird.

Der kennzeichnende Zug der heutigen Methodendiskussion scheint mir der zu sein, daß sie vom archimedischen Punkt der Rechtsprechung aus – hinter das Gesetz zurück- und über es hinausfragend – die Struktur der Jurisprudenz (Rechtsprechung und Lehre) als *praktischer* Disziplin offenzulegen sucht. Dabei weist auch die heutige zivilrechtliche Diskussion im einzelnen eine große Vielfalt der Argumentation auf. Selbst nahe beieinanderliegende Auffassungen werden von unterschiedlichen Ausgangspunkten her entwickelt. So orientiert sich etwa Essers grundlegendes Buch rechtsvergleichend am Common Law, von dem her besonders deutlich wird, in welchem Ausmaß absolutistische Gesetzesauffassung und Kodifikation bei uns den Blick für wesentliche Fragen der/(55) Jurisprudenz verstellt

2 Siehe dazu *E. Schwinge*, Der Methodenstreit in der heutigen Rechtswissenschaft (1930); *G. Holstein*, Von Aufgaben und Zielen heutiger Staatsrechtswissenschaft, AöR N. F. Bd. 11 (1926), S. 1; *H. Heller*, Bemerkungen zur staats- und rechtstheoretischen Problematik der Gegenwart, AöR N. F. Bd. 16 (1929), S. 321.

3 Siehe etwa *H. C. Ule*, Über die Auslegung der Grundrechte, AöR N. F. Bd. 21 (1932), S. 37.

4 Siehe *J. Esser*, Grundsatz und Norm in der richterlichen Fortbildung des Privatrechts (1956); *ders.*, Zur Methodenlehre des Zivilrechts, Studium Generale (1959), S. 97; *T. Viehweg*, Topik und Jurisprudenz (1953); *R. Reinhardt*, Methoden der Rechtsfindung (in: Reinhardt-König, Richter und Rechtsfindung, 1957, S. 7 ff.); *F. Wieacker*, Gesetz und Richterkunst (Schriftenreihe der Juristischen Studiengesellschaft Karlsruhe, Heft 34, 1958); *G. Boehmer*, Grundlagen der bürgerlichen Rechtsordnung, Bd. II 1 und 2 (1951/52); *E. Betti*, Zur Grundlegung einer allgemeinen Auslegungslehre, Festschrift für Ernst Rabel, Bd. II (1954), S. 79; *H. Coing*, Die juristischen Auslegungsmethoden und die Lehren der allgemeinen Hermeneutik (Schriftenreihe der Arbeitsgemeinschaft für Forschung des Landes Nordrhein-Westfalen, Heft 84, 1958); *K. Larenz*, Methodenlehre der Rechtswissenschaft (1960); *W. Siebert*, Die Methode der Gesetzesauslegung (1958); *H. Bartholomeyczik*, Die Kunst der Gesetzesauslegung (1951); *K. Engisch*, Logische Studien zur Gesetzesanwendung (2. Aufl. 1960); ders., Die Idee der Konkretisierung in Recht und Rechtswissenschaft unserer Zeit (1953); ders., Sinn und Tragweite juristischer Systematik, Studium Generale (1957), S. 173; *W. A. Scheuerle*, Rechtsanwendung (1952); *A. Meier-Hayoz*, Der Richter als Gesetzgeber (1951); *G. Less*, Vom Wesen und Wert des Richterrechts (1954); *H. Westermann*, Wesen und Grenzen der richterlichen Streitentscheidung im Zivilrecht (Schriften der Gesellschaft zur Förderung der Westfälischen Wilhelms-Universität zu Münster, Heft 32, 1955).

haben.[5] Viehweg greift dagegen auf die alte, im wesentlichen erst durch den Einbruch der modernen Naturwissenschaften verschüttete europäische Tradition der Topik zurück,[6] die Vico einst leidenschaftlich verteidigt[7] und Ernst Robert Curtius für uns wiederentdeckt hat.[8]

Ich darf diese moderne Diskussion hier als bekannt voraussetzen und mich auf den Versuch beschränken, ihre Ergebnisse zu umreißen. Die wichtigste Einsicht scheint mir die zu sein, daß die Rechtsordnung nicht als ein System abschließend formulierter Rechtssätze verstanden werden kann, die nur auf den jeweiligen Fall »anzuwenden«, aus denen die Fall-Lösungen »abzuleiten« wären. Da der Jurisprudenz nicht das System, sondern die Probleme vorgegeben sind, kann nicht von einem vorweg konstruierten System her eine Problem-Auslese erfolgen (die die vom System nicht erfaßten Probleme als »metajuristisch« abtut), es muß vielmehr vom jeweils vorgegebenen Problem her eine System-Auslese erfolgen (die solange sucht, bis sie eine angemessene, »passende« Lösung gefunden hat).[9] Die Problemlösung muß unter Abwägung aller für den konkreten Fall relevanten Gesichtspunkte gefunden werden, wobei die rechtlichen Gesichtspunkte, wie insbesondere Esser gezeigt hat,[10] eine große Vielfalt der Formen wie der Geltungskraft aufweisen: Rechtsprinzipien, Rechtsgrundsätze, (positive) Rechtsnormen, Vorentscheidungen (frühere Problemlösungen), usw. In einfachen Fällen mag man die Problemlösung einfach am Wortlaut des Gesetzes – so eines vorhanden ist – »ablesen« können. Dann ist das Interpretationsproblem schnell gelöst. In schwierigeren Fällen muß die die Entscheidung tragende Norm dagegen überhaupt erst gebildet, »gefunden«/(56) werden in dem Sinne, in dem wir davon sprechen, daß jemand sich »zurechtfindet«.[11]

5 Grundsatz und Norm. – Für frühere Ansätze in dieser Richtung siehe *F. v. Hippel*, Zur Gesetzmäßigkeit juristischer Systembildung (1930); ders., Richtlinie und Kasuistik im Aufbau von Rechtsordnungen (1942).

6 Topik und Jurisprudenz.

7 De nostri temporis studiorum ratione (1708), deutsch als: Vom Wesen und Weg der geistigen Bildung (1947).

8 Europäische Literatur und lateinisches Mittelalter (2. Aufl. 1954). – Zur Geschichte und Problematik der Topik – die zugleich Geschichte und Problematik der praktischen Philosophie ist – siehe außer *Viehweg* vor allem *W. Hennis*, Zum Begriff der politischen Wissenschaft (noch ungedr. Frankfurter Habilitationsschrift, 1960), insbes. das Kapitel über »Topik und Politik«, sowie *R. Bäumlin*, Staat, Recht und Geschichte (1961), S. 26 ff.

9 Siehe *Viehweg*, a.a.O., S. 16 ff. im Anschluß an *N. Hartmann*, Diesseits von Idealismus und Realismus, Kant-Studien, Bd. XXIX (1924), S. 160.

10 a.a.O., insbes. S. 26 ff.

11 Daß von diesem Boden aus die positivistische Rechtsquellenlehre keinen Bestand haben kann, liegt auf der Hand. Ich möchte *Esser*, a.a.O., S. 132 ff., darin folgen, nur die »Positivierungs«-Instanzen als Rechtsquellen zu bezeichnen, zu denen auch die Recht-

Aus diesem Ansatz heutiger Interpretationslehre – der übrigens in zunehmendem Maße durch neuere dogmatische Arbeiten unterstützt wird[12] – ergibt sich nicht, daß sich die Jurisprudenz in Kasuistik auflösen oder erschöpfen könnte. Vielmehr ist hier das Problem des »Vor-Urteils« im Blick zu behalten.[13] Wir erfassen ein juristisches Problem ja nicht »an sich«, sondern immer nur mit einem gewissen Vorverständnis. Die Begründung dieses Vorverständnisses, das Zusammentragen der für ein Problem maßgeblichen Gesichtspunkte, die vorläufige Einordnung des Problems und seiner Lösung in einen sinnvollen Zusammenhang mit anderen Problemkreisen, sind Aufgaben der Theorie oder der – recht verstandenen – Systematik, also Aufgaben der Lehre. Ihre Erfüllung muß der Erörterung und Lösung des konkreten Falls immer schon vorangehen. Umgekehrt muß die gefundene Problemlösung dann – über Mittelstufen wie Fallgruppen und Problemtypen, über Kristallisationspunkte in Form von Begriffen und Grundsätzen, über systematische Bearbeitung und Ausgestaltung einzelner Rechtsinstitute – wieder in die Theorie eingearbeitet werden. Zwischen der Konzentrierung auf den konkreten Fall und dem Versuch der Zusammenordnung der Problemerörterungen und -lösungen zu einem sinnvollen Ganzen besteht also ein ständiges Geben und Nehmen. Dabei bleibt die intendierte Einheit der Rechtsordnung stets offen. Einmal weil sich dauernd neue Probleme stellen, zum anderen weil sich gefundene Problemlösungen als korrekturbedürftig herausstellen können. Logisch/(57) zwingende Schlüsse, das zeigt gerade die moderne Logistik, gibt es in der Jurisprudenz nur in sehr begrenztem Maße. Aber auch das theoretische Vorverständnis mag sich als korrekturbedürftig erweisen. Esser spricht von einem »schubweisen Stoffwechsel zwischen den Neuerfahrungen der Fall-Praxis und den Formkräften der Schule«.[14]

Da das Problemdenken den zu beurteilenden Sachverhalt immer in die

sprechung gehört. Daneben ist eine Lehre von den Rechts*erkenntnis*quellen zu entwickeln – *Esser,* ebd.; *Wieacker,* a.a.O., S. 15 f. –, die die Autorität des jeweiligen Rechtsmaterials zu bestimmen hätte. Diese Aufgabe ist etwa auf dem Gebiet des Internationalen Privatrechts von *G. Kegel* in seiner Lehre von den »Rechtsanzeichen« in Angriff genommen worden (Internationales Privatrecht, 1960, S. 164), allerdings in zu enger Beschränkung auf »Rechtsfindungsregeln« (zu diesen siehe *Esser,* a.a.O., S. 87 ff., 107 ff.).

12 Siehe etwa – zum Problem der strafrechtlichen Unterlassungsdelikte – *A. Kaufmann,* Dogmatik der Unterlassungsdelikte (1959) und – zum Problem des zivilrechtlichen Fahrlässigkeitsunrechts – *R. Wiethölter,* Der Rechtfertigungsgrund des verkehrsrichtigen Verhaltens (1960).

13 Zum Grundsätzlichen siehe *H.-G. Gadamer,* Wahrheit und Methode (1960), S. 250 ff.

14 A.a.O., S. 6. – Zur Bedeutung des Vorverständnisses im Strafrecht siehe jetzt *G. Stratenwerth,* Entwicklungstendenzen der modernen deutschen Strafrechtsdogmatik, Juristenjahrbuch 1961/62, S. 195 ff.

Problemstruktur einbezieht, erfaßt es – anders als die Vorstellung einer bloßen »Anwendung« des Rechts auf einen gewissermaßen »zufälligen« Sachverhalt – die gerade von der Problemstruktur des konkreten Falls erzwungene Fortbildung des Rechts. Für die Gesetzesauslegung, die nur einen Teilbereich des Interpretationsproblems ausmacht, überwindet das Problemdenken die bloß voluntaristische Gesetzesauffassung mit der Erkenntnis, daß auch dem Gesetzgeber das Problem vorgegeben ist, auch das Gesetz eine Problemlösung intendiert, indem es Maßstäbe für die Lösung vorgegebener Probleme in unterschiedlicher Dichte fest- und aufstellt. Viehweg spricht von einem »unablässigen Suchen nach dem jeweils Gerechten, aus dem das positive Recht erst entspringt und das sich an Hand des positiven Rechts fortsetzt«.[15]

Es bleibt die Frage, wie sich von diesem Boden aus die herkömmlichen Interpretationsmethoden ausnehmen. Daß mit ihnen nicht allzuviel zu erreichen ist, zeigt sich z. B. in der Rechtsprechung des Bundesverfassungsgerichts. Dieses hat sich zu einer sogenannten »objektiven« Methode der Gesetzesauslegung bekannt, nach der der Entstehungsgeschichte eines Gesetzes für dessen Auslegung allerhöchstens sekundäre Bedeutung zukommen soll.[16] Die Bedeutung dieses Bekenntnisses für die Auslegungspraxis des Gerichts scheint mir aber gering zu sein. Wenn sich das Gericht z. B. mit der Auslegung eines Gesetzes im Hinblick auf dessen Verfassungsmäßigkeit zu beschäftigen hat, erfährt die Entstehungsgeschichte des Gesetzes eine bemerkenswerte Aufwertung. Das gilt besonders im Falle einer gegenüber dem Wortlaut restriktiven Auslegung.[17] Hier stellt das Gericht dann etwa die auf dem Boden einer objektiven Gesetzesauslegung wenig sinnvolle Frage, ob sich »ein dem Wortlaut entsprechender eindeutiger Wille des Gesetzgebers«, oder gar »ein eindeutiger Wille des Gesetzgebers zugunsten/(58) der wörtlichen Anwendung« feststellen lasse.[18] Im Bereich der sog. »verfassungskonformen« Auslegung erklärt es sogar, daß es von der »Absicht des Gesetzgebers« das mit der Verfassung vereinbare Maximum aufrechterhalte.[19] In der Rechtsprechung der Landesverfassungsgerichte haben Bachof und Jesch die gleiche Inkonsequenz festgestellt.[20] Sie beruht vermutlich darauf,

15 A.a.O., S. 63.

16 Siehe etwa BVerfGE 1, 299 (312); 10, 234 (244).

17 Siehe etwa BVerfGE 2, 380 (396 ff.); 9, 89 (102 ff.).

18 BVerfGE 9, 89 (102, 104).

19 BVerfGE 8, 28 (39 f.); 9, 194 (200); vgl. andererseits 10, 59 (80), wo das Gericht erklärt, die Entstehungsgeschichte des betroffenen Gesetzes biete für seine verfassungskonforme Auslegung keinen Anhalt. Dazu näheres unten S. 74 f.

20 O. *Bachof* und *D. Jesch*, Die Rechtsprechung der Landesverfassungsgerichte in der Bundesrepublik Deutschland, JbdöR. N.F., Bd. 6 (1957), S. 47, 59 (mit Anm. 53), 66.

daß die Verfassungsgerichte, wenn sie hier mit dem *Gewaltenteilungsproblem* konfrontiert werden, dem »Willen des Gesetzgebers« im Sinne der historisch-genetischen Methode doch eine wesentliche Bedeutung zumessen.[21] Daß das Bekenntnis des Bundesverfassungsgerichts zu einer sogenannten objektiven Gesetzesauslegung nicht rein »objektiv« ist, zeigt sich auch schon darin, daß es nicht die Formel vom »Willen des Gesetzes« aufgegriffen hat, sondern vom objektivierten »Willen des Gesetzgebers« spricht.[22] Für die Erforschung dieses »objektivierten Willens des Gesetzgebers« werden sowohl Wortlaut und *Sinnzusammenhang*[23] als auch Wortlaut und *Entstehungsgeschichte*[24] einer Vorschrift als zunächst maßgebend bezeichnet, und sogar innerhalb eines Urteils werden »Sinn« und »Entstehungsgeschichte« ausgetauscht.[25]

[Aber auch mit einer »objektiven« Handhabung der Gesetzesauslegung durch das Bundesverfassungsgericht würde für die grundsätzliche Interpretationsproblematik nicht viel gewonnen. Denn auch die »objektive« Auslegungsmethode ist durch die Konzentration auf den Wortlaut gekennzeichnet (so daß sie unter anderem gegenüber dem Phänomen ungeschriebenen Rechts hilflos ist). Wie Reinhardt richtig bemerkt hat, wurde mit der Lösung von den Gesetzesmaterialien ja zunächst nur die Begriffsjurisprudenz historischer durch eine solche objektiver Prägung ersetzt.[26] Nun versteht das Bundesverfassungsgericht allerdings seine »objektive« Methode offensichtlich in einem weiteren Sinne. So hat es kürzlich erklärt, grammatische/(59) historisch-genetische, systematische und teleologische Methode ergänzten einander mit dem Ziel objektiver Gesetzesauslegung.[27] Eine solche – begrüßenswerte – Erweiterung schafft zwar für sachbezogene Entscheidungen Raum, läßt aber offen, was unter »systematisch« oder »teleologisch« im einzelnen zu verstehen ist, und wie sich die verschiedenen sogenannten Auslegungsmethoden zueinander verhalten. So zeichnet sich die Auslegungspraxis des Bundesverfassungsgerichts denn auch insoweit – ebenso wie die anderer Gerichte[28] – durch eine Vielfalt des Vorgehens aus.[29]

21 Ob zu Recht oder zu Unrecht, sei hier dahingestellt.
22 BVerfGE 1, 299 (312); 10, 234 (244).
23 Siehe etwa BVerfGE 1, 299 (312); 10, 234 (244).
24 Siehe etwa BVerfGE 8, 28 (33); 9, 194 (200).
25 BVerfGE 8, 28 (1. Leitsatz: 33); vgl. 2, 380 (398).
26 Oben, Anm. 4 zitiert, S. 12.
27 BVerfGE 11, 126 (129 ff.).
28 Für die Landesverfassungsgerichte siehe *Bachof* und *Jesch*, a.a.O., S. 59 ff.
29 Siehe dazu *K. Stern*, Gesetzesauslegung und Auslegungsgrundsätze des Bundesverfassungsgerichts (Diss. jur. München 1957), S. 311 ff.

Diese Auslegungsproblematik – nicht selten mit dem Stichwort von einem angeblichen »Methoden-Chaos« bezeichnet – spricht nun aber im wesentlichen nicht gegen die eben am praktischen Problem ausgerichtete Rechtsprechung, sondern gegen die Methodenauffassung unserer herkömmlichen Auslegungslehre. Vorzuwerfen ist den Gerichten höchstens, daß sie sich nicht selten für eine auf anderem Wege gefundene sachbezogene Problemlösung nachträglich auf eine der genannten Auslegungsmethoden berufen.]

Alle diese »Methoden«, die an einem Text ausgerichtet sind und sich daher als »Auslegungs«-Methoden bezeichnen, haben nur darin ein relatives Recht, daß sie bestimmte – allgemeine, nicht dem jeweiligen konkreten Problembereich eigene – Gesichtspunkte für juristische Problemlösungen herausstellen. Auch der vielfach geforderte Methodenpluralismus – den das Bundesverfassungsgericht sich unter der Bezeichnung »objektive« Auslegung zu eigen gemacht hat – hat nur darin sein relatives Recht, daß er bestimmte allgemeine Interpretationsgesichtspunkte in einer gewissen Auswahl zusammenträgt. Als unfruchtbar müssen dagegen Versuche zurückgewiesen werden, zwischen diesen verschiedenen Gesichtspunkten eine stufenweise Rangordnung aufzustellen.[30] Bei einer alten, vielleicht seit Jahrzehnten durch Rechtsprechung und Lehre ausgestalteten Vorschrift kommt in der Regel weder dem Wortlaut noch der/(60) Entstehungsgeschichte Gewicht zu. Bei jungen Gesetzen mag etwa der Entstehungsgeschichte für die Auslegung grundsätzlicher Vorschriften weniger Gewicht zukommen als für die Auslegung von Zweckvorschriften und singulären Normen.[31] Auch über den Wortlaut eines jungen Gesetzes oder einer jungen Verfassung mag man hinweggehen – und gehen die Gerichte hinweg –, wenn er keinen Ansatzpunkt für eine sinnvolle Problemlösung bietet. So herrscht z. B. Einigkeit darüber – auch das Bundesverfassungsgericht hat sich im Kehl-Urteil dieser Ansicht angeschlossen[32] –, daß entgegen dem eindeutigen Wortlaut des Artikels 32 Abs. 3 GG die Länder auch mit anderen Partnern als auswärtigen Staaten völkerrechtliche Verträge abschließen können.

Das relative Unrecht unserer herkömmlichen Auslegungslehre liegt darin, daß sie für juristische Problemlösungen relevante partielle Gesichtspunkte zu selbständigen »Methoden« verabsolutiert. Dieses Problem der Methoden-

30 Siehe *Stern*, a.a.O., S. 171 ff., 224 ff.; *B. Bender*, Zur Methode der Rechtsfindung bei der Auslegung und Fortbildung gesetzten Rechts, JZ 1957, S. 593 ff.; und die dort zitierte Literatur.

31 Siehe *P. Liver*, Der Wille des Gesetzes (1954).

32 BVerfGE 2, 347 (374 f.).

*Auffassung* – das m. E. eng mit der Wissenschaftsgeschichte des 19. Jahrhunderts zusammenhängt – ist aber ein noch viel allgemeineres: denn ob man die juristische Interpretation nun an die Philologie und die Logik, oder aber an die Geschichte, Soziologie, Ökonomie etc. anzulehnen sucht, immer hofft man, von partiellen Gesichtspunkten ausgehend, *außerhalb* des eigentlichen juristischen Problembereichs eine sogenannte »allgemeine« (und natürlich auch »exakte«) Interpretationsmethode entwickeln zu können. Mit dieser nähert man sich wie mit einer Wünschelrute den juristischen Problemen, um den Quell der Erkenntnis zum Sprudeln zu bringen. Wenn dieser Quell dann sprudelt, liegt es aber in den wenigsten Fällen an der Wünschelrute unserer ebenso zahlreichen wie partiellen »Methoden«. Denn eine von der Sache losgelöste »allgemeine Methode«, die in »Anwendung« auf die verschiedensten Probleme sachliche Ergebnisse hervorzubringen vermöchte, kann es nicht geben.

I, 2

[Von hier aus ist noch ein Blick auf die geisteswissenschaftliche Methode zu werfen. Es fragt sich zunächst, ob nicht auch der Glaube an eine allgemeine geisteswissenschaftliche Hermeneutik, wie der Aberglaube an eine allgemeine naturwissenschaftliche Methode, Ausdruck einer zutiefst problematischen – letzten Endes eben doch durchgängig an den Naturwissenschaften/(61) ausgerichteten – Wissenschaftsauffassung des 19. Jahrhunderts ist. Unsere juristischen Arbeiten über die Verbindung von juristischer Interpretation und allgemeiner geisteswissenschaftlicher Hermeneutik[33] pflegen sich regelmäßig auf Schleiermacher, gewissermaßen als Ahnherrn der allgemeinen Hermeneutik zu berufen, vor allem auch wegen seines Einflusses auf Dilthey. Die neuere philosophische Diskussion hebt aber gerade kritisch hervor,[34] daß diese Hermeneutik in problematischer Weise die Frage nach dem »Was«, d. h. nach dem Zugang zum sachlichen Problem und seiner Lösung, durch die Frage nach dem »Wie« ersetzt habe, wobei sie das Gewicht stark vom Gegenstand auf das Subjekt der Erkenntnis verschoben hat. Im übrigen ist interessant, daß die juristische Diskussion der allgemeinen geisteswissenschaftlichen Diskussion meist nur bis zu einem bestimmten Punkt gefolgt ist, vor allen Dingen – abgesehen von den phänomeno-

33 Siehe etwa *Betti* und *Coing*, oben Anm. 4 zitiert.

34 Siehe *Gadamer*, Wahrheit und Methode, S. 157 ff., 172 ff., 205 ff.; *H. Kimmerle* (Hrsg.), Schleiermachers Hermeneutik (Abhdlgn. d. Heidelb. Akad. d. Wiss., Phil. Hist. Klasse, 1959, 2. Abhandlung), Einleitung.

logischen Ansätzen[35] – die Auseinandersetzung mit Dilthey nur sehr teilweise mitgemacht hat.[36]

Die Bedeutung der geisteswissenschaftlichen Methode, oder vielleicht richtiger: Methoden, für die Jurisprudenz liegt m. E. im wesentlichen darin, daß sie eine Erkenntnistheorie der Geisteswissenschaften zu entwickeln sucht. Indem sie das »produzierende« Moment menschlicher Sprache und damit menschlichen Verständnisses aufzeigt,[37] entzieht sie allen rein logisch-deduktiven Vorstellungen den Boden und kann daher erkenntnistheoretische Grundlage einer problem- und damit sachbezogenen juristischen Interpretationslehre, aber nicht selbst Interpretationslehre sein.]

## II, 1

Gegen den so gewonnenen Hintergrund der allgemeinen juristischen Interpretationsproblematik läßt sich nun abheben,/(62) was die spezielle Problematik der *Verfassungs*interpretation ausmacht. Umgekehrt wird auf diese Weise deutlich, worin die Einheit der Jurisprudenz liegt: Sie liegt in ihrer topischen Grundstruktur.

Auch verfassungsrechtliches Denken ist Problemdenken. Es ist es sogar in besonderer Deutlichkeit. Nicht zufällig ist der Angriff gegen den Positivismus in der Weimarer Zeit gerade im Verfassungsrecht geführt worden.[38] Leichter als das Zivilrecht, das sich erst Schritt für Schritt von der Kodifikation und dem Kodifikationsgedanken[39] sowie von den allzu allgemeinen Allgemeinheiten seines Allgemeinen Teils[40] lösen muß, läßt das nichtkodifizierte Verfassungsrecht seine strukturelle Offenheit erkennen. Sie ist vor allem von Heinrich Triepel, Rudolf Smend, Erich Kaufmann und Her-

35 Siehe etwa *A. Reinach*, Die apriorischen Grundlagen des bürgerlichen Rechts (1913); *G. Husserl*, Der Rechtsgegenstand (1933).

36 Zu dieser sei etwa auf *G. Misch*, Lebensphilosophie und Phänomenologie (1930), insb. S. 281 ff., S. 291 ff., *O. F. Bollnow*, Das Verstehen (1949), S. 29 ff., 71 ff. und nochmals *Gadamer*, a.a.O., S. 157 ff., 205 ff. verwiesen.

37 Siehe dazu *Gadamer*, a.a.O., S. 361 ff., vgl. *E. Forsthoff*, Recht und Sprache (1940).

38 Siehe oben Anm. 2.

39 Siehe dazu z. B. *E. v. Caemmerer*, Wandlungen des Deliktsrechts, Festschrift Deutscher Juristentag, Bd. I (1960), S. 49.

40 Siehe dazu z. B. *W. Flume*, Rechtsgeschäft und Privatautonomie, Festschrift Deutscher Juristentag, Bd. I (1960), S. 135.

mann Heller eindrücklich aufgezeigt worden.[41] Angesichts der Knappheit und relativen Konstanz des Textes der Verfassung einerseits, der inhaltlichen Weite und Unbestimmtheit ihrer Grundzüge andererseits, liegt im Verfassungsrecht die Notwendigkeit kontinuierlicher Rechtsfortbildung klar zutage. Nicht zufällig hat man daher auch immer wieder gerade von den Problemen der Verfassungswandlung[42] und der Verfassungsänderung[43] her versucht, das Wesen des Verfassungsrechts in den Griff zu bekommen. Diese strukturelle Offenheit eröffnet zugleich einen unbefangenen Blick auf die Vielgestaltigkeit des Verfassungsrechtsmaterials: auf seine – zwar keine Normen, aber doch Interpretationsgesichtspunkte darstellenden – Werte, Rechtsgüter und Prinzipien, wie sie uns in unterschiedlicher Weise in den Arbeiten etwa von Rudolf Smend, Erich Kaufmann, Günther Holstein und Gerhard Leibholz, von Dietrich Schindler, Werner Kägi/(63) und Hans Huber vor Augen geführt worden sind;[44] auf seine Grundentscheidungen, wie sie sie – wieder mit verschiedenen Akzenten – etwa Carl Schmitt und Hans-Julius Wolff beschrieben haben,[45] auf seine Leitgrundsätze, deren

41 *H. Triepel*, Staatsrecht und Politik (1927); *R. Smend*, Verfassung und Verfassungsrecht (1928), jetzt in: Staatsrechtliche Abhandlungen (1955), S. 119 ff.; *E. Kaufmann*, Die Grenzen der Verfassungsgerichtsbarkeit, VVDStRL, Heft 9 (1952), S. 1, jetzt in: Gesammelte Schriften, Bd. I (1960), S. 500; *H. Heller*, Staatslehre (1934). – Siehe jetzt vor allem *R. Bäumlin*, oben Anm. 8 zitiert.

42 Siehe etwa *Hsü Dau-Lin*, Die Verfassungswandlung (1932) und die dort zitierte Literatur. Aus neuerer Zeit siehe *F. A v. d. Heydte*, Stiller Verfassungswandel und Verfassungsinterpretation, ARSP Bd. 39 (1950/51), S. 461.

43 Siehe etwa *H. Haug*, Die Schranken der Verfassungsrevision (1947); *H. Ehmke*, Grenzen der Verfassungsänderung (1953); und die dort zitierte Literatur.

44 Siehe insb. *R. Smend*, oben Anm. 42 zitiert; ders., Das Recht der freien Meinungsäußerung, VVDStRL, Heft 4 (1928), S. 44, jetzt in: Staatsrechtliche Abhandlungen, S. 89; ders., Bürger und Bourgeois im deutschen Staatsrecht (1933); jetzt in: Staatsrechtliche Abhandlungen, S. 309; *E. Kaufmann*, Kritik der neukantischen Rechtsphilosophie (1921), jetzt in: Gesammelte Schriften, Bd. III (1960), S. 176; ders., Die Gleichheit vor dem Gesetz im Sinne des Art. 109 der Reichsverfassung, VVDStRL, Heft 3 (1927), S. 2, jetzt in: Gesammelte Schriften, Bd. III, S. 246; ders., Juristische Relationsbegriffe und Dingbegriffe, Diskussionsbeitrag VVDStRL, Heft 4 (1928), S. 77, jetzt in: Gesammelte Schriften, Bd. III, S. 266; *G. Holstein*, oben Anm. 2 zitiert; ders., Elternrecht, Reichsverfassung und Schulverwaltungssystem, AöR N.F. Bd. 12 (1927), S. 187; *G. Leibholz*, Die Gleichheit vor dem Gesetz (2. Aufl. 1959); *D. Schindler*, Verfassungsrecht und soziale Struktur (3. Aufl. 1950); ders, Über den Rechtsstaat, in: Recht, Staat, Völkergemeinschaft (1948), S. 163 ff.; *W. Kägi*, Die Verfassung als rechtliche Grundordnung des Staates (1945); ders., Rechtsstaat und Demokratie, Festgabe für Giacometti (1953), S. 107 ff.; *H. Huber*, Die Garantie der individuellen Verfassungsrechte, Verhandlungen des Schweizerischen Juristenvereins 1936, 1. Heft; ders., Die verfassungsrechtliche Bedeutung der Grundrechte und die Schweizerische Rechtsprechung, in: Recht, Staat, Wirtschaft, Bd. 4 (1953), S. 120.

45 *C. Schmitt*, Verfassungslehre (Neudr. 1954); *H. J. Wolff*, Rechtsgrundsätze und verfassungsgestaltende Grundentscheidungen als Rechtsquellen, Jellinek-Gedächtnisschrift (1955), S. 33.

Bedeutung insbesondere Ulrich Scheuner dargelegt hat.[46] Sie alle reichen in den weiten, keineswegs auf das Gewohnheitsrecht beschränkten Bereich des ungeschriebenen Verfassungsrechts hinein, dessen Vielfalt kürzlich Hans Huber vor uns ausgebreitet hat.[47] Sie alle sind zugleich mit der von Dietrich Schindler herausgearbeiteten Ambiance einer Verfassung aufs engste verbunden.[48] Herbert Krüger spricht in einem seiner Beiträge zu unserer heutigen Tagung darüber hinaus von einem zur Verfassung gehörenden »Hof« von Konventionen, Gewohnheiten, Denkweisen usf.[49]

Angesichts der grundlegenden Bedeutung der Verfassung und ihrer Institutionen für das Leben des politischen Gemeinwesens/(64) mußte eine nicht zur Sache vorstoßende Auslegungslehre gerade im Verfassungsbereich als ungenügend empfunden werden. Die eigentliche verfassungsrechtliche Hermeneutik kann nur eine sachbezogene, die Problemhorizonte erschließende, die »Vor-Urteile« begründende und die Fall-Praxis »verarbeitende« Verfassungstheorie sein, was sich auch dahin formulieren läßt, daß eine verfassungsrechtliche Hermeneutik, die die praktische Arbeit wirklich leiten will, zur materialen Verfassungstheorie werden muß.

Ein Zwischenergebnis meiner Darlegungen zur allgemeinen und zur speziell verfassungsrechtlichen Problematik glaube ich schon jetzt ziehen zu können: Versuchen, sich angesichts der vielfältigen Problematik eines materialen Verfassungsverständnisses wieder in das Wetterhäuschen des Positivismus zurückzuziehen, kann keine weiterführende Bedeutung zukommen. Da mir Forsthoffs neue methodologische Bemühungen auf dem Gebiet des Verfassungsrechts,[50] wenn nicht in der Intention so doch im Ergebnis, einen solchen Versuch darzustellen scheinen, halte ich sie – bei Anerkennung berechtigter Kritik – für wenig fruchtbar. Einen positiven hermeneutischen Gewinn vermag ich in ihnen nicht zu entdecken. Auch die ihnen zugrundeliegende Analyse vermag mich nicht zu überzeugen. Dagegen wird man Forsthoff hinsichtlich der Symptome, die methodologische Kritik herausfordern, recht weitgehend zustimmen können.[51]

46 Die Auslegung verfassungsrechtlicher Leitgrundsätze (Rechtsgutachten, 1952); ders., Probleme und Verantwortungen der Verfassungsgerichtsbarkeit in der Bundesrepublik, DVBl. 1952, S. 293.

47 Probleme des ungeschriebenen Verfassungsrechts, in: Rechtsquellenprobleme im Schweizer Recht (Berner Festgabe für den Schweizer Juristenverein, 1955), S. 95.

48 Verfassungsrecht und soziale Struktur, insbes. S. 92 ff.

49 Verfassungsauslegung aus dem Willen des Verfassungsgebers, DVBl. 1961, S. 685, 688 Anm. 18.

50 Die Umbildung des Verfassungsgesetzes, Schmitt-Festschrift (1959), S. 35; ders., Zur Problematik der Verfassungsauslegung, res publica Heft 7 (1961).

51 Siehe dazu im einzelnen *A. Hollerbach*, Auflösung der rechtsstaatlichen Verfassung?

Können von einem materialen Verfassungsverständnis her gesehen die heutigen zivilrechtlichen Bemühungen geradezu als eine »Annäherung« an das Verfassungsrecht erscheinen, so stellt umgekehrt der Ausbau der Verfassungsrechtsprechung, der die fallrechtliche Problemerörterung und autoritative Fallentscheidung – ohne die das Zivilrecht gar nicht zu denken wäre – nun auch im Verfassungsrecht in den Vordergrund rückt, eine »Annäherung« des Verfassungsrechts an das Zivilrecht dar.
Diese Einheit der jurisprudentiellen Grundstruktur hebt aber die sachliche Eigenart des Verfassungsrechts nicht auf,/(65) wie sich ja auch das Strafrecht sachlich durchaus vom Zivilrecht unterscheidet. Eine einheitliche topische Grundstruktur schließt nicht aus, daß die Topoi jeweils verschiedene sind. Die sachliche Eigenart des Verfassungsrechts, die notwendigerweise auch die Eigenart der Verfassungsrechtsprechung bestimmt, wird mit Recht darin gesehen, daß es »politisches« Recht ist, ähnlich wie man das Wirtschaftsrecht »wirtschaftliches« Recht nennen könnte.
[Gerade in der sogenannten staatsrechtlichen »Methoden«-Diskussion der Weimarer Jahre ist deutlich geworden, daß eine sachbezogene Verfassungstheorie immer zugleich auch Bestandteil des Ringens um das politische Selbstverständnis eines Gemeinwesens ist, und daß sie daher mit der politischen Theorie der Ordnung, Aufgaben und Funktionen unseres Gemeinwesens und seiner Institutionen verbunden sein muß. Insbesondere darf sich die Verfassungstheorie nicht negativ an einer Auffassung ausrichten, die das Politische als eine teils voluntaristische, teils dämonische Naturangelegenheit mißversteht, und damit im Grunde genauso pervertiert ist, wie die Rechtsauffassung des Positivismus.[52] Gerade eine solche Verbindung der Verfassungstheorie mit der politischen Theorie kann verhindern, daß das Verfassungsrecht zwischen »rein juristischer« Konstruktion einerseits und Zugeständnissen an die jeweilige tagespolitische »Zweckmäßigkeit« andererseits hin- und herpendelt. Verfassungsrecht ist »politisches« Recht also nicht in dem Sinne, daß es »notfalls« der Politik zu weichen habe. Aber die Dynamik des politischen Lebens, die richtungweisend einzudämmen Aufgabe des Verfassungsrechts ist, wirkt doch auch wieder auf es zurück. Dabei darf nicht vergessen werden, daß die Tradition des Verfassungsrechts und damit sein Problemlösungs-Schatz weit geringer ist als der des Zivilrechts, und daß darüber hinaus das Verfassungsrecht einer freiheitlichen

AöR Bd. 85 (1960), S. 241; *H. Ehmke*, Wirtschaft und Verfassung (1961), S. 45 ff.; *P. Lerche*, Stil, Methode, Ansicht, DVBl. 1961, S. 690.

52 Dazu vor allem *Hennis*, oben Anm. 8 zitiert.

Demokratie gerade bei uns bisher ja überhaupt nur Ansätze einer Tradition hat ausbilden können.]

Neben der Weite und »Dynamik« seines Gegenstandes und der relativ geringen Dichte seiner Bezugspunkte zeichnet sich das Verfassungsrecht vor allem durch seine enge Bezogenheit auf die und damit seine Abhängigkeit von der jeweils geschichtlichen Einheit des Gemeinwesens aus. (Da diese Einheit seit dem 19. Jahrhundert eine nationalstaatliche ist, wird heute die Auflockerung nationalstaatlicher Einheit zugunsten übernationaler Integration auch zum verfassungsrechtlichen Problem). Zwei Momente – vor allem von Smend und Heller immer wieder hervorgehoben und von Herbert Krüger jetzt noch einmal/(66) nachdrücklich betont[53] – bestimmen insoweit die Eigenart des Verfassungsrechts: Der konstituierende, Einheits--stiftende Charakter der Verfassung und – gerade gegenüber dem Zivilrecht: ius privatum sub tutela iuris publici latet – ihr Auf-Sich-Selbst-Angewiesen-Sein.

Trotz der Einheit der jurisprudentiellen Grundstruktur läßt daher die Eigenart des Verfassungsrechts als erstes Prinzip der Verfassungsauslegung noch immer Chief Justice Marshalls berühmtes dictum aus dem Jahre 1819 erscheinen: »We must never forget, that it is a *constitution* we are expounding«.[54] Dies gilt auch für die Verfassungs*rechtsprechung*, auf die sich Marshalls Äußerung ja gerade bezog.

Die Verfassungs*theorie* ändert mit dem Ausbau der Verfassungsrechtsprechung nicht ihr Wesen. In Einbeziehung der judiziellen Momente richterlicher Fallentscheidung kommt ihr aber hier – bei aller Selbständigkeit gegenüber der Verfassungsrechtsprechung – eine stärker dienende und gerade darin nun erst recht hermeneutische Funktion zu. Eine der ersten von ihr in diesem Zusammenhang zu beantwortenden Fragen ist die Frage nach Stellung und Aufgabe des Verfassungsgerichts selbst.

## II, 2

Die Frage, ob eine Verfassungsrechtsprechung verfassungs*politisch* wünschenswert ist, möchte ich hier nicht im einzelnen behandeln, aber jeden-

53 *Smend*, Verfassung und Verfassungsrecht; *Heller*, Staatslehre; *H. Krüger*, Verfassungswandlung und Verfassungsgerichtsbarkeit, in: Staatsverfassung und Kirchenordnung, Festgabe für Rudolf Smend (1962), S. 151; ders., Verfassungsauslegung aus dem Willen des Verfassungsgebers, DVBl. 1961, S. 685; ders., Verfassungsänderung und Verfassungsauslegung, DÖV 1961, S. 721.

54 McCulloch v. Maryland, 4 Wheat. 316, 407.

falls doch für uns grundsätzlich bejahen.[55] Allerdings weist meines Erachtens – hier stimme ich mit den Darlegungen von Imboden in der Huber-Festschrift/(67) überein[56] – eine besondere Verfassungsgerichtsbarkeit, zumal eine solche mit derartig umfassenden Zuständigkeiten wie sie das Grundgesetz geschaffen hat, gegenüber einer reinen incidenter-Kontrolle, wie sie die Vereinigten Staaten kennen, manche Nachteile auf. Auch auf diese Frage brauche ich aber im Zusammenhang unseres Themas nicht näher einzugehen. Bei der mit dem Grundgesetz gegebenen Rechtslage scheint es mir vielmehr im wesentlichen auf das rechte Verständnis der Stellung und Aufgabe des Verfassungsgerichts und auf die Art und Weise der Ausübung seiner Funktionen anzukommen.

Dem Verfassungsgericht, das zugleich eines der obersten Verfassungsorgane ist,[57] fällt für die notwendige Fortbildung des Verfassungsrechts eine sehr wesentliche, aber keineswegs eine ausschließliche und m. E. noch nicht einmal die führende Rolle zu, ohne daß ich so weit gehen will, mit Erich Kaufmann von einem nur »bescheidenen Raum« der Verfassungsgerichtsbarkeit zu sprechen.[58] Es ist unrichtig, wenn etwa Geiger von der »Suprematie des Bundesverfassungsgerichts« spricht und die Bundesrepublik als eine neben der Präsidentschafts- und der parlamentarischen Demokratie stehende »freiheitlich-rechtsstaatliche Demokratie der Dritten Gewalt« bezeichnet.[59] Dagegen hat sich u. a. schon Friesenhahn gewandt.[60] Der Standpunkt Friesenhahns scheint mir nun aber andererseits – trotz seiner theoretischen Anerkennung der Eigenart des Verfassungsrechts – mit der Betonung einer »strengen Normgebundenheit« des Gerichts,[61] doch noch in der Nähe von Interpretationsvorstellungen zu liegen, deren Überwindung selbst im Zivilrecht ich eingangs vor Augen zu führen gesucht habe.

55 Zur Verfassungsgerichtsbarkeit siehe *H. Triepel* und *H. Kelsen*, Wesen und Entwicklung der Staatsgerichtsbarkeit, VVDStRL Heft 5 (1929); *E. Kaufmann* und *M. Drath*, Die Grenzen der Verfassungsgerichtsbarkeit, VVDStRL Heft 9 (1952); *E. Friesenhahn*, Wesen und Grenzen der Verfassungsgerichtsbarkeit, Z. Schw. Re. N. F. Bd. 73 (1954), S. 129 ff.; *G. Leibholz*, Verfassungsgerichtsbarkeit im modernen Rechtsstaat, in: Strukturprobleme der modernen Demokratie (1958), S. 168 ff.; *U. Scheuner*, Probleme und Verantwortung der Verfassungsgerichtsbarkeit in der Bundesrepublik, DVBl. 1952, S. 293; *J. Wintrich*, Aufgaben, Wesen, Grenzen der Verfassungsgerichtsbarkeit, in: Festschrift für H. Nawiasky (1956), S. 191.

56 *M. Imboden*, Normenkontrolle und Verfassungsinterpretation in: Verfassungsrecht und Verfassungswirklichkeit (Festschrift für Hans Huber, 1961), S. 133, 146 ff.

57 Siehe: Der Status des Bundesverfassungsgerichts, Material – Gutachten, Denkschriften und Stellungnahmen, mit einer Einleitung von *G. Leibholz*, JbdöR N. F. Bd. 6 (1957), S. 109 ff.

58 Oben, Anm. 55 zitiert, S. 12.

59 *W. Geiger*, Einige Probleme der Bundesverfassungsgerichtsbarkeit, DÖV 1952, S. 481.

60 Oben, Anm. 55 zitiert, S. 159.

61 A.a.O., S. 160.

Im übrigen könnte eine statisch-deduktive Auffassung der Verfassungsrechtsprechung auch nur zu dem Schluß führen, daß ein Verfassungsgericht die erforderliche kontinuierliche Fortbildung des Verfassungsrechts nicht zu leisten vermag. Zu diesem Ergebnis ist Herbert Krüger gekommen.[62] Er meint, die Verfassungsgerichtsbarkeit löse die Rigidität der Verfassung/(68) nicht auf, sondern verstärke sie noch. Meines Erachtens kommt das ganz auf die Verfassungsrechtsprechung an. In der noch viel »rigideren« Verfassung der Vereinigten Staaten stellt gerade der Supreme Court, jedenfalls im Ganzen gesehen, ein Moment der Flexibilität und der weiteres Wachstum ermöglichenden Offenheit dar.[63] Ich möchte daher die von Krüger gestellte Frage, ob die Verfassungsgerichtsbarkeit als Gegenpol zur sogenannten »Rigidität« des Grundgesetzes, wie sie insbesondere in Art. 79 GG zum Ausdruck kommt, zu verstehen ist, gerade bejahen. Zwischen der Wachstumsfähigkeit einer Verfassung und der Festigkeit ihrer Grundlagen besteht kein Widerspruch, sondern ein notwendiger Zusammenhang: Nur in der Fortbildung kann die freiheitlich-demokratische Grundordnung bewahrt werden. So hat sich auch das Bundesverfassungsgericht selbst zu seiner Rechtsfortbildungs-Aufgabe bekannt.[64]

Damit stellt sich die Frage, wie die Aufgabe der Fortbildung des Verfassungsrechts auf die verschiedenen Verfassungsorgane verteilt ist. In der Fortentwicklung des Verfassungsrechts sind formalisierte Verfassungsänderung und Verfassungsinterpretation leicht, dagegen Verfassungsinterpretation und Verfassungswandlung kaum zu trennen. Die Möglichkeit der Verfassungsänderung im technischen Sinne liegt allein beim (verfassungsändernden) Gesetzgeber. Der Gesetzgeber hat m. E. aber auch im Bereich der Verfassungswandlung die Vorhand. Die vom Bundesverfassungsgericht gelegentlich geäußerte Ansicht, daß es selbst in erster Linie zur Fortbildung des Verfassungsrechts berufen sei,[65] halte ich nicht für richtig. Der Ausbau des Verfassungsstaates und damit des Verfassungsrechts ist Aufgabe der politischen Instanzen, vor allem des Gesetzgebers. Er liegt in seiner Ini-

62 Verfassungswandlung und Verfassungsgerichtsbarkeit, oben Anm. 53 zitiert; siehe auch seine weiteren ebd. zitierten Arbeiten.

63 Um den Umfang des Berichts nicht noch weiter zu vergrößern und um Wiederholungen zu vermeiden, verweise ich hier und im folgenden hinsichtlich der amerikanischen Probleme, die der Bericht mit im Blick behalten soll, weitgehend auf meine oben Anm. 51 zitierte Arbeit über die Verfassungsrechtsprechung des Supreme Court und die in jener Arbeit zitierte Literatur. Eine kritische Betrachtung des Supreme Court jetzt bei *E. Wolf*, Verfassungsgerichtsbarkeit und Verfassungstreue in den Vereinigten Staaten (1961).

64 BVerfGE 1, 351 (359).

65 BVerfGE 6, 222 (240), möglicherweise muß diese Äußerung aber als auf das Verhältnis des Bundesverfassungsgerichts zu den anderen Gerichten beschränkt verstanden werden.

tiative. Die Verfassung lebt nicht aus sich allein. Erst die Gesetzgebung kann die soziale Wirklichkeit gestalten. *Jedes* Gesetz stellt im Grunde eine Interpretation der Verfassung dar, sei es, daß es sich für mit der/(69) Verfassung im Einklang hält, sei es, daß es sich als von der Verfassung gefordert versteht. Bei Gesetzen, die etwa den Inhalt des Eigentums oder der Berufsfreiheit bestimmen oder die zahlreichen Vorbehalte der Grundrechte ausgestalten, ist das deutlich. Aber auch Gesetze, die Rechtsschutz oder Sozialleistungen gewähren, oder Gesetze und Verträge im Bund/Länder-Verhältnis können als »Interpretationen« der Verfassung von Bedeutung werden. Im amerikanischen Verfassungsrecht spielen solche »legislative precedents« eine wichtige Rolle.
Soweit Gesetze oder sonstige Akte vor das Verfassungsgericht kommen – wie jedes andere Gericht hat es keine eigene Initiative –, steht dem Gericht die Entscheidung über die Streitfrage zu, mehr aber auch nicht (weshalb u. a. Versuche, auch den tragenden Gründen seiner Entscheidungen Bindungskraft zuzuschreiben,[66] als unhaltbar erscheinen müssen). Das Gericht übt dabei eine bloß kontrollierende Funktion aus. Es hat nur zu fragen, ob das Gesetz *noch* mit der Verfassung vereinbar ist, nicht, ob es von der Verfassung her gesehen die bestmögliche oder aber auch nur eine gute Lösung darstellt. So sehr das Verfassungsgericht im übrigen, wie jedes andere Gericht, Streitfragen wenn auch nicht immer richtig, so doch immer bindend entscheidet: die Diskussion und das Ringen um das rechte Verfassungsverständnis, das, wie gesagt, zugleich ein Ringen um das rechte Selbstverständnis eines Gemeinwesens ist, geht weiter.[67] So hat auch das Bundesverfassungsgericht sowohl die Möglichkeit des Bedeutungswandels von Verfassungsvorschriften,[68] als auch die Möglichkeit der Änderung seiner eigenen Rechtsauffassung anerkannt.[69] Wie oft der amerikanische Supreme Court seine eigenen Entscheidungen »overruled« hat, ist bekannt.

66 Siehe BVerfGE 1, 14 (37).

67 Die Einführung des – allerdings weise zu handhabenden – Rechts zur Abgabe von abweichenden Voten in der Verfassungsgerichtsbarkeit würde diese Diskussion m. E. fördern, u. a. schon darum, weil sie die Urteile des Gerichts von ihrem teilweise (es sei etwa an das Konkordats-Urteil erinnert) offensichtlichen Kompromißcharakter befreien und damit zur Klarheit der Argumentation beitragen würde. Im positiven Sinne jetzt auch *K. Zeidler*, Gedanken zum Fernseh-Urteil des Bundesverfassungsgerichts, AöR Bd. 86 (1961/62), S. 361, 368 f.

68 BVerfGE 2, 380 (401); 3, 407 (422); siehe auch 7, 342 (351); zur Bildung von Verfassungsgewohnheitsrecht siehe 1, 144 (151, 157); 11, 77 (87).

69 BVerfGE 2, 79 (92).

Ich wende mich nunmehr dem Versuch zu, an Beispielen zu zeigen, was das Verständnis der materialen Verfassungstheorie/(70) als eigentlicher verfassungsrechtlicher Hermeneutik *praktisch* bedeutet.

Ob man sich nun dessen bewußt ist oder nicht, in allen Interpretationsfragen von einigem Schwierigkeitsgrad wird das Problem durch das bewußte oder unbewußte Vorverständnis, mit dem man an es herantritt, vorentschieden. Im sogenannten Wehrprozeß[70] ging es z. B. zunächst und im Grunde allein um die Frage, was eine Verfassung und ein Verfassungsstaat eigentlich sind. Ob man den Staat gewissermaßen als eine nur nachträglich hinter juristische Gitter gebrachte Naturangelegenheit aufzufassen hat,[71] so daß jedem Staat seiner »Natur« oder seinem »Begriff« nach die Befugnis zur Aufstellung bewaffneter Streitkräfte zukommt, oder ob ein Verfassungsstaat als ein durch seine Verfassung in seinem Wesen bestimmtes politisches Gemeinwesen verstanden werden muß.[72] Im Konkordats- und im Fernseh-Prozeß[73] ging es – um weitere Beispiele zu nennen – ganz wesentlich um das Vorverständnis des Bundesstaates. Die Bedeutung dieses Vorverständnisses ist kürzlich dadurch unterstrichen worden, daß das Bundesverfassungsgericht im Hessen-Urteil der sich anbahnenden Aufwertung der Theorie eines *drei*gliedrigen Bundesstaates – mit Recht – energisch entgegengetreten ist.[74] Ebenso geht es in allen Fragen der Grundrechtsinterpretation zunächst um das Vorverständnis der Bedeutung und Funktion der Grundrechte. Mit der vor allem von Nipperdey vertretenen Lehre von der absoluten oder sogenannten »Drittwirkung« der Grundrechte[75] würde sich zum Beispiel in der Grundrechtsinterpretation eine Revolution durchsetzen, und zwar weder eine kleine, noch m. E. eine gute.[76] In seinem Beitrag zu unserer heutigen Tagung hat Leisner die, wie er schreibt, »Allgegenwart« des Verfassungsrechts/(71) – für meine Begriffe eher eine theologische als eine juristische Kategorie – nun schon

70 Siehe: Der Kampf um den Wehrbeitrag (3 Bde. 1952/58).
71 Vgl. *Smend*, in: Der Kampf um den Wehrbeitrag, Bd. 2 (1953), S. 563.
72 Siehe *Smend*, in: Der Kampf um den Wehrbeitrag, Bd. 1 (1952), S. 146 ff.; Bd. 2 (1953), S. 559 ff.
73 Siehe BVerfGE 6, 309 sowie: Der Konkordatsprozeß, 4 Bde. (1956/58); ferner das »Fernseh«-Urteil, BVerfGE 12, 205.
74 BVerfGE 13, 54. Siehe dazu auch *Zeidler*, a.a.O., S. 375 mit Anm. 36.
75 Siehe zusammenfassend *Enneccerus-Nipperdey*, Allgemeiner Teil des Bürgerlichen Rechts (15. Aufl. 1959), Bd. I, S. 91 ff.
76 Siehe im einzelnen *Ehmke*, Wirtschaft und Verfassung, S. 78 ff. und 605 ff.

von den Grundrechten auf das Parlamentsrecht erstreckt. Dieses könne zwar, so schreibt er, der »Natur der Sache« nach nicht Grundsätze für das Familienrecht abgeben, aber etwa doch »für die Regelung (wenigstens des öffentlich-rechtlichen) ›Gesellschaftsrechts‹ von Bedeutung werden«.[77] Nun weiß ich nicht ganz, was Leisner mit »öffentlich-rechtlichem Gesellschaftsrecht« meint. Wenn man sich aber etwa vor Augen führt, in welchem Ausmaß die gegenwärtige Diskussion um die Aktienrechtsreform unter solchen sachfremden Argumenten leidet – ich darf hier auf das Buch von Rudolf Wiethölter verweisen[78] – dann scheint mir das erneut zu bestätigen, daß die »Drittwirkungs«-Theorie unrichtig ist.

Damit komme ich zur Gretchen-Frage meiner Auffassung, daß die materielle Verfassungstheorie die eigentliche verfassungsrechtliche Hermeneutik sei, es ist im Grunde die Gretchen-Frage aller Hermeneutik: Wenn es logisch zwingende Schlüsse in der Jurisprudenz im allgemeinen und im Verfassungsrecht im besonderen nur in sehr begrenztem Maße gibt, und wenn die am naturwissenschaftlichen Wissenschaftsideal ausgerichteten, sich »exakt« gebenden »Methoden« im Grunde nur hinter scheinlogischen Argumenten ihre Vor-Urteile verbergen, wonach bestimmt sich dann, welches verfassungstheoretische Vorverständnis maßgebend ist? Die Antwort muß – in der Tradition der Topik[79] – lauten: Nach der von der naturwissenschaftlichen Beweisbarkeit grundverschiedenen Überzeugungskraft einer verfassungstheoretischen Argumentation. Die nächste Frage ist dann: Wer bestimmt, ob eine in der Sache wurzelnde verfassungstheoretische Überzeugungskraft vorliegt? Nun, sicher nicht das Bundesverfassungsgericht, sondern vielmehr der Konsens aller »Vernünftig- und Gerecht-Denkenden«.[80] Zu den ersteren gehören vor allem die Rechtslehrer und die Richter (von hier aus erschließt sich die hermeneutische/(72) Bedeutung der »einhelligen« oder jedenfalls »herrschenden« Lehre und der »ständigen« Rechtsprechung), zu den zweiten gehört – in mehr kontrollierender Funktion – das ganze Gemeinwesen (von hier aus erschließt sich die hermeneutische Bedeutung des Fehlens bzw. des Vorhandenseins einer anerkannten politischen Tradition

77 Betrachtungen zur Verfassungsauslegung, DÖV 1961, S. 641, 651; siehe auch ders., Grundrechte und Privatrecht (1960).

78 Interessen und Organisation der Aktiengesellschaft (1960). Siehe insbesondere Teil 2 (Deutschland), Teil 3 (USA) und – zur geringen Bedeutung des Gleichheitssatzes im Aktienrecht – S. 103 ff.

79 Siehe dazu die oben Anm. 8 zitierte Literatur.

80 In meinem mündlichen Referat und in den diesem zugrundeliegenden Leitsätzen (III, 2) habe ich in diesem Zusammenhang vom »verfassungs*rechtlichen* Konsens« gesprochen. Das war – worauf mich dankenswerterweise *G. Leibholz* aufmerksam gemacht hat – mißverständlich. Für das Verhältnis von Verfassungstheorie und Verfassungsrecht darf ich auf mein Schlußwort zur Diskussion verweisen, unten, S. 130.

für die Verfassungsinterpretation).[81] Man mag fragen: Wenn sich die »Vernünftig- und Gerecht-Denkenden« nun aber – Irren ist menschlich – von etwas Unrichtigem überzeugen lassen? Darauf kann man nur antworten: dann läuft die Sache eben schief. Eine Verfassung, auch eine solche mit Verfassungsgerichtsbarkeit, ist nun einmal keine politische Lebensversicherung. Ich darf in diesem Zusammenhang ein Wort Hermann Hellers aus dem Jahre 1929 zitieren. Er sagt dort:

> »Ein im Zentralsten erschüttertes Lebensgefühl sucht heute nach berechenbaren Sicherheiten, die keine geisteswissenschaftliche Erkenntnis zu bieten vermag. Unsere Überzeugungsgewißheit ist im letzten unsicher geworden, und die Wissenschaft möchte sie durch die Objektivität logisch-mathematischer Denkgewißheit ersetzen, um uns damit die Entscheidung und eine für manchen kaum noch erträgliche Verantwortung zu ersparen«.[82]

Glücklicherweise ist heute unsere Überzeugungsgewißheit wieder größer geworden, und so kann sich unsere Diskussion insoweit vielleicht auf einem sichereren Boden bewegen als die Weimarer Diskussion. Jedenfalls können wir uns, glaube ich, ziemlich unbefangen einzelnen *Prinzipien* der Verfassungsinterpretation zuwenden.

III, 2

*Prinzipien* der Verfassungsinterpretation im technischen Sinne sind Hilfsmittel im hermeneutischen Geschäft der Verfassungstheorie. Man kann sie mit Esser »Rechtsfindungsregeln« nennen.[83] Im Gegensatz zu den gegenüber der Sache verselbständigten »Auslegungsmethoden« stellen sie am Problem entwickelte sachliche Regeln für Problemlösungen dar. Sie sind Ausdruck des verfassungstheoretischen Vorverständnisses bestimmter verfassungsrechtlicher Probleme. Der materielle Charakter von Prinzipien der Verfassungsinterpretation/(73) wird schon darin deutlich, daß in unserer heutigen Diskussion Grundrechte und Verfassungsgrundsätze oft zugleich als Interpretationsprinzipien bezeichnet werden.[84] Damit ist gemeint, daß diese Grund-

81 In der amerikanischen Diskussion spricht *W. Hurst* – in *E. Cahn* (Hrsg.), Supreme Court und Supreme Law, S. 58 – vom »best consensus of many minds and many years«.

82 Bemerkungen zur staats- und rechtstheoretischen Problematik der Gegenwart, AöR N.F. Bd. 16 (1929), S. 321, 322.

83 Grundsatz und Norm, S. 87 ff., 107 ff.

84 Siehe etwa *v. Mangoldt-Klein*, Das Bonner Grundgesetz (2. Aufl. 1957), S. 69, 89. *Maunz-Dürig*, Grundgesetz, Ziff. 71, 72 zu Art. 2 Abs. 1; und schon *G. Holstein*, VVDStRL, Heft 2 (1925), S. 252; *C. Schmitt*, Inhalt und Bedeutung des zweiten Hauptteils der Reichsverfassung, HDStR, Bd. II (1932), S. 597, 605.

rechte und Grundsätze auch in Fällen, die sie nicht direkt betreffen, für die Problemlösung relevante Gesichtspunkte darstellen können. Der tragende Grund dieser Auffassung ist das Prinzip der Interpretation der Verfassung als einer Einheit.[85] Als Prinzipien der Interpretation der Grundrechte selbst können etwa das Prinzip der Interpretation der Grundrechte aus einem vorausgesetzten Grundrechts-»System«, der Satz »in dubio pro libertate« oder das Prinzip der sog. »Grundrechtseffektivität« genannt werden. Aus dem bundesstaatlichen Bereich wäre etwa der – m. E. heute etwas überstrapazierte – Grundsatz der »Bundestreue« zu nennen. Diese Prinzipien mögen sachlich richtig oder unrichtig sein, damit werde ich mich noch beschäftigen, strukturell richtig sind sie darum, weil sie *sachliche* Entscheidungsregeln zu entwickeln suchen.

Neben solchen materiell-rechtlichen Interpretationsprinzipien gibt es vor allem in einem Verfassungsrecht mit Verfassungsrechtsprechung aber noch eine andere Art von Interpretationsprinzipien. Ich möchte sie die funktionell-rechtlichen nennen. In ihnen wirkt sich die sachliche Eigenart des Verfassungsrechts auf die Stellung des Verfassungsgerichts selbst aus. Sie betreffen u. a. die Verteilung der Aufgaben der Verfassungsinterpretation und der Verfassungsfortbildung auf die verschiedenen Verfassungsorgane. Während sie etwa im amerikanischen Verfassungsrecht eine große Rolle spielen, wird ihnen bei uns weniger Aufmerksamkeit geschenkt. Ich nenne hier als Beispiele den Grundsatz der verfassungskonformen Gesetzesauslegung und die »political question«-Doktrin. Wie die letztgenannte Doktrin und in der amerikanischen Diskussion vor allem auch die sogenannte »preferred freedoms«-Doktrin[86] zeigt, stehen die materiell-rechtlichen und die funktionell-rechtlichen Interpretationsprinzipien in unlösbarem Zusammenhang, ja im Grunde hat jedes Interpretationsprinzip eine materiell- und eine funktionell-rechtliche Bedeutung.

/(74) Ich will solchen Interpretationsprinzipien im folgenden in der Rechtsprechung des Bundesverfassungsgerichts nachgehen. Wenn man die bisher vorliegenden elf Bände dieser Rechtsprechung einmal im Zusammenhang durchsieht, kann man von der Arbeit und Leistung des Gerichts nur zutiefst positiv beeindruckt sein. Für unsere heutigen hermeneutischen Zwecke habe ich aber einige Stellen herausgesucht, die ich für angreifbar halte. Ich habe das in der Überzeugung getan, daß der Versuch ebenso freimütiger wie sachlicher Kritik seiner Rechtsprechung das erste ist, was die Lehre dem hohen Gericht schuldet.

85 Das wird etwa in BVerfGE 1, 14 (32 f.); 2, 380 (403); 3, 225 (231) deutlich.
86 Siehe im einzelnen *Ehmke*, Wirtschaft und Verfassung, S. 437 ff.

A. Lassen Sie mich mit Beispielen (primär) *funktionell*-rechtlicher Interpretations-Prinzipien beginnen.

a) Oben habe ich bereits darauf hingewiesen, daß das Bundesverfassungsgericht im Rahmen der *verfassungskonformen Auslegung* von der »Absicht des Gesetzgebers« das mit der Verfassung vereinbare »Maximum« aufrechterhalten will.[87] Soweit damit die »subjektive« Absicht des Gesetzgebers gemeint sein sollte, ist diese Äußerung auf dem Boden einer sog. objektiven Auslegung unverständlich. Soweit damit aber die objektive »Absicht des *Gesetzes«* gemeint sein sollte, ist diese Rechtsprechung verfassungsrechtlich bedenklich. Der Grundsatz der verfassungskonformen Auslegung kann nur zum Zuge kommen, wenn mehrere Auslegungen an sich möglich sind. In einem solchen Fall hat die verfassungskonforme als die objektive Absicht des *Gesetzes* zu gelten; materiell-rechtlich weil das Gesetz in die gesamte Rechtsordnung ein- und damit der Verfassung untergeordnet ist, funktionell-rechtlich, weil das Verfassungsgericht nur ein klar verfassungswidriges Gesetz für nichtig erklären darf. Dann ist es aber sinnlos, im Falle einer verfassungskonformen Gesetzesauslegung von einem aufrechterhaltenen »Maximum« des Gesetzes zu sprechen. Andererseits kann das Bundesverfassungsgericht sich nicht – wie es es m. E. zum Beispiel hinsichtlich des/(75) § 18 Abs. 3 des Landesverwaltungsgerichtsgesetzes von Rheinland-Pfalz getan hat[88] – im Namen einer sogenannten verfassungskonformen Auslegung über Wortlaut, Entstehungsgeschichte *und* Sinn und Zweck eines Gesetzes hinwegsetzen. Der Grundsatz der verfassungskonformen Auslegung ist keine Kompetenzgrundlage für die »Verbesserung« von Gesetzen durch das Bundesverfassungsgericht. Er ermächtigt das Bundesverfassungsgericht auch nicht, seine Kontrollzuständigkeit von dem Fall klarer Verfassungswidrigkeit auf den Fall zweifelhafter Verfassungsmäßigkeit auszudehnen.

Eine diffizilere Problematik der sog. verfassungskonformen Auslegung liegt in unserem System einer besonderen Verfassungsgerichtsbarkeit beschlossen. Für den amerikanischen Supreme Court hat man mit Recht gesagt, daß in seiner Rechtsprechung die Gesetzesinterpretation eine größere Rolle spielt

87 BVerfGE 8, 28 (33 f.); 9, 194 (200); siehe oben S. 58. Vgl. BVerfGE 2, 266 (282); 2, 336 (340); 2, 380 (389); 4, 7 (22); 4, 331 (351); 7, 53 (58); 7, 120 (126); 7, 267 (272 f.); 7, 305 (319); 8, 38 (41); 8, 71 (78); 8, 210 (217, 220 f.); 8, 274 (324); 10, 59 (80); 10, 340 (351); 12, 45; 12, 151. Zu dieser Rechtsprechung siehe *V. Haak*, Quelques aspects du contrôle de la constitutionnalité des lois, Revue Internationale du droit comparé, 1961, S. 1 ff.; ferner *B. Bender*, Inhalt und Grenzen des Gebots der verfassungskonformen Gesetzesauslegung, MDR 1959, S. 441, insb. zur verfassungskonformen Auslegung sog. vor-konstitutioneller Gesetze.

88 BVerfGE 9, 194.

als die Ausübung des richterlichen Prüfungsrechts.[89] Aber der Supreme Court ist auch ein »normales« Gericht, das heißt, ohnehin für die Gesetzesinterpretation zuständig und zwar mit Präzedenz-Wirkung. Kann ein besonderes Verfassungsgericht auf dem Wege über die verfassungskonforme Auslegung – auf die parallele Problematik bei gegen gerichtliche Entscheidungen erhobenen Verfassungsbeschwerden sei nur hingewiesen – zu einer Art oberstem Zivil-, Straf- oder Verwaltungsgericht werden? Hinzu kommt die Problematik des »Landesrechts in Bundesgerichten«. Da in unserem Recht jedes Gericht vorlegen kann, und außerdem die Entscheidungen der obersten Gerichte keine Präzedenz-Wirkung haben, spricht sicher manches für die Ansicht des Bundesverfassungsgerichts, daß es bei Vorlage gemäß Art. 100 GG die an der Verfassung zu messende Norm selbst auszulegen habe.[90] Muß hier aber nicht differenziert werden? Kann sich das Gericht zum Beispiel – wie in dem oben erwähnten rheinland-pfälzischen Fall – über die sonst einhellige Auslegung einer *landes*rechtlichen Vorschrift hinwegsetzen? Muß es nicht auch jedenfalls an eine *feststehende* Gesetzesauslegung der oberen *Bundes*gerichte gebunden sein? Ich will hier nicht versuchen, diese Fragen zu beantworten. Diesen Problemen einer besonderen Verfassungsgerichtsbarkeit muß im einzelnen nachgegangen werden.

b) Damit komme ich zur »political question«-Doktrin. Friesenhahn hat mit Recht darauf hingewiesen, daß es sich hier/(76) um eine speziell amerikanische Doktrin handele, die nicht ohne weiteres in unser Verfassungsrecht übernommen werden kann. Er hat ferner betont, daß es sich für uns hier im Grunde um die materiell-rechtliche Frage handele, ob eine die staatlichen Instanzen bindende Norm überhaupt vorhanden sei.[91] Das steht in Übereinstimmung mit dem, was ich oben über den engen Zusammenhang der materiell- und der funktionell-rechtlichen Seite von Interpretationsprinzipien gesagt habe.[92] So hat sich der Supreme Court etwa in Fragen der Steuer- und der Währungskompetenz der »political question«-Doktrin auch von der materiell-rechtlichen Seite her genähert.[93] Nur hat Friesenhahn zum Beleg seiner These ein m. E. zu leichtes Beispiel gewählt, nämlich das der Anerkennung einer auswärtigen Regierung. Lassen Sie mich ein

89 *W. Hurst* in *E. Cahn*, a.a.O., S. 153.

90 Siehe etwa BVerfGE 2, 105 (110); 2, 181 (193); 7, 45 (50); 8, 210 (217); 10, 340 (345).

91 Oben Anm. 55 zitiert, S. 152 ff.

92 Auch *Esser* hat darauf hingewiesen, daß es für die Beantwortung der Frage, ob ein bestimmtes Prinzip ein materielles Prinzip oder eine Rechtsfindungsregel sei, ganz auf den Blickpunkt ankomme, von dem aus man die Norm betrachte, Grundsatz und Norm, S. 107 ff.

93 Siehe *Ehmke*, Wirtschaft und Verfassung, S. 150, 166 ff., 180 ff., 333, 463, 467, 475.

anderes Beispiel bilden: Zwei Exporteure A und B nehmen – von ihrer Regierung ermuntert – jeweils umfangreiche ausländische Regierungsaufträge an, der eine vom Land A, der andere vom Land B. Plötzlich bricht ihre Regierung ohne jeden Grund die Beziehungen, auch die handelspolitischen Beziehungen, zum Land A, aber nicht zum Land B ab. Der Exporteur A kann seinen Auftrag, auf den er alles gesetzt hat, nicht ausführen. Ihm droht der Verlust seines Vermögens und seines Unternehmens. Im Wege der Verfassungsbeschwerde rügt er die Verletzung der Art. 2, 3, 12 und 14 GG. Hier sind also Normen, die die Regierung binden. Und trotzdem kann das Gericht nicht mit einer Entscheidung über die Verfassungsbeschwerde die Außenpolitik der Regierung »korrigieren«. Die Frage ist: Aus materiell-rechtlichen oder aus funktionell-rechtlichen Gründen nicht, weil nämlich das Gericht trotz bestehender materiell-rechtlicher Normen aus diesen »politischen Fragen« ausgeschlossen ist? Im zweiten Fall müßte das Gericht die Verfassungsbeschwerde schon als unzulässig abweisen: Eine Lösung für die – angesichts des Umstandes, daß das Gericht auf keinen Fall den Abbruch der Beziehungen zum Land A rückgängig machen kann, das Ergebnis seiner Entscheidung also von vornherein feststeht – doch manches spricht.

c) Auch die sog. »preferred freedoms«-Doktrin zeigt die materiell- und funktionell-rechtliche Doppelseitigkeit von In-/(77)terpretationsprinzipien. Die Doktrin besagt im wesentlichen folgendes: Gesetze im wirtschaftlichen Bereich können vom Supreme Court nur auf Willkür nachgeprüft werden. Im übrigen muß die Beseitigung einer bedrückenden oder sonst schlechten Wirtschaftsgesetzgebung der demokratischen Auseinandersetzung überlassen bleiben. Das Offenhalten des freien demokratischen Prozesses, in dem eine solche Korrektur erzwungen werden kann, ist dagegen eine der wichtigsten Aufgaben der Verfassungsrechtsprechung. Daher reicht die Prüfungszuständigkeit des Verfassungsgerichts im politischen Bereich weiter als im wirtschaftlichen Bereich. Ich halte diese Doktrin, die ich an anderer Stelle eingehender behandelt habe,[94] für eine im wesentlichen richtige Einsicht in Fragen der Grundrechtsinterpretation. Gerade sie zeigt im übrigen, daß nur eine sachbezogene Interpretationslehre die notwendige Differenzierung der Interpretation nach Problembereichen erschließen kann.

Meine Untersuchung von Prinzipien der Grundrechtsinterpretation, der ich mich nunmehr im Zusammenhang mit dem Prinzip der Interpretation der Verfassung als einer Einheit zuwende, wird im wesentlichen im wirtschaftlichen Bereich liegen. Meine diesbezüglichen Ausführungen wollen aber auf

94 A.a.O., S. 437 ff.

dem Hintergrund der hier angedeuteten Differenzierung verstanden werden.

B) Ich wende mich nunmehr Beispielen (primär) *materiell*-rechtlicher Interpretationsprinzipien zu.

a) Zunächst zum Prinzip der Interpretation der Verfassung als einer Einheit. Dieses Prinzip spiegelt nicht den formalen Zusammenhang des Verfassungsrechts oder den Versuch seiner Zusammenfassung in einer Urkunde wider. Es ist auch nicht der Ausdruck einer apriorischen Einheit geisteswissenschaftlicher Gebilde. Es ist vielmehr der Ausdruck der konkreten materialen Einheit einer Verfassung, die wir für das Grundgesetz als »freiheitliche demokratische Grundordnung« umschreiben (Art. 18, 21 Abs. 2 GG).[95] Daß »Einheit« weder systematische noch werthierarchische Geschlossenheit bedeuten kann, versteht sich von selbst. Es geht vielmehr um die Notwendigkeit, die Verfassung jeweils als einen in sich sinnvollen, zwar vielseitigen und keineswegs spannungslosen, aber doch immer auf die Einheit des politischen Gemeinwesens gerichteten Ordnungszusammenhang zu interpretieren. Daß das Prinzip für die Verfassung eine weit größere Bedeutung als für das Straf-/(78) oder das Zivilrecht hat, ist in dem konstitutiven, einheitstiftenden Charakter der Verfassung begründet.

Auch das Bundesverfassungsgericht versteht die Einheit der Verfassung in diesem materialen Sinne.[96] Dabei zeigt seine Rechtsprechung aber manche Unklarheiten und Widersprüche.

aa) Der Zweite Senat hat im Südwest-Staat-Urteil unter Hinweis auf Art. 79 Abs. 3 GG die Einheit der Verfassung als eine hierarchische verstanden, in der die Einzelbestimmungen den tragenden Grundsätzen der Verfassung untergeordnet seien. In einem Leitsatz hat das Urteil gleichzeitig für das Bundesverfassungsgericht das Recht in Anspruch genommen, Bestimmungen der ursprünglichen Verfassung an überpositivem Recht zu messen.[97] Der Erste Senat hat im Gleichberechtigungs-Urteil aus der Einheit der Verfassung dagegen gefolgert, daß es auf der Ebene der Verfassung selbst keine höher- oder niederrangigen Normen geben könne.[98] Für die Möglichkeit, trotzdem auch Normen der ursprünglichen Verfassung zu überprüfen, hat sich der Erste Senat dann ebenfalls auf überpositives Recht berufen.

95 Für einen Versuch, die Einheit dieser Grundordnung von einem speziellen Blickpunkt her zu erfassen, siehe *Ehmke*, oben Anm. 43 zitiert.
96 BVerfGE 1, 14 (32 f.); 2, 380 (403); 3, 225 (231 ff.).
97 BVerfGE 1, 14 (32: Leitsatz 27); siehe auch 5, 85 (137).
98 BVerfGE 3, 225 (231 ff.).

[Nach seinen Ausführungen und seinen Literaturzitaten ist nicht klar, ob er nur von der Verfassung aufgenommenes Recht meint. Solches gibt es natürlich. Auch der Verfassungsgeber arbeitet nicht im rechtlich luftleeren Raum, auch ihm sind Probleme und Lösungsmöglichkeiten vorgegeben.[99] Insoweit spricht das Gericht an anderer Stelle auch mit Recht von einem »*vor*-verfassungsmäßigen Gesamtbild«.[100] Mit der Aufnahme in die Verfassung, die im Text nur unvollkommen Ausdruck finden mag, gehören diese Grundsätze dann aber doch zum *verfassungsmäßigen* Gesamtbild, so daß das in einem solchen Sinne verstandene Argument im Grunde wieder auf die gerade abgelehnte Hierarchie-Vorstellung herauslaufen würde. Das Urteil kann also nur dahin verstanden werden, daß es außerhalb der Verfassung stehendes Recht meint.[101]]

Sowohl eine »hierarchische« Vorstellung, die Einzelbestimmungen der ursprünglichen Verfassung von den tragenden Verfassungsgrundsätzen her nicht nur interpretieren, sondern/(79) hinweginterpretieren will, als auch die Vorstellung einer »Korrektur« der Verfassung von »überpositivem« Recht her geben die Idee der Einheit der Verfassung im Grunde auf.

Die Möglichkeit eines Widerspruches zwischen einer Verfassungsbestimmung und elementaren Rechtsgrundsätzen schlechthin zu verneinen, wäre zwar in der Tat Positivismus. Gegen die Überprüfung von Bestimmungen der ursprünglichen Verfassung – die Frage ist von der Überprüfung verfassungsändernder Gesetze etwa an Art. 79 Abs. 3 GG grundverschieden – bestehen aber unter beiden Theorien erhebliche funktionell-rechtliche Bedenken. Auch das Verfassungsgericht ist eine Schöpfung der Verfassung. Die Verfassung ist auch die Grundlage seiner Befugnisse. Könnte es den Verfassungsgeber »korrigieren«, so könnte es damit seine eigene Kompetenzgrundlage revidieren. Das halte ich für ausgeschlossen.

Gegen eine Prüfung von Verfassungsbestimmungen an außerhalb der Verfassung stehendem Recht besteht noch ein weiteres Bedenken. Für das Verfassungsrecht ist ein – nicht auf Naturrecht, sondern auf positivem Recht beruhendes – Prüfungsmonopol eines Gerichts denkbar. Kann es aber auch für überpositives Recht ein Prüfungsmonopol geben? In der Rechtsprechung der Landesverfassungsgerichte wird die Überprüfung *einfacher* Gesetze an überpositivem Recht interessanterweise den ordentlichen

99 Siehe dazu etwa O. *Bachof*, Verfassungswidrige Verfassungsnormen? (1951), S. 27 ff.; *Ehmke*, oben Anm. 43 zitiert, S. 85 ff.

100 BVerfGE 2, 380 (403).

101 So auch *J. Federer*, Die Rechtsprechung des Bundesverfassungsgerichts zum Grundgesetz für die Bundesrepublik Deutschland, JbdöR. N. F. Bd. 3 (1954), S. 15, 20 ff.; vgl. die dort zitierte Literatur, insb. O. *Bachof*, oben, Anm. 99 zitiert.

Gerichten überlassen,[102] übrigens eine Ansicht, zu der es in der frühen Rechtsprechung des Supreme Court Parallelen gibt.[103] Kann für Verfassungsbestimmungen etwas anderes gelten, kann hier das positiv-rechtliche Prüfungsmonopol in Anspruch genommen werden? Nehmen wir an, daß z. B. ein Strafrichter einen Fall dem Verfassungsgericht vorlegt, da er eine strafrechtliche Verfassungsbestimmung, etwa eine Hochverratsbestimmung, für mit einem elementaren Rechtsgrundsatz unvereinbar hält. Das Verfassungsgericht entscheidet im entgegengesetzten Sinne. Soll der Richter jetzt entgegen seiner elementaren Rechtsüberzeugung bestrafen müssen? Die gleiche Frage stellt sich natürlich auch in Revisionsfällen im Instanzenzug der ordentlichen Gerichte. Ich möchte die Beantwortung dieser schwierigen Frage der Naturrechtsdiskussion überlassen. Sie scheint mir jedenfalls zu zeigen, daß das Bundesverfassungsgericht gut daran täte, sich nicht an überpositives Recht, sondern an die materiale Einheit der Verfassung zu halten.[104]

/(80) bb) Im wesentlichen beruhen die Unklarheiten des Gerichts in dieser Frage nun allerdings lediglich darauf, daß es das Prinzip der Interpretation der Verfassung als einer Einheit gerade auf Bestimmungen angewandt hat, für die das Prinzip keine Rolle spielen kann, nämlich auf *Übergangsbestimmungen*. Als Beispiele aus der Rechtsprechung des Bundesverfassungsgerichts nenne ich Artikel 117 Abs. 1 GG,[105] Art. 118 GG,[106] Art. 131 GG,[107] Art. 132 Abs. 1 GG,[108] Art. 139 GG.[109] In allen Fällen wurden die aus der besonderen Situation des Zusammenbruchs und des Neuanfangs begründeten Übergangsbestimmungen aufrechterhalten. Dazu bedurfte es keiner Auseinandersetzung mit dem Prinzip der Verfassung als einer Einheit.[110]

102 *Bachof* und *Jesch*, a.a.O., S. 56 f.

103 Siehe *Ehmke*, Wirtschaft und Verfassung, S. 218 m. Anm. 16, S. 228 m. Anm. 58.

104 Im gleichen Sinne *H. Ipsen*, Grundgesetz und richterliche Prüfungszuständigkeit, DV 1949, S. 486, 490; *A. Arndt*, Das Verfassungsgericht, DVBl. 1951, S. 297. 299; *W. Apelt*, Erstreckt sich das richterliche Prüfungsrecht auf Verfassungsnormen?. NJW 1952, S. 1; ders., Verfassung und richterliches Prüfungsrecht, JZ 1954, S. 401; *D. Engelhardt*, Das richterliche Prüfungsrecht im modernen Verfassungsstaat, JbdöR. N. F. Bd. 8 (1959), S. 101, 129 ff. Dagegen erneut O. *Bachof*, Bemerkungen zur »verfassungswidrigen Verfassungsnorm«, DÖV 1961, S. 927, 928.

105 BVerfGE 3, 225 (229 ff.).

106 BVerfGE 1, 14 (32 f.).

107 BVerfGE 1, 167 (177 ff.).

108 BVerfGE 4, 294 (296).

109 Siehe BVerfGE 1, 5 (7).

110 Siehe dazu auch *H. Ehmke*, Verfassungsänderung und Verfassungsdurchbrechung, AöR Bd. 79 (1954), S. 385, 405 ff.

cc) Hat sich das Verfassungsgericht in den Fällen der Übergangsbestimmungen mit dem Prinzip der Verfassungseinheit unnötige Mühe gemacht, so ist es ihm umgekehrt in den Fällen nicht ganz gerecht geworden, in denen es sich mit sogenannten »Antinomien« der Verfassung beschäftigt. Die Behauptung von »Antinomien« im Verfassungsrecht bestreitet ja gerade die Einheit der Verfassung. Es sei nur an die – m. E. unrichtige – Entgegensetzung von Rechtsstaat und Demokratie bei Schmitt oder von Rechtsstaat und Sozialstaat bei Forsthoff erinnert.[111] Das Gericht gebraucht den Begriff der »Antinomie« zwar mehr im Sinne eines gewissen Spannungsverhältnisses. Gerade das insoweit interessanteste Problem, das Verhältnis von Art. 38 zu Art. 21 GG, hätte sich aber durch den Gedanken der Einheit der Verfassung (speziell: des Zusammenhanges von Parlaments- und Parteienordnung) überzeugender lösen lassen, als durch die Behauptung einer »prinzipiellen Unvereinbarkeit«/(81) der Vorschriften und das anschließende Erdrücken des Art. 38 durch das angeblich »höhere Gewicht« des Art. 21 GG.[112] Das dieser Argumentation zugrundeliegende verfassungstheoretische Vorverständnis ist die vor allem von Leibholz vertretene interessante These von der grundsätzlichen Verschiedenheit der sogenannten liberalrepräsentativen und der sogenannten parteienstaatlichen Demokratie.[113] Leibholz hat diese These in eingehender Weise zu begründen gesucht, und doch bezweifle ich – insbesondere nach Scheuners neuer Arbeit über die historische Entwicklung des repräsentativen Prinzips[114] –, daß diese idealtypische Entgegensetzung der historischen und politischen Analyse letztlich standhalten wird. Ich glaube vielmehr, daß eine solche Analyse gerade auch in diesem Fall zu einem besseren Verständnis der Einheit der Verfassung führen wird.

[Ebenso läßt sich das vom Bundesverfassungsgericht behandelte Verhältnis von Art. 21 Abs. 2 zu Art. 5 GG[115] oder von Art. 3 Abs. 2 zu Art. 6 Abs. 1 GG[116] von der Einheit der Verfassung her bestimmen.]

111 Siehe dazu *Kägi*, Rechtsstaat und Demokratie, oben Anm. 44 zitiert; *R. Bäumlin*, Die rechtsstaatliche Demokratie (1954); *K. Hesse*, Der Rechtsstaat im Verfassungssystem des Grundgesetzes, in: Staatsverfassung und Kirchenordnung, Festgabe für Rudolf Smend (1962), S. 71.

112 BVerfGE 2, 1 (72 ff.); abgemildert zum »gewissen Spannungsverhältnis« in BVerfGE 5, 85 (233).

113 Strukturprobleme der modernen Demokratie, S. 71 ff., 78 ff., 142 ff.

114 Das repräsentative Prinzip in der modernen Demokratie, Huber-Festschrift (1961), S. 222; siehe ferner *E. Fraenkel*, Die repräsentative und die plebiszitäre Komponente im demokratischen Verfassungsstaat (1958), und *W. Hennis*, Meinungsforschung und repräsentative Demokratie (1957), S. 48 ff.

115 BVerfGE 5, 85 (137 ff.).

116 BVerfGE 3, 225 (241 ff.); 6, 55 (82); 10, 59 (66 ff.).

b) Habe ich mich bisher nur zu zeigen bemüht, daß in der Anwendung des Prinzips der Interpretation der Verfassung als einer Einheit durch das Bundesverfassungsgericht Unklarheiten und Widersprüche bestehen, ohne zu behaupten, daß diese Mängel auch zu unrichtigen Interpretationen einzelner Verfassungsvorschriften oder gar zu unrichtigen Entscheidungen konkreter Streitfälle geführt hätten, so wende ich mich nunmehr Fällen zu, in denen die *Nichtbeachtung* des Grundsatzes der Einheit der Verfassung m. E. solche Resultate gehabt hat. Diese Fälle liegen auf dem Gebiet der Grundrechtsinterpretation. Bevor ich mich der Kernfrage dieser Nichtbeachtung unseres Prinzips in der Grundrechtsinterpretation zuwende, muß ich zunächst zwei Arten der Grundrechtsinterpretation behandeln, die diese Nichtbeachtung mit begründet haben.

/(82) aa) Die erste ist die Interpretation der Grundrechte aus einem vorausgesetzten Grundrechts-»System«. Diese Vorstellung beruht entweder auf einem unhistorischen Grundrechtsverständnis, für das die Ableitung eines sogenannten »lückenlosen Wertschutzsystems« aus Art. 1 und 2 GG durch Dürig repräsentativ ist,[117] oder aber auf einem historisch unrichtigen Grundrechtsverständnis, für das die Äußerung des Bundesverfassungsgerichts, die Grundrechte hätten sich aus den im 18. Jahrhundert proklamierten Rechten der Freiheit und Gleichheit entwickelt,[118] nicht unrepräsentativ ist. Den Hauptansatzpunkt des grundrechtlichen »Systemdenkens« bildet Art. 2 Abs. 1 GG, der als »Mutterrecht«, »Hauptfreiheitsrecht«, »Auffangrecht« usw. bezeichnet und zum System-Angelpunkt erhoben wird.

Auch das Bundesverfassungsgericht faßt Art. 2 Abs. 1 GG als allgemeines Grundrecht auf, dem gegenüber die anderen Grundrechte dann als »speziell« erscheinen.[119] Nun mag man, da etwa die religiöse oder die künstlerische Freiheit (Art. 4, Art. 5 Abs. 3 GG) sicher auch zur »freien Entfaltung der Persönlichkeit« gehören, den »Ergänzungscharakter« des Art. 2 Abs. 1 GG

117 *Maunz-Dürig*, Grundgesetz, zu Art. 1 und Art. 2; dazu *Ehmke*, Wirtschaft und Verfassung, S. 58 ff.

118 BVerfGE 1, 97 (104).

119 BVerfGE 6, 32 (37); 8, 274 (328); 9, 63 (73); 10, 55 (58); 11, 234 (238). – Allerdings ist das Bundesverfassungsgericht in der Handhabung der »Spezialität« – wie schon *B. Wolff*, Die Rechtsprechung des Bundesverfassungsgerichts von 1957–1959, JbdöR. N. F. Bd. 9 (1960), S. 69, 74 ff., betont hat – nicht ganz konsequent: Während es einerseits ein Gesetz, das in Ansehung des Art. 12 Abs. 1 GG vor seinen Augen Bestand haben kann, nicht mehr unter dem Gesichtspunkt des Art. 2 Abs. 1 GG prüft (siehe BVerfGE 9, 73 [77]; 9, 338 [343]), prüft es etwa Auferlegungen von Geldleistungen oder Preisbindungen, die es für mit Art. 14 GG vereinbar hält, dennoch unter dem Gesichtspunkt des Art. 2 Abs. 1 GG (BVerfGE 4, 7 [15 ff.]; 8, 274 [330]). Müßte nicht Art. 14 GG, soweit er überhaupt herangezogen werden kann, auch »speziell« sein?

zumindest historisch gesehen bejahen. Die Vorstellung eines aus den Postulaten der Freiheit und Gleichheit resultierenden Grundrechts-»Systems« führt das Gericht aber – im Anschluß an eine starke Strömung in der Literatur – dazu, »freie Entfaltung der Persönlichkeit« im Sinne der Garantie einer allgemeinen Handlungsfreiheit zu interpretieren, Art. 2 Abs. 1 GG also *all*-ergänzenden Charakter zuzusprechen.[120] Das nach dem Wortlaut der Vorschrift und ihrer Stellung im/(83) Grundgesetz zunächst naheliegende Verständnis des Art. 2 Abs. 1 GG, daß nämlich nur ein Kernbereich menschlicher Freiheit garantiert wird, schiebt das Gericht – außer mit der Berufung auf die Entstehungsgeschichte des Artikels, der nach den allgemeinen Erklärungen des Gerichts nur sekundäre Bedeutung zukommt[121] – mit einem einzigen Argument beiseite. Die freie Entfaltung der Persönlichkeit im Sinne eines personalen Kernbereichs, so argumentiert das Gericht, könne doch nicht das Sittengesetz, die Rechte anderer oder die verfassungsmäßige Ordnung verletzen. Nun wissen wir aber, daß z. B. selbst die religiöse Freiheit – man denke an die Schulbeispiele des Menschenopfers oder der »Sonnenanbeter« – an dem Sittengesetz unserer historisch-kulturellen Ordnung ihre Grenze findet. Das Bundesverfassungsgericht interpretiert also nur die in Art. 2 Abs. 1 GG ausdrücklich genannten »Schranken« der freien Entfaltung der Persönlichkeit in inhärente Grundrechtsschranken um, womit sie als ausdrückliche in der Tat überflüssig werden. Nur kann man dann aus ihnen auch keine Schlußfolgerungen auf das in Art. 2 Abs. 1 garantierte Recht ziehen.

Mindestens ebenso problematisch ist das Ergebnis, zu dem das Bundesverfassungsgericht auf diese Weise kommt. Mit dem Grundrecht dehnt es nämlich – insoweit folgerichtiger als ein Teil seiner Kritiker – auch die Schranken des Art. 2 Abs. 1 GG zu einem allgemeinen Gesetzesvorbehalt aus. Sein Zusatz, daß die die Handlungsfreiheit einschränkenden Gesetze verfassungsgemäß sein müssen, versteht sich von selbst. Nur gibt es hier entscheidende Nuancen. Als sich das Gericht noch nicht zur allgemeinen Handlungsfreiheit durchgerungen hatte, hat es erklärt, bei einer solchen Auslegung des Art. 2 Abs. 1 GG müßten die die allgemeine Handlungsfreiheit einschränkenden Gesetze mit den *sonstigen* Bestimmungen des Grundgesetzes vereinbar sein.[122] So verstanden sagt Art. 2 Abs. 1 GG nichts anderes, als was unser rechtsstaatliches Grundprinzip seit jeher sagt und

120 BVerfGE 6, 32. Siehe dazu *J. Wintrich,* Zur Auslegung und Anwendung des Art. 2 Abs. 1 GG, in: Festschrift für W. Apelt (1958), S. 1 ff. und die dort zitierte Literatur.

121 Siehe BVerfGE 6, 389 (431). Zur Gesetzesauslegung siehe oben, S. 59 f.

122 BVerfGE 4, 7 (16).

was von unserem Strafrecht – nulla poena sine lege – und von unserem Verwaltungsrecht – Grundsatz der Gesetzmäßigkeit – seit jeher vorausgesetzt wird: »Eingriffe« in die Freiheit des Bürgers bedürfen einer gesetzlichen Grundlage. Nur bezieht sich dieser Grundsatz eben nicht auf den Gesetzgeber selbst. So verstanden würde Art. 2 Abs. 1 GG daher gegenüber dem Gesetzgeber »leerlaufen«, sein personaler Kern wäre hinweginterpretiert.

(84) Um dieser Folgerung zu entgehen, erklärte das Gericht nunmehr, ein freiheitseinschränkendes Gesetz dürfe *keinem* Satz der Verfassung – also auch Art. 2 Abs. 1 GG selbst nicht – widersprechen,[123] ein »letzter unantastbarer Bereich menschlicher Freiheit« müsse gewahrt bleiben.[124] Damit kehrt das Gericht zur »Kernauffassung« der Vorschrift zurück, mit der es auch – übrigens unter Berufung auf Art. 19 Abs. 2 GG – ursprünglich sympathisiert hatte.[125] In dieser Linie liegt dann etwa die Entscheidung, daß Körordnungen nicht gegen Art. 2 Abs. 1 verstießen, da sie nicht »den Kernbereich der menschlichen Persönlichkeit«, sondern nur die wirtschaftliche Betätigungsfreiheit beschränkten.[126] Andererseits sollen sich aber auch juristische Personen auf Art. 2 Abs. 1 GG berufen können, so daß die Vorschrift insoweit gewissermaßen die »freie Entfaltung der juristischen Persönlichkeit« zu garantieren scheint.[127] Die Persönlichkeit des Art. 2 Abs. 1 GG leidet in der Rechtsprechung des Bundesverfassungsgerichts offensichtlich an Bewußtseinsspaltung. Hinsichtlich der Anwendung des Art. 19 Abs. 1 Satz 2 GG wird das Grundrecht denn auch ganz offen zweigeteilt: Auf Einschränkungen der allgemeinen Handlungsfreiheit im Gegensatz zur personalen Entfaltungsfreiheit findet Art. 19 Abs. 1 Satz 2 GG keine Anwendung (weil die allgemeine Handlungsfreiheit eben doch kein Grundrecht ist).[128]

Im Endergebnis hat das Bundesverfassungsgericht in Art. 2 Abs. 1 GG neben die ursprüngliche Garantie eines personalen Kernbereichs zwecks Vervollständigung eines vorausgesetzten Grundrechts-»Systems« das rechtsstaatliche Grundprinzip hineininterpretiert. Nun könnte man sich mit dem Gedanken beruhigen, daß ja alles beim alten geblieben sei. Aber das hieße zunächst, die funktionell-rechtliche Bedeutung dieser Interpretation zu über-

123 BVerfGE 10, 354 (363).
124 BVerfGE 6, 32 (41); 6, 389 (433).
125 BVerfGE 2, 237 (265 f.).
126 BVerfGE 10, 55 (59); hier wird aus dem Grundsatz der »Spezialität« (s. oben Anm. 119) erst dem Art. 12 Abs. 1 GG der Vorzug gegeben, dann aber doch noch die »Kernfrage« geprüft; siehe auch 9, 137 (146).
127 BVerfGE 10, 89 (99). Siehe auch BVerfGE 10, 221 (225): Rechtsfähiger Verein.
128 BVerfGE 6, 32 (37); 8, 274 (329); 10, 89 (99).

sehen. Zum Grundrecht erhoben, kann das Grundprinzip des Rechtsstaats nunmehr im Wege der Verfassungsbeschwerde verfolgt werden. Jedes Gesetz, das die allgemeine Handlungsfreiheit einschränkt – und welches Gesetz tut das nicht? – kann nun mit der Behauptung, es verletze *irgend-*/(85) *eine* Bestimmung der Verfassung, im Wege der Verfassungsbeschwerde angegriffen werden.[129] Dem Sinn des § 90 BVerfGG scheint mir dieses Ergebnis direkt zu widersprechen. Wüßte man nicht, welche Arbeitslast das Gericht zu tragen hat, so könnte man geradezu argwöhnen, daß es sich hier um eine Art Arbeitsbeschaffungsprogramm im Wege der Selbsthilfe handele.

Zugleich hat das Hineininterpretieren des Grundprinzips des Rechtsstaats in Art. 2 Abs. 1 GG aber auch eine ganz grundsätzliche materielle Bedeutung. Es sprengt die Einheit der Verfassung zugunsten eines in sich geschlossenen Grundrechtssystems. Von der Einheit der Verfassung her gesehen gibt es kein Grundrechts-»System«, sondern nur bestimmte grundrechtlich gesicherte Lebensbereiche, deren Einheit nur im Zusammenhang mit dem Grundprinzip des Rechtsstaats verstanden werden kann, das die Sicherung und Ausgestaltung der Freiheit des Bürgers unter Bindung der Verwaltung und der Gerichte in die Hände des Gesetzgebers legt. Die Umformung der »grundsätzlichen Freiheitsvermutung« des Rechtsstaats in ein Grundrecht[130] ändert dieses Prinzip in seinem Wesen, indem es es zu einer »Freiheitsvermutung« gegen die Rechtsetzung des Gesetzgebers macht. Hans Huber hat schon vor 25 Jahren dargelegt, wie unrichtig eine Vorstellung ist, die das Recht als Widerspruch zur sogenannten »natürlichen« Freiheit auffaßt, da es doch Freiheit nur im Recht geben kann.[131] Er hat dabei zugleich gezeigt, daß diese Auffassung ihre Wurzeln in der deutschen Verwaltungsrechtswissenschaft hat. Es ist die deutsche Tradition des den Absolutismus nicht überwindenden, sondern nur gegen ihn gesetzten Rechtsstaats, die hier eine absolut gesetzte Freiheit des Einzelnen als Gegenpol der absoluten Staatsmacht erscheinen läßt,[132] (übrigens eine Tradition, die

129 BVerfGE 6, 32 (41); 6, 389 (433); 7, 111 (119); 9, 3 (11 f.); 10, 89 (99); 10, 354 (360); 11, 105 (110); 11, 234 (236).

130 Siehe BVerfGE 6, 32 (42).

131 Die Garantie der individuellen Verfassungsrechte, Verhandlungen des Schweizerischen Juristenvereins 1936, 1. Heft, S. 118 a ff. Siehe jetzt vor allem *P. Häberle*, Die Wesensgehaltgarantie des Art. 19 Abs. 2 GG. Zugleich ein Beitrag zum institutionellen Verständnis der Grundrechte und zur Lehre vom Gesetzesvorbehalt (1962), S. 145 ff., 224 ff.

132 Siehe dazu *H. Ehmke*, »Staat« und »Gesellschaft« als verfassungstheoretisches Problem, in: Staatsverfassung und Kirchenordnung, Festgabe für Rudolf Smend (1962), S. 23, und die dort zitierte Literatur.

heute im Verfassungsrecht auf breiter Front in Form einer oft schiefen Rezeption verwaltungsrechtlicher Vorstellungen in Er-/(86)scheinung tritt).[133] Im Grundrechtsbereich wird die Freiheit des Bürgers als prinzipiell unbegrenzt gedacht, um dann in einem komplizierten System von Vorbehalten, Eingrenzungen, Schrankenziehungen usw. gewissermaßen nachträglich und von außen eingeschränkt zu werden. Es ist eine Grundrechtsvorstellung, die etwa dem anglo-amerikanischen Denken völlig fremd ist,[134] und gegen die bei uns von einem institutionellen Grundrechtsverständnis her Erich Kaufmann und vom Boden der Integrationslehre aus Rudolf Smend mit Recht gekämpft haben.[135]

Die Umformung der Freiheitsvermutung des Rechtsstaats in ein Grundrecht führt im übrigen ganz folgerichtig zum zweiten unrichtigen Interpretationsprinzip im Grundrechtsbereich, dem ihrer grundsätzlich extensiven Auslegung.

bb) In unmittelbarem Zusammenhang mit dem zu Art. 2 Abs. 1 GG Ausgeführten steht der alte, in unserer Diskussion – ebenfalls in Anlehnung an das Verwaltungsrecht – vor allem von Peter Schneider vertretene angebliche Interpretationsgrundsatz: »in dubio pro libertate«.[136] Damit keine Mißverständnisse entstehen, möchte ich zunächst betonen, daß es sich hier nicht um ein in der Schweizer Lehre anerkanntes Prinzip handelt. Herr Schneider hat schon selbst Walther Burckhardt zitiert, der in diesem angeblichen Interpretationsprinzip nur einen »logischen Kniff« gesehen hat.[137] Hans Huber hat das Prinzip »ein Kunststück einer politisch angehauchten Theorie« genannt,[138] Hegnauer hält es für schematisch und potentiell begriffsjuristisch[139] und in der jüngsten Schweizer Arbeit zur Interpretationslehre wird es schlicht als »falsch« bezeichnet.[140] Der amerikanischen Lehre würde es für den wirtschaftlichen Bereich als unrichtig, für den politischen Bereich als grobe Simplifizierung erscheinen. Auf die erforderliche Differenzierung zwischen diesen beiden Bereichen habe ich schon hingewiesen./(87)

133 Siehe dazu jetzt die Arbeit von *P. Lerche*, Übermaß und Verfassungsrecht (1961).

134 Siehe dazu *Ehmke*, Wirtschaft und Verfassung, Kap. 2.

135 Siehe dazu jetzt *Häberle*, oben Anm. 131 zitiert.

136 Siehe *P. Schneider*, In dubio pro libertate, Festschrift Deutscher Juristentag, Bd. II (1960), S. 263 ff.; siehe auch *Wintrich*, oben Anm. 120 zitiert, S. 6.

137 Methode und System des Rechts (1936), S. 287 f.

138 A.a.O., S. 119 a.

139 *C. Hegnauer*, Das Sprachenrecht der Schweiz (Diss. Zürich 1947), S. 212 ff.

140 *A. Keller*, Die Kritik, Korrektur und Interpretation des Gesetzeswortlauts (Diss. Zürich, 1960), S. 278 f.

Abgesehen davon, daß die Anwendung der Begriffe »Vermutung« und »Zweifel« auf Normen, statt auf Tatsachen, nicht sehr glücklich ist,[141] gilt in der dialektischen Einheit von Freiheit und Ordnung,[142] wie Keller es sehr schön formuliert hat, »im ›Zweifel‹ ... weder die freiheitlichere noch die unfreiheitlichere, sondern nur die richtige Regelung«.[143] Eine »Vermutung«, daß der Mensch sich rechtmäßig verhalten werde, vermag eine extensive Grundrechtsinterpretation genauso wenig zu rechtfertigen, wie eine »Vermutung«, daß der Mensch sich unrechtmäßig verhalten werde, eine extensive Kompetenzauslegung (oder restriktive Grundrechtsauslegung) rechtfertigen könnte. Denn der anthropologische Optimismus wie der anthropologische Pessimismus müssen sich gleichermaßen auf Regierte *und* Regierende erstrecken.[144]

Das Bundesverfassungsgericht hat – wie die Literatur[145] – unter Berufung auf Thoma den Grundsatz der sogenannten »Grundrechtseffektivität« zu einem Interpretationsprinzip erhoben.[146] Es folgert aus ihm, daß Grundrechte weit ausgelegt werden müßten. Das ist genau die Folgerung, die Thoma selbst als »groben Irrtum« bezeichnet hat.[147] Für Thoma ging es um die Alternative »Programmsatz« oder »aktueller Rechtssatz«.[148] Nach dem, was ich oben zur Struktur der Rechtsordnung (der Zivilrechts- wie der Verfassungsrechtsordnung) ausgeführt habe, ist diese Alternative zwar unrichtig, aber das steht auf einem anderen Blatt. Der Satz, dem Grundrecht sei die Auslegung zu geben, »die die juristische Wirkungskraft der betreffenden Norm am stärksten entfaltet«,[149] bedeutete für Thoma einzig und allein, daß grundrechtliche Sätze »im Zweifel« als Rechts- und nicht als bloße politische Programmsätze zu verstehen sind. Dagegen hat

141 *Huber*, ebd.; *Keller* a.a.O., S. 279.

142 Siehe dazu vor allem *F. Neumann*, The Concept of Political Liberty, 53 Colum. L. Rev. 901 (1953).

143 A.a.O., S. 279.

144 »It may be a reflection on human nature, that ... devices should be necessary to control the abuses of government«, sagt *James Madison* in Nr. 51 des »Federalist«, um fortzufahren: »But what is government itself but the greatest of all reflections on human nature?«

145 Siehe etwa *v. Mangoldt-Klein*, Das Bonner Grundgesetz, Vorbem. Grundrechte B XIV, 3.

146 BVerfGE 6, 55 (72).

147 *R. Thoma*, Die juristische Bedeutung der grundrechtlichen Sätze der Deutschen Reichsverfassung im Allgemeinen, in: *H. C. Nipperdey* (Hrsg.), Grundrechte und Grundpflichten der Reichsverfassung, Bd. I (1929), S. 1, 13.

148 A.a.O., S. 5.

149 A.a.O., S. 9.

er ausdrücklich erklärt, daß/(88) aus dem Satz keinerlei Schlüsse auf den »speziellen Inhalt« eines Grundrechts gezogen werden könnten, daß der Satz z. B. für die Frage, ob der Gleichheitssatz auch den Gesetzgeber binde, irrelevant sei.[150] Wie Schmitt bereits im Handbuch des Deutschen Staatsrechts dargelegt hat, nimmt diese Trennung von Geltungskraft und Inhalt dem Prinzip jeden hermeneutischen Wert.[151] Legt man es aber im inhaltlichen Sinne einer extensiven Grundrechtsinterpretation aus, wie das Bundesverfassungsgericht es tut, dann ist es genauso unrichtig wie der Satz »in dubio pro libertate«.

Ergänzend sei bemerkt, daß die Anwendung dieses angeblichen Interpretationsprinzips das Bundesverfassungsgericht m. E. auch im Ergebnis fehlgeleitet hat. Ich halte die Ausdehnung der Institutsgarantie des Art. 6 Abs. 1 GG zu einem allgemeinen, über den Gleichheitssatz des Art. 3 Abs. 1 GG hinausgehenden Grundsatz der Gleichbehandlung der Eheleute mit den Ledigen[152] für unrichtig. Auch das konkrete Ergebnis, die Nichtigerklärung der gemeinsamen Steuerveranlagung von Eheleuten, will mir fragwürdig erscheinen. Das Bundesverfassungsgericht hat später die unterschiedliche Behandlung von Ehen mit einem oder aber mit zwei Einkommen sowie von auf gemeinsame oder aber auf selbständige Rechnung arbeitenden Eheleuten mit der Begründung für verfassungsgemäß erklärt, daß Art. 6 Abs. 1 GG auf unterschiedliche Besteuerung innerhalb der Ehen keine Anwendung finden könne bzw. – gegenüber Ledigen – nicht verletzt sei.[153] Die verfassungsrechtliche Einteilung der Ehen nach der Zahl ihrer sog. »marktwirtschaftlichen Einkommen« scheint mir mit dem durch Art. 6 Abs. 1 GG geschützten Institut der Ehe schwerer vereinbar zu sein als die gemeinsame Steuerveranlagung aller Eheleute.

Im übrigen kann das angebliche Interpretationsprinzip der »Grundrechtseffektivität« oder die Forderung des Nicht-»Leerlaufens« von Grundrechten[154] auch nicht die Umformung eines Gesetzgebungsauftrags der Verfassung in einen Grundrechtssatz rechtfertigen. So halte ich z. B. die vom Bundesverfassungsgericht in Aussicht genommene Möglichkeit, den Gesetzgebungsauftrag des Art. 6 Abs. 5 GG bei übermäßigem Zeitab-/(89)lauf

150 A.a.O., S. 13 ff.; in scheinbarem Widerspruch dazu die Ausführung auf Seite 35, die von der »größeren rechtsstaatlichen Wirkung« spricht, aber auf das Notstandsrecht beschränkt ist.

151 Inhalt und Bedeutung des zweiten Hauptteils der Reichsverfassung, S. 572, 602.

152 BVerfGE 6, 55 (71 ff., 76 ff.); siehe ferner 12, 151; 12, 180.

153 BVerfGE 9, 237 (242, 247 f.).

154 Siehe etwa BVerfGE 6, 32 (40); 7, 377 (403 f.).

in einen aktuellen Grundrechtssatz umzuinterpretieren,[155] für eine Unmöglichkeit.[156]

cc) Damit komme ich im Bereich der Grundrechtsinterpretation nun wieder auf das Prinzip der Interpretation der Verfassung als einer Einheit zurück und zwar im Hinblick auf eine kritische Würdigung der Rechtsprechung des Bundesverfassungsgerichts zu Art. 12 Abs. 1 GG.[157]

Ich habe mich oben zu zeigen bemüht, daß die Grundrechte nicht als ein in sich geschlossenes »System« verstanden werden können, sondern daß sich ihr Zusammenhang nur von der Einheit der ganzen Verfassung her erschließt. In dieser nehmen sowohl nach dem Rechtsstaats- wie nach dem demokratischen Prinzip das Gesetz und der Gesetzgeber eine hervorragende Stelle ein. Eine Verfassung ist keine »anti-staatliche« Veranstaltung, sie organisiert und gestaltet das Gemeinwesen als politische und rechtliche »Entscheidungs- und Wirkungseinheit« (Heller). Daher ist eine Interpretation der Verfassung, die die – ohnehin nicht konsequent durchgeführte – redaktionelle Zweiteilung der Verfassung in Grundrechts- und organisatorischen Teil als eine materielle Zweiteilung mißversteht, unrichtig.[158] Sowohl die Interpretation der Grundrechte als auch diejenige einzelner Grundrechte als isolierter Wirkgrößen übersieht den unlösbaren Zusammenhang von Grundrecht und Kompetenz. Das ist nicht nur in einem problematischen Grundrechts-, sondern auch in einem problematischen *Kompetenzverständnis* begründet.

Die Kompetenzzuweisungen des Grundgesetzes an den Bund werden weitgehend als bloße Zuständigkeitsabgrenzungen zwischen Bund und Ländern verstanden.[159] Das ist zum Teil wohl dadurch bedingt, daß in einem System kodifizierten Rechts diese Zuweisungen im wesentlichen systematische/(90) Rechtsgebiete aufzählen (etwa Art. 74 Nr. 11 GG: »die konkurrierende Gesetzgebung erstreckt sich ... auf das Recht der Wirt-

155 BVerfGE 8, 210 (216 f.); vgl. BVerfGE 3, 225 (240).

156 Die Zulässigkeit eines Feststellungsurteils, daß der Gesetzgeber durch Nichterlaß eines Gesetzes gemäß Art. 6 Abs. 5 GG (siehe BVerfGE 8, 210 [216]) – oder durch Nicht-Schaffung einer dem Gleichheitssatz gemäßen Regelung in Ausführung des Gesetzgebungsauftrags des Art. 131 GG (siehe BVerfGE 6, 257 [265 f.]) – die Verfassung verletze, wäre dagegen wohl zu bejahen.

157 Siehe dazu vor allem O. *Bachof*, Freiheit des Berufs, in: Bettermann-Nipperdey-Scheuner, Die Grundrechte, Bd. III, 1 (1958), S. 155 ff.; *v. Mangoldt-Klein*, a.a.O., zu Art. 12; *G. Uber*, Freiheit des Berufs (1952); *W. Hamel*, Das Recht zur freien Berufswahl, DVBl. 1958, S. 37.

158 So schon *Smend*, Verfassung und Verfassungsrecht, S. 88; Bürger und Bourgeois im deutschen Staatsrecht, S. 13 ff. (siehe jetzt Staatsrechtliche Abhandlungen, S. 198, 318 ff.)

159 Siehe im einzelnen *Ehmke*, Wirtschaft und Verfassung, S. 11 Anm. 24, S. 23 ff., 29 ff.

schaft ...«). In der Verfassung der Vereinigten Staaten als einem Common Law-Land ist das anders (z. B. Art. I § 8 cl. 3: »The Congress shall have power ... to regulate commerce ...«).[160] Hierin zeigt sich der Einfluß, den die allgemeine Rechtsordnung eines Landes auf sein Verfassungsrecht hat. Der Sache nach bedeuten die Kompetenzzuweisungen aber in beiden Verfassungen das gleiche: a) gegenüber den Gliedstaaten eine Zuständigkeitsverteilung, b) gegenüber den Bundesbürgern eben eine Kompetenzzuweisung. Der Bund, der nicht über eine »komplette« Staatsgewalt verfügt, erhält hier Kompetenzen gegenüber den *Bürgern* übertragen, d. h. ihm werden bestimmte Aufgaben und die zur Durchführung dieser Aufgaben erforderliche Gewalt zugewiesen.

Das Bundesverfassungsgericht hat sich nun gerade im Bereich der Wirtschaftsregulierung ausdrücklich zu einem solchen positiven Kompetenzverständnis bekannt – speziell in Hinsicht auf Art. 74 Nr. 11 GG, der auch das Gewerberecht umfaßt.[161] Seine Rechtsprechung auf diesem Gebiet ist m. E. überhaupt – mit Ausnahme der Rechtsprechung zu Art. 12 GG – weit überzeugender als die heute herrschende oder jedenfalls »überwiegende« Lehre.[162]

[Darüberhinaus hat das Gericht auch im Rahmen des Gleichheitssatzes[163] und der Sozialstaatsklausel[164] die »Gestaltungsfreiheit des Gesetzgebers« – das Gericht ist jetzt mit Recht von dem verwaltungsrechtlichen Begriff des »Ermessens« zu diesem Begriff übergegangen – anerkannt.]

Das Bundesverfassungsgericht hat bei verschiedenen Anlässen auch den Zusammenhang von Kompetenzen und Grundrechten gesehen. Am klarsten ist insoweit der kürzlich ergangene Beschluß des Ersten Senats zum Wehrpflichtgesetz.[165] Angesichts der dem Bund in Art. 73 Nr. 1 GG gegebenen Kompetenz, die Wehrpflicht zu regeln, so erklärt das Gericht, könne – abgesehen von der Frage der Regelung der Kriegsdienstverweigerung (Art. 4 Abs. 3 GG) – auch an der materiellen Vereinbarkeit der Einführung der allgemeinen Wehrpflicht/(91) mit dem Grundgesetz kein Zweifel bestehen. Damit beantwortet das Gericht die Frage, ob eine Kompetenzergänzung etwas am Grundrechtsbestand ändern kann, im positiven Sinne.

160 Vgl. a.a.O., S. 26, 109 ff.
161 BVerfGE 4, 7 (15); 8, 274 (328 f.); siehe auch 6, 55 (81).
162 Dazu *Ehmke*, Wirtschaft und Verfassung, S. 3 ff.
163 Siehe etwa BVerfGE 3, 162 (182); 9, 291 (302); 11, 105 (123).
164 Siehe etwa BVerfGE 1, 97 (100 f.).
165 BVerfGE 12, 45. Das Gericht erklärt, die Bestimmung des Art. 73 Nr. 1 sei »mehr als eine bloße Kompetenzbestimmung« (S. 50); richtig müßte es heißen: »mehr als eine bloße Zuständigkeitsbestimmung«.

Allerdings muß man hier sorgfältig differenzieren. Einmal kann natürlich auch eine Kompetenzergänzung wegen Verstoßes gegen Art. 79 Abs. 3 GG verfassungswidrig sein. Zum anderen ist aber das *bundesstaatliche* Problem im Blick zu halten. Geht man davon aus, daß vor der Ergänzung des Art. 73 Nr. 1 GG weder dem Bund noch den Ländern eine Wehrkompetenz zustand, so hat die Ergänzung des Art. 73 Nr. 1 GG in der Tat die durch die Einheit von Kompetenz und Grundrecht bestimmte Verfassungsrechtslage geändert. Werden dagegen aus der einheitlichen Staatsgewalt der Länder Kompetenzen auf den Bund übertragen, so wird mit ihrer Aufnahme in den Kompetenzkatalog des Bundes nur schon vorhandene Staatsgewalt konkreter geformt und formuliert. Immerhin läßt aber z. B. die Rechtsprechung des Supreme Court klar erkennen, daß die konkrete Ausformung bestimmter Bundes-Kompetenzen einer der Gründe dafür ist, daß das Gericht in seiner Grundrechtsjudikatur dem Kongreß gegenüber mehr Zurückhaltung zeigt als gegenüber den Gesetzgebern der Einzelstaaten.[166]

Auch von der Grundrechtsseite her hat das Bundesverfassungsgericht den Grundrechts-Kompetenz-Zusammenhang erkannt. Allerdings nicht immer ganz klar. Wenn es z. B. mit der herrschenden Lehre entscheidet, daß Art. 14 GG keinen Schutz gegen die Auferlegung von Geldleistungen gewähre,[167] so folgt das – gerade angesichts der heutigen Ausdehnung der durch Art. 14 GG geschützten Vermögensrechte – nicht so sehr aus Art. 14 GG, sondern vielmehr aus dem Wesen der Steuer- und Abgabenkompetenz.[168] Das gleiche gilt etwa für die Währungskompetenz. Es ist nicht richtig, hier von einer Grundrechts-Lücke zu sprechen,[169] es gibt eben kein geschlossenes Grundrechtssystem, sondern nur die Einheit der freiheitlich-demokratischen Grundordnung.[170]

166 Siehe *Ehmke,* Wirtschaft und Verfassung, S. 411 mit den dortigen Verweisungen und S. 451 Anm. 224.

167 BVerfGE 4, 7 (17).

168 Gerade von der Kompetenzseite her läßt sich daher das Argument Bernhard Wolffs untermauern, daß ein mit Art. 14 GG in Einklang stehendes Abgabegesetz nicht noch anschließend unter Art. 2 Abs. 1 GG geprüft werden darf; siehe oben Anm. 119.

169 So aber dem Sinne nach *K. Ballerstedt,* Artikel »Wirtschaftsverfassungsrecht« in: Bettermann-Nipperdey-Scheuner, a.a.O., Bd. III, 1 (1958), S. 1, 39.

170 Gerade von der Kompetenzseite her läßt sich auch die von der »preferred freedoms«-Doktrin vorgenommene Differenzierung zwischen politischem und wirtschaftlichem Bereich (s. oben S. 76 f.) untermauern: Die Kompetenzzuweisungen beziehen sich vorwiegend auf die Gestaltung des sozialen und wirtschaftlichen Bereichs und sind dort am weitesten. Im politischen Bereich nähern sie sich viel stärker der bloßen Ausgestaltung einzelner Grundrechte (z. B. Meinungs-, Versammlungs-, Vereinigungs-, Wahl-Freiheit). Für die amerikanische Bundesverfassung siehe *Ehmke,* oben Anm. 166 zitiert.

/(92) Klar aber nur sehr partiell erkannt hat das Gericht den Kompetenz-Grundrechts-Zusammenhang gerade im Bereich des Art. 12 Abs. 1 GG. Auf zweierlei Weise: Einmal, indem es erklärt, eine Regelung der Berufsausübung müsse, um mit Art. 12 Abs. 1 GG vereinbar zu sein, auch mit sonstigen Verfassungsbestimmungen übereinstimmen;[171] sie muß also auch eine Kompetenzgrundlage haben. Außerdem dadurch, daß es sich – im Apotheken-Urteil – für die Vereinbarkeit von Zulassungsbeschränkungen mit Art. 12 Abs. 1 GG auf die Kompetenzbestimmung des Art. 74 Nr. 19 GG berufen hat. Im übrigen hat es auch in diesem Urteil seine positive Kompetenzauffassung hinsichtlich der Wirtschaftsregulierung wiederholt.[172] Dieses positive Kompetenzverständnis hat es dann aber dadurch »leerlaufen« lassen, daß es Art. 12 Abs. 1 GG in isolierter Interpretation einseitig wirtschaftspolitisch-liberal ausgelegt hat.[173]

[Will man diese Rechtsprechung verstehen, so wird man im Blick behalten müssen, daß sie in starkem Maße, zwar nicht rechtlich aber doch faktisch, durch die Rechtsprechung des Bundesverwaltungsgerichts, auf die ich hier nicht eingehen will, präjudiziert war. Ein Mitglied des Bundesverwaltungsgerichts spricht von »einer langen, geplanten Reihe von Entscheidungen« und meint, daß die Rechtsprechung des Bundesverwaltungsgerichts der »ideengeschichtlichen Konzeption der Verwaltungsgerichtsbarkeit« und dem »Menschentyp«, von dem sie in Anspruch genommen werde (nämlich dem »Bürger«), gerecht werde.[174] Die Rezeption aus dem 19. Jahrhundert stammender verwaltungsrechtlicher Vorstellungen in das Verfassungsrecht der zweiten Hälfte des 20. Jahrhunderts ist aber sehr problematisch. Nichtsdestoweniger hat sie auch die Rechtsprechung des Bundesverfassungsgerichts zu Art. 12 Abs. 1 GG bestimmt – trotz seiner sonstigen Betonung der Sozialgebundenheit des Menschen im »Menschenbild« des Grundgesetzes[175].]

/(93) Der »leading case« in der Rechtsprechung des Bundesverfassungsgerichts zu Art. 12 Abs. 1 GG ist das schon genannte Apotheken-Urteil.[176] Auf die m. E. weitgehend angreifbaren Einzelheiten der Urteilsbegründung

171 BVerfGE 9, 83 (88).
172 BVerfGE 7, 377 (401, 400).
173 Siehe außer BVerfGE 7, 377 vor allem noch 9, 39; 11, 30; 11, 168.
174 *M. Baring*, Rechtsprechung des Bundesverwaltungsgerichts zum Grundgesetz für die Bundesrepublik Deutschland, JbdöR. N. F. Bd. 9 (1960), S. 93, 125, 148 f.
175 Siehe etwa BVerfGE 4, 7 (15 f.); 7, 320 (323); vgl. dagegen 7, 377 (402 f.) und dazu unten Anm. 177 unter Ziff. 2.
176 BVerfGE 7, 377. – Siehe dazu *U. Scheuner*, Das Grundrecht der Berufsfreiheit, DVBl. 1958, S. 845; *P. Lerche*, Zum Apotheken-Urteil des Bundesverfassungsgerichts, Bayer. Verw. Bl. 1958, S. 231; O. *Bachof*, Zum Apothekenurteil des Bundesverfassungsgerichts, JZ 1958, S. 468.

will ich hier nicht näher eingehen.[177] Denn diese Einzelheiten und das Urteil als ganzes/(94) stehen und fallen mit der isolierten Interpretation des Art. 12 Abs. 1 GG.

[Das Bundesverfassungsgericht erklärt, Art. 12 Abs. 1 GG sei ein »echtes« Grundrecht.[178] Aber mit der aus der deutschen verwaltungsrechtlichen Tradition gewachsenen Auffassung der Grundrechte als subjektiver Rechte wird für die Auslegung eines Grundrechts wenig gewonnen. Die amerikanischen

177 In Stichworten nur folgendes: 1. Zunächst muß nach dem Text des Urteils fraglich erscheinen, ob das Gericht überhaupt über die Frage zu entscheiden hatte, über die es entschieden hat. En passant erfährt man aus dem Urteil, daß dem Beschwerdeführer zwar die Erlaubnis zur Errichtung der von ihm geplanten Apotheke versagt, ihm aber die Übernahme einer ländlichen Apotheke angeboten worden war (S. 425/26, 430). Hätte das Gericht seine Entscheidung nicht auf das Problem einer nur *örtlich* wirkenden Zulassungsbeschränkung begrenzen müssen? (vgl. etwa BVerwGE 2, 151). – 2. Das Gericht setzt sich mit Recht über den etwas verunglückten Wortlaut des Art. 12 Abs. 1 GG hinweg, indem es die Regelungsbefugnis auch auf die Berufswahl als Beginn der Berufsausübung erstreckt (S. 401). Andererseits versucht es dann aber doch, zwischen Berufswahl und Berufsausübung eine feste Grenze zu ziehen, wobei es hier Berufswahl nicht im Sinne der Berufsaufnahme, sondern im Sinne der inneren Entscheidung des Berufswählens versteht und nur der Berufsausübung soziale Bedeutung zuspricht (S. 403, 407). Im konkreten Fall war die Freiheit des inneren Berufswählens aber gar nicht tangiert, während die soziale Bedeutung der Berufswahl im Sinne der Berufsaufnahme klar auf der Hand lag. Daß sich Berufswahl im Sinne der Berufsaufnahme und Berufsausübung nicht klar trennen lassen, zeigt die Rechtsprechung auf Schritt und Tritt: Die Regelung des § 157 Abs. 3 Satz 2 ZPO (Prozeßagenten) wurde z. B. vom Bundesverwaltungsgericht als Regelung der Berufswahl (BVerwGE 2, 89), vom Bundesverfassungsgericht dagegen als Regelung der Berufsausübung verstanden (BVerfGE 10, 185). In BVerfGE 9, 39 erklärte das Gericht, die Festsetzung einer Mindestmenge für den Handel mit loser Milch verletze die Freiheit der Berufs*wahl*, in BVerfGE 9, 73 sah es dagegen im Verbot des Verkaufs von Arzneimitteln durch Drogisten nur eine zulässige Regelung der Berufs*ausübung* (siehe dazu auch BVerfGE 7, 377 [431, 439]). Im Kassenarzt-Urteil verschwimmen die Grenzen vollends (BVerfGE 11, 30 [40 ff.]). Siehe dazu *Bachof*, oben Anm. 157 zitiert, Seite 193 f., 212 ff. – 3. Auch die schematische Abstufung von sog. objektiven und subjektiven Zulassungsvoraussetzungen ist wenig überzeugend. Siehe dazu etwa BVerfGE 9, 338 (344 ff.). Sowohl die jeweilige Berufsart wie die praktische Auswirkung einer Regelung verlangen eine weit größere Differenzierung, die im Grunde nur von Fall zu Fall erfolgen kann; siehe *Bachof*, a.a.O., S. 216 ff.; *Scheuner*, oben Anm. 176 zitiert, S. 848. – 4. Nachdem das Gericht den »Schutzbereich« des Art. 12 Abs. 1 GG in der geschilderten Weise »abgestuft« hat, erklärt es den Grundsatz, daß der Gesetzgeber zwischen gleich geeigneten Mitteln wählen könne, in bezug auf ein Grundrecht mit »gestaffeltem Schutzbereich« für unanwendbar (S. 410). Die schematische Stufen-Staffelung ist aber u. a. gerade schon darum fragwürdig, weil der absolute Schutz des Wesensgehalts eines Grundrechts (Art. 19 Abs. 2 GG) zeigt, daß *jedes* Grundrecht verschieden dichte Schutzzonen hat, ohne daß man diese schematisch staffeln könnte oder dürfte. – 5. In der Auslegung der »Regelungs«-Befugnis (S. 403 ff.) verkennt das Gericht den für die soziale Wirklichkeit des Grundrechts lebensnotwendigen Gestaltungsauftrag des Gesetzgebers und zugleich den Zusammenhang von Grundrecht und Kompetenz.

178 A.a.O., S. 400.

»constitutional guarantees« sind z. B. weitgehend als Kompetenzbegrenzungen formuliert: »Congress shall make no law ...«, »No State shall make any law ...«. Außerdem hat das Bundesverfassungsgericht einmal selbst erklärt, es stehe auch da, wo es über verletzte Rechte entscheide, »weniger im Dienste subjektiver Rechtsverfolgung als im Dienste objektiver Bewahrung des Verfassungsrechts«.[179] Zuzustimmen ist dem Gericht, soweit es den personalen Kern der Berufsfreiheit betont,[180] der u. a. die Anwendung des Art. 12 Abs. 1 GG auf juristische Personen[181] fragwürdig erscheinen läßt. Aber auch das personale Verständnis der Berufsfreiheit vermag die Entscheidung nicht zu tragen.]

Der tragende Gesichtspunkt des Urteils, aus dem alle Einzelheiten folgen, ist der Grundsatz der »Grundrechtseffektivität«, die »Freiheitsvermutung« gegenüber dem Gesetzgeber.[182] Das Urteil ist dementsprechend auch ganz am verwaltungsrechtlichen Ermessens-, Verhältnismäßigkeits-, Erforderlichkeitsbegriff usw. ausgerichtet.[183] Die Regelung der Berufswahl soll nur zum Schutze überragend wichtiger Gemeinschaftsgüter zulässig sein. Sog. »objektive« Zulassungsbedingungen sollen nur zur Abwehr nachweisbarer oder höchstwahrscheinlicher Gefahren für solche Güter, sog. »subjektive« Zulassungsbedingun-/(95)gen nur im Rahmen des Verhältnismäßigkeitsprinzips aufgestellt werden dürfen.[184] Für die Regelung der Berufsausübung sollten ursprünglich »vernünftige Erwägungen des Gemeinwohls« ausreichend sein,[185] wegen der Nicht-Abgrenzbarkeit von Berufs-Wahl und Berufs-Ausübung brachte das Kassenarzt-Urteil aber auch insoweit eine Verschärfung.[186] Im übrigen soll der Gesetzgeber immer nur die allernotwendigste Regelungsstufe wählen dürfen.[187] Abschließend wird erklärt, der Bundes- bzw. der Landesgesetzgeber könnten sich für die »Höhenstufe« ihrer Regulierung nicht darauf berufen, daß der andere eine in seinem Kompetenzbereich mögliche »niedrigere« Regelung nicht vornehme.[188] Was der eine Gesetzgeber tun soll, wenn der andere nicht handelt, bleibt offen. Vermutlich wird er in einem solchen Fall unter dem – wie gesagt, ohnehin schon strapazierten – Gesichtspunkt der Bundestreue vom Bundesver-

179 BVerfGE 2, 79 (86).
180 A.a.O., S. 397, 400, 405.
181 Siehe BVerwGE 3, 304 (306); 6, 145 (147); 8, 14; vgl. dazu *Bachof*, oben Anm. 157 zitiert, S. 179.
182 So richtig – aber zustimmend – *Schneider*, oben Anm. 136 zitiert, S. 288 f.
183 Siehe dazu *Lerche*, oben Anm. 133 zitiert, insb. S. 107 ff., 144 ff., 253 f., 288 ff., 332 f.
184 A.a.O., S. 405 ff.
185 A.a.O., S. 405.
186 BVerfGE 11, 30 (42 f.).
187 A.a.O., S. 405, 408 ff.
188 A.a.O., S. 443.

fassungsgericht die Verpflichtung des anderen Gesetzgebers zur Gesetzgebung qua »Verfassungsvollzug« feststellen lassen müssen.
Was diese Rechtsprechung praktisch bedeutet, daran läßt das Apotheken-Urteil selbst keinen Zweifel. Das Gericht weist dem Gesetzgeber unter Aufgebot von Sachverständigen nach, welche gesetzliche Regelungen »besser« im Sinne von »freiheitlicher« wären, wobei übrigens die Verwirklichung einiger seiner Ratschläge gar keinen individuellen Freiheitsgewinn darstellen, sondern nur die notwendige Freiheitsbeschränkung an eine andere Stelle verlegen würde.[189] Daß das Gericht überhaupt in die Prüfung des dem Gesetz zugrundeliegenden Sachverhalts eintritt, ist richtig. Denn im Grunde prüft das Gericht nie, wie vereinfachend gesagt wird, das Gesetz, sondern immer nur das Verhältnis des Gesetzes zu dem ihm vorgegebenen Problem/(96) am Maßstab der Verfassung.[190] Aber nach dem was oben über die bloß kontrollierende Funktion des Gerichts ausgeführt worden ist, kann es diese Prüfung nur auf die Frage erstrecken, hat das Gesetz – einschließlich der Mittel-Zweck Relation – eine vernünftige Grundlage? Es hat nicht zu fragen, ob eine schwere Gefahr für die Volksgesundheit durch eine übermäßige oder gar »hemmungslose« Vermehrung der Apotheken sicher oder höchstwahrscheinlich ist, sondern ob eine Gefahr ausgeschlossen oder ganz unwahrscheinlich ist. Das hat das Gericht keineswegs behaupten können. Es geht im wesentlichen von der Überzeugung aus, daß die Apotheker sich schon nicht unvernünftig verhalten werden, daß das freie wirtschaftliche Spiel schon zu einer vernünftigen Beschränkung der Zahl der Apotheken und zu ihrer vernünftigen Verteilung auf Stadt und Land führen werde. Dieser liberale Glaube kann gegenüber einer die gleichen Ziele anstrebenden Zulassungsregelung überhaupt nur zu der Annahme führen, daß das Gesetz dann praktisch überflüssig wird, nicht aber daß es verfassungswidrig ist.
Wenn es andererseits nun aber entgegen der Hoffnung des Gerichts – und vielleicht sogar von dessen Urteil inspiriert – doch zu unsinnigen Apothekengründungen kommen sollte, die die wirtschaftliche Stabilität der

189 So ist z. B. nicht recht einzusehen, warum etwa eine verstärkte Überwachung der Berufsausübung »freiheitlicher« sein soll als eine Zulassungsbeschränkung, die mit der wirtschaftlichen Stabilität der Apotheken gerade deren Eigenverantwortlichkeit sichern will. Wieso ein Verbot der Abgabe von nicht-rezeptpflichtigen Arzneimitteln durch andere Stellen als Apotheken (S. 431, 439 – siehe dazu auch oben Anm. 177 Ziff. 2 a. E.) »freiheitlicher« sein soll als eine örtliche Zulassungsbeschränkung für Apotheken bleibt ebenso dunkel wie die »Natur« des angeblich »natürlichen Monopols« der Apotheken für die Abgabe von Arzneimitteln, auf das sich das Gericht in diesem Zusammenhang beruft (S. 431).

190 Siehe dazu *Ehmke*, Wirtschaft und Verfassung, S. 69, 293, 339 ff., 383.

Apotheken und damit die Arzneimittelversorgung der Bevölkerung gefährden, oder wenn – hinsichtlich des gegen das Bundessozialgericht entschiedenen Kassenarzt-Urteils[191] – die ärztliche Betreuung der Bevölkerung auf dem Lande oder in den Krankenhäusern doch empfindlich gestört werden sollte: Wer trägt die Verantwortung? Das keiner demokratischen Kontrolle unterliegende Gericht? Darf der so gebundene Gesetzgeber wenigstens handeln, wenn das Kind in den Brunnen fallen sollte, und kann er es dann noch? Vielleicht treten diese Folgen nicht ein, vielleicht waren diese Gesetze überflüssig und schlecht. Aber die Beseitigung überflüssiger und schlechter Gesetze ist in einer Demokratie nicht Sache des Verfassungsgerichts. Die Ansicht des Gerichts, daß es kraft seiner allgemeinen Stellung dem Vorwurf unberechtigten Eingriffs in die Gesetzgebungskompetenz weniger ausgesetzt sei als andere Gerichte, ist – wie schon Lerche hervorgehoben hat – unbegründet.[192] Nach meiner Überzeugung wird diese Rechtsprechung zu Art. 12 Abs. 1 GG/(97) unserer freiheitlich-demokratischen Grundordnung weder unter materiell- noch unter funktionell-rechtlichen Gesichtspunkten gerecht. Im übrigen beschwört sie die Gefahr einer Verfassungsnovellen-Gesetzgebung zur Gewerbefreiheit herauf,[193] über deren Mängel uns unsere leidgeprüften Schweizer Kollegen nicht im Unklaren gelassen haben.[194]
In seinem Urteil zur Handwerksordnung gibt jetzt auch das Bundesverfassungsgericht der Erkenntnis Ausdruck, daß das Grundrecht der Berufsfreiheit der gesetzlichen Konkretisierung geradezu bedürfe. Es erachtet ferner den Gesetzgeber in der Ausgestaltung von »Berufsbildern« offenbar für nur an das Willkürverbot gebunden. Schließlich folgert es hier aus einem positiven Kompetenzverständnis, daß der Gesetzgeber bestimmen könne, welche Gemeinschaftsgüter schutzwürdig sind.[195] Ich wage zu hoffen, aber nicht zu behaupten, daß dieses Urteil einen Wendepunkt in der Rechtsprechung des Gerichts zu Art. 12 Abs. 1 GG darstellt.

Ich komme zum Schluß. Ich habe mich bemüht zu zeigen, daß nur eine sachbezogene Verfassungstheorie die praktische verfassungsrechtliche Arbeit zu leiten vermag. Es ging und geht mir im Zusammenhang unseres heutigen

191 Siehe dazu *W. Bogs*, Die Rechtsprechung des Bundessozialgerichts zum Grundgesetz, JbdöR. N. F. Bd. 9 (1960), S. 151, 164 f.
192 A.a.O., S. 413; *Lerche*, oben Anm. 176 zitiert, S. 234.
193 Worauf bereits *Scheuner*, oben Anm. 176 zitiert, S. 849, hingewiesen hat.
194 Siehe *H. Huber*, Das Staatsrecht des Interventionismus, Z. Schw. Re. N. F. Bd. 70 (1951), S. 173; ders., Grundsätze in der Auslegung der Wirtschaftsartikel, Wirtschaft und Recht, Bd. 10 (1958), S. 1.
195 BVerfGE 13, 97.

Themas nicht darum, bestimmte materiellrechtliche Thesen zu verfechten, sondern vielmehr darum, die grundlegende hermeneutische Bedeutung des verfassungstheoretischen Vorverständnisses eines Problems für dessen sachliche Lösung aufzuzeigen.

Ein sachliches Ergebnis möchte ich allerdings doch festhalten, daß nämlich das A und O verfassungs*gerichtlicher* Interpretation die nicht nur proklamierte, sondern auch praktizierte Zurückhaltung des Gerichts sein muß.[196] In dem »judicial self-restraint« des Supreme Court steckt eine tiefe richter-/(98)liche wie politische Weisheit.[197] Nur wenn das Gericht selbst maß-hält, mag auch unseren so rechtsstreitlustigen politischen Instanzen wieder deutlich werden, daß jedenfalls in mancher Hinsicht doch ein wahrer Kern in dem Satz steckt, den unser früherer Reichsgerichtspräsident und Vorsitzender des Weimarer Staatsgerichtshofs, D. Dr. Walter Simons, der Entscheidungssammlung des Staatsgerichtshofs vorausgeschickt hat, daß nämlich in politischen Streitfragen die Anrufung des Richters im Grunde nicht weniger eine Bankrotterklärung des Staatsmannes darstellt, als die Anrufung des Feldherrn.[198]

## /(99) *Leitsätze*

### I.

### *Zur juristischen Interpretation im Allgemeinen*

1. Für die verfassungsrechtliche Problematik muß die Entwicklung der allgemeinen, insbesondere also der zivilrechtlichen Interpretationslehre im Blick behalten werden,

196 Man hat vom Supreme Court nicht zu Unrecht gesagt, daß der Schlüssel zu seinem außerordentlichen Einfluß gerade in der Beschränkung seiner Befugnisse liege: *E. V. Rostow*, The Democratic Character of Judicial Review, 66 Harv. L. Rev. 193, 213 (1952).

197 Siehe *Justice Stone's* dissenting opinion in: Butler v. United States, 297 U. S. 1, 78/79 (1936).

198 *Lammers-Simons*, Die Rechtsprechung des Staatsgerichtshofs für das Deutsche Reich, Bd. I (1929), S. 14.

a) weil die Frage nach den besonderen Problemen des Verfassungsrechts die Frage nach der Einheit der Jurisprudenz umschließt;
b) weil sich die moderne verfassungsrechtliche Problematik aus der im staatsrechtlichen Positivismus erfolgten Übernahme einer bestimmten zivilrechtlichen Konstruktionsmethode ergeben hat.

2. Die moderne zivilrechtliche Lehre zeichnet sich durch den Versuch aus, die Struktur der Jurisprudenz als *praktischer* Disziplin zu erfassen.
a) Juristisches Denken ist Problemdenken. Seine Grundstruktur ist topisch. Es wird durch einen »schubweisen Stoffwechsel zwischen den Neuerfahrungen der Fall-Praxis und den Formkräften der Schule« (Esser) bestimmt.
b) Vom archimedischen Punkt der Rechtsprechung aus hinter das Gesetz (und die Kodifikation) zurück – und über es (und sie) hinausfragend überwindet die moderne Interpretationslehre die voluntaristische Gesetzesauffassung des Positivismus und die Vorstellung der Rechtsordnung als eines geschlossenen Systems abschließend formulierter Rechtssätze.
c) Von der Struktur des konkreten Falles her zeigt das Problemdenken die Vielgestaltigkeit des Rechtsmaterials, die grundsätzliche Offenheit der Struktur der Rechtsordnung und das Rechtsfortbildungsmoment der Rechtsprechung auf.
d) Von hier aus gesehen erscheinen unsere diversen herkömmlichen »Auslegungsmethoden« als verabsolutierte partielle Interpretationsgesichtspunkte.
/(100) e) Auch der sog. Methodenpluralismus tut nicht mehr, als bestimmte allgemeine Gesichtspunkte, die für juristische Problemlösungen relevant sind, in gewisser Auswahl zusammenzustellen.
f) Eine feste Rangordnung zwischen diesen partiellen Gesichtspunkten läßt sich nicht aufstellen.
g) Das bedeutet nicht, daß sich die Jurisprudenz in Kasuistik erschöpfen könnte. Vielmehr fällt gerade der das Vorverständnis juristischer Probleme begründenden und die Problemlösungen zusammenordnenden Theorie oder – recht verstandenen – Systematik die entscheidende hermeneutische Aufgabe zu.

## II.

*Zur verfassungsrechtlichen Interpretation im Besonderen*

1. Die Offenheit der Struktur der Rechtsordnung, die Vielgestaltigkeit ihres Rechtsmaterials und die Notwendigkeit der kontinuierlichen Rechtsfortbildung liegen im Verfassungsrecht noch weit klarer zutage als im Zivilrecht. Gerade im Verfassungsrecht ist daher eine sachbezogene Theorie die eigentliche Hermeneutik.
a) Nicht zufällig ist daher in den Weimarer Jahren der Angriff gegen den Positivismus gerade im Verfassungsrecht geführt worden.
b) Versuchen, sich angesichts der vielfältigen Problematik einer materialen Verfassungstheorie wieder in das Wetterhäuschen des Positivismus zurückzuziehen, kann keine weiterführende Bedeutung zukommen.

2. Stellt die Entwicklung der modernen zivilrechtlichen Interpretationslehre eine »Annäherung« des Zivilrechts an das Verfassungsrecht dar, so stellt der Ausbau der Verfassungsrechtsprechung eine »Annäherung« des Verfassungsrechts an das Zivilrecht dar. Im Bereich des Common Law sind die beiden Gebiete seit jeher fruchtbar verbunden.

3. Die Einheit der jurisprudentiellen Grundstruktur hebt nicht die sachliche Eigenart des Verfassungsrechts auf. Dieses ist bestimmt
a) durch die Weite und Dynamik des von ihm richtungsweisend zu bewältigenden Gegenstandes (des politischen Lebens eines Gemeinwesens),
/(101) b) durch die Bezogenheit auf die und damit Abhängigkeit von der geschichtlichen, d. h. seit dem 19. Jahrhundert: nationalstaatlichen, Einheit des Gemeinwesens (was heute gerade in der Auflockerung dieser Einheit zugunsten übernationaler Integration zum Problem wird),
c) durch seinen einheits-stiftenden Charakter und – gerade gegenüber dem Zivilrecht: ius privatum sub tutela iuris publici latet – durch sein Auf-sich-selbst-Angewiesensein.

4. Mit dem Ausbau der Verfassungsrechtsprechung verändert die Verfassungstheorie nicht ihr Wesen, vielmehr tritt ihre hermeneutische Funktion noch deutlicher hervor.

5. Die Eigenart des Verfassungsrechts bestimmt auch die Eigenart der Verfassungsgerichtsbarkeit.

a) Der Verfassungsrechtsprechung fällt in besonderem Maße eine Aufgabe der Rechtsfortbildung zu.
b) Daher ist gegenüber der Verfassungsrechtsprechung eine statisch-deduktive Auffassung des Rechtsprechens in besonderem Maße unrichtig.
c) In erster Linie ist aber nicht das Bundesverfassungsgericht, sondern der demokratische Gesetzgeber zum Ausbau des Verfassungsstaates und zur Fortentwicklung des Verfassungsrechts berufen.

## III.

*Zur Verfassungsinterpretation in der Rechtsprechung des Bundesverfassungsgerichts*

1. Gerade in schwierigen Interpretationsfällen läßt sich zeigen, daß das – bewußte oder unbewußte – verfassungstheoretische Vorverständnis eines Problems dessen Lösung vorentscheidet.

2. Darüber, welches verfassungstheoretische Vorverständnis »richtig« im Sinne von überzeugend ist, entscheidet nicht das Bundesverfassungsgericht, sondern der *Konsens* »aller Vernünftig- und Gerecht-Denkenden«.*

3. *Prinzipien* der Verfassungsinterpretation im technischen Sinne sind Hilfsmittel im hermeneutischen Geschäft der Verfassungstheorie.
/(102) a) Im Gegensatz zu den gegenüber der Sache verselbständigten »Auslegungsmethoden« stellen sie am Problem entwickelte sachbezogene Regeln für Problemlösungen dar.
b) Es gibt materiell-rechtliche und funktionell-rechtliche Interpretationsprinzipien. Die letztgenannten beziehen sich auf die Funktion des Verfassungsgerichts im Prozeß der Rechtsfortbildung. Vielleicht muß man aber richtiger sagen, daß jedes Interpretationsprinzip eine materiell- und eine funktionell-rechtliche Bedeutung hat.

4. Beispiele (primär) funktionell-rechtlicher Interpretationsprinzipien:
a) Der Grundsatz der verfassungskonformen Auslegung (wird vom Bundesverfassungsgericht in teilweise problematischer Weise gehandhabt),

* Siehe oben S. 71, Anm. 80.

b) die »political question«-Doktrin (kann auch für die Rechtsprechung des Bundesverfassungsgerichts von Bedeutung sein),
c) die sog. »preferred freedoms«-Doktrin (zeigt in besonderer Klarheit die materiell- und funktionell-rechtliche Doppelbedeutung von Interpretationsprinzipien).

5. Beispiele (primär) materiell-rechtlicher Interpretationsprinzipien:
a) Die Interpretation der Verfassung als einer Einheit (das vielleicht wichtigste verfassungsrechtliche Interpretationsprinzip, vom Bundesverfassungsgericht unklar und teilweise widerspruchsvoll gehandhabt).
b) Besondere Prinzipien der *Grundrechts*interpretation (die mit dem unter a) genannten Prinzip in Widerspruch stehen und das Bundesverfassungsgericht zu unrichtigen Interpretationen und Entscheidungen geführt haben):
aa) Die Interpretation der Grundrechte aus einem angenommenen Grundrechts-»System« (die Rechtsprechung des Bundesverfassungsgerichts zu Art. 2 Abs. 1 GG),
bb) die angeblichen Interpretationsprinzipien »in dubio pro libertate« und der sog. »Grundrechtseffektivität« (die Rechtsprechung des Bundesverfassungsgerichts zu Art. 6 Abs. 1 GG),
cc) die aus den unter aa) und bb) genannten Prinzipien folgende isolierte Grundrechtsinterpretation, die den Zusammenhang von Grundrecht und Kompetenz übersieht (die Rechtsprechung des Bundesverfassungsgerichts zu Art. 12 Abs. 1 GG).

# Kritische Bemerkungen zu Methoden und Prinzipien der Grundrechtsauslegung in der Bundesrepublik Deutschland

Von Christian Graf von Pestalozza*

[aus: Der Staat 2 (1963) S. 425–449]

Obwohl das Problem der Auslegung nirgends voll bewältigt erscheint, zeichnet sich die jetzt vor allem durch die Verfassungslehre belebte Diskussion um Interpretationsfragen weithin durch die Zuversicht, allgemeine Regeln finden zu können, und dementsprechende Entschiedenheit in der Behauptung der jeweiligen Standpunkte aus. Folgt man der herkömmlichen Vorstellung, daß es sich beim hermeneutischen Geschäft (auch der Jurisprudenz als einer Geisteswissenschaft) um eine Kunstlehre des Verstehens handele,[1] so hat eine umfassende Untersuchung in teilweiser Parallele zur Erkenntnistheorie anzusetzen bei der Grundrechtsstruktur und der Eigenart des Grundrechtsinterpreten, aus denen sich Ziel und Wesen der Auslegung ergäben; von Anfang an wäre hier auch Bedenken gegen die zweifelhafte Scheidung von Subjekt und Objekt im Bereich des Rechts nachzugehen. Die folgenden Ausführungen setzen sich demgegenüber ein geringeres Ziel. Es wird auf einige Besonderheiten der Auslegungsmethoden und -prinzipien hingewiesen, um von dort aus in Frage zu stellen, daß Auslegung überhaupt als methodologisches Problem bewältigt werden kann.

I. 1. Wendet man sich zunächst der Frage der *Methode der Auslegung* (vor allem von Grundrechten) zu, so scheint eine Reihe von Mißverständnissen auf die *Auffassung der Norm* als eines bereits vor der »Anwendung« fertig Vorhandenen zurückzugehen. Da von hier aus Ziel und Grenzen

* Die nachfolgenden Ausführungen geben mit einer Reihe von Umstellungen und Veränderungen einen Teil eines Vortrages wieder, der im Seminar von Prof. *Bettermann* und Prof. *Fraenkel* über »Grundrechte in der BRD und den USA« im WS 1962/63 gehalten wurde. Die Ergebnisse der Staatsrechtslehrertagung 1961 konnten mit Ausnahme des Referates von Prof. *Ehmke*, das dieser mir freundlicherweise schon im Manuskript zur Verfügung stellte, nur nachträglich im kritischen Apparat berücksichtigt werden.

1 Dazu *J. Wach*, Das Verstehen, 3 Bde., 1926–1933; *Gadamer*, Wahrheit und Methode, 1960, bes. S. 162 ff.

der Interpretationsmethoden mit entschieden werden, ist darauf zunächst wenigstens skizzenhaft einzugehen.

/(426) Der materiale Verfassungsbegriff[2] ermöglicht die Einsicht in die Unterworfenheit der Verfassung unter Zeit und Geschichte.[3] Recht ist geschichtlich, wenn auch nicht mit der Folge, daß ihm allein historisch-genetische Betrachtungsweise gerecht würde.[4] Es unterliegt der Geschichte nicht allein im Entstehungsakt, sondern auch und vor allem im Fortbestand und in der Weitergeltung durch Anwendung, da es als Sollensordnung nach vorne hin offen ist und Aufgabecharakter hat und auch seine Interpretation sich nicht aus der Geschichte zu lösen vermag. Verfassungsrecht insbesondere bedarf als Verhaltensentwurf ständiger Verwirklichung, besteht nicht statisch und außerhalb menschlicher Entscheidung,[5] sondern vornehmlich dynamisch und innerhalb und durch menschliches Wirken. Die Personifizierung

2 Der zugleich zur Überprüfung einer Reihe überkommener *Dualismen* nötigt (Recht, Politik; Recht, Wirklichkeit; Legalität, Moralität usw). Besonders verhängnisvoll sind die hermeneutischen Konsequenzen der Dualismen *Individuum–Staat* und *Staat–Gesellschaft.*
Insbesondere dem Dualismus *Staat-Gesellschaft* wird von juristisch-dogmatischer Seite verhältnismäßig wenig Aufmerksamkeit zuteil. Wie *C. Schmitt*, AöR, n. F. 16, S. 161 (220 N. 113) betont, hat die deutsche Staatslehre »solche entscheidenden Fragen seit dem Siege Bismarcks meist vermieden unter dem Vorwand positiv zu sein«. Vgl. vorerst nur *Ridder*, Staatslexikon, Bd. VII, 1962, Sp. 540 ff.; *Ehmke*, Festschrift f. Smend, 1962, S. 23 ff. Auch diese Antinomie scheint überholt. Die Annahme eines Komplementärverhältnisses (*Schindler*, Verfassungsrecht u. soziale Struktur, 3. unveränd. Aufl. 1950; *Ridder*, a.a.O., Sp. 542, im Anschluß an Lorenz v. Stein) beschreibt das Problem, löst es jedoch nicht. Die Lösung dürfte auch kaum in einer dritten Entglorifizierung des Staates – nach seiner Säkularisierung zum einen, seiner Marxschen Verbannung in den Überbau zum andern – liegen. Aus der Kontingenz und Unzeitgemäßheit der Antinomie folgt jedenfalls für die Grundrechtskonkretisierung allgemein, daß sie die Sozialordnung mit einzubeziehen hat als Teil derselben menschlichen Wirklichkeit, der auch die Norm angehört.

3 Dazu und zum folgenden eindrucksvoll *Bäumlin*, Recht, Staat und Geschichte, 1961, passim; vgl. auch *Giacometti*, Die Auslegung der Schweiz. Bundesverfassung, 1925, S. 3; *H. Huber*, ZSR, n. F. 80, 1961, S. 1 (19 ff.); *G. Husserl*, Recht und Zeit, 1955, S. 10, 23, 25 f.

4 Die geschichtliche Kontingenz von Begriffen wird bes. von Historikern (etwa O. *Brunner*, Land und Herrschaft, 4. Aufl., 1959, S. 111 ff.; *ders.*, HZ, 177, 1954, 469 ff.) und Soziologen (etwa *Lenz*, in: *Eisermann*, Die Lehre von der Gesellschaft, 1958, S. 239) betont. Dem Juristen scheint dagegen die allgemeingültige Seite des historistischen Poblems (dazu *Rothacker*, Die dogmatische Denkform in den Geisteswissenschaften und das Problem des Historismus, 1954, S. 26 ff.) nicht immer gleichermaßen bewußt zu sein.

5 Den Entscheidungscharakter und damit die Geschichtlichkeit (die allem geisteswissenschaftlichen Denken innewohnt; *Rothacker*, a.a.O., S. 33 ff.; *Betti*, Das Problem der Kontinuität im Lichte der rechtshistorischen Auslegung, 1957, S. 28, 30) des Rechts betont auch *Heller*, AöR, n. F. 16, 1928, S. 321 (353).

des Staates[6] und seine Auffassung als Betrieb und Rechtssicherheitsanstalt drohen die/(427) Tatsache zu verdunkeln, daß Verfassungsrecht zwar auch Gegebenes, zu allererst aber Aufgegebenes, Appell und menschliche Wirklichkeit, soweit zur Anwendung gebracht, ist.[7]

Auslegung und Verstehen der Norm können deshalb von ihrer Anwendung nicht getrennt werden. Bei der hier angenommenen Struktur der Norm[8] hat die Applikation nicht den Sinn der Anwendung eines vorher existenten Allgemeinen auf den konkreten Fall; erst in der Anwendung ist vielmehr der Text als Norm einsichtig.[9] Diese Ansicht erfährt eine bedeutsame Unterstützung von der Logik her. Der Vorgang der Subsumtion[10] vollzieht sich unter ständiger Wechselwirkung zwischen Obersatz und Untersatz; die Norm als Obersatz wird mit dem Blick auf den konkreten Fall konstituiert, der wiederum als Untersatz nach dem unter seiner vorherigen Mitwirkung aufgestellten Obersatz beurteilt wird, so daß Auslegung als die »methodologische Seite der Gesetzesanwendung« erscheint. Auslegende Anwendung aktualisiert mithin die Norm, erfüllt sie mit Sinn durch *Kon-*

6 Vgl. *Scheuner*, Festschrift f. Smend, 1962, S. 225 (249 f., 255 ff.); *Bäumlin*, a.a.O., S. 15 ff. Zu weiteren Folgen von vor allem geistesgeschichtlichem Interesse vgl. *Meinecke*, Die Idee der Staatsraison, hrsg. v. W. Hofer, 1960, 2. Aufl., insbes. S. 364.

7 Ebenso zum Recht überhaupt *Fechner*, in: Naturrecht oder Rechtspositivismus? (Hrsg. Maihofer), 1962, S. 257 (274); ders., Die soziologische Grenze der Grundrechte, 1954, S. 32; *Heller*, AöR, a.a.O., 353; *Bäumlin*, a.a.O., S. 16 ff. u. passim. Damit soll nicht, wie *Kaegi*, Die Verfassung als Grundordnung des Staates, 1945, S. 119 f., befürchtet, die Normativität der Verfassung abgebaut werden. Vgl. auch *Scheuner*, Salzb. Jb. f. Phil. u. Psych., 3, 1959, S. 20.

8 Vgl. *Gadamer*, a.a.O., S. 307 ff., 323.

9 A. A. etwa *v. Mangoldt-Klein*, GG, Einl. Bem. IV 4, S. 7; *A. Keller*, Die Kritik, Korrektur und Auslegung des Gesetzeswortlauts, 1960, S. 76 f.; typisch auch etwa *Knöpfel*, NJW, 1960, S. 553 mit N. 1; *Ule*, AöR, n. F. 21, 1932, S. 37 (69). Zutr. gegen die traditionelle Sicht der Subsumtion *Ehrlich*, Grundlegung der Soziologie des Rechts, 1913, S. 138 ff.; *Ehmke*, VVDStRL, a.a.O., S. 57. Die Scheidung von Auslegung und Anwendung scheint nicht zuletzt durch die Verwechslung von Norm und Text gefördert zu werden.

10 Dazu *Bierling*, Juristische Prinzipienlehre, Bd. IV, 1911, S. 46 f.; *Engisch*, Logische Studien zur Gesetzesanwendung, 2. Aufl. 1960, S. 7 ff., 14 ff.; *Horn*, Untersuchungen zur Struktur der Rechtswidrigkeit, 1962, S. 28.
Auch an ganz anderer Stelle wird die Einheit von Auslegung und Anwendung von praktischem Interesse, und zwar beim Problem der *Revisibilität von »unbestimmten Rechtsbegriffen«*. Das BVerwG (E 2, 184 [185]; vgl. auch E 3, 193 [197]) trennte Auslegung und Anwendung, indem es die Auslegung von unbest. Rechtsb. als Rechtsfrage, ihre Anwendung dagegen als Tatfrage (und damit irrevisibel) ansah. Dagegen ist zu Recht mit dem Hinweis auf Untrennbarkeit von Auslegung und Anwendung Widerspruch erhoben worden (vgl. etwa *Jesch*, AöR, n. F. 82, 1957, S. 161 (178 ff., 191 f., 197 ff.); ders., JZ, 1961, S. 624; *Warda*, Grundlagen des richterlichen Ermessens im Strafrecht, 1962, S. 67; *Czermak*, JZ, 1963, S. 276 (278); allgemein: *Schwinge*, Grundlagen des Revisionsrechts, 2. Aufl. 1960, S. 127 ff.; *Scheuerle*, AcP, n. F. 157, 1959, S. 1 ff.; *Ehmke*, »Ermessen« und »unbestimmter Rechtsbegriff«, 1960, S. 32 f.).

*kretisierung,*[11] die den Sinngehalt und die Wirklichkeit der Norm jeweils neu/(428) bestimmt, gebunden zwar an gewisse Kunstregeln, aber stets mit dem Ziel der *Aktualität.*[12] Die Frage nach dem Auslegungsziel mit der alternativen Antwort: subjektiv oder objektiv, scheint hiernach falsch gestellt,[13] wird auch bezeichnenderweise von keiner der Theorien uneingeschränkt beantwortet.[14] Gegenüber dem Aktualisierungsgebot schlägt

11 Von Konkretisierung sprechen etwa auch *Bäumlin*, a.a.O., S. 26 ff., 30 f.; *Betti*, Rabel-Festschrift, Bd. II (1954), S. 79 (135); ders., Kontinuität, a.a.O., S. 28; *W. Böckenförde*, Der allgemeine Gleichheitssatz und die Aufgabe des Richters, 1957, S. 76 ff.; *Drath*, VVDStRL, H. 9, 1952, S. 94; *Eichenberger*, Die richterliche Unabhängigkeit als staatsrechtliches Problem, 1960, S. 131; *H. Huber*, Die Verfassungsbeschwerde, 1954, S. 18 f.; *ders.*, Probleme des ungeschriebenen Verfassungsrechts, in: Rechtsquellenprobleme des Schweizer Rechts, 1955, S. 95 (107, 109 ff.); ders., ZSR, n. F. 55, 1936, S. 1 a (141 a ff., 144 a f.); *G. Husserl*, Rechtskraft und Rechtsgeltung, 1925, S. 17 ff.; *Herb. Krüger*, DÖV, 1961, S. 721 (724); *Leisner*, DÖV, 1961, S. 641 ff.; *Lerche*, DVBl., 1961, S. 690 (700); *P. Schneider*, VVDStRL, H. 20, 1963, S. 1 (39); *Zweigert*, Stud. Gen., VII, 1954, S. 380 (384). Schon *Bülow*, Gesetz und Richteramt, 1885, S. 45 f., weist darauf hin, daß das Gesetz das Recht bis zu seiner eigentlichen Verwirklichung durch den Richterspruch nur vorbereite. Im Sinne des Textes (und Bülow verteidigend) *G. Husserl*, Rechtskraft, a.a.O., S. 17 ff., 25 ff. (Unterscheidung von abstrakter und konkreter Rechtsgeltung). Zu Bülows Übertreibungen kritisch *A. Merkl*, Die Lehre von der Rechtskraft, 1923, S. 182 ff.; *Schwinge*, Revisionsrecht, a.a.O., S. 126 ff.; *Engisch*, Log. Studien, a.a.O., S. 7 ff. Letzterer auch allg. zur Konkretisierung, in: Die Idee der Konkretisierung in Recht und Rechtswissenschaft unserer Zeit, 1953.

12 Dazu vor allem *Gadamer*, a.a.O., S. 307 ff.; weiter *Betti*, Rabel-Festschrift, a.a.O., S. 112 ff., 122 f., 133 ff.; ders., Kontinuität, a.a.O., S. 46 f.; *H. Huber*, ZSR, n. F. 55, 1936, S. 1 a (143 a f.); *E. R. Huber*, AöR, a.a.O., S. 2; *G. Husserl*, Recht und Zeit, a.a.O., S. 23, 25 f.; *Eichenberger*, a.a.O., S. 206 ff.

13 Vgl. ähnlich *Leonhard*, Auslegung und Auslegungsnorm, 1917, S. 9 f.; *Ule*, AöR, a.a.O., S. 50; *G. Husserl*, Recht und Zeit, a.a.O., S. 23; *Larenz*, Methodenlehre der Rechtswissenschaft, 1960, S. 238, 240; *Leisner*, Grundrechte und Privatrecht, 1960, S. 291 N. 15.

14 Ausführlich dazu etwa *Meier-Hayoz*, Der Richter als Gesetzgeber, 1951; *Lüchinger*, Die Auslegung der Schweiz. Bundesverfassung, 1954, S. 24 ff., 90 ff., 125 ff.; *A. Keller*, a.a.O., S. 88 ff., 149 ff., 265 ff. Auch die Praxis ist uneinheitlich. Zum BVerfG etwa *H. J. Müller*, JZ, 1962, S. 471 ff.; *Haug*, DÖV, 1962, S. 329 ff.: Grundsatz ist die objektive Auslegung (E 1, 299 [312]; 10, 234 [244]). U. U. wird jedoch gegen den Wortlaut ausgelegt (E 1, 415 [416 f.]; 8, 210 [220 f.]; dazu allg. *Jesch*, JZ, 1963, S. 241 ff.). Gegenüber *Ehmke*, VVDStRL, a.a.O., S. 57 f., 74 ff., muß aber wohl festgehalten werden, daß das BVerfG bei der verfassungskonformen Auslegung – wie immer man im einzelnen zu ihr stehen mag – doch seinen objektiven Ausgangspunkt nicht aufgibt. Zwar schränkt das Gericht die zunächst aufgestellte Voraussetzung des nicht eindeutigen Wortlautes – zutr. zur Dubiosität der sens clair doctrine *Esser*, Grundsatz und Norm in der richterlichen Fortbildung des Privatrechts, 1956, S. 123 ff., 176 ff.; *H. u. K. Claus*, JZ, 1961, S. 660 ff. – (E. 8, 28 [34]; 8, 71 [79]) wieder ein, indem es den zunächst klar erscheinenden Text durch Heranziehung weiterer Interpretationsmittel als unklar aufdeckt und auf den gesetzgeberischen Willen zurückgeht, der unbeschadet der Formulierung des Textes jedenfalls nicht auf ein verfassungswidriges Gesetz gegangen sei (so im Ergebnis E 7, 305 [319]; 8, 28 [34]; 9, 194 [200]; 12, 45 [60 f.]). Die Rückkehr zum objektiven Ausgangspunkt liegt jedoch darin, daß eben nur der u. U. rein hypothetische, verfassungsmäßige Wille des Gesetzgebers beachtet wird.

auch das demokratische Argument, nach dem die einmal getroffene und fälschlich statisch-punktuell aufgefaßte Entscheidung des Verfassungsgebers/(429) die Auslegung bindet,[15] nicht durch. Eine so verstandene Verewigung der Verfassungsnorm wäre in Wahrheit Bindung an eine höchst kontingente Situation, und der Versuch, der Stabilität und Kontinuität der Verfassung zu dienen, würde in sein Gegenteil durch Entzeitung (*G. Husserl*) des Rechts, d. h. Festlegung auf *eine* Zeit, einmünden. Historische Auslegung bereitet deshalb die Aktualisierung nur vor. Als unmittelbar geltende existiert die Norm also nicht ohne Heranziehung des zu entscheidenden Falles. Ist dieser für sie mit konstitutiv, so kann es nicht Aufgabe der »Auslegung« sein, aus ihr herauszulesen, was angeblich schon vorher dastand,[16] sondern, die Tradition (Normtext, Entstehungsgeschichte) mit der Gegenwart (Einzelfall) zu vermitteln.

2. Die festgestellte (ontologische) Offenheit des Rechts einerseits, der (methodologische) Zirkel der Subsumtion andererseits schließen ein axiomatisches System, das der Interpretation zu Hilfe kommen könnte, aus. Die auftauchenden Probleme sind mit den ihnen jeweils adäquaten Systemen zu lösen, über deren Gemäßheit legitimerweise das Vor-Urteil des zur Auslegung Berufenen entscheidet. Die beschränkte Systematisierungsmöglichkeit muß nicht nur in Kauf genommen, sondern als wesentlich akzeptiert werden. Hierfür bietet sich die *Topik* an, die vor allem seit den Arbeiten von *Viehweg* und *Esser*[17] auch dem Juristen, freilich mehr dem Zivilrechtler, in den Blick gekommen ist. Sie berücksichtigt die begrenzte ökonomische Funktion der Methode als eines Weges zur Problemlösung und ver-

15 So etwa *Lüchinger*, a.a.O., S. 71 f., 90 ff.; dazu auch *Eichenberger*, a.a.O., S. 204 ff.; vgl. die Überlegungen bei *Herb. Krüger*, DVBl., 1961, S. 685 ff. Zutr. *Hamann*, GG, 2. Aufl. 1961, Einl. S. 55 a. E.; zur amerikanischen Auffassung vgl. 11 Am. Jur., Constitutional Law, §§ 61–63.

16 Von dieser Sicht der Normverwirklichung her erscheint es unrichtig, ihre Regeln, mit Ausnahme der wenigen verselbständigten logischen Kunstregeln, als *meta*-juristisch anzusehen. *Esser*, a.a.O., S. 107 ff., 108 f., 121, macht mit Recht auf die wenig beachtete Parallele zu den Rechtsanwendungsregeln des internationalen Privatrechts aufmerksam, die heute als zum materiellen Rechte gehörig betrachtet werden.

17 Grundlegend *Viehweg*, Topik und Jurisprudenz, 2. Aufl., 1963; *Esser*, a.a.O., S. 26 ff.; vgl. auch *Siebert*, Die Methode der Gesetzesauslegung, 1958, S. 13; *Coing*, Die jur. Auslegungsmethoden u. d. Lehren der allg. Hermeneutik, 1959, S. 18, 22; *Zippelius*, Wertungsprobleme im System der Grundrechte, 1962, S. 79 ff.; *Ehmke*, VVDStRL, a.a.O., S. 54 ff.; *P. Schneider*, VVDStRL, a.a.O., S. 34 ff.; *Horn*, a.a.O., S. 38 ff.
Der Dogmatik fällt in diesem Zusammenhang die Aufgabe der Stabilisierung durch relative Zeitlosigkeit der Grunddogmen zu: vgl. *Heller*, Staatslehre, 1934, S. 260 ff., 264; *Viehweg*, Festschrift f. Emge, 1960, S. 106 (112 f.); ähnl. *Leisner*, Grundrechte und Privatrecht, a.a.O., S. 291.

zichtet auf apriorische Systeme. Methodenmonismus wird damit abgelehnt, allerdings auch nicht einem Methodensynkretismus alter Prägung gehuldigt.[18] Es geht/(430) um *praktische Konsonanz im Ergebnis*, um die Friedensfunktion des Rechts zu sichern.[19] Da die Methodologie der eigentlichen Aufgabe des »Richtigkeits«nachweises nicht gewachsen ist, kommt es auf eine (wenn auch notwendig zirkelhafte) Besinnung auf die Norm an. Das Vor-Urteil erscheint als Bedingung, nicht nur als der Auslegung faktisch Vorausgehendes. Weder Methoden (insbesondere sind die materialen Methoden wesensmäßig inhaltsgebunden und damit lückenhaft[20]) noch in allen Fällen Ansichtendeckung im vormethodischen Bereich sichern die Richtigkeit des Ergebnisses.

3. Über diese Grenzen jeden Versuchs, Auslegungsmethoden zu logifizieren und systematisieren, hinaus wird der Interpretationsvorgang beeinflußt durch *Besonderheiten des Interpreten*. Die mit seiner eigenartigen Stellung verbundene Problematik wird von der positivistischen Methode dank der weitgehenden Logifizierung ihres Auslegungsinstrumentariums kaum beachtet, wenn auch unvermeidbar im teils irrationalen Vorgang der Urteilsfindung stillschweigend in Kauf genommen. Aber auch im übrigen wird das Auslegungssubjekt regelmäßig nicht als immanente Grenze rationalisierter Methodik, oder besser: konstitutives Element der Auslegung empfunden und dargestellt. Gemäß der Vorstellung, daß es sich um Fragen der Methodologie handele, wird es nicht in den Konkretisierungsprozeß miteinbezogen und werden seine Besonderheiten nicht als dessen wesentliche Merkmale erkannt.

18 Für letzteren ausdrücklich etwa *Heller*, AöR, a.a.O., S. 354; *Jesch*, Gesetz und Verwaltung, S. 61; *Schwinge*, Der Methodenstreit in der heutigen Rechtswissenschaft, 1930, S. 26 ff.; krit. *Lerche*, DVBl., 1961, S. 690 (696 f. mit N. 59).

19 *Bäumlin*, a.a.O., S. 26 ff.; vgl. auch *Wieacker*, Zur rechtstheoretischen Präzisierung des § 242 BGB, 1956, S. 17 ff., 19. In ähnliche Richtung – jedoch im *vordogmatischen* Raum – gehen die Überlegungen *Lerches*, DVBl., 1961, S. 690 ff., der auf *Ansichtendeckung* abstellt. Sein Begriff der *Ansicht* entspricht offenbar dem des *Stils* bei *Rothacker*, Die dogmatische Denkform, a.a.O., S. 33 ff. (ganz andere Stilfragen haben *Graf Solms*, Stud. Gen., VII, 1954, S. 590 ff., und *Erler*, ebda., S. 612 ff., im Auge). Das Prinzip der Ansichtendeckung erinnert an das von Gratian so beispielhaft benutzte Verfahren der *concordia disconcordantium* (canonum) (dazu *Plöchl*, Geschichte des Kirchenrechts, II. 2. Aufl. 1962, S. 465 ff.; *Buisson*, potestas und caritas, 1958, S. 17 ff., 43 ff., auf dessen Darstellung *Bäumlin*, a.a.O., S. 26 ff., aufmerksam macht). Dem Konsonanzprinzip als Richtigkeitsnachweis scheint – auf der Ebene der Wahrheitsfindung – der Grundsatz der Konvergenz (dazu mit weiteren Nachweisen *Arth. Kaufmann*, Das Schuldprinzip, 1961, S. 76 ff.) zu entsprechen.

20 Vgl. *E. v. Hippel*, Das Problem des fehlerhaften Staatsaktes, 2. Aufl. 1960, S. 144.

Seine entscheidende Rolle wird besonders deutlich in den amerikanischen Erörterungen vor allem zur Rechtsprechung des Supreme Court, deren Neuorientierung mit dem Ziele von »principled decisions« jüngst etwa *Herbert Wechsler* unter Aufgabe der Vorstellungen der/(431) realistischen Schule[21] fordert.[22] Doch steht wohl die Mehrheit der Betrachter auf dem Standpunkt, daß der Methodenfrage eine zweitrangige Bedeutung zukomme, das Bekenntnis zu einer Methode vielmehr nur der nachträglichen »Rationalisierung« von auf Grund subjektiver Vor-Urteile getroffenen Entscheidungen diene.[23] Wie immer man zu einzelnen Entscheidungen im Ergebnis steht, der Kern des Auslegungsproblems wird (und dies scheint keineswegs nur auf die Bedeutung des judge made law zurückzuführen zu sein, sondern auch unter der Herrschaft des Kodifikationsprinzips zu gelten) an *diesem* Punkte gesehen, der methodologisch gar nicht erfaßbar ist.
Zweifellos kann das amerikanische Verständnis nicht ohne weiteres und insgesamt für das GG übernommen werden. Es sollte aber beachtet werden, ob nicht von hier aus das Interpretationsproblem von seiner rein methodologischen Verkleidung befreit werden müßte, und zwar nicht so, daß zunächst Auslegung (und Anwendung) traditionell als Methodenfrage untersucht und nachträglich die jeweiligen Eigenarten des Interpreten berücksichtigt werden, sondern durch deren offenes Einbeziehen in die Konkretisierung: Das Vorverständnis des Auslegenden, das die Entscheidung mitträgt, sollte als notwendig, nicht nur als möglich wiewohl vermeidbar und im Grunde imperfekt legitimiert werden. Wenn die Andeutungen zur Nor-

21 Dazu etwa *C. K. Allen*, Law in the Making, 1961 (paperback), S. 41 ff.; zur Unmöglichkeit der analytical jurisprudence etwa *F. J. Davies* u. a., Society and the Law, 1962, S. 112 ff.

22 In: Principles, Politics, and Constitutional Law, 1961, S. 3 ff.; zu den Möglichkeiten eines »deductive decision-making procedure« auch *R. A. Wasserstrom*, The Judicial Decision, 1961, bes. S. 12 ff.; *R. Pound*, Law Finding through Experience and Reason, 1960, bes. S. 45 ff.; *C. A. Auerbach, Garrison* u. a. (Hrsg.), The Legal Process, 1961, vor allem S. 361 ff.

23 Demgemäß stößt der Versuch, Methoden der Verfassungsauslegung darzulegen, dort auf fast unüberwindliche Schwierigkeiten. Eine Zusammenstellung gewisser von den Gerichten angeführten Grundsätze findet sich in 11 Am. Jur., a.a.O., §§ 50 ff. Gerade sie zeigen, daß sie weniger Wege zur Problemlösung sind als das *Ergebnis* einer langen Reihe von Entscheidungen, die auf Grund anderer Wertungen getroffen worden sind. Ihre Brauchbarkeit als Interpretationskodex wird bes. durch ihre Widersprüchlichkeit untereinander in Frage gestellt. – Siehe auch die Hinweise bei *Schnur*, DVBl., 1960, S. 123 N. 3. Die *Rationalisierungsfunktion* der Methodologie wird bes. kraß von *L. P. Beth*, Politics, the Constitution, and the Supreme Court, 1962, vor allem S. 87 ff., betont; weitere Hinweise, a.a.O., S. 54 ff.; vgl. auch – zurückhaltender – *C. H. Pritchett*, The American Constitution, 1959, S. 42 ff., 48 ff. Eine eingehende Analyse des decision-making process vom soziologisch-politologischen Standpunkt aus liefert *G. A. Schubert*, Constitutional Politics, 1960.

menstruktur zutreffen, sind Methoden kein Allheilmittel, kommt es mithin entscheidend auf Vor-Urteile an. Ja, es wird darüber hinaus zu bedenken sein, ob nicht eine *existentiale Interpretation* zu fordern ist. Auch wenn man *Heidegger*[24] nicht in der Auffassung des Verstehens als fundamentalontologischer/(432) Frage zu folgen vermag,[25] läßt sich doch die wechselseitige Abhängigkeit der Erkenntnis- (hier: Auslegungs-) Relata nicht leugnen; dieser *hermeneutische Zirkel* zwischen Vorverständnis und Auslegungsgegenstand, der das romantische Ideal voraussetzungsloser Wissenschaft längst fragwürdig gemacht hat, muß nutzbar gemacht werden, um aus der Besonderheit der jeweiligen Fragestellung und des Subjektes die Besonderheit des Textes (der Norm) richtig abzuheben. So betrachtet, sind Sinnerwartung und Vormeinung, mit denen der Auslegende an den Text herangeht, nicht ein Übel, sondern notwendig, sofern sie sich mit weiterem Eindringen vom Text korrigieren lassen. Das Vor-Urteil wird damit zum essentiale der Auslegung.[26] Den methodischen Bemühungen wird dadurch nicht ein überindividuelles materiellrechtliches Vorverständnis vorgeschaltet und zugrunde gelegt, über das sich irgendwie Einigkeit erzielen ließe. Vielmehr ist hier das Vor-Urteil des jeweils Auslegenden gemeint, das ex ante legitimiert ist in seinem Vorhandensein aus der Tatsache, daß ohne es Auslegung und Verstehen nicht vollziehbar sind (wenn es auch verschwiegen werden kann), in seinem Sosein zunächst (nur) aus der Berufung des Subjektes zur Auslegung der Verfassung, ex post aus der praktischen Konsonanz im Ergebnis. Das letzte Wort zur Konkretisierung der Grundrechte wird in der Regel vom BVerfG gesprochen. Auf die besondere Problematik

24 Sein und Zeit, 8. Aufl. 1957, S. 153 ff., 310 ff.

25 *Betti*, Rabel-Festschrift, a.a.O., S. 91 N. 14 b, etwa weist *Heideggers* Auffassung als Verkehrung zurück. Im übrigen scheinen diese Fragen der Jurisprudenz weithin ungeläufig zu sein. Die seit längerem in der Theologie geführte Diskussion über Möglichkeit und Grenzen existentialer Interpretation i. S. und unter Weiterentwicklung *Heideggers*, die im Bereich der evangelischen Theologie mit den Namen von *Bultmann, Gogarten, Fuchs, Ebeling* u. a. verbunden ist (vgl. dazu nur Ebeling, »Hermeneutik«, RGG, 3. Aufl. 1959, Bd. III; *Frör*, Biblische Hermeneutik, 1961, bes. S. 47 ff.), wird kaum zur Kenntnis genommen (Ausnahmen etwa *Betti*, a.a.O., S. 145 u. ö., und *Bäumlin*, a.a.O., S. 31). Angesichts der früheren Einheit von aller geisteswissenschaftlichen Hermeneutik und der strukturellen Verwandtschaft von Jurisprudenz und Theologie (dazu etwa *Rothacker*, Die dogmatische Denkform, a.a.O., S. 11; *Ule*, AöR, a.a.O., S. 50; auch *Stern*, NJW, 1958, S. 695 (698), allerdings mit m. E. verfehltem Rückschluß auf die Meta-Einzelwissenschaftlichkeit der Auslegungslehre) ist dies besonders unverständlich. Um so beachtenswerter ist der Ansatz *Gadamers*, a.a.O., bes. S. 307 ff., von der exemplarischen (!) juristischen Hermeneutik her die allgemeine Auslegungslehre neu zu begründen. Zu den Beziehungen zwischen den einzelnen Lehren auch *Coing*, a.a.O.

26 Daß das »Vor-Urteil« seine Diskreditierung der Aufklärung verdankt, legt *Gadamer*, a.a.O., S. 256 ff., zutreff. dar.

der Verfassungsgerichtsbarkeit soll hier aber nur hingewiesen werden;[27] auf sie wäre besonders unter dem Gesichtspunkt/(433) der Gewaltenteilung, der Verfassungswandlung und -änderung[28] und des judicial self-restraint einzugehen.

4. Die bisher geschilderten Grenzen der Auslegungsmethoden machen zugleich deutlich, daß es *Rangordnungen* unter ihnen a priori nicht geben kann.[29] Die größere Adäquatheit einer Methode ergibt sich aus den Erfordernissen des betreffenden Falles. Es kommt auf problemausgerichtete Lösungen an.[30] Eine Methode, die dessenungeachtet Allgemeingültigkeit beansprucht, vermag einen inhaltsgebundenen Lösungsweg nicht mehr anzugeben. Sie wird zum Blankett, zur *Leerformel* im Sinne *Poppers*[31] und *Topitschs*.[32] Dies zeigt sich vor allem bei rationalisierten und logifizierten Auslegungsmitteln, deren Verabsolutierungen zu Antinomien führen, die im konkreten Fall gar nicht bestünden,[33] und die über das Kriterium ihres Einsatzes selbst nichts aussagen, so daß hierfür wieder auf situationsbezogene Gesichtspunkte zurückgegriffen werden muß. Es ist deshalb diejenige Methode zu benützen, die im Einzelfall den *aktualen* Sinn der Grundrechtsnorm am besten verwirklicht; darüber entscheidet vorläufig, d. h. bis zur Nachprüfbarkeit des Ergebnisses auf praktische Konsonanz und praktische Richtigkeit, das materiale Vorverständnis. Auch für die Frage des Vorranges einer Methode vor einer anderen verschiebt sich demgemäß die Problematik von der Methode auf das Vor-Urteil.

Daß eine Hierarchie jedenfalls nicht durchgeführt werden kann, belegen die Unstimmigkeiten in Lehre und Praxis;[34] auch die Judikatur des BVerfG

27 Dazu neuestens etwa *Lerche*, DVBl. 1961, S. 690 (700); *Leisner*, DÖV, 1961, S. 641 (642 f.); *Herb. Krüger*, Festschr. f. Smend, 1962, S. 151 ff.; auf die Verbindung von Auslegungsproblematik und richterlicher Unabhängigkeit macht vor allem *Eichenberger*, a.a.O., bes. S. 200 ff., aufmerksam; zum amerikanischen Recht *Kirchheimer*, JöR, n. F. 11, 1962, S. 93 (bes. S. 97).

28 Dazu *Herb. Krüger*, DÖV, 1961, S. 721 ff.

29 Insoweit kann *Emge*, Vorschule der Rechtsphilosophie, 1925, S. 119 f., zugestimmt werden.

30 Vgl. auch *Engisch*, Stud. Gen., XII, 1959, S. 76 (87); *Coing*, a.a.O., S. 22, 23.

31 What is Dialectic? Mind, New Series 49, 1940, S. 403 ff.

32 Über Leerformeln, in: Probleme der Wissenschaftstheorie, 1960, S. 233 ff.

33 *E. v. Hippel*, a.a.O., S. 144; im Zusammenhang mit dem Wertproblem auch *Topitsch*, Über Leerformeln, a.a.O., S. 242 ff.; *Esser*, a.a.O., S. 126 ff.

34 Vgl. *Larenz*, a.a.O., S. 241 ff., 257 (ff.); *Leisner*, DÖV, 1961, S. 641 (644 ff.); vgl. auch *Zippelius*, a.a.O., S. 68; *Ehmke*, VVDStRL, a.a.O., S. 59 f.; anders *Forsthoff*, Zur Problematik der Verfassungsauslegung, 1961, passim; vgl. auch *Siebert*, a.a.O., S. 39 ff.

spiegelt diese Unmöglichkeit deutlich wider.[35] Tatsächlich läuft die Rechtsfindung ja auch zumeist von der Vor-Entscheidung zur nachträglichen Methodenauswahl. Die Frage selbst ist vom Methodischen her nicht lösbar, sondern der Blick hat »zu den Sachen selbst« zu gehen. Die Benutzung einer Auslegungsmethode und ihre Bevorzugung gegenüber einer anderen empfangen ihre Rechtfertigung nur aus der jeweiligen Angemessenheit zum Gegenstand.

5. Verbietet sich sonach das apriorische Bekenntnis zu einer Methode und scheint das Schwergewicht auf ganz anderen Fragen zu ruhen, so/(434) ist doch noch ergänzend auf die *Auseinandersetzung zwischen »geisteswissenschaftlicher« und »juristischer« »Methode«* einzugehen, die zeitweise die Erörterung des Interpretationsproblems in der Verfassungslehre völlig beherrscht hat.

Beginn und Verlauf der Diskussion, die sich vor allem an den Grundrechten entzündete, dürfen als bekannt vorausgesetzt werden.[36] Als Reaktion auf den Positivismus der *Gerber-Laband*schen Schule wurde eine der Verfassung angemessene Auslegungsmethode gefordert.[37] Unter Beibehaltung eines Teils des positivistischen Instrumentariums sollten Grundrechte aus der Geistesgeschichte und mit Hilfe der »Geisteswissenschaften« ausgelegt werden. – Vor allem *Forsthoff*[38] hat die Auseinandersetzung der Weimarer Zeit wieder aufgenommen und belebt unter dem umgekehrten Vorzeichen des Warnrufs vor Auflösung von Rechtsstaat und Verfassung durch Abkehr von juristischer Methode, die er ausdrücklich vom Positivismus abhebt. Auf die Abhängigkeit Forsthoffs vom Neukantianismus, von *Max Weber* und *C. Schmitt*, die ihn zu einer derartig düsteren »Diagnose« des heutigen Verfassungsverständnisses führt, kann hier nicht eingegangen werden.[39] Es wird auch die positive Bedeutung einer begrenzten Formalisierung und Institutionalisierung des Rechtsstaates nicht verkannt. Doch scheint seine Kritik an der »geisteswissenschaftlichen« Methode, soweit sie sich nicht (zu-

35 Vgl. Anm. 12.

36 Vgl. *Holstein*, AöR, n. F. 11, 1926, S. 1 ff.; ders., AöR, n. F. 12, 1927, S. 187 ff.; *Heckel*, VerwArch. 37 (1932), 280 (282); *E. R. Huber*, AöR, a.a.O., 3; *Jesch*, Gesetz und Verwaltung, a.a.O., S. 54 ff., 56 ff.; *Heller*, AöR, a.a.O., S. 342 f.; *Badura*, Die Methoden der neueren Staatslehre, 1959, insbes. S. 184 ff.; *Sontheimer*, ARSP, XLVI, 1960, S. 39 ff. Krit. *Mainzer*, Gleichheit vor dem Gesetz und Gerechtigkeit, 1929, S. 8 ff., 10.

37 Genauer: Eine Mehrzahl von Methoden, die nach *Jerusalem*, AöR, n. F. 15, 1928, S. 161 (163), die historische Rechtsschule dem Rationalismus des 18. Jh. entgegenhielt.

38 Vor allem in *C. Schmitt*-Festschrift, 1959, S. 35 ff.; Zur Problematik, a.a.O., passim. Vgl. kritisch *Ehmke*, Wirtschaft und Verfassung, a.a.O., S. 45 ff.

39 Dazu *Hollerbach*, AöR, n. F. 85, 1960, S. 241 (268 ff.).

treffend) gegen die unkritische Übernahme von Wertsystemen richtet, am Ziel vorbeizuschießen. *Savigny*[40] jedenfalls entfällt als Kronzeuge für »juristische« Auslegung im Verfassungsrecht, da er die von ihm aufgeführten Regeln nur im Privatrecht angewendet wissen wollte; damit zeigt gerade er, daß die traditionelle, im Zivilrecht entwickelte Hermeneutik die Spuren ihres Gegenstandes und seiner relativen kodifikatorischen Geschlossenheit trägt. Die neuere Entwicklung ist aber bekanntlich auch dort über den gesichert geglaubten Bestand herkömmlicher Kunstregeln längst hinausgeschritten:[41] Die Flucht in »juristische« Auslegungsmethode im Sinne gerade/(435) unjuristisch verselbständigter und logifizierter Anwendungsregeln ist als Selbsttäuschung auch dort erwiesen.[42]
In Wahrheit verschleiert die Terminologie das wirkliche Verhältnis der beiden Methoden zueinander. Die Kennzeichnung der einen als »juristisch« enthält den unerfüllbaren Anspruch, es handele sich um *die* spezifisch juristische Methode. Die Erwartungen werden jedoch in mehrerlei Hinsicht enttäuscht. Soweit sie der Logik entnommene Regeln enthält, steht ihr *meta*-juristischer Charakter außer Frage. Im übrigen genügt es, auf den Streit über den Einsatz der einzelnen Regeln im Einzelfall hinzuweisen,[43] die dank ihrer Technizität und dadurch bedingten weitgehenden Inhaltslosigkeit über sich selbst hinaus zu Methoden und Maßstäben verweisen, die über das Kriterium ihrer Anwendung Auskunft zu geben vermögen.[44] Letztere liegen gewissermaßen auf einer anderen (höheren) Ebene als die techne der »juristischen« Auslegung, deren Geisteswissenschaftlichkeit sie mit ihr gemeinsam haben.[45] Es werden also Methoden mit unterschiedlichem Aufgabenbereich einander gegenübergestellt, techne mit interpretatio gleichgestellt und Jurisprudenz und Geisteswissenschaft einander entgegengestellt,[46] so daß die beschriebene Verschiedenheit der Ebenen verhüllt wird. Schließlich ist daran zu erinnern, daß zwar jedes angenommene Wertsystem brauchbar sein mag nur von einem bestimmten Grad der Technisierung

40 System des römischen Rechts, I, 1840, S. 206 ff.
41 Vgl. nur etwa *Wieacker*, Präzisierung, a.a.O., S. 14–16, 17 ff.; ders., Gesetz und Richterkunst, 1958; weitere Nachweise bei *Enneccerus-Nipperdey*, Allg. Teil BGB, 15. Aufl. 1959, I, §§ 52 ff.
42 *Hollerbach*, a.a.O., 193 f.; allg. krit. *Arth. Kaufmann*, JZ 1963, S. 137 (138 f.). *Nipperdey*, Die Grundrechte, IV/2, 1962, S. 750 N. 33, spricht von einem »eigenartigen Anachronismus« *Forsthoffs*.
43 Vgl. die Geringschätzung bei *Esser*, a.a.O., S. 258 f.; ders., Stud. Gen., VII, 1954, S. 372 (378).
44 Etwa *Lüchinger*, a.a.O., S. 193 f.
45 Vgl. *Hollerbach*, a.a.O., S. 260.
46 Zur Geisteswissenschaftlichkeit der Jurisprudenz *Viehweg*, Stud. Gen., XI, 1958, S. 334 ff., 336 f.; *Leibholz*, Strukturprobleme der modernen Demokratie, 1958, S. 263.

und Instrumentalisierung an, ebenso umgekehrt aber auch die logischen Regeln der »juristischen« Methoden in ihrer Mehrzahl ehedem sachbezogen gewesen sind und erst durch nachträgliche allmähliche Abstraktion ihren verselbständigten (scheinbar logischen) Inhalt gewonnen haben, so daß sie, selbst wenn sie allein die Interpretation bestimmten, keineswegs Verfassungsauslegung als typisch logisch und technisch zu kennzeichnen vermöchten.[47]

Die vorgetragene Ansicht zur Struktur der Norm erlaubt demgegenüber nur die Annahme eines *Komplementärverhältnisses* zwischen beiden Wegen der Grundrechtskonkretisierung. Dabei wird wegen der geringeren Technizität der Grundrechte die juristische Techne einen kleineren und weniger überzeugungskräftigen Arbeitsbereich haben/(436) als die Methoden, die andere Mittel wie Geistesgeschichte, Wertvorstellungen, Güterabwägung u. a. (dazu sub II) heranziehen; sie wird meist das eigentliche Grundrechtsverständnis nur vorbereiten können.

II. Wenn sich bisher der Versuch, dem Konkretisierungsproblem abstrakt-methodologisch gerecht zu werden, als unfruchtbar erwiesen hat, so bleibt es übrig, einige der bei der Grundrechtskonkretisierung herangezogenen *Hilfsgrundsätze* auf ihre allgemeine Verläßlichkeit durchzusehen, um, anders als sub I, mehr *vom Fall her* die Möglichkeiten apriorischer Interpretationshilfen abzugrenzen.

1. Ins Auge fällt zunächst das Bestreben nach *Systematisierung* auch im Grundrechtsbereich, das zurückgeht einmal auf mehr ontologische Vorstellungen von hinter der Verfassung stehenden und die Auslegung beeinflussenden Werten (sub a), zum andern auf mehr methodologische Gedanken über die Totalität der Norm (sub b), die in der materialen Einheit der Verfassung freilich ebenfalls eine Wendung ins Ontologische erfahren.

a) Die geschichtlich-kontingente Struktur auch der Grundrechtsnorm erlaubt weder die Annahme einer hinter ihr stehenden lückenlosen *Wertordnung*[48] noch den Gebrauch einer Wertsystematik für Auslegungszwecke.

47 *Esser*, Grundsatz und Norm, a.a.O., S. 112 f.; vgl. auch *Topitsch*, Über Leerformeln, a.a.O., S. 238.

48 Das Bild von »hinter der Verfassung stehenden Werten« u. ä. sollte als sprachkonventionell in Erinnerung bleiben, ohne mit der Sache selbst verwechselt zu werden; allg. zur Bildersprache vgl. *Thalmann*, Bilder in der Sprache der Rechtswissenschaft, dargestellt an den Lehren über das Verhältnis von Recht und Staat, 1956. Im übrigen wird im Text, anders als bei *Forsthoff*, auf den Unterschied von Norm und Wert nicht entscheidend abgehoben, vgl. *Ryffel*, ARSP, XLII, 1956, S. 305 (313 f.).

Welchen Sinn soll die Behauptung der Lückenhaftigkeit[49] oder Geschlossenheit der Grundrechtsordnung haben, wenn diese menschlicher Verwirklichung anheimgegebener Verhaltensentwurf auf die Zukunft ist?[50] Der Rückgriff auf meta-juristische Wertvorstellungen einerseits, naturrechtliche Evidenz andererseits, um zu einer geschlossenen Wertordnung der Verfassung zu gelangen mit daraus sich ergebenden Auslegungsrichtlinien, schlägt fehl. Der stillschweigende oder ausdrückliche Bezug auf die materiale Wertethik, die nirgends außerhalb der Rechtswissenschaft noch uneingeschränkt vertreten wird,[51] vermag die Probleme nicht zu lösen, da der Verfassungsinterpret/(437) bei der Umschau nach gesicherten Werten und Hierarchien auch hier nicht auf Antworten, sondern auf das Gebot des ständigen Fragens stößt.[52] Auch die Naturrechtsdiskussion der Gegenwart hat in ihrem Verlauf nur nachgewiesen,[53] daß es eine monistische und einsichtige Wertordnung nicht gibt, sie daher der Verfassung nicht sinnvoll und verbindlich zugrunde gelegt werden kann.[54] Es werden somit alle Auslegungen, die von der Grundlage einer vorverfassungsrechtlichen (und in der Verfassung u. U. ganz oder teilweise positivierten) Wertordnung ausgehen, um daraus positivrechtliche Ergebnisse zu deduzieren, zurückgewiesen.[55] Gerade hier ist die *geschichtliche* Interpretation der Grundrechte

49 Etwa bei *Giere*, Das Problem des Wertsystems der Weimarer Grundrechte, 1932, S. 89.

50 Ähnlich *Giacometti*, a.a.O., S. 21 (jedoch mit anderen Folgen für die Schweiz. Verfassung); *Ehrlich*, Soziologie, a.a.O., S. 14 f.; *Kegel*, in: Diskussion zu *Coing*, a.a.O., S. 35; *Engisch*, Einheit der Rechtsordnung, 1935, S. 42.

51 Das Notwendige hierzu ist eindrücklich gesagt worden von *Weischedel*, Recht und Ethik, 1955. Vgl. ferner von jur. Seite aus kritisch etwa *Giere*, a.a.O., S. 11 ff.; *Vonessen*, ARSP, XLI, 1955, S. 384 ff.; *Zippelius*, a.a.O., S. 11 ff.; *Wieacker*, Präzisierung, a.a.O., S. 12–14, 17 ff.; *P. Schneider*, VVDStRL, a.a.O., S. 20.

52 Vgl. *Ryffel*, a.a.O., S. 305, 307.

53 Vgl. nur die bei *Maihofer* (Hrsg.), a.a.O., vereinigten Stimmen; ferner etwa *Evers*, JZ, 1961, S. 241 ff.; *Arth. Kaufmann*, JZ, 1963, S. 137 (139).

54 Nur hingewiesen sei des weiteren darauf, daß Werte als gesollte Verhaltenspotentialitäten (Ryffel) immer situationsbezogen, absolute Werte daher sinnleer sind. Weiter weist *Topitsch*, Über Leerformeln, a.a.O., S. 242 ff., zutreffend auf die Problematik der Steigerungsfähigkeit und gegenseitigen Verträglichkeit von Wertprädikaten hin.

55 Für eine objektive Wertordnung (des GG) sprechen sich aus das BVerfG (E 2, 1 [12]; 5, 85 [134 ff., 197 ff.]; 7, 198 [205]; 10, 59 [81]; 12, 113 [124]; u. ö.); *Häberle*, Die Wesensgehaltsgarantie des Art. 19 II GG, 1962, S. 6; *Hamel*, a.a.O., S. 15 f.; (zur WRV) *Hensel*, Grundrechte und Weltanschauung, 1931, S. 8 f., 11; ders., AöR, n. F. 14, 1928, S. 321 ff.; einschränkend ders., RG-Festgabe, I, 1929, S. 1 (16); *H. Peters*, in: Naturordnung in Staat, Gesellschaft, Wirtschaft, 1961, S. 363 (364 f.); jedoch mit (begrenzter) Berücksichtigung der Geschichte: Hist. Jb., 72, 1953, S. 457 ff., insbes. 467 ff., *Wintrich*, Zur Problematik der Grundrechte, 1956, S. 11 ff.; *Dürig* in Maunz-Dürig, a.a.O., Nr. 12 zu Art. 1 I, Nr. 3, 6, 10, 42 zu Art. 2 I. Zutr. weist *Scheuner*,

geeignet, deren Vielgestaltigkeit und unterschiedliche historische Wurzel bloßzulegen, die einer einheitlichen Systemkonzeption entgegenstehen, ohne damit die verfassungsrechtliche Dogmatik[56] aus ihrem Dienst an der Grundrechtsnorm zu entlassen.

b) Der Versuch, Grundrechtskonkretisierung systematisch zu betreiben, greift jedoch noch weiter, und zwar auch und vor allem ins Methodologische, wo er im Grundsatz anzuerkennen, wenn auch/(438) teilweise nicht ohne irrige Konsequenzen ist. Ausgangspunkt ist der *Schleiermacher*sche canon der Einheit des auszulegenden Gegenstandes durch den hermeneutischen Zirkel zwischen Teil und Ganzem im Verstehensprozeß.[57] Er ist in verschiedener Gestalt auch (mutatis mutandis) für die Verfassungsauslegung anerkannt.

So steht die Konkretisierung der Verfassung, um deren Totalität gerecht zu werden, unter dem Gebot der Harmonisierung ihrer einzelnen Bestandteile.[58] Damit ist freilich nur ein Ziel, nicht der Maßstab der Konkretisierung angegeben, aber doch auf die *materiale Einheit der Verfassung* hingewiesen, deren Einzelbestimmungen nur aus der Perspektive der von ihr getroffenen Grundentscheidungen, diese wiederum nur durch Bemühung um ihre Einzelvorschriften erhellt werden können. Die offensichtliche Zirkelhaftigkeit dieser Konkretisierung schließt zugleich die befürchtete Entnormativierung der Einzelnorm zugunsten des Gesamtverständnisses aus.[59]

Salzb. Jb., a.a.O., S. 17 f., auf die Ungeschichtlichkeit des von ihm ebenfalls angenommenen Wertsystems hin.

Kritisch etwa *Bäumlin*, a.a.O., S. 12; *Ehmke*, VVDStRL, a.a.O., 82 ff.; ders., Wirtschaft und Verf., a.a.O., S. 58 ff.; *Giere*, a.a.O., S. 86 ff., 89; *Lerche*, DVBl., 1961, S. 690 (694 f.); *Leisner*, DÖV, 1961, S. 641 (650); *Ryffel*, a.a.O., S. 518; *Zippelius*, a.a.O., S. 157; zutreff. insoweit *Forsthoff*, C. Schmitt-Festschrift, a.a.O., S. 35 ff. Vgl. auch *Dürig* und *Ehmke* in VVDStRL, a.a.O., S. 115 f.

Das bedenklichste Resultat der Annahme eines Wertsystems ist wohl die Interpretation des Art. 2 I GG durch das BVerfG. Vgl. die Kritik bei *Ehmke*, VVDStRL, a.a.O., S. 82 ff.

56 Gedacht ist hier an die Rechtsgrundsatzdogmatik i. S. *Viehwegs* (Emge-Festschrift, a.a.O., 111 ff.; vgl. auch *Schnur*, DVBl., 1960, S. 123 ff.). Dabei wird unter Dogmatik mit *Rothacker*, Die dogmatische Denkform, a.a.O., S. 14, und *Betti*, Stud. Gen., XII, 1959, S. 87 (88 f.), die systematische Explikation eines bestimmten Stils verstanden.

57 Vgl. *Betti*, Rabel-Festschrift, a.a.O., S. 100 ff.; *Coing*, a.a.O., S. 14, 18 f.

58 Von einem Harmonisierungsgebot sprechen etwa *Scheuner*, DVBl., 1958, S. 845 (849); ders., Salzb. Jb., a.a.O., S. 18; ders., VVDStRL, H. 20, S. 125 f.; *Wintrich*, a.a.O., S. 19; BVerfGE 6, 309 (361). Eine kombinatorische Auslegung fordert *H. Peters*, Karl-Arnold-Festschrift, 1955, S. 117 ff.; ders., in: Naturordnung, a.a.O., S. 364; *H. Huber*, in: Rechtsquellenprobleme, a.a.O., S. 108.

59 Insofern berechtigt die Warnung *Kaegis*, a.a.O., S. 144, gegenüber *Smend*, während er im übrigen, S. 145, diesem canon zustimmt.

Die Verfassungslehre betont insbesondere die Forderung nach *Auslegung der Einzelnorm aus der Totalnorm,*[60] die sich auch das BVerfG bei unterschiedlicher Gelegenheit zu eigen gemacht hat.[61] Nicht immer wird jedoch diese abstrakt geforderte Einheit im konkreten Fall durchgesetzt und beachtet. Im Bereich der Grundrechtskonkretisierung steht dem einmal der sub a) angedeutete Gedanke eines geschlossenen Grundrechts(wert)systems entgegen, der zwar der systematischen Erfassung der Grundrechte selbst zugute kommen mag, jedoch grundrechtlichen und organisatorischen Teil der Verfassung ungebührlich voneinander trennt.[62] Zum andern tragen die herkömmliche Sicht des Grundrechts als Regel und der gesetzlichen »Schranke« als Ausnahme[63] und, unter/(439) dem Eindruck des speziellen Gesetzesvorbehalts, das formale Verständnis der Kompetenznormen zu der Scheidung bei.

Die geforderte Zusammenschau der beiden Verfassungsteile wird bei einem vertieften *Kompetenzverständnis* einzusetzen haben. Hierin ist vor allem *Ehmke*[64] zu folgen, der nach dem Vorbild des amerikanischen Rechts in der Kompetenz Zuständigkeitsverteilung *und* Schranke gegenüber dem Bürger sieht;[65] die Kompetenznorm ist auch Sachnorm und als solche mit der Zuständigkeitsnorm nicht identisch.[66] Dies deutet sich auch zunehmend in der Rechtsprechung des BVerfG an. Nachdem sich das Gericht in dieser Richtung bereits im Zusammenhang mit Art. 74 Ziff. 11 GG geäußert hat-

60 Etwa *Hensel*, Grundrechte, a.a.O., S. 7; *Ule*, AöR, a.a.O., S. 118; *v. Mangoldt-Klein*, GG, Bem. B XIV 2, S. 117; *Jesch*, Gesetz und Verwaltung, a.a.O., S. 72; *Lerche*, Übermaß, a.a.O., S. 63; *Leisner*, DÖV, 1961, S. 641 (651: Vermutung der Einheit); *Häberle*, a.a.O., S. 5 f.; aus der Zivilistik *Esser*, Grundsatz und Norm, a.a.O., S. 126 f.; allg. *Engisch*, Die Einheit der Rechtsordnung, a.a.O., S. 70 ff.

61 E 1, 14 (32); 1, 208 (227 f.); 2, 380 (403); 3, 225 (231); 5, 85 (112); 6, 309 (361); 7, 377 (402 f.). Dem entspricht die Auslegung of the constitution »as an entirety«, 11 Am. Jur., a.a.O., §§ 53 f., in den U.S.A.

62 Dies rügt schon *Smend*, Staatsrechtl. Abh., a.a.O., S. 320 mit N. 15; kennzeichnend etwa *Hamann*, a.a.O., S. 55.

63 Kritisch dazu etwa *v. Mangoldt-Klein*, a.a.O., Vorbem. B XV, S. 120 ff.

64 Wirtschaft und Verfassung, a.a.O., S. 111; ders., VVDStRL, a.a.O., S. 89 f.; auch *P. Schneider*, VVDStRL, ebenda, S. 31; vgl. auch *Bayer*, Die Bundestreue, 1961, S. 60 ff.; *Scheuner*, VVDStRL, 20, S. 126.

65 Diese Auffassung konnte sich in den USA mangels spezieller Gesetzesvorbehalte entwickeln. Differenzierungen werden u. a. durch die preferred freedoms doctrine erreicht; vgl. *Großmann*, JöR, n. F. 10, 1961, S. 181 (198 ff.); *Ehmke*, Wirtschaft und Verfassung, a.a.O., S. 437 ff.; ders., VVDStRL, a.a.O., S. 76 f.; krit. u. a. *P. A. Freund*, The Supreme Court of the US, 1961, S. 28 ff., 57 ff.
Für die BRD vgl. die Heraushebung der Meinungsfreiheit als eines Hauptfreiheitsrechtes in E 5, 85 (205); 7, 198 (208); 12, 113 (125) u. ö. durch das BVerfG.

66 Zutreff. *Scheuner*, VVDStRL, 11, 1954, S. 1 (23 mit N. 55); sachlich übereinstim. trotz abweich. Terminologie, BVerfG E 12, 45 (50).

te,[67] schien es für Art. 12 I GG zunächst davon abweichen zu wollen,[68] betonte allerdings in einer späteren Entscheidung[69] die Notwendigkeit der Übereinstimmung des gesetzgeberischen Vorgehens mit allen übrigen Bestimmungen der Verfassung, um schließlich in seinem Beschluß zur Verfassungsmäßigkeit des Befähigungsnachweises der HandwerksO über eine weite Auffassung der »Regelungs«-Befugnis des Art. 12 I GG[70] die Schrankensicht aufzugeben.[71] Die umfassende Bedeutung der Kompetenznorm, die auch in den Grundrechtsbereich hineinwirkt, ist ferner klar zum Ausdruck gekommen in seiner Entscheidung zum WehrpflichtG,[72] wo es klarstellt, daß die Legitimation durch die Kompetenzvorschrift das Vorgehen des Gesetzgebers verfassungsmäßig mache.[73]
Bei anderen Fragen findet sich hingegen noch strenge Scheidung von organisatorischem und grundrechtlichem Teil des GG. Besonders/(440) bedeutsam scheint das Beispiel der Eigentumsgarantie gegenüber Geldleistungspflichten. Mit der wohl überwiegenden Auffassung vertritt das BVerfG[74] die Ansicht, Art. 14 GG versage gegenüber der Auferlegung staatlicher Geldleistungspflichten. Vereinzelt wird versucht, das Problem von einer revidierten Eingriffsvorstellung her zu lösen.[75] Soweit Steuern betroffen sind, sollte vielleicht eher Schweizer Stimmen gefolgt werden, die eine Zusammenschau von Steuer und Eigentum fordern; die Steuer, die immer mehr Mittel der Soziallenkung werde, stelle nicht mehr eine ausnahmsweise Belastung dar; nachdem im wirtschaftenden Staat »Gesellschaft« und »Staat« zusammengerückt seien, müßten die Grundrechte vor einer Aushöhlung durch die Finanzgewalt geschützt werden.[76]

2. Galt es sub 1, einzelnen Auswirkungen des Systemgedankens auf die Grundrechtskonkretisierung nachzugehen, so ist damit die ganz andere Frage, wie denn der *logische* Spielraum, der von der außerordentlich weiten

67 E 4, 7 (15); 8, 274 (328 f.).
68 So versteht jedenfalls *Ehmke*, VVDStRL, a.a.O., S. 92 ff., die von ihm deswegen kritisierte E 7, 377 (400, 401); demgegenüber weist E 13, 97 (106) wohl zutreff. darauf hin, daß auch dort vom Grundsatz gesetzgeberischer Freiheit ausgegangen wurde.
69 E 9, 83 (98).
70 E 13, 97 (122).
71 Schon *Scheuner*, VVDStRL, H. 11, a.a.O., hatte auf die sachliche Bedeutung des Art. 74 Nr. 19 GG für Art. 12 GG hingewiesen.
72 E 12, 45 (50).
73 Hier: Art. 73 Nr. 1 GG. Zust. *Ehmke*, VVDStRL, a.a.O., S. 90 f.
74 Etwa E 4, 7 (17: »nicht berührt«); 8, 274 (330: »nicht verletzt«); 10, 89 (116: »nicht berührt«).
75 Etwa *Lerche*, DVBl., 1958, S. 524 (527 N. 35); ders., DÖV, 1961, S. 486 (490).
76 Dazu *Bäumlin*, a.a.O., S. 13 f. mit Nachweisen.

Formulierung der Grundrechte i. d. R. gelassen wird, *inhaltlich* zu konkretisieren sei, noch nicht beantwortet: Die Verfassung ist auszulegen auf die Sozialordnung hin, da sie Widerspiegelung und Gestalterin sozialer Wirklichkeit sein soll.[77] Dies kann jedoch nicht heißen, daß die Grundrechtsinterpretation alle sozialen Erscheinungen anerkennt und mit ihnen die Sinnausfüllung der Normen leistet. Die »pseudo-normative Leerformel« des Textes ist durch einen begrenzteren sozialen Spielraum zu konkretisieren,[78] der zum Rückgriff auf Unterverfassungsrecht (dazu sub a), dann aber auch auf soziale Verfassungswirklichkeit schlechthin (dazu sub b) zwingt. Die Metapher der einander gegenüberstehenden Legal- und Sozialstruktur löst sich unter diesem Gesichtspunkt (wie schon nach dem oben sub I angedeuteten Normenverständnis) weitgehend auf. Die Frage nach den Grenzen der *Rezeption der Sozialordnung* durch die Grundrechtsnorm muß freilich weitgehend offen und dem Einzelfall überlassen bleiben.

a) In weiten Bereichen des Grundrechtskataloges kann und muß die Konkretisierung zurückgreifen auf die bestehenden *gesetzlichen Regelungen*, die in die Verfassung rezipiert worden sind, also nicht nur wahlweise als Interpretationsgesichtspunkte zur Verfügung stehen. Die vielfältigen Beispiele zeigen,[78a] daß die Grundrechte einen Teil ihres/(441) Inhaltes aus bestehender und ihrerseits wandelnder Auslegung offener Spezialgesetzgebung erhalten. Das Ergebnis ist eine schrittweise Institutionalisierung der Grundrechte, wie sie sich in der Lehre etwa bei *Lerche*[79] (über die Auffassung der Wesensgehaltsgarantie des Art. 19 II GG als Schutz des dem einzelnen Grundrecht zugrunde liegenden typischen unterverfassungsrechtlichen Normenkomplexes) und radikaler bei *Häberle*[80] zeigt und bei *C. Schmitt* vorgezeichnet war.[81]

Diese Tendenz führt weder zu einer ungebührlichen Festlegung der Grundrechte auf den unterverfassungsrechtlichen status quo; dies hat die Rechtsprechung zu Art. 14 und etwa Art. 3 I GG[82] immer wieder betont. Noch werden damit die Begriffe des einfachen Gesetzgebers unverändert übernommen.[83] In diesen Grenzen anerkennt die Judikatur eine »Rezeption«

77 *E. E. Hirsch*, Jur. Jb., III, 1962/63, S. 131 (137).
78 *Topitsch*, JZ, 1963, S. 1 (3, 4).
78 a Zum Folgenden bes. *Häberle*, a.a.O., S. 167 ff.
79 Übermaß, a.a.O., S. 240 ff. vor allem.
80 a.a.O.
81 Freiheitsrechte und institutionelle Garantie, 1931, S. 10; HDStR, II, 1932, S. 572 (592).
82 Etwa E 2, 336 (340 f.); 8, 1 (9 ff.). Zu Art. 5 III 1 GG neuestens BVerfG, DVBl., 1963, S. 437 (438).
83 Dies hat *M. Wolff*, Reichsverfassung und Eigentum, 1923, klargestellt; vgl. *Smend*, Staatsrechtl. Abh., a.a.O., S. 263; BVerfG E 2, 380 (402); 4, 219 (240 f.); 11, 64 (70): zu Art. 14 GG.

etwa bei der Beurteilung der Gleichberechtigung.[84] Mit Hilfe der Rechtstradition wird ferner der Inhalt des ne bis in idem in Art. 103 III GG geklärt[85] und Art. 103 I GG interpretiert.[86] Auch für Art. 9 III GG wird auf einfaches Gesetzesrecht Bezug genommen.[87] Die Schranken dieses Verfahrens werden besonders sichtbar am Beispiel der *Berufsbildtheorie*, die zunächst dazu diente, die völlige Freiheit der Berufswahl, zu deren Annahme man bei Beschränkung des Regelungsvorbehaltes auf die Berufsausübung gezwungen war, einzuengen durch die Festlegung auf bestimmte, vor allem rechtlich tradierte Berufsbilder.[88] Nachdem bereits das BVerwG von dieser Auffassung abgegangen war,[89] folgte das BVerfG nach.[90] – Weitere Ansätze zu einer Institutionalisierung der Grundrechte durch Auslegung aus Unterverfassungsrecht finden sich bei *Raiser* (Vertragsfreiheit)[91] und *Herb. Krüger* (Begriff der verfassungsmäßigen Ordnung i. S. d. Art. 2 I GG).[92] Diese Konkretisierung aus Unterverfassungsrecht entspricht einem Teil der Forderungen der »geisteswissenschaftlichen«/(442) Methode, die auch und vor allem die überlieferte Rechtsüberzeugung für die Sinnausfüllung der Grundrechte fruchtbar machen wollte.[93]

b) Die unterverfassungsrechtliche Tradition selbst schöpft nun ihren Wirklichkeitsgehalt aus der *sozialen ambiance*,[94] ja, hieraus ergibt sich erst die Legitimation für die Konkretisierung der Grundrechte aus Unterverfassungsrecht;[95] als Teil der Sozialordnung ist es nicht trennbar von der ambiance im übrigen. Die Rechtsprechung vermag deshalb auch die Grenze zwischen rechtlicher und faktisch-sozialer Tradition nicht streng zu ziehen und greift bei der Konkretisierung immer wieder auf die Sozialordnung i. w. S. zurück. Dies zeigt sich vor allem bei den Entscheidungen des BVerfG zu Art. 3 I und 12 I GG. Das Gericht bemüht sich im Falle des Art. 3 I GG, Kriterien für sachgerechte Differenzierungen aus dem Begriff des *»Lebensbereiches«*

84 E 9, 223 (230); 291 (300); 338 (349 ff.); 11, 283 (287 ff.).
85 E 3, 248 (252 f.).
86 E 9, 89 (95).
87 E 4, 96 ff.
88 *Bachof*, Die Grundrechte, IV/1, 1960, S. 155 (188).
89 Seit E 1, 48 ff.
90 E 7, 377 (397); 13, 97 (107).
91 JZ, 1958, S. 1 ff.
92 NJW, 1955, S. 201 (204).
93 Vgl. etwa *Kaufmann*, VVDStRL, H. 3, S. 15 f.; H. 4, S. 81; *Holstein*, AöR, a.a.O., und 13, S. 187 (242); *Hensel*, AöR, a.a.O., S. 331 ff.; ders., Grundrechte, a.a.O., S. 15; *Smend*, Staatsr. Abh., a.a.O., S. 191, 266; heute etwa: *v. Mangoldt-Klein*, a.a.O., Einl. S. 10 f.; *Leisner*, DÖV, 1961, S. 641 (651); *Lerche*, DVBl., 1961, S. 690 (695).
94 *Schindler*, a.a.O., S. 92 ff., 98.
95 *Ehrlich*, Soziologie, a.a.O., S. 104 f.; *Hirsch*, a.a.O., S. 147 f.

zu gewinnen,[96] eines Komplexes des sozialen Lebens, der zusammengehöre und sich von anderen als Einheit abhebe. Ob hier mehr als eine beschreibende Tautologie vorliegt, die in Wahrheit neue und fruchtbare Abgrenzungsmaßstäbe nicht enthält, darf bezweifelt werden.[97] Ähnliches Bemühen nach sozialer Konkretisierung zeigt das BVerfG bei seinen Stellungnahmen zum *Berufsbild,*[98] das aus soziologischer Betrachtung gewonnen wird.[99]
In diesem Zusammenhang gehören auch etwa die Ausführungen des Gerichts zu Art. 5 GG im *Fernsehurteil.*[100] Es stützt seine Auffassung vom Wesen der Rundfunkfreiheit als institutioneller Garantie (hierzu kann in diesem Rahmen nicht Stellung genommen werden) einmal auf das nach seiner Ansicht geltende Rundfunkverfassungs*recht* der Länder,[101] zum andern auf *soziologische* Erwägungen zum Pluralismus der westdeutschen Gesellschaft. Gerade hier zeigt sich, abgesehen von der Verknüpfung der Auslegung aus Unterverfassungsrecht und der aus der Sozialordnung im übrigen, daß es entscheidend auf die zutreffende rechtliche Würdigung und Aufbereitung des sozialen Sachverhaltes ankommt:/(443) Indem das Gericht hofft, durch proportionale Beteiligung aller (!) maßgebenden Gesellschaftsgruppen und Interessen an der Rundfunkorganisation die Freiheit des Rundfunks sichern zu können, scheint es die Impraktikabilität seines Vorschlages zu übersehen und Freiheit mit vorgeblicher Neutralisierung durch Proporz und Parität zu verwechseln und so in unsoziologisches Denken zurückzufallen.[102]
Die wenigen Beispiele zeigen, daß die Grundrechtskonkretisierung, der Natur der Sache nach, ohne Rekurs auf die Sozialordnung nicht auskommt und sich dabei auch nicht auf Unterverfassungs*recht* beschränken kann. Der Spielraum des Grundrechtstextes wird eingeengt durch den Bezug auf bestimmte Bereiche der ambiance. Welche von ihnen legitimerweise herangezogen werden dürfen und müssen zur Konkretisierung, ist mit dieser Feststellung noch nicht gesagt. Es muß dazu wiederum nach weiteren Gesichtspunkten der Interpretation Ausschau gehalten werden, die u. U. Kri-

96 E 9, 338 (349); 11, 283 (293); 310 (325 f.); 13, 97 (123). Vgl. auch *Heller,* Staatslehre, a.a.O., S. 249 ff., 257.
97 Bedenken auch bei *Fuß,* JZ, 1962, S. 595 (602).
98 E 9, 338 (350); 13, 97 (117); 7, 377 ff. Freie Berufe: E 10, 354 (364 ff.); 11, 30; 12, 144.
99 Weitere Beispiele: E 6, 389 (dazu die Bemerkung *McWhinneys,* Constitutionalism in Germany, 1962, S. 50) und 7, 198.
100 E 12, 205 ff.
101 Dazu krit. *Jank,* DVBl., 1963, S. 44 ff.
102 A.a.O., 261 f. Insoweit zutreff. die Kritik von *Bettermann,* DVBl., 1963, S. 41 (bes. 43 f.).

terien für die Auswahl zu bieten vermögen. Unter diesem Blickpunkt soll noch untersucht werden, ob die Grundsätze der Grundrechtseffektivität (dazu sub 3) und der Güterabwägung (dazu sub 4) verläßliche Richtlinien an die Hand geben, wie dies die Häufigkeit ihres Gebrauchs vermuten ließe.

3. Auf den Grundsatz der *Grundrechtseffektivität* wird i. d. R. im Anschluß an *Thoma* hingewiesen, der annahm, daß »von mehreren, mit Wortlaut, Dogmengeschichte und Entstehungsgeschichte vereinbaren Auslegungen derjenigen der Vorzug zu geben« sei, »die die juristische Wirkungskraft der betreffenden Norm am stärksten entfaltet«.[103] Er hat damit fast durchweg Zustimmung gefunden,[104] und zwar trotz (oder gerade wegen) eines Mißverständnisses über den Zusammenhang seiner Äußerung. Während er damit die unter der WRV umstrittene, heute wenig aktuelle Frage entscheiden wollte, ob den Grundrechten Programmcharakter oder verpflichtende Wirkung zukommt, indem er »im Zweifel« aktuelle Geltung annahm, so wurde und wird seine Ansicht mißverstanden als Auslegungsregel über den speziellen Inhalt der einzelnen Grundrechtsnorm, eine Auffassung,/(444) gegen die er sich ausdrücklich verwahrt hatte.[105] Abgesehen davon, ob die Unterscheidung von Geltung und Inhalt in diesem Sinne überhaupt fruchtbar gezogen werden kann[106] und die Alternative zwischen Unverbindlichkeit oder Verbindlichkeit der Grundrechte wirklich zutrifft, gibt diese Meinung jedenfalls als Auslegungsregel nichts her.
Das sich hinter der Grundrechtseffektivität verbergende Problem ist damit freilich nicht gelöst. Der Gedanke der Effektivität ist z. B. auch in anderen Bereichen vertraut, wenn auch dort umstritten: So etwa in der Vertragsauslegung des Privat- und Völkerrechtes als Regel »interpretatio fienda est ut magis valeat quam pereat«.[107] Da er jedoch über die Kriterien der

103 In *Nipperdey* (Hrsg.), Grundrechte und Grundpflichten der Reichsverfassung, I, 1929, S. 1 (9).

104 *Zustimm. u. mißverstehend: Giere*, a.a.O., S. 100 f.; *Stern*, Gesetzesauslegung und Auslegungsgrundsätze des BVerfG, ungedr. Diss. Mchn. 1956, S. 164; *v. Mangoldt-Klein*, a.a.O., Vorbem. B XIV 3, S. 118; *Leibholz*, a.a.O., S. 265 f. mit N. 20 a; wohl auch *Schwinge*, Methodenstreit, a.a.O., S. 17 f.; BVerfG E 6, 55 (72). *Ablehn. u. mißverstehend: Hofacker*, Die Auslegung der Grundrechte, 1931, S. 7. *Richtig verstehend u. krit.: C. Schmitt* (vgl. auch seinen Hinweis JW, 1929, S. 2313), JW, 1931, S. 1675 (1676): ders., HDStR, II, 1932, a.a.O., S. 601 f.; *Kaegi*, a.a.O., S. 132 f.; *Uber*, Freiheit des Berufs, 1952, S. 16; jetzt auch *Ehmke*, VVDStRL, a.a.O., S. 87 f.

105 A.a.O., S. 13 f.

106 Dazu (im Zusammenhang mit Art. 19 I 1 GG) zutreff. *Volkmar*, Allgemeiner Rechtssatz und Einzelakt, 1962, S. 222 f.

107 Zum Völkerrechtlichen etwa *Berber*, Lehrbuch des Völkerrechts, I, 1960, S. 444 f.

Abwägung der verschiedenen beteiligten Interessen nichts aussagt, kann er ganz unterschiedlichen Zwecken und Ergebnissen dienstbar gemacht werden.[108]

Das parallele Problem im Rahmen der Grundrechtskonkretisierung betrifft nun nicht die möglichst wirksame Durchsetzung des gesetzgeberischen als des beteiligten Willens, sondern die möglichst weite Auslegung zugunsten des einzelnen Berechtigten. Effektivität und Extensität werden deshalb vielfach synonym und sachlich übereinstimmend gebraucht. Nähere Betrachtung läßt jedoch das Begriffspaar extensiv-restriktiv wegen seiner Vieldeutigkeit je nach dem Bezug als Auslegungsregel unbrauchbar erscheinen,[109] sondern eher, wie dies im common law klar gesehen wird,[110] als das *Ergebnis* langandauernder Auslegung. Unter dem Eindruck der genannten Formeln hat sich das BVerfG um eine »Effektuierung«[111] der Grundrechte bemüht. Unter mißverständlicher (wenn auch unschädlicher) Zitierung von *Thoma* hat es Art. 6 I GG nicht nur als Institutsgarantie, sondern auch als verbindliche Wertentscheidung angesehen und darin eine Erweiterung seines Inhalts erblickt.[112] In ähnlichem Zusammenhang hat es angenommen, daß die Grundrechte »im Zweifel« Individualansprüche gewährten,/(445) da andernfalls der Schutz der betreffenden Wertentscheidung für den Bürger mangelhaft sei.[113]

Weiterhin hat das BVerfG die Frage des *Funktionswechsels* einer bisher nur als Programm verstandenen und gemeinten Grundrechtsnorm (Art. 6 V GG) aufgeworfen mit deutlicher Neigung, sie positiv zu beantworten.[114] Es hat sie zwar dahinstehen lassen, doch geht wohl daraus, daß es unentschieden läßt, ob Art. 6 V GG einen zum unmittelbaren Vollzug geeigneten Rechtsinhalt habe, *so daß* er eine ähnliche Funktion übernehmen könne wie Art. 3 II GG, hervor, daß es die grundsätzliche Möglichkeit eines

108 Krit. besond. *Esser*, Stud. Gen., VII, 1954, S. 372 (378); ders., Grundsatz u. Norm, a.a.O., S. 126 f.

109 Vgl. *Engisch*, Einführung in das juristische Denken, 2. Aufl. 1959, S. 100 ff.; etwas abweich. die Aufgliederung bei *J. G. Sutherland*, Statutes and Statutory Construction, 3rd ed., 1943, by *F. E. Horack*, III, S. 33 ff.

110 *Sutherland*, a.a.O., *Allen*, a.a.O., S. 509 ff.; *H. H. Foster*, in: Society and the Law, a.a.O., S. 157 f.

111 *Geiger*, Grundrechte und Rechtsprechung, 1959, S. 43, bezgl. Art. 6 I GG. Vgl. den amerikanischen Grundsatz, »to give effect to every part of the constitution«, 11 Am. Jur., a.a.O., § 55.

112 E 6, 55 (72 ff.).

113 E 6, 386 (387 f.: für Art. 6 I GG); 8, 1 (17: für Art. 33 V GG). Zustimm. außer *Geiger*, a.a.O., etwa *Hamann*, a.a.O., Einl. S. 55; vgl. auch *Scheffler*, Die Grundrechte, IV/1, 1960, S. 245 (272 f.). Die Argumentation läuft auf einen Zirkelschluß hinaus.

114 E 6, 257 (265 f.); 8, 210 (216 f.).

derartigen Funktionswandels voraussetzt.[115] Dieser ließe sich jedoch jedenfalls auf Grund des Effektivitätsprinzips kaum rechtfertigen: Er wäre *Ausdruck* größerer Effektivität der Norm, so daß diese zunächst selbständig begründet werden müßte, wenn ein Zirkelschluß vermieden werden soll. Das geltende Recht scheint dazu nichts herzugeben.

Der Zug zur Umdeutung in Individualansprüche und »Aktualisierung« führt zu einem verwandten, ähnlich zweifelhaften Grundsatz: zur *»Vermutung für die Freiheit« (in dubio pro libertate)*. Danach soll Grundrechtsauslegung extensiv sein in dem Sinne, daß ihr Ergebnis dem jeweiligen Grundrechtsberechtigten (und wohl nur diesem) in Gestalt größerer Freiheit zugute kommen. Das BVerfG legt, ausgehend von seiner weiten Auffassung des Art. 2 I GG, der eine »Freiheitsvermutung« enthalten soll,[116] einer Reihe von Entscheidungen diese »Vermutung« zugrunde. Eine besonders folgenreiche, wenn auch nicht völlig konsequente Anwendung dieses Grundsatzes findet sich in seinen Entscheidungen zur Berufsfreiheit.[117]

Es soll nun nicht bestritten werden, daß sich das GG grundsätzlich für ein freiheitliches Menschenbild entschieden hat – auf die vom BVerfG nicht angerührte Problematik eines »Menschenbildes« überhaupt soll hier nicht eingegangen werden –, unerörtert bleiben auch, ob daraus die Existenz eines allgemeinen Freiheitsrechtes (*Thoma*) oder/(446) eines allgemeinen Verteilungsprinzips (*C. Schmitt*) folgt; als Auslegungsregel hält die »Vermutung« jedenfalls nicht stand, es sei denn, man nimmt ihre völlige Inhaltsleere in Kauf. Abgesehen von der Nachlässigkeit des Sprachgebrauchs[118] unterschlägt diese »Vermutung«, daß Freiheit ein Relat ist, sich also bezieht auf bestimmte Berechtigte und Gegenstände und Bereiche. Unklar bleibt, ob es auf die »Freiheit« desjenigen ankommt, der das Grundrecht jeweils (etwa gerichtlich) geltend macht, so daß für andere Grundrechts»träger« seine freiheitliche Lösung Unfreiheit und Beschränkung bedeuten würde; unklar auch, nach welchen Maßstäben die auf dem Spiel stehenden Interessen abgewogen werden sollen, wer wonach die größere

115 Zust. etwa *Hild. Krüger*, Die Grundrechte, IV/1, 1960, S. 325 (326 f.); ablehn. z. B. *Ehmke*, VVDStRL, a.a.O., S. 88 f. Zum amerikanischen Recht vgl. 1. die Vermutung von mandatory statt directory provisions und 2. die Vermutung des self-executing effect, 11 Am. Jur., a.a.O., §§ 69 f., 71 ff.

116 E 6, 32 (42). Vgl. den principle of liberality des amerikanischen Rechts, 11 Am. Jur., a.a.O., §§ 59, 60.

117 E 7, 377 (403); 13, 97 (105); zustimm. *P. Schneider*, Hundert Jahre deutsches Rechtsleben, II, 1960, S. 263 (288 f.); ders., VVDStRL, a.a.O., S. 31 f.; ablehn. *Ehmke*, VVDStRL, a.a.O., S. 94 ff.; *H. Huber*, ebenda, S. 116.

118 Man sollte sich an die Terminologie der allgemeinen Rechtslehre halten; vgl. im einzelnen *Rosenberg*, Die Beweislast, 4. Aufl. 1956, S. 199 ff., 225 ff.; *Hedemann*, Die Vermutung nach dem Recht des Deutschen Reiches, 1904, S. 229, 233, 235, 264.

oder geringere Freiheitlichkeit der Lösung beurteilt und ob es nicht auf den Kontext der Bestimmung ankommt, der dem Prinzip einen ganz unterschiedlichen Ausschlag im Einzelfall zu geben vermag.[119] All diese Ungewißheiten können von der »Vermutung« selbst nicht geklärt werden, so daß es dabei bleibt, daß nicht die vermutlich »freiheitlichere« Lösung, sondern die *richtige* Konkretisierung der Grundrechte zu suchen ist. Darüber entscheiden allein *sachliche* Maßstäbe.[120]

4. Wiederum wird also der Grundrechtsinterpret weiterverwiesen zu Kriterien, über die die genannten Prinzipien selbst nichts aussagen. Die sich ergebenden Schwierigkeiten sucht nun der Grundsatz der *Güterabwägung* vorweg und praktikabel zu lösen. Er hat Eingang in eine Reihe von Rechtsbereichen gefunden; seine Rolle für die Grundrechtskonkretisierung soll an einigen Beispielen verdeutlicht werden.

Das Interessen- und Güterabwägungsproblem tritt in unterschiedlicher Gestalt auf. Soweit es das Verhältnis mehrerer Normen zueinander/(447) betrifft, soll es hier nicht behandelt werden.[121] Im übrigen entsteht es z. B. bei der Beurteilung der Beziehung zwischen *Grundrecht und Grundrechtsschranke:* Das BVerwG hat eine Grenze der Grundrechte da angenommen, wo ihre Ausübung gegen vordringliche Gemeinschaftsgüter verstoßen würde,[122] diese Ansicht allerdings nach der Entscheidung des BVerfG zur Berufsfreiheit[123] nicht mehr vertreten, sondern sinngemäß die

119 Die Notwendigkeit sachlicher Abwägung betonen vor allem *Hegnauer*, Das Sprachenrecht der Schweiz, 1947, S. 212 ff.; *Ross*, in: Rechtsquellenprobleme, a.a.O., S. 117 (133); *A. Keller*, a.a.O., S. 278 ff., 279; zustimm. *Ehmke*, a.a.O., S. 86 ff.

120 So außer dem Vorigen etwa *W. Burckhardt*, Methode und System des Rechts, 1936, S. 288; *H. Huber*, ZSR, n. F., 55, 1936, S. 1 a (138 a); *Engisch*, Einführung, a.a.O., S. 102, 103 f.; *Häberle*, a.a.O., S. 46; krit. auch *v. Mangoldt-Klein*, a.a.O., Vorbem. B XIV 4, S. 113. A. A. etwa *Hamann*, a.a.O., Einl. S. 55; *Jesch*, Gesetz und Verwaltung, a.a.O., S. 139, 140; *Schindler*, a.a.O., S. 128, 152 f.; *Uber*, a.a.O., S. 28, 220; *Lüchinger*, a.a.O., S. 63, 179 ff. (mit der ebenso häufig gezogenen wie unzutreffenden Parallele zur »Vermutung« der Kantonzuständigkeit; vgl. die Diskussion zu Art. 30 GG, *Maunz-Dürig*, a.a.O., Nr. 1; *Nipperdey*, Die Grundrechte, a.a.O., S. 789, 760; *Hamann*, a.a.O., Bem. A.); wohl auch *Stern*, DÖV, 1961, S. 327.
In der völkerrechtlichen Vertragsauslegung gilt die entspr. Vermutung der staatlichen Unabhängigkeit, freilich erst, wenn die Auslegung im übrigen ergebnislos war, und nicht ohne Ausnahmen in der Praxis; vgl. *Verdroß*, Völkerrecht, 4. Aufl. 1959, S. 115.

121 Zu den verschiedenen Arten von Normwidersprüchen überhaupt *Engisch*, Einheit der Rechtsordnung, a.a.O., S. 43 ff. Zu Art. 21 und 38 GG BVerfG 2, 72 f.; zu Art. 5 u. 14 GG E 7, 230.

122 E 1, 48 (52); 92 (94); 165 (166 f.); 303 (307); 2, 89 (94); 295 (300); 345 (346); 3, 21 (24); 4, 95 (96); 167 (171); 5, 153 (159).

123 E 7, 377.

Schrankentrias des Art. 2 I GG auf die übrigen Grundrechte erstreckt.[124] In ähnliche Richtung tendierte das BVerfG mit seiner Zumutbarkeitsformel zu Art. 2 I GG,[125] ehe es sich für die weite Auslegung des Begriffs der verfassungsmäßigen Ordnung in Art. 2 I GG entschied.[126] In diesen Zusammenhang gehört auch die Stellungnahme des BVerwG zur Wesensgehaltsgarantie des Art. 19 II GG, deren Inhalt von ihm zunächst relativ festgelegt wurde,[127] nach der aber jedenfalls der Schutz vordringlicher Gemeinschaftsgüter einen Eingriff in den Wesensgehalt (entgegen dem Wortlaut des Art. 19 II GG) rechtfertigen soll.[128] Ähnlich abwägend bestimmt der BGH den Wesensgehalt der Grundrechte, der je nach der im einzelnen Fall festzustellenden Erforderlichkeit des Eingriffs einen u. U. wechselnden Inhalt erhält.[129] Auch den Konflikt zwischen dem von ihm bejahten *allgemeinen Persönlichkeitsrecht* und anderen Rechten will der BGH[130] nach dem Grundsatz der Interessen- und Güterabwägung beilegen. – Ähnliche Fragen ergeben sich bei der Rechtsprechung des BVerfG zur *Berufsfreiheit.*[131] Vom Grundsatz der Berufsfreiheit her wird eine Stufenfolge zulässiger gesetzgeberischer Eingriffe entwickelt, die je nach der Vordringlichkeit der auf dem Spiel stehenden Gemeinschaftsinteressen zu beurteilen seien. Ob die Unterscheidung zwischen subjektiven und objektiven Zulassungsvoraussetzungen und die sich daraus ergebenden Abstufungen den wirklichen Verhältnissen gerecht werden, kann füglich bezweifelt werden.[132] Jedenfalls wird auch hier versäumt, einen Abwägungs*maßstab*, der ja mit dem Hinweis auf das Spannungsverhältnis zwischen individuellen und sozialen Belangen/(448) keineswegs gegeben ist, zur Verfügung zu stellen. Ähnliche Schwierigkeiten zeigen sich im Bereich des *Art. 14 GG,* sogar bei der Gestaltungsbefugnis des Gesetzgebers nach Art. 14 I 2 GG, die ihre Grenze in Art. 19 II GG,[133] nach anderen in den Erfordernissen des Gemeinwohls[134] finden soll. – Besondere Abwägungs-

124 E 7, 358 (361).
125 4, 7 (16).
126 E 6, 32 ff.
127 Nachweise bei *Lerche*, Übermaß, a.a.O., S. 34 ff.
128 Vgl. N. 127.
129 Etwa BGHSt E 3, 375 (376 f.); 4, 385 (392).
130 BGHZ E 24, 72 ff.; 31, 308 (312 f.); 35, 363 (368); 36, 77 (83); u. ö.
131 E 7, 377; dazu E 13, 97 (104); vgl. auch *Scheuner*, DVBl., 1958, S. 845 (848); ders., DÖV, 1960, S. 79; *Zippelius*, a.a.O., S. 48 N. 1.
132 Krit. auch *Lerche*, Übermaß, a.a.O., S. 292; *Ehmke*, a.a.O., S. 93 N. 177.
133 Vgl. *v. Mangoldt-Klein*, a.a.O., Bem. V 1 d zu Art. 14 GG.
134 Z. B. BVerwG E 2, 172 (174); 3, 351 (354); 5, 171 (175); 7, 297 (299); BVerfG E 7, 198 (208 f.); 8, 71 (80); zustimm. zum BVerwG *Quaritsch*, DVBl., 1959, S. 455 (456); krit. *Herb. Krüger*, DÖV, 1961, S. 721 (725 f.).

probleme ergeben sich ferner beim Begriff der *»allgemeinen Gesetze«*, den schon *Smend*[135] material bestimmen wollte. Seine Ansätze werden der Sache nach vom BVerfG aufgenommen, das für die »Allgemeinheit« keinen generellen Maßstab gibt, sondern es auf konkrete Abwägung der widerstreitenden Interessen ankommen lassen will,[136] somit im Ergebnis aus dem Gesetzes- einen Urteilsvorbehalt macht,[137] dessen Konsequenzen mangels eines Abwägungskriteriums unüberschaubar bleiben.

Diese Zentralstellen grundrechtlicher Güterabwägung machen, ohne daß etwa sämtliche der konkret erzielten Ergebnisse bestritten werden sollen, auf die dahinter stehenden Unsicherheiten aufmerksam: Das Prinzip der Güterabwägung, das ehemals als Allheilmittel nicht nur für das Strafrecht begrüßt worden ist,[138] läuft auf einen *Zirkelschluß* hinaus. Die Güterkollision sei so zu lösen, daß das höherwertige Gut sich durchsetze; Kennzeichen der Höherwertigkeit ist die von der Rechtsordnung garantierte bessere Durchsetzbarkeit. Andere, inhaltsgebundene Kriterien werden nicht dargelegt und würden auch den Geltungsbereich des Grundsatzes unerwünscht einschränken. Dieser wird demnach allgemeingültig und unbestreitbar dadurch, daß er seines aussagekräftigen Inhalts beraubt und zu einer Tautologie degradiert wird. Auch hier liegt nicht mehr als eine *Leerformel* vor, deren Gehaltlosigkeit geradezu Voraussetzung für ihre generelle Geltung ist. Eine wirklich hilfreiche Auslegungsregel ist damit nicht gegeben. Es wird vom Gesetzgeber auf den Richter verwiesen, der nun nach seinem Ermessen die Leerformel praktikabel zu machen versucht; nach welchen Richtlinien dies aber zu geschehen habe, wird ihm nicht gesagt. Das Problem ist also verlagert und beschrieben, aber nicht gelöst.[139]/(449) Das Güterabwägungsprinzip ist eine Hülle, die noch der Auffüllung durch materiale Maßstäbe bedarf: Es soll abgewogen werden, nach welchem Gewicht, ohne das Ergebnis vorwegzunehmen, bleibt offen.

135 VVDStRL, H. 4, 1928, S. 44, 51 f.
136 E 7, 198 (210 f., 212); 12, 113 (124 ff.).
137 Krit. etwa *Dürig*, DÖV, 1958, S. 197; *Nipperdey*, DVBl., 1958, S. 445 (448 f.); *Lerche*, Übermaß, a.a.O., S. 150.
138 *Schwinge*, Der Methodenstreit, a.a.O., S. 20 f.
139 Etwa *Forsthoff*, C. Schmitt-Festschrift, a.a.O., S. 41; ders., Zur Problematik, a.a.O., S. 24 f.; *E. v. Hippel*, a.a.O., S. 140 ff., 141; *Zippelius*, a.a.O., S. 77.
Dafür sprechen sich aus etwa *Schwinge*, Methodenstreit, a.a.O., S. 19 ff., 20 ff.; *H. Huber*, ZSR, n. F. 55, 1936, S. 1 a (138 a); *Scheuner*, Salzb. Jb., a.a.O., S. 20; *Häberle*, a.a.O., S. 31 ff.

III. *Zusammenfassend* ergibt sich, daß – soweit Methoden und Prinzipien sub I und II durchgesehen worden sind – der Anspruch auf absolute Geltung und Verläßlichkeit von keiner Seite erfüllt wird. Da trotzdem einige der mit angeblicher Hilfe bestimmter Methoden und Grundsätze gewonnenen Ergebnisse sicher »richtig« sind, verstärkt sich die Vermutung, daß es auf das Methodologische nicht ankommen kann. Was die Methoden in dem sub I gebrauchten Sinne anlangt, so scheint dies in der Struktur der Norm und der sich daraus ergebenden Eigenart der Rechtsverwirklichung (»Auslegung« und »Anwendung«) begründet zu sein; deshalb war die Aufmerksamkeit von der Methode weg auf die *Sach*probleme zu lenken, die zunächst vom *Vorverständnis* umschrieben werden, das als konstitutives Element des Konkretisierungsvorganges anerkannt werden sollte. Soweit die sub II behandelten, in sich ganz verschiedenen, Prinzipien betroffen sind, zeigte sich, daß jeder Versuch, ungeachtet der entscheidenden Relevanz des Vorverständnisses zu absoluten, d. h. vom Fall und materialen Inhalt gelösten, Hilfsregeln zu gelangen, zur *Leerformelhaftigkeit* dieser Grundsätze führen mußte. Die Frage nach allgemeingültigen Methoden und Prinzipien der Grundrechtskonkretisierung kann also nicht beantwortet werden. Die vorstehende Kritik sollte vor allem die Fragwürdigkeit verselbständigter Methodologie bewußt machen.

# Die Stadien der Rechtsgewinnung

Von Martin Kriele

[aus: ders., Theorie der Rechtsgewinnung, Duncker & Humblot, Berlin 1967 §§ 41–44, S. 157–166]

## § 41. *Präzisierung der Fragestellung*

Zahllose Mißverständnisse entstehen in der verfassungsrechtlichen Methodenlehre (wie auch sonst) aus einer nicht bewußt gewordenen Uneinigkeit in Ansatz und Problemstellung: Ein jeder hat richtige Antworten – auf die Fragen, die er stellt. Der andere, der eine andere Frage gestellt hat, polemisiert gegen die darauf nicht passende Antwort. Es kommt deshalb darauf an, die Frage, der im folgenden nachgegangen werden soll, soweit wie möglich gegen Mißverständnisse abzusichern.

1. Die Frage ist *nicht* von vornherein, welche Methode der Verfassungsjurist anwenden *sollte*, nicht z. B. ob es sich empfiehlt, deduktiv oder topisch vorzugehen, der objektiven oder der subjektiven Auslegungstheorie zu folgen, sich auf syllogistische Subsumtion zu beschränken, einen bestimmten Katalog der Interpretationsstufen zu durchlaufen, teleologisch zu werten oder darauf zu verzichten und rechtstechnisch zu interpretieren, oder dergleichen. Andererseits geht die Frage aber auch nicht einfach bloß aufs Tatsächliche. Die übliche alternative Gegenüberstellung der »normativen Frage« (wie der Jurist handeln sollte) mit der »soziologischen Frage« (wie er tatsächlich handelt), vereinfacht das Problem allzu sehr. Es geht allerdings zunächst um den Versuch, den tatsächlichen juristischen Denkvorgang zu beschreiben. Aber diese Beschreibung soll ständig begleitet werden von der Frage nach den Gründen, die die tatsächliche Verfahrensweise gegenüber abweichenden Postulaten rechtfertigen können. Da es aber andererseits nicht etwa einfach darum geht, die zufällige Wirklichkeit zu rechtfertigen und ideologisch zu verklären, muß die Stichhaltigkeit dieser Gründe geprüft und müssen Gegengründe geltend gemacht werden. Derartige Erörterungen führen dann in die Reflexion auf die Kriterien dieser Diskussion und damit in die Frage nach den Maßstäben, mit denen die

Methode der Praxis kritisiert werden kann. Auf diese Weise läßt sich also zwar eine Theorie von/(158) der verfassungsjuristischen Methode, wie sie sein sollte, entwickeln, aber eine Theorie, die weder von staatsrechtlichen Doktrinen, noch von überlieferten Methodenlehren, noch von metaphysischen, transzendentalphilosophischen oder werthierarchischen Postulaten ausgeht, sondern die sich – der Parole »zu den Sachen selbst« folgend – an der Diskussion praktischer Erwägungen orientiert. Auf diese Weise versucht sie, der Gefahr zu entgehen, Unmögliches oder Unzweckmäßiges zu postulieren oder aus sonstigen Gründen praxisferne »bloße Theorie« zu bleiben.

2. Dieses Anliegen macht auch die Beschränkung der Fragestellung auf die juristische Methode unter der Bedingung der Herrschaft des Bonner *Grundgesetzes* einleuchtend. Der Ehrgeiz, eine staatsrechtliche Methode überhaupt, oder die kontinental europäische juristische Methode, oder gar eine für alle Völker und Zeiten gültige Rechtsmethode schlechthin aufzuzeigen, könnte als etwas verlockend Großartiges erscheinen, neben dem die Praxis der Bundesrepublik ein provinzielles Thema wäre. In Wirklichkeit müßte sich aber ein solcher Versuch in Abstraktionen von hoher Allgemeinheit und geringem Interesse verlieren. Von einem gewissen optimalen Grad der Abstraktion an aufwärts bedeutet jede höhere Stufe der Abstraktion einen Wirklichkeitsverlust, der schließlich nur noch das ästhetische Spiel mit den leeren Formeln der deontischen Logik, mit dem Stufenbau der reinen Rechtslehre, mit den Strukturbeschreibungen der analytischen Jurisprudenz oder mit den unbefolgbaren Prinzipien apriorischer Postulate übrig läßt. Die Faszination und Anziehungskraft, die heute in der ganzen Welt von solchem Spiel ausgehen, sind unbestreitbar, aber sie werden bezahlt mit dem Auszug aus der Geschichte und der politischen und rechtlichen Wirklichkeit, d. h. mit der Beziehungslosigkeit zwischen den Theorien und der Praxis. Da unser Interesse gerade auf die Verknüpfung von Theorie und Praxis gerichtet ist, soll die juristische Denkweise sowohl der totalitären, der ausländischen, der mittelalterlichen, der antiken, als auch der primitiven und anderer Systeme unberücksichtigt bleiben, soweit sich nicht aus dem Vergleich mit ihnen Konkretes über unsere Rechtspraxis lernen läßt. In diesem letzteren Interesse soll vor allem die amerikanische Verfassungsinterpretation herangezogen werden, weil sich die Verfassung der USA als Mutter aller Systeme der Verfassungsrechtsprechung und vor allem der richterlichen Grundrechtsanwendung auch für unser Anliegen als besonders aufschlußreich erweist.

3. Schließlich ist die Fragestellung in einer dritten Hinsicht zu präzisieren: Die Beschreibung der tatsächlich geübten Methode der Rechtsgewinnung im Verfassungsrecht darf sich ebenso wenig wie in den Höhen der Abstraktion in den Einzelheiten konkreter Fälle verlieren, wenn es darauf ankommt, das Typische und Wesentliche zu erfassen. /(159) Vielmehr muß sie versuchen, die Methode zu begreifen, die *im großen und ganzen* geübt wird. Die Skala möglicher Variationen ist breit, und es wird sich zu fast allen Feststellungen irgendein Beispiel finden lassen, das diese Feststellung einschränkt und als Ausnahme konzediert werden muß. Daß solche Unschärfen in Kauf genommen werden müssen, ist nicht ganz überflüssig, vorweg zu betonen. Denn es gibt einen gewissen Trend zur Präzision, der Aussagen, die nur im großen und ganzen richtig zu sein beanspruchen, überhaupt nicht als wissenschaftlich gelten lassen will. Wer diesem Trend verfallen ist, hält jeder solchen Aussage eine Ausnahme, oft eine konstruierte und höchst abstrakt »denkbare«, in dem Glauben entgegen, sie dadurch entkräftet zu haben. Dieser Trend geht oft mit der Tendenz zu Abstraktionen zusammen und bedeutet wie diese ein Verlassen der geschichtlichen Wirklichkeit. Beide beruhen auf einem Unverständnis für das politische und rechtliche Denken und wurzeln meistens entweder in utopischem Revolutionsgeist oder in einer völligen Desinteressiertheit an der Mitgestaltung des öffentlichen Lebens.
Alle diese drei Voraussetzungen sind für die von Aristoteles ausgehende Tradition der philosophia practica letztlich Selbstverständlichkeiten. Aber die Entfremdung zwischen Rechtstheorie und -praxis, die in Deutschland eine bedenklich lange Tradition hat, läßt es nicht unnötig erscheinen, sie in Erinnerung zu rufen.

## § 42. *Text und Problem*

Das, was man gewöhnlich als »Auslegung« des Grundgesetzes bezeichnet, ist nur ein Ausschnitt aus dem gesamten Denkvorgang, der zur Rechtsgewinnung im Verfassungsrecht nötig ist. Am Anfang steht der (wirkliche oder erdachte) Fall und nicht der Text. Das ist zwar eine triviale Wahrheit, die jedem Juristen selbstverständlich ist, sobald er sich auf seine tägliche Praxis besinnt. Es ist aber unumgänglich, sie gegenüber einer Theorie zur Geltung zu bringen, die sie verloren und sich damit schon im Ansatz von der Wirklichkeit entfernt hat. So mancher Interpretationstheorie liegt folgende Vorstellung zu Grunde: Der Interpret lese einen Gesetzestext, bemerke, daß dieser mehrdeutig und lückenhaft sei, stelle die Frage, wie er richtig zu verstehen sei und kläre diese Frage durch Interpretation. In diesem Sinne wird Interpretation geradezu definiert als »diejenige geistige Tätigkeit, welche in wissenschaftlicher Weise die Unvollkommenheit eines ... Wortlauts beseitigt.«[1]

/(160) Das mag für die Exegese historischer Texte zutreffen, ist aber für die juristische Interpretation ganz irreführend. Denn in dieser Bestimmung ist die Klärung des Textsinnes ohne Beziehung auf das konkrete Rechtsproblem gedacht. Man sieht den juristischen Denkvorgang zweistufig: Erst wird der Textsinn geklärt, alsdann wird das interpretierte Gesetz durch Subsumtion angewendet, falls ein Fall auftaucht, der das nötig macht. In Wahrheit läßt sich der Text nicht interpretieren, wenn man ihn nicht zu (wirklichen oder erdachten) konkreten Rechtsproblemen in Beziehung setzt; ihn gewissermaßen als ein Mittel behandelt, das konkrete Rechtsproblem zu lösen.[2]

Andererseits aber bedeutet das Ausgehen vom (wirklichen oder gedachten) Fall keineswegs, wie *Isay* und andere Emotionalisten (Freirechtler und »legal realists«) meinten, daß die Lösung vorweg auf »gefühlsmäßige« Weise gefunden und nachträglich mit Hilfe des Gesetzes scheinlegitimiert werde.[3] Vielmehr ist auch dieser Theorie gegenüber die Wechselbeziehung zwischen Textinterpretation und Fallösung zu betonen: Ohne Bezug auf ein konkretes Problem kann zwar der Text nicht richtig interpretiert werden, ohne Bezug auf den Text kann aber auch das Problem nicht richtig gelöst werden.

Denn das Fundament allen juristischen Denkens sind die Dezisionen des Gesetz- und Verfassungsgebers. Wenn auch die Theorie von seinem Rechtsetzungsmonopol rein postulatorisch und wirklichkeitsfremd ist,[4] so ist doch die *Prärogative* des Gesetz- und Verfassungsgebers ein Grundsatz, der noch überall anerkannt war, wo immer es Gesetz- und Verfassungsgeber gegeben hat, und den festzuhalten auch heute unausweichliche Voraussetzung

1 *A. Keller*, Die Kritik, Korrektur und Interpretation des Gesetzeswortlauts, Winterthur 1960, S. 44.

2 Treffend: *Heck*, Gesetzesauslegung und Interessenjurisprudenz, AcP 112 (1914) 1–318, 93.

3 Vgl. oben § 15.

4 Treffend schreibt *Alf Ross*, »daß die Rechtsanwendungstheorie des Positivismus, recht besehen, Politik ist, die für Theorie ausgegeben wird«: Theorie der Rechtsquellen, Leipzig/Wien 1929, S. 181.

jeder Ordnung überhaupt ist.[5] Wo immer der Gesetz- und Verfassungsgeber Dezisionen getroffen hat, sind diese verbindlich.

Das juristische Denken ist sogar in noch viel stärkerem Maße in Vorgegebenes verflochten und auf Vorgegebenes angewiesen als selbst die orthodoxe Interpretationstheorie überhaupt in Betracht zieht: Es kennt nämlich, jedenfalls in der Praxis, eine Vermutung zugunsten des Präjudiz. Präjudizielle Entscheidungen sind zwar nicht verbindlich wie die verfassungs- und gesetzgeberischen. Aber das juristische Denken legt sie doch zugrunde und hält an ihnen fest, wenn nicht gute Gründe die Abweichung rechtfertigen. Daß diese Tatsache von den Orthodoxen wie von den Emotionalisten unbeachtet geblieben ist, hat für die Rechtstheorie/(161) schwerwiegende Folgen gehabt. Die präsumtiv verbindlichen präjudiziellen Dezisionen sind nämlich schon ihrer Zahl nach von nicht geringer Bedeutung. Das gilt je mehr, je allgemeiner der Gesetzestext gehalten ist, in ganz besonderem Maße also für das Verfassungsrecht. Niemand kann behaupten, das geltende Verfassungsrecht zu kennen, wenn er nur das Grundgesetz und seine Entstehungsgeschichte, nicht aber die wesentlichen seit 1949 ergangenen verfassungsrechtlichen Entscheidungen kennt.

Weder die orthodoxe noch die emotionalistische Interpretationstheorie haben diese Tatsache berücksichtigt. Die Emotionalisten haben die »Zweistufen«-Theorie des juristischen Denkens gewissermaßen nur umgekehrt: So wie die orthodoxe Interpretationslehre Textsinnklärung und Anwendung trennt, so meinen sie, Problemlösung und Legitimierung am Text auseinanderreißen zu können. Die eigentümliche Wechselbeziehung zwischen Problem und Vorentscheidungen, das für das juristische Denken kennzeichnende »Hin- und Herwandern des Blicks« zwischen Gesetz und Lebenssachverhalt (*Engisch*[6]) ist von beiden gleichermaßen verkannt.

Das hängt mit einer grundsätzlichen Verkennung der Bedeutung des Institutionellen überhaupt, der Bedeutung von Vernunft und Unparteilichkeit, der Bedeutung des Verhältnisses von Recht und Gerechtigkeit, von Fortschritt und Bewahrung, von Reflexion und Dezision zusammen. Das rechte Verständnis der juristischen Interpretation muß Ausblicke in die praktische Philosophie überhaupt eröffnen, denn es läßt sich nur gewinnen, wenn man das Recht und damit das juristische Denken in diesem Zusammenhang sieht.

5 Vgl. oben § 14.

6 Logische Studien zur Gesetzesanwendung, 2. Aufl. Heidelberg 1960, S. 14 f. Dazu *Larenz:* Methodenlehre, Berlin/Göttingen/Heidelberg 1960, S. 203 und 221.

Es kommt zu allererst darauf an, die Wirklichkeit der juristischen Praxis zu erfassen. Von ihr ist auszugehen, damit weder überlieferte Konzeptionen, an die man sich gewöhnt hat, noch politische Postulate zu irrtümlichen Theorien verführen, damit vielmehr umgekehrt, von der Registrierung des Tatsächlichen ausgehend, eine treffende Theorie erst gewonnen werden kann. Zunächst gilt es, die Stadien der Rechtsgewinnung in einem vorläufigen Überblick vor Augen zu führen.
Dabei wird sich zeigen, daß die Textauslegung als »Beseitigung der Unvollkommenheiten eines Wortlauts« nicht etwa als Teil eines umfassenden Denkvorganges verstanden werden kann, der ohne Schaden auch isoliert betrachtet werden könnte. Vielmehr ist die eigentliche Textauslegung ohne den Zusammenhang mit dem, was ihr vorangeht/(162) und nachfolgt, gar nicht begreiflich, so daß ihre Isolation zu einer falschen Analyse führen muß.[7]

## § 43. *Die Stadien der Rechtsgewinnung*

1. Der juristische Denkprozeß beginnt damit, daß in der Erzählung eines Lebenssachverhalts gewisse Tatsachen als rechtlich möglicherweise erheblich in Betracht gezogen und hervorgehoben werden. Den ersten Schritt tut der juristische Laie, der vermutet, daß er gegen gewisse Beeinträchtigungen, die ihm zugefügt wurden, juristisch vorgehen kann und der dieser Vermutung wegen einen Juristen konsultiert. Einem Positivisten vom Schlage *Bergbohms* müßte es eigentlich ein ganz unbegreiflicher Vorgang sein, daß einem Laien ohne einschlägige Gesetzeskenntnis in dem ununterbrochenen Strom tausendfach verketteter Ereignisse plötzlich gewisse Tatsachen auffallen, von denen er sich zutraut zu sagen, sie seien wahrscheinlich gesetz- oder verfassungswidrig. Indem er diese Einzeltatsachen berichtet, behauptet er implizit, sie erfüllten wahrscheinlich den Tatbestand einer generellen und abstrakten Norm. Denn auch, wenn er die abstrakten oder generellen

7 Treffend: *Hans Peters*, bei *Coing*, Die juristische Auslegungsmethode und die Lehren der allgemeinen Hermeneutik, Köln/Opladen 1959, S. 35. Die Besonderheit der juristischen Interpretation wird von *Gadamer*, Wahrheit und Methode, 2. Aufl. Tübingen 1965, S. 307 ff. verkannt und auch von *Betti*, Teoria Generale della Interpretazione, verwischt (vgl. u. a. Bd. II, S. 93 f.; [dt. Ausg. s. u. Bibliographie Abschn. I; Anm. d. Hg.]).

Merkmale, auf die es ankommt, nicht oder nicht richtig anzugeben vermag, so besagt die Frage: Muß ich mir diese konkrete Beeinträchtigung gefallen lassen? soviel wie: Muß »man« sich »so etwas« gefallen lassen? – und oft wird ja auch so formuliert.

Darin liegt zweierlei: Einmal das natürliche Vertrauen der Alltagsvernunft darin, ungefähr zu wissen, ob etwas recht oder unrecht ist, zum andern das natürliche Vertrauen der Alltagsvernunft darin, daß die positive Rechtsordnung im großen und ganzen recht und nicht unrecht ist.

Es soll an dieser Stelle nicht darüber reflektiert werden, ob und unter welchen Voraussetzungen diese beiden Vertrauen berechtigt sind. Es soll nur registriert werden: sie sind nicht nur vorhanden, sondern sie bringen die Rechtsverfahren überhaupt erst in Gang, sie lösen die Klageeinreichungen aus und veranlassen damit die Rechtsentscheidung.

2. Die erste Aufgabe des konsultierten Juristen besteht darin, die möglicherweise rechtserheblichen Tatsachen in verschiedene denkbare abstrakte Formulierungen zu übersetzen. Er artikuliert also den Gedanken, »so etwas brauche man sich nicht gefallen zu lassen«, in verschiedener/(163) Weise, experimentell testend. (Es versteht sich von selbst, daß sich die Denkschritte, die hier einzeln ausgebreitet werden, oft schlagartig und mehr intuitiv erledigen, besonders wenn es sich um einfachere oder um Routinesachen handelt. Bei schwierigeren und problematischen Sachen wird aber jeder der aufgeführten Schritte, die der Klärung halber expliziert werden, seine Zeit brauchen.)

Der Jurist formuliert also, mehr oder weniger exakt, verschiedene in Frage kommende *Normhypothesen*. Dabei ergeben sich folgende Variationsmöglichkeiten:

a) verschiedene Tatsachen und Tatsachenkombinationen des Lebenssachverhaltes werden als relevant in Betracht gezogen und durch den hypothetischen Tatbestand bezeichnet,

b) dieselben Tatsachen werden mit Begriffen verschiedenen Abstraktionsgrades bezeichnet (z. B. Fischhändler, Einzelhändler, Händler, Kaufmann, Verkäufer, Vertragspartner usw.),

c) demselben Tatbestand werden verschiedene Rechtsfolgen (z. B. Anspruch auf Herausgabe, Unterlassung, Schadensersatz, kein Anspruch) zugeordnet.

3. Dank dieser Normhypothesen weiß der Jurist überhaupt erst, in welchen Gesetzen er blättern und in welcher Gegend der Gesetze er suchen soll. Er geht an die Suche des positiven Rechtssatzes mit der Frage, ob

der Rechtssatz die Tatsachen, deren Relevanz er erwägt, als relevant behandelt.
Die zweite Stufe des Denkprozesses ist von dieser und den folgenden zeitlich nicht scharf getrennt: Vielmehr wird der Jurist zunächst mit ihm naheliegend erscheinenden Rechtsnormhypothesen an das Gesetz herangehen und diese erst dann, wenn sie sich nicht bewähren, variieren. Es handelt sich so um ein mehr oder weniger methodisch festgelegtes »Experimentieren« (*Bierling*[8]) durch ein *»Hin- und Herwandern des Blicks«* zwischen Gesetz und Lebenssachverhalt (*Engisch*[9]).

4. Findet der Jurist den Rechtssatz, der einem von ihm formulierten Tatbestand entspricht (mit der von ihm erwogenen oder irgendeiner anderen Rechtsfolge – darauf kommt es nicht an –), und ist die Anwendbarkeit dieses Rechtssatzes nicht durch eine ihn einschränkende ständige Rechtsprechung fragwürdig, so kann er ohne weiteres *subsumieren.*
Das ist der Idealfall des Kodifikationssystems und der einzige Fall, mit dem der Subsumtionspositivismus und das Verfassungsmodell des/(164) rechtsetzende und rechtanwendende Gewalt strikt trennenden Gesetzesstaates rechnen. In der Praxis ist es allerdings nur ein Grenzfall, der zwar keineswegs selten auftritt, aber doch nicht die Regel bildet. Er ist je häufiger, je konkreter und spezieller die im Tatbestand relevanten Rechtsbegriffe sind, wie bei Gesetzen und Verordnungen des »besonderen« Verwaltungsrechts. Dort, wo diese Begriffe einen hohen Abstraktionsgrad besitzen – bei den allgemeinen Regeln des Verwaltungsrechts, des Bürgerlichen Rechts und auch im materiellen Verfassungsrecht, ist auch besonders viel Raum für judizielle Rechtsentwicklung.

## § 44. *Fortsetzung: Präjudizien und Lehre*

5. Findet der Jurist keinen Rechtssatz, der der von ihm formulierten Normhypothese genau entspräche, wohl aber entweder ähnliche Rechtssätze oder aber allgemein gehaltene Klauseln, die sich unter Umständen so zurechtinterpretieren lassen, daß sie die Normhypothese umgreifen, so geht

8 Juristische Prinzipienlehre, 5 Bde, Leipzig 1894–1917, Bd. IV, S. 47.
9 Vgl. oben § 42.

die Frage dahin, ob die positive Rechtsordnung die Normhypothese *einschließt* oder *ausschließt*. Um die Frage zu klären, orientiert sich der Jurist zunächst in Kommentaren, Entscheidungssammlungen, Fundheften, Rechtsprechungskarteien oder dergleichen über die einschlägigen, vor allem höchstrichterlichen *Präjudizien*.
Auch diese triviale Wahrheit pflegt von manchen praxisfernen Interpretationstheorien gänzlich ignoriert zu werden, und nur deshalb muß besonderer Nachdruck auf die Feststellung der juristischen Alltagserfahrung gelegt werden, daß wir bei Unbestimmtheit des Textes nicht etwa logisch, systematisch usw. »auszulegen« beginnen, sondern zuerst einmal nachsehen, ob Präjudizien die eine oder andere unserer Normhypothesen schon artikulieren. Bejahendenfalls werden wir uns auf das Präjudiz berufen, uns seine Gründe, falls sie nicht juristisch unhaltbar sind, zu eigen machen und uns, zumal wenn es sich um eine ständige Rechtsprechung handelt, mit ihrer Skizzierung oder auch mit der bloßen Verweisung begnügen.

6. Weicht das im Tatbestand einschlägige Präjudiz allerdings in der Rechtsfolge von unseren Normhypothesen ab, so können wir, anders als bei Gesetzen, *von dem Präjudiz abweichen* (d. h., die ratio decidendi preisgeben, einschränken oder modifizieren). Das setzt jedoch in der Praxis voraus, daß sich die Abweichung *rechtfertigen* läßt, d. h. daß wir gute, aussichtsreiche Gründe haben. Was »gute Gründe« genauer sind, soll an späterer Stelle erörtert werden.
Nur soviel sei schon hier bemerkt: Der Anwalt (jedenfalls der geschickte und erfolgreiche) argumentiert keineswegs nur mit dem Hinweis auf die Absicht des Gesetzgebers oder dergleichen, sondern vor/(165) allem auch mit der Darlegung der *Konsequenzen*, die sich aus den verschiedenen möglichen Entscheidungen und ihrer präjudiziellen Wirkung ergeben würden. Kann er die Richter davon überzeugen, daß sich jede andere als die von ihm vorgeschlagene Entscheidung verhängnisvoll auswirken würde, so hat er in der Regel die Sache gewonnen.
Fehlen solche Gründe, so pflegt praktisch eine Vermutung zugunsten des Präjudiz beobachtet zu werden. Die kontinentaleuropäische Rechtstheorie erkennt diese Vermutung zugunsten des Präjudiz zwar in der Regel nicht an. Praktisch spielt sie aber eine große Rolle und das aus sehr vernünftigen und wichtigen Gründen, auf die einzugehen sein wird.

7. Wenn die Präjudizien zwar einen Rechtssatz formulieren, der mit unserer Normhypothese nicht übereinstimmt, wenn sie aber andererseits auch dann zum selben Ergebnis gekommen wären, wenn sie statt dessen unsere

Normhypothese zur ratio decidendi gemacht hätten, dann kann der Jurist vorschlagen, das Präjudiz als einschlägig zu behandeln. (»Im Präjudiz ist seine wahre ratio decidendi noch nicht erkannt und formuliert worden.«) Voraussetzung ist für den Erfolg auch hier wieder, daß sich dieser Vorschlag *rechtfertigen* läßt.

8. Entspricht auch kein präjudiziell artikulierter Rechtssatz unserer Normhypothese, so suchen wir in Kommentaren und Lehrbüchern, ob die Lehre auf unser Problem eingegangen ist – mit denselben Variationsmöglichkeiten, aber einer noch größeren Freiheit zur Kritik wie bei den Präjudizien. Nur zugunsten einer eindeutig »herrschenden Lehre« wird praktisch eine Vermutung anerkannt, die nur durch gute rechtfertigende Gründe ausgeräumt werden kann.

9. Ist auch danach die Frage noch offen, so suchen wir aus Gesetzen, Präjudizien und Literatur die Rechtssätze und die von uns bejahten Normvorschläge, die unserer Normhypothese verhältnismäßig am ähnlichsten sind und erörtern – darauf kommt es besonders an – lediglich die eine Frage, ob der *Unterschied* im Tatbestand einen Unterschied in der Rechtsfolge *rechtfertigt*. Der Jurist muß, um das erörtern zu können, die stillschweigende Voraussetzung oder Unterstellung gemacht haben, daß sich die gesetzlich und präjudiziell vorgegebenen Normen rechtfertigen lassen. Er argumentiert also, daß sich *unter dieser Voraussetzung* seine Normhypothese ebenfalls rechtfertigen läßt. Es kommt also, das ist besonders zu betonen, nicht darauf an, ob sich die Normhypothese rechtfertigen läßt, sondern darauf, ob sie sich unter der Voraussetzung der vom Gesetz- und Verfassungsgeber verbindlich (und durch die Anwendungspraxis präsumtiv verbindlich) getroffenen Dezisionen rechtfertigen läßt. Vor allem die Prärogative des Gesetz- und Verfassungsgebers ist für den Gesetzesstaat eine unentbehrliche Voraussetzung; praktisch wird sie, wie unten noch zu erörtern sein wird, in aller Regel auch respektiert.

/(166) 10. Wenn überhaupt kein Gesetzestext so interpretiert werden kann, daß er die Normhypothese einschließen könnte, dann kann der Jurist erwägen, ob der Text eine *»Lücke«* aufweist und also das Recht, richtig verstanden, die Normhypothese einschließt. Auch zu diesem Zweck genügt es nicht, zu argumentieren, die Normhypothese sei gerechtfertigt. Sondern auch hier ist wieder die Frage, ob sich der Einschluß der Normhypothese bei Respektierung aller vorgegebenen Rechtsdezisionen rechtfertigen läßt.
Denn für die »Analogie« genügt es nicht, festzustellen, daß die Normhypo-

these und positive Rechtssätze »ähnlich« sind. Es muß vielmehr, wie gesagt, dargetan werden, daß die *Ähnlichkeit relevant* ist.[10] Das wird dadurch dargetan, daß man zeigt: vorausgesetzt, die ähnlichen positiven Rechtssätze lassen sich rechtfertigen, so rechtfertigt ihr Unterschied zur Normhypothese die unterschiedliche Behandlung nicht, sondern im Gegenteil, der Einschluß der Normhypothese ins positive Recht ist gerechtfertigt. Auch hier, wie überall, wo man Rechtfertigungsgründe erörtert, kommt man nicht umhin, die Konsequenzen, die Einschluß und Ausschluß der Normhypothese haben würden, gegeneinander abzuwägen.

10 Vgl. dazu *Arthur Kaufmann*, Analogie und »Natur der Sache«, Karlsruhe 1965, vor allem Seite 25–28.

# Einige Leitsätze zur Juristischen Methodik

Von Friedrich Müller

[aus: ders., Fallanalysen zur Juristischen Methodik, Duncker & Humblot, Berlin 1974 S. 8–22 = (mit einigen Erweiterungen, die im folgenden Text berücksichtigt sind) ders., Juristische Methodik, 2. neu bearbeitete und stark erweiterte Aufl., Duncker & Humblot, Berlin 1976, Abschnitt »Grundlinien der juristischen Methodik«.*]

## 1.0 *Vorbemerkung – Gesetzespositivismus*

Was ist »juristische Methodik«? Sie ist die Arbeitsmethodik der Juristen. Was tun Juristen in einer Rechtsordnung vom Typus der unseren? (a) Sie setzen Normen (d. h. bereiten sie rechtspolitisch vor und formulieren sie für die Legislativorgane); (b) sie führen Normen aus (im weiten Umkreis der »vollziehenden Gewalt«) und (c) sie überprüfen Handlungen oder andere Normen an Normen (rechtsprechende Funktion). Immer handelt es sich um Entscheidungsvorgänge, die im rechtsstaatlich geformten Verfassungsstaat in Bindung an geltendes Recht durchzuführen sind.

*Juristische Methodik ist also die wissenschaftspraktische Technik normorientierter Entscheidungsprozesse.* Sie behandelt die inhaltlichen Fragen der Rechtsanwendung und betrifft damit das Zentrum juristischer Tätigkeit; im Gegensatz dazu beschränkt sich die Lösungstechnik auf die äußerlichen Fragen von Aufbau und Darstellung.

Es versteht sich, daß die komplexen Probleme juristischer Methodik auch nicht in Kurzform durch Leitsätze ausreichend erfaßbar sind. Die Lektüre dieses Abschnitts kann das Durcharbeiten der »Juristischen Methodik« nicht ersetzen, gibt aber eine *erste Orientierung* und eine *knappe Zusammenfassung* zu wichtigen Einzelpunkten.

In der allgemeinen juristischen Methodendiskussion spielt der *Gesetzespositivismus* noch immer eine wesentliche Rolle; für die verfassungsrechtliche Methodik ist er der einzige überkommene Gesamtentwurf (v. Gerber, La-

* Die Drucklegungen der Zweitauflage der »Juristischen Methodik« und des vorliegenden Bandes haben sich überschnitten. Die Seitenangaben im folgenden Abdruck beziehen sich, soweit möglich, auf den Text der »Fallanalysen«.

band). Savignys Kunstregeln der Interpretation beziehen sich jedoch ausdrücklich nicht auf das Staats- und Verfassungsrecht. In diesen Rechtsbereichen ist daher die Kluft zwischen überlieferten Dogmen und den Anforderungen an die alltägliche Arbeitsweise besonders spürbar geblieben. Weder die Analyse der Verfassungsrechtsprechung noch der Diskussionsstand der wissenschaftlichen Literatur noch auch die methodischen Praktiken von Gesetzgebung, Regierung und Verwaltung ergeben eine über die gesetzespositivistische hinausführende einheitlich durchdachte Konzeption. Was in Praxis und Wissenschaft an neuen Ansätzen vorgeschlagen und auch geübt wird, ist zum Teil widersprüchlich, zum Teil noch nicht hinreichend diskutiert und erprobt. Es fügt sich nicht zu einem einheitlichen Bild und ermangelt der Begründung durch eine nach-positivistische Strukturtheorie der Rechtsnorm. Der hier vorgelegte Entwurf baut dagegen ausdrücklich auf einer solchen auf und versucht durch seine *systematische* Anlage, der wissenschaftlichen und fallentscheidenden Rechtspraxis die Möglichkeit zu zeigen, umfassend und durchgängig Rechenschaft von dem abzulegen, was sie tut.

### 1.1 *Gruppen von Konkretisierungselementen*

Normorientierte juristische Methodik hat es zum einen mit Texten, zum andren mit Sachstrukturen zu tun. Normkonkretisierung ist einerseits *Normtextauslegung*, Interpretation (dazu unter 1.2); andrerseits *Normbereichsanalyse* (dazu unter 1.3). Die herkömmlichen Mittel juristischer Methodik beziehen sich explizit allein auf die Behandlung von Texten. Implizit enthalten sie bereits Möglichkeiten, Sachgehalte aus den Normbereichen hermeneutisch unreflektiert und methodisch undifferenziert in die Konkretisierung einzubeziehen (»Zweckmäßigkeit«, »Praktikabilität«, »Natur der Sache«, »teleologische« Auslegung usw.). Sie sind durch methodische Elemente zu ergänzen, die den Sachgehalt der Normbereiche ausdrücklich und auf rational nachprüfbare Art für die normorientierte Arbeit der Entscheidung von Rechtsfällen verwerten lassen.

*Savigny* hatte vier Auslegungselemente unterschieden. An ihnen ist grundsätzlich festzuhalten; und zwar deshalb, weil in ihnen systemgegebene Eigenschaften einer Rechtsordnung des uns vorliegenden Typus getroffen sind. Sie sind aber

(a) *rechtstheoretisch* und *methodologisch* noch wesentlich genauer, als das herkömmlich geschieht, an den Erfahrungen heutiger Rechtsarbeit zu erproben und zu untersuchen, nicht zuletzt im Hinblick auf die verschiedenen Typen von Normstruktur und auf die Nichtidentität von Norm und Normtext. Eine systematische Folgerung aus diesem zuletzt genannten Gesichtspunkt ist die Unterscheidung von Normtextauslegung und Normbereichsanalyse, also der beiden Hauptgruppen von Operationen der Normkonkretisierung.

(b) Ferner sind sie sowohl *umfassend* als auch *systematisch* zu definieren und in ihren praktischen Funktionsweisen zu analysieren;

(c) in ein allgemein handhabbares sowie zum Teil normativ abgestütztes und insofern verbindliches *Wirkungs- bzw. Rangverhältnis* zu bringen und schließlich

(d) je nach rechtlichem Arbeitsgebiet um *spezielle Konkretisierungselemente* zu ergänzen; das geschah hier für das Verfassungsrecht.

Praktische Normkonkretisierung bringt folgende Gruppen von Gesichtspunkten ins Spiel:

1.11 *Methodologische Elemente* im engeren Sinn (grammatische, genetische, historische, systematische und »teleologische« Auslegung einschließlich zusätzlicher Interpretationsfiguren wie Analogie, Prinzipien der Verfassungsinterpretation usw.),

1.12 *Normbereichselemente,*

1.13 *dogmatische Elemente,*

1.14 *Theorie-Elemente,*

1.15 *lösungstechnische Elemente* und

1.16 *rechtspolitische Elemente.*

Die Elemente zu 1.11 und 1.12 sowie ein Teil derjenigen zu 1.13 sind unmittelbar normbezogen. Die restlichen Elemente zu 1.13 (normgelöste dogmatische Figuren, Systematisierungsversuche usw.) und die Elemente zu 1.14 bis 1.16 sind nicht unmittelbar normbezogen und daher auf Hilfsfunktionen im Vorgang der Konkretisierung beschränkt. Eine genauere Untersuchung zur Praxis der einzelnen Aspekte erbringt auch für die herkömmlichen zu 1.11 zahlreiche über den Gesetzespositivismus hinausführende Einsichten in die Struktur des Vorgangs praktischer Normumsetzung auf Einzelfälle (dazu: Juristische Methodik unter 321 u. ö.).

## 1.2 *Interpretation (Normtextauslegung)*

*Grammatische Auslegung:* Interpretation des Wortlauts der zu konkretisierenden Norm. Sie steht in aller Regel am Anfang der methodischen Operationen. Sie ist nur in den seltenen Fällen echter *Subsumtion* (v. a. bei numerischen Vorschriften) allein tragfähig; hier hat sie *Bestimmungswir-*

*kung*. In aller Regel entfaltet sie dagegen in »positiver« Richtung nur *Indiz-*, in »negativer« *Grenzwirkung*. Sie ist in der Praxis mit den übrigen Elementen, vor allem mit den anderen zu 1.11 eng verflochten. Die normative Anweisung ist nicht im Normtext substantiell »vorhanden« oder »enthalten«; diese These gehört zu den irrigen Glaubenssätzen des Gesetzespositivismus. Juristische Begriffe können so wenig wie andere ihre Aussagen verdinglichen. Sie können nur auf ihre Gebrauchsweise hin untersucht werden; sie haben Zeichenwert. In den damit abgesteckten Grenzen zwingt der (nur scheinbar eindeutige) grammatische Aspekt häufig dazu, zwischen mehreren möglichen Gebrauchsweisen der verwendeten Begriffe, zwischen alltagssprachlichen und fachsprachlichen und oft auch zwischen verschiedenen fachsprachlichen (gesetzessprachlichen, dogmatischen, theoretischen) Gebrauchsweisen zu entscheiden. Daran erweist sich unmittelbar, daß auch die grammatische Auslegung nicht nur den Normtext, sondern die Norm betrifft. Schon in diesem ersten Stadium muß – abgesehen etwa von den Grenzfällen numerisch abschließend determinierter Vorschriften – über philologische Sinnerfassung des Wortlauts hinaus der *mögliche Normsinn in bezug auf den zu entscheidenden Fall* vorwegnehmend gedeutet werden. Dabei wird unausweichlich auf andere Elemente als das grammatische übergegriffen: auf den Wortlaut andrer, mit der umzusetzenden Vorschrift in Zusammenhang zu bringender Normen *(systematische Auslegung)*, auf den Wortlaut von Vorläufern der zu konkretisierenden Norm (*historische Auslegung*) und auf den der (nicht-normativen) Texte der Gesetzgebungsmaterialien (*genetische Auslegung)*. Grammatische, systematische, historische und genetische Auslegung sind *nicht* aus einem ihnen *»substantiell«* innewohnenden Grund die am nächsten liegenden und sich in der Regel gemeinsam anbietenden Konkretisierungselemente; sie sind es vielmehr *funktionell* in einer geschriebenen (kodifizierten) Rechtsordnung dieses Typs. Für die Auslegung von *Gewohnheitsrecht* innerhalb dieses Rechtssystems gilt grundsätzlich nichts anderes. Es verfügt nur nicht, wie das geschriebene Recht, über eine einzige autoritativ festgelegte (ausgefertigte, verkündete, veröffentlichte) Sprachfassung, über einen Normtext. Seine (mehr oder weniger stark wechselnde) Textfassung ist in Lehrbüchern, Kommentaren und vor allem in (gerichtlichen) Entscheidungen enthalten. Aus verfassungsrechtlichen (rechtsstaatlichen) Gründen bildet der Wortlaut der Norm die *Grenze des Spielraums zulässiger Konkretisierung*. Das heißt nicht, die Entscheidung müsse »sich aus dem Wortlaut ergeben«; das tut sie, wie gesagt, nur in seltenen Grenzfällen. Die Entscheidung muß aber mit dem Wortlaut *noch vereinbar* sein. Eine Entscheidung gegen den Wortlaut ist zwar methodisch »möglich«; methodische Regeln haben keinen normativen Rang. Sie ist aber

– abgesehen von den Fällen, in denen der Wortlaut nachweislich fehlerhaft oder mißverständlich ist – nicht rechtmäßig. Damit ist eine *Grenze für Rechtsfindung durch Normkonkretisierung* gezogen; hier steckt der Wortlaut die äußersten Grenzen funktionell (Gesetzgebung/Rechtsprechung und Verwaltung) zulässiger Sinnvarianten ab. *Nicht* ist damit etwas *gegen* die Legitimität der *Bildung von Gewohnheitsrecht oder von Richterrecht* gesagt. Beide dürfen sich allerdings nicht contra constitutionem und contra legem, sondern nur in insoweit indifferenten, »unbesetzten« Bereichen bilden.

1.21 *Sonderproblem: Abgrenzung der historischen von der genetischen Interpretation*

Die Abgrenzung dieser Elemente ist schon unter 1.2 gegeben worden. In Lehre und Rechtsprechung werden beide nicht selten miteinander vermengt. So bezeichnet etwa das Bundesverfassungsgericht (E 11, 130 und st. Rspr.) die Auslegung aus »Gesetzesmaterialien und Entstehungsgeschichte« als »historische«. Korrekt heißt diese Auslegung, von der das Gericht spricht, die *genetische*. Die *historische* ist dagegen die rechtsgeschichtliche (gesetzgebungsgeschichtliche) anhand der Texte von Normvorläufern, Normvorbildern als Antwort auf die Frage: Wie war das denn früher geregelt?
Die historische Auslegung arbeitet also mit den Texten
(a) *von Normen,* und zwar
(b) *von anderen Normen* als der im vorliegenden Fall zu konkretisierenden, nämlich von früheren Regelungen. Von der *systematischen* Auslegung, bei der ebenfalls andere Vorschriften vergleichend herangezogen werden, unterscheidet sich die *historische* dadurch, daß Normen mit gleichem, ähnlichem oder zumindest funktionell vergleichbarem Normprogramm, und zwar aus älteren Zeitabschnitten, in die Überlegung eingeführt werden.
(11) Die genetische Auslegung arbeitet mit den Texten
(a) von *Nicht-Normen* (Diskussionen, Überlegungen, Entwürfe, Parlamentsreden, Ausschußberichte, amtliche Begründungen) aus der rechtspolitischen Debatte, vor allem aber aus den Verhandlungen der normsetzenden Gremien; und zwar betreffen diese Texte
(b) die Entstehungsgeschichte und Gesetzgebungsmaterialien *derselben Norm,* nämlich der zu konkretisierenden.
Als *Beispiel* soll die Konkretisierung der Art. 73 ff. GG dienen. Bei *genetischer Auslegung* wird die Frage gestellt: Was wurde zum fraglichen Problem im Parlamentarischen Rat (und in den Verhandlungen von Herrenchiemsee) gesagt? Die *historische Auslegung* argumentiert aus Inhalt und Typik der

Kompetenzverteilung zwischen Reich und Ländern nach der Weimarer Reichsverfassung (oder ggf. auch nach der Reichsverfassung von 1871).

### 1.3 *Normbereichsanalyse*

Der Vorgang praktischer Umsetzung von Rechtsnormen auf zu regelnde Rechtsfälle erweist sich als strukturiert. Nur in relativ seltenen Grenzfällen ist er als »Anwendung«, als »syllogistischer Schluß« oder als »Subsumtion« erfaßbar, wie es der Gesetzespositivismus allgemein glauben machen möchte. Die Rechtsnorm ist mehr als ihre Sprachfassung. Die Interpretation des Normtextes bildet einen wichtigen, aber häufig nicht den einzigen Bestandteil der Umsetzung normativer »Signale« auf zu entscheidende Fälle der sozialen Wirklichkeit. Daher ist nicht länger nur von Interpretation oder Auslegung, also von Norm*text*behandlung (dazu oben 1.2) zu sprechen, sondern umfassend von *Normkonkretisierung* (s. o. 1. 1).
Der Wortlaut ist nicht das Gesetz, sondern die Form des Gesetzes. Die Normen erscheinen im Vorgang praktischer Umsetzung als *sachbestimmte Ordnungsmodelle*, die sowohl nach den einzelnen Rechtsdisziplinen als auch innerhalb dieser strukturell und funktionell zu differenzieren sind.[1] Je nach dem Typus von Normstruktur (Generalklausel,/(12) Spezialnorm, Materienregelung, Legaldefinition, Verweisungsnorm, Grundrecht, Verfahrensvorschrift, Formbestimmung, Fristregel usw.) wird mehr oder weniger deutlich, daß praktisch wirkende Normativität rechtlicher Vorschriften in grundsätzlich gleicher Weise wie durch die vom Normtext gelieferten Entscheidungsaspekte *auch* durch den Sachgehalt des Normbereichs mitbegründet

1 Das ist eines der Ergebnisse meiner »hermeneutischen« Untersuchung »Normstruktur und Normativität« (1966). – »Hermeneutik« bedeutet dort nicht wie im allgemeinen wissenschaftlichen Sprachgebrauch: rhetorische Kunstlehre oder Methodologie; sondern: die Analyse der *Struktur* rechtlicher Normativität und der rechts- und wissenschaftstheoretischen *Voraussetzungen* juristischer Methodik. So ebd., S. 7, 13 und durchgehend; vgl. ferner Juristische Methodik, z. B. unter 12 und 222.345 – Dieser präzise Sinn von *»Hermeneutik«* als einem *rechtsnorm-theoretischen terminus technicus* entgeht *Denninger* in seiner Besprechung, AöR 94 (1969), S. 333 ff. Der abwegige Ausgangspunkt führt den Rezensenten dazu, »Hermeneutik« nicht von »Methodik« abzugrenzen und am Thema der Untersuchung vorbeizusteuern; vgl. etwa die in »Normstruktur und Normativität« bewußt und planmäßig noch nicht zu thematisierenden, von *Denninger* aber ebd., z. B. S. 335, 336 eingeklagten methodischen Lösungsvorschläge und Entscheidungsanalysen. Diese können im vorliegenden Arbeitsheft nach den umfangreichen Vorbereitungsstudien beginnen, die der *Entwurf einer systematischen nachpositivistischen Juristischen Methodik* voraussetzte.

wird, soweit er ein *begriffener* Sachgehalt ist. Aus den allgemeinen Berührungspunkten der Norm mit der sozialen Realität, dem »*Sachbereich*«, hebt das (mit den Mitteln der Textinterpretation zu erarbeitende) *Normprogramm* den für praktische Normativität mitkonstitutiven *Normbereich* heraus. Der Normbereich ist somit umschrieben als die Grundstruktur des Ausschnitts sozialer Wirklichkeit, den »sich« das »Normprogramm« als Regelungsfeld ausgesucht und/oder häufig erst geschaffen hat. Ist der Normbereich zur Gänze rechtserzeugt (wie etwa bei Vorschriften über Fristen, Termine, Formalien, bei gewissen Institutions- und Verfahrensregeln, bei abstrakter Abgrenzung von Rechtswegzuweisungen usw.), dann liefert er oft keine zusätzlichen Gesichtspunkte. In diesen Fällen kann die Konkretisierung insgesamt als Auslegung des Normtextes erfolgen, d. h. durch Bestimmung des Normprogramms mit Hilfe aller anerkannten Interpretationselemente von der grammatischen Auslegung bis zu methodischen Figuren einzelner Rechtsgebiete (z. B. verfassungskonforme Auslegung für alle Bereiche – »Einheit der Verfassung« nur für die Interpretation von Verfassungsrecht, usw.). Dort dagegen, wo das Normprogramm auf soziale Strukturen verweist (Ehe und Familie, Handelsgesellschaften, die Bereiche des Besonderen Verwaltungsrechts, Grundrechte und so weiter), auf typisierbare Handlungs- bzw. Verhaltenszusammenhänge (z. B. im Strafrecht), oder wo es Funktionsabläufe erfaßt (Verfahrensrecht, Funktionsnormen von Institutionen, Gerichtszweigen usw.) bzw. Sachmaterien umschreibt (Kompetenzregeln), gehören Sachgesichtspunkte aus der sozialen Wirklichkeit, d. h. begriffene Sachgegebenheiten, erfahrungsgemäß und legitimermaßen zu den Determinanten der Fallentscheidung durch Normkonkretisierung. Diese Sachfaktoren der Rechtsnorm sind empirisch zu ermitteln und mit den Elementen der Normtextauslegung rational, d. h. mit den Mitteln einer systematisch ansetzenden Methodik in Beziehung zu bringen. Wieweit das fachlich kompetent oder dilettantisch erfolgt, ist unmittelbar eine Frage der *Juristenausbildung*. Die Tendenzen der Hochschulpolitik für kostensparende »Effizienz« und gegen Wissenschaftlichkeit der Ausbildung lassen für die nächste Zukunft wenig Hoffnung./(13) Davon abgesehen, erfordert Normbereichsanalyse als wesentlicher Faktor juristischer Entscheidung aber auch grundsätzlich eine *funktionale Arbeitsteilung* zwischen Juristen und anderen Sozialwissenschaftlern – eine Zusammenarbeit, welche die nichtjuristischen Beteiligten nicht an ihnen fremde normative Fragestellungen ketten, sondern vielmehr die methodische und politische Verantwortung für das Ganze der normgebundenen Entscheidungsvorgänge bei den normkonkretisierenden Juristen belassen soll.

Es ist wichtig, angesichts dieser nach-positivistischen Rechtsnormtheorie und

Methodik nicht in die Haltung pseudo-wissenschaftlicher Verdinglichung zurückzufallen, die den Gesetzespositivismus kennzeichnet. Es ist wichtig, sich über folgendes klar zu sein: »Das« *Normprogramm* ist ebensowenig wie »der« *Normbereich,* Sachbereich und Fallbereich »etwas«, das dinghaft vorgegeben wäre und das daher nur noch richtig entdeckt, nachvollzogen, aufgefunden werden müßte. Diese Lebenslüge eines formalistischen Rechtsstaatsverständnisses wird mit der hier vorgeschlagenen Konzeption verlassen. Die genannten Begriffe sind wie die andern, mit denen diese Methodik operiert, nur Arbeitshypothesen; genauer: *Arbeitsanforderungen* an den Juristen, soweit er normorientiert zu entscheiden hat. Der Begriff »Normbereich« besagt in diesem Zusammenhang: Die Fakten, die in einem Entscheidungsfall ins Spiel zu bringen sind, dürfen nicht wahllos (»pragmatisch« – je nachdem, ob es »in den Kram paßt« oder nicht) zu mitbestimmenden Faktoren der Entscheidung gemacht werden, sondern nur in generalisierbarer Form. Der Gesetzespositivismus kann nicht auf der Seite des bewußten Einbeziehens der sozialen Wirklichkeit überwunden werden, wenn man auf der Seite seiner rechtsstaatlichen Technizität und Formqualitäten verfassungsgeschichtlich hinter ihn zurückfällt. *Eine nachpositivistische Rechtsnormtheorie und Methodik muß versuchen, beiden Varianten von Rationalität gerecht zu werden.* Regeln für die Verallgemeinerungsfähigkeit der Sachbestandteile der Rechtsnorm entwickelt deshalb die vorliegende Strukturierende Methodik mit ihren Aussagen zu Elementen aus dem »Normbereich« und zu deren Beziehungen zu den übrigen Elementen.

### 1.31 *Sachbereich/Normbereich/Normprogramm – Rechtsnorm und Entscheidungsnorm*

Der Normbereich ist ein Ausschnitt aus dem Sachbereich; das durch Interpretation ermittelte Normprogramm »schneidet« ihn »heraus«. Das ist keine quasi-ontologische Bestimmung, sondern eine Aussage über den Ablauf eines *Arbeitsprozesses,* nämlich der juristischen Entscheidung. M. a. W.: Normativität ist keine »Eigenschaft«, sondern ein »Vorgang«; sie »ist« nicht, sie »wirkt«. Alle Elemente, die diesen Entscheidungsvorgang mitbestimmen, sind sprachlich *geformt* und *vermittelt.* Sie unterscheiden sich aber nach ihrer *Herkunft* danach, ob sie *als Texte* oder *als soziale Fakten konstituiert* sind. Noch genauer denn als »sprachliche« und »nichtsprachliche« Elemente sind sie als »primär sprachliche« (= Sprachdaten) und »nicht primär sprachliche« (= Realdaten) Elemente zu bezeichnen. Herkömmliche juristische Methodik beschränkte sich bis in die Gegenwart darauf, wissenschaftliche Regeln für die Verwendung der *Sprachdaten* zu beschreiben bzw.

vorzuschreiben. Die hier entwickelte Normtheorie und Methodik versucht, darüber hinaus auch die *Realdaten* regelhaft (und nicht willkürlich oder »rein pragmatisch«) in den normorientierten Entscheidungsprozeß ein- bzw. von ihm auszuschließen.

Das bedeutet für »Sachbereich« und »Normbereich«: So wie *»Normprogramm«* die Summe der (jeweils) normativ relevanten *Sprachdaten* bezeichnet, meint *»Normbereich«* die der (jeweils) normativ relevanten *Realdaten.* Diese sind empirisch zu *ermitteln* und mit den primär sprachlichen Konkretisierungselementen (also dem Normprogramm) innerhalb des einzelnen Entscheidungsprozesses, der am Fall aus der Rechtsnorm die Entscheidungsnorm erarbeitet, zu *vermitteln.*

Der *»Sachbereich«* meint dagegen die insoweit erste Phase des Entscheidungsvorgangs; in ihr werden die *möglicherweise* relevanten Realdaten i. S. einer Materialsammlung zusammengestellt – parallel zur Suche nach *möglicherweise* für die Fallösung »einschlägigen« Rechtsnormen. In diesem ersten Arbeitsabschnitt treten also die versuchsweise herangezogenen Rechtsnormen als *Normhypothesen* auf, die Summe der *Faktenhypothesen* heißt nach meiner früher gegebenen Definition »Sachbereich«. Und so wie im Verhältnis von abstrakter *Rechtsnorm* und jeweils konkreter *Entscheidungsnorm* die Rechtsnorm selbst im Lauf ihrer Geltungszeit durch die ihr jeweils in casu zugerechneten Entscheidungsnormen inhaltlich bestimmt, modifiziert, erweitert wird, so wird der »Normbereich der Rechtsnorm A« durch die innerhalb der einzelnen Fallösungen als entscheidungsrelevant behandelten Realdaten der Entscheidungsnormen A', A" usw. inhaltlich bestimmt, modifiziert, erweitert. Dagegen ist der Sachbereich als Allgemeinbegriff, der »Sachbereich der Rechtsnorm A«, sehr viel weniger konturiert: er ist die recht vage Summe aller von der Norm A möglicherweise betroffenen Gegebenheiten. Im zu entscheidenden Einzelfall wird dann aus ihm durch methodisch offengelegte und rechtsstaatlich akzeptable Vermittlung mit dem Normprogramm (= mit den auf den Fall hin konkretisierten Sprachdaten) der die Entscheidung mit-konstituierende Normbereich herausgearbeitet. Nochmals mit anderen Worten: der Jurist, der mit allen Mitteln sprachlicher Konkretisierung, von der grammatischen Auslegung bis zu den theoretischen und lösungstechnischen Faktoren, ermittelt, welche Steuerungswirkung die abstrakte (hypothetisch herangezogene) Rechtsnorm für den konkret zu entscheidenden Fall hat (= der also ermittelt, wie das Normprogramm der Entscheidungsnorm lautet), entscheidet dabei nicht nur über die Relevanz von Normtexten und sonst primär sprachlichen Elementen, sondern notwendig (jedenfalls im Normalfall – anders etwa bei bloßen Formvorschriften) zugleich über die normative Relevanz oder Irrelevanz der diesen Fall mitbegründenden Faktoren der sozialen Wirklichkeit, der fraglichen Realdaten. Auch *dieser* Teil des Entscheidungsvorgangs muß *methodisch* beherrscht und das heißt zunächst: reflektiert, offengelegt und dargestellt werden.

### 1.32 *Rechtsnorm/Entscheidungsnorm – Grundrechte/Generalklauseln*

Die Analyse der Struktur von Grundrechten ergibt: *Grundrechte* sind – anders als herkömmlich behauptet wird – *keine »Generalklauseln«*. Sie sind Normen mit relativ vagen – evozierenden – Normtexten und mit gesteigert sachhaltigen Normbereichen. Ihre *»Positivität«* ist eine strukturierte; ebenso wie sich allgemein die *»Normativität«* rechtlicher Regeln als strukturiert herausgestellt hat. Zu den Einzelgrundrechten können und sollten *sektorale Dogmatiken* entwickelt werden. Je genauer diese gefaßt und in generalisierbare Teil-Regeln differenziert sind, um so entbehrlicher werden auch in der Praxis die aus rechtsstaatlichen Gründen bedenklichen Doktrinen und Praktiken von »Wertordnung«, »Schrankenübertragung«, »Güterabwägung« usw. Entsprechend wichtig ist die Diskussion empirischer Methoden für die Analyse grundrechtlicher Normbereiche.
*Generalklauseln* (wie die §§ 242, 826 BGB, § 1 UWG, § 1 GWB usw.) sind dagegen im Verfassungsrecht der Allgemeine Gleichheitssatz, Art. 3 Abs. 1 GG, sowie – folgt man der herrschenden Meinung – auch Art. 2 Abs. 1 GG. Diese Vorschriften sind, wie alle echten Generalklauseln, *als Rechtsnormen nur Normfragmente*. Sie haben, was an Art. 3 Abs. 1 und – gemäß der herrschenden Auffassung – an Art. 2 Abs. 1 GG unmittelbar zu sehen ist, gesteigert vage Normprogramme und weisen einen sachlich bestimmbaren Normbereich überhaupt nicht auf. Gleichwohl werden ihnen, soweit die Praxis sie »anwendet«, *normale*, d. h. den Einzelfall durchaus fühlbar und bestimmt regelnde *Entscheidungsnormen* zugeschrieben, zugerechnet. Da diese Entscheidungsnormen aber beides brauchen, ein »normal« handhabbares Normprogramm wie einen ebenso funktionierenden Normbereich, werden in der Praxis stets andere (positivrechtliche oder richterrechtliche) Normen hinzugezogen: in aller Regel Rechtssätze des Unterverfassungsrechts, an denen die »Relevanz« der Sachgesichtspunkte des Entscheidungsfalls für die abstrakten und ambivalenten Aussagen »gleich« bzw. »ungleich« gemessen werden soll. Die gesamte Judikatur zum Allgemeinen Gleichheitssatz und zum (nicht nach der »Persönlichkeitskerntheorie« aufgefaßten) Grundrecht der freien Entfaltung der Persönlichkeit belegt diese Entscheidungsstrategie. Was in ihr methodisch exakt vorgeht, ist also: Es werden andere, »normal« spezifizierbare Normen herangezogen, *mit deren Norm-*

*programmen* die nach Ansicht der entscheidenden Instanz normativ relevanten Fakten aus dem diffusen Sachbereich im Hinblick auf den Fall (»Fallbereich«) herausgehoben werden. Diese Fakten, die also – im Gegensatz zu anderen Tatsachen des Entscheidungsfalls – als in »relevantem« Sinn »gleich« oder »ungleich« behandelt werden, übernehmen somit die Rolle, die bei einer Nicht-Generalklausel die Umschreibung ihres Normbereichs übernimmt. Deutlich ist das ebenso für das »Grundrecht« aus Art. 2 Abs. 1 GG (das nach der Konsequenz der h. M. eben kein Grundrecht mehr ist, sondern eine Generalklausel): die hier herangezogenen Normen sind *die* Verfassungs- und Unterverfassungsvorschriften, mit denen und an denen festgestellt werden soll, ob die fragliche einschränkende Norm zur »verfassungsmäßigen Rechtsordnung« i. S. der h. M. zu Art. 2 Abs. 1 GG gehört oder nicht.

/(15) 1.33 *Beispiel: Methodik der Prüfung des Allgemeinen Gleichheitssatzes*

(a) Ausgangspunkte sind die beiden *praktischen Grundfragen:*
*Erstens: Welche faktischen Sachverhalte sollen miteinander verglichen werden?* Wie unter 1.31 begründet, dient hier der Normbereich der zu prüfenden Vorschriften (wie immer in Verbindung mit dem Fallbereich, d. h. mit den Fakten des zu entscheidenden Rechtsfalls) als Materialquelle. Soweit nach längerer Rechtsprechungstradition die Ergebnisse früherer Entscheidungsvorgänge nunmehr (über die Dogmatik vermittelt) als »Inhalt« des Art. 3 Abs. 1 GG erscheinen, belegt das die allgemeine These, daß den Rechtsnormen durch Konkretisierungspraxis genauer strukturierte Normbereiche und den Generalklauseln auf diesem Weg überhaupt erst »eigene« Normbereiche gegeben werden.
*Zweitens: Woher sind die Maßstäbe dafür zu nehmen, ob verschiedene Sachverhalte »wesentlich gleich« oder »wesentlich ungleich« sein sollen?*
Auf dieser Stufe der Prüfung bietet allein die Verfassung die Materialquelle für solche Maßstäbe. Es kommt also darauf an, ob die aus den Normbereichen ermittelten Vergleichsgruppen *im verfassungsrechtlich relevanten Sinn »gleich«* oder »ungleich« genannt werden müssen.
Die Frage der Herkunft der Maßstäbe ist damit nicht für alle möglichen Phasen der Gleichheitsprüfung beantwortet. Zunächst sind nun aber diese »Stufen« darzustellen.
(b) *Drei Stufen der Prüfung des Gleichheitssatzes*
Die Prüfung einer staatlichen Regelung oder sonstiger staatlicher Aktivitäten am Allgemeinen Gleichheitssatz vollzieht sich nach folgendem Modell:

*Fallgestaltung 1:*

(1) Liegt eine verfassungsrechtlich relevante Gleichheit der Tatbestände vor?

Nur dann, wenn diese Frage mit »ja« beantwortbar ist, folgt

(2) die Frage: Werden diese gleichen Tatbestände auf verfassungsrechtlich relevante Weise ungleich behandelt?

Nur dann, wenn diese Frage mit »ja« zu beantworten ist, folgt

(3) die Frage: Gibt es für diese Ungleichbehandlung gleicher Tatbestände einen »sachlichen Grund« (im Sinn der herrschenden Judikatur)?

Nur dann, wenn die Frage zu (3) mit »nein« zu beantworten ist, liegt eine im Sinn der ständigen Rechtsprechung »willkürliche« Regelung und damit ein Verstoß gegen Art. 3 Abs. 1 GG vor.

/(16) *Fallgestaltung 2:*

(1) Liegt eine verfassungsrechtlich relevante Ungleichheit der Tatbestände vor?

Nur dann, wenn diese Frage zu bejahen ist, folgt

(2) die Frage: Werden diese ungleichen Tatbestände von staatlichen Stellen auf verfassungsrechtlich relevante gleiche Weise behandelt?

Nur dann, wenn diese Frage zu bejahen ist, folgt

(3) die Frage: Gibt es für diese Gleichbehandlung ungleicher Tatbestände einen »sachlichen Grund«?

Nur dann, wenn diese Frage zu verneinen ist, liegt ein Verstoß gegen den Allgemeinen Gleichheitssatz vor.

(Vgl. dazu *F. Müller* in: *Müller/Pieroth*, Religionsunterricht als ordentliches Lehrfach, 1974, S. 97 ff., 100 ff. mit praktischen *Beispielen* aus dem Schulverwaltungs-, Wehrpflicht- und Kirchensteuerrecht.)

c) *Weiteres Beispiel für den Gang der Prüfung*

In einem vom Bundesverfassungsgericht am 2. Oktober 1973 entschiedenen Fall (DVBl. 1974, S. 192 ff.) war die Verfassungsmäßigkeit des § 3 Nr. 9 Tierschutzgesetz vom 24. 7. 1972 zu prüfen. Diese Vorschrift verbietet es, »ein Tier mit Nachnahme zu versenden«. Eine methodisch reflektierte Untersuchung geht hier folgendermaßen vor:

Aus dem Normbereich dieser Vorschrift können zwei Vergleichsgruppen von Sachverhalten gewonnen werden, die das (wie immer durch Auslegung zu ermittelnde) Normprogramm aus dem Sachbereich auf eine hier sehr einfach liegende Art und Weise heraushebt:

- Tiere/Nicht-Tiere; d. h. Tiere auf der einen, andere Versandobjekte (Waren, Güter) auf der andren Seite; und
- Nachnahmeversand von Tieren/Tierversand ohne Nachnahme.

Als Prüfungsmaßstab für diese aus dem Normbereich der am Gleichheitssatz zu messenden Vorschrift stammenden Vergleichsgruppen dient auf der *ersten Stufe* allein die Verfassung: Liegen hier im verfassungsrechtlich relevanten Sinn »gleiche« oder »ungleiche« Sachverhalte vor? Nach dem BGB sind sowohl Tiere als auch Pflanzen oder unbelebte Versandobjekte in gleicher Weise »Sachen«. Für das Verfassungsrecht wird dagegen in Art. 74 Nr. 20 GG mit der (konkurrierenden Bundes-)Kompetenz zum »Tierschutz« nicht nur eine formale Zuständigkeit, sondern – wie bei allen Kompetenzvorschriften – zugleich eine inhaltliche Aufgabenstellung an die Legislative (und ihr folgend an die übrigen Staatsfunktionen) normiert; nämlich die Aufgabe, »Tiere« als etwas zu behandeln,/(17) das zu »schützen« ist. In eben dieser Richtung sind die Vergleichsgruppen »Tiere/sonstige Versandobjekte« im verfassungsrechtlich relevanten Sinn »ungleiche« Sachverhalte.

Auf der *zweiten Stufe* zeigt sich, daß diese ungleichen Sachverhalte vom Gesetzgeber des § 3 Nr. 9 Tierschutzgesetz auch »ungleich« behandelt werden. Die Prüfung des Gleichheitssatzes auf der *dritten Stufe* ist nicht mehr erforderlich. Entsprechendes ergibt sich für die zweite Vergleichsgruppe.

Bei einem Nachnahmeverbot etwa für Fahrräder läge dagegen eine »ungleiche« Behandlung von im verfassungsrechtlich relevanten Sinn »gleichen« Sachverhalten vor. Hier wäre dann auf der *dritten Stufe* im Sinn der Judikatur zu untersuchen, ob dafür ein »sachlicher Grund« feststellbar oder ob die Regelung als »willkürlicher« Verstoß gegen Art. 3 Abs. 1 GG zu werten ist.

Die *Maßstäbe* auf dieser dritten Stufe sind also nicht mehr verfassungsrechtlicher Art. Sie sind dem Unterverfassungsrecht zu entnehmen; bzw. nach der unscharfen ständigen Rechtsprechung (dazu *F. Müller*, Normstruktur und Normativität, 1966, S. 103 ff.) der sogenannten »Natur der Sache«, d. h. meist rechts- bzw. verfassungspolitischen Aspekten der Wünschbarkeit, der sozialen Folgenberechnung, der »Vernünftigkeit« im Sinn von common sense und so weiter.

### 1.4 *Weder »objektive« noch »subjektive« Auslegungstheorie Rangordnung der Konkretisierungselemente*

Herrschend ist die sog. objektive Theorie: »Der Wille des Gesetzgebers fällt zusammen mit dem Willen des Gesetzes« (BVerfGE 11, 130). Maßgebend für die Auslegung einer Norm ist demnach »der in dieser zum Ausdruck kommende objektivierte Wille des Gesetzgebers, so wie er sich aus dem Wortlaut der Gesetzesbestimmung und dem Sinnzusammenhang ergibt, in den diese hineingestellt ist« (BVerfGE 1, 312; 8, 307; 10, 244;

11, 130 f. und st. Rspr.). Die Materialien aus dem Normsetzungsvorgang sollen nicht dazu verleiten, die subjektiven Vorstellungen der gesetzgebenden Instanzen dem objektiven Gesetzes»inhalt« gleichzusetzen (BVerfGE 1, 312; 10, 51 und st. Rspr.). Der Entstehungsgeschichte einer Vorschrift soll nach herrschender Lehre für die Auslegung nur bestätigende Bedeutung zukommen; allenfalls kann sie Zweifel beheben, die mit den übrigen methodischen Hilfsmitteln nicht auszuräumen sind.
Dieses Bekenntnis zur »objektiven Auslegungstheorie« hat unrichtige Voraussetzungen. Praktisch drückt sich das darin aus, daß entgegen der grundsätzlichen Position häufig eben doch der aus Entstehungsgeschichte und Gesetzgebungsmaterialien gezogene Schluß zum entscheidenden/(18) Angelpunkt des Falls gemacht wird (z. B. in BVerfGE 2, 266, 276; 4, 299, 304 f.; 6, 309, 349 ff.; ausführliche Erörterung mit Nachweisen im »Schallplatten-Urteil« des Bundesgerichtshofs, BGHZ 45, 74, 79 ff.). Methodisch liegt die Unhaltbarkeit der herrschenden Auffassung daran, daß die Fragestellung nach einander entgegengesetzten »subjektiven« und »objektiven« Aspekten die Probleme der Konkretisierung und des Verhältnisses der einzelnen Elemente zueinander nicht zu erfassen vermag. Es läßt sich nicht generell dekretieren, aus welchen Elementen einer bestimmten Norm in einem bestimmten Einzelfall der »objektive Gehalt« der Vorschrift ermittelt werden könne. Die Differenzierung nach »objektiv-subjektiv« ist sachlich ebenso unbrauchbar wie die Bezugnahme beider Kriterien auf die Vorstellung eines »in« der Rechtsnorm angeblich vorhandenen »Willens«; eines »Inhalts«, der im Einzelfall nur noch mit technischen Auslegungsmitteln »heraus«gefunden werden müsse. Vielmehr handelt es sich, knapp gesagt, um Entscheidungsprozesse; und zwar um solche, die nach der Struktur des Politischen Systems im bürgerlich-liberalen Verfassungsstaat an geltenden Rechtsnormen legitimiert werden müssen, wenn sie nicht als »rechtswidrig« und damit als unzulässig angesehen werden sollen. *Wie* das Zurechnen der Einzelentscheidung und ihrer sprachlichen Formulierung (der »Entscheidungsnorm«) an die abstrakte »Rechtsnorm« *so* vorzunehmen ist, daß diese Operation hinreichende Aussicht hat, als rechtmäßig, weil regulär akzeptiert zu werden – diese Frage beantworten die Regeln juristischer Methodik. Sachgesichtspunkte aus Entstehungsgeschichte und Normsetzungsmaterialien sind in diesem Zusammenhang *weder* »subjektiver« *noch* »objektiver« als andere Konkretisierungselemente. Vielmehr ist die *Rangordnung* dieser Elemente nach *rechtsstaatlichen Normanweisungen* zu beurteilen, die sich auf die einzelnen Aspekte, je nach deren Eigenart und Funktion, verschieden auswirken. Sie ist in Gestalt generalisierbarer und überprüfbarer Kollisions- und Vorzugsregeln möglich. Im Fall widersprüchlicher

(Teil-)Ergebnisse gehen die unmittelbar normbezogenen Elemente (methodologische und Normbereichs-Elemente sowie der normativ gestützte Teil der dogmatischen Aspekte) den übrigen, nicht unmittelbar normbezogenen Faktoren des Konkretisierungsvorgangs vor. Unter den direkt normbezogenen haben die der grammatischen und systematischen Auslegung im Konfliktsfall den Vorrang, weil sie die Interpretation von Normtexten, die andern Verfahren dagegen die der Texte von Nicht-Normen betreffen. Die rechtsstaatliche Begrenzungsfunktion des Wortlauts der zu konkretisierenden Vorschrift (und der Normtexte systematisch herangezogener andrer Vorschriften) gilt schließlich auch gegenüber empirischen (Teil-)Ergebnissen aus dem Normbereich, während allgemein das Normprogramm für die empirische Normbereichsanalyse Fragestellungen entwirft und Direktiven für die Bewertung der Relevanz von Ergebnissen zu formulieren erlaubt.

## /(19) 1.5 *Vorverständnis*

Allgemeine Arbeitserfahrungen aus dem Bereich der Sprachlichkeit, wie sie etwa in *Wittgensteins* Begriff des »Sprachspiels«, im kommunikationstheoretischen Ansatz der »imperativen Kommunikationssituation« oder in *Gadamers* Aussagen zu »Aktualität« und Lebensbezug praktischer Hermeneutik formuliert sind, können an den Funktionen, Strukturen und Arbeitsweisen der Rechtsordnung nicht nur immanent, sondern auch besonders deutlich beobachtet werden. Der als »Aktualität« gefaßte Praxisbezug von Methodik und Interpretation, das den Verstehenden wie das zu Verstehende umschließende »Vorverständnis« werden in der juristischen Arbeit angesichts ihres Sozialbezugs, ihrer spezifischen Formalisierung, ihres entscheidend erhöhten Grads von Verbindlichkeit und wegen ihrer Relevanz für »geltende«, d. h. im Tatsächlichen fühlbare Entscheidung wesentlich verschärft. Das *»allgemeine« Vorverständnis* wird begründet durch Anschauungen, Verhaltensweisen, Sprachmöglichkeiten und Sprachbarrieren der den einzelnen prägenden Sozialschicht. An dieser Stelle werden die Ergebnisse der Justizsoziologie und ähnlicher Forschungsrichtungen über die dem »typischen« Juristen gegenwärtigen Vorstellungsmodelle und Reaktionsweisen unmittelbar für juristische Methodik aufschlußreich. »Vor« dieses allgemeine Vorverständnis schiebt sich ein besonderes *juristisches und rechtstheoretisches Vorverständnis,* dessen legitimierende Bezugspunkte »geltende«, d. h. mit Gewalt sanktionierbare Rechtsnormen und auf diese mehr oder weniger deutlich bezogene wissenschaftliche Systematisierungsversuche (»Theorien«, »Schulen«, »Grundpositionen«) sind. Hier arbeitet juristische

Methodik Hand in Hand mit wissenschaftlicher Ideologiekritik und mit rechtstheoretischer (Selbst-)Kritik an den Grundpositionen »Gesetzespositivismus«, »Integrationslehre«, »marxistische Rechtslehre«, »Dezisionismus« und so weiter (die mit dieser Nennung nur beispielhaft aufgezählt, nicht aber auf eine Ebene gestellt werden).

## 1.6 *Funktion juristischer Methodik*

Juristische Methodik ist aus den Bedingungen der verschiedenen normsetzenden, normkonkretisierenden und normkontrollierenden *Funktionen* (Normsetzung, Regierung, Verwaltung, Rechtsprechung, Wissenschaft, Rechtspolitik) zu erarbeiten. Sie analysiert die den praktischen Funktionen im Grundsatz gemeinsame Eigenart fallbezogener Konkretisierung und ergänzt die Strukturanalyse der Konkretisierungsvorgänge durch ein Strukturmodell von Konkretisierung (zu dessen Relevanz für die verschiedenen Rechtsgebiete s. u. zu 1.7). Sie versteht sich in diesem Sinn als *»strukturierende Methodik«*.

(20) Über die *Jurisprudenz* nicht als sammelnde, sichtende »Rechtskunde«, sondern als *Wissenschaft* kann allgemein nur insofern gesprochen werden, als sie eine wissenschaftliche Methodik aufweist. Der Rechtsstaat des Grundgesetzes verlangt normativ von der juristischen Arbeit insgesamt, also gerade auch von praktischer Fallentscheidung, eine wissenschaftliche i. S. einer rationalen, kontrollierbaren Methodik. Über diese Methodik kann ferner nur als *methodische Praxis* zureichend gesprochen werden; d. h. über die tatsächliche alltägliche Arbeitsweise der Träger juristischer Funktionen: von Richtern, Verwaltungsbeamten, Staatsanwälten, Gesetzgebern, Rechtspolitikern, wissenschaftlichen Juristen und so fort.

Damit ist für die Frage nach der Funktion juristischer Methodik aber erst der allgemeine Rahmen skizziert. Die Probleme juristischer Methodik sind nicht nur nicht durch Leitsätze erfaßbar (oben 1.0). Sie sind durch Sätze überhaupt nicht in dem Sinn erfaßbar, daß sie in diesen dann »enthalten« wären. Dasselbe gilt, wie ausgeführt, für die soziale Wirkungsweise von Rechtsnormen in bezug auf ihre Sprachfassung in den Normtexten. Weder die Texte von Rechtsnormen noch der Text einer wissenschaftlichen Methodik über die Behandlung von Rechtsnormen können die normativen Direktiven bzw. die methodologischen Regeln substantiell in sich aufnehmen. *Normtexte* geben Markierungspunkte und Rahmenbedingungen für *methodische* Zurechnung einzelner Entscheidungen (»Entscheidungsnormen«) zu abstrakt-generellen Vorschriften (»Rechtsnormen«); *Methodentexte*, wie die »Juristische Methodik«, auf die sich diese Leitsätze beziehen, geben wissenschaftspraktische Regeln für *rechtsstaatlich zulässige* (und damit politisch akzeptable) Ermittlung und Begründung eben dieser Zurechnungsoperation. *Methodische Regeln* in diesem Sinn können die *juristischen Arbeitstechniken* beschreiben, formalisieren, systematisieren; sie können sie durch Nötigung zur Reflexion und Offenlegung tatsächlich geübter Praxis diskutierbar und wissenschaftlich, instanziell und politisch kontrollierbar(er) machen; können sie auf ihre Stimmigkeit, Folgerichtigkeit, Methodenehrlichkeit hin überprüfen; können sie ergänzen, kritisieren, weiterentwickeln und können durch *systematisches* Praktizieren der so zu entwickelnden Arbeitsweisen genauer, als es bisher geschieht, Motivationen andrer Art, also vor allem politische, kenntlich machen und zur Rechenschaft auffordern. *Juristische Fallösung* ist *Entscheidungstechnik* mit Funktionen von Steuerung und Stabilisierung, von Verteilung und Ausgleich und stets auch mit solchen der Rechtfertigung von Herrschafts- und allgemeiner: von gesellschaftlichen Zuständen, Zusammenhängen, Prozessen. *Juristische Methodik* als Reflexion der Arbeitstechniken der Entscheidungsfindung und Entscheidungsbegründung ist *Zurechnungstechnik;* nämlich im formalen, im professionellen/(21) *und* im politischen Sinn »Technik« der Bildung von Entscheidungsnormen und der Zurechnung von Entscheidungsnormen zu Rechtsnormen, ferner auch der Messung von Rechtsnormen aneinander und des Entwickelns richterrechtlicher Vorschriften. Als wissenschaftliche i. S. von: rationale, kontrollierbare und diskutierbare Methodik erzeugt sie zum einen instrumentell die der bürgerlichen Verkehrsgesellschaft notwendige Berechenbarkeit (»funktionelle« Rationalität i. S. von *Karl Mannheim*) und ist sie zum andern Voraussetzung dafür, Entscheidungsprozesse für Kritik und Kontrolle und damit für die legitimierende Chance von Zustimmung, Kompromiß und Konsens zu öffnen – so der Anspruch des liberalen Verfassungsstaats.

## 1.7 *Methodik und Methodiken*

Juristische Methodik ist »Sachlogik«; als Methodik alltäglicher Rechtsarbeit ist sie nach Normtypen, Funktionstypen und typischen Regelungs- und Entscheidungslagen der einzelnen Rechtsgebiete vielfach zu differenzieren. Die abstrakt-gleichmäßig ausgearbeitete *einheitliche* Methodik ist entweder illusionär oder unfruchtbar. Die verschiedenen dogmatischen Rechtsgebiete haben aber folgende Faktoren *gemeinsam:*

(a) eine umfassende Normtheorie als Strukturtheorie der Rechtsnorm;

(b) die Bindung an methodenrelevante Verfassungssätze und sonstige Rechtssätze (rechtsstaatliche Norm- und Methodenklarheit, Textklarheit, Tatbestandsbestimmtheit, Kontrollnormen, Verfahrensnormen, Legaldefinitionen usw.);
(c) eine Rahmentheorie von Normkonkretisierung i. S. eines für alle dogmatischen Rechtsgebiete brauchbaren relevanten Strukturmodells und
(d) eine (Verfassungs-)Theorie der verschiedenen normsetzenden, normkonkretisierenden, normkontrollierenden Funktionen.

*Unterschiede* ergeben sich je nach Kodifikationszustand, sozialen Regelungsbereichen, Wissenschaftsgeschichte und internem Diskussionsstand für die großen Teilrechtsgebiete z. B. nach dem Stellenwert einzelner methodischer Hilfsmittel, nach der Rolle von materiellem Recht und Verfahrensrecht, nach dem Gewicht von Satzungsrecht auf der einen, Richterrecht auf der anderen Seite. Beim Bilden von *Richterrecht* werden nicht Entscheidungsnormen mit den Mitteln juristischer Methodik auf Rechtsnormen zurückgeführt, sondern werden durch Rechtsprechungs(statt: durch Legislativ-)instanzen allgemeine Rechtsnormen gesetzt (die dann in der Folge ihrerseits »angewendet«, d. h. konkretisiert werden). Daß hier je nach Rechtsbereich typische Regelungs- und Entscheidungsprobleme auf der einen, Wissenschafts- und Praxisgeschichte/(22) auf der anderen Seite besonders zu Buche schlagen, wird an der Rolle des Richterrechts im Zivilrecht deutlich. Ferner gibt es spezielle methodenbezogene Rechtsstaatsvorschriften, die sich nicht an alle juristischen Arbeitsbereiche wenden, so das Analogieverbot im Strafrecht. Schließlich hat die für die großen Teilrechtsgebiete vielfach feststellbare Abweichung in den (vorherrschenden) Typen von Normstruktur das Auftreten zusätzlicher Interpretationsfiguren zur Folge, wie etwa die größere Rolle der Analogie im Zivilrecht gegenüber dem öffentlichen Recht oder wie die besonderen »Prinzipien der Verfassungsinterpretation«. Der Plural »Methodiken« meint also *nicht*, daß die Methodik jedes der großen Rechtsgebiete beim Nullpunkt anzufangen hätte. Soweit Rechtsarbeit in Normkonkretisierung besteht, entwirft vielmehr die hier vorausgesetzte »Juristische Methodik« ein zusammenhängendes und für alle Rechtsgebiete relevantes Rahmenmodell. Mit dessen Instrumentarium ist im Ansatz jede normorientierte Rechtsentscheidung zu analysieren bzw. selbst zu erarbeiten.

# Grundrechtstheorie und Grundrechtsinterpretation*

Von Ernst-Wolfgang Böckenförde

[aus: NJW 1974 S. 1529–1538]

I. Die Geltung der Grundrechte als unmittelbar geltendes Recht, die in der Idee grundrechtlicher Gewährleistungen angelegt und in Art. 1 Abs. 3 GG ausdrücklich festgelegt ist, verleiht der Grundrechtsinterpretation eine besondere, weittragende Bedeutung. Die Grundrechtsbestimmungen des GG wie auch anderer rechtsstaatlicher Verfassungen sind ihrer Wortfassung und Sprachgestalt nach Lapidarformeln und Grundsatzbestimmungen, die aus sich selbst inhaltlicher Eindeutigkeit weithin entbehren.[1] Wenn sie gleichwohl als unmittelbar geltendes Recht wirken und effektiv werden sollen, bedürfen sie in anderer Weise als normale Gesetzesbestimmungen einer nicht nur explikativen, sondern ausfüllenden Interpretation, die nicht selten die Form einer Ausdeutung oder Konkretisierung annimmt.[2]

So haben erst die Interpretationen des *BVerfG* den Art. 12 Abs. 1 Satz 1 GG nicht nur als Abwehrrecht gegenüber staatlicher Zuweisung eines bestimmten Berufes oder einer Ausbildungsstätte verstehen lassen, sondern – im Apothekenurteil[3] – als grundsätzliches Verbot von Berufszugangsregelungen i. S. einer Bedarfs- oder Bedürfnisprüfung und – im Numerus-clausus-Urteil[4] – in Richtung eines Anspruches auf hinreichende Vorhaltung von Ausbildungsstätten ausgedeutet. Aus sich selbst heraus ist die Bestimmung, ihrer lapidaren Kürze wegen (»Alle Deutschen haben das Recht, Beruf, Arbeitsplatz und Ausbildungsstätte frei zu wählen«), für alle drei Interpretationsalternativen offen.

* *Werner Weber* zum 70. Geburtstag am 31. 8. 1974.

1 Nicht zuletzt deshalb werden die meisten der Grundrechte von der Weimarer Staatsrechtslehre zunächst als bloße Programmsätze angesehen, die noch kein aktuelles Recht enthalten, vgl. statt anderer *Anschütz*, Die Verfassung des Dt. Reiches, 3. Bearb. 1929, S. 452 ff. Gegen diese Antithese schon damals *C. Schmitt*, Freiheitsrechte und institutionelle Garantien der Reichsverfassung, 1931; ders., Verfassungsrechtliche Aufsätze, 1958, S. 140 f. und – weniger deutlich – *Smend*, Verfassung und Verfassungsrecht, 1928; ders., Staatsrechtliche Abhandlungen, 1955, S. 262 f.

2 Siehe *H. Huber*, Die Konkretisierung von Grundrechten, in: Der Staat als Aufgabe. Gedächtnisschrift für Max Imboden, 1971, S. 191 ff.; *Kriele*, Theorie der Rechtsgewinnung, 1967, S. 212 ff., insb. 221 ff.

3 BVerfGE 7, 377 (397 ff.) = NJW 58, 1035 (1036).

4 BVerfGE 33, 303 (331 ff.) = NJW 72, 1561 (1563).

Eine solche ausdeutende und den Inhalt erst konkretisierende Interpretation findet in Wortfassung, Sprachsinn und Regelungszusammenhang keinen hinreichenden Anknüpfungspunkt. Sie wird – bewußt oder unbewußt – von einer bestimmten *Grundrechtstheorie* geleitet und bestimmt. Grundrechtstheorie bedeutet dabei eine systematisch orientierte Auffassung über den allgemeinen Charakter, die normative Zielrichtung und die inhaltliche Reichweite der Grundrechte. Sie hat ihren Bezugspunkt (die systematische Orientierung) in aller Regel in einer bestimmten Staatsauffassung und/oder Verfassungstheorie. Es ist ihre Funktion, die Interpretation der einzelnen Grundrechtsbestimmungen nicht allein einer an detaillierten Gesetzesregelungen ausgebildeten juristischen Technik zu überlassen, sondern in den Gesamtzusammenhang einer Staatsauffassung/Verfassungstheorie einzubinden.[5] Anknüpfungspunkte für solche Grundrechtstheorien sind nicht selten Problemlösungsversuche für bestimmte Ordnungsaufgaben, die von gewandelten politisch-sozialen Gegebenheiten her neu oder in veränderter Akzentuierung an die Verfassung herangetragen werden. Die Grundrechtstheorie enthält dann die Reflexionsform solcher Problemlösungsversuche, wiederum auf eine bestimmte Staatsauffassung/Verfassungstheorie hin vermittelt bzw. von ihr her inspiriert.

Die Interpretation der Grundrechte von einer Grundrechtstheorie her ist so nicht eine ›ideologische‹ Zutat des jeweiligen Interpreten, die bei korrekter Anwendung der juristischen Interpretationsmittel vermeidbar wäre. Sie hat ihre Grundlage in dem dargelegten lapidaren und, gesetzestechnisch gesehen, durchaus fragmentarischen Charakter der Grundrechtsbestimmungen.[6] Teleologische Sinn- ebenso wie systematische Interpretation dieser Bestimmungen können letztlich nicht anders als aus einer bestimmten Grundrechtstheorie heraus erfolgen.[7]

Mit dieser Feststellung wird das Problem freilich nicht entschärft, sondern nur deutlicher markiert. Denn die Konsequenzen für den (konkreten) Grundrechtsinhalt sind sehr weittragend, je nachdem im Lichte welcher Grundrechtstheorie, etwa der liberal-rechtsstaatlichen, einer institutionellen

5 Über die Notwendigkeit solcher Vermittlung und Einbindung grundrechtlicher Einzelinterpretation s. *Ehmke*, Prinzipien der Verfassungsinterpretation: VVDStRL 20 (1963), S. 69 ff., 81 ff.

6 *Smend* (Fußn. 1), S. 263 spricht von den Grundrechten als »in technischer Hinsicht so lästig unbekümmert«.

7 Darin liegt der notwendige Unterschied zur Beschränkung auf eine traditionelle juristische Hermeneutik, die Forsthoff wiederholt gefordert hat, vgl. *Forsthoff*, Die Umbildung des Verfassungsgesetzes, in: ders., Rechtsstaat im Wandel, 1964, S. 152 ff.; ders., Zur Problematik der Verfassungsinterpretation, 1961.

oder einer demokratisch-funktionalen, die Interpretation einer Grundrechtsbestimmung vorgenommen wird.

Ein Beispiel: Das Grundrecht der Pressefreiheit in Art. 5 Abs. 1 Satz 2 GG, verstanden als liberal-rechtsstaatliches Abwehrrecht, hat zum Inhalt den Schutz des Herstellens und Verbreitens von Druckerzeugnissen, einschließlich des Sammelns von Nachrichten, gegen staatliche Eingriffe jeder Art und beschränkt sich darauf. Institutionell verstanden, als Garantie des Instituts bzw. der Institution »Freie Presse«, gehört zur Gewährleistung auch das Vorhandensein und Fortbestehen eines freien Pressewesens als einer Einrichtung, die sich unter dem Schutzmantel der Pressefreiheit entfaltet; sie legitimiert damit Handlungspflichten und Regelungsbefugnisse, die sich mit der/(1530) äußeren oder auch inneren Ordnung des Pressewesens, insonderheit der Zeitungspresse als solcher befassen.[8] Von einer demokratisch-funktionalen Interpretation hingegen legt sich die Ausrichtung der Garantie auf die meinungsbildende Presse, evtl. sogar die Beschränkung darauf nahe, weil in der Ermöglichung und im Schutz des für eine Demokratie unentbehrlichen Prozesses der öffentlichen Meinungsbildung der primäre Sinn der Pressefreiheit wie der Freiheit der Meinungsäußerung überhaupt liegt.[9]

Die damit eröffnete inhaltliche Variationsbreite der Grundrechtsinterpretation wird nicht etwa dadurch wieder relativiert und begrenzt, daß Rechtsprechung und Literatur sich überwiegend auf eine der verschiedenen Grundrechtstheorien als die vom Grundgesetz vorausgesetzte oder ihm gemäße geeinigt hätten. Die Gerichte ebenso wie die wissenschaftliche Grundrechtsdiskussion gehen, fallbezogen und nach den einzelnen Grundrechtsbestimmungen wechselnd, von verschiedenen Grundrechtstheorien aus. Das gilt auch für die Rechtsprechung des *BVerfG.*[10]

Dabei wird bislang, sieht man von einigen bemerkenswerten Äußerungen aus jüngerer Zeit in der Literatur ab,[11] die Frage des grundrechtstheoretischen Ansatzpunktes der Interpretation als solche kaum reflektiert und

8 Siehe den Nachweis von *W. Weber*, Innere Pressefreiheit als Verfassungsproblem, 1973, S. 61 f., daß angesichts des Einschränkungsvorbehalts nur für »allgemeine Gesetze« (Art. 5 Abs. 2 GG) die institutionelle (Um-)Interpretation der Pressefreiheit eine notwendige Voraussetzung für gesetzliche Regelungen jeder Art darstellt, die sich mit »Innerer Pressefreiheit« oder publizistischer Pressekonzentration befassen.

9 Siehe *Hesse*, Grundzüge des Verfassungsrechts der BRD, 6. Aufl. 1973, S. 159 f.; *E. Küchenhoff*, Besondere Schranken der Pressefreiheit von Großverlegern: ZRP 70, 49 ff.; auch BVerfGE 10, 118 = NJW 60, 29.

10 Siehe dazu die Einzelbelege in Abschnitt II, 1–5.

11 *Häberle*, Die Wesensgehaltsgarantie des Art. 19 Abs. 2 Grundgesetz, 1962; *F. Müller*, Die Positivität der Grundrechte, 1969; *Scholz*, Koalitionsfreiheit als Verfassungsproblem, 1971; *Häberle* u. *Martens*, Grundrechte im Leistungsstaat: VVDStRL 30 (1972), S. 1 ff.; *H. Klein*, Die Grundrechte im demokratischen Staat, 1972.

diskutiert. Vielmehr entsteht der Eindruck, daß die verschiedenen theoretischen Ansatzpunkte, ungeachtet der weittragenden Folgen für den konkreten Grundrechtsinhalt, als wahlweise heranziehbare, nicht selten aus einem unreflektierten Vorverständnis aufgegriffene Interpretationsgesichtspunkte fungieren, um im konkreten Fall ein angemessenes Ergebnis zu erzielen. Die inhaltliche Divergenz der Interpretation wird dadurch um so größer, und sie bleibt methodisch unkontrolliert.

Dieser Befund macht es erforderlich, den notwendigen Zusammenhang von Grundrechtstheorie und Grundrechtsinterpretation ausdrücklich und allgemein bewußt zu machen und die Frage zu stellen, welche verschiedenen Grundrechtstheorien gegenwärtig auf die Interpretation der Grundrechte einwirken und mit welcher Folge für den Inhalt der einzelnen Grundrechtsbestimmungen sie das tun. Diese Frage kann hier freilich nur in Form einer Übersicht behandelt werden, mit der Beschränkung auf exemplarische Probleme und mit der gewissen Vereinfachung, die ein typisierendes Verfahren mit sich bringt (II.). Weiter ist dann zu fragen, inwieweit im Rahmen der Verfassungsordnung des Grundgesetzes Grundrechtstheorien als Interpretationsansatz der Grundrechte frei wählbar sind oder hier schon Vorentscheidungen durch die Verfassung selbst getroffen sind (III.).

II. Die hauptsächlichen Grundrechtstheorien, von denen wahlweise oder miteinander verbunden die Interpretation der Grundrechte heute bestimmt wird, sind die folgenden: die liberale oder bürgerlich-rechtsstaatliche Grundrechtstheorie, die institutionelle Grundrechtstheorie, die Werttheorie der Grundrechte, die demokratisch-funktionale und die sozialstaatliche Grundrechtstheorie.

1. *Die liberale (bürgerlich-rechtsstaatliche) Grundrechtstheorie*

a) Für die liberale (bürgerlich-rechtsstaatliche) Grundrechtstheorie sind die Grundrechte Freiheitsrechte des einzelnen gegenüber dem Staat. Sie sind dazu bestimmt, wichtige Bereiche der individuellen und gesellschaftlichen Freiheit, die nach der geschichtlichen Erfahrung der Bedrohung durch die Staatsmacht besonders ausgesetzt sind, vor eben dieser Bedrohung zu sichern. Die Grundrechte haben ihren Ausgangspunkt in dem für die Staatsidee des bürgerlichen Rechtsstaats grundlegenden Verteilungsprinzip, erscheinen als Ausfluß und Konkretisierung dieses Verteilungsprinzips.[12] Danach ist

12 Siehe *C. Schmitt*, Verfassungslehre, 5. Aufl. 1970, S. 126 f., 158 f.; *Giacometti*, Die Freiheitsrechtskataloge als Kodifikation der Freiheit: Zeitschr. f. Schweiz. Recht 55, 163 ff., der in diesem Zusammenhang von »freiheitlich politischem Wertsystem« spricht.

die Freiheitssphäre des einzelnen zwar nicht vor-sozial i. S. des Fehlens ihrer Gemeinschaftsgebundenheit, wohl aber im eigentlichen Sinn vor-staatlich. Das heißt, die Befugnis des Staates gegenüber dieser Freiheitssphäre (die zugleich auch die Freiheitssphäre der Gesellschaft als der einzelnen in ihrem sozialen Zusammenhang ist) ist prinzipiell begrenzt, sie besteht nur im Hinblick auf die Gewährleistungs-, Regulierungs- und Sicherungsaufgaben des Staates für die Freiheit und soweit diese Zwecke reichen. Die grundrechtliche Freiheit wird durch den Staat nicht konstituiert, sondern liegt ihm, rechtlich gesehen, voraus. Der Staat hat die Voraussetzungen und Institutionen für ihre rechtliche Gewährleistung zu schaffen, er hat ferner durch rechtliche Grenzziehungen die rechtliche Freiheit des einen mit der der anderen unter wechselnden Verhältnissen kompatibel zu halten; die »Substanz«, der Inhalt der Freiheit und damit die Bestimmung der Art des Freiheitsgebrauchs liegen hingegen von vornherein außerhalb seiner Regelungskompetenz.[13]

In diesem Sinn sind die Grundrechte als Freiheitsrechte auch Normen der Kompetenzverteilung zwischen Individuen (Gesellschaft) und Staat.[14] Sie grenzen den Bereich, in dem die einzelnen und ihre sozialen Gebilde selbst für die Verhaltensregulierung und Leistungsorganisation zuständig sind, ab und aus von dem Bereich herrschaftlich-politischer Verhaltensregulierung und Leistungsorganisation durch den Staat in den Formen staatlich-hoheitlichen Handelns; sie enthalten negative Kompetenznormen (Ausgrenzungen) für die Betätigung der Staatsgewalt.

b) Die Auswirkungen dieser Grundrechtstheorie auf die Grundrechtsinterpretation ergeben sich in mehrfacher Hinsicht.

aa) Die durch die einzelnen Grundrechte gewährleistete Freiheit ist, als Folge des Ausgrenzungscharakters der Grundrechte, Freiheit *schlechthin,* nicht Freiheit zu bestimmten Zielen oder Zwecken (Förderung des demokratisch-politischen Prozesses, Werteverwirklichung, Integration des politischen Gemeinwesens u. ä.). Ob, aus welchen Motiven und zu welchen Zwecken die Grundrechtsträger von ihrer grundrechtlichen Freiheit Gebrauch machen, ist – im Rahmen der allgemein festgelegten Verträglichkeitsgrenzen der Freiheit – *ihre*/(1531) Sache und Entscheidung; es kann daher nicht Gegenstand *rechtlicher* Bewertung durch den Staat und ebensowenig An-

13 Vgl. *H. Klein,* Öffentliche und private Freiheit: Der Staat 10 (1971), S. 164; *F. Müller* (Fußn. 11), S. 98 f.

14 *Giacometti,* Allgemeine Lehren des rechtsstaatlichen Verwaltungsrechts, Bd. 1, 1960, S. 3 f.; *Aubert,* Traité de droit constitutionnel Suisse, 1967, S. 626, 627; *Conrad,* Freiheitsrechte und Arbeitsverfassung, 1965; *Luhmann,* Grundrechte als Institution, 1965, S. 23 f.

knüpfungspunkt für eine rechtliche Differenzierung des Freiheitsumfangs sein.[15]
Die Privilegierung des Gebrauchs der Meinungsfreiheit um öffentlicher Ziele, etwa der Bildung einer öffentlichen Meinung willen gegenüber ihrem Gebrauch zu privaten Zwecken, die das *BVerfG* im Lüth-Urteil unternommen hat,[16] erscheint von daher unzulässig. Das gleiche gilt für eine Bevorrechtigung politisch orientierter Versammlungen vor privat orientierten oder die unterschiedliche Bestimmung der Schranken der Demonstrationsfreiheit je nach den (politischen) Zwecken der Demonstration.[17]
Dabei wird nicht verkannt, daß die meisten Grundrechte nicht nur private, sondern auch und gerade öffentliche Wirkungen hervorbringen und daß etliche Grundrechte, wie Meinungs-, Presse- und Versammlungsfreiheit, für die freiheitliche Demokratie von »schlechthin konstituierender Bedeutung« sind. Aber es wird bewußt davon abgesehen, diese Funktion der Freiheitsrechte zum Ausgangspunkt für ihre Inhaltsbestimmung und die Festlegung ihrer Grenzen zu machen, und dies um der Integrität der Freiheitsgewährleistung willen. Dahinter steht der auch politisch weittragende Gedanke, daß die freiheitliche Demokratie darauf angelegt ist, sich aus der Freiheit und Freiwilligkeit ihrer Bürger, d. h. der Spontaneität ihres täglichen Plebiszits, zu konstituieren und daß eben deshalb die staatliche Rechtsordnung nicht mehr tun kann und darf, als die Chance für das Zustandekommen dieses Plebiszits offenzuhalten.[18]
bb) Der Kerngehalt (die Substanz) der grundrechtlichen Freiheit bleibt gegenüber verfassungsrechtlich zugelassenen Begrenzungs- oder Eingriffsmöglichkeiten durch den Gesetzgeber vorausliegend. Das ist eine unmittelbare Folgerung aus dem grundrechtstheoretischen Ausgangspunkt, daß die Freiheit des einzelnen, rechtlich gesehen, prinzipiell unbegrenzt, die Befugnis des Staates zu Eingriffen hingegen prinpiziell begrenzt ist. »Jede gesetzliche Normierung, jede behördliche Intervention, jeder staatliche Eingriff muß prinzipiell begrenzt, meßbar, berechenbar, jede staatliche Kontrolle ihrerseits wieder kontrollierbar sein.«[19] Nicht das einschränkende oder einen Gewährleistungsvorbehalt ausfüllende Gesetz kann dem Grundrecht Maß

15 *C. Schmitt* (Fußn. 1), S. 167: »Was Freiheit ist, kann nämlich in letzter Instanz nur derjenige entscheiden, der frei sein soll. Sonst ist es nach allen menschlichen Erfahrungen mit der Freiheit schnell zu Ende.« Ferner *H. Klein* (Fußn. 13), S. 165 f.
16 BVerfGE 7, 198 (212) = NJW 58, 257 (259).
17 *Diederichsen-Marburger*, NJW 70, 777, 781; *Dietel-Gintzel*, Demonstrations- und Versammlungsfreiheit. Kommentar, 1968, S. 114.
18 *H. Klein* (Fußn. 13), S. 167, 168.
19 *C. Schmitt*, Grundrechte und Grundpflichten, 1932; ders., Verfassungsrechtliche Aufsätze, 1958, S. 208, 209.

und Inhalt setzen, sondern umgekehrt muß ein solches Gesetz Maß und Inhalt von der grundrechtlichen Freiheitsgewährleistung empfangen.
Diese ratio liberal-rechtsstaatlicher Grundrechtsgewährleistung ist in der Weimarer Grundrechtsdiskussion vor allem von *Carl Schmitt* herausgearbeitet worden.[20] Das *BVerfG* hat sie aufgenommen und ihr einen neuen Akzent verliehen, indem es jede Grundrechtseinschränkung den Anforderungen des Verhältnismäßigkeitsprinzips unterstellt hat.[21] Darin liegt eine weitere dogmatische Ausformung dieser ratio, wenn das Verhältnismäßigkeitsprinzip seine Konturen behält und nicht in ein kriterienloses Abwägen auseinanderfließt.
Klassisches Beispiel für eine Grundrechtsinterpretation in diesem Sinn ist das Urteil des *BVerfG* zum SammlungsG und die daran anknüpfende weitere Interpretation des Art. 2 Abs. 1 GG.[22] Ebenso das Urteil über die Grenzen der gesetzgeberischen Befugnis, in Namensführung und satzungsmäßige Betätigung eines Vereins regelnd einzugreifen.[23] Hier behandelt das Gericht konsequent die Vereinsfreiheit als dem gesetzgeberischen Zugriff vorausliegend, fordert daher objektive Gründe des Gemeinwohls (Gefahrenabwehr) für gesetzgeberische Regelungen, die Bestand und Betätigung eines Vereins betreffen, und bindet den Umfang solcher Regelungen streng an das Verhältnismäßigkeitsprinzip. Auch die Einschränkung des verwaltungsbehördlichen Ermessens bei Grundrechtseinschränkungen gehört in diesen Zusammenhang.
cc) Die im Umkreis eines Grundrechts vorkommenden rechtlichen Institutionen oder Rechtsinstitute haben, anders als bei der institutionellen Grundrechtstheorie (s. unten 2.), keine unmittelbare Beziehung zum Grundrechtsinhalt. Sie erscheinen lediglich als konnexe und komplementäre Institute zur weiteren Absicherung und Flankierung der allgemeinen, rechtlich undefinierten grundrechtlichen Freiheit.[24]
Ihre Funktion ist zum einen die Bindung des Gesetzgebers bei Grundrechtseinschränkungen, indem dieser für solche Einschränkungen auf nach Voraussetzungen, Formen, Verfahren und Rechtsfolgen näher geregelte und ausgeformte »Institute«, wie z. B. Haussuchung, Beschlagnahme, verwiesen und

20 Verfassungslehre, 1928, S. 175–177; ders. (Fußn. 19), S. 208 bis 210.
21 BVerfGE 7, 377 (405 f.) = NJW 58, 1035 (1038); BVerfGE 10, 89 (117), insoweit in NJW 59, 1675 f. nicht abgedruckt; BVerfGE 15, 226 (234); 18, 52 (62); 20, 150 (155) = NJW 66, 1651; ständige Rechtsprechung. S. auch *Lerche*, Übermaß und Verfassungsrecht, 1961; *Hesse* (Fußn. 9), S. 132 ff.
22 BVerfGE 20, 150 (155 ff.) = NJW 66, 1651.
23 BVerfGE 30, 227 (241 ff.) = NJW 71, 1123.
24 *C. Schmitt*, Grundrechte und Grundpflichten (Fußn. 19), S. 210 Anm. 77; *W. Weber* (Fußn. 8), S. 61 f.

ihm der Weg zu Globalermächtigungen etc. verlegt wird. Zum andern haben sie eine freiheitserweiternde Funktion, indem sich der Freiheitsschutz des Grundrechts auch auf solche »Institute« erstreckt, die mit der Freiheitsgarantie in einem konnexen Zusammenhang stehen. Das wird besonders bei der Pressefreiheit deutlich, wenn deren Schutzfunktion auch das Sammeln von Nachrichten, die Verbreitung von Anzeigen und die Konzessionsfreiheit des Pressegewerbes erfaßt.[25]

dd) Den Staat trifft keine Garantie- oder Gewährleistungspflicht für die Realisierung der grundrechtlichen Freiheit. Die tatsächliche Realisierung der rechtlich gewährleisteten Freiheit bleibt der individuellen und gesellschaftlichen Initiative überlassen. Das ist eine logische Folge aus dem Abwehr- und Ausgrenzungscharakter der Grundrechte: sie schützen einen Bereich individueller und gesellschaftlicher Freiheit vor staatlicher Beeinträchtigung und Eingriffs-Reglementierung, erhalten ihn als einen vorstaatlichen; die Aktualisierungskompetenz liegt bei den einzelnen und der Gesellschaft selbst.

Die Garantie der Pressefreiheit bedeutet daher keine Verpflichtung des Staates, für das tatsächliche Bestehen einer Pressevielfalt Sorge zu tragen, die Garantie der Privatschulfreiheit in Art. 7 Abs. 4 GG keine Verpflichtung zur Finanzierung von Privatschulen, die Garantie der Berufswahlfreiheit und freien Wahl der Ausbildungsstätte in Art. 12 Abs. 1 GG keine Garantiepflicht für hinreichende Ausbildungskapazitäten nach Maßgabe der individuellen Berufswünsche.[26]

c) An dieser Stelle wird das grundlegende Problem und der soziale Hintergrund der liberalen Grundrechtstheorie deutlich: ihre relative »Blindheit« gegenüber den sozialen Voraussetzungen der Realisierung grundrechtlicher Freiheit. Im Ausgangspunkt dieser Grundrechtstheorie ist die Abhängigkeit der Realisierungsmöglichkeit grundrechtlicher Freiheit von gegebenen sozialen Voraussetzungen nicht mitbedacht und folglich/(1532) in ihr selbst nicht mitreflektiert. Das Individuum wird als autark vorausgesetzt, verfügend über einen »beherrschten Lebensraum« und die (bürgerliche) »Selbständigkeit« i. S. *Kants*.[27] Unter diesen Prämissen ist zur rechtlichen Sicherung

25 Siehe *W. Weber* (Fußn. 8), S. 61 f.

26 Siehe zum letzteren die kritischen Bemerkungen zum Numerus-clausus-Urteil des BVerfG einerseits von *Ipsen*, Über das Grundgesetz – nach 25 Jahren: DÖV 74, 295, anderseits von *Ridder*, in: Fortschritte des Verwaltungsrechts. Festschrift für Hans J. Wolff, 1973, S. 340 Anm. 43.

27 Zum »beherrschten Lebensraum« und seiner Auflösung *Forsthoff*, in: ders. (Hrsg.), Rechtsstaatlichkeit und Sozialstaatlichkeit, 1968, S. 145 ff. Zur »Selbständigkeit« *Böckenförde*, Entstehung und Wandel des Rechtsstaatsbegriffs, in: Festschrift für Adolf Arndt, 1969, S. 56 f.

der Realisierungsmöglichkeit von Freiheit die Abwehr und Ausgrenzung gegenüber staatlichen Eingriffen hinreichend; die Grundrechte gewähren den Schutz des sozial bereits vorhandenen oder sich bildenden realen Freiheitsbestandes.[28] Aber ist dies auch noch hinreichend für den in vielfachen sozialen Abhängigkeiten stehenden »homme situé« des 20. Jahrhunderts? Und wie steht es mit der staatlichen Freiheitssicherung gegenüber *gesellschaftlicher* Macht und Machtbildung, die sich gerade als Folge der ausgrenzenden Freiheitsgarantie liberaler Grundrechte herausbildet, nämlich aus der unterschiedlichen Realisierung der Freiheit durch die einzelnen Grundrechtsträger, und die dann die Realisierungsmöglichkeit der grundrechtlichen Freiheit für viele andere einzelne in Frage stellen kann?

2. *Die institutionelle Grundrechtstheorie*

a) Die Grundrechte haben hier nicht primär den Charakter staatsbezogener Abwehrrechte des Individuums zur Sicherung eines Bereichs individueller und gesellschaftlicher Freiheit, in dem die einzelnen, rechtlich gesehen, nach subjektivem Belieben handeln können, sondern den Charakter objektiver Ordnungsprinzipien für die von ihnen geschützten Lebensbereiche. Sie entfalten und verwirklichen sich in normativen Regelungen institutioneller Art, die von der Ordnungsidee des Grundrechts getragen sind und als solche die Lebensverhältnisse prägen, zugleich aber die Sachgegebenheiten der Lebensverhältnisse, für die sie gelten, in sich aufnehmen und ihnen normative Relevanz verleihen.[29]

Diese Grundrechtsvorstellung gilt nun nicht nur für die besonders benannten institutionellen Garantien (z. B. Religionsunterricht als ordentliches Lehrfach, Art. 7 Abs. 3 GG; kommunale Selbstverwaltung, Art. 28 Abs. 1 GG; Berufsbeamtentum, Art. 33 Abs. 5 GG) oder Institutsgarantien (z. B. Ehe und Familie, Art. 6 Abs. 1 GG; Eigentum, Art. 14 Abs. 1 GG), sondern für die Grundrechte allgemein, insbesondere auch für die Freiheitsrechte.[30] Das ist nur von einer Auffassung her möglich, die die rechtliche Freiheit selbst zu einem »Institut«, einer objektiven Gegebenheit erklärt, die sich (erst) in der näheren rechtlichen Ausgestaltung sowie der Adaption von Ordnungsideen und Sachgegebenheiten entfaltet und verwirklicht. Die individuelle Freiheit bedarf »der institutionell gewährleisteten Lebensverhältnisse, der institutionellen Seite der Grundrechte sowie der diese anreichernden

28 Daß die Grundrechte prinzipiell nur zur Sicherung bereits vorhandener realer Freiheitsgüter bestimmt seien, ist wohl die Auffassung von *Ipsen* (Fußn. 26), S. 295.

29 *Häberle* (Fußn. 11), S. 104 ff.; *H. Steiger*, Institutionalisierung der Freiheit, in: Zur Theorie der Institution, 1970, S. 110 ff.

30 *Scholz* (Fußn. 11), S. 236 f. m. w. Nachw.; *Häberle* (Fußn. 11), S. 104.

Normenkomplexe«, die ihr »Richtung und Maß, Sicherheit und Geborgenheit, Inhalt und Aufgabe« geben.[31] Sie »findet die Freiheit als Institut vor«, die ihr entsprechend der Eigenart des jeweiligen Lebensgebietes »objektiviert als etwas Gegebenes und Ausgestaltetes« gegenübertritt.[32]
Hier ist in der Tat die rechtlich undefinierte liberale Freiheit als Inhalt der Grundrechte nicht mehr gemeint. An ihre Stelle tritt eine »objektivierte«, bereits normativ und institutionell gestaltete und geordnete Freiheit. Damit erhalten die grundrechtlichen Freiheitsgewährleistungen einen prinzipiell anderen Sinn und Inhalt als in der liberalen Grundrechtstheorie.
b) Die rechtlichen Folgen dieser Grundrechtstheorie für die Grundrechtsinterpretation ergeben sich in mehrfacher Hinsicht.
aa) Es wird ein erheblich weitergehender Spielraum für eine gesetzliche Normierung und Ausgestaltung der grundrechtlichen Schutzbereiche eröffnet als nach der liberal-rechtsstaatlichen Grundrechtstheorie. Das Gesetz wie jede rechtsnormative Regelung im Grundrechtsbereich erscheint nicht primär als Beschränkung und Eingriff in die grundrechtliche Freiheit, sondern eher als Ermöglichung und Verwirklichung dieser Freiheit.[33] Das gestattet es, Gesetze, die (nur) den Grundrechtsinhalt bestimmen und ausformen, von grundrechtsbeschränkenden Gesetzen zu unterscheiden und so der scharfen Begrenzung gesetzgeberischer Regelungszuständigkeit, wie sie aus dem rechtsstaatlichen Verteilungsprinzip folgt, zu entgehen.[34] Inhaltsbestimmende und -ausformende Gesetze können auch dort ergehen, wo ein Grundrecht keinen oder keinen entsprechenden Einschränkungsvorbehalt vorsieht; die Einbindungen und Beschränkungen der Handlungsfreiheit, die sie vornehmen, stellen keine »Eingriffe« in diese dar, weil sie der institutionell vorhandenen Freiheit schon begrifflich zugehören.
Die praktische Bedeutung zeigt sich bei der Pressefreiheit. Hält man daran fest, daß »allgemeine Gesetze«, die die Pressefreiheit nach Art. 5 Abs. 2 GG einschränken können, jedenfalls keine Gesetze sind, die speziell und ausdrücklich auf das Pressewesen bezogen sind, so hängt die Möglichkeit, Fragen der inneren Pressefreiheit und der publizistischen Pressekonzentration gesetzlich zu regeln, de constitutione lata an dem institutionellen (oder demokratisch-funktionalen, s. unten 4.) Verständnis der Pressefreiheit. Erst

31 *Häberle* (Fußn. 11), S. 98.
32 *Häberle* (Fußn. 11), S. 99; kritisch dazu *Steiger* (Fußn. 29), S. 111 f.
33 Siehe *Häberle* (Fußn. 11), S. 180 ff.
34 Dem entspricht die polemische Frontstellung gegen das »Eingriffs- und Schrankendenken«, *Häberle* (Fußn. 11), S. 220 f. Kritisch *Friesenhahn*, Die Pressefreiheit im Grundrechtssystem des GG, in: Recht und Rechtsleben in der sozialen Demokratie, 1969, S. 31 ff.; *H. Klein* (Fußn. 13), S. 161, 162.

dieses Verständnis ermöglicht es, solche Regelungen als nähere Inhaltsbestimmung der Pressefreiheit zu qualifizieren, die dem begrenzten Einschränkungsvorbehalt des Art. 5 Abs. 2 GG gar nicht unterfallen.[35]

bb) Die grundrechtliche Freiheit ist nicht mehr notwendig eine Freiheit schlechthin wie bei der liberalen Grundrechtstheorie; sie ist eine Freiheit, die auf bestimmte Ziele hin orientiert ist, nämlich die Realisierung des institutionell-objektiven Sinns der Freiheitsgewährleistung.[36] Freiheitsumfang und Freiheitsschutz können insoweit nach der Art und Zielrichtung des Freiheitsgebrauchs differenziert werden. Gehört zum Sinn der rechtlichen Freiheit eine »Aufgabe«, so ist es nur folgerichtig, daß die Erfüllung dieser Aufgabe auch staatlicherseits durch entsprechende Regelungen unterstützt, die Nichterfüllung durch staatliche Eingriffe oder eine Reduzierung bzw. Ablehnung des Freiheitsschutzes sanktioniert wird.[37]

/(1533) So hat das *BVerfG*, das in der Interpretation von Art. 9 Abs. 3 GG kontinuierlich einer institutionellen Grundrechtstheorie folgt,[38] den Koppelungsdruck zum Beitritt zu Tarifverbänden mit der (negativen) Koalitionsfreiheit für vereinbar erklärt; diesen Druck übt der Gesetzgeber dadurch aus, daß er den Handwerkerinnungen als solchen Tariffähigkeit verliehen hat, so daß ein Fernbleiben von einer Arbeitgeberkoalition nur möglich ist, wenn zugleich auf die Mitgliedschaft in der Innung verzichtet wird. Das *BVerfG* hat diesen Koppelungsdruck mit der kennzeichnenden Begründung für verfassungsmäßig erklärt, daß die Handwerker zum Beitritt zur Innung wegen der damit verbundenen sonstigen Vorteile eher bereit seien und die Regelung daher das Zustandekommen einer umfassenden tariflichen Ordnung begünstige.[39] In ähnlicher Weise leitet das *BVerfG*[40] aus dem »Institut ›Freie Presse‹«, das in der Pressefreiheit mit gewährleistet sei, bestimmte Vorzugsrechte der Presseangehörigen ab, wie etwa Auskunftspflicht der öffentlichen Behörden und Schutz des Ver-

35 Siehe hierzu *W. Weber* (Fußn. 8), S. 53 f.; *Lerche*, Verfassungsrechtliche Fragen der Pressekonzentration, 1972, S. 21 f.; *Dagtoglou*, Wesen und Grenzen der Pressefreiheit, 1963, S. 11 f.; *Friesenhahn* (Fußn. 34), S. 35 f.

36 BVerfGE 10, 118 = NJW 60, 29 spricht in diesem Sinn von der Pressefreiheit als einer »institutionellen Sicherung der Presse als eines der Träger und Vertreter der öffentlichen Meinung im Interesse einer freien Demokratie.«

37 *Dagtoglou* (Fußn. 35), S. 11; ferner *Häberle* (Fußn. 11), S. 101 f.; dazu kritisch *Steiger* (Fußn. 29), S. 112 f.

38 Siehe BVerfGE 4, 96 (105 ff.) = NJW 54, 1881 (1882); BVerfGE 18, 18 (26 f.) = NJW 64, 1267; BVerfGE 20, 312 (318 f.) = NJW 66, 2305 (2306).

39 BVerfGE 20, 312 (318, 319) = NJW 66, 2305 (2306). Das heißt nicht mehr und nicht weniger, als daß eine Handlungsprogrammierung *in favorem* institutionis stets erlaubt ist.

40 BVerfGE 20, 162 (176) = NJW 66, 1603 (1605) – Spiegel-Urteil.

trauensverhältnisses zu privaten Informanten (= Zeugnisverweigerungsrecht). In beiden Fällen ist die Freiheitserweiterung auf der einen, Freiheitsbegrenzung auf der anderen Seite, jeweils um der institutionellen Freiheit willen, manifest.[41]

cc) Indem die institutionelle Freiheitsgewährleistung wesentlich auf die konkrete Ausformung der Freiheit in realen Ordnungen, Einrichtungen, gestalteten Rechts- und Lebensverhältnissen abstellt, ruft sie zwei scheinbar gegenläufige, in der Sache jedoch zusammengehörige Tendenzen hervor. Die eine Tendenz ist die zur Unantastbarkeit vorhandener Besitzstände oder entstandener einfachgesetzlicher Regelungen. Diese erscheinen, wiewohl in ihrem Verhältnis zum Grundrecht kontingent, einmal vorhanden, leicht als sachgegebene oder gar sachnotwendige »institutionelle Ausformung« oder Realisierung des Grundrechts und nehmen darüber – global oder beschränkt auf den sog. Kerngehalt – an der erhöhten Bestandskraft des Grundrechts, der Unangreifbarkeit durch den Gesetzgeber, teil. Das ist der Weg von der Freiheit über die institutionelle Freiheit zum Privileg[42] – die Absicherung des jeweiligen Status quo.

Hauptbeispiel hierfür ist die institutionelle Interpretation der Wissenschaftsfreiheit als des ›Grundrechts der deutschen Universität‹.[43] Ebenso aktuell ist die institutionelle Interpretation der Koalitionsfreiheit durch das *BVerfG*. Danach ist in Art. 9 Abs. 3 GG einmal »ein Tarifvertragssystem i. S. des modernen Arbeitsrechts« garantiert, zum andern, als notwendiger Bestandteil dieses Tarifvertragssystems, die ›notwendigen Merkmale‹ tariffähiger arbeitsrechtlicher Vereinigungen wie frei gebildet, gegnerfrei, unabhängig und auf überbetrieblicher Grundlage organisiert.[44] Daraus ergibt sich die interessante Konsequenz, daß eine (paritätische) Mitbestimmungsgestaltung, die die Arbeitgeber – und über sie die Arbeitgeberverbände –

41 Diese Institutionalisierung der Freiheit kann auch dazu führen, daß die individuelle (z. B. Informations-)Freiheit sich ganz an gesellschaftliche Kräfte entäußert und in einer privilegierten Sachwalterschaft dieser Gruppen aufgehoben erscheint, s. das Fernseh-Urteil BVerfGE 12, 205 (261 ff.) = NJW 61, 547 (552); dazu *Steiger* (Fußn. 29), S. 101.

42 *C. Schmitt*, Freiheitsrechte (Fußn. 1), S. 171; siehe ferner *Scholz* (Fußn. 11), S. 238 ff.; *Steiger* (Fußn. 29), S. 113.

43 *Köttgen*, Das Grundrecht der deutschen Universität, 1958; *H. Klein*, »Demokratisierung« der Universität, 1968; *W. Weber*, Neue Aspekte der Freiheit von Forschung und Lehre, in: Festschrift für W. Felgenträger, 1969, S. 225 ff.; *Knemeyer*, Lehrfreiheit, 1969. Dazu auch *Schlink*, Das Grundgesetz und die Wissenschaftsfreiheit: Der Staat 10 (1971), S. 252 ff.

44 BVerfGE 4, 96 (105–107) = NJW 54, 1181 (1182). In BVerfGE 20, 312 (318) = NJW 66, 2305 (2306) wird freilich ein Teil dieser institutionell »notwendigen Merkmale« tariffähiger Koalitionen wieder zurückgenommen, um den Koppelungsdruck in favorem institutionis zu ermöglichen, s. im Text vor Fußn. 39.

nicht mehr gegnerfrei erhält, vermöge des institutionellen Garantiegehalts von Art. 9 Abs. 3 GG abgeblockt ist.[45]
Die andere Tendenz ist die zur Einbindung der subjektiven Freiheit des einzelnen Grundrechtsträgers in grundrechtsbezogene institutionelle Rahmenordnungen, rechtlich gestaltete Lebensverhältnisse u. ä., weil diese zum »Inhalt« der institutionellen Freiheit gehören. Sie stellen daher keine Freiheitsbeschränkung dar, weswegen gegen sie kein Grundrechtsschutz stattfindet. Das ist der Weg von der Freiheit über die institutionelle Sinnerfüllung der Freiheit zur Pflicht;[46] er ist dem Weg von der Freiheit über die institutionelle Freiheit zum Privileg komplementär.
Als Beispiel sei einmal auf die eben erwähnte Zulässigkeit des Koppelungsdrucks für den Beitritt zu tariffähigen Arbeitgebervereinigungen hingewiesen, zum andern auf die Beschränkung der Vereinigungsfreiheit zu Koalitionen durch den Zwang, die institutionell entwickelten »notwendigen« Merkmale »echter (!) arbeitsrechtlicher Vereinigungen« zu erfüllen. Das *BVerfG* begründet letzteres wie folgt: »Geht man nämlich davon aus, daß einer der Zwecke des Tarifvertragssystems eine sinnvolle (!) Ordnung des Arbeitslebens sein soll, so müssen die sich aus diesem Ordnungszweck ergebenden Grenzen der Tariffähigkeit auch im Rahmen der Koalitionsfreiheit wirksam werden.«[47]

### 3. *Die Werttheorie der Grundrechte*

a) Die Werttheorie der Grundrechte hat ihren, heute nicht mehr immer bewußten, Ausgangspunkt in der Integrationslehre *Rudolf Smends.* Ihr Inhalt läßt sich wie folgt charakterisieren. Wie der Staat selbst in seinem sozialen Sein sich als beständiger Integrationsvorgang, und zwar als Integrationsvorgang (zu) einer Erlebnis-, Kultur- und Wertgemeinschaft darstellt, so erscheinen die Grundrechte als maßgeblich konstituierende Faktoren dieses Vorgangs, sind Elemente und Mittel der Staatshervorbringung.[48] Sie legen grundlegende Gemeinschaftswerte fest, normieren »ein Wert- oder Güter-, ein Kultursystem«, durch das die einzelnen einen »materialen Status« erhalten, sich sachlich als ein Volk und zu einem Volk von nationaler Eigenart integrieren (sollen).[49]

45 Siehe zu diesem Problem zuletzt *Scholz*, Qualifizierte Mitbestimmung unter dem GG: Der Staat 13 (1974), S. 105 ff.
46 Siehe *Dagtoglou* (Fußn. 35), S. 12; *Häberle* (Fußn. 11), S. 101 mit Anm. 214 spricht von dem »den Institutionen zugehörigen Pflichtmoment«.
47 BVerfGE 4, 96 (107, 108) = NJW 54, 1181 (1182).
48 *Smend* (Fußn. 1), S. 189 ff., 264 f.; *H. Krüger*, Staatslehre, 2. Aufl. 1966, S. 540 f.
49 *Smend* (Fußn. 1), S. 264, 265.

Die Grundrechte haben von daher, ebenso wie bei der institutionellen Grundrechtstheorie, primär den Charakter objektiver Normen, nicht subjektiver Ansprüche. Ihren objektiven Gehalt erhalten sie als Ausfluß der Wertgrundlage des staatlichen Gemeinwesens und Ausdruck einer Wertentscheidung, die dieses Gemeinwesen für sich selbst trifft.[50] Das hat Auswirkungen für den Inhalt der grundrechtlichen Freiheit. Sie ist jeweils Freiheit zur Realisierung der in den Grundrechten ausgedrückten Werte und im Rahmen der durch die Grundrechte insgesamt aufgerichteten Wertordnung; sie liegt dem werthaft verstandenen staatlichen Ganzen, wie es sich in den Wertentscheidungen der Verfassung ausspricht, nicht voraus, sondern ist von vornherein in es einbezogen.[51]

b) Die rechtlichen Folgen für die Grundrechtsinterpretation sind denen der institutionellen Grundrechtstheorie weithin vergleichbar, weil es sich in beiden Fällen um eine Objektivierung und inhaltliche Ausrichtung der grundrechtlichen Freiheit handelt. Jedoch bringen der Wertcharakter und die Wertbeziehung der /(1534) Grundrechte einige zusätzliche Momente ins Spiel; nur diese werden hier hervorgehoben.

aa) Stellen sich die Grundrechte als Werte und Ausdruck von Wertentscheidungen dar, so liegt es in der Konsequenz, daß ihre Interpretationen, wie es *R. Smend* gefordert und praktiziert[52] und *E. Forsthoff* kritisch gewürdigt hat,[53] in erster Linie eine Sache rein geisteswissenschaftlicher Bearbeitung wird und sich von der herkömmlichen juristischen Methode emanzipiert. Die Bestimmung des Grundrechtsinhalts wird eine Frage der Sinnermittlung des darin ausgedrückten Wertes, was nur geisteswissenschaftlich-intuitiv erreichbar erscheint, sowie der Einfügung dieses Wertes in das zugrunde liegende Wertsystem, was nur durch Korrelation mit dem geistig-kulturellen Wertbewußtsein der Zeit ermittelbar ist. Dem Einströmen zeitgebundener und ggf. rasch wechselnder Wertauffassungen und Werturteile in die Grundrechtsinterpretation ist damit – bewußt – die Tür geöffnet.[54]

Einen exemplarischen Fall dieser Argumentationsweise hat *Smend* selbst in der näheren Bestimmung der Schranken der »allgemeinen Gesetze« i. S.

50 *Smend* (Fußn. 1), S. 265 f.; *H. Krüger* (Fußn. 48), S. 542; vgl. auch *Dürig*, in: *Maunz-Dürig-Herzog*, Grundgesetz, Rdn. 99 zu Art. 1 Abs. 3.

51 *Forsthoff*, Zur heutigen Situation einer Verfassungslehre, in: Epirrhosis, Bd. 1, 1969, S. 209; *Böckenförde*, Das Grundrecht der Gewissensfreiheit: VVDStRL 29 (1970), S. 58.

52 *Smend* (Fußn. 1), S. 266; ders., Das Recht der freien Meinungsäußerung = ders., Staatsrechtliche Abhandlungen, 1955, S. 89 (96 ff., 103 ff.).

53 *Forsthoff*, Die Umbildung des Verfassungsgesetzes (Fußn. 7), S. 147 ff.; ders., (Fußn. 51), S. 209–212.

54 Das läuft in einer auch im Geistigen pluralistischen Gesellschaft leicht auf einen neuen Positivismus, nämlich den der Tageswertungen, hinaus.

des Art. 118 WRV gegeben.[55] Diese Allgemeinheit bestimmt er als »die Allgemeinheit derjenigen Gemeinschaftswerte, die als solche den ursprünglich individualistisch gedachten Grundrechtsbestätigungen gegenüber den Vorrang haben«. Ein weiteres Kriterium dafür, welches diese Gemeinschaftswerte sind, wird nicht gegeben, es kommt darauf an, ob das »geschützte gesellschaftliche Gut wichtiger ist als die Meinungsfreiheit«. Damit hängt alles an einer Wert- und Bewertungsfrage, deren Beantwortung *Smend* durch das Grundrecht »dem sittlichen und kulturellen Werturteil der Zeit« zugeschoben sieht und ihm entnimmt. Die grundrechtlichen Freiheiten werden damit im Ergebnis dem Zugriff des jeweils vorherrschenden – und im 20. Jh. erfahrungsgemäß schnell wechselnden – gesellschaftlichen Wertbewußtseins ausgesetzt;[56] der Charakter des rechtlich Vorausliegenden ist entfallen.

bb) Die einzelne grundrechtliche Freiheit wird durch die Wertbeziehung jeden Grundrechts in besonderer Weise relativiert. Aus der Wertbeziehung des Grundrechts ist sie auf die Verwirklichung und Erfüllung des im und durch das Grundrecht ausgedrückten Wertes determiniert. Das ermöglicht und rechtfertigt die rechtserhebliche Differenzierung zwischen wertverwirklichendem und wertgefährdendem Freiheitsgebrauch. Die einzelne Freiheit ist damit relativiert, sie ist der Logik der Auf- und Abwertung unterworfen.[57] Sie ist ferner einem ziemlich pauschalen, einerseits auf das zeitige Wertbewußtsein, anderseits auf die Werterfordernisse der staatlichen (Wert-)Gemeinschaft abstellenden Gewährleistungsvorbehalt unterworfen. Denn sind die Grundrechte Festlegung der Wertgrundlagen des staatlichen Gemeinwesens, so ist der Staat auch durch den bloßen Gehalt des Freiheitsgebrauchs angreifbar und ihm gegenüber anfällig.[58]

Das eröffnet ein weites Feld: *Hamel* verwehrt dem Skeptizisten und Nihilisten die Berufung auf die Bekenntnisfreiheit, da diese nur »um des Bekennens zu absoluten Mächten willen« bestehe.[59] Mit der gleichen Logik läßt sich die Pressefreiheit auf die dem Kommunikations-/Meinungsbildungswert dieses Grundrechts dienenden Druckerzeugnisse beschränken. Die Bekenntnisfreiheit kann von vornherein als nur im Rahmen der bestehenden Wertordnung geschützt angesehen werden.[60] Gewissensfreiheit, in diesem

55 *Smend* (Fußn. 52), S. 96 ff., die Zitate S. 97 u. 98.

56 *Forsthoff* (Fußn. 51), S. 209, weist darauf zutreffend hin.

57 Siehe dazu *C. Schmitt*, Die Tyrannei der Werte, in: Säkularisation und Utopie. Ebracher Studien, 1967, S. 37 ff., insb. S. 57 ff.

58 *H. Krüger* (Fußn. 48), S. 546, 547.

59 *Hamel*, Glaubens- und Bekenntnisfreiheit, in: Die Grundrechte, Bd. 4, 1, 1960, S. 64; dazu *Podlech*, Der Gewissensbegriff im Rechtsstaat: AöR 88 (1963), S. 185 ff.

60 So ausdrücklich BVerfGE 12, 1 (4) = NJW 61, 211.

Rahmen garantiert, schützt gerade jenen, der ihres Schutzes nicht bedarf, weil er ohnehin mit den herrschenden Auffassungen konform geht, nicht aber mehr den Außenseiter, den Dissidenten im wörtlichen Sinn, für den sie vorzugsweise relevant wird. Es wird im Ergebnis nicht mehr Freiheit, sondern nur werthafte Freiheit, und diese mit staatlicher Definitionszuständigkeit über die Werthaftigkeit garantiert.

c) Die Anziehungskraft der Wertinterpretation der Grundrechte – sie ist beim *BVerfG* ständige façon de parler – ist unabhängig von ihrem theoretischen Ausgangspunkt vor allem darauf zurückzuführen, daß sie durch den möglichen Rückgriff auf eine Wertordnung oder ein Wertsystem einen praktikablen Lösungsweg für das Problem der Grundrechtskollisionen und des Ineinandergreifens mehrerer Grundrechte, einschließlich der Grundrechtsschranken, anzubieten scheint. In Wahrheit bietet sie indes einen solchen Lösungsweg nicht. Denn es ist bisher weder eine rationale Begründung für Werte und eine Wertordnung überhaupt noch ein rational erkenn- und diskutierbares Vorzugssystem zur Bestimmung der Rangfolge von Werten und einer darauf aufbauenden Wertabwägung ersichtlich.[61] Die Logik des Wertdenkens geht vielmehr dahin, daß der jeweils höhere Wert sich gegenüber allen niederen Werten bedingungslos durchsetzt und bestehende Fundierungsverhältnisse mißachtet.[62]

Die Berufung auf eine Wertordnung oder eine Wertabwägung ist also keine Begründung dessen, wofür sie sich als Begründung ausgibt. Vielmehr verdeckt sie anderweit getroffene Kollisions- und Abwägungsentscheidungen, die dadurch einen rationalen Schein erhalten und der wirklichen Begründung enthoben sind.[63] Praktisch gesehen bedeutet sie eine Verhüllungsformel für richterlichen bzw. interpretatorischen Dezisionismus.

4. *Die demokratisch-funktionale Grundrechtstheorie*

a) Ausgangspunkt der demokratisch-funktionalen Grundrechtstheorie ist das Verständnis der Grundrechte von ihrer öffentlichen und politischen Funktion her. Im Vordergrund stehen dabei die demokratiebezogenen Grundrechte wie Meinungsfreiheit, Pressefreiheit, Versammlungs- und Vereinigungsfreiheit, aber der theoretische Ansatz geht in seiner Tragweite darüber hinaus. Die Grundrechte erhalten ihren Sinn und ihre prinzipielle Bedeutung als konstituierende Faktoren eines freien Prozesses demokrati-

61 Dazu eingehend *Podlech*, Wertungen und Werte im Recht: AöR 95 (1970), S. 185 ff., insb. S. 201 ff. Ferner jetzt *Goerlich*, Wertordnung und Grundgesetz, 1973, S. 131 ff.

62 *C. Schmitt* (Fußn. 57), S. 57 ff.

63 *Goerlich* (Fußn. 61), S. 140 ff. *Goerlich* spricht mit Recht von der »Wertordnung des GG« als einem arcanum der Verfassungsinterpretation.

scher, d. h. von unten nach oben verlaufender Staatshervorbringung – darin liegt die Gemeinsamkeit mit der Integrationslehre – und eines demokratischen Prozesses politischer Willensbildung. Die Gewährleistung grundrechtlicher Freiheitsbereiche erfolgt primär, um diese Prozesse zu ermöglichen und zu schützen. »Die Grundrechte sind dem Staatsbürger nicht zur freien Verfügung eingeräumt, sondern in seiner Eigenschaft als Glied der Gemeinschaft und damit auch im öffentlichen Interesse.«[64]

Der Gedanke, daß die Grundrechte primär eine staatsfreie oder vor-staatliche Sphäre des Individuums/(1535) sicherstellen sollen, ist von dieser Betrachtungsweise her unvollziehbar, gilt als Ausdruck eines a-politischen, eher bourgeoisen Denkens.[65] Die öffentliche, demokratie-konstituierende Aufgabe und Funktion ist es, die die Grundrechte legitimiert und auch ihren Inhalt determiniert. Sie sind in ihrem Kern Funktions- und Kompetenzbegründungsnormen zur freien Teilnahme der einzelnen Grundrechtsträger an den öffentlichen Angelegenheiten und am politischen Prozeß, nicht aber Ausgrenzungs- und Kompetenz*verteilungs*normen zwischen Grundrechtsträgern und Staat.[66]

b) Die Auswirkungen dieser Grundrechtstheorie auf die Grundrechtsinterpretation sind sehr weittragend.

aa) Die einzelgrundrechtliche Freiheit ist, ebenso wie bei der institutionellen Grundrechtsauffassung und der Werttheorie der Grundrechte, nicht eine Freiheit schlechthin, sondern eine »Freiheit um zu«. Ihre Einbindung und Objektivierung wird freilich wesentlich intensiver. Denn es wechselt der maßgebliche Bezugspunkt, das Subjekt der grundrechtlichen Gewährleistung, von dem her sich der Inhalt der Grundrechtsgewährleistung bestimmt. Ist dies bei der institutionellen Grundrechtstheorie und, wenngleich in abgeschwächtem Maß, bei der Werttheorie der Grundrechte weiterhin die Freiheit, wenn auch eine objektivierte, institutionell gebundene bzw. wertbezogene, so wird es hier der demokratische politische Prozeß. Die Freiheitsgewährleistung wird ein Mittel zur Ermöglichung und Sicherung dieses Prozesses.[67] Sie wird damit im eigentlichen Sinn funktionalisiert: Die erstrebte oder vorausgesetzte Wirkung und Folge des Freiheitsgebrauchs wird zum

64 BVerwGE 14, 21 (25) = NJW 62, 1532; s. ferner *H. Krüger* (Fußn. 48), S. 542, sowie *H. Klein* (Fußn. 11), S. 27 ff.

65 *Smend*, Bürger und Bourgeois im deutschen Staatsrecht = ders., Staatsrechtliche Abhandlungen, 1955, S. 313, 314.

66 *Smend* (Fußn. 65), S. 319 Anm. 15, sieht die Grundrechte demgemäß als »persönliche politische Berufsrechte« des deutschen Staatsbürgers. S. ferner *H. Krüger* (Fußn. 48), S. 542 f.

67 Am ausgeprägtesten durchgeführt bei *Ridder*, Meinungsfreiheit, in: Die Grundrechte, Bd. 2, 2. Aufl. 1968, S. 249 ff., 262 ff.

Angelpunkt für den Inhalt der Freiheit.[68] Inhalt und Tragweite der Freiheit bestimmen sich nach der Funktion, der sie dient.
Die Konsequenz daraus kann mit verschiedener Intensität gezogen werden. Es kann z. B. die Pressefreiheit gegenständlich auf die im politischen Sinn meinungsbildende Presse beschränkt und die reine Unterhaltungspresse von vornherein davon ausgenommen werden;[69] es kann auch der meinungsbildenden Presse und auf den öffentlichen Meinungsbildungsprozeß gerichteten Meinungsäußerungen einzelner lediglich ein größerer Freiheitsumfang eingeräumt werden.[70] Man kann die Versammlungsfreiheit von vornherein als auf politische, öffentlichen Anliegen dienende Versammlungen beschränkt ansehen[71] oder solchen Versammlungen gegenüber anderen einen stärkeren Aktionsradius im Hinblick auf Duldungspflichten anderer etc. verleihen.[72] Immer aber gilt, daß der politisch und öffentlich motivierte und orientierte Freiheitsgebrauch, weil er den eigentlichen Zweck des Grundrechts erfüllt, vor dem privat orientierten den Vorrang verlangen kann.[73] Entscheidend wird damit die Frage, von wem die Abgrenzung zwischen »politisch – unpolitisch«, »öffentlich – privat« konkret zu treffen und nach welchen Kriterien sie zu treffen ist. Da das Politische keinen abgrenzbaren Gegenstand hat, ist der Weg zum politisch motivierten Dezisionismus nicht weit.
bb) Neben Inhalt und Umfang der grundrechtlichen Freiheit wird auch ihre Freiwilligkeit, d. h. die Entschließungsfreiheit über das »Ob« des Freiheitsgebrauchs, relativiert. Denn die funktionale Begründung der Freiheit, wie sie hier gegeben wird, macht die Freiheit zur Kompetenz. Ist Freiheit mit rechtlicher Relevanz um der Ermöglichung und Sicherung einer öffentlichen, politisch notwendigen Funktion willen gewährleistet, so kann ihre Ausübung nicht (mehr) im subjektiven Belieben des Freiheitsträgers stehen; sie wird ein Amt, wird auch zur Pflicht.[74] Damit ist freilich ein Punkt erreicht, von dem aus ein prinzipieller Unterschied zur Gewährleistung nur »positiver« Freiheit und zur Aufhebung der Freiheit als rechtlich gesicherter

68 Siehe dazu die Kritik von *H. Klein* (Fußn. 13), S. 164–166.
69 *Hesse* (Fußn. 9), S. 160.
70 BVerfGE 7, 198 (212) = NJW 58, 257 (259); BVerfGE 20, 162 (176) = NJW 66, 1603 (1605); *Scheuner*, Pressefreiheit: VVDStRL 22 (1964), S. 79 ff., 99.
71 *v. Mangoldt-Klein*, Das Bonner Grundgesetz, Bd. 1, Anm. III, 2 zu Art. 8 (S. 304) im Anschluß an *Füsslein*, Vereins- und Versammlungsfreiheit, in: Die Grundrechte, Bd. 2, 1954, S. 443 f.
72 Vgl. die bei *H. Klein* (Fußn. 13), S. 163, 164 in Anm. 99–101 angeführten Beispiele aus der Rechtsprechung sowie *Diederichsen-Marburger*, NJW 70, 777 (781).
73 Grundlegend in dieser Richtung BVerfGE 7, 198 (212) = NJW 58, 257 (259), wovon weitreichende Wirkungen auf die Rechtsprechung ausgegangen sind.
74 Exemplarisch hierzu *H. Krüger* (Fußn. 48), S. 538 u. 542.

Auswahlfreiheit – beides Ansatzpunkte der sozialistisch-kommunistischen Grundrechtstheorie[75] – nicht mehr besteht.

Auch wenn die vollen Konsequenzen dieser Theorie für die Grundrechtsinterpretation bislang nicht gezogen worden sind, gibt es Vor- und Zwischenformen. Eine Vorform ist die Schaffung von Privilegien für den Gebrauch der Freiheit i. S. ihrer öffentlichen und politischen Funktion, die zugleich eine Diskriminierung des andersgerichteten Freiheitsgebrauchs bedeutet.[76] Eine Zwischenform vertritt *H. Krüger*,[77] wenn er zwar die rechtliche Entscheidungsfreiheit des Grundrechtsträgers über den Grundrechtsgebrauch im Verhältnis zum Staat und staatlichen Sanktionen festhält, aber es nicht ausschließt, sondern befürwortet, daß diese Entscheidungsfreiheit im Bereich der Gesellschaft einer »materiellen Veröffentlichung« unterworfen wird und die Gesellschaft »mit ihren eigenartigen Ordnungs- und Zuchtmitteln« auf die Beachtung ihrer Meinung hinwirkt, daß von den Grundrechten Gebrauch zu machen sei. Hier kann man mit Grund fragen, inwieweit ein solcherart rechtlich freigegebener gesellschaftlicher Druck nicht einem Rechtszwang nahekommt, womöglich sublimer ist. Die Skala ist gleitend. ...

### 5. *Die sozialstaatliche Grundrechtstheorie*

a) Ausgangspunkt der sozialstaatlichen Grundrechtstheorie sind zum einen die Folgewirkungen der liberalen Grundrechtstheorie und der auf ihr aufbauenden bürgerlich-rechtsstaatlichen Freiheitsorganisation, zum andern die durch die allgemeine gesellschaftliche Entwicklung hervorgerufene Ersetzung des beherrschten Lebensraums individueller Autarkie durch den sozialen Lebensraum effektiver Sozialleistungen und Sozialbeziehungen.[78] Beide Faktoren haben dahin zusammengewirkt (und tun das weiterhin), daß

75 *Böckenförde*, Die Rechtsauffassung im kommunistischen Staat, 2. Aufl. 1968, S. 43 ff. m. w. Nachw.

76 Siehe dazu die in Fußn. 70 angeführten Belege und die Beispiele bei *H. Klein* (Fußn. 13), S. 162–164; symptomatisch insoweit die Äußerung von *A. Arndt* als Verfahrensbevollmächtigter im Verfahren BVerfGE 28, 295 = NJW 70, 1635: Da Art. 9 Abs. 3 GG ein politisches Gebot (!) enthalte, könne die Befugnis des einzelnen, den Koalitionen fernzubleiben, nicht in gleicher Weise geschützt sein wie die Bildung von Koalitionen (BVerfGE 28, 295 [299], insoweit in NJW 70, 1635 nicht abgedruckt).

77 Staatslehre, 2. Aufl. 1966, S. 543; dort auch die nachfolgenden Zitate.

78 Zu den sozialen Folgen der bürgerlich-rechtsstaatlichen Freiheitsgewährleistung grundlegend *L. v. Stein*, Geschichte der sozialen Bewegung in Frankreich von 1789 bis auf unsere Tage (Ausg. Salomon), Neudruck 1959, Bd. 1, S. 106 ff., Bd. 2, S. 15 ff., 57 ff. Ferner *Böckenförde* in Rechtsfragen der Gegenwart, Festgabe für Hefermehl, 1972, S. 23–25. Zum Übergang vom beherrschten zum sozialen Lebensraum s. *Suhr*, Rechtsstaatlichkeit und Sozialstaatlichkeit: Der Staat 9 (1970), S. 83–87.

für eine wachsende Zahl von Menschen die sozialen Voraussetzungen zur Realisierung der rechtlichen Freiheitsgewährleistungen entfallen und diese daher, sich selbst überlassen und nicht durch den Staat sozial unterfangen, zunehmend zur leeren Form werden.[79] Die ausgrenzende rechtliche Freiheitsgewährleistung erweist sich als nicht hinreichend, die grundrechtliche Freiheit auch als eine reale zu sichern.

(1536) Diesen Auseinanderfall von rechtlicher und realer grundrechtlicher Freiheit sucht die sozialstaatliche Grundrechtstheorie zu überwinden. Die Grundrechte haben für sie nicht weiter nur negativ-ausgrenzenden Charakter, sondern vermitteln zugleich soziale Leistungsansprüche an den Staat. Als Gewährleistungsinhalt erscheint nicht nur die rechtlich-abstrakte, sondern die reale Freiheit. Darin liegt zweierlei beschlossen: einmal die Verpflichtung des Staates aus dem einzelnen Grundrecht heraus, die notwendigen sozialen Voraussetzungen für die Realisierung der grundrechtlichen Freiheit zu schaffen, eine Art Garantenstellung für die Umsetzung der Freiheit in die Verfassungswirklichkeit,[80] zum andern die Vermittlung grundrechtlicher Ansprüche auf solche staatlichen Leistungen bzw. auf Teilhabe an staatlichen bzw. vom Staat geschaffenen Einrichtungen, die der Realisierung grundrechtlicher Freiheit dienen.

Für das grundrechtliche Freiheitsverständnis im übrigen ist die sozialstaatliche Grundrechtstheorie nicht festgelegt. Sie kann daher sowohl an die liberale Grundrechtstheorie als auch an die institutionelle oder die Werttheorie der Grundrechte anknüpfen und diese sozialstaatlich fortentwickeln bzw. umbilden.

Die Tragweite dieser Grundrechtsauffassung verdeutlichen einige Beispiele: Die Pressefreiheit, sozialstaatlich verstanden, begründet eine staatliche Verpflichtung zur Erhaltung der wirtschaftlichen Voraussetzungen für eine Vielfalt von Presseunternehmen, die Freiheit der Religionsausübung (Art. 4 Abs. 2), das Einstehenmüssen des Staates für die wirtschaftliche Existenzbasis der Religionsgemeinschaften,[81] die Privatschulfreiheit des Art. 7 Abs. 4 GG eine weitgehende staatliche Subventionspflicht,[82] die Koalitionsfreiheit die staatliche Unterstützungspflicht für die Gewerkschaften, Art. 12

79 Siehe *Häberle*, Grundrechte im Leistungsstaat: VVDStRL 30 (1972), S. 69 ff., 135; kritisch *Martens*, Grundrechte im Leistungsstaat, ebd. S. 28 ff.

80 So die Formulierung in BVerwGE 27, 360 (362) = NJW 68, 613; zustimmend *Häberle* (Fußn. 79), S. 70 ff.

81 In dieser Richtung etwa *Kewenig*, Das Grundgesetz und die staatliche Förderung der Religionsgemeinschaften: Essener Gespräche zum Thema Staat und Kirche, 6 (1972), S. 24 f.

82 BVerwGE 27, 360 = NJW 68, 613.

Abs. 1 GG die staatliche Verpflichtung zur Schaffung hinreichender Ausbildungskapazitäten nach Maßgabe der individuellen Berufswünsche.[83]

b) Die rechtlichen Folgen für die Grundrechtsinterpretation sind andersgeartet als bei den bisher behandelten Grundrechtstheorien, aber keineswegs weniger einschneidend. Sie ergeben sich daraus, daß hier den Grundrechten auch Leistungsansprüche entnommen werden, die zu ihrer Realisierung den Einsatz finanzieller Mittel in erheblichem Umfang erfordern.

aa) Die konkrete Grundrechtsgewährleistung wird abhängig von den verfügbaren staatlichen Finanzmitteln. »Wirtschaftliche Unmöglichkeit« erscheint als – notwendige – Grenze grundrechtlicher (Leistungs-)Verbürgung.[84] Das bedeutet die Aufgabe der Unbedingtheit grundrechtlicher Ansprüche.

bb) Die im Zeichen knapper Ressourcen unvermeidlichen Prioritätsentscheidungen über den Einsatz und die Verteilung der verfügbaren staatlichen Finanzmittel werden aus einer Frage politischen Ermessens zu einer Frage der Grundrechtserfüllung, genauer: von Grundrechtskonkurrenzen und Grundrechtskonflikten; sie werden damit formell eine Frage der Grundrechtsinterpretation. Bleibt man konsequent, verlagert sich damit die Zuständigkeit, sie zu treffen, vom Parlament bzw. der Regierung als Inhaber der Haushaltskompetenz auf die Gerichte, letzthin das *BVerfG*. Eine Juridifizierung der politischen Auseinandersetzungen, verbunden mit einer Kompetenzverschiebung erheblichen Ausmaßes zugunsten der Dritten Gewalt, wäre die Folge.

Die Interpretationsproblematik spitzt sich weiter dadurch zu, daß die Grundrechte, sozialstaatlich interpretiert, aus sich keinen Maßstab für den *Umfang* der Gewährleistung der sozialen Voraussetzungen grundrechtlicher Freiheit enthalten. Ist nur ein Mindestmaß, ein Mittelmaß oder das volle Maß solcher Voraussetzungen gewährleistet und wie ist das Verhältnis zu den eigenen Leistungen der Grundrechtsträger? Ebensowenig ist aus den Grundrechten selbst ein System ihrer (sozialen) Höherrangigkeit oder Niederrangigkeit zu entnehmen, dessen Aufstellung für die Gerichte unvermeidlich würde.

cc) Wegen der Unlösbarkeit dieser Probleme im Wege richterlicher Rechtsanwendung werden die Grundrechte daher insoweit auf Verfassungsaufträge zurückgenommen. Sie binden den Gesetzgeber und die vollziehende

83 Ansätze dazu im Numerus-clausus-Urteil BVerfGE 33, 303 (331 f.) = NJW 72, 1561 (1564).

84 *Häberle* (Fußn. 79), S. 139 (Leits. 39); *Martens* (Fußn. 79), S. 30, der darauf hinweist, daß Grundrechte als Leistungsansprüche nur als »leges imperfectae« aufgefaßt werden könnten. Siehe auch *Ipsen* (Fußn. 26), S. 295–297.

Gewalt nur objektiv, als Grundsatznormen, begründen aber keine unmittelbar einklagbaren Ansprüche außer der Abwehr extrem-mißbräuchlicher Untätigkeit. Diese Konsequenz ist unumgehbar.[85] Das *BVerfG* hat sie im Numerus-clausus-Urteil, wenn auch nicht leichten Herzens, gezogen,[86] und *Häberle* spricht insoweit folgerichtig von bloßen »Maßgabegrundrechten«.[87]

Unmittelbare Teilhaberechte kann es nur insoweit geben, als es sich um den Zugang zu oder Mitwirkungsrechten in bereits vorhandenen staatlichen Einrichtungen handelt, wie z. B. den Hochschulen. Auch hier wirft freilich die Maßbestimmung und Quotierung der Teilhaberechte besondere Probleme auf, wie das Hochschulurteil des *BVerfG* zeigt.[88]

c) Als Resultat zeigt sich, daß die von der sozialstaatlichen Grundrechtstheorie intendierte Ausdehnung und Intensivierung der grundrechtlichen Ansprüche zugleich eine Anspruchs*minderung* zur Folge hat. Die Grundrechte werden in ihrer sozialen Dimension auf bloße Verfassungsaufträge reduziert. Damit entsteht das Problem, wieweit solche Reduzierung, einmal anerkannt, auf die soziale (Leistungs-)Dimension der Grundrechte begrenzt zu halten ist oder alsbald die Grundrechte in ihrem ganzen Inhalt ergreift. Das wäre das Ende effektiver Grundrechtsgeltung.

III. Nach diesem Überblick über die verschiedenen Grundrechtstheorien und ihre Auswirkungen auf die Grundrechtsinterpretation erhält die eingangs gestellte Frage ihr volles Gewicht: Können im Rahmen der Verfassungsordnung des GG Grundrechtstheorien als Ansatz- und Bezugspunkt der Grundrechtsinterpretation frei gewählt werden oder hat das GG hier selbst Vorentscheidungen getroffen?

1. *Das Problem der verfassungsgemäßen Grundrechtstheorie.* Die Rechtsprechung und ein Teil der Literatur scheinen die hier gestellte Frage, ohne sie ausdrücklich zu diskutieren, im ersteren Sinne zu beantworten. Das

85 Sie ist im Grunde nur eine neue Bestätigung der Einsicht, daß der Sozialstaatsauftrag zu seiner Verwirklichung der legislatoris interpositio bedarf und nicht schon verfassungsunmittelbar effektiv ist, vgl. *W. Weber*, Die verfassungsrechtlichen Grenzen sozialstaatlicher Forderungen = ders., Spannungen und Kräfte im westdeutschen Verfassungssystem, 3. Aufl. 1970, S. 276 ff.; *Tomandl*, Der Einbau sozialer Grundrechte in das positive Recht, 1967; *Scheuner*, Die Funktion der Grundrechte im Sozialstaat: DÖV 71, 505 ff.

86 BVerfGE 33, 303 (332) = NJW 72, 1561 (1564).

87 *Häberle* (Fußn. 79), S. 91 ff., 139 (Leits. 41).

88 Siehe BVerfGE 35, 79 (124 ff.) = NJW 73, 1176 (1179).

*BVerfG* jedenfalls stützt sich, wie die unter II. herangezogenen Entscheidungen erkennen lassen, wechselnd auf verschiedene Grundrechtstheorien als Ausgangspunkt seiner Interpretation, und dies ohne daß in diesem Wechsel ein System erkennbar wäre.[89] Das Verfahren/(1537) ist der topischen Methode vergleichbar. Die verschiedenen Grundrechtstheorien werden als Problemlösungsgesichtspunkte wahlweise benutzt, um ein nach dem jeweiligen Vorverständnis »optimales« Ergebnis im konkreten Fall zu erzielen. In der Literatur ist die Neigung größer, jeweils *einer* der verschiedenen Grundrechtstheorien durchgehend zu folgen,[90] aber auch hier läßt sich nicht nur ausnahmsweise ein Theorienwechsel – je nach einzelnen Grundrechtsbestimmungen[91] – oder ein Versuch der Kombination oder korrelativen Ergänzung verschiedener Grundrechtstheorien beobachten.[92] Die gemeinsame Voraussetzung ist auch hier die weniger geäußerte, aber praktizierte Auffassung, daß die verschiedenen Grundrechtstheorien von der Verfassung her dem Interpreten grundsätzlich zur Auswahl stehen, keine von ihnen ausgeschlossen ist, und die Grundrechtsinterpretation daher – generell oder von Fall zu Fall – die eine oder andere zugrunde legen kann.

Eben diese Voraussetzung gilt es kritisch in Frage zu stellen. Die einzelnen Grundrechtstheorien lassen sich nicht auf bloße Interpretationsgesichtspunkte oder Problemlösungsvorschläge reduzieren, die auf der Grundlage entweder eines gemeinsamen Vorverständnisses oder eines durch ausgeformte Gesetzesregelungen vermittelten rechtlichen Kontextes angemessene Falllösungen herbeiführen wollen. Das wäre in einem zivilrechtlichen, nicht in einem verfassungsrechtlichen Bezugsrahmen gedacht. Grundrechtstheorien sind vielmehr Ausdruck bestimmter Staatsauffassungen und Grundvorstellungen über das Beziehungsverhältnis der einzelnen zur staatlichen Gemeinschaft; hinter ihnen steht eine bestimmte Idee der Verfassung, insoweit diese die grundlegende rechtliche Ordnung des Verhältnisses der einzelnen und der Gesellschaft zum Staat darstellt. Das erklärt die weittragenden

89 Ein Theorienwechsel findet sich z. T. im Rahmen derselben Grundrechtsbestimmung: Art. 5 Abs. 1 GG wird vorwiegend demokratisch-funktional und institutionell, soweit die Pressefreiheit betroffen ist, interpretiert, Art. 5 Abs. 3 liberal-rechtsstaatlich und sozialstaatlich zugleich. Art. 9 Abs. 1 wird rechtsstaatlich-liberal, Art. 9 Abs. 3 durchgehend institutionell interpretiert. Siehe dazu die jeweils zu den einzelnen Grundrechtstheorien in Abschn. II angeführten Entscheidungen.

90 So etwa bei *Forsthoff* (Fußn. 7), *Häberle, Müller, Klein* (jeweils Fußn. 11).

91 So etwa bei *Klein*, der zu Art. 5 Abs. 3 eine betont institutionelle (s. Fußn. 43), zu Art. 5 Abs. 1 eine betont rechtsstaatlich-liberale Interpretation (s. Fußn. 13) vertritt. Auch bei *Weber* verbindet sich eine vorwiegend institutionelle Sicht von Art. 5 Abs. 3 (s. Fußn. 43) mit einer konsequent rechtsstaatlich-liberalen von Art. 5 Abs. 1 (s. Fußn. 8).

92 Siehe etwa *Hesse* (Fußn. 9), S. 158 hinsichtlich der einzelnen Freiheiten des Art. 5 Abs. 1; allgemeiner *Pestalozza*, Kritische Bemerkungen zu Methoden und Prinzipien der Grundrechtsauslegung in der BRD: Der Staat 2 (1963), S. 425 ff. (433 ff.).

Folgerungen der Anwendung einer bestimmten Grundrechtstheorie für die Grundrechtsinterpretation, die bis zu einer Verfassungswandlung gehen können. Grundrechtstheorien als wahlweise heranziehbare Interpretationsansätze für die Interpretation der Grundrechtsbestimmungen einer konkreten Verfassung anzusehen, bedeutet daher in Wahrheit, zu verneinen, daß diese konkrete, geltende Verfassung selbst von einer bestimmten Idee des grundlegenden Beziehungsverhältnisses einzelner – staatliche Gemeinschaft ausgeht und ihr normativ Ausdruck verleiht. Die Verfassung reduziert sich auf ein formales Gehäuse, das durch die Tür seiner Interpretation nach- und nebeneinander sehr verschiedenen, auch heterogenen Ordnungsvorstellungen Einlaß gewährt, ohne selbst von einer solchen getragen zu sein.
Es kann sein, daß eine konkrete Verfassung, insbesondere wenn sie sich auf organisatorische Festlegungen beschränkt, eine diesbezügliche Ordnungsvorstellung nicht erkennen läßt oder über sie nicht verfügt.[93] Für eine Verfassung mit ausgebautem Grundrechtsteil und ausdrücklichen Staatsstrukturbestimmungen wie das GG kann das allerdings schwerlich angenommen werden, und jedenfalls ist es nicht zu vermuten. Es muß daher nicht nur aus pragmatischen Gründen, um die ausufernde Variationsbreite der Grundrechtsinterpretation wieder zu begrenzen, sondern ebenso aus verfassungstheoretischen Gründen für das GG die Frage nach der *verfassungsgemäßen Grundrechtstheorie* gestellt werden. Eine solche in der Verfassung erkennbar vorausgesetzte oder ausdrücklich sanktionierte Grundrechtstheorie braucht nicht mit einer der hier vorgeführten inhaltlich identisch zu sein; sie kann sich als Modifikation einer solchen Theorie darstellen, als neue Theorie, die bestimmte Teile bisheriger Grundrechtstheorien aufnimmt und verarbeitet, oder als bloßer Interpretationsrahmen, der zwar nicht alle, aber doch mehr als eine Grundrechtstheorie nebeneinander zuläßt.

2. *Die Grundrechtstheorie des Grundgesetzes.* Die Suche nach einer solchen Grundrechtstheorie des GG, die den Regelungen des Grundrechtsteils zugrunde liegt und sie inhaltlich prägt, ist auch keineswegs so unergiebig, wie es zunächst scheinen möchte. Die Frage kann freilich in diesem Rahmen nicht voll entfaltet, sondern nur in Andeutungen behandelt werden.
a) Die normative Grundintention des Grundrechtsteils ist der Rückgriff auf die klassischen Freiheitsrechte und das Freiheitsprinzip des liberalen

93 Etwa die niedersächs. Verfassung oder die Landessatzung von Schleswig-Holstein, die sich bewußt auf den Rahmen eines Organisationsstatuts ohne Grundrechtsteil beschränken.

Rechtsstaates als Antwort auf die elementaren Freiheitsverletzungen der NS-Zeit. Das läßt sich nicht nur aus den Beratungen deutlich belegen,[94] es hat ebenso in der Anlage und konkreten Ausgestaltung des Grundrechtskatalogs Ausdruck gefunden.

Die individuellen Freiheitsrechte werden als vorstaatliche Menschenrechte proklamiert (Art. 1 Abs. 1), ihre Gewährleistung zum vornehmlichen Ziel staatlichen Handelns erklärt. Alle Grundrechte sind unmittelbar geltendes Recht, sie binden insbesondere auch den Gesetzgeber (Art. 1 Abs. 3), und diese Bindung unterliegt gerichtlicher Kontrolle (Art. 93 Abs. 1, 100). Ihre Einschränkung ist nur begrenzt möglich, und nur soweit es ausdrücklich zugelassen ist (Art. 19 Abs. 1 u. 2). Der Umfang solcher Einschränkungsmöglichkeiten ist sorgfältig abgestuft und für jedes einzelne Grundrecht gesondert und differenziert festgelegt.[95] Stets ist von der Freiheit die Rede, die jedermann bzw. allen Deutschen zukommt, ohne daß sie mit weiteren Attributen inhaltlicher Art versehen wird; von Werten oder einer Wertordnung spricht das GG und sprach man in den Beratungen mit keinem Wort, ebensowenig von der Freiheit als einer objektivierten Institution.

Die leitende Idee dieser Ausgestaltung ist unschwer zu erkennen: die Aufnahme und Durchführung rechtsstaatlicher, auf dem Verteilungsprinzip beruhender Freiheitsgewährleistung, die die Freiheit als staatlichem Zugriff prinzipiell vorausliegend begreift und sie auf der Ebene des Rechts nicht als bestimmten und umgrenzten Wert, als objektiviertes Institut oder als Mittel zu/(1538) (demokratischen oder öffentlichen) Zwecken, sondern um ihrer selbst willen, eben als Freiheit gewährleistet.

b) Das Grundgesetz ist jedoch hierbei nicht stehengeblieben. Es hat vielmehr das zentrale Problem der liberalen Grundrechtstheorie und der hinter ihr stehenden liberalen Staatsauffassung: die relative Blindheit gegenüber den sozialen Voraussetzungen der Realisierung grundrechtlicher Freiheit, aufgenommen und durch die Festlegung des Sozialstaatsauftrags als eines verbindlichen, dem Rechtsstaat nebengeordneten Verfassungsprinzips einer positiven Lösung zugeführt.[96]

94 Dazu eingehend *v. Mangoldt*, Das Bonner Grundgesetz, Kommentar, 1953, Einleitung zum Grundrechtsabschnitt, S. 34 ff.; vgl. auch dessen Bericht an das Plenum des Parl. Rates zum Grundrechtsabschnitt in: Schriftl. Bericht zum Entwurf des GG für die Bundesrepublik Deutschland, 1949, S. 5.

95 Ein Generalvorbehalt zugunsten der öffentlichen Sicherheit, Sittlichkeit und Gesundheit, wie ihn der Herrenchiemsee-Entwurf vorgesehen hatte, wurde ausdrücklich abgelehnt, vgl. *v. Mangoldt* (Fußn. 94), S. 36, 37.

96 Eine Über- oder Unterordnung zwischen Rechtsstaats- und Sozialstaatsprinzip läßt sich auf dem Boden verfassungsrechtlicher Argumentation weder in der einen noch in der anderen Richtung nachweisen; siehe auch *W. Weber* (Fußn. 85), S. 285 f. *Böckenförde* (Fußn. 27), S. 69 f.

Dem Staat ist damit von Verfassungs wegen eine Verantwortung für die Schaffung und Sicherung der notwendigen sozialen Voraussetzungen grundrechtlicher Freiheit zuerkannt. Das Verhältnis von individueller bzw. gesellschaftlicher Selbststeuerung und staatlicher Regulierungs- und Lenkungsmacht, wie es in der liberalen Grundrechtstheorie und Staatsauffassung vorausgesetzt war, ist damit grundlegend modifiziert. Der Staat ist zur Intervention in die »freien« gesellschaftlichen Abläufe gehalten, zur fortdauernden Relativierung der in der Gesellschaft immer neu entstehenden sozialen Ungleichheit, darüber hinaus auch zur (globalen) Steuerung der gesellschaftlichen Entwicklung und gesellschaftlichen Wohlstands als der (sozialen) Freiheitsbasis für alle.[97] Dies freilich nicht, um die Freiheit der einzelnen und eine freie Gesellschaft zu überwinden, sondern um beide angesichts der wirtschaftlichen und sozialen Gegebenheiten und Entwicklungstendenzen sozial zu unterfangen, d. h. aus der Erhaltungs- und Gewährleistungsfunktion für die Freiheit der einzelnen und eine freie Gesellschaft.[98]

Für die Grundrechtsgewährleistung bedeutet dies, daß dem Staat insoweit entsprechende Regelungs- und Eingriffsbefugnisse zuwachsen. Der Sozialstaatsauftrag erweist sich damit als Rechtstitel, um die grundrechtliche Freiheit des einen nicht nur mit der gleichen rechtlichen Freiheit des anderen, sondern auch mit deren Realisierungsmöglichkeit kompatibel zu halten und ihrer Ausdehnung von daher Maß und Grenze zu setzen. Darin liegt keine Außerkraftsetzung der liberal-rechtsstaatlichen Grundrechtstheorie, wohl aber ihre soziale Einbindung – und damit eine deutliche Modifikation. Die Folgerungen im einzelnen können an dieser Stelle nicht dargelegt werden.

Eine Erweiterung des einzelgrundrechtlichen Freiheitsrechts zu grundrechtlichen Teilhabe- und Leistungsansprüchen kann dem Sozialstaatsauftrag hingegen nicht entnommen werden. Und zwar wegen der dargelegten Konsequenzen, die eine solche ausdehnende Umdeutung nach sich ziehen würde.[99] Das GG zielt eindeutig auf eine effektive und einklagbare Grundrechtsgewährleistung, nicht auf ihre Rücknahme zu Verfassungsaufträgen. Und es zielt ebenso auf eine klare Unterscheidung und Abgrenzung der Kompe-

97 Siehe dazu *Wahl*, Notwendigkeit und Grenzen einer längerfristigen Aufgabenplanung: Der Staat 11 (1972), S. 472 ff. in weiterführender kritischer Auseinandersetzung mit *meinen* Darlegungen, in: Rechtsfragen der Gegenwart, Festgabe für Hefermehl, 1972, S. 25 f.

98 *Böckenförde*, Die verfassungstheoretische Unterscheidung von Staat und Gesellschaft als Bedingung der individuellen Freiheit, 1973, S. 37–39.

99 Siehe oben Abschnitt II, 5 b, S. 1536.

tenzen zwischen gesetzgebender und richterlicher Gewalt, nicht auf Prärogativen der letzteren im Namen zuteilender Verwirklichung von Maßgabe-Grundrechten.

c) Das demokratische Prinzip, wie es das Grundgesetz festlegt, wirkt auf die Grundrechtstheorie nicht verändernd oder modifizierend ein. Die Verbindung, die demokratisches und rechtsstaatliches Prinzip im System der »freiheitlich-demokratischen Grundordnung« eingegangen sind, liegt gerade darin, daß Demokratie und rechtsstaatliche Freiheit sich nicht partiell aufheben, sondern wechselseitig ergänzen.[100] Im Rahmen der rechtsstaatlich-ausgrenzenden Freiheitsgewährleistung wird das Demokratieprinzip allerdings relevant. Es stellt als tragendes Verfassungsprinzip eine immanente Schranke grundrechtlicher Freiheitsbetätigung und Freiheitsausdehnung dar. Damit läßt sich wirklichen Gefahren, die der Demokratie aus grundrechtlicher Freiheits- und Machtausdehnung drohen können, hinreichend begegnen.[101]

100 *BVerfGE* 2, 1 (12 f.) = NJW 52, 1407 (1408); *BVerfGE* 5, 85 (140 f.) = NJW 56, 1393 (1397).

101 In gleicher Richtung, wenngleich mit anderer Begründung, *Friesenhahn* (Fußn. 34), S. 38; wie hier *Herzog*, in: *Maunz-Dürig-Herzog*, Rdnr. 185 ff. zu Art. 5.

# Zeit und Verfassung

## Prolegomena zu einem »zeit-gerechten« Verfassungsverständnis

Von Peter Häberle

[aus: ZfP 21 (1974) S. 111–137]

### I. *Zur Bestandsaufnahme in Rechtswissenschaft, Verfassungstheorie und Rechtspraxis*

1. Die Rolle des Zeitfaktors in den Rechtswissenschaften[1] wurde bislang nur unsystematisch oder unter Aussparung der Sozialwissenschaften thematisiert: z. B. als »sozialer Wandel durch Richterspruch«, »law in changing society«, als überzeitliches Naturrecht und geschichtlich wandelbares positives Recht oder unter der Devise »Verfassungsrecht vergeht, Verwaltungsrecht besteht« (O. Mayer) sowie im »Verfassungswandel«. Gewiß, Zeitfragen sind sehr allgemein assoziiert, z. B. im »Dualismus« von/(112) Recht und Politik[2], von Verfassungsrecht und Verfassungswirklichkeit[3] oder in G. Husserls anfechtbarem Schema: Gesetzgeber = Zukunftsmensch, Verwaltungsmann = Gegenwartsmensch, Richter = Vergangenheitsmensch.[4] Oft wird auf die sich beschleunigenden gesellschaftlichen Veränderungsprozesse hingewiesen, ohne daß das Problem der Zeit *juristisch* verarbeitet wird. – Die magere Bestandsaufnahme überrascht: Denn der »Zeitgeist«

1 *Leisner*, »Antigeschichtlichkeit des öffentlichen Rechts?« in: Der Staat 7 (1968), S. 137 ff. bleibt zu abstrakt; er unterscheidet sich grundlegend von dem hier gewählten Ansatz, z. B. S. 138: Das öffentliche Recht ist, es wird nicht. Sein Kern, das Staatsrecht, ist der Prototyp einer geschichtslosen, ja entwicklungsfeindlichen, weil im Grunde auch wirklichkeitsfremden Ordnung. S. 140: Die Verfassung bietet also versteinerte Politik. S. 144: Achronismus des Verfassungsrechts. S. 152: Die Verfassung ist ihrem Wesen nach unveränderlich.

2 Dagegen meine Besprechung von *Haller*, »Supreme Court und Politik in den USA«, 1972 in: DVBl. 1973, S. 388 f.; s. auch AöR 98 (1973), S. 119 (127 ff.).

3 Zum Diskussionsstand vor allem: *Hennis*, Verfassung und Verfassungswirklichkeit, 1968; dazu die Rezensionen von *Böckenförde* in: Der Staat 9 (1971), S. 533 ff., und *Hesse* in: AöR 96 (1971), S. 137 ff.

4 Recht und Zeit, 1955, S. 52 ff. – Auch der Hoch- oder Geringschätzung von Begriffen wie »Rechtssicherheit«, »Rechtsfrieden« liegt ein bestimmtes Zeit/Recht-Verständnis zugrunde.

scheint dem Zeitfaktor besonders günstig zu sein. Fortschritt, »Reform« und »Bewegung« haben gegenüber der Bewahrung einen ungewöhnlichen sozialethischen und politischen Vorsprung. »Reform« scheint heute auch im Recht ein Wert an sich zu sein, Bewahrung per se ein Unwert; jeder status quo wird verdächtigt. Alle zeitgenössischen Urteile oder Vorurteile sprechen gegen Alter, Geschichte und Tradition.

Worte wie »Rechtswissenschaft als Zukunftswissenschaft« (Maihofer)[5] oder die »kritische Funktion« des Juristen sind ein Appell, die Veränderbarkeit und damit Zeitabhängigkeit des Rechts zu berücksichtigen.[6] Gleiches gilt für die Forderung nach Praxisbezogenheit der Wissenschaft.

Der Zeitfaktor ist wirksam in der Herausstellung des Prozeßhaften, z. B. bei der Rechtsfindung i. S. der »law in action« (Esser) oder bei politischen Planungsprozessen. Demokratie ist besonders zeitoffen als eine »evolutionäre Methode politischer Sozialgestaltung, die auf soziale Gerechtigkeit und gesellschaftliche und politische Emanzipation gerichtet ist.«[7] Selbst das Naturrecht wird zeitlich verstanden: augenfällig in Fechners »Naturrecht mit werdendem Inhalt« (1954), in den Worten vom »Naturrecht mit wechselndem Inhalt«, geschichtlichem Naturrecht u. ä. A. Kaufmann[8] spricht vom Recht als etwas, »was man immerzu machen, gestalten, realisieren, erneuern muß«.[9]

2. Zum Thema »Zeit und Verfassung« gibt es mittelbare Aussagen: Das Attribut »Wandel« wird nahezu allen verfassungsrechtlichen Begriffen hinzugefügt: Funktions-/(113) bzw. Bedeutungswandel des Gesetzes, der Grundrechte, der Souveränität. Erinnert sei an Habermas' »Strukturwandel der Öffentlichkeit«.

5 »Realistische Jurisprudenz« in: *Jahr/Maihofer*, Rechtstheorie, 1971, S. 427 ff. (430 ff.). S. auch das 9. Cappenberger Gespräch über »zukunftsorientierte Politik«, Bericht in: DÖV 1973, S. 46 f. Demgegenüber die Diskussion über den Konservativismus in Europa, *Kaltenbrunner* (Hrsg.), 1972.

6 S. auch *Zippelius*, Einführung in die juristische Methodenlehre, 1971, S. 29: Wenn aber die Legitimationsgrundlage des fortgeltenden Rechts in der Gegenwart liegt, dann ist es auch richtig, die Gesetze ex nunc zu interpretieren.

7 *Badura* in: DÖV 1970, S. 18 (22). – Wie sehr der Zeit-Geist auf die wissenschaftliche Aufbereitung des Zeitfaktors drängt, illustriert die Tatsache, daß die Bundesregierung am 9. Febr. 1971 eine Kommission berufen hat, die ein umfassendes Gutachten über die mit dem »technischen, wirtschaftlichen und sozialen Wandel zusammenhängenden Probleme« erarbeiten soll.

8 *A. Kaufmann* (Hrsg.), Rechtstheorie, 1971, S. 81 (93 f.).

9 S. aber *G. Husserl* (zit. nach *Kaufmann*, a.a.O., S. 99), für den das Gesetz »keine Zukunft hat, in die es sich entwickelnd hineinlebte.« Es ist eine »fertige Welt entindividualisierter Handlungen, die in den Rechtsnormen zur starren Fixierung gelangt ist«. Anders und richtig: ders., Recht und Zeit, S. 22 ff.

Die Verfassungs*theorien* unterscheiden sich wesentlich dadurch, daß sie der Zeit, das heißt der Veränderung der gesellschaftlichen Wirklichkeit, einen unterschiedlichen Stellenwert einräumen. Man denke an die Integrationstheorie Smends einerseits, an Forsthoffs »Erinnerung an den Staat« andererseits.[10] Der Offenheit der Verfassung,[11] ihrem »öffentlichen« Verständnis,[12] der »grundrechts*sichernden* Geltungs*fort*bildung«,[13] den Prozessen der Verwirklichung der Verfassung sowie der Betonung ihres Aufgabencharakters[14] stehen weniger dynamische Verfassungskonzeptionen gegenüber. Sie äußern sich in der Zementierung von »klassischen« Auslegungsmethoden, von Besitzständen sowie in der Übernahme von Verfalltheorien. »Bewährung« der Verfassung wird primär in ihrer »Bewahrung« gesehen, der Entwicklungsgedanke wird minimalisiert. Zu erinnern ist an den Streit um das Verhältnis von Staat und Gesellschaft, um Sozialstaatsprinzip[15] und Grundrechtsverständnis, die Verfassungsgerichtsbarkeit, d. h. insbesondere an die Positionen von Forsthoff. Durchweg wird die »Zukunft« – und sie hat in der Gegenwart immer schon begonnen – als »Eindringling« und skeptisch nicht als zur »Sache Verfassung und Verfassungsrecht« selbst gehörig betrachtet.[16] »25 Jahre Grundgesetz«[17] lassen verfassungstheoretische Überlegungen zur »Zeit« dringlich erscheinen. Das Verfassungsrecht lebt schon prima facie in einer spezifischen Zeitproblematik. Einerseits verleiht ihm die erschwerte Abänderbarkeit Dauer und Kontinuität, Verläßlichkeit und Sicherheit;[18] andererseits dringt die Zeit eben deshalb spezifisch in das Verfassungsrecht ein, ja sie muß es tun: in Gestalt flexibler, offener Verfassungsinterpretation, im Verfahren der Verfassungsänderung oder in der Forderung nach Total- oder Partialrevi-

10 Der Staat der Industriegesellschaft, 1971, S. 11 ff., dazu meine Kritik in: ZHR 136 (1972), S. 425 ff.

11 Grundlegend *Hesse*, Grundzüge des Verfassungsrechts der Bundesrepublik Deutschland, 6. Aufl. 1973, bes. S. 12 ff.

12 Dazu (und zu Habermas): *Häberle*, »Öffentlichkeit und Verfassung« in: ZfP 16 (1969), S. 273 ff.

13 Dazu *Häberle*, »Grundrechte im Leistungsstaat« in: VVDStRL 30 (1972), 43 (69 ff.).

14 *Scheuner*, Art. Verfassung, in: Staatslexikon, Bd. VIII (1963), Sp. 117 ff. (118): »Verfassung als Norm und Aufgabe«.

15 Dazu *Forsthoff* (Hrsg.), Rechtsstaatlichkeit und Sozialstaatlichkeit, 1968; *Suhr* in: Der Staat 9 (1970), S. 67 ff.

16 »Klassik« gibt es aber nicht nur in der Vergangenheit. Wie zeitbedingt Verfassungsverständnisse sind, zeigt sich an der heute stark betonten Zukunftsorientierung einerseits, an *Kägi*, Die Verfassung als rechtliche Grundordnung des Staates, 1945, andererseits.

17 Würdigungen des GG bei *Scheuner* in: AöR 95 (1970), S. 353 ff.; *Schick* in: AöR 94 (1969), S. 353 ff.

18 Dazu *Hesse*, Die normative Kraft der Verfassung, 1959.

sion.[19] Kontinuität der Verfassung ist nur möglich, wenn Vergangenheit und Zukunft *in* ihr verbunden werden. Die Verfassungsdogmatik hat auch Figuren geschaffen, die der Zeit trotzen sollen: in Gestalt der Lehre von Instituts- und institutionellen sowie Status-quo-Garantien[20] (s. auch Art. 19 Abs. 2, 79 Abs. 3 GG). Der Methodenstreit/(114) im Verfassungsrecht[21] ist nicht zuletzt ein Streit um die Rolle, die der Zeit zukommen soll. Wichtig ist Lerches[22] Kritik an Veränderungsideologien, die durch Kritik an Status-quo-Ideologien zu ergänzen wäre.

3. Ein konkreter Problemkatalog zeigt, wie unterschiedlich die Bereiche sind, die – unter dem Aspekt der Zeit – zusammengehören.[23] Die Zeitdimension spielt eine Rolle im Entstehen von sog. (Verfassungs-)Gewohnheitsrecht,[24] im Schutz oder Bruch von »wohlerworbenen Rechten«, beim Vertrauensschutz,[25] der Verwirkung und Verjährung, bei Rechtskraftproblemen, der »sachlichen Diskontinuität«,[26] bei den lex-posterior- bzw. prior-tempore-Sätzen, der clausula rebus sic stantibus,[27] bei den Grenzen der Rückwirkung und der Beobachtung einer »Vorwirkung« von Gesetzen (vor allem über die Konkretisierung von Gemeinwohlaspekten, aber auch im Strafrecht[28]) sowie bei der Prognosetätigkeit von Gesetzgeber und

19 Aus der Lit.: *Saladin*, »Die Kunst der Verfassungserneuerung« in: Gedenkschrift für Imboden, 1972, S. 269 ff.; *K. Stern*, »Totalrevision des Grundgesetzes?« in: Festgabe für Maunz, 1971, S. 391 ff.; *Fromme* in: ZfP 17 (1970), S. 87 ff.; *H. Huber* in: FS f. Scheuner, 1973, S. 183 ff.

20 Ein extremes Beispiel ist die sog. Versteinerungstheorie des Österreichischen Verfassungsgerichtshofes; dazu m. N. *H. Huber* in: Gedenkschrift für Imboden, 1972, S. 191 Anm. 1.

21 Dazu bes. *Forsthoff*, Rechtsstaat im Wandel, 1964; *H. Klein*, Die Grundrechte im demokratischen Staat, 1972, einerseits, *Hollerbach* in: AöR 85 (1960), S. 241 ff.; *Ehmke* in: VVDStRL 20 (1963), S. 53 ff., 64; *Hesse*, Grundzüge, S. 20 ff.; *Häberle* in: ZHR 136 (1972), S. 425 ff. andererseits. Zuletzt: *I. Richter*, Bildungsverfassungsrecht, 1973, S. 19 ff.

22 In: Festgabe für Maunz, 1971, S. 285 (289).

23 Problemhinweise bei *Kloepfer*, Grundrechte als Entstehenssicherung und Bestandsschutz, 1970, S. 26 ff., und in meinem Beitrag in: AöR 98 (1973), S. 625 (635 Anm. 33), ZevKR 18 (1973), S. 420 Anm. 1.

24 Grundlegend: *H. Huber* in: Rechtstheorie, Verfassungsrecht, Völkerrecht, 1971, S. 329 ff.

25 Dazu die Referate von *Kisker* und *Püttner* in: VVDStRL 32 (1974).

26 Dazu *Hömig/Stoltenberg* in: DÖV 1973, S. 689 ff., m. N.; bes. *Scheuner* in: DÖV 1965, S. 510 ff.

27 Zuletzt BVerfGE 34, 216 (230 ff.).

28 Strafrechtsreformen kommen meist erst in Gang, wenn sich die öffentlichen Moralvorstellungen bereits gewandelt haben. Die Reform des Gesetzgebers bestätigt hier das, was die Wirklichkeit bereits akzeptiert hat. Die Vorwirkung von Gesetzen ist besonders stark. Jüngstes Beispiel ist das 4. Strafrechtsänderungsgesetz (Sexualstrafrecht). S. noch die Diskussion zum »Rückwirkungsverbot bei einer Änderung der Rechtsprechung im Strafrecht«, dazu *Schreiber* in: JZ 1973, S. 713 ff. – Art. 80 Abs. 1 GG rechtfertigt sich u. a. aus der größeren Zeit- und Sachnähe der Exekutive bei der Rechtsetzung.

BVerfG,[29] dem Problem der obiter dicta,[30] der ständigen und Grundsatz-Rechtsprechung, der Publizität von Sondervoten, der Betonung der Verfahrensabhängigkeit juristischer Akte und schließlich bei der Qualifizierung der »Erfahrung als Rechtsquelle«.[31] Erinnert sei an die unterschiedliche Zukunftsorientiertheit von Rechtspraxen, an Arbeits- und Völkerrecht als »werdendes Recht« (D. Schindler).

## II. *Verfassungstheoretischer und -praktischer Ansatz: »zeit-gerechte« Interpretation im Horizont von »Öffentlichkeit und Wirklichkeit der Verfassung«*

### 1. *Die Zeit im Verfassungsverständnis*

Im Verfassungsstaat des GG müssen die konkreten Zeit-Fragen von vornherein in den Gesamtrahmen der Verfassung gestellt werden. Denn alles Recht ist verfassungsimmanent: Es wächst unter dem Dach oder auf dem Grund der Verfassung des res/(115) publica. Am Verfassungsverständnis, nicht an jenseits oder »über« der Verfassung stehenden Staats- oder Gesellschaftstheorien hat die Diskussion anzusetzen. Das heißt allerdings nicht, die bzw. alle Probleme seien durch die Verfassung vorgegeben. Für demokratische Verfassungslehre in einer »offenen Gesellschaft« bleibt die Aufgabe, hinter die Verfassung zurück, insbesondere nach Erfahrungen, und über sie hinaus nach praktischen Alternativen zu fragen.[32] Das Verfassungsverständnis steht nicht im luftleeren, zeitlosen Raum; es ist seinerseits das Ergebnis von geschichtlichen Erfahrungen und vermittelt solche auch wiederum:[33] ein Stück »geronnener Zeit«, z. B. die

29 Dazu *Philippi*, Tatsachenfeststellungen des Bundesverfassungsgerichts, 1971.

30 *Schlüter*, Das Obiter Dictum, 1973.

31 So der Titel des Buches von *Lüderssen*, 1972.

32 Dazu in Auseinandersetzung mit Herzog: *Häberle* in: AöR 98 (1973), S. 119 (129 ff.). Hier haben Wissenschafts- und Gesellschaftstheorien ihren Platz.

33 Sowie von »vorweggenommenen Utopien«. – Ungemein ergiebig an Stichworten für die Zeitproblematik jetzt: *Dürig* in: *Maunz/Dürig/Herzog*, K., Rdnr. 194 ff. zu Art. 3 Abs. 1 GG: »Die Zeit als offene Flanke der Gleichheit«, die »Zeit, innerhalb deren sich ein Mensch, eine Gruppe, eine Gesellschaft frei entfalten können, ein Agens, das im Prinzip egalitätsfeindlich ist«, Zeit als »Topos des rechten Maßes« zwischen Trägheit und ziellosem Treiben, auch »Reformen der Reformen müssen möglich bleiben«. – S. zuletzt die »Verfassungsdebatte« des Dt. Bundestages vom 14./15. Febr. 1974: GG kein »statisches Korsett«, Verfassung als »dynamischer Prozeß« (Hirsch), GG als »Verfassung der offenen Wege« (Genscher), GG »nichts Abgeschlossenes, sondern der Weiterentwicklung ebenso fähig wie bedürftig« (H. Maier).

anthropologisch begründete Idee der Verhinderung von Machtmißbrauch. Insofern gewinnt die historische Auslegungsmethode eine neue – begrenzte – Legitimation als entwicklungsgeschichtliche, »transformierende« Interpretation. Das Verfassungsverständnis findet seinen Ausdruck in der Akzentuierung von Verfassungsprinzipien wie Öffentlichkeit und Offenheit, Demokratie, Pluralismus, Freiheit, Rechtsschutz, aber auch in bestimmten verfassungsrechtlichen Verfahren (etwa des Parlamentsrechts). Es ist Ausdruck bestimmter Interpretationsmethoden, sosehr es umgekehrt diese mitbestimmt. Das jeweilige Verfassungsverständnis (das auch ein Verständnis vom »Verfassungs*recht*« ist), die einzelnen Sachgehalte und Verfahrenspostulate der Verfassung sowie die Interpretationsmethoden (samt Vor- und Nachverständnis) beeinflussen sich also wechselseitig.

Dieses Verfassungsverständnis, das die Zeit bewußter einbinden will bzw. sich »an und in die Zeit« bindet, kann nur schlagwortartig charakterisiert werden: Verfassung als law in public action, als öffentlicher Prozeß (normativ-prozedurales Verfassungsverständnis), als Rahmenordnung[34] (Wegweiserfunktion). Wichtig werden Offenheit der Verfassung, die Prozesse ihrer Verwirklichung (»Legitimation *der* Verfahren«!). Verfahren sind es, die die Verfassung auf den Weg bringen, besonders die Verfassungsgerichtsbarkeit; sie bewirken, daß die Verfassungs*interpretation* einen sonst nicht erreichten Stellenwert bei der Fortbildung der Verfassung erlangt. Das öffentliche Verständnis der Verfassung ist ein sich in der Zeit bewährendes Verständnis. Hans Huber[35] hat in bezug auf das Recht von einem ihm eigentümlichen »Spiel und Gleichgewicht von Wandel und Beharrung« gesprochen, von Konkretisierung als »Verfassungsentfaltung, Ausschöpfung und Anreicherung, Rechtsfortbildung ganzer Normprogramme im Laufe der Zeit und im Wandel der Gesellschaft«. Verfassungen müssen sich bewähren, sie haben nicht bloß zu bewahren![36] Mit Recht/(116) wird die US-Verfassung so gerühmt: Sie hat sich als genügend flexibel erwiesen.[37] Ihr hohes Alter ist Beweis für ihre »ewige Jugend«, es ist Beweis ihrer Erneuerungsfähigkeit.

Lebende Verfassung, Wachstumsprozesse, grundrechtssichernde Geltungsfortbildung, »Nachverständnis«, Verfassungsänderungen als verfassungspolitisches Gebot: all das sind Vokabeln, die auf die Zeit deuten. Erinnert

34 Dazu *Häberle*, ZfP 16 (1969), S. 273 ff.; VVDStRL 30 (1972), S. 43 (56, 166).
35 *H. Huber* in: Gedenkschrift für Max Imboden, 1972, S. 191 (206 bzw. 192).
36 Dazu für das Grundrechtsverständnis: mein Mitbericht, VVDStRL 30 (1972), S. 43 (73).
37 Vgl. *Fraenkel*, Das Amerikanische Regierungssystem, 1960, S. 21: »Sie (sc. die US-Verfassung) befindet sich vielmehr seit ihrem Inkrafttreten in einem kontinuierlichen Umwandlungsprozeß.«

sei an Hellers Bild[38] von der Staatsverfassung als »geprägter Form«, die lebend sich entwickelt, sowie von Sozialgebilden, in denen die Zeit nicht »entmächtigt«, sondern nur »gestaut« sei. »Fortbildung« der Verfassung wird so gesehen zum Beweis ihrer normierenden Kraft!

*Verfassung* ist rechtliche Grundordnung eines *freiheitlichen* öffentlichen Prozesses – law in public action –, und sie wird als demokratische Verfassung selbst zum Prozeß. Als solcher weist sie in die Zukunft. Demokratisches Verfassungsrecht ist Recht der Öffentlichkeit par excellence. Öffentlichkeit ist das Gesetz, unter dem Verfassung angetreten ist und unter dem sie sich weiterzuentwickeln hat. In der Öffentlichkeit und ihren Korrelatbegriffen liegen Voraussetzungen und Bahnen der Fortentwicklung der Verfassung. Die Wirklichkeit der Verfassung[39] ist die Wirklichkeit ihres so verstandenen – *öffentlichen* – Rechts.[40]

Die Vitalität einer Verfassung, d. h. ihre Kunst, Kontinuität zu schaffen, hängt u. a. davon ab, ob sie so organisiert wird, daß die Verlebendigungsprozesse zwischen den Teilen, etwa den einzelnen Staatsfunktionen, in Balance bleiben. Das Geben und Nehmen zwischen den Gemeinwohlfunktionen auf allen Stufen der Rechtsordnung[41] ist ein solcher Prozeß. Es kommt zu Spiralen, die im Verfassungsgeschehen die Verfassung insgesamt weiterführen. Verfassungsgeschehen ist *Zeitgeschehen*. Es gilt, eine Grob- und Feineinstellung der Rechtsordnung gegenüber den »Zeitläuften« zu finden. Wenn »Dauer« einer Verfassung ein Kompliment für sie ist, so deshalb, weil sie sich in der Zeit »halten« kann, indem sie mit ihr geht.[42]

Die Erkenntnis des Zeitfaktors setzt den Juristen in den Stand, durch seine Mittel die Zeit reflektiert und differenziert in den einzelnen Rechtsproble-

38 Staatslehre, 1934, S. 258 bzw. S. 47.

39 Zur ihr grundlegend: *Hesse*, a.a.O., S. 17 ff.

40 Zum ganzen *Häberle* in: ZfP 16 (1969), S. 273 ff.; ders., »Struktur und Funktion der Öffentlichkeit im demokratischen Staat« in: Politische Bildung, H. 3 (1970), S. 3 ff. – Die normierende Kraft der Öffentlichkeit ist eine in der parlamentarischen Demokratie legitime Bereicherung und Begrenzung der richterlichen Interpretation.

41 Dazu *Häberle*, Öffentliches Interesse als juristisches Problem, 1970, bes. S. 204 ff.

42 Ein ähnliches Bild bei *G. Husserl*, a.a.O., S. 26, für die Rechtsnorm. Die Veränderbarkeit der Verfassung und damit die Zeit, den Entwicklungscharakter so zu betonen, hat freilich einen Preis: Er besteht im Eingeständnis der großen Unbestimmtheit der Verfassungssätze, in der geringeren Rechtssicherheit und Verläßlichkeit des Verfassungsrechts. Gewiß muß die unverzichtbare *Entlastungs*funktion der Rechtsprechung im politischen Gesamtsystem bedacht werden. Gleichwohl wird an der Tendenz festgehalten: vieles erscheint sonst als Selbstbetrug. Die stärkere Verunsicherung und Belastung, die die Einsicht in die Rolle des Zeitfaktors mit sich bringt, ist aufzufangen durch überprüfbare Maßstäbe und Instrumente, rationale Verfahren usw. »Rechtsgespräch« ist noch keine »Auflösung« des Rechts.

men und Staatsfunktionen zu verarbeiten. Dies ist um so wichtiger, als Verfügung über die Zeit eine eminente politische *Macht* bedeutet. Das zeigt sich historisch in dem Satz »lex posterior/(117) derogat legi priori« als Ausdruck der neuen Souveränität.[43] Der Kampf um das »gute alte Recht« war ein Kampf gegen die Zeit und um die Zeit. Die Durchsetzung einer »Vorwirkung« von Gesetzen bedeutet Machtzuwachs. Machtgewinn präsentiert sich als Zeitgewinn bzw. umgekehrt. Man denke an die Nichtigerklärung verfassungswidriger Gesetze durch das BVerfG,[44] an ihre verschiedenen zeitlich gestaffelten Formen und an den Funktionswandel eines Verfassungsauftrags wie des Art. 6 Abs. 5 GG.[45]

Was ist nach alledem Zeit? Sachlich ist Zeit die Möglichkeit, sich verändern zu *können*, zu einer wirklichen Veränderung braucht es jedoch nicht zu kommen (Veränderung ist also nicht per se ein Positivbegriff). Zu untersuchen sind die Bedingungen der Möglichkeiten zu Änderungen. Was sich verändern kann, aber nicht verändert, muß sich ja bewähren. – Die starke Betonung des Zeitfaktors darf nicht zu dem Mißverständnis führen, daß die Zeit zum »movens«, zum bewegenden »Subjekt« der Geschichte zu stilisieren sei, daß sie ea ipsa etwas bewirke. Geschichte (eines Gemeinwesens) hat viele Subjekte; die Zeit ist im Grunde nicht mehr als die *Dimension*, in der Veränderungen möglich und notwendig sind – bewirkt von realen, angebbaren (z. B. ökonomischen) Faktoren und Kräften, etwa Interessengruppen, aber auch von »subjektiven« Erfahrungen in und mit einer bestimmten Verfassung sowie von Umwelterwartungen und Ideen. Die Zeit indiziert ein »Ensemble« bewegender sozialer Kräfte und Ideen, die sie strukturieren. Trotzdem kann man von »der Zeit« sprechen, um die Kategorie der Veränderung auf allgemeiner Ebene verfassungstheoretisch in den Griff zu bekommen. Der Begriff der Zeit ist eine Chiffre, die für das steht, was »in der Zeit« passiert. Das Gemeinwesen, seine Möglichkeiten und Notwendigkeiten, aber auch Interessengegensätze und -interdependenzen bringen das qualitative Moment in die Formalkategorie der Zeit.

Bei allem »zeitlichen« Verständnis von Verfassung und *»verfassungsimmanenten«* Verständnis von Zeit gilt: »Erfahrung« muß von vonherein sachlich und methodisch mitverarbeitet werden: teils über den Begriff des »Nachverständnisses«, teils über »Verfassungsänderungen«. Verfassungen sind wesentlich aus der Erfahrung entstanden, die Macht werde zum Nachteil der Bürger mißbraucht. Die Formen des Machtmißbrauchs ändern sich;

43 Vgl. *Ipsen*, Aktuelle Fragen des europäischen Gemeinschaftsrechts, 1965, S. 1 ff. (25 f.).
44 Dazu zuletzt *Pestalozza* in: AöR 96 (1971), S. 27 ff.
45 BVerfGE 25, 167 ff.; dazu *Simitis* in: JZ 1969, S. 277 ff.

entsprechend neu muß die Verfassung reagieren und »steuern«, z. B. in Gestalt der »Drittwirkung« von Grundrechten, über die Durchsetzung »sozialer Grundrechte«, über Partizipationsformen.[46]
In den Verfassungsinstitutionen westlicher Demokratien haben sich »Erfahrungswerte« als Erkenntnisse und Interessenwerte angesammelt, die man nicht leichtfertig aufs Spiel setzen sollte, so wandlungsfähig, d. h. interpretationsoffen sie sind und sein müssen, sosehr auch sie dem Prozeß von »trial and error« ausgesetzt sind. Man denke an die Gewaltenteilung und ihre neuen nichtstaatlichen Erscheinungsformen als »publizistische Gewaltenteilung« (zwischen den Massenmedien); auch der Methodenkanon ist, so offen er gehalten werden muß, ein solcher nicht unpolitischer Erfahrungsschatz. Die Verfassung entfaltet sich »zwischen« Anpassung und Widerstand.[47]

/(118) 2. *Verfassungsrechtliche Sachaussagen und zeitgebundene bzw. -bindende Interpretationsmethoden – ihr Wechselverhältnis*

Die Auslegungsmethoden bestimmen nicht nur die Sachgehalte der Verfassung, sie sind in Qualität, Rang und ihrem Verhältnis untereinander ihrerseits von diesen Verfassungsprinzipien abhängig. Z. B. besteht ein intensiver Zusammenhang zwischen »pluralistischer Demokratie«, »sozialem Rechtsstaat« und »Freiheit« mit der bzw. mit den zu wählenden Methoden: Die entstehungsgeschichtliche Auslegungsmethode, eher der konstitutionellen Monarchie zugeordnet, tritt heute in den Hintergrund, hat aber als entwicklungsgeschichtliche eine legitime Funktion. Im Gewicht, das das BVerfG und ein Teil der Literatur der objektiven gegenüber der subjektiven Auslegungsmethode einräumen,[48] liegt ein Zugeständnis an die Zeit. Gleiches gilt für die spezifisch verfassungsrechtliche folgenorientierte Auslegung.[49] Alles hängt freilich von der Interessenehrlichkeit der Interpretation ab. Sie ist Konsequenz der Interessengebundenheit juristischer Argumentation.

46 Dazu *Schmitt Glaeser* in: VVDStRL 31 (1973), S. 175 ff.

47 S. auch *Henkel*, Einführung in die Rechtsphilosophie, 1964, S. 39: »Für die gesunde Verfassung einer Sozietät ist es wichtig, daß Beharrungs- und Wandlungstendenz des Rechts in einem angemessenen Kräfte- und Wirkungsverhältnis zueinander stehen.«

48 Dazu (kritisch) etwa *Ehmke* in: VVDStRL 20 (1963), S. 53 (57 ff.); *Hesse*, Grundzüge, S. 22 f.

49 *Zippelius*, a.a.O., S. 65, will auch die »Konsequenzen« einer Entscheidung überdacht wissen. S. bes. *Bachof* in: Summum jus summa injuria, 1963, S. 41 ff. (45 f., 47 f.); w. N. in Anm. 91.

Die Relevanz des Zeitfaktors für Verfassungsauslegung muß bewußter als bisher von den »verfassungsrechtlichen Grundentscheidungen« aus bestimmt werden. Verfassungsprinzipien (wie Sozialstaat, pluralistische Demokratie, Öffentlichkeit), Verfassungsdirektiven bzw. Staatszielbestimmungen[50] und die Entwicklung der Staatsaufgaben[51] wirken auf die Interpretationsmethoden und ihr Verhältnis zueinander ein, zumal im Kraftfeld der normierenden Bedeutung der Öffentlichkeit, besonders der öffentlichen Meinung[52] (Präjudizierung von Methodenwahl und Methodenverhältnis durch die *Sach*gehalte der Verfassung[53]). Im GG sind zu nennen: die »Republik« als Bezugnahme auf – offen zu sehende – res und salus publica, Grundrechte, die ebenso wie das Prinzip Öffentlichkeit und der Wissenschaftsbegriff eine »offene« Interpretation favorisieren, die Entfaltungsfreiheit, der soziale Rechtsstaat, die (repräsentative) Demokratie,[54] der Pluralismus, z. B. als »gesellschaftliche Repräsentanz«.[55] Das – demokratische – Mehrheitsprinzip taucht ebenfalls in der Interpretationsdiskussion auf, verdeckt in der Forderung nach einem Rückgriff auf Gerechtigkeitsvorstellungen möglichst vieler oder in »Durchschnittsbegriffen«.[56] Das Reichsgericht greift auf ein Surrogat der Allgemeinheit in der Formel vom »Anstandsgefühl/(119) aller(!) billig und gerecht Denkenden« zurück,[57] das Ehmke ins Verfassungsrecht transformiert hat: als »Konsens aller vernünftig und gerecht Denkenden.«[58] Wenn die Auslegung auf die Einheit der Verfassung verweist,[59] so kann sie damit auch auf die Zeit verweisen, sofern das Verfassungsverständnis entsprechend offen ausfällt.[60]

50 Zu ihnen: *Scheuner* in: Festschrift für Forsthoff, 1972, S. 325 ff.

51 Zu ihnen jetzt: *Bull*, Die Staatsaufgaben nach dem Grundgesetz, 1973. Bestimmte Staatsaufgaben müssen von GG wegen innerhalb einer bestimmten Frist erfüllt werden (s. die E. des BVerfG zur Fortdauer der Untersuchungshaft in: NJW 1974, S. 307 ff.).

52 Dazu mein Beitrag in: *Würtenberger* (Hrsg.), Rechtsphilosophie und Rechtspraxis, 1971, S. 36 ff. (39 ff.); AöR 95 (1970), S. 260 (287 ff.); Öff. Interesse, S. 417 ff.

53 Angedeutet bei *Zippelius* a.a.O., S. 28: Welche Auslegung einer wählt, hängt davon ab, was für eine Staatsphilosophie er hat. S. 26: Subjektive Auslegung in Diktaturen, anders als in der repräsentativen Demokratie. S. auch *A. Kaufmann*, a.a.O., S. 97 f., im Anschluß an Engisch. – Im »evolutionären« Sozialstaatsprinzip liegt eine Ambivalenz im Verhältnis zur Zeit: Einerseits bewahrt es »soziale Errungenschaften«, andererseits enthält es ein forderndes Moment in die Zukunft.

54 Vgl. *Zippelius*, a.a.O., S. 26 f.

55 I. S. von BVerwG JZ 1972, S. 206. S. auch *P. Häberle*, Öff. Interesse, S. 501 ff.

56 Nachweise bei *Häberle*, Öff. Interesse, S. 425 ff.

57 Sie können auch eine bloße Minderheit sein!

58 VVDStRL 20 (1963), S. 53 (71, 131).

59 *Hesse*, Grundzüge, S. 28, 12.

60 Freilich ist jede »Einheitsideologie« zu hinterfragen.

Die *Demokratie*[61] ist ein Zukunftsoffenheit spezifisch legitimierendes Verfassungsprinzip. Als Prinzip der Evolution verstanden erhofft sie vom öffentlichen Wechselspiel zwischen (veränderbarer) Mehrheit und Minderheit(en) eine anderen Staatsformen nicht bekannte Gestaltung der Zukunft durch Alternativen: über Öffentlichkeitsgarantien und ein ausdifferenziertes Verfahrenssystem. Regelmäßige Neuwahlen,[62] begrenzte Macht, d. h. begrenztes Vertrauen auf Zeit usw., sind der Versuch, der Zeit »gerecht« zu werden. Keine andere Staatsform strukturiert sich selbst so sehr auf die Zeit hin und in der Zeit wie die parlamentarische Demokratie. Um sich lebensfähig zu halten, muß sie heute neue Formen optimaler Zeitkongruenz erfinden: von öffentlichen Hearings bis zu neuen Formen der Parlamentsauflösung.[63]

Politische Ämter (man denke an den Begriff der Wahl- und Amtsperiode) sind grundsätzlich zeitlich begrenzte Ämter, weil dadurch die Macht kontrollierbar wird und sich nicht in Personen verfestigt. Macht und Kompetenz »auf Zeit« sind ein Strukturelement der freiheitlichen Demokratie, weil Verfügung über Zeit notwendig ist, Macht bedeutet und begrenzt werden muß.[64] Machtkontrolle geschieht also auf dem Weg über die Zeit!

Wie eng Verfassungsprinzipien, Verfahren und Methoden zusammengehören, zeigt folgendes Beispiel: Der *Verfahrens*charakter der Auslegung ist angesprochen im Wort »Auslegungsprozedur« und offenkundig in der Tatsache,

61 Zum demokratischen Prinzip im GG: *von Simson/Kriele* in: VVDStRL 29 (1971), S. 4 ff. bzw. 46 ff.; *Badura*, ebd. S. 96: Demokratie als ein »Prinzip der Kritik und ein Prinzip des Weiterdrängens«.

62 Zu »Wahlsystem und Verfassungsordnung« jetzt das gleichnamige Buch von *H. Meyer*, 1973.

63 Dazu die Diskussion im Zwischenbericht der Enquête-Kommission des Deutschen Bundestages, 1973, S. 141 ff.

64 S. auch *Leisner* in: Der Staat 7 (1968), S. 137 (160), in bezug auf das System der Amtszeiten: »Zeit wird hier zur dogmatischen Kategorie der Machtbegrenzung.« S. aber auch *Luhmann* in: Der Staat 12 (1973), S. 1 ff. (12 f.): Der zeitl. festgelegte Wahlrhythmus verhindert, daß langfr. Aufgaben angepackt werden, weil sich die Politiker um die Wiederwahl bemühen müssen. – Institute wie das Notstandsrecht verdanken spezifischen Zeitproblemen ihre Existenz. Schnelligkeit und Effizienz staatlichen Handelns (s. meinen Beitrag: Effizienz und Verfassung, AöR 98 (1973), S. 625 ff.) wird hier Gebot. Im GG wird die Macht auf Zeit entsprechend differenziert verteilt. Rechtzeitigkeit wird heute oft zur Voraussetzung von Richtigkeit (*J. H. Kaiser* in: NJW 1971, S. 585 [588]). Die Begrenzung der Amtszeit der Bundesverfassungsrichter (§ 4 BVerfGG) ist eine angesichts der Eigenheiten öff. Verfassungsinterpretation im *Parteien*staat konsequente Einbindung des Zeitfaktors, der hier Verfassungsrichtermacht begrenzt, indem er sie erneut an den demokratischen Prozeß (Richterwahl!) rückkoppelt. Soweit dieser heute durch die die repräsentative Demokratie ergänzende Partizipation gekennzeichnet ist, wird Macht zeitlich variabel auf neue Weise beschränkt, aber auch legitimiert. – Die hohe Relevanz des Zeitfaktors heute ist durch die (post-)industrielle Entwicklung der Gesellschaft bedingt.

daß erst im Verfahren die für die »Entfaltung« der Rechtsnorm relevanten tatsächlichen Umstände (Sachverhalte)/(120) beigebracht werden; er zeigt sich bei *Esser*, insofern er für soziale Richtigkeit den Konsens als einzig verifizierbares Indiz ansieht. Dieser setze als Prämisse die Gesprächsfähigkeit voraus.[65] Auch Hesses[66] »praktische Konkordanz« ist ein Verfahren. Konkret: Art. 103 Abs. 1 GG ist mit A. Arndt zu interpretieren: als richterliche Pflicht zum – offenen – »Rechtsgespräch«.[67] Weil Rechtsfragen als Interpretationsfragen, das heißt zugleich als Sachverhalts(-aufbereitungs-)fragen,[68] offen sind, weil Methodenwahl und Vor- bzw. Nachverständnis rationalisiert und strukturiert werden müssen, muß das Rechtsgespräch (vermittelt insbesondere durch Anwälte) institutionalisiert werden. Das Rechtsgespräch wird zum Zeitgespräch! Ohne diesen umfassend verstandenen Art. 103 Abs. 1 GG gibt es keine konsenstaugliche, methodisch »geklärte« Auslegung. Art. 103 Abs. 1 GG ist insofern eine (Ab-)Sicherung rationaler Auslegung. Die Verfassungsinterpretation[69] ist auf die differenzierten Ausformungen des Art. 103 Abs. 1 GG im Verfassungsprozeßrecht angewiesen.[70] Art. 103 Abs. 1 GG bzw. seine Auslegung und das Methodenverständnis bestimmen sich wechselseitig. Dieses *methodenbedingte* Verständnis von Art. 103 Abs. 1 GG ist letztlich aus der umfassenden Rechtsschutzgarantie des Art. 19 Abs. 4 GG[71] zu begründen. Art. 103 Abs. 1 GG erscheint als Grundrecht der (Rechts-)Information und Kommunikation, so wie Verfahrensrecht überhaupt als *Kommunikationsrecht* zu deuten ist. Er ermöglicht »sinnvolle« Methodenwahl. Er ist ein Beispiel für die *Methodenrelevanz* eines Grundrechts.

Auch in anderen prozessualen Grundrechtsschutzgarantien stecken entsprechende Kommunikationsaufforderungen bzw. -chancen, die für die Methodenwahl des Interpreten relevant werden. Art. 104 GG ist hier an erster Stelle zu nennen. Solche spezifisch verfahrensbezogenen »methodenpluralistischen« Grundrechte halten das Rechtsfindungsverfahren und damit

65 Vorverständnis und Methodenwahl, 2. Aufl. 1972, S. 28.

66 Grundzüge, S. 27 ff.: »Das Verfahren konkretisierender Interpretation«.

67 NJW 1967, S. 1585 (1586).

68 Das Recht entwickelt sich ja »am« Sachverhalt.

69 Die Publizität des Sondervotums (§ 30 Abs. 2 BVerfGG) gibt den Weg frei für ein in die Unendlichkeit verlängertes Gespräch in, durch und über die Öffentlichkeit der Verfassung. Sie ist die verfassungsprozessuale Form einer Reform- bzw. Experimentierklausel. Sie bietet den Ansatz für geänderte Verfassungsinterpretation (über neue Öffentlichkeitskristallisationen). Die Institutionalisierung des Sondervotums ist eine positivrechtliche Anerkennung der »offenen« Verfassungsinterpretation. Sie impliziert, daß das BVerfG an seine eigene Rechtsprechung *nicht* gebunden ist (dazu: BVerfGE 4, 31 [38]).

70 Vgl. z. B. §§ 77, 94 BVerfGG.

71 Zu ihm jetzt: *Lorenz*, Der Rechtsschutz des Bürgers und die Rechtsweggarantie, 1973.

auch die Verfassung offen: Sie verhindern die antizipierende Festlegung auf eine bestimmte Methode und Entscheidung.[72] Diese Überlegungen müssen Konsequenzen haben in der – ständig zu verbessernden – Ausgestaltung des *Prozeßrechts*. Es ist nicht nur formalisierte Randbedingung der Auslegung, es präjudiziert die Methodenfragen sachlich entscheidend mit.[73] Das Prozeßrecht ist so zu gestalten, daß die vielberufenen Verhältnisse »verzerrter Kommunikation« (Habermas) abgebaut werden.

/(122) Es ist kein Zufall, daß der klassische Rechtsbehelf des Bürgers gegen den Staat, die Verfassungsbeschwerde, nicht dem Anwaltszwang unterliegt. Öffentlichkeit der Verfassung wirkt sich hier unmittelbar aus. Die Publizität der Verfassungssprache muß so gestaltet sein, daß der Bürger seine Rechte kennt und daß er sie selbst vor dem Verfassungsgericht geltend machen kann. Hier sind sprachphilosophische Überlegungen in verfassungstheoretische[74] einzubringen. Im Bereich des Verfassungsrechts muß die juristische Fachsprache so allgemeinverständlich sein, daß sie dem Bürger etwas sagt. Die Verfassung muß sich der Alltagssprache öffnen. Die Sprache der Verfassung muß zur Sprache aller Bürger werden. Idealiter fällt die Verfassungssprache mit der Alltagssprache zusammen und schafft Publizität und Transparenz: Verfassungsrecht, insbesondere Grundrechte, gehen jeden an.

### 3. *Die einzelnen Interpretationsmethoden als unterschiedlich wirkende Vehikel des Zeitfaktors im – republikanischen – Auslegungsvorgang*

*These:* Alle Interpretationsmethoden haben denselben sachlichen Bezugspunkt: die – in der Zeit wirkende – Öffentlichkeit und Wirklichkeit der Verfassung: »republikanische Auslegung«. Öffentlichkeit und Wirklichkeit der Verfassung lassen sich nur durch offene Auslegung einfangen!

Die verschiedenen Methoden halten verschiedenes »Material« bereit: die historische ein Stück Öffentlichkeit und Wirklichkeit des Zeitpunkts der

72 Dieses »prozessuale« Verständnis von Methodenproblematik und Verfassungsprinzipien ist Ausdruck ihres zeit-gerechten Verständnisses. Denn Zeit-Probleme lassen sich vor allem durch Verfahren verarbeiten, die freilich ihrerseits in sachlichen Zusammenhängen stehen. Das GG ist insgesamt auf in diesem Sinn methoden- bzw. verfahrensrelevante Aussagen abzusuchen.

73 *Häberle* in: JZ 1973, S. 451 (452 f.).

74 Auch die Verfassungstheorie muß sich der Kritik der Sprachtheorie stellen. Ihre wachsenden Differenzierungen könnten auf Kosten der Publizität der Verfassung gehen. Die Forderung nach immer neuer »Rückkehr« zum Urtext dient der Befreiung von dogmatischen Verkrustungen, ohne daß ein solcher Rückgriff jedoch zum Selbstbetrug werden darf.

Normsetzung, die objektive die Öffentlichkeit und Wirklichkeit hic et nunc. Öffentlichkeits-, gemeinwohl- und folgenorientierte Auslegung suchen ihre Inhalte im Blick auf die antizipierte Zukunft. So gesehen haben *alle* Auslegungsmethoden Bezug zur Öffentlichkeit und Wirklichkeit der Verfassung, sie unterscheiden sich nur durch unterschiedliche Zeitperspektiven. Diese Sicht ist kein Plädoyer für eine Einebnung der Auslegungsmethoden als wichtiger Mittel richterlicher Selbstdisziplinierung,[75] im Gegenteil: Die sich wandelnde Öffentlichkeit und Wirklichkeit muß – zeitlich – *differenziert* erschlossen werden;[76] die »Organisation« der Auslegungsmethoden geschieht unter diesem einheitlichen sachlichen Bezugspunkt.[77]

Ziel aller Auslegung ist ein (zukunfts-)offenes Verfassungsverständnis und in ihm ein gerechter, »vernünftiger« Interessenausgleich. Es findet in der entsprechend »offenen« Auslegung verfassungsrechtlicher Prinzipien seinen Ausdruck. Aufgabe ist es, die juristische *und* die sozialwissenschaftliche Methodenkontroverse am *Gegenstand »Verfassung«* zusammenzuführen, der als Verfassung der Freiheit die Zukunft offenhält, das *Mögliche und Notwendige* (im Normativen) zur Wirklichkeit werden läßt. Verfassung als Gesamtrahmen der res publica wird Plattform für die Zukunftsorientiertheit aller Wissenschaften und ihrer Innovationspotentiale.

/(122) Angesichts der Zukunftsorientierung dürfen freilich die Erfahrungswerte der Vergangenheit sowie die Gegenwart und das, was in ihr »machbar« ist, nicht aus den Augen verloren werden. Indes: Das »Denkbare« darf nicht auf das »Machbare« reduziert werden, andernfalls wäre noch weniger machbar und damit auch denkbar. Das Machbare ist nicht das Maß aller Dinge! Ähnliche Relationen bestehen zwischen dem Notwendigen und Möglichen, dem Normativen und Wirklichen.

Die einzelnen Auslegungsmethoden leisten je nach der Art, wie sie »organisiert« werden, unterschiedliche Beiträge zur Verarbeitung der Zeit,[78] z. B.

75 »Bindung an das Gesetz« läßt sich nur durchhalten dank der über zeit-»gerechte« Interpretation vermittelten Freiheit gegenüber dem Gesetz. (Es sind ja Menschen, die interpretieren.) Diese lebt von der Möglichkeit und Durchsetzbarkeit von Alternativen gegenüber bisherigen Auslegungsergebnissen.

76 Beispiele in meiner Studie Öff. Interesse, S. 285 ff., 417 ff., 558 ff., 571 ff.

77 Zur »Architektur« dieser öffentlichen Wirklichkeit, zu dem sie der Auslegung vermittelnden vielseitigen Einsatz des »öff. Interesses« meine gleichnamige Studie. Dazu jetzt eingehend *Stolleis* in: VerwArch. 65 (1974), S. 1 ff.

78 Sei es, daß das Recht entwickelt, sei es, daß es bewahrt wird. Recht muß sich ja öffentlich behaupten. Zu den verfassungsrechtlichen »Wachstumsprozessen« kommt es durch Interpretation, aber auch durch (formelle) Verfassungsänderung; diese steht keineswegs jenseits von Interpretation; ob sie erforderlich ist, ergibt sich aus Interpretation. Wenn *H. Huber* in der Gedenkschrift für Imboden, 1972, S. 191 (206), formuliert, die Konkretisierung von Grundrechten mache Änderungen des Grundrechtsteils der Ver-

als Beschleunigung oder Verzögerung durch wechselndes Zusammenspiel. Es geht darum, »Erfahrung« methodisch (und damit auch sachlich) zu tradieren, die Gegenwart richtig einzuschätzen und die Interpretation offenzu*halten*. Darin liegt ein sich je nach Zeit verschieden stellendes Problem. Der öffentliche »Wachstumsprozeß« der Verfassung ist von einem Verfeinerungsprozeß der Auslegungsregeln begleitet, ja durch ihn bedingt. Klassische Auslegungsregeln werden nicht »abgestoßen«, sie gleichen eher »Ringen« im Stamm der lebenden Verfassung! *Offene* Interpretation ist je nach dem Interpretations*gegenstand* abgestuft zu sehen. Die inhaltliche Determinierung der verschiedenen verfassungsrechtlichen Begriffe ist unterschiedlich. Das gilt vor allem für die Einzelfreiheiten. Die Freiheit von Wissenschaft und Kunst ist offener[79] als die von Art. 6 Abs. 1 GG.

Im Vordergrund der Einbindung des Verfassungsrechts in die Zeit stehen die öffentlichkeits-, wirklichkeits-, gemeinwohl- und folgenorientierte Auslegung – als verschiedene Annäherungsweisen an das Zeitmoment: »Zeitwege«. »Öffentlichkeit«, »Wirklichkeit« und »Gemeinwohl« zumal lenken den Blick auf den Gesamtrahmen der Verfassung der res publica,[80] auf ihre Normativität und Normalität.

*Offene Auslegung integriert* die bisherigen Auslegungsmethoden. Sie erzwingt eine Öffnung des Methodenkanons. Die geschichtliche *Kontinuität* der Verfassung ist bedingt durch ihre offene Interpretation. Zur Öffentlichkeit und Wirklichkeit der Verfassung müssen die Interpretationsmethoden immer neue Brücken schlagen. Es kommt zu »Interpretationsentwicklungen«. Auslegung ist immer Auslegung in der Zeit.[81] Das in Art. 79 Abs. 1 S. 1 GG begründete Prinzip der formellen Verfassung und ihrer Publizität läßt sich nur durchhalten über offene Verfassungsinterpretation. Die/(123) hier weit verstandene »Verfassung« muß sich durch Auslegung »ändern« können,[82]

fassung für große Zeitabschnitte »überflüssig«, so zeigt sich, wie sehr die »Verfassungsänderung« ex post gesehen relativiert wird, ja ersetzbar ist. Verfassungsänderung und »Verfassungswandel« unterscheiden sich mehr ex ante als ex post und mehr in der formalen Struktur als im praktischen Ergebnis!

79 Normen sind nicht beliebig offen, sie schließen per se auch bestimmte Entwicklungsmöglichkeiten gerade aus (Selektionsleistung).

80 Dazu m. N. mein Öffentliches Interesse, 1970. – (Verfassungs-)Interpretation wird unterschiedlich praktiziert, je nachdem, wie das Verhältnis von Vergangenheit, Gegenwart und Zukunft vorverstanden, ob und wie das Recht in der Entwicklung gesehen wird, als law in *public* action.

81 Interpretation ist auch ein Stück öff. Kritik.

82 Diese Änderungsoffenheit der Verfassung ist Konsequenz des hier zugrunde gelegten umfassenden Verfassungsverständnisses. Es kommt auch in der Anerkennung von sog. »Verfassungsgewohnheitsrecht« zum Ausdruck, das freilich meist ein Interpretationsproblem in bezug auf *geschriebenes* Recht ist.

in stärkerem Maße als Gesetze, die sich »einfach« ändern lassen. Freilich läßt die funktionell-rechtliche Problematik dem Gesetzgeber mehr Freiheit als dem Richter.

Die Rückkoppelung der Interpretation an den demokratischen Prozeß geschieht in allen Formen normierender Kraft der Öffentlichkeit; erinnert sei an den Satz »The Supreme Court follows the elections.«[83] Das relativiert den Primat der (Verfassungs-)Interpretation und vermittelt demokratische Legitimation, die nicht auf dem Umweg über Interpretation in Frage gestellt werden darf. Gerade der demokratische Gesetzgeber ist ein wesentliches Stück Öffentlichkeit. Offene Interpretation der Verfassung und des für sie konstituierenden Freiheits- und Wissenschaftsbegriffs ist Konsequenz des Pluralismus im allgemeinen und der Wissenschaftsbegriffe im besonderen. Das Verständnis von »Auslegung« hat an die wissenschaftstheoretische Diskussion anzuknüpfen. Die geistesgeschichtliche Auslegung erweist sich als notwendiges *Durchgangs*stadium zur »offenen« Auslegung. Diese geschieht nicht im luftleeren und zeitlosen Raum, sie bedarf der geistes-, problem- und sozialgeschichtlichen Elemente, der Techniken vielfältiger Interpretationshilfen. Offene Auslegung hat Inhalte und Grenzen, »Materialien«; zu ihnen gehören Aspekte der überkommenen Auslegungsmethoden, ebenso sozialwissenschaftliche Perspektiven. In der Art und Weise, wie sie untereinander gewichtet werden, liegt eine wesentliche Bewährungsprobe für Verfassungsinterpretation.[84] Auf das Wechselverhältnis zwischen den Sachgehalten der Verfassung und ihren Interpretationsmethoden wurde schon hingewiesen. Die »Auslegung der Auslegungsmethoden« ist durch die materiellen und formellen Verfassungsprinzipien präjudiziert.

Bindet die Interpretationslehre sich in die Zeit sehr viel stärker ein, so erscheint Wandel nicht als primär »von außen« kommender Vorgang, sondern als Konsequenz der »Norm in der Zeit«: als »Interpretation«. Einen

83 Dazu *Dolzer*, Die staatstheoretische und staatsrechtliche Stellung des Bundesverfassungsgerichts, 1972, S. 111 f., 74 f.

84 Was die Zeit in das Normverständnis »einbringt«, wird zum Gegenstand der Methoden selbst, »reflektiert« sich in der Methodenwahl. – Das Plädoyer für offene Auslegung ist kein Votum für eine »unbegrenzte Auslegung«, die *Rüthers*, Die unbegrenzte Auslegung, 2. Aufl. 1973, beschrieben hat. Unbegrenzte Auslegung verbietet sich angesichts der hier entworfenen Verfassungsverständnisses. Verhindert wird sie durch die gegenseitige Kontrolle der Methoden sowie durch die Sachgehalte der Verfassung, aber auch durch die der Dogmatik abverlangte »Entlastungsfunktion«, schließlich durch die Funktionsteilung zwischen Gesetzgebung und Rechtsprechung. Öffentlichkeit ist sachlich begründet, sie schafft Kommunikation und setzt Kommunikationschancen voraus. Schaffung von Konsens ist mit eine Aufgabe der Auslegung. – *Hesses* (Festschrift für Scheuner, 1973, S. 123 ff. bes. 134) »Grenzen der Verfassungswandlung« sind, so gesehen, Grenzen der Verfassungs*interpretation*.

Rechtssatz »auslegen« bedeutet, ihn in die Zeit,[85] d. h. in die öffentliche Wirklichkeit stellen – um seiner Wirksamkeit/(124) willen. Die Unbestimmtheit von Verfassungssätzen öffnet sie der Zeit und ihrer Öffentlichkeit. Der Auslegungsvorgang ist nur in der Zeit möglich und sinnvoll. Es gibt keine »zeitlose« Auslegung! Erst über die Auslegungsmethoden kommen die Rechtsnormen zu ihrer öffentlichen Wirklichkeit, sie sind deren Transmissionsriemen.[86] Man sollte daher von »Wirklichkeit der Rechtsnorm« sprechen. Damit zeichnet sich ein veränderter Normativitätsbegriff ab. Er ist von vornherein auf die offene Zukunft, ihre Möglichkeiten bezogen.

Methodenfragen geht es darum, Zeit und Verfassung (und damit Recht) aufeinander abzustimmen. Methoden sind Instrumente im und zum zeitgebundenen Interessenausgleich. Auslegen heißt, dem Verfassungsrecht eine Verwirklichungsebene in der Zeit verschaffen, Konfliktsituationen bewältigen und Konsens begründen.[87]

*Im einzelnen* ergibt sich für den Stellenwert der Auslegungsmethoden:

a) die *wirklichkeitsorientierte* Verfassungsinterpretation[88] ist, in der Zeitproblematik gedeutet, ein Versuch, der gegenwärtigen Wirklichkeit »gerecht« zu werden. Es geht freilich nicht um die der Norm äußerlich hinzugedachte Wirklichkeit, nicht um »entzeitete« Norm und zeitabhängige

85 Vgl. *Gadamer*, Wahrheit und Methode, 2. Aufl. 1965, S. 310: Er (sc. der Ausleger) hat sich vielmehr den eingetretenen Wandel der Verhältnisse einzugestehen und hat daher die normative Funktion des Gesetzes neu (!) zu bestimmen; S. 311: Er sucht dem »Rechtsgedanken« des Gesetzes zu entsprechen, indem er es mit der Gegenwart vermittelt. *G. Husserl*, a.a.O., S. 26, spricht vom gedanklichen Weiterführen des Gesetzes, von der Herstellung einer lebendigen Beziehung zum »heute«; s. auch S. 60.

86 Entsprechend wichtig werden die Verfahren der Aufbereitung der Wirklichkeit, wird insbesondere das Verfassungsprozeßrecht. Der große Anspruch an Verfassungsinterpretation kann überhaupt nur durch einen entsprechend weiten, differenzierten Ausbau des Verfassungsprozeßrechts eingelöst werden.

87 Der kritische Rationalismus schärft das Bewußtsein für die ständige Aufgabe, die Möglichkeit zu Alternativen zu institutionalisieren, indem er die Ergebnisse der Revidierbarkeit durch andere, bessere offenhält. Das geschieht auch durch flexible Methodenwahl. – Der Interpret muß auf die Zeit und ihre gewandelten Bedingungen, Wertungen, Interessen, Informationen und Erkenntnisse antworten, und dies in der Gestalt tun, auf die sich die vorangehende Periode in Form der Rechtsnorm »geeinigt« hat. Sie hat eine Art Katalysatorfunktion, ferner Reibungsgewinne und -verluste. Auslegung ist – in der Zeitdimension gedacht – weniger Auslegung von etwas Vorgegebenem als selbst ein Geben! Der Normtext erscheint »im Zuge der Zeit« oft mehr als »*Anlaß*«, als Aufhänger von und für Auslegung. Das dem Begriff »Rechtsquellenlehre« zugrunde liegende Bild »Quelle« ist daher problematisch.

88 Zur Heranziehung der Verhältnisse der »Wirklichkeit«: *Hesse*, Grundzüge, S. 19, mit einem Hinweis auf den daraus resultierenden »ständigen, mehr oder minder erheblichen Verfassungswandel«. S. auch meine Besprechung in DÖV 1966, S. 660 ff.

Wirklichkeit, sondern um die »Norm in der Zeit« selbst bzw. die »Wirklichkeit der Norm«.

b) Die *öffentlichkeitsorientierte* Verfassungsauslegung hat einen entsprechenden zeitlichen Aspekt. Abgesichert ist sie durch Aktivierung der formal und material verstandenen Öffentlichkeitsprinzipien der Verfassung, insbesondere des Rechtsstaats-, Demokratie- und Sozialstaatsprinzips.[89] Die sachlich verstandene Öffentlichkeit ist auch mitbestimmend für das Verhältnis der Methoden untereinander. Dieses Verhältnis ist seinerseits zeitgebunden und nicht ein für allemal so oder anders zu bestimmen.[90] Die *gemeinwohlbezogene* Auslegung verbindet Elemente der wirklichkeits-, öffentlichkeits- und folgenorientierten[91] Interpretation:[92] insbesondere dann, wenn/(125) man die »verallgemeinerungsfähigen und -bedürftigen« Interessen stärker in den Auslegungsvorgang hereinholt.

c) Der *historischen Auslegungsmethode* vermittelt das »republikanische« Verfassungsverständnis eine neue, begrenzte Legitimation. Bei aller Zukunftsorientiertheit der Verfassung und ihrer Dogmatik sollte nicht übersehen werden, daß in der Vermittlung von Erfahrungen eine wesentliche Kulturleistung der Verfassungsinstitutionen liegt.[93] Verfassungslehre ist insofern ein Stück *anthropologischer Erfahrungswissenschaft.*

Damit gewinnt der Begriff der »Transformation« seine Schlüsselstellung. Er wird heute viel gebraucht: in bezug auf liberales Denken, Demokratie, Öffentlichkeit, Grundrechte. Die »Übersetzung« von Verfassungsideen in die Zukunft ist häufiger als ihre Verabschiedung. Man denke an die Fortentwicklung des bürgerlichen zum sozialen Rechtsstaat, der Grundrechte zu »sozialen Grundrechten«, des Gesetzesbegriffs, der Gewaltenteilung im engeren zu der im weiteren (nichtstaatlichen) Sinne, des Prinzips Öffentlichkeit.

89 Dazu *Häberle* in: ZfP 16 (1969), S. 273 ff., ders., Öffentliches Interesse, bes. S. 708 ff.

90 Dazu *A. Kaufmann* (Hrsg.), Rechtstheorie, S. 81 (97 f.).

91 Dazu *Häberle* in AöR 95 (1970), S. 85 ff., 260 ff. und Öffentliches Interesse, passim; *H. H. Klein,* Bundesverfassungsgericht und Staatsräson, 1968 (dazu meine Besprechung in: DÖV 1969, S. 150 ff.; *Knöpfle* in: DVBl. 1969, S. 442 ff.); *Wittig* in: Der Staat 8 (1969), S. 137 ff. (148).

92 Die »schöpferische Aufgabe« des Interpreten ist eine Umschreibung seiner Aufgabe, die Zeit zu verarbeiten, auch politische Entscheidungen zu treffen. Besonders die folgenorientierte Auslegung arbeitet im Blick auf die Zeit: Sie ist vielfältig mit den anderen Auslegungsmethoden verknüpft, z. B. mit der öffentlichkeitsorientierten (zu ihren *Grenzen:* mein Beitrag in *Würtenberger,* a.a.O., S. 59 ff.). Gedacht wird an die möglichen Reaktionen der und in der Öffentlichkeit auf eine bestimmte Auslegung. Folgenorientiert ist insbesondere zukunftsorientiert.

93 Insofern liegt die Zukunft des Verfassungsstaates zum Teil in seiner Vergangenheit.

Eine konkrete Verfassung wie das GG hat »ihre« Verfassungsgeschichte[94] (z. B. durch gewandelte Verfassungsinterpretation und -änderungen). Die heutige Auslegung der Verfassung kann daher unversehens zu einer geschichtlichen Auslegung werden. Die verfassungstheoretische Aufarbeitung eines Problems (im Rahmen einer bestimmten Verfassung) kann nie »endgültig« sein: Die Praxis der Verfassung als »law in (public) action«[95] schließt dies aus. Die Verfassung bzw. die sie »tragende« Dogmengeschichte ist nie »nur« Geschichte: Die Verfassung steht viel zu sehr im Kontinuum ihrer und der allgemeinen Entwicklung, der Prozesse von trial and error. Die – wenn man will – Dialektik zwischen gelebter, heutiger Verfassung und »überholter« Verfassung, *zwischen* Gegenwart und Vergangenheit muß die Verfassungsdogmatik in die Art und Weise der Problembehandlung einbeziehen. Das bedeutet die Legitimierung einer »radikal« verstandenen historischen Auslegungsmethode. Mit dieser Maßgabe kann »Geschichte« zur Gegenwart werden! Die *entstehungs*geschichtliche Auslegung muß zur *entwicklungs*geschichtlichen transformiert werden: Aus einem Zeit*punkt* wird ein Zeit*vorgang*. Dies auch deshalb, weil der (Verfassungs-) Gesetzgeber unter einem Informationsdefizit leidet. Auf neue Entwicklungen ist er oft nicht eingestellt.
Bei diesem Verständnis der »subjektiven« Auslegung rückt diese der sog. objektiven sehr viel näher, als vielfach angenommen wird.[96] Auf die Zeitachse projiziert *wird* die entstehungsgeschichtliche zur entwicklungsgeschichtlichen Auslegung und damit schrittweise objektiviert. Denn auch die sog. objektive Auslegung bedarf der Rückkoppelung./(126) Ex post betrachtet wirkt die objektive Auslegung in einem bestimmten Zeitpunkt insofern subjektiv, als die Interpreten »ihre« zeitgeschichtlichen Vorstellungen in die Auslegung mit eingebracht haben. Folgende Generationen bemühen sich erneut um Objektivierung, die später wiederum als subjektiv erscheint usw.; *m. a. W.: der Dualismus subjektive/objektive Auslegung ist nur begrenzt aussagekräftig*. Er relativiert sich in der Zeit.[97]

94 Auf dem Weg über Verfassungsinstitutionen kommt es zu einem intersubjektiven *Erfahrungsaustausch* zwischen den Generationen. – Verfassung(ssätze) insofern »provisorisch« zu halten, ist Not und Tugend einer am »kritischen Rationalismus« sich erprobenden Verfassungstheorie.

95 Dazu im Anschluß an Esser mein Beitrag in: AöR 95 (1970), S. 86, 260 ff. (291).

96 Kritisch gegen ein Entweder-Oder der subjektiven und objektiven Auslegung: *A. Kaufmann*, a.a.O., S. 98 f. – Wichtig schon *Génys* libre recherche scientifique; dazu *Rasenack:* Gesetz und Verordnung in Frankreich seit 1789, 1967, S. 56 f.

97 Das gilt schon in der Gegenwart. »Objektive« Auslegungen einzelner Interpreten werden sogar schon von zeitgenössischen konkurrierenden Interpreten als »subjektiv« zurückgewiesen. – Wichtig wird die Frage, wie »Auslegung« die Tradition verarbeitet, vor allem im Zusammenhang mit der »Vernunft«. Soweit das Vorverständnis und in ihm

Gewiß ist die »Rekonstruktion« des Normbildungsprozesses eine wichtige Aufgabe beim zukünftigen Auslegungsvorgang,[98] dieser geht darin aber nicht auf. Die historische Auslegung gewinnt eine neue Perspektive, indem eine gedankliche »Transformation« der entstehungsgeschichtlichen Bedingungen in die Gegenwart und Zukunft erfolgt. So kann etwa die Veränderung oder das Entfallen entstehungsgeschichtlicher Verhältnisse ein Argument für eine gegenüber der Entstehungszeit der Norm veränderte Auslegung hic et nunc sein. Geschichte vermittelt hier Veränderbarkeit. Auslegung »aus der Geschichte« wird zum Vehikel, zur *Konsequenz,* nicht, wie meist angenommen, zum Hindernis für ein gewandeltes Auslegen aus der Gegenwart in die Zukunft. Die scheinbare Relativierung des geschichtlichen Auslegungs*ergebnisses* wird zu einer Verstärkung der geschichtlichen Faktoren in Gegenwart und Zukunft – mag das jetzige Auslegungsergebnis auch gewandelt sein: Insofern muß historische Auslegung *transformieren,* »übersetzen«, nicht *tradieren!*[99] Damit wird der Horizont der Zukunft sichtbar bzw. die Kategorie des »Nachverständnisses«.[100]

## 4. *Das Nachverständnis als Vorverständnis der Zukunft*

Ein Versuch, die Zeit im Interpretationsvorgang »festzumachen«, wird mit dem Begriff des »Nachverständnisses« unternommen: Es ist das Vorverständnis der Zukunft, m. a. W. der Inbegriff aller zeitlich bedingten Fakto-

die Tradition die Auslegung steuert, ist die Tradition an der Vernunft, nicht die Vernunft an der Tradition zu messen. Gewiß lebt die Vernunft nicht jenseits oder diesseits von Traditionen, aber sie lebt sicher nicht einfach *von* der Tradition. Es kann in einer bestimmten Zeit gerade Aufgabe des Richters sein, Konsens *gegen* Tradition zu schaffen. Ein Negativbeispiel für eine rein historische, zum verfassungsunmittelbaren »Selbstwert« stilisierte Auslegung bringt der Beschluß des BVerfG vom 23. 10. 1973 (NJW 1974, S. 311), in dem die in § 12 Abs. 1 Nr. 2 BWG erfolgte Begrenzung der »Allgemeinheit« der Wahl (Seßhaftigkeit im Wahlgebiet) allein als »traditionelle Begrenzung« verstanden und »demgemäß« für verfassungsmäßig erklärt wird. »Seit je her«-Argumentationen sind aber sachlich jeweils neu an der öff. Verfassung zu überprüfen.

98 Auch in der Demokratie, weil bestimmte Interessenabwägungen vom Parlament so und nicht anders getroffen worden sind.

99 Wenn *Esser* in: Festschrift für F. von Hippel, 1967, S. 95 ff. (117), von »Auffrischungsarbeit« am Gesetz spricht, so ist auch das noch allzusehr vom zunächst Vorhandenen aus gedacht. Es geht weniger um »Auffrischung« als um »Weitermalung«. (S. jetzt Essers berechtigte Vorbehalte gegen den Begriff der »Konkretisierung«, Vorverständnis und Methodenwahl, S. 75 f.).

100 Zur Zukunftsorientiertheit der Dogmatik *Häberle* in: VVDStRL 30 (1972), S. 43 (69 ff.); *Brohm,* ebenda S. 245 (251). Vgl. auch *Luhmann,* Rechtssoziologie, Bd. 2, 1972, S. 343: »Was in der Zukunft geschehen wird, wird zur zentralen Sorge des Rechts.« S. 347: »Sie (sc. die Gegenwart) muß Normen tragen, die undeterminiert bleiben oder, wenn bestimmt, als künftig umdeutbar begriffen werden.«

ren, auf Grund derer eine Norm »nachträglich« verstanden wird. Was Zeit und Entwicklung, insbesondere die Erfahrung/(127), der Wandel des Selbstverständnisses, die Sozialisationsprozesse und die normierende Kraft der Öffentlichkeit dem Interpreten der Norm »nachliefern«, gehört zum Nachverständnis.[101] Nachverständnis ist für die – interpretierte – Norm nicht minder konstituierend als das Vorverständnis. Über das Nachverständnis wirkt die Rechtsnorm als »werdendes Recht«. Dieses Nachverständnis muß im öffentlichen Interpretationsvorgang rational ausgewiesen werden. Die »neue« Methodenwahl ist mit bedingt durch das Nachverständnis. Das »alte« Vorverständnis ist ein Element bei der Bildung des »neuen« Vorverständnisses, aber nicht mehr!

Das Vorverständnis hat sich entwickelt; es entwickelt sich weiter in die Zukunft hinein zum Nachverständnis,[102] nicht zuletzt dank jetzt erkannter Folgen! Schärfer als bisher sind die Prozesse der Entwicklung, der Übergänge, aber auch der Brüche zwischen Vor- und Nachverständnis zu untersuchen. »Vorverständnis und Methodenwahl« ergeben den jeweiligen Inhalt der Norm heute, im weiteren Zeitablauf wandeln sie sich, genauer: sie führen zum Nachverständnis; es wird seinerseits als historisch bedingt ausgewiesen; es entwickelt sich ja – beeinflußt durch die Interpretationsmethoden, die nicht einfach in einem Vorfeld liegenbleiben.[103] Dieser Prozeß geht zum Teil durch die Interpretationsmethoden, Sozialisationsprozesse und ihre Ergebnisse hindurch und führt so zum Nachverständnis, d. h. dem Verständnis der Norm in ihrem weiteren Entwicklungsgang. Denn: Es gibt keine Rechtsnormen, es gibt nur *interpretierte* Rechtsnormen! Und: Ob sich eine Interpretation in der Zeit gleich bleibt bzw. bleiben soll, ist das Problem und Ergebnis von Interpretation![104] Durch die Einbeziehung des Nachverständnisses wird der Interpretationsvorgang bewußt mit den bereits gemachten Erfahrungen rückgekoppelt, die Lernprozesse werden sichtbar.

101 Belege aus der Rechtsprechung zum »öffentlichen Interesse« bei *Häberle*, Öffentliches Interesse, S. 286, 313 ff., 418 f., 571 f., z. T. unter dem Stichwort »normierende Kraft der Öffentlichkeit«.

102 Vgl. dazu aus der Sicht einer Entscheidungssoziologie: *Lautmann* in: Jahrbuch für Rechtstheorie und Rechtssoziologie, Bd. I, 1970, S. 381 ff., der von einer »Phase der Nachgefühle« und einem »post-decision-Prozeß« spricht (S. 415).

103 Das Vorverständnis ist keineswegs einseitig Determinationsfaktor für die Methodenwahl. Die Methoden wirken zurück auf das Vorverständnis: Sie schulen, bilden es im Laufe der Zeit sowohl durch die Ergebnisse, die sie einzeln bewirken, als auch durch ihr Zusammenspiel. Das Gesetz *»wird«* nicht nur in der Auslegung (*Ecker* in: JZ 1969, S. 477 ff.), es ist insofern auch schon immer geworden.

104 Es gibt keine Auslegung, die *»an sich«* richtig oder falsch ist, es gibt nur eine im *jeweiligen Zeitpunkt* vertretbare Auslegung.

Die erwähnte Formel beinhaltet zugleich eine Verstärkung *und* Relativierung des Vorverständnisses. Dieses ist stärker von den gewählten Methoden her zu sehen, gerade im geschichtlichen Prozeß. Das »Nachverständnis« soll die einseitige Fixierung der interpretierten Norm auf das, was zeitlich und sachlich *vor* ihr liegt, das Vorverständnis, korrigieren. Dieses findet im Nachverständnis seine dialektische Entsprechung. Damit ist die mindestens scheinbare Vorherrschaft des Vorverständnisses »aufgehoben«. Es wird die zeitliche Dimension stärker im Interpretationsproblem sichtbar gemacht: Das Normverständnis ist nach beiden Seiten (Enden) hin offen und zugleich »dirigiert«.[105] Das Vorverständnis ist der »Hebel«, an dem die Zeit /(128) (z. B. Lernprozesse) im Sinne des Nachverständnisses ansetzt. In einem weiteren Sinne sind alle – interpretierten – Gesetze »Zeitgegesetze«[106] – nicht nur die zeitlich befristeten.

Bislang fehlt eine Theorie der Praxis über das Vorverständnis, die genügend *prospektiv* ist, eine Zukunftsorientiertheit, die sich auf alle sog. klassischen und die neu zu entwickelnden Auslegungsmethoden wie die explizit öffentlichkeits- und folgenorientierte Auslegung auswirken muß. Das Nachverständnis ist der Versuch solcher Zukunftsorientierung. Es kann eine durchaus andere Qualität als das Vorverständnis haben: In der Zeitachse freilich ist es »nur« dessen Fortsetzung.[107] Nachverständnis ist das Vorverständnis im Zeitpunkt der »späteren« Entscheidung.[108]

105 Der Begriff Vorverständnis ist von seiner richterorientierten Gebrauchsweise zu befreien: Auch Parlamentarier und Verwaltungsbeamte arbeiten mit Vorverständnissen. Die Frage ist, wie diese Vorverständnisse einander angenähert werden können, ohne daß die (ihrerseits vorverstandenen) Funktionen Gesetzgebung, Verwaltung und Rechtsprechung miteinander identifiziert werden.

106 Die Zeit, in Recht gefaßt, ist eine kaum zu überschätzende *steuernde* Macht. Das Recht ist, in der Entfaltung normierender Kraft, eine ungeheure Macht durch die Zeit, eine Macht über die Zukunft. Schon bloße »Zeitgesetze« zeigen dies, erst recht die Gesetze, die sich nicht von vornherein begrenzte Geltung beilegen. Wer Recht setzt und interpretiert, verfügt über die Zeit und damit über die, die an das Recht gebunden sind. Mit Hilfe des Rechts wird aber auch ein Stück Zeit(-Geist) tradiert und transformiert.

107 Die »Zeitachse« ist von eminent sachlicher Relevanz. Denn die Zeit, d. h. die Faktoren, die (nur) in ihr wirken können, schafft die Probleme herbei, die der Interpret in der ihm jeweils eigenen Funktion, z. B. als Richter, aber auch als Gesetzgeber (im Verhältnis zur Verfassung) zu meistern hat.

108 Die Vitalität einer Verfassung bewährt sich in der »stillen«, aber tragenden Verarbeitung der Zeit. Verlebendigungsprozesse der Verfassung erfolgen auch »von unten her«, etwa dann, wenn der Gesetzgeber normierender Schrittmacher von sog. Verfassungswandlungen ist. Dazu *Häberle*, Die Wesensgehaltgarantie des Art. 19 Abs. 2 GG, 2. Aufl. 1972, S. 213 ff. Diese Verlebendigungen können nur auf längere Zeit effektiv werden. Punktuell begriffen und zugelassen wären sie (unzulässige) Verfassungsänderungen durch Gesetz, im Zeithorizont gesehen bewirken sie Wandel: ein Beweis für die in der Zeit-Dimension erfolgende *Relativierung* des Unterschiedes von Verfassungsänderung und »Verfassungswandel« bzw. -interpretation.

Die vielfältigen Prozesse der Verfassungsinterpretation entfalten sich »zwischen« Vor- und Nachverständnis. Sie sind Fortbildung der Verfassung; sie können deren (nicht formalisierte) Änderung sein, um sie zu bewahren.[109] Die Prozesse der Interpretation erweisen sich als Lebensgesetz demokratischer Verfassungen; ihre Inhalte, Faktoren, Funktionen und Grenzen zu erforschen wird zu der Aufgabe einer »zeitgemäßen« Verfassungslehre.[110]

Interdisziplinär arbeitende Verfassungsrechtswissenschaft hat das Vor- (und Nach-)Verständnis stärker zu rationalisieren und zu strukturieren im Blick auf die Elemente in ihm, die zeit-offen bzw. -anfällig sind, auch das Vorverständnis, das zeitlich und sachlich weit »relativer« verstanden werden muß als in der Hermeneutik-Diskussion. Dieses Vorverständnis ist keineswegs statisch, auch in ihm spielen sich steuernde Vorgänge und Entwicklungsprozesse ab.

Wichtige Elemente dieses Vorverständnisses sind: sog. Rechtswahrheiten,[111] Bezugnahmen auf die Vernunft, andere topoi, die Gerechtigkeitsfrage, Verfassungsprinzipien, konsenstaugliche Begriffe. Der sozialwissenschaftliche Beitrag hätte sich/(129) auf die Sozialisationsprozesse des Richters[112] zu stützen (seine »Klassenlage«). Die Juristenausbildung gehört ebenso hierher wie das Selbstverständnis des Richters, die Art, wie er über Rechtsprechungsaufgaben denkt, unter welchen Zeitzwang zur Entscheidung er sich begibt, wie ernst er den Begründungszwang nimmt, wen er sich als Konsenspartner vorstellt. Auch der von ihm vorausgesetzte und zugleich mitbeeinflußte Konsenshorizont wandelt sich im Zeithorizont. Relevant wird die Art, wie der Richter Konsens in einem pluralistischen Gemeinwesen für möglich hält.

Der Begriff Vorverständnis reicht freilich nicht aus, denn viele Vorbedingungen juristischer Interpretation lassen sich von vornherein nicht dem Begriff »Verständnis« zuordnen. Sie bestimmen die Auslegung der Norm mit – z. B. als Prozeßrecht –, ohne daß sie eine Frage des (subjektiven) Verständnisses sind. Das »Umfeld«, aus dem heraus die Norm interpretiert wird, verändert sich seinerseits im Laufe der Zeit »objektiv«. Insgesamt ist das Vorverständnis ebenso wie das Nachverständnis integrierender Be-

109 »Soziale Grundrechte« sind ebenso Ergebnis neuer Interpretationsverfahren und -aufgaben wie »Leistungsgesetze« (dazu mein Beitrag in: Festschrift für Küchenhoff, 1972, S. 453 ff.), Partizipation und sozialstaatliche Forderungen.

110 S. das – realisierte – Programm von *K. Hesse*, Grundzüge, Vorwort, S. VII: »Zeitgemäßes Verständnis des Ganzen der Verfassung«.

111 Dazu bes. *F. von Hippel*, Rechtstheorie und Rechtsdogmatik, 1964.

112 Hinweise bei *Esser*, Vorverständnis, S. 141. – Von der Juristenausbildung, letztlich von den Klassenzimmern, hängt es ab, welche Verfassungstheorie wir uns leisten können.

standteil der – öffentlichen – Wirklichkeit der Norm:[113] Was bestimmt letztlich das Verhältnis von Vor- und Nachverständnis,[114] das variable Verhältnis der Interpretationsmethoden untereinander, was läßt neue hervortreten? Es ist die »Öffentlichkeit und Wirklichkeit der Verfassung der res publica«. Die Interpretation muß vor allem mit ihr zu Recht kommen. Die öffentliche Wirklichkeit »bringt« die Probleme, aus ihr kommen Impulse. Öffentlichkeit und Wirklichkeit der *verfaßten* res publica rücken zum Teil in die Leerstellen ein, die durch Begriffe wie »Konsens aller vernünftig und gerecht Denkenden«, ethische Rechtsgrundsätze, Verfassungsprinzipien usw. bezeichnet werden (müssen), ohne sie freilich je ganz »auffüllen« zu können und zu sollen!

### 5. *Die Verabschiedung des selbständigen Begriffs »Verfassungswandel«*

Es läge nahe, im »Verfassungswandel« den zentralen Begriff für ein zeit- und zukunftsgerechtes Verfassungsverständnis zu sehen. Schließlich hat ihn Smend der statisch-positivistischen Betrachtung mit großem Erfolg entgegengestellt.[115] Der Begriff Verfassungswandel verdeckt heute indes ein sach- und damit auch zeitgerechtes Interpretationsverständnis. Denn einmal suggeriert er die Möglichkeit, man könne dem Zeitproblem im Verfassungsrecht mit einem *einheitlichen* Institut gerecht werden – in Wirklichkeit hängt alles von den Differenzierungen ab[116] –, zum anderen verstellt »Verfassungswandel« den Zugang zu der Einsicht, daß die Interpretationsmethoden *selbst* und d. h. die Rechtsnorm den Zeitfaktor in *sich* tragen. Zeit- bzw. zukunftsorientierte Auslegungen bedürfen nicht nur nicht des Umwegs über »Verfassungswandel«,/(130) sie verbieten ihn sogar. Verfassungsinterpretation oder Verfassungsänderung bzw. Verfassungsbruch – tertium non datur! Verfassungswandel war dogmengeschichtlich *ein notwendiges Durchgangsstadium* zur Bewältigung des Zeitfaktors im Verfassungsrecht

113 Es hat eine Entlastungsfunktion, die die tägliche Entscheidungsarbeit erleichtert, und ist insofern unverzichtbar.

114 Metajuristische Vorentscheidungen, für die es »Einfallstore« wie »gute Sitten«, »objektiver Geist«, »Rechtsmoral« »Gemeinwohl« gibt, werden oft als solche gekennzeichnet. Es ist aber sehr die Frage, ob wirklich von »Meta-«, »Vor-« usw. gesprochen werden darf. Denn dadurch entsteht der Eindruck, das, was vor dem Recht liege, gehöre ihm eigentlich nicht zu. In Wirklichkeit ist das Recht auf solche »Meta« hin angelegt. Es kommt ohne sie nicht aus. Sie sind auch nicht un- oder vorjuristisch, jedenfalls nicht von einer den Positivismus hinter sich lassenden juristischen Denkweise aus. Das heißt: Das »Vorverständnis« ist der Norm weit mehr immanent, als der Begriff vermuten läßt.

115 Jetzt in: Staatsrechtliche Abhandlungen, 2. Aufl., 1968, S. 119 (241 f.).

116 S. auch *Fiedler*, Sozialer Wandel, Verfassungswandel, Rechtsprechung, 1972, S. 106.

auf dem Wege vom Positivismus zum offenen Verfassungsverständnis, nicht mehr und nicht weniger. Heute verschleiert Verfassungswandel die Freiheit des Interpreten. Es geht nicht um äußere Anpassung »des« Norminhalts an gewandelte gesellschaftliche Verhältnisse, sondern um innere Ausrichtung Norm/res publica über Interpretation. M. a. W.: Das Problem des Verfassungswandels entpuppt sich ausschließlich als ein *Interpretations*problem! Es gibt keinen Verfassungswandel – oder anders gesagt: Verfassungswandel geht in der »republikanischen« Methodenlehre und ihrem sachlichen Gegenstand, der konstitutionellen Wirklichkeit und Öffentlichkeit, auf.[117]
(Offene) Verfassungsinterpretation kennt entsprechend ihrer Eigenart kein besonderes Institut »Verfassungswandel«. Es gibt für sie *keine Vorgegebenheiten außer dem Verfassungstext*. Da dieser meist unbestimmt ist und von der Interpretation lebt, kann *er* sich auch nicht eigentlich »wandeln«. Verfassungswandel hat also gar nicht den bestimmten, fixierten Gegenstand, den er begrifflich voraussetzen würde. Auch Radbruchs Wort von der Interpretation als »Zu-Ende-Denken der Norm« ist fragwürdig. Im Bereich der Verfassungsinterpretation gibt es keinen Fixpunkt, dem gegenüber in diesem Sinn von »Anfang« oder »Ende« gesprochen werden könnte.
Die Faktoren des Wandels und der Bewährung müssen in wirklichkeitswissenschaftlichem Ansatz erschlossen werden. Erinnert sei an das vielzitierte Wort: »Wer bewahren will, muß verändern«.[118] Hier ist an die Bemerkungen zur »Transformation« der historischen Auslegungsmethode anzuknüpfen.[119]

117 Diese Verabschiedung des »Verfassungswandels« ist Konsequenz eines zukunftsgerechten Verfassungs- und Interpretationsverständnisses. Wer von »Zukunft des Verfassungsstaates« spricht, muß als Vorfrage klären, daß in Gestalt der Interpretation die Zukunft immer schon begonnen hat. – *Hesse* in: Festschrift für Scheuner, 1973, S. 123 ff., behält zwar das Institut Verfassungswandel bei, er spricht jedoch von der Aufgabe, die Veränderung des Norminhalts »innerhalb« der Verfassungsnorm selbst zu begreifen (S. 137).

118 Dazu die Diskussion des Bergedorfer Gesprächskreises, Die »neue Mitte«: Schlagwort oder Strukturwandel?, 1973, Protokoll Nr. 44, S. 16 (Nr. 11 ff.).

119 Irrig wäre die Annahme, Einbindung des Zeitfaktors und Wandel wären identisch. Denn die Zeit kann durchaus im Sinne einer Bewahrung wirken. Bewahrung verfassungsstaatlicher Errungenschaften, auch gegen die Zeit, kann eine gewaltige, heute ebenfalls notwendige Aufgabe sein. Die Balance zwischen dieser Bewahrung oder Veränderung zu halten, ist die Aufgabe – Parallelen zum politischen Liberalismus liegen auf der Hand! Verfassung der res publica einerseits, Gesellschaft, soziale Bedürfnisse, »Politik« usw. andererseits dürfen nicht in unterschiedlichen Zeitkategorien oder Geschichtlichkeit einander gegenübergestellt werden. Denn die gesellschaftliche Wirklichkeit ist von vornherein *verfassungsgeprägt*, die Verfassung des res publica strukturiert auch die sog. Gesellschaft. Das Verfassungsrecht wirkt von vornherein steuernd, so sehr es Teil der Wirklichkeit ist, deren Resumée oder *auch* deren Produkt. Die verfaßte res publica verbietet solche Konfrontationen.

## 6. *Insbesondere: die Vorwirkung von Gesetzen*

Das Problem der Vorwirkung von Gesetzen ist vor allem ein solches des Verhältnisses von Legalität und Legitimität. Das Legalitätsprinzip verbietet es, ein – neues – Gesetz vor seiner förmlichen Inkraftsetzung anzuwenden bzw. das entgegenstehende alte Gesetz außer Anwendung zu lassen. Vorwirkungen gibt es aber angesichts gesetzgeberischer Entwicklungen und Planungen in der Öffentlichkeit. Die /(131) Legitimität des geltenden Gesetzes wird geringer – man denke an § 218 StGB –, das neue »kommende« Gesetz wirkt sich schon jetzt normierend in der Öffentlichkeit aus – solche Vorwirkungen lassen sich besonders in bezug auf Planungen beobachten.[120] Angesichts »schwebender« Gesetze und ähnlicher Vorhaben bisherige Normen nicht mehr anzuwenden oder anders auszulegen, bedeutet praktisch, die Zukunft des späteren Gesetzes vorwegzunehmen, ihm normierende Kraft schon jetzt zuzubilligen, Ausdruck einer spezifischen Offenheit des Rechtssystems, seiner Einheit, der normierenden Kraft der Wirklichkeit und Öffentlichkeit. Vom überkommenen Normativitätsbegriff aus wird man einwenden, die Strenge des geltenden Rechts werde »aufgelöst«. Ist das neue Gesetz einmal in Kraft gesetzt, dann sieht derselbe Vorgang ex post aus als realisierte Möglichkeit, als »vorweggenommene Rückwirkung« von Gesetzen. Hier liegt die sachliche Verklammerung der Vor- und Rückwirkung. – Die Vorwirkung speziell von Gesetzen erklärt sich vor allem aus dem Erfordernis des Richters, bei offenen Auslegungsfragen nach Konkretisierungsmaterial Ausschau zu halten. Das Kommende ist ihm hierbei hilfreich, zumal es dem heutigen Zeitgefühl entsprechend eine besondere Legitimität besitzt. Niemand läßt sich gern »überholen«: der Richter ungern vom Gesetzgeber, freilich muß er seine funktionell-rechtlichen Grenzen wahren.[121]

120 Dazu *Häberle*, Öff. Interesse, S. 396 Anm. 148; S. 486 ff. S. auch mein Schlußwort in: VVDStRL 30 (1972), S. 187; *Kloepfer* in: DÖV 1973, S. 657 ff. Vorwirkung wird besonders bei sog. unbestimmten Rechts- und Ermessensbegriffen bzw. ihren Kombinationen aktuell. Im Steuerrecht dürfte § 131 AO gegenüber legislativ angedeuteten Vorwirkungen sensibel sein. – Lt. dpa (vgl. Oberhess. Presse vom 12. 3. 1974) hat das BFinM die Finanzämter angewiesen, beim Lohnsteuerjahresausgleich die neue Obergrenze so zu berechnen, »als sei das Gesetz schon in Kraft«. Symptomatischerweise legt sich das Ende März 1974 verabschiedete Bundesgesetz selbst rückwirkende Kraft bei. Es sanktioniert insofern die Vorwirkung! – S. auch die derzeit praktizierte Vorwirkung von § 47 Entw. HRG.

121 Grenzen der Vorwirkung folgen aus der Rechtssicherheit. Es geht um eine rationale Organisation der Vorwirkungsformen und -stufen. Unter diesen Vorbehalten vermittelt die Vorwirkung der Rechtsprechung und Verwaltung einen »indirekten« Anschluß an den demokratischen Prozeß.

Die Anerkennung einer nach Sachgebieten zu differenzierenden Vorwirkung ist Ausdruck einer flexibleren Interpretation; sie bewirkt die durch eine »neue« öffentliche Wirklichkeit bedingte Relativierung des formellen Publizitätsaktes der Verkündung des Gesetzes und zum Teil auch von bestimmten Abschnitten des parlamentarischen Verfahrens.[122]

Insgesamt:[123] Die differenzierende[124] Bejahung der Vorwirkung von Gesetzen ist Konsequenz des hier zu Grunde gelegten Interpretationsverständnisses auf dem Hintergrund der Wirklichkeit der Öffentlichkeit der verfaßten res publica. Der Einbau/(132) der Vorwirkung in die Demokratietheorie steht noch aus. Die demokratische Legitimation des Richters bezeichnet Grund und Grenze der differenzierten Vorwirkung.

### 7. *Erfahrungs-, Experimentier- und Reformklauseln als institutionalisierte Formen*

In Gesetzen verankerte Erfahrungs- und Experimentier-(Reform-)Klauseln[125] sollen Abweichungen vom jetzigen Gesetzeszustand ermöglichen, um Erfahrungen zu sammeln, die zum Gegenstand neuer Gesetzgebung, neuer Öffentlichkeit werden könnten – insofern bestehen gedankliche Verbindungslinien zur Vorwirkung von Gesetzen.

Als Wegbereiter von Reformgesetzgebung, z. B. im Ausbildungsbereich,[126] erscheinen solche Klauseln sinnvoll. In dem Maße, in dem Prognoseinstru-

122 Problematisch ist die Vorwirkung (dann doch) gescheiterter Gesetzesvorhaben.

123 Der Vorwirkung von Gesetzen usw. ist ein verfassungstheoretischer Stellenwert einzuräumen. Sie kann indes nur einen begrenzten Bereich richterlicher Rechtsfortbildung erfassen. Differenziert ist zu untersuchen, welche Form die öffentliche Wirklichkeit »schon« angenommen haben muß, um »vorwirken« zu können: die einzelnen Phasen des parlamentarischen Gesetzgebungsprozesses von der Kabinettsvorlage etwa bis zur ersten bzw. dritten Lesung (»phasendifferenzierte Vorwirkung«). Das Parlamentsrecht harrt auch hier der Einarbeitung in die Verfassungstheorie und der spezifisch verfassungsrechtlichen Interpretation. (Z. B. ist § 74 a GeschOBT – Enquête-Kommission – materielles Verfassungsrecht.) Umgekehrt wirkt sich sein Zeitablauf unterschiedlich für die Verfassungsinterpretation aus. Auf keinen Fall darf über die Vorwirkung direkt oder indirekt »private Gewalt« legitimiert werden.

124 Differenzierend z. B. insofern, als es im *Straf*recht keine Vorwirkung zum Nachteil des Bürgers geben kann (Arg. aus Art. 103 Abs. 2 GG); gleiches dürfte im *Steuer*recht gelten. In den USA gab es eine Vorwirkung des Verbots der Todesstrafe (z. T. keine Vollstreckung mehr bis zur Supreme-Court-Entscheidung). S. auch LG Hannover, das einen Antrag auf Einstellung eines Strafverfahrens (§ 218 StGB) ablehnt mit der Begründung, es sei noch nicht abzusehen, in welcher Form die entsprechenden Strafbestimmungen abgeändert würden, FR vom 12. 2. 1974, S. 16.

125 Vgl. meinen Hinweis in: DÖV 1972, S. 729 (736 Anm. 60) mit Beisp. aus der Rspr. des BVerfG.

126 Beispiele: § 5 b DRiG i. d. F. vom 19. 4. 1972 (BGBl. I S. 714). Eine Sonderform findet sich in § 3 Abs. 2 BWahlG. Gleiches gilt für Art. 7 Abs. 4 GG, interpretiert

mente noch fehlen, bedarf es der Erfahrungs- und Experimentierklauseln. Freilich: Sie beinhalten eine partielle Einschränkung des Geltungsanspruchs des jetzt in Kraft befindlichen Gesetzes – ebenso wie bei der Vorwirkung von Gesetzen. Nur sind sie im Unterschied zum materiell vorwirkenden Gesetz durch den »Formalakt« einer gesetzgeberischen Klausel abgedeckt.
Bei der Beurteilung ihrer verfassungsrechtlichen Zulässigkeit stellen sich schwerwiegende Interpretationsprobleme; sie lassen sich nur auf dem Weg eines »zeitgerechten« offenen Interpretationsverständnisses und eines an den Möglichkeiten orientierten Normativitätsbegriffs lösen. Das Gesetz kann zwar partielle Bereiche schaffen, in denen es einen Dispens von sich selbst normiert.[127] Wie soll es aber von Verfassungsprinzipien, etwa Grundrechten wie Art. 5 Abs. 3 GG im Hochschulbereich bei Mitbestimmungsfragen, dispensieren können?[128]
Die Frage ist, ob die Experimentier- und Erfahrungsklauseln auch von Verfassungssätzen dispensieren können – unter dem Gesichtspunkt, daß sie »Vorbereitungsgesetze« zu Verfassungsänderungen sind. Es erscheint durchaus sinnvoll, Verfassungsänderungen nicht »ins Blaue« durchzuführen, sondern sie zunächst in einem begrenzten Bereich »experimentell« zu erproben. Solche »experimentelle Vorschaltgesetze«/(133) zu späteren Verfassungsänderungen sind auf dem Boden der hier vertretenen »erfahrungswissenschaftlichen« Sicht von Verfassungsproblemen und der These vom verfassungspolitischen Gebot zu Verfassungsänderungen zu beurteilen. Es würde sich um eine Art »Verfassungsdurchbrechung« handeln: Art. 79 Abs. 2 GG würde vorwirken!
Gegenargument gegen ihre Zulässigkeit wäre der Hinweis auf eine drohende »Auflösung« der Verfassung. Die Frage ist, ob etwa im Grundrechtsbereich mit dem Konsens der Beteiligten bzw. Betroffenen, etwa der Hochschulleh-

i. S. der staatlichen Privatschulfinanzierungspflicht (BVerwGE 27, 360 und *Häberle* in: VVDStRL 30 [1972] S. 43 [77 ff.]), insofern damit Modelle erprobt u. Erfahrungen für den staatlichen Schulbereich gesammelt werden sollen. Dem »Kulturföderalismus« liegt ebenfalls der Experimentiergedanke zugrunde. Gleiches gilt dort, wo neben öff. Institutionen zur Erfüllung öff. Aufgaben Private zugelassen werden. S. auch die Experimente im Rahmen der ZPO (Stuttgarter Modell). Im Selbstverwaltungsbereich sind Felder für Experimente besonders aktuell (kommunale Wohnungsvermittlung, Kinos). S. noch Anm. 69.

127 Die Experimentierklausel muß sich vor Art. 3 GG rechtfertigen: zeitweilige Ungleichbehandlung aus Experimentiergründen als sachlicher Differenzierungsgrund.

128 Insbesondere nach dem Hochschulurteil des BVerfG, E 35, 79; dazu *Oppermann* in: JZ 1973, S. 433 ff.; *Schlink* in: DÖV 1973, S. 541 ff. – Solche Klauseln haben nur dann Sinn, wenn sich das BVerfG bei ihrer Überprüfung des self-restraint befleißigt und den Experimentierprozeß – zeitlich begrenzt – »laufen« läßt. Der demokratische Gesetzgeber hat insofern funktionellrechtlich die »Vorhand«.

rer, operiert werden kann. Dürfen, können sie zur Erprobung von Hochschulmodellen auf ihre Rechte aus Art. 5 Abs. 3 GG verzichten,[129] zumal diese Rechte auch eine objektivrechtliche Seite haben? Eine freiheitliche Verfassungsordnung wird hier der Freiwilligkeit einen besonderen Stellenwert einräumen können, ja müssen.

Ein »offenes« Verfassungsverständnis, das schon im unmittelbaren Interpretationsvorgang, nicht erst bei Verfassungsänderungen des Art. 79 Abs. 2 GG, Auflockerungen schafft, wird bei der Entscheidung der aufgeworfenen Fragen großzügiger sein können – sofern nur differenziert gearbeitet wird. Freilich bleiben die identitätsbestimmenden Normen des Art. 79 Abs. 3 GG; sie legen den Typus unseres Verfassungsstaates als rechtsstaatlicher und sozialer Demokratie fest. Von ihnen gibt es keinen interpretatorischen Dispens, sosehr Interpretation auf Dauer auch Auswirkungen auf den Kernbereich i. S. des Art. 79 Abs. 3 GG haben mag.

Genauso wie es über den Weg des Art. 79 Abs. 2 GG nur zu »verfassungsimmanenten« Verfassungsänderungen kommen kann, d. h. zu solchen, die sich innerhalb des Verfassungstypus unseres GG halten,[130] genauso kann es nur verfassungsimmanente Reform- bzw. Erfahrungs- und Experimentierklauseln geben. Verfassungsimmanente Reformen stehen aber mit dem Wesen der Verfassung nicht in Widerspruch, sie sind dessen *Konsequenz*, Ausdruck der Verfassung als lebendigem Gebilde, ermöglicht durch offenes Verfassungsverständnis! »Verfassungsimmanente Reformen« können den Weg der formalisierten Verfassungsänderung oder der einen sog. »Verfassungswandel« bewirkenden Verfassungsinterpretation nehmen. Was hic et nunc als nur im Wege der formellen Verfassungsänderung möglich erscheint, ist auf lange Sicht schon oft durch Interpretation bewirkt worden.[131] Verfassungsänderung und »Verfassungswandel« erscheinen daher weniger als qualitativ voneinander unterschiedene und unterscheidbare Institute denn als im Zeitablauf unterschiedlich. M. a. W.: Verfassungswandlungen bzw. -entwicklungen (durch Verfassungsinterpretation) bedürfen ex post gesehen wohl meist der Verfassungsänderung, aber nicht jede Ver-

129 Einschlägig ist hier der Schlußpassus des Minderheitsvotums des BVerfG, E 35, 148 (170) (= DöV 1973, S. 574). Wichtig BVerfGE 34, 165 (199) zu umstrittenen Schulreformen, die in einem freiheitlichen Staat unter »soweit wie möglich freiwilliger Beteiligung der Betroffenen vorangetrieben werden« sollen.

130 Kritisch zur »systemimmanenten« Modifizierung auch elementarer Verfassungssätze i. S. von BVerfGE 30, 1 (LS. 5 und S. 24 f.) mein Beitrag in: JZ 1971, S. 145 (150). »Systemimmanente Modifizierungen« müssen sorgfältig daraufhin untersucht werden, ob sie nicht in Wahrheit Modifizierungen auf Kosten des Systems sind.

131 »Verfassungswandel« ist insofern eine nicht formalisierte Verfassungsänderung! S. auch Anm. 78.

fassungsänderung ist durch gewandelte Interpretation möglich (wegen der Textgrenze,[132] die dingfest zu machen freilich schwierig ist). Es bleibt die Gretchenfrage, wann muß die Verfassung »geändert«, wann kann sie (von wem?) durch Interpretation/(134) entwickelt werden? Auch der Normtext[133] steht in der Öffentlichkeit. Was ihr konsensfähig erscheint, beeinflußt die insofern offene Grenze seiner Zweckprogramme. Sprachtheoretische Überlegungen bestätigen die normierende Kraft der Öffentlichkeit: die Grenze liegt dort, wo der *öffentliche* Sprachgebrauch sie zieht.

### 8. *Verfassungsänderungen als zeitgerechte Konsequenz der Verfassung, als verfassungspolitisches Gebot*

Die verfassungstheoretische Verarbeitung des Zeitfaktors fordert einen spezifischen Ansatz zur Bestimmung der Funktion von Verfassungsänderungen. Bislang herrscht, aus historischen Gründen in Deutschland verständlich, ein »Schranken-Denken« vor, d. h., es wird vor allem nach den Grenzen der Verfassungsänderung gefragt. Primär ist jedoch die Frage nach der Rechtfertigung von Verfassungsänderungen aus der »Sache und Funktion der Verfassung« selbst. Daraus ergeben sich dann auch die gebotenen Grenzen. Die übliche Klage über ein Übermaß an Verfassungsänderungen verfehlt die grundsätzliche Fragestellung. Dauer und Stabilität einer Verfassung werden noch nicht per se durch ein Minimum an Verfassungsänderungen gewährleistet. Es hängt ganz von den Umweltbedingungen und -veränderungen, von der »ambiance« sowie von dem, was »Verfassungsinterpretation« bewirken kann, insgesamt von der Zeit ab, wie Verfassungsänderungen sachlich zu beurteilen sind. D. h., sie müssen positiv, innerlich gerechtfertigt, von der jeweiligen öffentlichen Wirklichkeit einer »konkreten« Verfassung aus beurteilt werden; sie können weithin deren Konsequenz als »gelebter und lebender« Verfassung, ihre Fortentwicklung sein, d. h. im Dienste ihrer Bewährung stehen. Es geht um die Verwirklichung einer »guten« Verfassung. Diese verfassungstheoretische *Vor*frage zu stellen ist notwendig und Konsequenz eines Verständnisses der Verfassung als öffentlichem Prozeß (law in public action).[134]

132 Zu ihr *Hesse*, Grundzüge, S. 30; ders. in: Festschrift für Scheuner, 1973, S. 123 (139).

133 Die Relativität des Verfassungstextes ist angesprochen in dem aus Oxford berichteten Bonmot: »Wir haben keine geschriebene Verfassung, aber wir halten uns an sie.«

134 Im Schrifttum ist *Grimm* in: AöR 97 (1972), S. 489 ff. auf dem Wege zu einem solchen Verständnis der Verfassungsänderung, z. B. S. 505: »Nicht Verfassungsänderungen möglichst zu verhindern, sondern legitime Änderungsprojekte von illegitimen, gebotene von überflüssigen zu scheiden, ist die Aufgabe«. Freilich steht auch bei ihm

Es bedarf interdisziplinärer Zusammenarbeit, um die Vorbedingungen für notwendige *und* mögliche Verfassungsänderungen »*verfassungsimmanent*« zu klären. Ein Teil »guter« Verfassungspolitik mündet ja in Verfassungsänderungen![135] Im besonderen ist zu untersuchen, was unter welchen Voraussetzungen im Wege der Verfassungsänderung, was im Wege bloßer (von ihr nur durch Interpretation abgrenzbarer/(135)[136]) Verfassungsinterpretation zu leisten ist, was sachlich des Aktes der Verfassungsgebung bedarf, die allerdings in Verfassungsinterpretation und -änderung weit lebendiger ist, als gemeinhin angenommen wird.[137] Freilich bleibt der organisationssoziologisch begründete funktionell-rechtliche Unterschied zwischen Verfassungsänderung und Verfassungsinterpretation.

Wurde bislang vor allem geklärt, welche *Grenzen* der Verfassungsänderung sich aus dem materialen Ganzen der Verfassung ergeben,[138] so geht es angesichts der wachsenden Relevanz der Zeit jetzt darum, zu bestimmen, unter welchen Voraussetzungen dieses »materiale Ganze« der Verfassung Änderungen nicht nur zuläßt, sondern positiv *fordert*. Verfassungsänderungen sind ein Versuch, die Verfassung auf der »Höhe der Zeit« zu halten. Sie sind nicht »an sich« schädlich oder nützlich; ob sie das jeweils sind, läßt sich nur im Einzelfall sagen.[139] Das setzt wiederum voraus, daß

der Begrenzungsgesichtspunkt im Vordergrund. S. aber immerhin S. 504: »Richtpunkte für Verfassungsänderungen«, sowie S. 507 f. Einseitig ist freilich *Grimms* Verfassungsbegriff (S. 506): Verfassung beschreibt nicht Realität, sondern gibt einen Sollzustand an. – In Wirklichkeit tut sie doch beides!

135 Beispiele für »gute« Verfassungsänderungen: die Einführung der Notstandsverfassung als solcher (unbeschadet einer Kritik an einzelnen Artikeln), Art. 93 Ziff. 4 a, Art 45 b, 91 a, 104 a GG, für »schlechte«, d. h. nicht aus dem materialen Ganzen der Verfassung erforderliche: Art. 20 Abs. 4 GG. – Ein Beispiel für Verfassungspolitik, die die Bedingungen guter Verfassungsänderungen durch die Verfassungsrechtswissenschaft vorklären lassen muß, ist die Fage, wann es sinnvoll wäre, von der allgemeinen Wehrpflicht zum Berufsheer überzugehen.

136 Soweit ersichtlich, lassen es an dieser *Vor*frage die meisten Äußerungen zur Partial- oder Totalrevision des GG fehlen. In der Schweiz aber: *Saladin* in: Gedenkschrift für Imboden, 1972, S. 269 (S. 276): Heute muß daher die Verfassung geändert werden, wenn unser Staatswesen imstande sein soll, die (voraussichtliche) Wirklichkeit von morgen zu bewältigen. – Nur wird hier nicht genügend von der Verfassung selbst aus gedacht!

137 Dazu *Häberle* in: AöR 94 (1969), S. 479 (483 ff.).

138 *Ehmke,* Grenzen der Verfassungsänderung, 1953.

139 Der neue Rechtszustand ist anders; ob er »besser« ist, ist eine zweite Frage. Eine Verfassungsnorm, die unter *anderen,* früheren Umständen ihre Aufgaben optimal erfüllt hat, darf nicht deshalb dem Verdikt unterliegen, sie sei schlechter, weil *jetzt* und für die Zukunft andere Normierungen notwendig sind (dies zu *Grimm* in: AöR 97 (1972), S. 499 (508): »Verfassungsänderung ist also Verfassungsverbesserung«)! Was heute gut ist, macht das Gestrige nicht schlechter. Das Urteil »gut« oder »schlecht« läßt sich nur für den jeweiligen Zeitabschnitt treffen.

die verfassungstheoretische Vorfrage gestellt und beantwortet wird: Verfassungsänderungen als Versuch, Zeit und Verfassung aufeinander abzustimmen (»zeitgerechte Verfassungsänderung«). Verfassungsänderungen ergehen ja nach den von der Verfassung selbst vorgesehenen Verfahren. Ihre Durchführung ist also verfassungsimmanent! Die sie tragenden politischen Kräfte vermitteln dem Ganzen der Verfassung ein Stück neuer öffentlicher Legitimierung, wenn und insofern sie einen Teil der Verfassung in deren *eigenen* Verfahren fortbilden.[140]

Verfassungsänderungen haben nicht nur Anpassungscharakter,[141] sie haben auch Steuerungskraft. Teils passen sie sich in der Tat einer »vorausgeeilten« Wirklichkeit an, die schon zu einem Stück Wirklichkeit der Verfassung geworden ist – so das Institut der Gemeinschaftsaufgaben in Art. 91 a GG im Anschluß an das Troeger-Gutachten[142] –, teils suchen sie diese öffentliche Wirklichkeit selbst zu steuern. Oft wirken beide Aspekte zusammen. Verfassungsänderungen »vollziehen« oder sanktionieren/(136) nicht nur, was in Wirklichkeit schon »gelaufen« ist. Sie haben auch eine die gesellschaftliche Entwicklung »überschießende«, ihr vorausgehende, planende Seite, insbesondere legitimieren sie neue Entwicklungen. Sie sind *nicht nur* »Abbild«, sondern *auch* Entwurf. Für einzelne Verfassungsänderungen gilt hier grundsätzlich nichts anderes als für die Verfassung insgesamt.

Dieses *positive* Verständnis der Verfassungsänderung ist um so notwendiger, als sich heute der Verfassungsbegriff bzw. die Gegenstände, die die Verfassung regelt, *ausgedehnt* haben: Verfassung strukturiert nicht nur den Staat, sondern in Teilaspekten auch die Gesellschaft, insgesamt die res publica. Diese Ausweitung wird nur zum Teil durch formelle Verfassungsänderungen bewirkt – etwa in Art. 109 Abs. 2 GG –, in weiten Bereichen ist sie ein Werk der Interpretation. Erinnert sei an die Entfaltung der Grundrechte unter den Stichworten »Drittwirkung«, »soziale Grundrechte«.

140 Ebenso wie das Gesetzesrecht auf die Verfassung ausstrahlen kann (zu diesem differenziert zu sehenden Vorgang meine Wesensgehaltgarantie, 1. Aufl. 1962, S. 175 ff., 210 ff.; *Lerche* in: Festgabe für Maunz, 1971, S. 285 [286 ff.]), kann sich die Verfassungsänderung auf das Gesamtbild der Verfassung auswirken bzw. vermag die Ersetzung einer Verfassungsnorm durch eine andere dem Gesamtbild mehr zu entsprechen.

141 Dies als Kritik an der Formulierung des Beschlusses des Deutschen Bundestages zum Auftrag der Enquête-Kommission für Fragen der Verfassungsreform, s. den Zwischenbericht von 1973, S. 14: ... »zu prüfen, ob und inwieweit es erforderlich ist, das Grundgesetz den gegenwärtigen und voraussehbaren zukünftigen Erfordernissen – unter Wahrung seiner Grundprinzipien – anzupassen«.

142 Zur Gemeinschaftsaufgabe: *Frowein* und *von Münch* in: VVDStRL 31 (1973), S. 13 ff. bzw. 51 ff.

Bei der Frage, ob die konkrete Verfassungsänderung eine »positive«, die Verfassung auf dem Weg haltende, zeitgerechte Verfassungsänderung ist oder nicht, ist nach *Sachgebieten* zu *differenzieren:* Im Grundrechtsbereich, der am ehesten Bestandteil des allgemeinen Bürgerbewußtseins[143] ist und dessen Begriffe meist sehr offen gehalten sind, erscheint die Verfassungsinterpretation im Zeichen »grundrechtssichernder Geltungsfortbildung«[144] ohne formelle Verfassungsänderung als adäquate Form zur Fortbildung und Bewährung der Verfassung. Dies um so mehr, als das BVerfG hier schärfer kontrolliert. Zugleich zeigt sich: Je subtiler die Interpretationsmethoden sind, desto größer wird der Spielraum gegenüber (bzw. in Konkurrenz mit) der Verfassungsänderung! Verfassungsinterpretation kann Verfassungsänderungen überflüssig machen. Im bundesstaatlichen Kompetenzbereich, überhaupt im organisatorischen Teil, sind die Möglichkeiten der »offenen« Verfassungsinterpretation begrenzter. Hier bleibt mehr Raum für die formelle Verfassungsänderung bzw. besteht mehr Zwang zu einer solchen.

Die Verfassungstheorie muß der praktischen Verfassungspolitik[145] Direktiven, Alternativen für Verfassungsänderungen an die Hand geben, sie muß das Feld des Möglichen und Notwendigen abstecken, muß zeigen, wo das zur Bewährung der Verfassung *durch*, d. h. mit Hilfe der Verfassungsänderung wird, was einem statisch-starren Verfassungsverständnis als »Abbau«, »Substanzverlust«, »Umbildung« erscheint. Zu diesem Zweck müssen die Grundfunktionen der Verfassungsidee aufgedeckt und ggf. fortentwickelt werden: Verhinderung von staatlichem *und* gesellschaftlichem Machtmißbrauch, Schaffung von Freiheit, Organisation des Gemeinwesens, Interessenausgleich usw.

*Verfassungsänderungen* sind auf der Folie des hier entwickelten Verfassungsverständnisses durchaus »normal« wie Verfassungswandel durch Verfassungsinterpretation. Verfassungsänderungen sind grundsätzlich weder »zufällig« noch willkürlich.[146] Sie sind der legitime Weg, die Kontinuität der Verfassung in der Zeit zu wahren./(137) Solange sie sich im Bereich der Identität der Verfassung halten, sind sie deren Konsequenz, deren Bestä-

143 Freilich muß dem Bürger verständlich gemacht werden, daß Verfassungsänderungen um der Sache selbst willen nötig sein können.

144 Dazu *Häberle* in: VVDStRL 30 (1972), S. 43 (69).

145 Zu ihren Aufgaben: *Häberle* in: AöR 98 (1973), 119 (129 ff.).

146 Zum großen Teil können sie in der Zeitachse, ex post gesehen, auch den Weg eines Verfassungswandels gehen, richtiger: sie sind durch Interpretation ersetzbar (Verfassungsinterpretation entpuppt sich insofern als »Schleichweg« zur Verfassungsänderung!). – Zur Verfassungstheorie »ohne Naturrecht« mein Beitrag in: AöR 99 (1974), 437 ff.

tigung in und durch die Zeit, nicht deren Infragestellung. Sie sollten darum offen dann als Form der Fortbildung gewählt werden, wenn eine Interpretation durch die *Gerichte* das Gesamtsystem überlasten würde. Das kann der notwendigen Übereinstimmung zwischen dem parlamentarischen-politischen Prozeß und der Verfassung sehr zugute kommen. Die Öffentlichkeit und Wirklichkeit der Verfassung gehen viele Wege – einer von ihnen ist die Verfassungsänderung!

# III. Anhang

# Bibliographie

Vorbemerkung:

Die folgenden Literaturhinweise wollen als Auswahlbibliographie verstanden sein. Das gilt besonders für die Abschnitte I bis IV. In den Abschnitten I bis III wurde, bis auf einige Ausnahmen, auf die Aufnahme von Aufsätzen verzichtet. Einige Titel werden wegen ihrer thematischen Breite unter mehreren Rubriken angeführt. Lediglich beispielhaft sind die Angaben in Abschnitt XI, da sich eine strenge Grenze zwischen methodologischen und dogmatischen Entscheidungsrezensionen kaum ziehen läßt. Nicht verzeichnet sind die einschlägigen Abschnitte in den Lehrbüchern und Kommentaren zum Staatsrecht der Bundesrepublik. Besonders hingewiesen sei jedoch auf Konrad Hesse, Grundzüge des Verfassungsrechts der Bundesrepublik Deutschland, 8. Aufl. Karlsruhe 1975, § 2 (Verfassungsinterpretation). Der Lektüre empfohlen seien ferner die Protokolle der Diskussionen zum Beratungsgegenstand »Prinzipien der Verfassungsinterpretation« auf der Freiburger Staatsrechtslehrertagung 1961, VVDStRL 20 (1963) 103–134, und zum Beratungsgegenstand »Die Bindung des Richters an Gesetz und Verfassung« auf der Augsburger Staatsrechtslehrertagung 1975, VVDStRL 34 (1976) 94–143. Eine Dokumentation zur Verfassungsgerichtsbarkeit mit umfassender Bibliographie wird demnächst von Peter Häberle in der Reihe »Wege der Forschung« (Wissenschaftliche Buchgesellschaft, Darmstadt) herausgegeben. Noch 1976 erscheint Chr. Starck (Hg.), Bundesverfassungsgericht und Grundgesetz. Festg. zum 25jährigen Bestehen des BVerfG, 2 Bde., Tübingen (J. C. B. Mohr).

Überblick:

VI. Verfassungskonforme Auslegung
VII. Ungeschriebenes Verfassungsrecht
VIII. Wertordnung und Wertkonkretisierung
IX. Rechtsfortbildung und Verfassungswandel
X. Verfassungsrecht und Politik (auch Verfassungsgerichtsbarkeit)
XI. Methodologisch ausgerichtete Rezensionen ausgewählter Entscheidungen des BVerfG

## I. *Grundlagen*

*Albert, Hans:* Traktat über kritische Vernunft, 2. Aufl. Tübingen 1969, 131 ff.
*Betti, Emilio:* Allgemeine Auslegungslehre als Methodik der Geisteswissenschaften (1955), dt. Ausg. Tübingen 1967.
ders.: Die Hermeneutik als allgemeine Methodik der Geisteswissenschaften, 2. Aufl. Tübingen 1972.
*Coing, Helmut:* Die juristischen Auslegungsmethoden und die Lehren der allgemeinen Hermeneutik, Köln/Opladen 1959.
*Gadamer, Hans-Georg:* Wahrheit und Methode. Grundzüge einer philosophischen Hermeneutik, 3. Aufl. Tübingen 1972.
*Habermas, Jürgen:* Zur Logik der Sozialwissenschaften (1967), Neuausg. Frankfurt/M. 1970.
ders.: Erkenntnis und Interesse (1968). Mit einem neuen Nachwort, Frankfurt/M. 1973.
*Lorenzen, Paul/Oswald Schwemmer:* Konstruktive Logik, Ethik und Wissenschaftstheorie, Mannheim/Wien/Zürich 1973.
*Popper, Karl R.:* Logik der Forschung, 5. Aufl. Tübingen 1973.
*Stegmüller, Wolfgang:* Probleme und Resultate der Wissenschaftstheorie und analytischen Philosophie, 4 Bde, Berlin/Heidelberg/New York 1969–1974.

## II. *Zur allgemeinen juristischen Methodenlehre*

*Alexy, Robert:* Die Theorie des rationalen Diskurses als Theorie der juristischen Argumentation, Diss. Göttingen 1976.
*Bartholomeyczik, Horst:* Die Kunst der Gesetzesauslegung. Eine wissenschaftliche Hilfe zur praktischen Rechtsanwendung, 4. Aufl. Frankfurt/M. 1971.
*Boehmer, Gustav:* Grundlagen der Bürgerlichen Rechtsordnung, Bd. II, 2. Halbbd.: Praxis der richterlichen Rechtsschöpfung, Tübingen 1952.
*Canaris, Claus-Wilhelm:* Die Feststellung von Lücken im Gesetz. Eine methodologische Studie über Voraussetzungen und Grenzen der richterlichen Rechtsfortbildung praeter legem, Berlin 1964.
ders.: Systemdenken und Systembegriff in der Jurisprudenz, entwickelt am Beispiel des deutschen Privatrechts, Berlin 1969.
*Coing, Helmut:* Juristische Methodenlehre, Berlin/New York 1972 (Sonderausgabe des VI. Kapitels aus: ders., Grundzüge der Rechtsphilosophie, 2. Aufl. 1969).
*Dubischar, Roland:* Vorstudium zur Rechtswissenschaft. Eine Einführung in die juristische Theorie und Methode anhand von Texten, Stuttgart/Berlin/Köln/Mainz 1974.
*Ebsen, Ingwer:* Gesetzesbindung und »Richtigkeit« der Entscheidung. Eine Untersuchung zur juristischen Methodenlehre, Berlin 1974.

*Engisch, Karl:* Logische Studien zur Gesetzesanwendung, 3. Aufl. Heidelberg 1963.
ders.: Die Idee der Konkretisierung in Recht und Rechtswissenschaft unserer Zeit, 2. Aufl. Heidelberg 1968.
ders.: Einführung in das juristische Denken, 5. Aufl. Stuttgart/Berlin/Köln/Mainz 1971.
*Esser, Josef:* Grundsatz und Norm in der richterlichen Fortbildung des Privatrechts. Rechtsvergleichende Beiträge zur Rechtsquellen- und Interpretationslehre (1956), 3. Aufl. Tübingen 1974.
ders.: Vorverständnis und Methodenwahl in der Rechtsfindung. Rationalitätsgrundlagen richterlicher Entscheidungspraxis (1970), Neuausg. Frankfurt/M. 1972.
ders./*Karl Engisch/Thomas Würtenberger/Friedrich Müller/Rudolf Bruns:* Methoden der Rechtswissenschaft Teil I, in: Enzyklopädie der geisteswissenschaftlichen Arbeitsmethoden, hg. v. M. Thiel, 11. Lieferung, München/Wien 1972.
*Fikentscher, Wolfgang:* Methoden des Rechts in vergleichender Darstellung, 4 Bde. (bisher erschienen Bd. 1 und 2), Tübingen 1975 ff.
*Germann, Oscar Adolf:* Probleme und Methoden der Rechtsfindung, 2. Aufl. Bern 1967.
*Heck, Philipp:* Das Problem der Rechtsgewinnung (1912), Gesetzesauslegung und Interessenjurisprudenz (1914), Begriffsbildung und Interessenjurisprudenz (1932), mit einem Nachw. v. Josef Esser, red. v. Roland Dubischar, Frankfurt/M. 1968.
*Hruschka, Joachim:* Die Konstitution des Rechtsfalles. Studien zum Verhältnis von Tatsachenfeststellung und Rechtsanwendung, Berlin 1965.
ders.: Das Verstehen von Rechtstexten. Zur hermeneutischen Transpositivität des positiven Rechts, München 1972.
*Keller, Adolf:* Die Kritik, Korrektur und Interpretation des Gesetzeswortlautes, Winterthur 1960.
*Kriele, Martin:* Theorie der Rechtsgewinnung, entwickelt am Problem der Verfassungsinterpretation, Berlin 1967.
*Larenz, Karl:* Methodenlehre der Rechtswissenschaft, 3. Aufl. Berlin/Heidelberg/New York 1975.
*Luhmann, Niklas:* Funktionale Methode und juristische Entscheidung, AöR 94 (1969) 1–31.
*Mennicken, Axel.* Das Ziel der Gesetzesauslegung. Eine Untersuchung zur subjektiven und objektiven Auslegungstheorie, Bad Homburg/Berlin/Zürich 1970.
*Müller, Friedrich:* Juristische Methodik, 2. Aufl. Berlin 1976.
*Rüthers, Bernd:* Die unbegrenzte Auslegung. Zum Wandel der Privatrechtsordnung im Nationalsozialismus (1968), Neuausg. Frankfurt/M. 1973.
*Schwerdtner, Peter:* Rechtswissenschaft und kritischer Rationalismus, Rechtstheorie 2 (1971) 67–94 und 224–244.
*Struck, Gerhard:* Topische Jurisprudenz, Argument und Gemeinplatz in der juristischen Arbeit, Frankfurt/M. 1971.
*Viehweg, Theodor:* Topik und Jurisprudenz. Ein Beitrag zur rechtswissenschaftlichen Grundlagenforschung, 5. Aufl. München 1974.
*Zippelius, Reinhold:* Einführung in die juristische Methodenlehre, 2. Aufl. München 1974.

## III. *Zur Staats- und Verfassungstheorie*

*Agnoli, Johannes:* Die Transformation der Demokratie, in: ders./Peter Brückner: Die Transformation der Demokratie, Frankfurt/M. 1968, 1–87.
*Badura, Peter:* Verfassung und Verfassungsgesetz, in: Festschr. f. Ulrich Scheuner, Berlin 1973, 19–39.
ders.: Art. Verfassung, in: EvStL (2. Aufl.) 2708–2726.
*Bäumlin, Richard:* Staat, Recht und Geschichte. Eine Studie zum Wesen des geschichtlichen Rechts, entwickelt an den Grundproblemen von Verfassung und Verwaltung, Zürich 1961.
*Böckenförde, Ernst-Wolfgang:* Die verfassungstheoretische Unterscheidung von Staat und Gesellschaft als Bedingung der individuellen Freiheit, Opladen 1973.

*Braunmühl/Funken/Cogoy/Hirsch:* Probleme einer materialistischen Staatstheorie, Frankfurt/M. 1973.
*Ehmke, Horst:* »Staat« und »Gesellschaft« als verfassungstheoretisches Problem, in: Staatsverfassung und Kirchenordnung, Festg. f. Rudolf Smend, Tübingen 1962, 23–49.
*Ermacora, Felix:* Allgemeine Staatslehre, Berlin 1970.
*Esser, Josef:* Einführung in die materialistische Staatsanalyse, Frankfurt/New York 1975.
*Friedrich, Carl J.:* Der Verfassungsstaat der Neuzeit, Berlin/Göttingen/Heidelberg 1953.
*Grimm, Dieter:* Verfassungsfunktion und Grundgesetzreform, AöR 97 (1972) 489–537.
*Häberle, Peter:* Allgemeine Staatslehre, demokratische Verfassungslehre oder Staatsrechtslehre?, AöR 98 (1973) 119–134.
*Heller, Hermann:* Staatslehre (1934), hg. v. Gerhart Niemeyer, 2. Aufl. Leiden 1961; neuveröffentlicht in: ders., Gesammelte Schriften, Bd. 3, Leiden 1971.
*Hermens, Ferdinand:* Verfassungslehre, 2. Aufl. Köln/Opladen 1968.
*Herzog, Roman:* Allgemeine Staatslehre, Frankfurt/M. 1971.
*Hesse, Konrad:* Die normative Kraft der Verfassung, Tübingen 1959.
ders.: Bemerkungen zur heutigen Problematik und Tragweite der Unterscheidung von Staat und Gesellschaft, DÖV 1975, 437–443.
*Hippel, Ernst v.:* Allgemeine Staatslehre, 2. Aufl. Berlin/Frankfurt 1967.
*Hufen, Friedhelm:* Verfassungstheorie und Systemtheorie. Ansätze amerikanischer Politikwissenschaft und ihr Ertrag für eine funktionale Verfassungstheorie, AöR 100 (1975) 193–238.
*Kägi, Werner:* Die Verfassung als rechtliche Grundordnung des Staates. Untersuchungen über die Entwicklungsstendenzen im modernen Verfassungsrecht (1945), Neudr. Darmstadt 1971.
*Kelsen, Hans:* Allgemeine Staatslehre (1925), Neudr. Berlin/Zürich 1966.
*Kriele, Martin:* Einführung in die Staatslehre. Die geschichtlichen Legitimitätsgrundlagen des demokratischen Verfassungsstaates, Reinbek 1975.
*Krüger, Herbert:* Allgemeine Staatslehre, 2. Aufl. Stuttgart 1966.
*Leibholz, Gerhard:* Strukturprobleme der modernen Demokratie, 3. Aufl. Karlsruhe 1967.
*Loewenstein, Karl:* Verfassungslehre, 3. Aufl. Tübingen 1975.
*Luhmann, Niklas:* Politische Verfassungen im Kontext des Gesellschaftssystems, Staat 12 (1973) 1–22, 165–182.
*Müller, Friedrich:* Recht, Sprache, Gewalt. Elemente einer Verfassungstheorie, Teil 1, Berlin 1975.
ders.: Juristische Methodik und Politisches System. Elemente einer Verfassungstheorie II, Berlin 1976.
*Nawiasky, Hans:* Allgemeine Staatslehre, 4 Teile, Einsiedeln/Zürich/Köln 1952–1959.
*Perels, Joachim:* Legalität und sozialistische Strategie. Zur verfassungstheoretischen Position Wolfgang Abendroths, KJ 7 (1974) 147–175.
*Scheuner, Ulrich:* Art. Verfassung, in: Staatslexikon Bd. 8 (1963) 117–127.
*Schindler, Dietrich:* Verfassungsrecht und soziale Struktur, 5. Aufl. Zürich 1970.
*Schmitt, Carl:* Verfassungslehre (1928), 5. Aufl. Berlin 1970.
*Smend, Rudolf:* Verfassung und Verfassungsrecht (1928), wieder abgedr. in: ders., Staatsrechtliche Abhandlungen und andere Aufsätze, 2. Aufl. Berlin 1968, 119–276.
*Suhr, Dieter:* Bewußtseinsverfassung und Gesellschaftsverfassung. Über Hegel und Marx zu einer dialektischen Verfassungstheorie, Berlin 1975.
*Zippelius, Reinhold:* Allgemeine Staatslehre. Politikwissenschaft, 4. Aufl. München 1973.

## IV. *Zur Grundrechtstheorie*

*Böckenförde, Ernst-Wolfgang:* Grundrechtstheorie und Grundrechtsinterpretation, NJW 1974, 1529–1538.

*Burmeister, Joachim:* Vom staatsbegrenzenden Grundrechtsverständnis zum Grundrechtsschutz für Staatsfunktionen, Frankfurt/M. 1971.
*Denninger, Erhard:* Freiheitsordnung – Wertordnung – Pflichtordnung. Zur Entwicklung der Grundrechtsjudikatur des Bundesverfassungsgerichts, JZ 1975, 545–550
*Friauf, Karl Heinrich:* Zur Rolle der Grundrechte im Interventions- und Leistungsstaat, DVBl. 1971, 674–682.
*Häberle, Peter:* Die Wesensgehaltsgarantie des Art. 19 Abs. 2 Grundgesetz. Zugleich ein Beitrag zum institutionellen Verständnis der Grundrechte und zur Lehre vom Gesetzesvorbehalt, 2. Aufl. Karlsruhe 1972.
ders.: Grundrechte im Leistungsstaat, VVDStRL 30 (1972) 43–141.
*Klein, Hans H.:* Die Grundrechte im demokratischen Staat, Stuttgart/Berlin/Köln/Mainz 1974.
*Kloepfer, Michael:* Grundrechte als Entstehenssicherung und Bestandsschutz, München 1970.
*Luhmann, Niklas:* Grundrechte als Institution. Ein Beitrag zur politischen Soziologie, 2. Aufl. Berlin 1974.
*Martens, Wolfgang:* Grundrechte im Leistungsstaat, VVDStRL 30 (1972) 7–42.
*Ramm, Thilo:* Der Wandel der Grundrechte und der freiheitliche soziale Rechtsstaat, JZ 1972, 137–146.
*Scheuner, Ulrich:* Die Funktion der Grundrechte im Sozialstaat. Die Grundrechte als Richtlinie und Rahmen der Staatstätigkeit, DÖV 1971, 505–513.
*Steiger, Heinhard:* Institutionalisierung der Freiheit? Zur Rechtsprechung des Bundesverfassungsgerichts im Bereich der Grundrechte, in: Helmut Schelsky (Hg.), Zur Theorie der Institution, 2. Aufl. Düsseldorf 1973, 91–118.
*Willke, Helmut:* Stand und Kritik der neueren Grundrechtstheorie. Schritte zu einer normativen Systemtheorie, Berlin 1975.

## V. *Verfassungsinterpretation*

*Abel, Gunther:* Die Bedeutung der Lehre von den Einrichtungsgarantien für die Auslegung des Bonner Grundgesetzes, Berlin 1964.
*Aubin, Bernhard:* Die rechtsvergleichende Konkretisierung von Kontrollmaßstäben des Verfassungsrechts und des Kollisionsrechts in der deutschen Rechtsprechung, in: Deutsche Landesreferate zum VII. Internationalen Kongreß für Rechtsvergleichung in Uppsala 1966, hg. v. Ernst Caemmerer und Konrad Zweigert, Berlin/Tübingen 1967, 99–125.
*Blanke, Thomas:* Das Dilemma der verfassungspolitischen Diskussion der Linken in der Bundesrepublik, in: Hubert Rottleuthner (Hg.), Probleme der marxistischen Rechtstheorie, Frankfurt/M. 1975, 419–483.
*Eckhold-Schmidt, Fridel:* Legitimation durch Begründung. Eine erkenntniskritische Analyse der Drittwirkungs-Kontroverse, Berlin 1974.
*Ehmke, Horst:* Prinzipien der Verfassungsinterpretation, VVDStRL 20 (1963) 53–102.
ders.: Wirtschaft und Verfassung. Die Verfassungsrechtsprechung des Supreme Court zur Wirtschaftsregulierung, Karlsruhe 1961.
*Forsthoff, Ernst:* Die Umbildung des Verfassungsgesetzes, in: Festschr. f. Carl Schmitt, Berlin 1959, 35–62, wieder abgedr. in: ders., Rechtsstaat im Wandel 130–152.
ders.: Die Bindung an Gesetz und Recht (Art. 20 Abs. 3 GG). Strukturanalytische Bemerkungen zum Übergang vom Rechtsstaat zum Justizstaat, DÖV 1959, 41–44, wieder abgedr. in: ders., Rechtsstaat im Wandel, 122–129.
ders.: Zur Problematik der Verfassungsinterpretation, Stuttgart 1961.
ders.: Rechtsstaat im Wandel. Verfassungsrechtliche Abhandlungen 1950–1964, 2. Aufl. München 1976.
ders.: Besprechung von Martin Kriele, Theorie der Rechtsgewinnung, Staat 8 (1969) 523–526.

ders.: Rechtsstaat oder Richterstaat? Die Gefährdung der Rechtssicherheit durch die Rechtsprechung, in: Georg Lanzenstiel, Rechtsstaat oder Richterstaat, München 1970, 7–21, wieder abgedr. in: ders., Rechtsstaat im Wandel, 243–256.
ders.: Einiges über Geltung und Wirkung der Verfassung, in: Festschr. f. Ernst Rudolf Huber, Göttingen 1973, 3–16.
*Friedrich, Manfred:* Die Grundlagendiskussion in der Weimarer Staatsrechtslehre, PVS 13 (1972) 582–598.
*Häberle, Peter:* Effizienz und Verfassung, AöR 98 (1973) 625–635.
ders.: Zeit und Verfassung. Prolegomena zu einem »zeit-gerechten« Verfassungsverständnis, ZfP 21 (1974) 111–137.
ders.: Die offene Gesellschaft der Verfassungsinterpreten. Ein Beitrag zur pluralistischen und »prozessualen« Verfassungsinterpretation, JZ 1975, 297–305.
*Hesse, Konrad:* Die normative Kraft der Verfassung, Tübingen 1959.
*Hinderling, Klaus Georg:* Rechtsnorm und Verstehen. Die methodischen Folgen einer allgemeinen Hermeneutik für die Prinzipien der Verfassungsauslegung, Bern 1971.
*Hollerbach, Alexander:* Auflösung der rechtsstaatlichen Verfassung? Zu Ernst Forsthoffs Abhandlung »Die Umbildung des Verfassungsgesetzes« in der Festschrift für Carl Schmitt, AöR 85 (1960) 241–270.
*Huber, Hans:* Die Konkretisierung von Grundrechten, in: Der Staat als Aufgabe, Gedächtnisschrift f. Max Imboden, Basel/Stuttgart 1971, 191–209.
*Jesch, Dietrich:* Unbestimmter Rechtsbegriff und Ermessen in rechtstheoretischer und verfassungsrechtlicher Sicht, AöR 82 (1957) 163–249.
*Kaiser, Joseph H./Helmut Strebel/Rudolf Bernhardt:* Vergleichung im öffentlichen Recht, ZaöRV 24 (1964) 391–452.
*Karsch, Friederun Christa:* Demokratie und Gewaltenteilung. Zur Problematik der Verfassungsinterpretation in der BRD, Köln 1973.
*Klein, Hans H.:* Die Bedeutung des Sachzusammenhangs für die Verfassungsauslegung, Diss. Heidelberg 1960.
*Kriele, Martin:* Theorie der Rechtsgewinnung, entwickelt am Problem der Verfassungsinterpretation, Berlin 1967.
*Krüger, Herbert:* Verfassungsauslegung aus dem Willen des Verfassunggebers, DVBl. 1961, 685–689.
ders.: Verfassungsänderung und Verfassungsauslegung, DÖV 1961, 721–728.
*Leisner, Walter:* Betrachtungen zur Verfassungsauslegung, DÖV 1961, 641–653.
ders.: Von der Verfassungsmäßigkeit der Gesetze zur Gesetzmäßigkeit der Verfassung. Betrachtungen zur möglichen selbständigen Begrifflichkeit im Verfassungsrecht, Tübingen 1964.
ders.: Effizienz als Rechtsprinzip, Tübingen 1971.
*Lerche, Peter:* Stil, Methode, Ansicht. Polemische Bemerkungen zum Methodenproblem, DVBl. 1961, 690–701.
*Lüchinger, Hans Georg:* Die Auslegung der Schweizerischen Bundesverfassung, Diss. Zürich 1954.
*Majewski, Otto:* Auslegung der Grundrechte durch einfaches Gesetzesrecht? Zur Problematik der sogenannten Gesetzmäßigkeit der Verfassung, Berlin 1971.
*Mössner, Jörg Manfred:* Rechtsvergleichung und Verfassungsrechtsprechung, AöR 99 (1974) 193–242.
*Müller, Friedrich:* Normstruktur und Normativität. Zum Verhältnis von Recht und Wirklichkeit in der juristischen Hermeneutik, entwickelt an Fragen der Verfassungsinterpretation, Berlin 1966.
ders.: Fragen einer Theorie der Praxis (Zu: Martin Kriele, Theorie der Rechtsgewinnung), AöR 95 (1970) 154–168.
ders.: Thesen zur Struktur von Rechtsnormen, ARSP 56 (1970) 493–509.
ders.: Juristische Methodik, 2. Aufl. Berlin 1976.
ders.: Arbeitsmethoden des Verfassungsrechts, in: Enzyklopädie der geisteswissenschaftlichen Arbeitsmethoden, hg. v. M. Thiel, 11. Lieferung, München/Wien 1972, 123–190.

ders.: Fallanalysen zur juristischen Methodik, Berlin 1974.
*Müller, Horst Joachim:* Subjektive und objektive Auslegungstheorie in der Rechtsprechung des Bundesverfassungsgerichts, JZ 1962, 471–475.
*Oertzen, Peter von:* Die Bedeutung C. F. Gerbers für die deutsche Staatsrechtslehre, in: Staatsverfassung und Kirchenordnung. Festg. f. Rudolf Smend, Tübingen 1962, 183–208.
ders.: Die soziale Funktion des staatsrechtlichen Positivismus. Eine wissenssoziologische Studie über die Entstehung des formalistischen Positivismus in der deutschen Staatsrechtswissenschaft, Frankfurt/M. 1973.
*Ossenbühl, Fritz:* Probleme und Wege der Verfassungsauslegung, DÖV 1965, 649–661.
*Pestalozza, Christian Graf v.:* Kritische Bemerkungen zu Methoden und Prinzipien der Grundrechtsauslegung in der Bundesrepublik Deutschland, Staat 2 (1963) 425–449.
*Peters, Hans:* Auslegung der Grundrechtsbestimmungen aus der Geschichte, Historisches Jahrbuch 72 (1953) 457–473.
ders.: Kombination verschiedener Verfassungsgrundsätze als Mittel der Verfassungsauslegung, in: Festschr. f. Karl Arnold, Köln/Opladen 1955, 117–127.
*Roellecke, Gerd:* Die Bindung des Richters an Gesetz und Verfassung, VVDStRL 34 (1976) 7–42.
*Roth-Stielow, Klaus:* Grundgesetz und Rechtsanwendung. Aktuelle Probleme des Grundrechtsschutzes, München 1972.
*Schäffer, Heinz:* Verfassungsinterpretation in Österreich. Eine kritische Bestandsaufnahme, Wien 1971.
*Scheuner, Ulrich:* Grundrechtsinterpretation und Wirtschaftsordnung, DÖV 1956, 65–70.
ders.: Das Grundgesetz in der Entwicklung zweier Jahrzehnte, AöR 95 (1970) 353–408, bes. 364–368.
ders.: Normative Gewährleistungen und Bezugnahme auf Fakten im Verfassungstext. Ein Beitrag zur Auslegung des Grundgesetzes, in: Öffentliches Recht und Politik, Festschr. f. Hans Ulrich Scupin, Berlin 1973, 323–341.
*Schneider, Peter:* In dubio pro libertate, in: Hundert Jahre Deutsches Rechtsleben. Festschr. zum hundertjährigen Bestehen des Deutschen Juristentages, Bd. II, Karlsruhe 1960, 263–290.
ders.: Prinzipien der Verfassungsinterpretation, VVDStRL 20 (1963) 1–52, wieder abgedr. in: ders., Recht und Macht. Gedanken zum modernen Verfassungsstaat, Mainz 1970, 61–120.
*Sontheimer, Kurt:* Zur Grundlagenproblematik der deutschen Staatsrechtslehre in der Weimarer Republik, ARSP 46 (1960) 39–71.
*Schwalm, Georg:* Der objektivierte Wille des Gesetzgebers, Festschr. f. Ernst Heinitz, Berlin 1972, 47–63.
*Starck, Christian:* Die Bindung des Richters an Gesetz und Verfassung, VVDStRL 34 (1976) 43–93.
*Stern, Klaus:* Gesetzesauslegung und Auslegungsgrundsätze des Bundesverfassungsgerichts, Diss. München 1956.
*Wilhelm, Walter:* Zur juristischen Methodenlehre im 19. Jahrhundert. Die Herkunft der Methode Paul Labands aus der Privatrechtswissenschaft, Frankfurt/M. 1958.
*Wimmer, Norbert:* Materiales Verfassungsverständnis. Ein Beitrag zur Theorie der Verfassungsinterpretation, Wien 1971.
*Wintrich, Josef:* Über Eigenart und Methode verfassungsgerichtlicher Rechtsprechung, Festschr. f. W. Laforet, München 1952, 227–249.

## VI. *Verfassungskonforme Auslegung*

*Bender, Bernd:* Inhalt und Grenzen des Gebots der verfassungskonformen Gesetzesauslegung, MDR 1959, 441–447.
*Bogs, Harald:* Die verfassungskonforme Auslegung von Gesetzen unter besonderer Be-

rücksichtigung der Rechtsprechung des Bundesverfassungsgerichts, Stuttgart/Berlin/Köln/Mainz 1966.

*Burmeister, Joachim:* Die Verfassungsorientierung der Gesetzesauslegung. Verfassungskonforme Auslegung oder vertikale Normendurchdringung?, Berlin/Frankfurt 1966.

*Eckardt, Wolf-Dieter:* Die verfassungskonforme Gesetzesauslegung. Ihre dogmatische Berechtigung und ihre Grenzen im deutschen Recht, Berlin 1964.

*Friauf, Karl Heinrich:* Die Notwendigkeit einer verfassungskonformen Auslegung im Recht der europäischen Gemeinschaften, AöR 85 (1960) 224–235.

*Göldner, Detlef Christoph:* Verfassungsprinzip und Privatrechtsnorm in der verfassungskonformen Auslegung und Rechtsfortbildung. Verfassungskonkretisierung als Methoden- und Kompetenzproblem, Berlin 1969.

*Haak, Volker:* Normenkontrolle und verfassungskonforme Gesetzesauslegung des Richters. Eine rechtsvergleichende Studie, Bonn 1963.

*Michel, Helmut:* Die verfassungskonforme Auslegung, JuS 1961, 274–281.

*Schack, Friedrich:* Die verfassungskonforme Auslegung, JuS 1961, 269–274.

*Spanner, Hans:* Die verfassungskonforme Auslegung in der Rechtsprechung des Bundesverfassungsgerichts. Bericht über die in den Bänden 1 bis 18 der Amtlichen Sammlung veröffentlichten Entscheidungen des Bundesverfassungsgerichts, AöR 41 (1966) 503–536.

## VII. *Ungeschriebenes Verfassungsrecht*

*Bachof, Otto:* Verfassungswidrige Verfassungsnormen?, Tübingen 1951.

*Grimmer, Klaus:* Die Rechtsfiguren einer »Normativität des Faktischen«. Untersuchungen zum Verhältnis von Norm und Faktum und zur Funktion der Rechtsgestaltungsorgane, Berlin 1971.

*Hippel, Ernst v./Alfred Voigt:* Ungeschriebenes Verfassungsrecht, VVDStRL 10 (1952) 1–32, 33–45.

*Huber, Hans:* Probleme des ungeschriebenen Verfassungsrechts, in: Rechtsquellenprobleme im schweizerischen Recht, Festg. für den Schweizerischen Juristenverein, Bern 1955, 95–116, wieder abgedr. in: ders., Rechtstheorie, Verfassungsrecht, Völkerrecht. Ausgewählte Aufsätze 1950–1970, Bern 1971, 329–348.

*Müller, Gebhard:* Naturrecht und Grundgesetz. Zur Rechtsprechung der Gerichte, besonders des Bundesverfassungsgerichts, Würzburg 1967.

*Ritter, Ernst-Hasso:* Die Verfassungswirklichkeit – eine Rechtsquelle?, Staat 7 (1968) 352–370.

*Tomuschat, Christian:* Verfassungsgewohnheitsrecht? Eine Untersuchung zum Staatsrecht für die Bundesrepublik Deutschland, Heidelberg 1972.

*Wagner, Christa:* Bonner Grundgesetz und Verfassungsgewohnheitsrecht, Diss. München 1963.

*Wolff, Hans J.:* Rechtsgrundsätze und verfassunggestaltende Grundentscheidungen als Rechtsquelle, in: Gedächtnisschrift für Walter Jellinek, München 1955, 33–52.

## VIII. *Wertordnung und Wertkonkretisierung*

*Cornelius, Joachim:* Gesetzesauslegung und verfassungsmäßige Wertordnung, Diss. Köln 1968.

*Geiger, Willi:* Grundwertentscheidungen des Grundgesetzes, BayVBl. 1974, 297–299.

*Goerlich, Helmut:* Wertordnung und Grundgesetz. Kritik einer Argumentationsfigur des Bundesverfassungsgerichts, Baden-Baden 1973.

*Podlech, Adalbert:* Wertungen und Werte im Recht, AöR 95 (1970) 185–222.

*Schmitt, Carl:* Die Tyrannei der Werte, in: Säkularisation und Utopie. Ebracher Studien, Ernst Forsthoff zum 65. Geburtstag, Stuttgart/Berlin/Köln/Mainz 1967, 37–62.

*Stein, Erwin:* Werte und Wertewandel in der Gesetzesanwendung des öffentlichen Rechts, in: Josef Esser/Erwin Stein, Werte und Wertewandel in der Gesetzesanwendung, Frankfurt/M. 1966, 40 ff.

*Winkler, Günther:* Wertbetrachtung im Recht und ihre Grenzen, Wien/New York 1969.

*Wittig, Peter:* Bundesverfassungsgericht und Grundrechtssystematik, in: Festschr. f. Gebhard Müller, Tübingen 1970, 575–593.

*Zippelius, Reinhold:* Wertungsprobleme im System der Grundrechte, 2. Aufl. München 1969.

## IX. *Rechtsfortbildung und Verfassungswandel*

### 1. Verfassung und Rechtsfortbildung

*Bachof, Otto:* Grundgesetz und Richtermacht, Tübingen 1959; mit einigen Änderungen wieder abgedr. unter dem Titel »Die richterliche Kontrollfunktion im westdeutschen Verfassungsgefüge«, in: Verfassungsrecht und Verfassungswirklichkeit, Festschr. f. Hans Huber, Bern 1961, 26–47.

*Ermacora, Felix:* Verfassungsrecht durch Richterspruch. Weiterbildung des Verfassungsrechts durch die Rechtsprechung der Verfassungsgerichte, Karlsruhe 1960.

*Forsthoff, Ernst:* s. oben bei V.

*Ipsen, Jörn:* Richterrecht und Verfassung, Berlin 1975.

*Merten, Detlef:* Die Bindung des Richters an Gesetz und Verfassung, DVBl. 1975, 677–684.

*Schneider, Hans Peter:* Richterrecht, Gesetzesrecht und Verfassungsrecht. Bemerkungen zum Beruf der Rechtsprechung im demokratischen Gemeinwesen, Frankfurt/M. 1969.

ders.: Die Gesetzmäßigkeit der Rechtsprechung. Zur Bindung des Richters an Gesetz und Verfassung, DÖV 1975, 443–452.

*Stein, Erwin:* Die verfassungsrechtlichen Grenzen der Rechtsfortbildung durch die Rechtsprechung, NJW 1964, 1745–1752.

*Vogel, Thilo:* Zur Praxis und Theorie der richterlichen Bindung an das Gesetz im gewaltenteilenden Staat, Berlin 1969.

*Zeidler, Wolfgang:* Richter und Verfassung, DÖV 1971, 6–16.

### 2. Verfassungswandel

*Fiedler, Wilfried:* Sozialer Wandel, Verfassungswandel, Rechtsprechung, Freiburg/München 1972.

*Häberle, Peter:* Zeit und Verfassung. Prolegomena zu einem »zeit-gerechten« Verfassungsverständnis, ZfP 21 (1974) 111–137.

*Hesse, Konrad:* Der Bedeutungswandel der kirchenpolitischen Artikel der Weimarer Reichsverfassung, in: Helmut Quaritsch/Hermann Weber (Hg.), Staat und Kirchen in der Bundesrepublik, Staatskirchenrechtliche Aufsätze 1950–1967, Bad Homburg v. d. H./Berlin/Zürich 1967, 221–229.

ders.: Grenzen der Verfassungswandlung, in: Festschr. f. Ulrich Scheuner, Berlin 1973, 123–141.

*Heydte, Friedrich August Frhr. von der:* Stiller Verfassungswandel und Verfassungsinterpretation, ARSP 39 (1950/51) 461–476.

*Hsü Dau-Lin:* Die Verfassungswandlung, Berlin/Leipzig 1932.

*Kloepfer, Michael.* Verfassung und Zeit. Zum überhasteten Gesetzgebungsverfahren, Staat 13 (1974) 457–470.

*Krüger, Herbert:* Verfassungswandlung und Verfassungsgerichtsbarkeit, in: Staatsverfassung und Kirchenordnung, Festgabe f. Rudolf Smend, Tübingen 1962, 151–170.

*Lerche, Peter:* Stiller Verfassungswandel als aktuelles Politikum, in: Festgabe für Theodor Maunz, München 1971, 285–300.

*Peters, Hans:* Der geschichtliche Bedeutungswandel staatsrechtlicher Institutionen und Gesetzesbegriffe, in: Speculum historiale, Festschr. f. Johannes Spörl, Freiburg/München 1965, 408–415.

*Schwegmann, Friedrich Gerhard:* Der Bedeutungswandel als juristisches Argument in der staatskirchenrechtlichen Literatur nach 1949, Diss. Münster 1974.

## X. *Verfassungsrecht und Politik (auch Verfassungsgerichtsbarkeit)*

*Bachof, Otto:* Der Verfassungsrichter zwischen Recht und Politik, in: Summum ius summa iniuria. Ringvorlesung, gehalten von Mitgliedern der Tübinger Juristenfakultät im Rahmen des Dies academicus WS 1962/63, Tübingen 1963, 41–57.

*Delbrück, Jost:* Quo vadis Bundesverfassungsgericht? Überlegungen zur verfassungsrechtlichen und verfassungsfunktionalen Stellung des Bundesverfassungsgerichts, in: Recht im Dienst des Friedens, Festschr. f. Eberhard Menzel, Berlin 1975, 83–105.

*Dichgans, Hans:* Recht und Politik in der Judikatur des Bundesverfassungsgerichts, in: Menschenwürde und freiheitliche Rechtsordnung, Festschr. f. Willi Geiger, Tübingen 1974, 945–962.

*Dolzer, Rudolf:* Die staatstheoretische und verfassungsrechtliche Stellung des Bundesverfassungsgerichts, Berlin 1972.

*Drath, Martin:* Die Grenzen der Verfassungsgerichtsbarkeit, VVDStRL 9 (1952) 17–116.

*Ehmke, Horst:* Wirtschaft und Verfassung. Die Verfassungsrechtsprechung des Supreme Court zur Wirtschaftsregulierung, Karlsruhe 1961.

*Friesenhahn, Ernst:* Wesen und Grenzen der Verfassungsgerichtsbarkeit, Zeitschrift für Schweizerisches Recht, NF Bd. 73 (1954) 129–162.

ders.: Hüter der Verfassung?, ZRP 1973, 188–193.

*Frowein, Jochen/Hans Meyer/Peter Schneider (Hg.):* Bundesverfassungsgericht im dritten Jahrzehnt. Symposion zu Ehren von Ernst Friesenhahn, Frankfurt/M. 1973.

*Geiger, Willi:* Zur Lage unserer Verfassungsgerichtsbarkeit, in: Festg. f. Theodor Maunz, München 1971, 117–143.

*Grimm, Dieter:* Recht und Politik, JuS 1969, 501–510.

*Haller, Walter:* Supreme Court und Politik in den USA. Fragen der Justiziabilität in der höchstrichterlichen Rechtsprechung, Berlin 1972.

*Heydte, Friedrich August Frhr. von der:* Judicial self restraint eines Verfassungsgerichts im freiheitlichen Rechtsstaat?, in: Menschenwürde und freiheitliche Rechtsordnung, Festschr. f. Willi Geiger, Tübingen 1974, 909–924.

*Kaufmann, Erich:* Die Grenzen der Verfassungsgerichtsbarkeit, VVDStRL 9 (1952) 1–16; wieder abgedr. in: ders., Autorität und Freiheit. Gesammelte Schriften, Bd. 1, Göttingen 1960, 500–514.

*Klein, Friedrich:* Bundesverfassungsgericht und richterliche Beurteilung politischer Fragen, Münster 1966.

*Klein, Hans Hugo:* Bundesverfassungsgericht und Staatsraison. Über Grenzen normativer Gebundenheit des Bundesverfassungsgerichts, Frankfurt/Berlin 1968.

*Kriele, Martin:* Recht und Politik in der Verfassungsrechtsprechung. Zum Problem des judicial self-restraint, NJW 1976, 777–783.

*Laufer, Heinz:* Verfassungsgerichtsbarkeit und politischer Prozeß. Studien zum Bundesverfassungsgericht der Bundesrepublik Deutschland. Tübingen 1968.

*Leibholz, Gerhard:* Das Bundesverfassungsgericht und die richterliche Beurteilung der Politik, Universitas 18 (1963) 1283–1292 = Juristische Praxis 1964, 4–11.

ders.: Das Spannungsverhältnis von Politik und Recht und die Integrationsfunktion des Bundesverfassungsgerichts, in: Integritas. Geistige Wandlung und menschliche Wirklichkeit, hg. v. Dieter Stolte und Richard Wisser, Tübingen 1966, 211–223.
ders.: Der Status des Bundesverfassungsgerichts, in: Das Bundesverfassungsgericht 1951–1971, Karlsruhe 1971, 31–57.
*Leicht, Robert:* Grundgesetz und politische Praxis. Parlamentarismus in der Bundesrepublik, München 1974.
*Massing, Otwin:* Das Bundesverfassungsgericht als Instrument sozialer Kontrolle, PVS 11 (1970) Sonderheft 2, 180–225.
*Roellecke, Gerd:* Politik und Verfassungsgerichtsbarkeit. Über immanente Grenzen der richterlichen Gewalt des Bundesverfassungsgerichts, Heidelberg 1961.
*Roth, Günter H.:* Recht, Politik, Ideologie in der Rechtsprechung. Rechtssoziologische Bemerkungen aus Anlaß des Bundesverfassungsgerichtsurteils zu § 218 StGB, JuS 1975, 617–621.
*Schäfer, Hans Jürgen:* Inhalt und Grenzen der richterlichen Gewalt nach der Verfassung der Vereinigten Staaten von Amerika, Berlin 1968.
*Schäfer, Rudolf:* Politikwissenschaftliche Analysen des Bundesverfassungsgerichts, Neue Politische Literatur 1974, 209–219.
*Scharpf, Fritz Wilhelm:* Grenzen der richterlichen Verantwortung. Die political-question-Doktrin in der Rechtsprechung des amerikanischen Supreme Court, Karlsruhe 1965.
*Schefold, Dian:* Normenkontrolle und politisches Recht, JuS 1972, 1–9.
*Schuppert, Folke:* Die verfassungsgerichtliche Kontrolle der Auswärtigen Gewalt, Baden-Baden 1973.
ders.: Verfassungsgerichtsbarkeit und Politik. Einige grundsätzliche Bemerkungen zum Urteil über den Grundlagenvertrag, ZRP 1973, 257–260.
*Seifert, Jürgen:* Kampf um Verfassungspositionen. Materialien zur Bestimmung von Grenzen und Möglichkeiten der Rechtspolitik, Köln/Frankfurt 1974.
*Wintrich, Josef:* Aufgaben, Wesen, Grenzen der Verfassungsgerichtsbarkeit, in: Festschr. f. Hans Nawiasky, München 1956, 191–210.
*Wittig, Peter:* Politische Rücksichten in der Rechtsprechung des Bundesverfassungsgerichts?, Staat 8 (1969) 137–158.
*Zeitler, Franz-Christoph:* Verfassungsgericht und völkerrechtlicher Vertrag. Die gerichtliche Kontrolle völkerrechtlicher Akte der Regierung nach deutschem, amerikanischem und englischem Verfassungsrecht, Berlin 1974.
*Zuck, Rüdiger:* Political-Question-Doktrin, Judicial-self-restraint und das BVerfG, JZ 1974, 361–368.

## XI. *Methodologisch ausgerichtete Rezensionen ausgewählter Entscheidungen des BVerfG*

1. Zu den Parteifinanzierungsurteilen
(Urteil v. 19. Juli 1966, BVerfGE 20, 56 = DÖV 1966, 563 = DVBl. 1966, 635 = JuS 1966, 413 = JZ 1966, 517 = NJW 1966, 1499; Urteil v. 3. Dezember 1968, BVerfGE 24, 300 = DÖV 1969, 102 = DVBl. 1969, 165 = JuS 1969, 289 = JZ 1969, 557 = NJW 169, 309):
*Häberle, Peter:* Unmittelbare staatliche Parteifinanzierung unter dem Grundgesetz – BVerfGE 20, 56, JuS 1967, 64–74.
*Randelzhofer, Albrecht:* Zum Urteil des Bundesverfassungsgerichts über Vorschriften des Parteigesetzes, JZ 1969, 533–541.
*Rauschning, Dietrich:* Zur Methode der Entscheidung des Bundesverfassungsgerichts über die staatliche Parteifinanzierung, JZ 1967, 346–351.
*Zwirner, Henning:* Die Rechtsprechung des Bundesverfassungsgerichts zur Parteifinanzierung, AöR 93 (1968), 81–135.

2. Zum Schleswig-Holstein-Urteil
(Urteil v. 22. Juli 1969, BVerfGE 27, 44 = DÖV 1969, 633 = DVBl. 1969, 735 = JuS 1969, 539 = JZ 1969, 631):
*Häberle, Peter:* ›Landesbrauch‹ oder parlamentarisches Regierungssystem? Zum Schleswig-Holstein-Urteil des BVerfG vom 22. 7. 1969, JZ 1969, 613–617.
*Schäfer, Hans:* Urteilsanmerkung, DVBl. 1969, 737–739.

3. Zum Abhörurteil
(Urteil v. 15. Dezember 1970, BVerfGE 30, 1 = DÖV 1971, 49 = DVBl. 1971, 49 = JuS 1971, 204 = JZ 1971, 171 = NJW 1971, 275):
*Erichsen, Hans-Uwe:* Zu den Grenzen von Verfassungsänderungen nach dem Grundgesetz, VerwArch 62 (1971) 291–300.
*Häberle, Peter:* Die Abhörentscheidung des Bundesverfassungsgerichts vom 15. 12. 1970. Analyse und Kritik des Urteils sowie des Minderheitsvotums vom 4. Januar 1971, JZ 1971, 145–156.
*Hall, Karl-Heinrich:* Abhörentscheidung und Grundgesetz – BVerfGE 30, 1, JuS 1972, 132–137.
*Klein, Friedrich/Dieter Wilke:* Verfassungsänderungen durch ›systemimmanente Modifikationen elementarer Verfassungsgrundsätze‹? Kritische Bemerkungen zum Abhör-Urteil des Bundesverfassungsgerichts, in: Festschr. f. Georg Roeber, Berlin 1973, 245–265.
*Schlink, Bernhard:* Das Abhör-Urteil des Bundesverfassungsgerichts, Staat 12 (1973) 85–108.

4. *Zur Mephisto-Entscheidung*
(Beschluß v. 24. Februar 1971, BVerfGE 30, 173 = DÖV 1971, 554 = DVBl. 1971, 684 = JuS 1971, 651 = JZ 1971, 544 = NJW 1971, 1645):
*Möhring, Philipp:* Verfassungsrechtliche Wertentscheidungen. Anmerkungen zur ›Mephisto‹-Entscheidung des Bundesverfassungsgerichts, in: Dimensionen des Rechts, Gedächtnisschrift für René Marcic, Bd. 1, Berlin 1974, 575–590.
*Rupp, Hans Heinrich:* Zum ›Mephisto-Beschluß‹ des Bundesverfassungsgerichts – ein methodologischer Nachtrag, DVBl. 1972, 66–67.

5. Zum Numerus-clausus-Urteil
(Urteil v. 18. Juli 1972, BVerfGE 33, 303 = DÖV 1972, 606 = DVBl. 1972, 725 = JuS 1972, 664 = JZ 1972, 686 = NJW 1972, 1561):
*Häberle, Peter:* Das Bundesverfassungsgericht im Leistungsstaat. Die Numerus-clausus-Entscheidung vom 18. 7. 1972, DÖV 1972, 729–740.
*Hall, Karl-Heinrich:* Das Numerus-clausus-Urteil und seine Folgen – BVerfGE 33, 303, JuS 1974, 87–93.
*Mutius, Albert von:* Grundrechte als ›Teilhaberechte‹. Zu den verfassungsrechtlichen Aspekten des ›numerus clausus‹, VerwArch 64 (1973), 183–195.

6 Zum Rechtsfortbildung-Beschluß
(Beschluß v. 14. Februar 1973, BVerfGE 34, 269 = DÖV 1973, 456 = DVBl. 1973, 784 = JZ 1973, 662 = NJW 1973, 1221):
*Kübler, Friedrich:* Entscheidungsanmerkung, JZ 1973, 667–668.
*Menger, Christian-Friedrich:* Zu den Grenzen richterlicher Rechtsfortbildung, VerwArch 65 (1974), 195–200.

7. Zum Grundlagenvertragsurteil
(Urteil v. 31. Juli 1973, BVerfGE 36, 1 = DÖV 1973, 606 = DVBl. 1973, 685 = JuS 1973, 714 = JZ 1973, 588 = NJW 1973, 1539):
*Schröder, Meinhard:* Zur verfassungskonformen Auslegung völkerrechtlicher Verträge, JR 1974, 182–184.
*Tomuschat, Christian:* Auswärtige Gewalt und verfassungsrechtliche Kontrolle. Einige Bemerkungen zum Verfahren über den Grundvertrag, DÖV 1973, 801–808.

*Wilke, Dieter/Gerd H. Koch:* Außenpolitik nach Anweisung des Bundesverfassungsgerichts? Bemerkungen zur Bindungswirkung des Grundvertrags-Urteils, JZ 1975, 235–240.

8. Zum Fristenlösungsurteil
(Urteil v. 25. Februar 1975, BVerfGE 39, 1 = DÖV 1975, 237 = DVBl. 1975, 254 (nur Leitsätze) = JuS 1975, 323 = JZ 1975, 205 = NJW 1975, 573):

*Abendroth, Wolfgang:* Das Abtreibungsurteil des Bundesverfassungsgerichts, KJ 8 (1975) 121–128; wieder abgedr. in: ders., Arbeiterklasse, Staat und Verfassung. Materialien zur Verfassungsgeschichte und Verfassungstheorie der Bundesrepublik, Frankfurt/Köln 1975, 284–294.

*Esser, Josef:* Bemerkungen zur Unentbehrlichkeit des juristischen Handwerkszeugs, JZ 1975, 555–558 (zugleich zu den Extremistenentscheidungen des BVerwG und des BVerfG).

*Kriele, Martin:* Urteilsanmerkung, JZ 1975, 222–225.

*Menger, Christian-Friedrich:* Das verfassungsgerichtliche Urteil zu § 218 StGB – Gesetzgebung durch das BVerfG?, VerwArch 66 (1975) 397–403.

*Rüpke, Giselher:* Schwangerschaftsabbruch und Grundgesetz. Eine Antwort auf das in der Entscheidung des Bundesverfassungsgerichts vom 25. 2. 1975 ungelöste Verfassungsproblem. Nachwort von Peter Schneider, Frankfurt/M. 1975.

9. Zum Radikalenbeschluß
(Beschluß v. 22. Mai 1975, BVerfGE 39, 334 = DÖV 1975, 670 (nur Leitsätze) = DVBl. 1975, 817 = JuS 1975, 730 = JZ 1975, 561 = NJW 1975, 1641).

*Esser, Josef:* Bemerkungen zur Unentbehrlichkeit des juristischen Handwerkzeugs, JZ 1975, 555–558, 557 f.

*Menger, Christian-Friedrich:* Parteienprivileg und Zugang Radikaler zum öffentlichen Dienst, VerwArch 67 (1976) 105–115.

*Schick, Walter:* Der ›Radikalenbeschluß‹ des Bundesverfassungsgerichts – Inhalt und Konsequenzen, NJW 1975, 2169–2175.

*Zuck, Rüdiger:* Zur Bindungswirkung der Radikalen-Entscheidung des BVerfG, JuS 1975, 695–698.

# Studien und Materialien zur Verfassungsgerichtsbarkeit

Herausgegeben von Prof. Dr. iur. Christian Starck

*Bereits erschienen:*

1 *Goerlich, Helmut;* Wertordnung und Grundgesetz – Kritik einer Argumentationsfigur des Bundesverfassungsgerichts, *1973, 214 S., 15,3 x 22,7 cm, Salesta kart., 45,– DM*

2 *Schuppert, Folke;* Die verfassungsgerichtliche Kontrolle der Auswärtigen Gewalt, *1973, 236 S., 15,3 x 22,7 cm, Salesta kart., 48,– DM*

4 *Noack, Harald;* Sozialstaatsklauseln und juristische Methoden – Probleme einer Interpretation der Art. 20 Abs. 1 und 28 Abs. 1 des Grundgesetzes, *1975, 215 S., 15,3 x 22,7 cm, Salesta kart., 48,– DM*

5 *Grund, Henning;* »Preußenschlag« und Staatsgerichtshof im Jahre 1932, *1976, 167 S., 15,3 x 22,7 cm, Salesta kart., 36,– DM*

**In Vorbereitung:**

6 *Steinwedel, Ulrich;* »Spezifisches Verfassungsrecht« und »einfaches Recht«, *1976, ca. 184 S., 15,3 x 22,7 cm, Salesta kart.*

7 *Richter, Wolfgang;* Verfassungsmäßigkeit von Sonderausgaben, *1976*

Nomos Verlagsgesellschaft
Postfach 610 · 7570 Baden-Baden